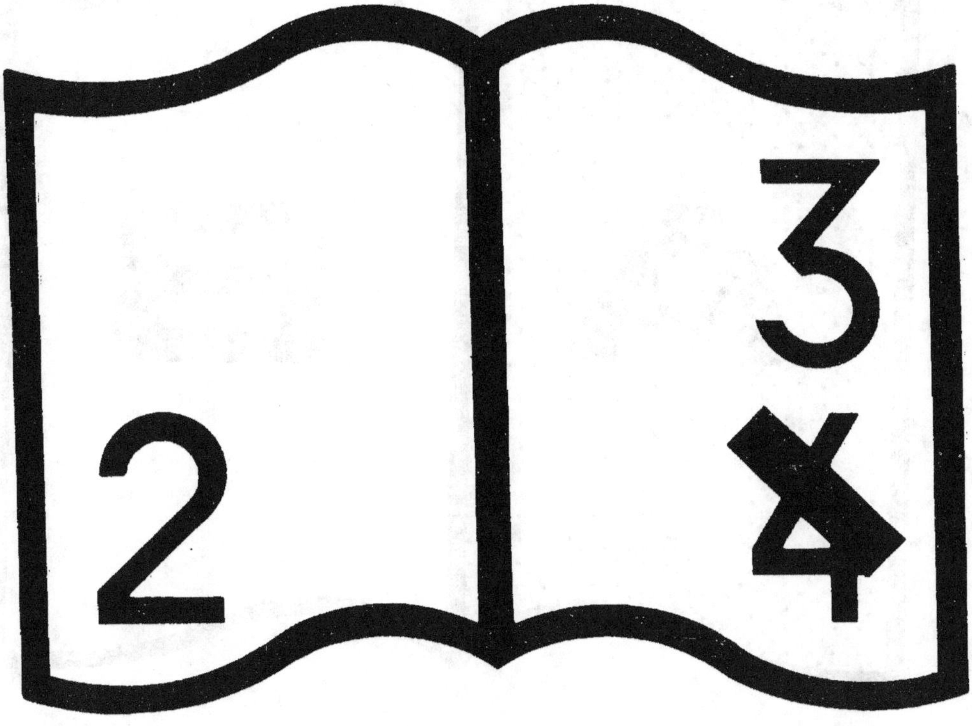

Pagination incorrecte — date incorrecte

NF Z 43-120-12

Contraste insuffisant

NF Z 43-120-14

LES
DRAMES
DE
LA MISÈRE

PAR

RAOUL DE NAVERY

NOMBREUSES ILLUSTRATIONS DE CASTELLI, ZIER, ETC.

LIBRAIRIE BLÉRIOT

HENRI GAUTIER, SUCCESSEUR

55, QUAI DES GRANDS-AUGUSTINS, 55

PARIS

DRAMES de la MISÈRE

LIBRAIRIE BLÉRIOT, HENRI GAUTIER SUCCESSEUR
55, QUAI DES GRANDS AUGUSTINS, 55
PARIS

LES
DRAMES DE LA MISÈRE

PROLOGUE

I

'ORAGE grondait d'une façon sourde et menaçante ; une masse de nuages noirs interceptait le scintillement des étoiles. De temps à autre, des clartés blafardes rayaient l'obscurité et la faisaient ensuite paraître plus intense. Un vent furieux agitait les cimes des arbres avec un bruit métallique et courbait les saulaies comme un champ d'épis. La poussière s'élevait en tourbillons aveuglants et montait avec la rapidité d'une trombe.

On était au commencement de l'été, et la tempête menaçait d'être terrible. La campagne semblait muette, on eût dit la nature terrifiée par les roulements lugubres du tonnerre.

De temps en temps seulement, un aboiement de chien, funèbre comme un glas, ou le houhoulement d'une chouette nichée dans les restes croulants d'une masure, rompaient ce calme, rempli de l'effroi que causent les cataclysmes.

Tout à coup, le ciel sombre s'illumina d'une lueur rouge ; le fracas de la foudre domina les rafales du vent. Mais le déchaînement de l'orage n'amenait pas la pluie ; sec et brûlant, il terrifiait d'autant plus ; l'air s'imprégnait d'électricité ; les éclairs, qui se succédaient sans relâche, changeaient la nuit opaque en une illumination fantastique et pleine d'épouvante. On se sentait enveloppé par la foudre. L'éclair aveuglait, le bruit assourdissait, les nerfs se tordaient. Vraiment, le voyageur qui, à cette heure, eût traversé la campagne, livrée tour à tour à l'obscurité et aux clartés fulgurantes de l'orage, eut couru un horrible danger.

Heureusement, la route était déserte, et si la foudre venait à tomber, elle ne frapperait que les grands chênes séculaires et n'incendierait que les meules de foin de la dernière récolte.

Tout à coup un roulement étouffé se mêla au bruit du tonnerre; ce bruit était régulier comme celui d'une charrette courant sur le chemin. Quelle apparence pourtant qu'un homme eût le courage ou plutôt la témérité de poursuivre son voyage dans de semblables circonstances ? Certes, il s'exposerait à tomber dans quelque fossé bourbeux, et, ce qui serait plus terrible encore, à attirer sur lui les courants électriques qui se croisaient dans l'atmosphère embrasée.

Cependant c'était bien une voiture qui s'avançait sur la route de Nantes à Redon.

Quand nous disons une voiture, nous nous trompons. Il s'agissait d'un pauvre véhicule porté par des roues grossières, sorties sans nul doute de l'atelier d'un charron de village. Un plancher, deux sortes d'échelles à claire-voie, un fond de sapin, composaient la charrette. Plusieurs cercles de barrique, recouverts de toile à voile, l'eussent faiblement protégée contre le soleil, sans parvenir à la garantir de la pluie. Le cheval qui la traînait, aveuglé par les éclairs et par la poussière, secouait sa tête osseuse et regardait devant lui avec effroi. On eût dit qu'il s'attendait à se trouver brusquement en face d'un abîme.

Dans la charrette il y avait une femme et un enfant.

L'enfant, tremblant de peur, le visage caché dans ses mains, les coudes sur ses genoux, restait accroupi au fond de la carriole. Il pouvait avoir un peu plus de six ans. Quand par hasard il levait le front, son joli visage apparaissait à la clarté bleuâtre des éclairs. De grands yeux intelligents et doux, un teint rose, une bouche qui avait dû savoir sourire, en faisaient un charmant enfant. Cependant le chagrin devait déjà l'avoir effleuré, car de temps en temps une larme tremblait au bord de ses cils.

La femme paraissait vingt-cinq ans. La douleur, à peine visible chez le petit garçon, semblait avoir cruellement bouleversé le cœur de la mère. Sa pâleur était livide, ses paupières rougies par la fatigue et les larmes; sa voix gardait les intonations lentes et attendries des gens qui ont beaucoup pleuré.

La voyageuse, assise sur le devant de la voiture, tenait d'une main fébrile les rênes du cheval. De temps en temps, un soupir douloureux passait sur ses lèvres; elle semblait suffoquer et prête à perdre le sentiment de l'existence.

Alors le petit garçon s'agenouillait sur la paille de la charrette, passait ses deux bras autour de son cou et l'embrassait en lui demandant :
— Sommes-nous bientôt arrivés ?
— Bientôt, sans doute, mon enfant.
— Jusqu'où irons-nous, cette nuit ?
— Jusqu'au prochain village.
— Et après, partirons-nous encore ?
— Je ne sais pas.

L'enfant dénoua ses bras du cou de sa mère, et la pauvre femme, l'attirant à elle, le garda appuyé sur son sein, tandis que de celle de ses mains qui restait libre elle continuait à guider le cheval qui hennissait de peur.

— Max, reprit la jeune femme d'une voix épuisée, je ne sais pas ce que la volonté de Dieu me réserve dans l'avenir ; tu es un enfant, un tout petit enfant... Si je te manquais, tu resterais seul, seul au monde...

— Et mon père ? demanda l'enfant.

— Ton père ne reviendra jamais, jamais ! Tu n'as plus d'autre défenseur que le Père qui est au ciel... Celui-là ne te manquera point, quoi qu'il advienne. Souviens-toi bien, souviens-toi toute ta vie de cette terrible nuit d'orage, pendant laquelle nous voyageons tous deux, allant vers un pays nouveau, vers des étrangers... Quand tu voudras te rappeler comment la Providence garde les faibles, dis-toi que nous étions enveloppés par la trombe du vent et les éclats du feu du ciel, et que, cependant, faible, malade, mourante, je gardais encore la force de te bénir et de prier.

La jeune femme s'arrêta ; le bras qui tenait la bride du cheval retomba sur ses genoux, l'autre serra davantage le petit Max contre elle, et l'infortunée étouffa un cri d'angoisse.

— Mon Dieu, donnez-moi la force d'arriver, dit la jeune femme avec ferveur. Mon Dieu ! gardez la mère, gardez l'enfant !

Un long silence suivit ces paroles. L'orage redoublait de furie. Le cheval venait d'atteindre le sommet d'une montée, et la route, qui descendait rapidement, semblait toute blanche sous la clarté changeante des éclairs.

Max pleurait moins de la terreur que lui causait le bouleversement de la nature que de la douleur qu'il ressentait en voyant les souffrances de sa mère.

La jeune femme était retombée en arrière, sur les bottes de paille couvrant le plancher de la charrette. Sa face décolorée, ses yeux dans lesquels montaient des larmes, trahissaient l'excès de ses souffrances. Ses cris se changeaient en gémissements sourds; on eût dit qu'elle s'efforçait de les contenir dans la crainte d'augmenter encore la douleur et l'effroi de l'enfant, qui restait près d'elle, le cœur gonflé, les yeux gros, rassemblant son jeune courage afin de lutter à la fois contre la peur instinctive que lui causait l'orage redoublant de furie, et l'effroi stupéfiant que ressent l'enfance au spectacle de la douleur physique.

Oui, vraiment, c'était un tableau fait pour arracher les larmes aux plus insensibles, que celui de cette femme martyrisée par la double angoisse du corps et de l'âme, et de cet enfant, héroïque à sa manière, qui refoulait ses sanglots.

Et tous deux, l'une mourante, lui effaré, en face de la nue livide, enveloppés par des tourbillons de poussière et de flamme, perdus dans un pays inconnu, voyant se dérouler sous les éclairs rouges et sanglants la route uniforme et blanche, s'en allaient au trot du cheval qu'aucune main ne dirigeait plus.

La femme semblait à bout de forces.

Bientôt un spasme douloureux la tordit sur la paille qui lui servait de couche, elle appela :

— Max ! Max !

L'enfant entoura son épaule de ses bras, couvrit de chauds baisers le visage glacé de sa mère, demanda au ciel un miracle, et pencha la tête hors de la charrette qui roulait avec des soubresauts sur la route coupée d'ornières et empierrée de blocs de grès.

Depuis un moment l'orage semblait faire trêve. Le ciel noir épaississait les ténèbres, mais les grondements de la foudre allaient s'affaiblissant. Il devint possible au petit Max de distinguer loin, bien loin, presque au sommet de la colline occupant la droite de la route, une lumière faible, mais persistante.

Craignant d'abord de la confondre avec une clarté orageuse, il tint ses regards fixés de ce côté. Mais la lumière, égale et pure, semblable à une étoile lointaine, ne laissait aucun doute sur sa nature.

Qui est là ? demanda la voix de l'homme. (*Voir page 10.*)

Max pensa que l'habitant de la maison éclairée ne refuserait sans doute pas l'hospitalité à un enfant et à une femme malade.

Il toucha doucement l'épaule de sa mère :

— Veux-tu que nous descendions ? demanda-t-il ; nous attacherons le cheval, et nous marcherons jusqu'à cette ferme qui est là-bas.

Max n'obtenant point de réponse, s'approcha plus près et poursuivit :

— On est peut-être bon dans ce pays... pourvu qu'on te donne un lit, je dormirai n'importe où, avec les agneaux, dans l'étable... Réponds, mère, si nous frappions à cette porte ?

Mais la voix maternelle ne s'éleva point au milieu de ce silence plein d'angoisse.

L'enfant, sans comprendre d'une façon absolue le mystère renfermé dans ce mot : la mort, se sentit plein d'une épouvante croissant de minute en minute.

— Au secours ! cria-t-il, au secours !

Les lointains hurlements d'un chien lui répondirent.

Il attendit vainement.

— Si j'allais... pensa-t-il ; je supplierais un brave homme, une brave femme compatissante de nous donner un peu d'aide.

Max avança de nouveau la tête en dehors de la carriole.

Il se trouvait alors complètement en face de la lumière qu'il avait précédemment remarquée.

Le pauvre petit, n'espérant pas réussir à ralentir la marche du cheval qui courait sur la déclivité de la route, prit son élan et, se soutenant à l'une des traverses à claire-voie du véhicule, il sauta sur le chemin.

Malheureusement les roues étaient hautes, la charrette marchait, l'enfant tomba.

Il porta vivement la main à son pied droit qui lui causait une vive douleur et se releva tout chancelant.

Soit que l'une des roues de la charrette se trouvât en ce moment arrêtée par une pierre, soit que le cheval, fatigué par une longue traite, se reposât avant de continuer son chemin, la carriole resta un moment immobile.

Il sembla alors à Max qu'il entendait de nouveau sa mère pousser un de ces cris qui l'avaient si profondément ému ; il se releva, essaya d'affermir sa jambe endolorie, y réussit avec peine, et, rassemblant ses forces, il se dirigea du côté de la clarté.

De loin, sur le bord de la route, elle semblait proche ; mais à mesure que Max avançait, on eût dit qu'elle s'éloignait, pareille à un feu follet.

Des ajoncs épineux entravaient la course de l'enfant ; il les traversa sans paraître souffrir de leurs piqûres. Mais subitement il se trouva en face d'un large fossé rempli d'eau bourbeuse... Pour un enfant, la nuit, dans la situation où se trouvait Max, un fossé à franchir semble dangereux comme un fleuve, et le pauvre petit, ignorant la profondeur de l'eau, hésita un moment. Peut-être aurait-il reculé devant cette barrière quand un cri, un cri suprême qu'il distingua bien cette fois, parvint à son oreille et doubla son courage. Il se laissa glisser sur le talus, se sentit brusquement couler au fond d'une eau visqueuse et glaciale, et se crut un moment perdu. Les remous de l'eau l'entraînaient. Il étendit les bras au hasard, saisit une touffe de bruyère, s'y suspendit et gravit l'autre côté du fossé. Quant il parvint sur la berge, il était trempé jusqu'aux os, frissonnant de peur et de fièvre. Devant lui s'étendait un champ de fleurs dont le frais arôme le ranima un peu, et Max se mit à courir aussi vite que le lui permettait sa jambe contusionnée. Mais au bout du pré se dressa une haie de houx, de prunelliers et d'aubépines, infranchissable comme une muraille.

Devant ce nouvel obstacle, l'enfant s'arrêta.

Mais une voix déchirante vibra dans l'air.

Cette voix répéta :

— Max ! Max !

On doit crier ainsi dans l'agonie !

Le pauvre petit se demanda s'il devait rejoindre sa mère ou poursuivre sa course vers la maison, dont une seule barrière le séparait.

L'enfant chercha une issue dans ce massif d'arbustes hérissés d'épines, il n'en trouva pas.

Pendant que Max tentait de découvrir une brèche, ses oreilles bourdonnantes s'emplissaient du dernier appel de sa mère. Il n'hésita plus, et avec ce courage qui double les forces, et nous permet de dominer à la fois la douleur et le danger, il enfonça ses mains dans les branches des prunelliers, les écarta avec une énergie et une vigueur dont un enfant de son âge semblait incapable, et les doigts déchirés, le visage ensanglanté, il se dirigea vers la maison silencieuse.

Comme il en approchait, les hurlements d'un chien de garde s'élevèrent menaçants dans la cour.

Max, appuyé contre la barrière qui le séparait de la demeure, dont les volets laissaient filtrer la lumière intérieure, appela d'une voix altérée :

— Au secours ! au secours !

La lumière changea de place dans la salle basse de la maison. Un homme ouvrit la fenêtre, et s'adressant au chien :

— Paix donc, Labrie ! il n'y a point de malfaiteurs dans le pays, il ne peut s'y trouver que des malheureux.

Le chien se tut subitement.

— Qui est-là ? demanda la voix de l'homme.
— Un enfant, répondit Max.
— Un enfant tout seul, égaré ? reprit la voix.
— Un enfant dont la mère se meurt.

L'homme sortit vivement de la salle, traversa la cour, ouvrit la haute barrière et se trouva en face de Max.

— Oh ! je vous en supplie, monsieur, dit l'enfant, venez aider ma mère à descendre de notre charrette, et donnez-nous l'hospitalité pour cette nuit.

L'homme prit la main de l'enfant.

— Viens, dit-il.

Le vieillard, car c'était un grand et maigre vieillard que l'habitant de la maison isolée, saisit la main de l'enfant, caressa la grosse tête de Labrie, qui s'aplatit contre le sol en hurlant de joie, et fit entrer Max dans la grande chambre.

Puis l'homme prit la lampe et la plaça de façon à mettre le visage de Max en pleine lumière :

— Tes habits ruissellent d'eau ! dit-il.
— Je suis tombé dans le grand fossé, répondit l'enfant.
— Ton visage, tes mains sont en sang !
— J'ai franchi la haie, ajouta Max.

L'homme continuait à le regarder attentivement.

Les vêtements que le pauvre petit venait de mettre en lambeaux étaient de belle étoffe, son visage délicat, ses mains mignonnes ; tout attestait qu'il appartenait à une famille qui avait dû connaître l'opulence. Sa chaussure grossière contrastait seule avec la finesse de son linge.

Evidemment le vieillard, qui semblait chercher dans un examen approfondi le secret de cette douleur qui venait à lui à travers la nuit et la tempête, se trouvait en face d'un malheur exceptionnel.

Il plaça la lampe sur la table, posa sa large main sur le front de Max, essuya le sang, la sueur et les larmes qui couvraient son visage, et lui demanda avec une voix empreinte de pitié :

— Tu dis que ta mère est malade ?
— Elle se plaint comme si elle allait mourir.
— Tu l'as laissée sur la route ?
— Oui, dans la charrette.
— Vous voyagez tous deux ?
— Tous deux.
— Seuls ?
— Avec le vieux cheval César.
— Et tu penses que ta mère aurait la force de venir jusqu'ici ?

— Je ne sais pas, mais vous la soulagerez du moins...
— Peux-tu me conduire où la carriole est arrêtée ?
— C'est tout droit ! répondit l'enfant.
— Viens ! fit le vieillard.
Il alluma une lanterne de corne et prit Max par la main. Alors seulement il s'aperçut que celui-ci boitait.
— Tu es blessé ? lui demanda l'homme.
— Peut-être ; mais ce n'est rien. En sautant à bas de la charrette pour demander du secours et courir vers vous, je suis tombé... Soyez tranquille, monsieur, je marcherai tout de même.

Le vieillard posa la lanterne à terre, enleva Max, le plaça, sans mot dire, sur l'un de ses bras, reprit sa lanterne et marcha d'un pied sûr.

La lumière de la lanterne éclaira tour à tour le grand fossé au fond duquel Max avait roulé, et l'épineuse muraille qui lui avait ensanglanté le visage.

L'homme, malgré son âge, franchit le fossé d'un seul élan, puis tournant la haie, il trouva vers la gauche un échalier qu'il enjamba.

Une minute après, la route unie, blanche et déserte, frappait les regards de l'enfant et de son guide.

— Eh bien ? demanda l'homme.
— Je ne vois plus la charrette, dit l'enfant en regardant autour de lui.
— Tu te seras trompé de direction.
— Cela n'est pas possible ! elle se trouvait en face de ce gros arbre, pareil à un fantôme.
— La nuit, tous les vieux arbres ont l'air de fantômes, dit le vieillard en secouant la tête.
— Appelons ! reprit l'enfant, ma mère reconnaîtra ma voix.

Le pauvre petit rassembla toutes ses forces et cria :
— Mère ! mère !
Un écho faible comme un souffle lui répondit seul.
— Comment s'appelle ta mère ? demanda le vieillard.
— Je l'appelle : ma mère, jamais autrement.
— Et ton père, comment la nommait-il ?
— Anita.
— Et les domestiques ?
— Les domestiques disaient : Madame.
— Reste là, reprit l'homme, je vais courir sur la route et chercher si j'aperçois la charrette.

Max se cramponna aux jambes du vieillard :
— Je vous en supplie, lui dit-il, ne me laissez pas seul sur le chemin.., cherchons tous deux.., si vous êtes las de me porter, je mar-

cherai.., je courrai s'il le faut... mais je veux voir ma mère le premier.., elle va me croire perdu.., elle en mourrait de chagrin...

Le vieillard reprit l'enfant sur son bras, et descendit la pente de la route aussi vite que ses forces le lui permirent. Quant il fut arrivé en bas, il se trouva en face de trois chemins également carrossables et s'arrêta.

— Lequel suivra, mon Dieu? se demanda-t-il.

Il prit tout droit devant lui et marcha.

Le chemin était désert, silencieux.

Ni bruit de roues, ni clarté. La lumière de la lanterne devenait blafarde, elle s'éteignit tout à coup.

A ce moment l'aube blanchissait le ciel. L'enfant, tant qu'il avait été soutenu par l'espoir de retrouver sa mère, avait montré un courage au-dessus de son âge : mais quand il sentit mourir en lui la croyance qu'il rejoindrait la carriole où il l'avait laissée, son cœur éclata de douleur dans sa poitrine, et ses sanglots prirent le caractère du désespoir. En même temps la jambe blessée enfla, le visage déchiré par les piqûres devint rouge et gonflé, et le vieillard, qui le tenait dans ses bras, constata que le pauvre petit était en proie à une fièvre ardente.

L'homme s'assit sur le bord d'un fossé et se demanda ce qu'il allait faire.

— Allons, vieux Corneille, se dit-il, fais ton devoir, Dieu vient de te le tracer... Voilà un agneau perdu, sans laine, sans mère, commence par le réchauffer sur ta poitrine et par lui donner une part de ton âme ! La Providence se chargera du reste !

Et Corneille Aubin emporta chez lui l'enfant, qui appelait sa mère au milieu du double délire de la fièvre et de la douleur.

PROLOGUE

II

Le soleil se levait radieux. On était au mois de mai, la brise avait des parfums d'autant plus suaves que la terre s'empressait de fleurir.

La cloche sonnait lentement l'*Angelus*, et les paysans, conduisant leurs attelages, s'arrêtaient dans le champ ou sur le bord de la route et récitaient à voix basse la prière que chantait la cloche.

Le presbytère de l'abbé Lormel semblait seulement s'éveiller et vivre. Mais, depuis longtemps déjà, le digne curé cheminait dans la grande allée de tilleuls bornant son jardin du côté des prés. Il lisait son bréviaire.

Tandis que l'abbé Lormel prélude par la méditation et la prière à la célébration de l'office matinal, Marcotte, sa servante, zélée mais bruyante et grondeuse à sa manière, range le modeste ménage.

Elle commence par inspecter le garde-manger, et le trouvant vide, s'écrie, avec plus d'étonnement que de foi dans la Providence :

— Rien ! plus rien ! Encore une des folies de M. le curé ! Il ne me laissera ni une poule, ni un œuf ; je serai bientôt réduite à prendre le bissac des pauvres vieux pour aller quémander notre vie. Il n'y a pas moyen de tenir une maison avec un maître pareil. Monsieur le curé jeûne toute l'année, afin de donner davantage aux pauvres. Eh bien ! et lui ? et moi, s'il ne songe pas à lui..? C'est fini, j'en ai assez d'une place pareille !

— Et tu vas t'empresser d'en chercher une autre, ma chère grondeuse, mon excellente Marcotte ? demanda un enfant de quatorze ans environ, en pénétrant dans la salle à manger.

— Ah ! vous m'écoutiez, monsieur Bernard, répondit Marcotte ; eh bien ! je ne m'en dédis pas ; c'est désolant...

— De servir un saint prêtre qui se prive pour ses ouailles, n'est-ce pas ?

— Vous prenez parti contre moi, vous aussi ?

— Je prends parti pour la charité contre l'égoïsme ! Je ne suis pas seulement l'élève de l'abbé Lormel, mais son disciple, et si je déjeune avec lui je me contenterai d'un peu de fromage de chèvre

Mais, toi-même, Marcotte, qu'as-tu donc fait, hier, de ta belle jupe de droguet?

— Cela ne vous regarde pas, curieux.

— Je l'ai vue, ta jupe, elle remplace les haillons de la mère Ciboule.

— Ça, c'est mon affaire ; et si j'aime mieux le drap que le droguet, je suis libre.

— Tu me défends de parler de tes bonnes œuvres, soit ! Mais, cesse alors de gronder M. le curé pour sa charité prodigue.

— Si cela continue, m'est avis que vous n'aurez pas grandes études à faire pour devenir un fameux prédicateur.

— Ma bonne Marcotte, il faudra d'abord que j'apprenne le mantchou, le chinois ou la langue des grands lacs, car, dès que je serai ordonné prêtre, je partirai pour aller évangéliser les sauvages.

Le bruit d'une charrette, roulant avec fracas et s'arrêtant devant le presbytère, interrompit la conversation de Marcotte et de Bernard.

Tous deux traversèrent la cuisine, la salle à manger, et s'arrêtèrent dans la cour, stupéfaits du spectacle qui s'offrait à leurs yeux.

Un cheval venait de s'abattre dans les brancards du pauvre véhicule qu'il conduisait. Un pan de vêtement de femme traînait sur une des roues, et un cri, faible comme un soupir, parvint à l'oreille de Marcotte.

Bernard s'élança le premier.

Mais à peine se trouva-t-il en face de la charrette, qu'il s'écria :

— Une femme morte !

La servante accourut à son tour, prise à la fois de peur et de pitié; elle plongea ses yeux dans la charrette, se précipita d'un bond vers la femme, la souleva dans ses bras robustes et la posa doucement sur des boîtes de foin amoncelées dans un angle de la cour.

Elle allait essayer de la rappeler à la vie, quand un cri de Bernard la ramena près de la voiture :

— Marcotte ! Marcotte ! un petit enfant !

En effet, un pauvre petit être, à demi nu, vagissant, reposait sur la paille. Il lui restait à peine un souffle de vie.

La servante le prit doucement.

— Pauvre petite créature ! fit-elle ; une heure de plus, et elle expirait de besoin. Tandis que je vais m'occuper de l'enfant, monsieur Bernard, mouillez les tempes de la femme. Elles sont bien froides et les mains se roidissent. Toi, petit, ajouta Marcotte, en s'adressant à un garçonnet blond et rose, qui la regardait avec de grands yeux humides, cours avertir monsieur le curé.

Marcotte passa dans la cuisine, trouva un peu de lait au fond d'une tasse et le fit boire à l'enfant. Il agita ses petits poings roses et roidis, ouvrit faiblement les paupières, puis les referma.

Alors la servante rejoignit Bernard dans la cour.

— Le cœur ne bat plus, ma bonne Marcotte, dit celui-ci, avec une gravité émue. Le froid de ses mains me saisit et me pénètre. Et puis, ces grands yeux fixes, qui me regardent, me causent un effroi douloureux. Ne trouves-tu pas qu'ils expriment une poignante angoisse ?

— Dame, monsieur Bernard ! cette femme songeait à son enfant. Mourir toute seule, sans secours, au milieu de la nuit, sur une route ; emportée par ce cheval qui a descendu la colline comme un enragé, c'est horrible !

En ce moment, l'abbé Lormel parut.

Une sourde exclamation de pitié jaillit de ses lèvres. Il s'approcha de la femme et secoua la tête.

— Il ne nous reste qu'à prier pour elle, dit-il.

En ce moment, un des beaux pigeons blancs, que le curé se plaisait à nourrir, tournoya dans l'air, puis s'abattit sur l'épaule de Marcotte, battant des ailes au-dessus de la tête de l'enfant.

L'abbé Lormel se sentit profondément attendri.

— Ces deux innocences se reconnaissent, dit-il ; allons, c'est le signe de la Providence.

— Qu'allez-vous faire, monsieur le curé ? demanda Marcotte.

La cloche tinta doucement dans le clocher.

— Je vais demander conseil au bon Dieu, Marcotte.

Bernard embrassa doucement l'enfant et le suivit à l'église.

Pendant ce temps, une foule compacte s'amassait autour du presbytère.

— Pauvre petit être ! dit une femme ; quelle sera sa vie, si la fin ressemble au commencement ?

— Bah ! il ne sera pas pour rien venu tomber à la porte du presbytère, ajouta une autre.

— Quelle femme pouvait être sa mère ? demanda une jeune fille, s'approchant de la morte ; sa robe est usée, mais l'étoffe en était belle, et son linge est fin comme l'aube de monsieur le curé.

Un nouveau curieux chercha bientôt à se faire une place au milieu des femmes du village.

C'était un jeune homme de vingt-deux ans environ, à la figure intelligente et sympathique. Il portait avec aisance un costume de forme un peu bizarre, mais qui lui seyait à merveille. L'expression des yeux était charmante, et la bouche respirait la bienveillance. Il tenait un carton sous le bras, et le petit garçon qui se traînait à sa suite pliait sous le poids d'un chevalet et d'un large parasol.

Il se nommait Gabriel Vernac. Depuis un mois, installé dans l'auberge de la *Boule-d'Argent*, il passait ses journées à dessiner des paysages, à copier des ruines. Causeur aimable, il faisait de temps à autre une visite à l'abbé Lormel, et sachant combien celui-ci aimait sa pauvre église, il lui avait fait don d'une madone, dont l'expression de grâce et de pureté ravissait le digne pasteur.

Au moment où Gabriel Vernac pénétrait dans la cour, Marcotte et deux voisines se disposaient à transporter l'étrangère dans la salle basse du presbytère.

L'artiste, après un premier instant donné à la pitié, se trouva saisi, envahi par le côté douloureux et pittoresque que formaient, dans la cour, les groupes divers qui s'y pressaient.

— Mademoiselle Marcotte, dit-il, tandis que l'abbé Lormel est à l'église, permettez-moi de prendre une esquisse de cette scène.

— Certainement, monsieur, nous n'avons rien à vous refuser.

L'artiste tira de son carton une toile de dimensions moyennes et, prenant un crayon, il commença à esquisser largement le tableau qui s'offrait à lui.

Vraiment le jeune homme ne se trompait pas en affirmant que cette scène était dramatique et poignante. Sur les bottes de foin reposait le corps rigide de la morte ; ses longs cheveux noirs, dénoués, formaient un voile de deuil à sa tête fine et pâle. Ses grands yeux semblaient, en ce moment, regarder le ciel et lui adresser une suprême prière. Ses mains jointes étaient d'une blancheur de cire. Assise à terre, et presque à ses pieds, Marcotte, tenant l'enfant dans son giron, la berçait pour l'endormir. A deux pas, la charrette, couverte de toile blanche, ressemblait à une barque échouée.

Le vieux cheval broutait la haie. Autour de ce groupe, des figures de femmes attendries, de jeunes filles dont la joue en fleurs ruisselait de larmes, de robustes paysans, à l'expression grave, ajoutaient au pittoresque de la scène principale.

Quand l'artiste eut complètement posé la scène, il revint avec persistance à la tête de la jeune femme morte. Il voulut rendre ce front pur, où la douleur avait marqué son pli, cette bouche pâlie qui n'avait jamais dû maudire, ces yeux d'un bleu profond, qui le regardaient à travers le trépas et conservaient leur douceur infinie. Jamais il n'avait travaillé avec cette inspiration, cette fièvre. Il lui semblait avoir reçu mission d'en haut de rendre, dans toute sa grâce, sa douleur et sa sérénité, le visage de l'infortunée qui gisait à quelques pas de lui.

Marcotte continuait à bercer la petite fille ; de temps en temps celle-ci poussait un gémissement, et la servante humectait d'une goutte de lait ses lèvres altérées. Le pigeon blanc, familier de la maison, était revenu se poser sur l'épaule de Marcotte et, les ailes frémissantes, il roucoulait en regardant l'enfant de ses prunelles d'or.

C'était une singulière fille que Marcotte ; franche, dévouée, serviable et bonne, on pouvait quelquefois la croire égoïste et mauvaise. A certains jours, on eut dit le cœur de Marcotte cuirassé comme un navire de guerre. La mine rébarbative, la voix brève et cassante, le geste anguleux, elle poussait vers la porte de la maison ceux qui venaient d'en franchir le seuil avec confiance.

Dans les premiers mois de son séjour chez l'abbé Lormel, elle n'agissait point de la sorte. Était-ce par crainte de son maître ? Non. Marcotte avait une certaine audace ; elle aurait avoué un crime plus vite qu'elle n'eût raconté une bonne action. Dieu avait créé Marcotte excellente ; ce fut l'excès même de son dévouement qui vint progressivement jeter des ombres sur ses qualités natives. La brave fille s'attacha à son maître, de telle sorte qu'elle ne put bientôt voir sans souffrir l'excessive charité du digne prêtre.

Durant les soirées d'hiver, Marcotte filait avec ardeur ; au bout de l'année, elle portait son fil au tisserand, qui lui rendait une belle pièce de toile. Alors, elle comptait ce qu'elle y trouverait de draps pour le ménage ; elle les coupait, les ourlait, les marquait ; mais un matin, en rangeant les armoires, elle découvrait que la moitié des draps manquait à l'appel. Marcotte se rendait alors dans le cabinet du curé et, d'une voix dont elle s'efforçait de dissimuler le tremblement :

— Il faudra certainement changer la lessiveuse, disait-elle ; voilà qui est encore de son fait. Il manque la moitié des draps.

— Non, ma bonne fille, ne cherche pas, ne te tourmente pas ; c'est bien simple...

— Alors je sais le reste, monsieur le curé ; quand vous dites : c'est bien simple d'ajouter : un pauvre est venu.

— Et cela ne te semble pas une raison suffisante ?

— Non, monsieur le curé, non ! Je le soutiens ; j'ajoute même que vous n'avez pas le droit...

— Et moi, Marcotte, je me couperais les mains si je ne gardais le droit de les ouvrir pour la charité.

— Vous mourrez sur la paille, monsieur le curé.

Et l'abbé Lormel répondait en souriant :

— Tu ne sais pas, ma pauvre Marcotte, la chair est maigre ici, on y boit plus d'eau que de vin ; on besogne dur sans grand profit. Quitte cette maison du pasteur, qui n'est que l'hôtellerie des brebis pauvres, va servir au château voisin, dans la famille Montravers, des riches, ceux-là ! Ils paient royalement.

— Je n'ai pas mérité cela! répliquait Marcotte en pleurant. Je vous suis dévouée, je me tue à besogner pour vous.

— Mais puisque nous ne pouvons nous entendre...

— Nous ne pouvons pas nous entendre, parce que je veux trop votre bien; mais on se guérit de tous les défauts, même de celui-là. Je suis votre domestique, je vous servirai fidèlement, voilà tout!

En ce même moment, tandis qu'elle berçait l'enfant de la morte, elle était heureuse de sentir la petite créature, chaudement enveloppée dans un bon châle de laine bleue. Son âme se fendait de pitié devant le cadavre de la jeune femme et la mignonne enfant. Elle eût consenti à filer la nuit et le jour, pour que l'orpheline eût un toit et du pain, et lui sourit un jour de ses petites lèvres pâles, qui n'avaient jamais effleuré le visage de la mère.

PROLOGUE

III

Lorsque l'abbé Lormel arriva aux Bruyants, la population était pénétrée d'une sorte de froideur qui semblait mettre une barrière infranchissable entre elle et Dieu. Les paysans assistaient aux offices, les femmes remplissaient leurs devoirs, mais on ne sentait pas battre les cœurs dans l'expansion de la charité.

L'abbé Lormel entreprit de donner à cette population laborieuse et croyante ce qui lui manquait. Il la rendit pitoyable aux douleurs d'autrui. S'il resta des pauvres, il n'y eut plus de mendiants.

Ce matin-là, tandis qu'il se rendait à l'église, l'abbé Lormel réfléchissait profondément.

Le Seigneur allait sans doute lui imposer une nouvelle tâche. Il s'agissait de la remplir complètement, et d'y associer les braves gens qui l'entouraient.

Lorsqu'il arriva dans la maison de Dieu, il la trouva parée de fleurs, brillante de cierges, et devant l'autel se pressait un groupe peu nombreux, mais recueilli.

Il commença à esquisser largement le tableau qui s'offrait à lui. (*Voir page* 16.)

Les femmes s'y trouvaient en majorité. Quelques vieillards et des enfants complétaient l'assemblée.

Le curé s'habilla lentement. Il réfléchissait, il demandait à Dieu la lumière.

Quand les fidèles le virent paraître, chacun se sentit le cœur rempli d'un sentiment de foi ardente.

Bernard suivait le prêtre; tandis que celui-ci montait à l'autel, il s'agenouilla sur le tapis, et les deux bras croisés sur le cœur, il attendit.

Bernard avait un pur visage, des yeux limpides, la bouche sérieuse, une chevelure blonde, dans laquelle glissait en ce moment le soleil. Ses vêtements blancs, s'empourprant du reflet de sa robe rouge, tombaient jusqu'à ses pieds. Il semblait perdu dans le sentiment d'une piété ardente.

La clochette d'argent tinta; l'officiant et le peuple se frappèrent la poitrine avec ce sentiment d'humilité qui est la base de la prière.

Avant de donner la communion aux plus pieux de ses enfants, le curé descendit les marches de l'autel. Il semblait profondément ému.

— Mes enfants, leur dit l'abbé Lormel, tout à l'heure, au moment où je me disposais à venir ici, une charrette, je devrais dire un cercueil, s'arrêtait devant le presbytère. Ah! si vous aviez vu le pâle et doux visage de la morte! Si vous aviez entendu les cris du petit enfant, vous comprendriez de quelle angoisse je me suis senti saisi. Que dois-je faire? Sans doute le cimetière donnera bien un peu de terre pour la femme; mais l'enfant? Faut-il, à l'heure où Dieu semble le remettre dans mes bras, l'envoyer dans les tristes maisons de l'assistance publique? Je vous ai beaucoup demandé cette année, l'hiver a été rude, la moisson peu productive, et cependant je demande encore.

Parmi vous, je vois des maris, des femmes en deuil. Mais vous avez eu la suprême consolation d'assister aux derniers moments de ceux que vous aimiez. A l'heure de vous quitter ils vous ont bénis; mais cette étrangère, cette malheureuse, qui, sans force pour conduire son misérable véhicule, a été entraînée vers ma pauvre maison! Et puis, l'enfant! adoptez-le, gardez-le! Chacun donnera une poignée de grain, la toison d'une brebis et ce sera suffisant! Il me semble que ce petit être innocent sera la bénédiction et la joie du village.

L'abbé Lormel bénit la foule agenouillée, remonta vers l'autel, partagea le pain des forts et termina le saint sacrifice. Longtemps après, il était encore prosterné dans un coin de la chapelle.

Lorsqu'il se releva, l'église était vide, la foule l'attendait sous le porche.

— Monsieur le curé, dit un ouvrier, je me charge de la bière,

— J'accepte, mon ami.

Trois femmes s'approchèrent :

— Donnez-moi l'enfant ! dit une d'elles ; nous en avons six, ça fera un de plus, voilà tout.

— Oh ! monsieur le curé ! ajouta la seconde, le Seigneur m'en a refusé, faites-moi cadeau de celui-là.

La troisième sanglotait, la tête dans ses mains.

La veille, on avait porté dans le champ de repos une petite fille qu'elle adorait, et la malheureuse, brisée par le regret, meurtrissait son sein où la petite créature ne pouvait plus aspirer la vie.

Le curé s'approcha d'elle.

— Viens, ma pauvre Marthe, c'est à toi que je vais confier l'orpheline.

Une expression de joie rapide passa sur le visage de la mère.

— Et nous ? monsieur le curé, demandèrent les deux autres.

— Vous, la Claudette, vous la tiendrez sur les fonts de baptême, en qualité de marraine ; et quant à vous, Victoire, votre digne mari deviendra le parrain de l'enfant adoptée.

Le curé, très ému de cette scène, qui lui prouvait combien il avait rendu charitables ses chers paroissiens, reprit la route du presbytère.

L'abbé Lormel trouva Marcotte berçant la petite fille, en chantant pour l'endormir, et Gabriel Vernac travaillant à sa toile.

— Ces artistes ! dit le curé, en s'approchant du peintre, ils trouvent en toute chose un sujet d'étude.

— Cela est vrai, monsieur l'abbé, répondit respectueusement le peintre ; cependant, si j'ai d'abord été saisi par le côté dramatique de ce tableau, il m'est venu ensuite à l'idée que cette toile servirait peut-être plus tard.

Tandis qu'il parlait, Gabriel Vernac complétait sa toile, en ajoutant la figure du curé et la tête angélique de Bernard.

Marthe se dirigea vers Marcotte, se pencha vers la petite fille, puis l'enlevant brusquement, elle la serra sur sa poitrine, en fondant en larmes.

— Je t'aimerai ! je t'aimerai ! dit-elle, au milieu de ses sanglots.

Pendant ce temps, on avait préparé des tréteaux dans la salle basse du presbytère ; un drap noir les recouvrit, et l'on porta la morte dans cette chapelle ardente improvisée. Les enfants ne tardèrent pas à rapporter d'énormes bouquets ; on alluma des cierges ; un vase d'argent, rempli d'eau bénite, fut placé aux pieds de la trépassée.

Le brave ouvrier termina rapidement sa bière ; la fosse était creusée à l'avance. Deux femmes âgées coupèrent les cheveux de la jeune étrangère, et l'enveloppèrent dans un suaire. On lui laissa ses habits; la petite croix qu'elle portait au cou fut seulement enlevée. C'était l'unique héritage de l'orpheline.

Le cortège s'achemina vers l'église. Tout le village suivait. Marthe marchait derrière le cercueil, tenant dans ses bras la petite fille.

Quand la dernière pelletée de terre fut retombée sur la bière, le fossoyeur reprit le chemin de l'église en courant.

Tout à l'heure il sonnait un glas, il s'agissait de sonner un baptême.

Les cloches carillonnaient gaiement sous sa main calleuse.

Marthe souriait de ses lèvres pâles.

Mathieu et Victoire rayonnaient de fierté.

Lorsque le curé demanda à Victoire et à Mathieu quel nom ils donnaient à l'enfant, tous deux se regardèrent indécis.

Tout à coup, un des beaux pigeons blancs du curé, le même qui avait voltigé au-dessus de l'orpheline, tandis que Marcotte la tenait dans ses bras, traversa l'église à grand vol, puis chercha, et finit par planer, les ailes palpitantes, au-dessus de la vasque de marbre qu'entourait la pieuse assistance.

— Il me semble, dit doucement le pasteur, que le Seigneur lui impose lui-même le nom qu'elle doit porter ; appelons-la Colombe.

— Oui, Colombe ! répétèrent à la fois Marthe et Victoire.

La cérémonie du baptême s'acheva ; et les braves gens qui avaient suivi le convoi de la mère et accompagné l'enfant, regagnèrent leur maison en s'entretenant des événements qui venaient de se passer.

Marthe rentra seule au presbytère avec Colombe.

L'abbé Lormel songea alors qu'il faudrait se défaire du cheval et de la charrette. Celle-ci était remplie de paille froissée, qu'un enfant enleva et jeta sur le fumier. Sous la dernière botte, sa main rencontra un objet dur et résistant. C'était un sac de cuir qui avait dû être beau, car les ferrures étaient d'argent ciselé. Sur la plaque étaient deux chiffres enlacés : A. A. Ce sac fermait au moyen d'un ressort que le curé réussit à faire jouer. L'abbé Lormel et Gabriel Vernac en examinèrent le contenu.

L'artiste trouva un vieux numéro de la *Gazette des Tribunaux*. Une affaire importante en occupait presque complètement les larges colonnes. Il s'agissait d'un procès en cour d'assises, au sujet d'un incendie. L'accusé avait été condamné aux travaux forcés à perpétuité.

L'abbé Lormel déplia une feuille de papier qui, évidemment, était un brouillon de lettre. Cette lettre avait-elle été écrite par la morte à son mari ? Ceci, nul ne pouvait le dire. Mais, ce qui est certain, c'est que la femme qui traça ces pages possédait une âme vaillante jusqu'à l'héroïsme. Elle s'adressait à un homme rudement éprouvé, et cherchait à relever son courage. Les mots d'innocence, de justice, revenaient souvent dans le cours de cette lettre.

Puis la femme parlait d'elle-même, de sa faible santé, que soutenait l'énergie de « l'ange qu'elle attendait ».

Enfin elle s'entretenait longuement de son petit garçon, de ce Max qui faisait sa joie et son espérance, au milieu de ses épreuves.

Dans le sac était une feuille sans enveloppe, évidemment d'une autre écriture. Celle-là était adressée à la femme. Son mari l'appelait sa chère Alida et lui faisait des recommandations relatives à sa santé, au silence qu'il fallait garder à l'égard de Max ; les dernières lignes parlaient d'un autre enfant « que jamais, sans doute, il ne pourrait embrasser... »

Un petit livre à fermoir, usé aux angles des pages, un de ces livres qui racontent une vie de prière, était au fond du sac en cuir. Les mêmes lettres A. A. se retrouvaient sur le fermoir.

Le curé le fit remarquer à l'artiste.

— Evidemment, dit Gabriel Vernac, cette femme se nommait Alida. C'est elle qui a écrit le brouillon qui nous montre son âme sous un aspect si noble, et sa vie comme un drame si douloureux.

— Peut-être, répondit l'abbé Lormel ; mais, ce Max, dont elle parle avec tendresse, ce petit garçon qui est sa consolation unique, à qui, d'après la lettre adressée à Alida, on défend de raconter le secret poignant qui brise deux vies...

— Sans doute nous ne pouvons rien dire de relatif à Max, mais « l'ange attendu » doit être Colombe.

— Mon Dieu ! dit le prêtre, sans nul doute, à côté de la douleur de cette femme, de cette mère si courageuse et si résignée, il existe une autre souffrance qu'il ne nous sera jamais permis de consoler.

— Hélas !

— Peut-être n'en sommes-nous pas dignes, monsieur Vernac.

— Ainsi, demanda le peintre, voilà tout l'héritage de l'orpheline ? un vieux livre de prière...

— Prouvant qu'elle appartenait à une pieuse famille.

— C'est vrai, monsieur l'abbé. Un brouillon de lettre...

— Il suffira pour lui faire honorer la mémoire de sa mère...

— Et ce journal mystérieux ?

— Voilà peut-être la page sombre, dit le prêtre.

— Monsieur le curé, dit l'artiste, en se levant ; le temps que j'ai passé dans ce pays m'a semblé court, grâce à votre hospitalière demeure, à vos causeries. J'en emporterai, comme vivant souvenir, l'ébauche de la scène qui s'est passée ce matin. Je regrette d'avoir si peu fait pour votre église ; ne m'oubliez pas à Paris, si vous avez besoin de moi, rue Laval.

— Vous partez ? demanda l'abbé Lormel.

— Dans deux jours.

— Adieu ! dit le curé des Bruyants ; revenez si vous le pouvez.

Il ajouta, avec un soupir :

— Je cache à mes paroissiens que je souffre d'un anévrisme ; si nous ne sommes pas destinés à nous revoir en ce monde, que Dieu vous guide et vous fasse célèbre !

Le jeune homme pressa la main du pasteur, avec un respect attendri.

En ce moment, on frappa à la porte.

— C'est Bernard, dit le prêtre, en souriant.

Il ajouta, à voix haute :

— Entrez !

L'adolescent franchit le seuil de la porte :

— Marthe demande si elle peut retourner chez elle, dit-il.

— Qu'elle vienne d'abord me dire adieu.

La fermière parut :

— Vous m'avez mis un ange dans les bras, dit-elle, soyez tranquille, l'enfant sera heureuse. Si j'osais tant seulement vous faire une prière...

— Parlez, ma bonne Marthe.

— Ce serait de permettre au pigeon blanc de nous accompagner ; il ne quitte plus mon épaule depuis que j'ai la petite dans les bras.

— Alors, emportez les deux colombes, Marthe, il me semble que l'amitié de l'oiseau portera bonheur à l'enfant !

PROLOGUE

IV

Colombe ne porta pas seulement bonheur a la maison de Marthe où elle ramena les sourires de l'enfance, ses bégaiements qui sont un langage, ses regards si profonds et si bleus qu'ils réfléchissaient bien plus le ciel d'où elle descendait que la terre où elle devait vivre ; on eût dit que son adoption était un palladium pour tout le village. Cette enfant rappelait d'une façon vivante l'expression de la charité du pauvre. Chacun la voulait voir heureuse et parée ; fermières et jeunes filles cousaient son trousseau. Elle se tenait à peine en équilibre sur ses petits pieds roses qu'elle possédait déjà des couvées de poulets couverts de duvet gris, des agneaux qu'on lui choisissait tout blancs, un coin de pré dans lequel poussaient pour elle des bouquets.

Elle en emplissait ses bras et les portait au presbytère.

Souvent la gerbe montait plus haut que sa blonde tête, et rien n'était plus charmant que de voir sa figure aussi fraiche que les roses, aussi blanche que les lis, se montrer rieuse au milieu de ce cadre qui semblait si bien fait pour elle.

L'abbé Lormel portait les fleurs à l'église, apprenait une prière à l'enfant, la bénissait deux fois, comme son père d'adoption et le père de son âme, et remerciait Dieu d'avoir placé cette infortunée sur son chemin.

Si l'aumône est bonne et sainte à la ville, elle prend dans les campagnes un aspect plus fraternel encore. Il ne s'agit pas d'argent. On offre ce que le Seigneur a donné. On rend à celui qui souffre ce que Dieu prêta du superflu. Si la grêle perd la récolte de pauvres gens, si l'incendie dévore leur chaumière, chacun prend quelques boisseaux de son grain, des bottes de foin dans le fenil, des semences sont prêtes pour le champ, et des bras s'offrent pour la culture retardée. L'évangile s'y pratique avec plus de douceur. On accuse souvent les paysans de ruse et d'avarice. Ils se savent ignorants et se défient un peu. Puis l'argent est si rare chez eux qu'ils ont le droit d'y tenir davantage. Mais cependant c'est seulement dans les campagnes que le pauvre entre dans la salle des fermes, salue la famille sans fausse humilité.

et s'assied près du foyer à l'heure où l'on trempe la soupe des maîtres et des serviteurs. Il se sent des droits près des riches. Le curé a dit au prône que les heureux de ce monde sont ceux qui peuvent donner davantage, et il croit faire honneur à la maison qu'il préfère ! Quelle différence à la ville ! On s'éloigne du mendiant comme d'un lépreux. On lui fait un crime de sa misère. Les règlements administratifs lui défendent de tendre la main. Les vieux pauvres doivent s'estimer heureux quand ils peuvent trouver un asile. Mais, alors, adieu cette liberté d'aller où il plaît, de choisir sa place au soleil ; c'est la prison, moins l'infamie.

La misère à la campagne peut être rude, cela est vrai, mais le pauvre y récolte aisément ce qui tombe de la main de la Providence.

Il a, pendant la moisson, le droit de glaner les épis ; les lourdes charretées de foin odorant laissent leurs dépouilles le long des haies pour la chèvre de la vieille mendiante ; les châtaignes tombées, les macres d'eau la nourriront pendant les mauvais mois ; la prunelle donne un vin aigrelet. Les grands bois laissent tomber leurs branchages morts pour le feu de l'hiver ; et puis les mousses, la flèche, la fougère séchée emplissent de saines paillasses. Enfin, au-dessus de toutes les ressources que trouve dans les campagnes la pauvreté industrieuse, la charité étend ses grandes ailes sur ceux qui sont nus, et porte ses pains miraculeux à ceux qui sont affamés.

Peut-être aussi, tous les villages ne ressemblaient-ils point à celui des Bruyants, et l'évangélique esprit de l'abbé Lormel avait-il passé dans le cœur de tous les habitants de ce petit pays. Ils s'aimaient, ils s'aidaient, et bien rares étaient ceux qui connaissaient l'envie, la rancune et la haine.

A côté de Marthe habitait cependant une femme étrangère au village, qui, depuis dix ans qu'elle était venue s'y fixer, n'avait rien pris de ses usages, de ses coutumes. On ne savait pas grand'chose de son existence ; à ceux qui lui demandèrent son nom, elle répondit qu'elle s'appelait la Gembloux ; quand on s'enquit de son histoire, avec une bienveillance qu'elle prit pour de la curiosité, elle dit brièvement qu'elle était née à Rouen, que son mari, dont l'état était dangereux, s'était tué en tombant d'un échafaudage. Elle avait une petite fille, âgée seulement de quelques mois, qu'elle nommait Epine-Vinette.

L'abbé Lormel, en allant visiter sa nouvelle paroissienne, lui demanda bien si l'enfant n'avait pas été dotée d'un nom plus chrétien, mais la Gembloux haussa les épaules en répondant :

— Puisque la petiote comprend et me répond à sa manière quand je l'appelle Epine-Vinette, pourquoi dirais-je autrement... Il se peut

Pourquoi pas à nous, la voiture? (*Voir page* 28).

que l'on ait écrit autre chose sur les papiers, je ne sais pas lire, et je ne m'en soucie guère ; jusqu'à ce qu'elle soit en âge d'avoir besoin d'une pièce officielle, la rivière roulera de l'eau.

La Gembloux ne connaissait point d'état manuel, mais elle était robuste, et se fit lavandière.

Les femmes des Bruyants n'avaient guère le temps, une fois leur rude besogne finie, de se rendre à la fontaine; leur pénurie de linge ne leur permettait pas d'attendre d'une lessive à l'autre; la Gembloux trouva donc assez vite une clientèle.

Elle partait chaque matin, son lourd baquet rempli de linge posé en équilibre sur sa tête, son battoir d'une main, sa boîte de sapin de l'autre. Epine-Vinette la suivait, courant avec une légèreté de cabri, s'arrêtant pour cueillir des fleurs, allant à droite poursuivre une mouche, bondissant en avant dans l'espoir d'attraper un oiseau.

Vive, svelte, malicieuse, Epine-Vinette chantait à l'âge où les autres enfants gazouillent. L'agilité de son gosier lui permettait d'imiter les trilles du rossignol, les fantaisies vocales de la fauvette. Du reste, à ces essais, à ces répétitions constantes du concert que donne la nature dans les ramures de ses arbres, les fourrés de ses haies, l'abri de ses sillons, se bornait le labeur d'Epine-Vinette. On l'eût dite créée pour vivre d'air et de liberté, sans souci du pain du jour et de l'abri du lendemain.

Et cependant quand elle apercevait des enfants de son âge richement vêtus, quand elle rencontrait surtout la famille Montravers, qui habitait pendant quatre mois de l'été un superbe château et traversait les routes poudreuses au galop de ses chevaux, Epine-Vinette ouvrait de grands yeux noirs, profonds et durs, et demandait à sa mère :

— Pourquoi pas à nous la voiture ?

Et comme sa mère suivait du même regard la calèche élégante, Epine-Vinette reprenait :

— Et pourquoi pas à moi aussi les belles robes et les bijoux ?

— Parce que..., répondait sourdement la mère.

— Parce que quoi ? ajoutait Epine-Vinette, avec sa logique d'enfant qui poursuit une idée.

— Parce que nous sommes pauvres et que les Montravers sont riches.

— Alors, je veux être riche ! disait l'enfant, plus riche que les Montravers. Et j'aurai six chevaux à ma voiture au lieu de quatre afin de faire encore plus de poussière.

La masure habitée par la Gembloux touchait à celle de Marthe.

L'excellente créature qui avait adopté Colombe n'était guère plus riche que sa voisine ; son mari ne possédait pas un coin de terre ;

c'était un journalier probe et laborieux, que l'on aimait, que l'on estimait dans le village. L'unique enfant qu'il avait eu venait de mourir, quand sa femme adopta l'orpheline ; si personne ne s'étonna aux Bruyants de la généreuse action de ces braves gens, la sympathie qu'ils inspiraient s'en augmenta encore. Ce fut à qui leur viendrait en aide, avec l'ingéniosité du cœur.

Sous prétexte de fournir aux besoins, aux plaisirs de Colombe, on s'occupa de Marthe avec sollicitude. Oh! combien Colombe la payait de ses soins, de sa bonté, de sa tendresse !

Par un miracle de la charité, dont Marthe avait suivi les préceptes, son cœur se dilatait pour Colombe avec autant de force qu'il l'avait fait pour l'enfant perdue. Elle la serrait dans ses bras avec des joies réellement maternelles, et lorsque la petite fille ouvrit pour la première fois ses lèvres en l'appelant : « Mère ! » les yeux de Marthe se remplirent de larmes de bonheur.

Le voisinage des enfants opéra, tout de suite et sans effort, ce que n'avait pu la bonté, la grâce affectueuse de Marthe à l'égard de la Gembloux.

Si la petite Epine-Vinette ne se sentit pas tout d'abord entraînée vers la mignonne créature, dès que Colombe fut en âge de sentir les attractions de l'amitié, elle s'attacha à la fille de la Gembloux. Celle-ci chantait d'une façon si merveilleuse, elle excellait d'une façon si incomparable dans l'art de tresser une couronne et de la poser sur ses cheveux noirs ! Puis Epine-Vinette était plus dénuée que l'orpheline, et sa misère procurait à Colombe l'occasion de faire le bien.

Elle partageait avec l'envieuse enfant les fruits des fermières, les jattes de crème ; plus d'une fois elle lui donna la moitié des chauds vêtements que les filandières avaient filés, que le tisserand avait ourdis, que la tailleuse avait cousus pour rien, simplement parce qu'elle était Colombe et que chacun l'aimait.

Epine-Vinette acceptait, embrassait follement sa compagne, puis courait heureuse montrer ces dons à la Gembloux.

Mais celle-ci, loin d'avoir le premier bon mouvement de sa fille, souriait avec amertume :

— Elle ne t'a point donné cela parce qu'elle t'aime, mais pour t'humilier par son aumône.

Epine-Vinette ne comprenait pas d'une façon complète ce que lui disait sa mère, mais son plaisir était gâté, la reconnaissance se corrompait dans son cœur ; un vent froid soufflait dans son âme, dévorant les fragiles fleurs qui venaient d'y éclore, comme les gelées d'avril grillent les bourgeons des pommiers.

Et cependant, comme la main de l'ouvrier céleste, qui forme l'âme de l'enfant, y laisse longtemps son empreinte, Epine-Vinette s'attacha à Colombe autant qu'elle pouvait s'attacher à quelqu'un.

Les cœurs d'enfants ne sont jamais naturellement vicieux.

Il faut qu'on les jette dans des moules défectueux pour les atrophier et les pervertir.

Ce qu'Epine-Vinette voyait de dur, d'injuste par les regards de sa mère, changeait tout de suite d'aspect quand elle le contemplait à travers les yeux de Colombe. L'orpheline avait au dernier point ce don précieux de la pacification et du charme. Elle trouvait toujours un mot touchant, une caresse affectueuse pour ceux qui souffraient.

Comme elle avait été bercée dans les bras de la Charité, son âme s'imprégna de douceur et de bonté. Oui, c'était bien une enfant bénie, et à mesure qu'elle grandissait, svelte comme cette fleur que l'on nomme la reine des prés, et blanche comme elle, on fut à même de l'apprécier davantage.

Marthe n'osa jamais lui faire partager le rude labeur de la campagne. Colombe offrait cependant de bêcher le jardinet, d'en sarcler les plates-bandes, mais ses petites mains délicates ne semblaient point faites pour cette besogne. Marthe, qui la chérissait comme son enfant, n'oubliait point cependant qu'elle était la fille d'une infortunée qui, en dépit de grands malheurs dont elle avait emporté le secret dans la tombe, appartenait à une famille aisée, riche peut-être. Qui sait si Dieu ne permettrait pas que Colombe la retrouvât?

Fallait-il que son éducation et ses habitudes la rendissent indigne d'y reparaître, s'il s'agissait un jour de son bonheur et de sa fortune?

L'abbé Lormel donna donc à Colombe des leçons qui la rendirent, sinon savante, du moins solidement instruite des choses du ciel d'abord, puis des choses de la terre. Elle lut beaucoup, retint facilement, et, tout en s'occupant d'ouvrages de couture, qu'elle réussissait admirablement, elle acheva une éducation qui n'eût fait rougir aucune jeune fille élevée au foyer paternel.

En grandissant, l'orpheline devint belle, d'une beauté spéciale, faite de grâce et de candeur ; elle tenait presque toujours ses yeux baissés ; quand elle les levait, il s'en échappait un rayonnement lumineux et doux. Elle semblait peu tenir aux choses de ce monde ; à voir la manière dont elle posait son pied léger sur le sol, on eût dit qu'elle avait envie de s'envoler. Elle n'était point triste, mais recueillie. La douleur qui plana sur sa naissance laissait en elle une souffrance mal définie. On eût dit qu'elle portait le deuil de la mère qu'elle n'avait pas connue.

Et cependant, à l'âge de douze ans, Colombe ignorait encore com-

Il avait appris à lire aux enfants. (*Voir page* 36.)

ment la main de la Providence l'avait déposée devant la porte du presbytère.

Marthe, dans sa jalouse affection pour la jeune fille, souhaitait qu'on ne le lui apprît jamais ; dans le village, par affection pour elle, chacun se faisait complice de son silence, mais il vint un jour où l'abbé Lormel crut de son devoir de tout révéler.

Le pasteur était vieux, bien vieux ; à force de visiter les malades, de parcourir sa pauvre paroisse, sous la neige et la pluie, ses membres se roidissaient, la force lui manquait.

Il se sentait appelé à ce long repos qui doit être l'éternelle fête des bons.

Il vint un jour où l'abbé Lormel ne se leva plus. Un jeune prêtre des environs lui fut envoyé ; chaque matin la messe, célébrée dans la chambre du malade, réunit la moitié de la paroisse. Le curé voulait, avant de quitter ses enfants, s'entretenir avec chacun d'eux en particulier. Il connaissait leurs âmes, leur esprit, leur caractère ; il souhaitait faire à chacun ses recommandations suprêmes, et lui indiquer la ligne à suivre avant d'arriver au but auquel il touchait.

Quand ce fut au tour de Marthe de s'agenouiller devant le lit de l'abbé Lormel, le digne prêtre lui dit avec une bonté paternelle :

— Je suis content de vous, ma fille, et le Père céleste vous le dit aussi par ma bouche. Je vous ai confié une enfant, et vous l'avez élevée en fille chrétienne, vous l'avez disposée à tout accepter de la main du Seigneur, la peine comme la joie. Je suis le dépositaire de tout ce qu'elle possède, et je crois qu'avant de partir, il est de mon devoir de raconter comment elle nous fut confiée. Je sais bien que votre cœur saignera ; il va vous en coûter de lui révéler que vous l'avez adoptée et non point reçue directement d'en haut ; mais à l'âge de Colombe, avec son cœur et sa raison, soyez sûre que vous ne perdrez rien de sa tendresse.

— Faites ce que vous croyez être la volonté de Dieu, monsieur le curé, répondit Marthe, les yeux remplis de larmes, mais l'âme résignée.

— Où est Colombe, en ce moment ?

— Elle attend, auprès de Marcotte, que vous lui permettiez d'entrer.

— Appelez-la, Marthe ; il me reste assez de force pour lui dire... et qui sait si demain...

Il n'acheva pas et, pris d'une faiblesse, se renversa sur les oreillers.

Marthe appela, avec angoisse, Marcotte et Colombe.

A ce même cri, accourut Bernard.

Le jeune homme souleva son bienfaiteur dans ses bras, tandis que la vieille servante humectait de vinaigre les lèvres et les tempes du curé. Celui-ci revint lentement au sentiment de l'existence, serra d'une façon expressive la main de Bernard, sourit à Marcotte et à Marthe pour les rassurer. Puis, avant de permettre au jeune homme de s'éloigner, car Bernard était maintenant un jeune homme, l'abbé Lormel tira une clef d'un petit trousseau et, la tendant à son jeune ami :

— Ouvre le secrétaire, Bernard, prends-y une cassette, apporte-la sur mon lit. Merci, mon enfant. Je suis tout-à-fait bien ; Marcotte, vous pouvez vous éloigner.

Bernard et la servante sortirent ; Marthe tomba sur ses genoux, au pied du lit ; Colombe demeura debout, son doux et triste regard fixé sur l'homme de Dieu.

— Ne t'afflige pas, Colombe, lui dit le prêtre ; je te quitte, je ne t'abandonne pas. Marthe, ta seconde mère, suffit d'ailleurs à ta vie. J'ai fait de toi une pure jeune fille, forte contre la douleur, grande par la foi. Avec cela, mon enfant, on peut traverser tous les dangers, effleurer toutes les fanges, on reste digne, on demeure sans tache.

De ce que venait de lui dire l'abbé Lormel, la jeune fille n'avait écouté qu'un mot ; il l'avait soudainement frappée au cœur. Quand le curé le prononça, elle regarda tour à tour Marthe et le prêtre, et, voyant la gravité de celui-ci, entendant les sanglots de celle-là, elle s'écria, en enlaçant la fermière de ses bras :

— Ma mère ! ma mère ! dis-moi donc que tu es ma mère !

Marthe serra l'enfant sur son sein, mais elle ne répondit pas.

— Colombe, reprit le curé, d'un accent voilé, votre mère ne vous aurait pas mieux aimée.

— Oh ! je le sais, répondit la jeune fille, mais un instinct, que je ne saurais dominer, me porte cependant vers le souvenir de cette inconnue bien-aimée. Comment l'ai-je perdue ? quelle catastrophe nous sépara ?

— Je vous ai mandée pour vous l'apprendre.

Alors, l'abbé Lormel raconta la nuit d'orage pendant laquelle une femme défaillante avait été entraînée sur la route des Bruyants. Il peignit l'arrivée de la charrette, que personne ne guidait plus. Il parla de la jeune morte aux longs cheveux noirs, qu'il avait pieusement inhumée sans pouvoir mettre autre chose qu'une date sur sa tombe. Il dit à Colombe comment Marthe, pleurant sa fille, l'avait spontanément adoptée.

Et quand le curé termina ce récit, Colombe, tout en larmes, se jeta dans les bras de Marthe :

— Ma mère ! dit-elle, ma mère !

Jadis la pauvre femme avait adopté l'orpheline ; celle-ci, à son tour, adoptait l'humble fermière.

Le curé ouvrit la cassette de fer.

Il en tira le sac de cuir noir garni d'argent, le livre d'heures pieusement usé, la lettre, le brouillon de correspondance et le vieux numéro de la *Gazette des Tribunaux*.

— Regarde et lis, dit le prêtre.

Colombe s'assit à terre et, appuyée contre l'épaule de Marthe, elle parcourut ces divers papiers.

— Monsieur le curé, dit-elle, ne pensez-vous point que mon père ait été victime d'une grande injustice.

— Je le crois, mon enfant.

— Ma mère était une sainte, ajouta Colombe, ce livre de prières, la petite croix qu'elle portait au cou, les termes de ce brouillon de lettre me le prouvent.

— Aussi, ma fille, l'ai-je regardée comme une martyre. Au cimetière, sans que l'on t'apprît pourquoi, on t'a souvent conduite sur une tombe toute fleurie de roses. La croix noire portait un seul emblème : une colombe blanche. C'est là que repose, dans la paix du Seigneur, celle qui n'a pu te voir grandir.

— Ah! dit la jeune fille, c'est pour cela que je me sentais si émue quand je m'y agenouillais à la sortie de l'église.

Colombe relut un des passages de la lettre de sa mère.

— Qu'était-ce que ce Max ? demanda-t-elle. La pauvre femme qui adressa cette lettre à son mari en parle comme d'un enfant bien-aimé. J'avais donc un frère ?

— Je le pense, ma fille.

— Qu'est-il devenu ?

— Rien ne l'indique, tu le vois, et, bien que cette lettre atteste que la personne qui l'écrivit soit partie avec ce petit Max, ta mère était seule dans la voiture, seule avec toi, dont elle parle dans ces lettres comme d'une petite âme qui n'est point encore descendue sur la terre.

— Ainsi, reprit Colombe, j'ai un frère. Dans ce monde, dans ce vaste monde, il est un être que ma pauvre mère a bercé, aimé ; un enfant, un adolescent, presque un jeune homme, répond à ce nom de Max, et dans les vagues souvenirs de ses premières années, il se souvient de celle que vous avez vue, monsieur le curé, que vous avez aidé à ensevelir, ma bonne Marthe.

— Qui sait ! hélas ! demanda le prêtre, si lui-même....

— Oh! non, non, monsieur le curé, n'achevez pas ! Le Seigneur a dû me laisser quelqu'un de ma famille, de mon sang. Mon frère vit, une mystérieuse voix me l'atteste. Mais, où ? comment ? Rien..., pas de date à ce brouillon, aucune indication de lieu. Ah ! une rue, le nom d'une rue. Savez-vous dans quelle ville peut se trouver une rue de ce nom, monsieur le curé, Grange-Batelière, rue Grange-Batelière.

— Mon enfant, répondit le prêtre, avec une sorte de répugnance, et comme s'il lui en coûtait beaucoup de donner ce renseignement à l'orpheline, j'ai peu voyagé, ce que je sais du monde, ce vaste monde, comme tu le disais tout à l'heure, je l'ai appris dans les livres. Il existe dans ma bibliothèque quelques volumes dépareillés de l'ouvrage de Dulaure, sur les rues de Paris, et j'y ai vu ce nom : *la Grange-Batelière*.

— Ainsi, ma mère habitait Paris. Mon frère y est resté, peut-être.
— Prends garde, Colombe ! Reste dans l'Arche, pauvre oiseau frileux ; qui sait si tu trouverais où poser le pied, là-bas.

La jeune fille courba la tête, baisa les deux lettres, attacha la croix d'or à son cou et se mit à prier à voix basse.

— Colombe, mon enfant, reprit le prêtre, j'ai fait de toi une enfant docile, forte et sage. Je ne veux point mettre de condition à la bénédiction que je t'accorde. Rappelle-toi seulement que le Seigneur hait les ingrats. La terre des Bruyants te fut hospitalière, aime-la, ma fille, comme le naufragé aime la roche aride sur laquelle le jetèrent les tempêtes de la mer furieuse.

Le regard de Colombe rassura le digne prêtre.

— Va en paix, Colombe ; suivez-la, ma bonne Marthe, il faut que Bernard reçoive mes dernières volontés.

Le jeune homme resta plus d'une heure enfermé avec le vieux prêtre. Quand il le quitta, ses yeux étaient rouges de larmes, mais l'enthousiasme rayonnait sur son front.

L'abbé Lormel, quand il sentit venir sa dernière heure, voulut que l'on ouvrit toutes grandes les portes de ce presbytère qui avait été si hospitalier aux voyageurs, aux affamés, aux souffrants. De sa main tremblante, l'apôtre du village bénit les pauvres gens qu'il avait instruits et consolés ; leurs sanglots répondirent à son adieu ; il leur dit alors, d'une voix adoucie par la séparation prochaine :

— Ce n'est pas sur moi qu'il faut pleurer !

Bernard échangea avec son vieux maître une suprême promesse ; les yeux du mourant se fermèrent et ses lèvres pâles articulèrent avec peine :

— J'entrerai dans la maison du Seigneur...

Les anges, qui entouraient son chevet, recueillirent son âme.

Le prêtre, le pasteur, l'apôtre, l'homme selon le cœur de Dieu, franchissait les limites sacrées de la Jérusalem céleste.

Ce fut un grand deuil dans le village.

L'abbé Lormel avait connu les vieillards adolescents, vu naître les hommes robustes aujourd'hui, il avait appris à lire aux enfants; il s'était fait à tous, chacun perdait un père, un consolateur, un ami. Au cimetière, sa tombe disparaissait sous les fleurs; en la quittant, l'orpheline alla sur le tertre couvert de roses, cachant la dépouille de sa mère.

— Conduis-moi, guide-moi, dit-elle, fais-moi retrouver l'enfant dont tu connais les caresses.

Marcotte sanglotait; sa douleur était si poignante que ni Colombe, ni Marthe n'eurent le courage de la laisser seule. Toutes deux passèrent la journée au presbytère.

Vers le soir, M. Bernard envoya demander un cheval à un fermier des environs.

— Est-ce que vous nous quittez aussi, monsieur Bernard? demanda la vieille servante.

— Je remplis les dernières volontés de mon bienfaiteur, Marcotte; je pars pour Paris.

— Et qu'y allez-vous faire, Seigneur?

— Dans deux jours, j'entrerai au séminaire des Missions Etrangères.

Colombe avait entendu ces derniers mots.

— Paris! murmura-t-elle tout bas, Paris! Oh! j'y dois aller, à mon tour; ne faut-il pas que je retrouve mon frère, et que j'apprenne de qui je suis la fille!

PREMIÈRE PARTIE

CHAPITRE PREMIER

LE TUEUR DE LOUPS

Un une journée d'août éclatante et chaude, un voyageur se traînait péniblement sur une route poudreuse. Il portait des habits en lambeaux, et ses pieds saignaient dans ses gros sabots rouges rembourrés de paille. Un mouchoir de cotonnade à carreaux serrait sa tête brunie par le soleil. Il s'appuyait sur un bâton coupé dans la haie, et s'arrêtait de temps à autre pour rassembler ses forces, puis reprenait son chemin.

Il paraissait avoir soixante ans; mais un examen attentif de son visage eût peut-être laissé voir que la douleur bien plus que les années avait ridé son front et creusé ses paupières. Son teint était pâle; ses mains, chose étrange, étaient fort belles, et accusaient des soins auxquels ne se livrent guère les malheureux.

La route qu'il suivait côtoyait d'un côté des champs couverts de moissons : hommes et femmes coupaient les épis d'une main rapide. De grands chars attelés de bœufs attendaient ces richesses, et de temps en temps un refrain villageois arrivait à l'oreille du voyageur.

En face des champs dorés par les javelles, s'étendait une forêt, sombre même à midi, humide en dépit du soleil.

Le voyageur marchait d'ordinaire sur la lisière du bois, mais sans y pénétrer; seulement, quiconque l'eût observé n'aurait pas tardé à s'apercevoir que le passage du garde champêtre sur la route l'avait fait tressaillir, et qu'en apercevant de loin les buffleteries jaunes de deux gendarmes courant à cheval, il s'était brusquement enfoncé dans l'ombre des arbres séculaires.

Tapi derrière un buisson de pruneliers, l'œil dilaté, la poitrine haletante, retenant son souffle, il avait essayé, sans y parvenir, de saisir les paroles que le brigadier et son compagnon échangeaient avec les moissonneurs. Sans doute le renseignement que les gendarmes demandaient leur parut insuffisant, car l'un d'eux fit un geste de découragement et secoua la tête d'un air indécis. Il consulta ensuite son camarade à voix basse, et cria enfin tout haut :

— N'oubliez pas qu'il y a cent francs de prime ! c'est un malfaiteur extrêmement dangereux.

Le brigadier piqua ensuite des deux et prit la route de la ville.

Le voyageur resta un moment attéré, immobile, enfin il murmura d'une voix sourde :

— Oui, bien dangereux en vérité ! et sa capture est assez importante pour que l'on apprenne à ces hommes le métier de Judas ! Cent francs pour livrer un frère ! Cent francs pour arrêter un misérable ! C'est vraiment pour rien ! On croit donc les hommes bien vils et bien lâches, pour s'imaginer que parmi ces travailleurs il s'en trouve un capable de vouloir gagner un tel salaire !

Le voyageur porta sa main à l'une de ses jambes.

— Je souffre cruellement, dit-il.

Alors il releva son pantalon au-dessus de la cheville, détacha des bandes de toile tachées de sang et regarda la blessure circulaire qui formait une ligne horrible au cou-de-pied. Il ramassa quelques feuilles fraîches aux buissons qui l'environnaient, les posa sur la plaie, la rebanda, et se souleva pour se remettre en marche. La faiblesse le fit retomber. Il porta la main à sa poitrine et murmura :

— J'ai faim ! oui, j'ai faim !

Et il se recoucha sur l'herbe comme s'il ne se sentait pas le courage de poursuivre sa route. Les yeux clos, le corps immobile, l'esprit perdu dans de douloureux souvenirs, il resta plus d'une heure sans mouvement. Mais sans doute il avait un puissant intérêt à continuer son chemin, car il prit soudainement une résolution désespérée et se retrouva debout, faible, mais résolu.

Depuis une demi-heure il avançait d'un pas rapide, quand le bruit d'une clameur éloignée le fit arrêter brusquement.

Tout lui portait ombrage.

Son premier mouvement semblait être la terreur.

Terreur instinctive, irréfléchie. Il ne fuyait pas, il se cachait. On aurait dit une bête forcée qui ne croit trouver de salut que dans le fourré.

Indécis, troublé, il rentra dans le bois. Le bruit grandissait.

On eût dit qu'une foule affolée accourait dans sa direction. Les cris des hommes, les aboiements des chiens se mêlaient, dominés parfois par des exclamations de pitié et de douleur lancées par les femmes.

Le voyageur regarda vers le coude formé par la route ; c'était de cet endroit que partaient les clameurs désespérées.

Quand il fut possible de distinguer quelque chose dans l'éloignement, le voyageur vit des paysans au visage bouleversé, armés à la hâte de fourches à retourner le foin, de bêches à lourde lame, de faux. Ils semblaient vouloir entrer sous le couvert, en dépit des supplications des femmes et des sanglots des enfants.

— Nous le prendrons !
— Arrêtons-le !
— Gagnons la prime ! criaient vingt voix.

Le voyageur devint d'une pâleur mortelle. Il hésita pour savoir s'il devait reculer ou s'avancer. Enfin il prit une résolution subite :

— Un passereau ne tombe pas sans la permission de Dieu ! dit-il, à plus forte raison garde-t-il ses créatures.

Fortifié par cette pensée, il marcha à la rencontre du groupe qui semblait traquer un malfaiteur ou une bête furieuse.

Quand les paysans le virent apparaître, ils lui crièrent d'une voix forte :

— Prenez garde ! il est dans le bois.
— Qui est dans le bois ? demanda le voyageur, avec calme.
— Un loup enragé. Il a mordu trois personnes dans le village, et nous avons juré de rapporter son cadavre à la préfecture.

Un jeune métayer achevait à peine ces paroles, qu'un cri déchirant fendit l'air. Celui qui l'avait poussé se trouvait évidemment dans la forêt.

— Il est arrivé un malheur ! fit le voyageur ; sans doute la misérable bête que vous poursuivez vient d'attaquer un homme. Qui me prête une arme ? ajouta-t-il.

Il regarda autour de lui et saisit un épieu que tenait un enfant. Les paysans le regardaient avec une sorte de stupeur. Partis avec la volonté de traquer le monstre, ils tremblaient au moment suprême. Le voyageur assujettit l'épieu dans sa main, prit dans sa poche un couteau qu'il mit entre ses dents et, se tournant vers les paysans :

— Venez ! dit-il.

Sans qu'il sût comment cela se faisait, sans que les paysans se rendissent compte davantage de l'ascendant qu'exerçait sur eux cet homme à l'aspect sordide, ils se partagèrent en trois bandes destitinées à marcher en se rapprochant, de façon à enserrer la bête enragée dans un cercle qu'il lui serait impossible de franchir.

Un second cri de détresse apprit aux paysans qu'ils se trouvaien dans la direction du loup et de sa victime.

Laissant les paysans suivre la marche qu'il leur avait indiquée, le voyageur s'élança en avant.

Aux appels désespérés succédaient de faibles gémissements. En trois bonds le voyageur se trouva dans une sorte de clairière et fut alors témoin d'un spectacle épouvantable.

Un homme vêtu d'un costume en velours de coton, et portant sur ses épaules une balle fixée par des courroies de cuir, soutenait une lutte inégale avec un loup d'une taille gigantesque qui, la langue hors de la gueule, les poils hérissés, l'œil sanglant, cherchait à redoubler ses morsures.

Le vêtement du porte-balle, lacéré en plusieurs endroits par les griffes du loup, pendait en lambeaux, et de longs flots de sang marquaient la trace de ses blessures. Son effroi était pour le moins aussi grand que sa souffrance. Il eût fait bon marché de ses chairs déchirées, si la peur de sentir dans ses veines couler le redoutable virus rabique ne lui eût causé un horrible désespoir.

Les regards de l'infortuné demandaient l'aide de Dieu, l'appui des hommes; des gémissements mêlés de sanglots s'exhalaient de sa poitrine; il appelait à son secours, sans espérance de salut, et se demandait s'il ne valait pas mieux mourir sous les dents du monstre, que d'expirer plus tard, en proie à cette maladie terrible que l'on appelle l'hydrophobie.

Au moment où il allait cesser un inégal combat et s'abandonner à sa destinée, le bruit des voix des paysans parvint jusqu'à lui, et il aperçut le voyageur qui accourait, l'épieu en avant, le visage transfiguré par une expression magnifique de dévouement et de générosité.

La bête, qui s'était acharnée sur l'infortuné porte-balle et qui, depuis huit jours, faisait la terreur des campagnes, était de la plus haute taille.

Debout sur ses pattes de derrière, elle atteignait la tête du malheureux jeune homme. Sa gueule immonde effleurait son visage et l'empestait de son souffle. Affamée, furieuse, bavant le poison, elle déchirait de ses ongles la veste du malheureux, en attendant de lui labourer la poitrine.

Le voyageur, en dépit de la douleur que lui causait sa jambe endolorie, courut sur le loup, l'arme haute, et lui porta dans le flanc un coup de la pointe de l'épieu.

L'animal se retourna, ivre de fureur, abandonna brusquement le porte-balle, et se précipita sur son nouvel antagoniste. Celui-ci l'attendait de pied ferme. Avec une rapidité qui tenait du prodige, il assujettit dans sa main gauche son couteau, à l'aide de son mouchoir et, au moment où la bête enragée ouvrait sa gueule épouvantable, le vagabond y enfonça alors la lame, lui perfora le gosier, en même temps que de sa main droite il lui brisait le crâne à l'aide de son bâton.

Il crut en avoir fini avec le monstre et retira sa main armée du couteau ; mais, en ce moment, les mâchoires largement ouvertes de la bête, se refermèrent et la main de l'intrépide étranger y resta enfermée.

Ce fut à son tour de blêmir.

Cependant sa présence d'esprit ne l'abandonna pas. Le mouchoir dont sa main se trouvait enveloppée le garantissait contre l'inoculation du poison ; au lieu de frapper à coups de gourdin, il enfonça la pointe de l'épieu dans l'épaule du loup, et l'excès de la douleur lui fit ouvrir la gueule et pousser un cri, dont rien ne saurait rendre l'épouvante et l'angoisse.

Le voyageur s'acharna sur sa proie. Deux fois il leva son couteau et creva les yeux de l'animal furieux qui râlait.

Enfin sanglant, aveugle, hérissé, détrempant le sol de bave et de sang, se tordant comme un serpent, les pattes hachées, les lèvres déchirées, vomissant de noirs caillots, le loup tenta de mordre le pied nu du voyageur, le pied déjà blessé, sanglant, qui rendait si facile l'inoculation du virus salivant. Le voyageur se rejeta vivement en arrière, et un dernier coup de bâton, asséné sur la tête du loup, dont le corps s'agitait dans les spasmes de l'agonie, termina une vie qui avait été si fatale.

Ce combat avait duré à peine deux minutes ; minutes, il est vrai, plus longues que deux siècles pour l'homme courageux qui le soutenait.

Tandis que les deux troupes de paysans formaient un cercle rabattant sur la bête, le voyageur achevait sa tâche héroïque.

Alors, repoussant le cadavre du loup, il s'approcha du porte-balle qui ne donnait plus signe de vie.

Avec une douceur pleine de pitié et des précautions paternelles, celui qui venait d'abattre le monstre détacha les courroies retenant à ses épaules la balle du colporteur, puis il enleva la veste en lambeaux, afin de s'assurer de la gravité des blessures.

Comme il jetait ce vêtement sur l'herbe, un étui de ferblanc, pareil à ceux dans lesquels les militaires enferment leurs états de services, s'échappa de la poche lacérée. Par un mouvement instinctif et rapide, le voyageur l'ouvrit, y trouva un passeport et un acte de naissance. Alors il cacha dans sa poitrine les deux pièces administratives, constatant un état civil complet, et il continua à donner ses soins au blessé.

Les deux bras présentaient des plaies profondes; les dents du loup avaient enlevé de grands lambeaux de chair; ces blessures, déjà, suffisaient pour que l'inoculation rabique fut complète ; mais, en poursuivant ses investigations, le voyageur aperçut, au cou, une plaie horrible, par laquelle la vie du malheureux s'était écoulée.

Le voyageur appela à haute voix, et bientôt parurent, craintifs encore, mais avides de connaître le résultat de la lutte, les paysans qui n'avaient pu, avec une troupe de vingt hommes armés, exterminer l'animal qui semait la terreur dans les campagnes.

Quand ils virent le loup à terre, près du cadavre du porte-balle, ils laissèrent échapper une douloureuse exclamation, et entourèrent le vainqueur, avec les démonstrations de la plus vive reconnaissance.

On forma deux civières; l'homme fut placé sur l'une, le cadavre du loup sur l'autre, et le cortège s'achemina vers le village.

Comme on arrivait à l'embranchement d'une route, le voyageur dit au plus vieux paysan, avec une hésitation craintive :

— Ici, nous nous séparons. Je suis heureux de vous avoir rendu service.

— Nous séparer ! répliqua l'homme, me prenez-vous pour un ingrat? D'abord vous avez droit à la prime promise à qui abattrait la bête. Ensuite, il ne sera pas dit qu'un brave comme vous ne prendra pas, ce soir, place à ma table et n'acceptera pas une botte de foin dans ma grange.

— Excusez-moi, répondit le voyageur, mais je suis pauvre, j'en souffre sans en rougir. Mon accoutrement misérable ne me permet guère de m'assoir à la table d'un riche fermier.

— Vous ne m'avez pas appris votre nom, reprit le fermier, et je ne vous le demande point, attendu que vous ne vous êtes point inquiété de savoir qui nous étions avant de risquer pour nous votre vie, mais que le Seigneur me refuse ma part de son paradis si je vous laisse tourner à gauche quand je prends à droite, et si je ne remplace point par de bons habits les vêtements que vous venez de déchirer à mon service. Je crois m'y connaître en braves gens autant au moins qu'en bœufs à la foire; pauvreté n'est pas vice, et chacun se doit soutenir. Ne refusez pas davantage, vous m'affligeriez sincèrement.

Le voyageur s'arrêta, partagé entre l'émotion que lui causait ce franc langage et une crainte indéfinissable, dont lui seul savait le secret.

Un dernier coup de bâton termina une vie qui avait été si fatale. (*Voir page 11.*)

Il prit cependant son parti et, tendant la main au vieillard :
— J'accepte, dit-il.

Quand les paysans arrivèrent au village, le cadavre du porte-balle fut conduit à la demeure du maire, qui le fit placer dans une salle basse ; on laissa le loup en dehors afin que chacun pût le voir, le mesurer, s'effrayer rétrospectivement et rendre grâce à celui qui en avait débarrassé le pays.

Pendant ce temps, le paysan introduisait le voyageur dans la plus belle chambre de la ferme. Elle servait à de multiples usages ; des lits drapés de serge en occupaient le fond, une immense table la coupait en deux, et la cheminée, si vaste qu'elle pouvait abriter huit personnes, remplissait un des panneaux. Des paysannes accortes, actives, s'occupaient en ce moment des préparatifs du repas. En voyant paraître le maître du logis, la plus jeune quitta brusquement sa besogne culinaire et courut se jeter dans ses bras.

— Vous voilà ! dit-elle, en l'embrassant ; vous voilà, mon père, et sain et sauf par la bonté du ciel.

— Ajoute : Et grâce à la bravoure du camarade qui partagera notre soupe ce soir.

— Ah ! dit la jeune fille en saisissant les mains du voyageur, que le Seigneur vous bénisse et bénisse vos enfants, si vous en avez !

— Mes enfants ! répéta le vagabond, avec une douceur de voix infinie, qui sait s'il me sera jamais donné de les revoir !

— Vous les avez quittés ? demanda la jeune fille avec intérêt.

— J'en suis séparé, du moins.

— Depuis de longues années ?

— Si longues qu'ils ne me reconnaîtront pas.

— Pauvre père ! dit la jeune fille d'une voix compatissante.

— Louise, dit le paysan, qui comprit combien les questions de sa fille faisaient souffrir le voyageur, ne vois-tu pas que le camarade se tient à peine sur ses jambes ! Porte-lui vite dans l'étable un seau d'eau fraîche pour la toilette, une brosse pour les cheveux, et des habits choisis dans l'armoire parmi mes costumes du dimanche : le loup a par trop déguenillé ceux-ci.

Le voyageur remercia le paysan avec une douceur pénétrante qui semblait lui être naturelle, et il suivit Louise dans l'étable, vide en ce moment et tout embaumée de la fraîche odeur des foins et d'un vague parfum de paille séchée.

Quand il s'y trouva seul, une expression de joie profonde éclaira son visage ; il tomba sur le sol, les yeux voilés de pleurs, et il pria.

Puis, tirant de son sein les papiers qu'il avait trouvés sur le porte-balle :

— Seigneur, dit-il, en les pressant sur ses lèvres, c'est le salut que vous m'avez envoyé avec eux. Il me semble que vous-même venez de me donner droit à l'air que je respire en me fournissant ce moyen de sauvetage. Après m'avoir fait sortir de l'enfer dans lequel j'étais plongé, vous me rendez la force, il me semble que vous me permettez l'espérance.

Après cette invocation, le voyageur, ranimé, se leva et se dépouilla avec une satisfaction visible, des haillons qui le couvraient. Il plongea dans l'eau son visage fatigué, couvert de sueur, de poussière et d'éclaboussures de sang ; puis, rafraîchi, fortifié, il parut un tout autre homme. Une grosse chemise de chanvre, un solide pantalon de drap, une veste de molleton brun complétèrent sa toilette. Il songea alors à sa jambe blessée, lava la plaie formant autour de la cheville un sillon sanglant, déchira pour la panser un des mouchoirs que Louise lui avait remis et passa des chaussettes de fil, puis de forts souliers à têtes de clous taillés en diamant et qui devaient résonner gaiement sur une grande route.

Quand ces apprêts furent terminés, le voyageur se regarda dans un débris de miroir : la métamorphose était presque complète. Un seul point semblait le tourmenter. Il ne pouvait rester couvert tandis qu'il se trouverait à la table des fermiers, et cependant il n'osait garder sa tête nue. Il arracha d'un geste douloureux et mêlé d'angoisse le mouchoir à carreaux qui enveloppait son front, et son crâne, complètement dénudé, se réfléchit devant le miroir.

— Ah ! s'écria-t-il, j'ai beau posséder maintenant les papiers du porte-balle, m'être créé un nom, une identité, le signe fatal est là ! ma tête est déshonorée !

Il crut entendre du bruit dans la salle voisine et renoua rapidement le mouchoir.

— Eh bien ! camarade, demanda la voix franche du fermier, la soupe est servie, venez-vous ?

— Je vous suis, répondit le voyageur.

Il fit un effort de volonté pour chasser une importune pensée, et imposa à son visage un masque de sérénité.

Alors, il franchit le seuil de l'étable et passa dans la grande salle de la ferme.

Maîtres et serviteurs se trouvaient autour de la table.

Le voyageur parlait peu. Il mangeait avec une satisfaction évidente. Sans nul doute ce repas substantiel était le seul qu'il eût fait depuis longtemps.

Louise le servait avec une bonté prévoyante, et plusieurs fois le fermier choqua son verre contre le sien.

Le dîner s'avançait quand la porte s'ouvrit brusquement, laissant passage au garde-champêtre et à son chien fauve.

Il salua dès l'entrée, s'assit en ami de la maison, vida un verre de cidre, piqua dans le plat une tranche de lard et dit au fermier :

— Paraît qu'on ne pourra plus dormir dans le pays. La semaine passée il s'agissait d'un loup, et d'un loup enragé encore. Cette fois, on nous lance sur la piste d'un forçat évadé, deux bêtes féroces, quoi ! Dites donc, l'homme, vous qui venez de tuer l'une, ne pourriez-vous pas prendre l'autre ?

— Ce n'est pas mon métier, dit, d'une voix émue, le voyageur.

— Ah ! mais faudrait point nous en vouloir du nôtre. Je ne sais pas trop si entre le loup enragé et le forçat, le forçat n'est pas le plus dangereux. Il pillera les maisons, il incendiera les fermes, il ne reculera pas même devant l'assassinat ! Et celui que nous traquons est un rude coquin, allez ! Cent francs de prime ! Il les vaut bien !

Le voyageur baissa la tête sur son assiette, mais il cessa de manger. Tout-à-coup, il remplit son verre, le vida et reprit délibérément :

— Et de quel côté pensez-vous qu'il se soit dirigé ?

— Ah ! dame ! c'est un malin, il dépiste les recherches ; et puis, vous savez, cela ressemble aux contes de la bête du Gévaudan, chacun affirme l'avoir vu.

— Mais le signalement ?

— Ah ! bien oui, le signalement ! Fiez-vous donc à des phrases comme celle-ci : *Nez aquilin*... Je ne sais pas ce que c'est qu'un nez aquilin, moi ! *Menton rond*. Excepté le maître d'école, qui a le sien à galoche, il me semble que tout le monde a le menton rond ici, même la Louisette, qui me regarde d'un air goguenard ; *bouche moyenne* ! Eh pardine ! la bouche ne va jamais d'une oreille à l'autre ! Taille, *un mètre quatre-vingt-deux centimètres*. Est-ce que je vais mesurer avec une aune tous les gens qui passent sur mon chemin ?

— Et les cheveux ? demanda Louise.

— Ça, c'est autre chose, mignonne ; les forçats ont la tête rasée.

La jeune fille tressaillit ; son regard se porta rapidement sur le voyageur ; mais, aussitôt, s'approchant du garde-champêtre, avec un pichet de cidre :

— Vous ne buvez pas, père Triquet ? Allons, prenez des jambes et du cœur, sans cela le brigadier Boussingot et Valentin son compagnon garderont l'avance. Cent francs ! Il y a dans cette somme de quoi habiller de neuf vos quatre petites filles !

— C'est pourtant vrai, la Louison ! Je m'oublie dans la maison de ton père. Le coup de l'étrier, et c'est fini. A propos, l'homme au loup, reprit le garde-champêtre, en se levant, l'Administration vous doit une belle somme : faut la réclamer.

— Je demanderai demain la prime à la préfecture.

— Bon ! Au revoir, la compagnie !

Le garde-champêtre siffla son chien.

— Sans vous commander, dit en riant Louison, de quel côté allez-vous?

— Du côté de Morlaix ; on a des indications.

Le garde-champêtre tenait déjà le loquet, quand il se tourna de nouveau vers l'étranger :

— Mais, si vous devez, demain, aller à Morlaix, reprit-il, faites route avec moi, nous trouverons le brigadier sur le chemin, et nous jaboterons pour égayer la promenade.

— Merci, dit le voyageur, je suis las, je dormirai ici.

— A votre aise. Bonsoir !

Pour la première fois, le brave homme regarda en face le voyageur. Il parut surpris, puis inquiet, fit deux pas en avant ; enfin se ravisant, il ouvrit la porte :

— Louison, demanda-t-il à la jeune fille, qui l'accompagnait, pourquoi donc le camarade qui a tué le loup enragé garde-t-il son mouchoir sur sa tête?

— Il est blessé d'un coup de griffe, répondit la jeune fille.

— Ah ! fit le garde-champêtre.

Il ajouta rapidement, tout bas :

— Tâche qu'il ne sorte pas de la maison avant huit heures demain ; et si dans la nuit tu entendais le sabot des chevaux des gendarmes, ne t'effraye pas. Il couchera dans l'étable ?

— Oui, répondit Louise ; mais, pourquoi ?

— Oh ! pour rien ! Adieu pour tout de bon, cette fois !

Il s'élança dehors et disparut, tandis que son chien le suivait en aboyant joyeusement.

Une heure plus tard, le voyageur prenait congé de ses hôtes.

Il venait d'entrer dans l'étable, quand Louise parut, une lanterne à la main.

— Il faut partir, dit-elle au voyageur, partir tout de suite ; ne me dites rien ! Je ne vous questionne pas. Un homme très brave ne saurait être méchant. Mais je juge cela avec mon instinct de jeune fille, et les hommes ne pensent pas de même. La commune vous doit 100 francs pour l'avoir débarrassée d'une bête dangereuse, les voilà. Ne me remerciez pas ; vous avez des enfants...

— Apprenez-moi votre nom, dit le voyageur d'une voix tremblante d'émotion.

— Louise Charmeau. Pour moi, vous êtes le voyageur, le pauvre. Venez, il faut que je vous conduise à travers le jardin et au bout du pré ; quand vous serez sur la route, Dieu fera le reste, mais vous tournerez le dos à ceux qui cherchent le forçat évadé.

Le voyageur étendit les mains sur le front de Louise.

— Soyez bénie ! lui dit-il, et que le Seigneur acquitte un jour ma dette.

La jeune fille saisit la main du voyageur et l'entraîna.

Une demi-heure après, elle rentrait dans la grande salle.

Alors, elle s'approcha de son père.

— Le brouillard a mouillé ta coiffe, dit celui-ci ; tu es sortie..., si tard...

La jeune fille se jeta dans les bras du fermier, et l'embrassa à plusieurs reprises.

— Je comprends, lui dit-il ; les hommes te blâmeraient sans doute ; moi, je n'en ai pas le courage.

CHAPITRE II

TRACES PERDUES

Il pouvait être neuf heures du soir, quand un homme portant un costume plus campagnard que citadin, le dos courbé sous le poids d'un ballot de rouennerie, descendit d'un wagon de troisième classe, à la gare Montparnasse.

Son visage exprimait une sorte d'angoisse maladive et, soit fatigue, soit trouble intérieur, il semblait à peine se soutenir sur ses jambes. Ses yeux, bien fendus et encadrés sous des sourcils noirs, se fermaient à demi, comme ceux d'un homme qui observe et qui veille.

Il refusa l'aide des porteurs, l'omnibus de la gare, et se dirigea vers la rue du Cherche-Midi. Là, seulement, il commença à redresser sa taille haute et bien prise, et chercha autour de lui un écriteau indiquant des chambres à louer. Il ne tarda point à se trouver en face d'une allée noire, séparée de la rue par une claire-voie à hauteur d'appui, munie d'un timbre sonnant comme une cloche quand la main d'un locataire en levait le loquet. Le voyageur n'était pas difficile ou craignait d'entrer dans une maison trop coûteuse; il pénétra dans l'allée sombre, et, au carillon que fit la porte, un chien de l'espèce des loulous montra ses dents aiguës, dressa les oreilles, et se plaça en point d'interrogation devant la porte de la loge. Au-dessus du museau du chien se montra la tête d'une vieille femme, coiffée de nuit, entortillée comme un paquet, sentant la pommade rance et l'ail réunis. Les yeux ronds et fixes de la mégère complétaient la question du chien.

— Pouvez-vous me donner une chambre? demanda le voyageur.
— Dans quel prix?
— J'ai peu d'argent, répondit l'homme.
— Cinq étages à monter et un lit de sangle.
— Soit!
— Inscrivez votre nom, dit la vieille femme, cela m'évitera la peine de monter mon registre.
— Voici mes papiers, répondit le voyageur.

— Maclou Taupin... marchand forain.... vous êtes en règle.... prenez-vous la chambre au mois, à la semaine?...
— A la nuit, répondit le voyageur.
— Quinze sous, alors ! il y a des draps blancs.

L'homme paya d'avance, la vieille femme prit un chandelier et cria au chien :
— Garde la loge, Loulou !

Loulou aboya en signe d'assentiment, et la mégère, suivant le corridor jusqu'à son extrémité, arriva à l'escalier dont sa chandelle éclairait à grand'peine la noire spirale.

Les marches en étaient usées, la rampe craquait sous la main, et se trouvait, au dernier étage, remplacée par une corde graisseuse. Enfin un palier étroit, percé de huit portes, se trouva devant le voyageur ; la vieille femme s'arrêta devant l'une d'elles portant à la craie le chiffre 2, et l'ouvrit à l'aide d'un passe-partout.

— C'est une maison de confiance, dit-elle, on ne s'enferme pas à clef.

Le voyageur examina la chambre. Elle était juste assez grande pour qu'un lit de sangle et une chaise y pussent tenir.

Maclou Taupin posa son ballot sur la chaise, puis il dit à l'hôtesse :
— Maintenant que je suis assuré d'un gîte, je vais m'occuper d'un souper.
— On ne ferme la porte qu'à minuit, répondit la femme.

Le voyageur redescendit, franchit l'allée et se trouva dans la rue. Il respira longuement et parut s'enhardir. Ses yeux fouillaient les boutiques. Plusieurs fois il s'approcha de la devanture d'un magasin de coiffeur, et, sur le point d'entrer, il reculait, pris de timidité. Enfin, dans une boutique de troisième ordre, au-dessus de laquelle se balançait un plat de cuivre échancré pour le menton des pratiques, le voyageur avisa un enfant blond et rieur, occupé à regarder des images, enluminées avec une sorte de furie.

L'enfance donne confiance à tous : l'homme entra.

— Mon petit ami, dit-il, ton père vend des perruques?
— Je crois bien, monsieur ! pour tous les goûts, pour tous les âges... en voici de blondes, de noires, de blanches... Est-ce que vous en voulez une, monsieur? parlez, faites-vous servir... tout est marqué en chiffres connus...
— Combien celle-ci? demanda le chaland.
— Trente-cinq francs, tout juste, monsieur, voulez-vous l'essayer ?
— Trente-deux, cela va-t-il ?
— Mettez trente-quatre, pour que je ne sois pas grondé.
— Oui, et tu me rendras la monnaie,

— On ne m'a point laissé la clef de la caisse, je vais en chercher.

L'enfant quitta rapidement la boutique.

A peine fut-il sorti que le voyageur arracha le mouchoir à carreaux qui lui enveloppait la tête, posa la perruque, dont il venait de faire l'acquisition, sur un front complètement chauve, et poussa une exclamation de joie. Il était méconnaissable.

L'enfant rentra, lui remit sa monnaie, et l'homme qui avait déclaré s'appeler Maclou Taupin se trouva, une minute après, sur le trottoir.

Quelques instants plus tard il prenait un omnibus qui le déposait presque en face de Notre-Dame-de-Lorette.

Il s'orienta alors, suivit la rue Lafayette, et marcha longtemps. De temps en temps, il consultait les numéros des maisons.

— La moitié de cette rue n'était point bâtie... murmura-t-il... comme tout a changé... tout...

Enfin, il arriva en face d'un très-grand espace vide ; des planches rangées en palissades isolaient le terrain du trottoir. Des restes de maçonnerie se dressaient dans le fond avec un aspect fantastique. Les deux maisons qui enclosaient ce terrain, à droite et à gauche, portaient de vieilles traces d'incendie ; évidemment la flamme avait léché les murailles.

Maclou Taupin resta longtemps immobile en face de ces ruines ; celui qui aurait regardé son visage à la lueur tremblante du gaz, aurait distingué deux grosses larmes roulant sur ses joues pâles.

— Rien n'a survécu, dit-il, rien ! C'est la ruine, la désolation, la mort... Où est le temps qui vit cet espace occupé par une usine florissante ? Les marteaux tonnaient sur les enclumes, les grands rouages des machines donnaient la vie à un monde à part, étranges créatures de fer, de cuivre, de bois, qu'animait la force de la vapeur, que dirigeait l'intelligence de l'homme... Maintenant, rien ! rien !

Après être resté silencieux un moment, il essuya ses joues humides.

— Ce n'est pas cela qu'il faut pleurer... dit-il.

Il redescendit la rue Lafayette et entra dans la rue Laffitte.

Arrivé devant le numéro 20, il tressaillit, approcha la main du bouton de cuivre de la porte, se recula, pris d'angoisse et de peur, et finit par sonner d'une main nerveuse.

Un des battants de la porte s'ouvrit, et Maclou Taupin se trouva en face d'un homme, à mine rebarbative, qui lui cria rudement :

— Que demandez-vous ?

— Madame Aurillac, répliqua le voyageur.

— Nous n'avons pas ça, répondit le concierge.

— Mais cette dame a du moins habité cette maison... il y a plusieurs années...

— Aurillac ! Je me souviens, reprit le concierge d'un ton méprisant ; mais c'est que, voyez-vous, dans les maisons bien habitées et bien tenues, on aime à oublier qu'on a logé des coquins.

— Ah ! dit Maclou d'une voix étouffée.

— Est-ce que vous leur portez intérêt à ces gens ? ce serait tant pis pour vous.... qui se ressemble s'assemble...

— J'ai connu Mme Aurillac, il y a longtemps,.. et je voudrais...

— Ah ! dame ! on lui eût donné le bon Dieu sans confession ! Quelle sainte Nitouche, et ces gens-là ont mis le feu à leur immeuble pour se faire payer une assurance... Une infamie, quoi !

— Et vous ne savez rien ? rien ! demanda le voyageur.

— Dis donc, ma femme, s'écria le concierge en s'adressant à une personne couchée sans doute au fond de la loge, sais-tu où est allée cette Aurillac, après que son mari eût été condamné aux travaux forcés ?

— On m'a dit qu'elle était allée demeurer allée des Tilleuls, à Montmartre, dans une espèce de cité coupée de jardins.

— Je vous remercie, répondit à voix basse le questionneur.

— Il porta la main à son chapeau et quitta rapidement la maison.

— Il est trop tard pour chercher ailleurs, se dit Maclou ; je poursuivrai demain mes investigations.

Il regagna à pied la rue du Cherche-Midi, gravit l'escalier, se déshabilla, et se jeta sur son lit.

Si grandes étaient sa lassitude et sa fièvre, qu'en dépit des inquiétudes qui rongeaient son esprit et son cœur, il ne tarda pas à s'endormir.

Dès le matin, le miaulement des chats, la chanson d'un ouvrier partant pour sa journée, le bouleversement des meubles de son voisin l'éveillèrent. Il se leva, procéda à sa toilette, descendit et, voyant une crèmerie ouverte, il y entra. Quand il eut déjeûné, il ouvrit sa bourse, un chiffon de toile dans lequel restait une pièce de cinq francs, paya sa dépense et il prit le chemin de Montmartre.

Il gravit péniblement cette route des Martyrs, tourna sur la droite, franchit une grille, et ne trouvant personne qui pût lui répondre, s'engagea au hasard dans un dédale d'allées, de ruelles de l'aspect le plus sordide et le plus bizarre. Les habitants de cette cité se font l'illusion qu'ils y possèdent une maison et un jardin. Les maisons sont bâties en planches et en torchis, les jardins sont des carrés de terre, grands comme des mouchoirs de poche, dans lesquels pousse une salade au milieu de quelques brins de persil. Dans une partie pavée et cahoteuse de cette cité, trois ou quatre baraques, éclairées d'une large fenêtre, composent ce que le propriétaire du lieu appelle des ateliers.

Quelques malheureux jeunes gens, qui ne seront jamais que des barbouilleurs ou tomberont dans l'art commercial, les louent à raison de trois cents francs par an. Tout cela suinte la misère et la tristesse.

Tandis qu'il examinait l'ensemble de ces bâtiments et de ces jardins, Maclou se sentait envahir par des regrets dont nul ne pouvait deviner la profondeur.

En ce moment, une vieille femme, tremblotante, maigre, jaune comme la cire, sortit d'un des ateliers. Elle semblait, elle aussi, avoir beaucoup souffert, et l'étranger se sentit entraîné vers elle.

— Madame, lui dit-il, habitez-vous cette cité depuis longtemps ?
— Depuis vingt ans, monsieur.
— Alors, vous avez connu presque toutes les personnes qui y ont vécu ?
— Je ne voisine guère, monsieur ; quand les vieilles gens ont supporté de grands chagrins, ils ne sont pas bavards. Une seule fois je me suis liée avec une jeune femme, plus à plaindre que moi encore.
— Mme Aurillac ? demanda brusquement le voyageur.
— Oui, monsieur ; mais voilà qui est étrange !
— Providentiel plutôt, madame. Si vous saviez combien je vous bénirais si vous pouviez m'apprendre ce qu'elle est devenue.
— Je sais bien peu de choses, monsieur. Mme Aurillac a passé cinq mois seulement dans le misérable logement que vous voyez d'ici. Elle avait un petit garçon.
— Oui, un petit garçon, blond, charmant et doux.
— La pauvre créature, séparée de son mari par un immense malheur, avait une seule pensée, un rêve unique : elle voulait le rejoindre, où il était, bien loin, en Bretagne.
— En Bretagne...... Après, madame, après.
— Elle ne savait aucun métier ; la misère et le malheur la prenaient au dépourvu ; elle résolut de commencer un commerce dès qu'elle se trouverait en Bretagne, afin de vivre et de nourrir son enfant ! Je devrais dire : ses enfants, car elle se trouvait sur le point de donner le jour à une petite créature quand elle quitta cette maison.

« — Voyez-vous, me disait-elle, avec quelques cotonnades, des bas, du tulle et des rubans, je vivrai. J'achèterai une charrette, un cheval, et je courrai les marchés et les foires.

» Elle partit, monsieur, vers la fin d'avril, dans une charette que lui vendit, au rabais, un charron, dont vous voyez d'ici les ateliers. Un cheval passable fut attelé à la carriole ; on la remplit de paille, et Mme Aurillac se mit route avec l'enfant.

Mme Aurillac se mit en route avec l'enfant. (*Voir page* 53.)

— Et depuis ?
— Elle avait promis de me donner de ses nouvelles : je n'en ai point reçu.
— Elle n'écrivit plus à personne, murmura le voyageur.
— Vous voyez, monsieur, que je sais bien peu de choses.
— Vous avez été bonne pour elle, vous l'avez aimée ! Je voudrais vous serrer la main.

La vieille dame tendit sa main sèche et jaune. Le voyageur la saisit et, avec une courtoisie que l'on ne pouvait guère s'attendre à trouver dans un homme si modestement vêtu, il la porta à ses lèvres.

— Voulez-vous me dire votre nom ? demanda-t-il.
— Mme La Vigne.

Le voyageur l'écrivit et murmura :
— Louise Charmeau, Mme La Vigne, deux noms à jamais sacrés !

Il salua, quitta la cité, traversa l'avenue, et redescendit la rue Lepic.

Ses jambes le soutenaient à peine, ses yeux se couvraient d'un

Pouvez-vous me donner une chambre? demanda le voyageur. (*Voir* page 49.)

brouillard. Arrivé sur le boulevard Clichy, il tomba sur un banc et cacha son front dans ses mains crispées.

— Que faire, maintenant ? à qui m'adresser ? Si cette créature simple et dévouée n'a reçu aucune nouvelle, si j'ai cessé d'avoir un signe de vie, c'est qu'il est inutile de la chercher en ce monde. Elle est morte ! morte ! Où ? comment ? dans quel coin misérable ? au milieu de quelles douleurs ? Morte ! Et lui, l'enfant, lui, mon fils ? Ah ! la Providence ne peut cependant pas m'avoir sauvé à demi ! Que me feraient la liberté, la vie même, si je reste seul, si je n'ai plus personne à aimer !

Il demeura un moment abîmé dans d'amères pensées ; puis, essayant de retrouver son énergie :

— Je frapperai à toutes les portes des maisons dont elle a franchi le seuil, j'irai, s'il le faut, jusqu'à la police pour savoir......

Il frissonna et ne poursuivit pas.

— Il me reste 4 fr. 70 c., dit-il ; quand ils seront dépensés, je vendrai les marchandises qui composent mon ballot, et après ? après, Dieu me dira ce qu'il faut faire.

Maclou Taupin rentra dans la maison garnie, monta à sa mansarde et en redescendit avec une pièce de cotonnade.

— Madame, dit-il à l'hôtelière, mon intention n'est pas de faire le commerce à Paris, les loyers et les patentes mangent les bénéfices ; voulez-vous m'acheter cette pièce de cotonnade, à un prix raisonnable, et je garderai votre chambre quinze jours ?

La vieille femme paya l'étoffe la moitié de sa valeur, en criant qu'elle se ruinait, et Maclou, sûr d'avoir un asile pendant la moitié d'un mois, respira plus aisément. Il espérait encore, en dépit de son angoisse, en dépit des paroles de Mme La Vigne. Le reste de cette journée fut pour lui d'une mortelle lenteur ; il ne se sentait pas le courage de sortir ; afin de ménager ses faibles ressources, il se coucha sans souper.

Le lendemain, il quitta sa chambre de bonne heure, déjeuna avec un petit pain et un verre d'eau, et parcourut plus de dix quartiers, s'informant chez d'anciens fournisseurs de Mme Aurillac, questionnant les concierges des diverses maisons qu'elle avait fréquentées.

En général, le nom seul de l'infortunée provoquait une surprise mêlée de répulsion. On rougissait de l'avoir connue, nul ne songeait à plaindre son infortune.

Partout le malheureux, qui s'en allait mendiant un renseignement si vague qu'il fût, se voyait éconduire avec défiance.

Trois jours se passèrent de la sorte. Le quatrième, un souvenir lui traversa la mémoire ; il prit un Bottin, chercha le nom d'un avocat célèbre autrefois, et ne l'y trouva pas. Il se rendit au palais de justice et questionna un huissier.

Celui-ci haussa les épaules :

— D'où venez-vous donc ? lui demanda-t-il, maître Lerminier est mort depuis six ans. Grande perte pour le barreau. Je vous assure, mon brave homme, qu'il manque bien pour la solennité de nos assises. Il faisait salle comble, comme on dit au théâtre. Et une voix, et un geste ! Personne ne savait comme lui secouer les larges manches de sa robe pour montrer ses fines mains de magistrat, soignées comme des mains de duchesse. Il y a bien maître Segretat, mais ce n'est plus ça, plus ça, du tout. Il parle, l'autre tonnait ! Il plaide, l'autre enlevait les magistrats. Après ça, si vous êtes si curieux de ces sortes de distractions, on juge en ce moment deux misérables incendiaires.

— Ah ! deux incendiaires ?

— Mon Dieu oui ! L'incendie donne beaucoup en ce moment. Le crime a ses phases, comme la lune. Cela semble vous surprendre, mais c'est tout à fait exact. Pendant six mois, on ne parle que d'assassinats ; puis, viennent les vols qualifiés, les incendies, par troupes, comme volent les grues. Et, tenez, maître Lerminier, dont vous avez prononcé le nom tout à l'heure, en a plaidé une fameuse affaire d'incendie : le procès Aurillac, vous n'avez pas entendu parler de cela, vous êtes de la campagne. En voilà une salle ! tout Paris ! On s'étouffait dans les couloirs. On dressait des buffets, que la foule envahissait pendant les suspensions d'audiences. C'était une triste affaire, oui, bien triste. Aurillac fut condamné. Mais, j'ai vu pleurer maître Lerminier, de vraies larmes, il croyait à l'innocence de son client.

— Il était le seul, sans doute ?

— Non pas. Les uns soutenaient la culpabilité, les autres refusaient d'y croire. Et puis il y avait une jeune femme, celle de l'accusé, Mme Aurillac. Je la vois encore, petite, pâle, avec des cheveux noirs et des yeux bleus, d'une douceur.... Jamais je n'en ai vu de pareils dans ma vie. Elle assista à toutes les audiences ; elle prenait des notes, écoutait les témoignages, parlait à l'avocat, et défendait son mari autant que maître Lerminier lui-même.

— Oui, murmura l'étranger, c'était une noble et vaillante créature.

Il regarda l'huissier et lui demanda :

— Savez-vous ce qu'elle est devenue ?

— La curiosité me vint de l'apprendre, et, un jour, la dernière fois que j'eus l'honneur de parler au prince des avocats, je le questionnai au sujet de cette jeune femme. Il me répondit qu'elle avait quitté Paris au mois d'avril : il n'en avait point reçu de nouvelles.

— Lui non plus ! murmura Maclou.

Il y eut un moment de silence que rompit l'huissier.

— Je crois, dit-il, que M. Lerminier ne pensait point que la justice eût dit son dernier mot sur cette cause.

— Et vous ? demanda Maclou.

— Oh ! moi ! j'avais entendu plaider maître Lerminier, il m'avait convaincu ; j'avais regardé la femme, elle m'avait touché profondément.

— Merci pour l'accusé ! merci pour la veuve !

— Aurillac est-il donc mort ?

— C'est toujours un mort qui franchit le seuil d'un bagne.

Une voix suraiguë appela l'huissier.

— Désolé de n'avoir pu vous apprendre ce que vous cherchez, dit-il ; mon devoir m'appelle, et vous comprenez....

Maclou s'éloigna, tandis que l'huissier s'élançait à travers la salle des pas perdus.

Quand Maclou Taupin se trouva dans la rue, il se demanda ce qu'il avait à faire désormais.

Il chercha dans sa mémoire le nom des personnes qui auraient pu lui donner un renseignement, le mettre sur une voie : il ne trouva rien.

Il alla cependant chez le médecin de Mme Aurillac, mais celui-ci était parti pour Rome, après avoir fait une grosse fortune.

Maclou rentra chez lui. Quand il monta l'escalier conduisant à sa mansarde, il lui sembla qu'il gravissait les marches menant à son tombeau.

Depuis plus de quinze jours, il errait dans Paris, soutenant à peine son corps exténué ; ses jambes lui refusaient tout service, la fièvre brûlait son sang appauvri ; il vidait chaque soir un grand broc d'eau sans réussir à calmer sa soif ardente. Il avait vendu ses derniers mouchoirs de Cholet, son dernier mètre d'indienne. Il ne lui restait rien ! rien ! Il ne connaissait aucun état ; la mendicité répugnait à son caractère ; elle expose d'ailleurs journellement à des échanges d'explications avec les sergents de ville, même avec la préfecture de police. Il avait les membres forts et le corps solidement bâti. En dépit de sa présente faiblesse il pouvait passer pour robuste. Las de retourner sa douleur dans sa pensée et son corps sur son lit de sangle, il s'endormit.

Le vacarme de la maison le réveilla. Il songea que la location de sa chambre expirait dans la journée, et qu'il n'avait plus même droit au misérable lit de sangle qu'il venait de quitter. Il retourna la poche de sa veste et y trouva une pièce de deux sous rongée par le vert de gris : toute sa fortune.

Il descendit l'escalier, salua la vieille mégère qui dirigeait la maison, donna même une caresse au Loulou, car l'homme est ainsi fait que dans ses heures de détresse il s'attache aux êtres les moins sympathiques, puis il franchit le seuil de la maison, attira bruyamment la claire-voix, et le carillon de la cloche retentit d'une façon lugubre.

— On dirait un glas, pensa-t-il.

Un souvenir soudain frappa son esprit.

— J'oubliais son confesseur ! dit-il.

Il partit en courant, jusqu'à l'église Notre-Dame-de-Lorette.

Il connaissait la sacristie et y entra. Un vieux prêtre lisait dans un gros livre, en attendant les gens pieux qui venaient commander des messes, les gens affligés qui demandaient les chants de mort de l'Église.

Maclou salua poliment, et demanda l'abbé Frapas.

— Il nous a quittés, répondit le prêtre, d'une voix douce ; la simplicité de la vie ecclésiastique ne lui suffisait plus ; il a voulu y substituer les règles du cloître. Il a abandonné la paroisse pour la Trappe, où les bruits de ce monde ne sauraient lui parvenir.

— Aucun ? demanda Maclou.

— Pas même la nouvelle de la mort de son père.

Maclou Taupin resta immobile.

— Vous semblez regretter vivement ce digne confrère ?

— Plus que je ne saurais le dire, Dieu le veut ainsi, sans doute !

Le malheureux n'ajouta rien et quitta la sacristie.

Alors, Maclou Taupin marcha devant lui, sans but, sans idée. Il coudoyait les passants, heurtait les étalages, sans se soucier des observations, sans entendre les plaintes.

Le front baissé, les mains crispées, l'œil atone, il allait.

Un tressaillement douloureux dans la poitrine l'avertit qu'il avait faim ; il acheta un pain et mangea, puis il reprit sa course : aveugle, sourd, poussé par une main invisible, il allait.

Il gagna de la sorte les quais de la Seine.

Un splendide soleil jetait ses rayonnements sur le fleuve. Le ciel était d'un bleu éclatant, l'eau, bleue comme le ciel lui-même. Les promeneurs semblaient heureux de vivre. La gaieté était dans l'air ; les enfants couraient avec des cris de joie, les sons d'un orgue jetaient leur bruit, qui n'est pas sans saveur certains jours. Maclou, devant ce ciel pur, cette eau transparente, se sentit envahi par une recrudescence de désespoir. Il s'appuya sur le parapet et regarda couler l'eau. Un fragment de planche flottait au hasard sur la Seine, il le suivit machinalement du regard.

— Que ce morceau de bois s'engloutisse dans le fleuve, dit-il, l'eau n'en continuera pas moins de couler paisiblement. Que je disparaisse de ce monde et je n'y laisserai ni un regret dans une âme, ni une larme dans des yeux amis. Une espérance folle m'attachait encore à la vie. Je l'ai perdue ; pourquoi vivrais-je ? Quand je le voudrais, le puis-je ? Ce soir, c'est l'abandon, demain ce sera la faim. Mieux vaut en finir ! Dieu a compté mes fautes, et hors les faiblesses inhérentes à l'humanité, je ne me souviens pas d'avoir fait le mal ; il me comptera mon martyre en expiation de mon unique crime.

Il se tut un moment et continua de regarder l'eau.

— Je me tuerai ce soir, dit-il, quand la berge sera silencieuse, les ponts déserts ; l'eau paisible me servira de linceul. J'ai assez, j'ai trop souffert !

Et calmé sans doute par la pensée de mettre un terme à de terribles épreuves, Maclou abandonna la place qu'il occupait et gagna le jardin du Luxembourg ; avant de quitter la terre, il voulut voir, une fois encore, un de ces coins charmants et fleuris.

CHAPITRE III

LES SAUVAGES DE PARIS

Quand le malheureux, qui venait de fixer le terme de sa vie, se trouva dans l'immense jardin, il subit, malgré son désespoir, l'influence de ce lieu d'enchantement, et gagna un parterre réservé, dont le centre est formé d'une pelouse sur laquelle s'épandent les branches flexibles des saules au feuillage d'un vert glacé de blanc.

Les corbeilles de fleurs embaumaient, les oiseaux privés sautillaient dans les allées, des commencements de chansons jaillissaient de leurs gosiers, repris en chœur par des enfants. Sur des bancs isolés, des vieillards réchauffaient leur faiblesse au soleil, et leurs cœurs en contemplant les jeux des chérubins blonds et roses courant dans les allées. Les mères les surveillaient du regard en s'occupant d'une broderie. Quelques hommes studieux lisaient dans de gros livres.

Maclou promena des regards navrés autour de lui.

Ce qu'il voyait lui rappelait sans doute dans le passé des heures trop tôt évanouies, car des larmes roulèrent sur ses joues, et sa douleur, sans rien perdre de son acuité, devint cependant plus attendrie. Comme la terre qu'il allait quitter lui paraissait belle ! Jamais il n'avait trouvé le ciel si bleu, jamais il n'avait compris les charmes puissants de cette nature qui se fait maternelle et consolatrice, et semble parfois s'unir intimement à la situation de notre âme.

Ici, sans doute, elle formait un contraste, mais il était si plein de grâce que l'infortuné n'eut pas le courage de la regretter.

Il s'assit sur un banc, ferma les yeux, et tâcha d'oublier le présent, pour égarer sa pensée au milieu d'heureux souvenirs.

Le soleil s'abaissa derrière les arbres, les promeneurs quittèrent le jardin, le crépuscule descendit.

Maclou ne bougeait pas.

Il fallut l'intervention des gardiens pour l'arracher de sa torpeur.

Alors il se leva, calme, résolu : ce qu'il s'était promis de faire, il était prêt à l'exécuter.

Par un étrange phénomène, à l'heure où il allait quitter ce monde, les moindres choses excitaient sa curiosité. Il regardait les rues, il étudiait les maisons, il lisait les enseignes des boutiques; les passants qu'il coudoyait l'intéressaient.

Il se rangea pour laisser passer une vieille femme, et ramassa la balle d'un enfant. Il descendit la rue de Tournon, et se trouva dans la rue Saint-Sulpice. On fermait les magasins à droite. A gauche s'ébauchait la lourde masse de l'église.

En s'avançant, il en distinguait la rotonde basse, percée de hautes fenêtres de genre roman, puis d'autres fenêtres se découpaient au-dessus; la tour ronde montait toute droite, dessinant sa balustrade à jour sur l'azur du ciel.

Maclou suivit le côté de l'église, se heurta contre l'angle qu'elle dessine sur le trottoir, et resta un moment comme étourdi. Dix fois sa main chercha l'appui du soubassement des grosses colonnes, puis quand il se trouva près du petit escalier sur lequel une pauvre vieille femme étale durant le jour des fleurs rachitiques et des pommes au rabais, il tomba plutôt qu'il ne s'assit sur la première marche.

La grande église sombre lui avait rappelé Dieu.

Elle se dressait devant lui à son heure suprême, comme pour lui crier :

— Tu n'iras pas plus loin !

Sans doute, tandis que Maclou se penchait sur le parapet de la Seine, il s'était bien dit que le suicide est un crime, le seul dont on ne puisse attendre le pardon. Jésus aurait pardonné à Judas le baiser de trahison : sa mort violente fut plus sa damnation que son premier crime. Entre la faute et le repentir, il y a toujours place pour la miséricorde. Désespérer de Dieu, de sa Providence, n'est-ce pas lui faire la plus irrémissible insulte ?

Durant la journée qui venait de s'écouler, le désespoir avait envahi le cœur de cet homme, de façon à le rendre insensible à toute autre idée que celle de son désespoir même. A cette heure, son âme prenait une revanche.

Une pensée plus terrible que celle du trépas se faisait jour en lui.

Ce que n'avaient pu les tressaillements de sa chair, les angoisses de son esprit l'accomplirent.

A l'instinctif effroi que nous cause l'approche de l'heure qui verra l'anéantissement de notre être, succéda une terreur plus élevée qui fit monter une sueur froide à ses tempes et accéléra les battements de son cœur.

Le problème de l'éternité se posa devant lui.

Ce problème qu'il ne pouvait, qu'il n'aurait pu résoudre, redoubla son angoisse.

Il essaya de se souvenir des sophismes de ceux qui affectent de croire au néant comme suite et conséquence de la mort.

Peine inutile. Il avait la foi ; ses douleurs pouvaient lui enlever le courage, elles ne parvenaient pas à étouffer la voix de sa consscience.

Se tuer ! en avait-il le droit ?

Était-il le seul être malheureux, frappé dans ses affections comme dans sa fortune ?

Les chagrins qui l'accablaient n'avaient-ils jamais frappé d'autres hommes ? Et s'il les trouvait trop lourds pour ses épaules, ne savait-il point où puiser le courage et la force.

Il n'avait plus qu'à se lever pour se mettre en marche vers la mort.

Les deux bras saignants du crucifix lui barrèrent le passage.

En ce moment, il lui sembla entendre un chant, très adouci par la distance, montant des entrailles du sol jusqu'à lui.

Le chant qui frappait l'oreille de Maclou était large, formé d'un ensemble de voix nombreuses, plus chaudement timbrées qu'habilement conduites.

Il ne pouvait distinguer les paroles, mais le rythme était pur, et l'ensemble harmonieux.

Maclou se leva incertain, faible. Ces voix l'attiraient comme eussent pu faire des voix d'anges.

Il fit quelques pas en longeant les fenêtres grillées à fleur de sol qui coupent la muraille de Saint-Sulpice, puis il s'arrêta un moment.

Evidemment il approchait du lieu de réunion et de prière.

Il se trouva bientôt en face de la porte à deux battants qui donne à la fois accès à l'escalier tournant sa spirale vertigineuse dans les grosses tours, et dans le second escalier qui s'enfonce dans la crypte.

Une voix secrète disait à Maclou :

— Ouvre cette porte, le salut est là, à deux pas.

La timidité, la crainte le retenaient. Peut-être aussi la pensée que s'il franchissait ce seuil il ne s'appartiendrait plus à lui-même, et cesserait d'avoir le droit de disposer de lui.

Il ignorait d'ailleurs s'il fallait remettre une carte, dire un mot de passe, et il restait debout devant la porte des caveaux, comme si une main menaçante lui en interdisait l'entrée.

Tandis que Maclou demeurait immobile, en songeant à la Seine qui coulait froide et pure sous les rayonnements de la lune, un jeune homme, vêtu en ouvrier aisé, tourna l'angle de l'église, du côté de la place, et se trouva subitement en face de Maclou.

Il crut sans doute que ce dernier arrivait, et n'avait pas encore eu le temps d'ouvrir la lourde porte, car il tourna le bouton, poussa le vantail, et s'effaça pour laisser libre passage à Maclou.

Celui-ci hésita encore.

— Je suis étranger, dit-il, je ne sais si je dois, si je puis...

Et comme il n'avançait pas, le jeune ouvrier reprit :

— Vous hésitez, je vais vous montrer le chemin.

Maclou suivit, trébuchant dans la pénombre.

Il ne tarda pas à se trouver dans une salle souterraine, qui sert le dimanche à réunir les enfants du catéchisme, et qui, deux fois par semaine, s'ouvre pour les conférences des ouvriers. Sans doute les enfants y laissent un parfum de leur innocence, car on s'y trouve bien pour se reposer le cœur et pour y recevoir la lumière de l'âme.

Un groupe d'hommes du monde, sans doute les promoteurs de l'œuvre, se dessinait dans un angle. Une masse compacte remplissait toute la petite chapelle.

Au moment où l'ouvrier et Maclou y pénétrèrent, plusieurs personnes se reculèrent complaisamment pour les laisser passer, et bientôt l'infortuné que tourmentait l'idée de la mort, se trouva placé de façon à voir en pleine lumière le prêtre qui allait prendre la parole.

Il paraissait âgé de vingt-huit ans. Sa taille était haute, mais un peu frêle. Ses cheveux blonds, rejetés en arrière, adoucissaient encore l'expression d'ineffable bonté empreinte sur son visage. Ses grands yeux, candides comme des yeux d'enfant, s'étaient attristés par la contemplation des douleurs humaines. La pâleur de son teint ressemblait à la blancheur des cierges.

La foule, déjà si recueillie avant son arrivée, redoublait d'attention, de silence. On aurait entendu le vol des anges dans la salle souterraine des conférences.

« Mes amis, mes frères, dit le jeune prêtre d'une voix harmonieuse, et qui pénétrait jusqu'au plus profond du cœur, je suis venu aujourd'hui pour vous parler de moi... Oui, de moi... Lorsque j'ai pris pour la première fois la parole au milieu de vous, votre accueil a été tel que j'en suis resté ému plus que je ne saurais vous le dire.... J'ai deviné que vous comprendriez le prêtre, comme le prêtre à son tour vous comprendrait et vous aimerait... Mais pour avoir sur vous plus d'empire, pour augmenter votre confiance, vous attirer davantage à moi, et me donner plus à vous, il faut que nous nous connaissions réciproquement. »

L'orateur embrassa d'un regard tout son auditoire, et reprit :

« Ce que vous êtes, je vais vous le dire. Vous faites partie de ce peuple de Paris, le plus intelligent, le plus impressionnable, le plus enfant, le plus dangereux des peuples. Vous êtes capables, tous tant que vous êtes, de vous priver de manger pour le mendiant qui passe, mais aussi vous êtes les fils et les frères de ceux qui arrachent, à certains jours, les pavés pour en faire des barricades. Je vous aime parce que je crois qu'il est possible de faire battre votre cœur à toutes les grandes choses. Je vous aime comme les brebis d'un bercail qui s'égarent souvent, mais que j'espère garder et ramener. Je vous aime, surtout, parce que, pour vous conduire, vous prendrez pour guide, non plus la nuée sombre de l'égoïsme, de l'incrédulité, de la haine, mais la colonne lumineuse de la foi, de l'espoir, et de l'amour qui nous guide, tristes pèlerins, dans la traversée de ce désert, au delà duquel apparaît la terre promise.

« L'ouvrier est la force des villes, comme le paysan est la force vitale des campagnes, et c'est pour cela que je veux faire de vous les hommes du devoir, du courage. Il est des courants opposés dans la voie que vous suivez... Si vous n'êtes pas avec nous, vous serez contre nous. »

— C'est vrai, murmura, sans en avoir conscience, le voisin de Maclou.

Celui-ci se pencha vers l'ouvrier qui lui avait ouvert la porte de la crypte, et lui demanda à voix basse :

— Comment s'appelle ce prêtre ?

— L'abbé Bernard.

— Merci, dit Maclou, qui croisa les bras sur sa poitrine et redevint immobile.

Le jeune prêtre reprit :

« Je vous ai prévenus que je vous parlerais de moi... Aussi loin que me reportent mes souvenirs, je me rappelle une vieille maison moussue comme une chaumière, dont le toit était couvert de plus de pigeons que d'ardoises. Dans le jardin, cultivé avec un soin spécial, il y avait beaucoup de fleurs, en prévision des grandes fêtes ; puis, tout au fond du verger, des ruches bourdonnantes. Le colombier et le rucher voisinaient. Il me semble voir encore le vieux curé si doux, si beau, si simple, m'entraînant doucement dans la grande allée de tilleuls, pour me faire répéter mes leçons. Je ne me souviens guère d'avoir étudié dans des chambres, excepté quand il pleuvait trop fort. L'abbé Lormel était l'objet d'un culte pour les humbles paroissiens des Bruyants. Ses jours se comptaient par des bienfaits ; il avait la simplicité des saints et la charité des Apôtres... Mon père, un de ses vieux amis, habitait à quelque distance des Bruyants ; il vivait d'une modique pension qui ne pouvait lui survivre, et il espérait avoir le temps de faire de moi un homme avant de quitter ce monde... »

L'abbé Bernard s'arrêta un moment, moins pour rappeler ses souvenirs que pour étouffer le sanglot qui lui montait à la gorge, et sa voix tremblait quand il poursuivit :

« Un jour, mon père appela, près du fauteuil qu'il ne quittait plus, un brave journalier du voisinage, et me confiant à celui-ci, il me dit d'une voix tremblante : — Bernard, va porter cette lettre à l'abbé Lormel, conforme-toi à ce qu'elle contient, car c'est l'expression de ma volonté... et maintenant agenouille-toi, car je veux te bénir... — Je me jetai à ses pieds, il posa sa main sur mon front, fit signe au journalier de m'emmener, et je sortis... Je ne devais plus le revoir... Dans la crainte de m'attrister par le spectacle de son agonie, il m'avait éloigné... la lettre que je devais remettre au curé des Bruyants me léguait à lui comme un orphelin... »

Encore une fois l'abbé Bernard s'interrompit, et cette fois il porta la main sur ses yeux.

« Le testament du mourant fut sacré pour le pauvre pasteur d'un indigent troupeau, et l'abbé Lormel m'adopta. Est-ce au spectacle de ses vertus, à l'influence qu'il ne tarda pas à exercer sur moi, que je dois ma vocation ? Je ne me le demande pas, il me suffit de bénir le ciel qui me l'a donnée... Une seule différence se manifesta vite entre mes rêves et ceux du digne prêtre, qui me voyait grandir à l'ombre du sanctuaire. Il me semblait qu'une cure de village serait insuffisante à mon zèle. Les pensées de l'adolescent ont toujours quelque chose d'héroïque. Je ne comprenais l'apostolat que couronné par le martyre... Mes yeux se tournaient sans cesse vers cet autre monde, plus éclatant de soleil, embaumé de fleurs étranges, ombragé de forêts sombres comme la nuit. Je me transportais sans cesse au milieu de ces populations ignorantes et douces, ou sauvages et terribles sur lesquelles n'a pas lui ce soleil de la justice éternelle ; je me disais qu'il serait grand de suivre les traces généreuses des martyrs, et de cueillir une palme à l'arbre sacré que leur sang féconda.... Mes lectures entretenaient en moi ces pensées. Je lisais tour à tour des livres de voyages et les annales glorieuses de la foi, racontant ses propres miracles.

« L'abbé Lormel me disait avec douceur, quand je l'entretenais de mes projets :

« — Mon enfant, de quelque façon que la grâce nous inspire, elle est toujours la grâce ! Il faut d'humbles semeurs courbés sur le sillon du champ paternel et de hardis explorateurs de rivages inconnus qui vont répandre la bonne nouvelle. Prends la trompette éclatante de l'ange, va crier dans le désert: *Aplanissez les voies du Seigneur !* Monte sur le Sinaï pour y converser avec Dieu. Je suis un pauvre

Une masse compacte remplissait toute la petite chapelle. (*Voir page* 64.)

prêtre obscur caché dans un village, qui ne me semble pas plus grand dans ce monde que ne l'est l'œuf roulé par cette fourmi. La vocation est un don exceptionnel en lui-même, qu'est-ce donc quand cette vocation est celle des Évangélisateurs ! Recueille-toi, prie, travaille ! Peut-être dans toute ta vie n'apprendras-tu le *Pater* qu'à une seule créature, ignorante des choses de Dieu ! et cependant, si grand est le prix d'une âme que cela te suffirait au jour où tu rendras tes comptes au Seigneur ! Cher enfant ! il est beau de regarder toujours et sans fin du côté des sommets, ils sont plus éclatants que nos plaines ! et nous rapprochent davantage de Dieu ! »

La voix de l'abbé Bernard s'était élevée, elle vibrait sonore et puissante dans la chapelle souterraine. L'orateur tenait suspendues à ses lèvres les âmes de tous ceux qui l'écoutaient, et Maclou sentait descendre en lui un apaisement ineffable.

« Quand je perdis mon second père, le maître de mon âme, reprit l'abbé Bernard, j'avais dix-huit ans. Je savais tout ce que le digne prêtre avait pu m'apprendre : le latin, le grec, la théologie, tout ce qu'avait ajouté à mon bagage scientifique le précepteur du fils de M. Montravers, un des riches propriétaires du pays : l'algèbre, la chimie, l'anglais, l'allemand. C'était beaucoup déjà, ce n'était point assez. L'abbé Lormel m'instituait son légataire universel, il me savait pauvre, et redoutait que cette pauvreté entravât ma vocation. Hélas ! il avait tant donné qu'il lui restait peu de chose ! Ses ornements, sa chapelle et 4,000 fr. composaient toute sa fortune.

« Je partis pour Paris, et j'entrai au Séminaire, à ce séminaire de Saint-Sulpice, qui garde les hautes traditions de l'enseignement des cloîtres, et sur lequel semble planer l'âme du vénérable Olier. J'y achevai mes études de théologie, en même temps que j'étudiai le persan, le chinois et l'hindoustani.

« Je menais de front un travail énorme, colossal, devant lequel on trembla plus d'une fois de voir ma santé s'ébranler. Dieu me gardait, et je me sentais porté par les mains de ses anges. L'heure attendue, l'heure sacrée qui devait me donner à Dieu et aux hommes par l'apostolat sonna enfin. Mes mains furent liées de cette chaîne céleste qui nous attache à la croix pour le temps et pour l'éternité. Je m'agenouillai homme, je me relevai prêtre. Ce n'était plus moi qui vivais, c'était bien le Sauveur qui vivait en moi ! Sa grâce consolatrice inondait mon âme comme un fleuve intarissable ; le feu de la charité embrasait ma poitrine ! Je brûlais d'un immense désir de commencer la tâche vers laquelle je tendais depuis l'éveil de mon intelligence. Encore quelques mois, et je devais être du nombre de ceux que l'on bénit pour le voyage dont si peu reviennent ! Encore quelques mois et je partirais pour la Mantchourie, la Perse ou les Indes, lorsque le hasard de la charité me conduisit dans une maison plus sombre qu'un gouffre, plus effroyable dans les mystères qu'elle recélait, que cette tour de Babel, dont les ouvriers ne pouvaient plus s'entendre, et qui plongeait, dans les entrailles du sol, ses escaliers gigantesques, tandis que nul ne pouvait terminer l'œuvre du doute et de l'orgueil.

« Je trouvai là l'ignorance et la férocité des sauvages, la haine du bien, la soif du mal; des tribus d'hommes et de femmes qui n'avaient jamais franchi le seuil d'une église, et vivaient dans des désordres d'autant plus honteux qu'ils s'étalaient en pleine civilisation. Je rencontrai des hommes maudissant les prêtres, crachant sur le christ! des femmes enseignant le blasphème aux enfants nés d'unions malheureuses; des vieillards niant l'Éternité en trébuchant sur le seuil de la mort.

« Je reculai saisi d'horreur, de dégoût, de pitié. Puis, je me mis à l'œuvre, car, si pénible que fût le labeur, je ne me trouvais pas le droit de choisir. Ce que j'avais pris pour une exception me parut bientôt être l'état latent d'une partie de la population des faubourgs. J'étudiai sous toutes ses faces la démoralisation des classes nécessiteuses. Je cherchai la raison de ses jalousies féroces, de ses accès de rage, de sa sauvagerie, et je la trouvai dans ce mot : — Une partie de Paris est une terre inculte, la semence de Dieu n'y germe pas. — J'allai dans les prisons, dans des bouges, je montai à tous les greniers, je descendis dans des caves infectes, essayant de rallier au Maître que je sers, ces ignorants, ces méchants, ces fous ! Je leur apportais mon âme, mon intelligence, mon dévouement, mon Dieu ! Je les embrassais de l'étreinte surhumaine de la charité, et je les voyais bientôt, après le courroux de la première tentative, se rapprocher de moi, insoumis encore, mais curieux ; je les gagnais comme des enfants ! Le cœur de l'homme a des cordes mystérieuses qu'un mot, un souffle feront vibrer. Pour vaincre l'un, je me servais de sa vieille mère, pour triompher de l'autre, j'avais l'enfant...

« Alors, un changement s'opéra dans mes idées, et je me dis que j'évangéliserais les sauvages de Paris au lieu d'évangéliser les idolâtres d'Amérique. »

Un murmure sortit de la foule des auditeurs, et le respect du saint lieu retint seul les acclamations de ceux qui, captivés, attendris, écoutaient l'apôtre parisien raconter la touchante histoire de sa vocation.

Maclou n'avait pas les bras croisés sur sa poitrine, une de ses mains cachait ses yeux. Peut-être recueillait-il mieux dans son âme les paroles de l'abbé Bernard, peut-être la douleur lui arrachait-elle des larmes dont il gardait le secret.

Le prêtre continua, avec un croissant enthousiasme.

« Et maintenant que vous savez qui je suis, venez à moi sans crainte, les plus malheureux d'entre vous seront les mieux accueillis.

Je me transportais sans cesse au milieu de ces populations sauvages. (*Voir page* 68.)

Je ne trouve dans mon cœur et sur mes lèvres que ces divines paroles : « *Venez à moi, vous tous qui êtes chargés et je vous soulagerai.* » Ma grande joie, c'est de pouvoir me répéter, à la fin d'une journée : — J'ai rendu la paix à un esprit tourmenté, j'ai relevé vers le ciel une âme désespérée. Il me faut ma moisson quotidienne ! Je suis un mauvais ouvrier de la vigne, et je ne mérite aucun salaire, si j'ai mal travaillé ou si mon travail n'a rien produit ! Eh bien ! le voulez-vous savoir, vous qui m'écoutez d'une façon si attentive, je me sens presque triste ce soir. Vous êtes tous des hommes de bonne volonté, vous vous donnez à Dieu de vous-mêmes, je ne trouve rien à vaincre en vous ! Je n'ai pas gagné le salaire de ma journée. J'aurais voulu trouver en vous un homme désespéré pour lui rendre l'espérance, un homme près de mourir dans l'angoisse pour lui donner la vie en Dieu ! »

A cet élan de charité répondit un sanglot déchirant.

Pas un des auditeurs de l'abbé Bernard ne détourna la tête ; cette douleur que le prêtre venait d'attirer à lui était sacrée ; l'homme qui tombait sous son fardeau était un frère malheureux que blesserait une curiosité maladroite, peut-être cruelle.

Cette explosion de désespoir avait atteint le prêtre en plein cœur.

Son beau visage rayonna d'une céleste joie ; il mit dans son accent toutes les tendresses évangéliques pour dire à celui qui pleurait :

« Venez à moi, *je suis la voie, la vérité, la vie :* — la voie, je mène au Christ ; la vérité, je répète l'enseignement du Verbe ; la vie, je triomphe de la mort. Venez, vous qui ne pouvez porter le fardeau de la croix, je suis Simon de Cyrène, mon épaule est robuste, et je prendrai la moitié du faix qui vous accable. Je choisirai dans les paroles de mon Maître les plus consolantes et les plus douces. J'aurai du baume pour toutes vos blessures, et vous trouverez près de moi ce que les hommes ne pouvaient pas vous donner. Je suis votre ami, votre frère ; j'ai dépouillé le vêtement du siècle, j'ai paré mon front de la couronne du Sauveur, j'ai les sandales aux pieds et la ceinture aux flancs pour vous aller chercher si vous êtes loin. J'ai le cœur plein d'amour et de pitié pour vous si vous êtes tout près ! La gloire de mon sacerdoce, le prix de mon sacrifice, c'est la confiance qui vous jette à mes pieds pour me dire : — J'ai péché ; ou la douleur qui vous amène dans mes bras pour me crier : — J'ai souffert ! »

On entendit un bruit sourd dans la chapelle ; un homme venait de tomber sur ses genoux ; il cachait dans ses deux mains son visage ruisselant de larmes.

L'abbé Bernard comprit qu'il n'avait plus rien à dire.

Il fit le signe de la croix, bénit ses auditeurs, puis s'agenouillant sur les marches de l'autel, il s'unit à la prière de l'âme brisée que le Seigneur venait remettre entre ses mains.

La foule s'écoula, silencieuse, recueillie.

Quand le bruit des pas se fut éteint dans la chapelle souterraine,

tandis que le bedeau s'approchait pour éteindre les cierges, l'abbé Bernard descendit vers Maclou, qui restait prosterné et sanglotant.
— Venez ! lui dit-il d'une voix douce.
— Où ? demanda l'homme qui semblait aveuglé par les larmes.
— Chez moi, répondit l'abbé Bernard ; n'avez-vous donc rien à me dire ?

Un regard de Maclou, plus éloquent que ne l'eût été l'aveu même de sa douleur, fut la seule réponse du malheureux.

Le jeune prêtre quitta la chapelle et, suivi de l'homme qu'il avait si profondément ému, il gagna le presbytère.

CHAPITRE IV

UN CŒUR SAIGNANT

Jadis, quand les cadavres des condamnés s'en allaient à la Seine à l'heure où ils s'engouffraient dans l'eau noire et tourbillonnante, une voix criait :

— Laissez passer la justice du roi.

Quand un homme montait l'escalier de l'abbé Bernard, le concierge ne pouvait s'empêcher de murmurer :

— C'est une grande misère qui passe!

Le jeune prêtre gravissait rapidement l'escalier conduisant à sa chambre.

Il avait hâte, dans sa charité, de se trouver seul avec le malheureux dont il venait de conquérir la confiance, et dont il espérait soulager les douleurs.

Maclou, lui, hésitait encore; il s'arrêtait parfois sur une marche, s'appuyant à la rampe, comme si quelque chose le clouait à cette place.

Il sentait bien qu'une fois seul avec cet apôtre de l'amour et de la piété, il serait vaincu, qu'il abjurerait dans ses mains sa volonté de mourir, et le souvenir de ses malheurs se représentant à lui dans toute leur violence, il se demandait encore s'il ne devait pas s'enfuir et gagner en courant le parapet de la Seine.

Enfin l'abbé Bernard ouvrit une porte, et, s'écartant avec douceur, afin de mettre toute sa grâce dans l'hospitalité offerte, il laissa passer le malheureux.

Une lampe posée sur le bureau du jeune prêtre prouvait qu'il comptait consacrer au travail la fin de sa soirée.

Maclou jeta un regard rapide autour de la chambre dans laquelle il se trouvait.

Il n'y avait point de lit dans cette pièce; un hamac suspendu et une couverture roulée prouvaient quelle hâte remplie de détachement présidait au repos du jeune prêtre. Des chaises de paille s'alignaient symétriquement d'un côté de la chambre; des livres placés sur deux rayons leur faisaient face. La table du bureau était couverte de lettres, les unes ouvertes, les autres non décachetées. Des amas de cahiers, renfermés dans des cartons, des serviettes, des feuilles de papier prouvaient les multiples labeurs de l'abbé Bernard.

Le prêtre offrit une chaise à son visiteur et, approchant un siège de celui du malheureux, il lui prit affectueusement les mains :

— Que puis je pour vous ? demanda-t-il.

Maclou secoua la tête :

— Rien ! fit-il, rien ! et je ne sais pas même comment j'ai été amené ici.

— Par la Providence, répondit l'abbé Bernard.

— Soit ! reprit le malheureux ; mais, si éloquent que je vous aie trouvé, si bon que vous me sembliez, à cette heure où je vous vois de plus près, sous le rayonnement de cette lampe, je n'ai pas le droit de vous tromper.

— Vous ne me trompez pas ; vous souffrez...

— Toutes les souffrances ont-elles un droit égal à votre compassion ?

— Non ! les plus grandes me deviennent les plus chères.

— Qui vous prouve que je mérite votre intérêt ?

— Plusieurs choses, mon ami ; d'abord l'endroit où je vous ai trouvé.

Puis, reprit l'abbé Bernard, en dépit des souffrances qui y ont laissé leur trace, votre visage est celui d'un honnête homme.

Des larmes montèrent aux yeux de l'hôte de l'abbé Bernard.

— Un honnête homme ! Il y a longtemps que je ne m'étais entendu adresser de semblables paroles !

Maclou resta un moment immobile, puis se leva brusquement :

— Vous saurez tout, monsieur l'abbé ! dit-il ; si vous me retirez la bienveillance que je sens en vous à cette heure, je ne m'en plaindrai pas, et je garderai, aussi longtemps que je vivrai en ce monde, le souvenir de ce qui se passe à cette heure doublement solennelle pour moi.

Alors, s'approchant plus près de l'abbé Bernard, comme s'il redoutait qu'on pût entendre cet aveu terrible, l'infortuné murmura :

— Je suis un forçat en rupture de ban !

Il plongea son regard étincelant dans les yeux purs et profonds du prêtre, mais il n'y trouva qu'une divine mansuétude.

Tous deux gardaient le silence.

L'abbé Bernard bénissait le ciel d'avoir placé cette grande infortune sur son chemin ; le forçat, puisque lui-même avouait qu'il avait été flétri par la justice, pouvait laisser couler le flot d'amertume qui avait rendu son âme triste jusqu'à la mort.

Quand cette première explosion de douleur fut passée, Maclou reprit sa place et, d'une voix qu'il s'efforça d'affermir, il reprit :

— Je vous l'ai dit, je suis un forçat évadé du bagne de Brest. J'occupais autrefois, à Paris, une situation opulente, enviée ; j'employais dans mes ateliers près de mille travailleurs, j'étais une des puissances de l'industrie parisienne et, sans me connaître d'ennemis, je pouvais compter des envieux. Cependant, quand survint la catastrophe qui brisa ma vie, il me fut impossible d'en rejeter la cause sur quelqu'un ; pas un nom ne s'offrit à ma mémoire, pas un indice ne me mit sur la voie. Je vous ai dit que je possédais une grande fortune, j'ajouterai que mon bonheur était plus grand encore que ma prospérité matérielle ; ma femme était un ange de bonté, de douceur.

Mon mariage avec elle avait été une union du cœur plus qu'une combinaison d'intérêts. Elle était bonne, compatissante ; les ouvriers l'aimaient. J'avais un petit garçon de six ans, blond, intelligent, dont toutes les mères eussent raffolé et qui devait un jour être mon orgueil. Non, rien ne me manquait de ce qui fait le bonheur de l'homme, et le ciel, jaloux....

— Silence ! fit le prêtre, vous allez blasphémer.

— Quand je me reporte à ce temps, la folie me gagne le cerveau.

Il s'arrêta encore une fois et reprit d'une voix plus rapide :

— L'accroissement des lignes de chemins de fer ayant doublé le chiffre de mes affaires, je dus quitter les ateliers que j'occupais à Montrouge, et je transportai le siège de mon industrie dans des terrains, presque déserts, placés du côté de la Villette. J'acquis, pour une somme relativement modeste, un magnifique emplacement. Des arrangements heureux me permirent d'élever mes constructions d'ateliers sans frais ruineux. Je possédais en affaires une condition rare et précieuse : j'avais le tact, le flair ; honnête jusqu'au scrupule dans mes transactions commerciales, j'arrivais à des résultats imprévus de tous et de moi-même.

Naturellement je dus prendre des précautions contre le malheur ; ma fortune se trouvait complètement engagée, et l'étincelle d'une de mes forges pouvait ruiner le propriétaire et le manufacturier. Je m'assurai donc contre l'incendie. Hélas ! je ne pouvais m'assurer contre le malheur !

L'hôte de l'abbé Bernard passa sa main sur ses yeux.

— Du courage ! lui dit le prêtre, du courage !

— C'est à partir de ce moment, reprit le malheureux, que je cesse de m'expliquer à moi-même ce que la justice crut si bien pouvoir expliquer elle-même.

J'assurai donc les bâtiments servant d'ateliers, ma maison particulière et les marchandises remplissant les magasins, pour la somme de un million et demi.

— C'était énorme !

— Suffisant, voilà tout. Je me trouvais avoir en dock une grande quantité de machines valant de gros prix et je devais les protéger. Je vous avouerai même, à ce sujet, que je ne me sentais pas sans inquiétude. Dans la crainte d'embarrasser mes ouvriers, je continuais à les faire travailler, malgré le temps d'arrêt que subissaient en ce moment les affaires, et je me demandais quelquefois ce que je ferais de l'énorme quantité de marchandises amoncelées dans les magasins, si la stagnation commerciale, dont nous souffrions tous, ne prenait fin assez vite pour nous empêcher de diminuer le chiffre de la fabrication.

« Une commande d'Angleterre, inespérée comme un coup de fortune, me tira subitement d'embarras. Tout ce que je possédais fut enlevé, moitié pour la marine, moitié pour les voies ferrées et, en quinze jours, il ne me resta plus une seule des machines dont l'accumulation commençait à me causer du souci. Cette fois, c'était la fortune. Sur la somme de cette vente énorme je pouvais distraire un capital de réserve ; la dot de l'enfant, le repos de la famille se trouvaient désormais à l'abri des hasards du commerce.

« Le mari, le père se réjouissait autant que le négociant.

« Une nuit, je fus soudainement réveillé par une âcre odeur de fumée. Je me levai, j'ouvris une fenêtre donnant sur la cour, et j'aperçus, en face de moi, une sombre masse noire, au travers de laquelle se faisaient jour des colonnes de fumée, que pailletaient déjà des étincelles.

« Éperdu, je me précipite hors de ma chambre, j'entre dans celle de ma femme et, la réveillant en sursaut :

« — Le feu ! dis-je, le feu !

« Elle me regarda d'un œil effaré, passa à la hâte sa robe de chambre, enveloppa notre enfant dans un cachemire et gagna le palier de l'escalier.

« Là encore nous trouvâmes l'incendie. La fumée montait d'en bas vers nous ; la maison brûlait comme les ateliers.

« J'appelle au secours, les domestiques s'éveillent, le jardinier court chercher une échelle, l'applique contre le mur de la maison donnant sur le jardin, et en gravit les degrés.

« — Venez madame, dit-il, venez !

« — Prenez d'abord l'enfant, répondit ma femme.

« Une minute après, nous étions sauvés tous trois.

« Tout le quartier était en rumeur, les pompiers accouraient, la foule s'amassait. On se passait les seaux de main en main, les larges tuyaux noirs des pompes versaient des jets d'eau puissants, et l'incendie continuait. Il dévorait le bois, il tordait le fer, faisait éclater les vitrages. Hélas ! il engloutit deux hommes courageux, un ouvrier de la maison, et un de ces braves pompiers, dont le mot de devoir est le mot de ralliement.

— Mon Dieu ! mon Dieu ! murmura le jeune prêtre.

— C'est déjà bien affreux ! n'est-ce pas, mon père?

— Oui, bien affreux !

— Ce n'est cependant que le prologue du drame. Cette nuit de flammes, de mort, de larmes, de ruine s'acheva. Mes livres étaient consumés en partie; la somme que j'avais reçue d'Angleterre, et dont je n'avais pas encore trouvé l'emploi, était dévorée, engloutie ; les billets de banque avaient fait un peu de cendre noire. Une main criminelle avait dérobé l'or, car on ne retrouva pas de lingots parmi les décombres. Ma femme, ma douce et courageuse femme, si éprouvée qu'elle fût, ne cessait de m'adresser des paroles de consolation.

« — Sans doute, me disait-elle, c'est une perte énorme; tu comptais avoir notre avenir à tous assuré et nous voilà sans un sou d'économies; mais, l'incendie de la maison et des bâtiments est couvert par les assurances ; tu jouis d'un grand crédit ; les caisses de tes amis vont s'ouvrir pour toi et, grâce à ton énergie, à ton habileté, tu auras dans peu retrouvé la dot de nos enfants......

« — Nos enfants ? dis-je, avec étonnement; notre enfant.

« — Non, me répondit-elle, d'une voix plus basse et plus attendrie. Au milieu de notre désastre je veux te donner une force, une joie ; il y aura bientôt dans la maison un ange de plus pour t'aimer !

« Je pressai ma femme sur mon cœur et j'oubliai pour un moment l'angoisse qui me brisait.

« Tout le jour, la flamme poursuivit son œuvre.

« Ma femme me quitta un moment pour aller porter des consolations aux deux veuves qu'avait faites la catastrophe. L'une était en proie à un désespoir touchant à la folie ; l'autre montra sans rien dire ses six enfants.

« Quand ma compagne revint, elle était si pâle que je me demandai si elle survivrait à ces émotions navrantes. Mais elle était, sous sa frêle apparence, forte et généreuse. Si ses grands yeux bleus trahissaient la fatigue, leur regard conservait une énergie surhumaine. Notre enfant nous couvrait de baisers; à son âge. ou ne sait qu'aimer Il pleurait de nous voir pleurer et essuyait nos larmes sous ses lèvres.

« Ni ma femme, ni moi nous ne pouvions nous résigner à nous éloigner de ce lieu. Il le fallut pourtant. Une maison voisine nous fut ouverte, et à peine nous trouvions-nous installés dans le salon que l'on venait de mettre à notre disposition, que les magistrats y entrèrent.

« Je retrouvai toute ma lucidité d'esprit pour leur répondre.

« Ils me questionnèrent sur le chiffre de l'assurance et de la contre-assurance, me demandèrent de préciser le montant de la vente faite en Angleterre, et me prièrent d'indiquer à quelle somme se montaient mes économies.

« — Cinq cent mille trois cents francs, répondis-je. J'en sais le chiffre jusqu'aux centimes, puisque c'est le total de la transaction commerciale que j'ai faite avec la maison anglaise *Evering et Compagnie.*

« — Où avez-vous placé ces économies ? me demanda le procureur impérial.

« — Elles se trouvaient encore dans ma caisse.

« — Une semblable imprudence a le droit d'étonner de votre part.

« — J'ai d'autant plus lieu de la déplorer, répondis-je, que je n'espère plus la recouvrer.

« — Prétendez-vous qu'elle vous ait été dérobée ?

« — Il le faut bien, répliquai-je, puisqu'on ne trouve plus de trace de l'or.

« — A moins, dit le magistrat, en me regardant fixement, que vous n'ayez eu soin de la mettre en sûreté.

« — Quel intérêt aurais-je à mentir ?

« — Plus d'un, peut-être, me répondit-il sèchement.

« Que vous dirai-je, monsieur l'abbé, cet entretien, commencé sur le ton de la conversation, se termina sous la forme d'un interrogatoire. On m'accusait, moi, l'incendié, d'être en même temps l'incendiaire. La coïncidence de l'expédition en Angleterre d'un matériel, dont le chiffre d'assurance était une somme énorme, avec la catastrophe qui consommait ma ruine, devint d'abord une présomption contre moi, puis on y voulut trouver une preuve de ma culpabilité. On me soutint que j'avais caché le produit de la vente de mes machines, que la prime d'assurance de un million cinq cent mille francs me permettait de réaliser un bénéfice de près d'un million. Comment en arriva-t-on là, comment des détails infinis, jusqu'à l'absence de trois domestiques, me furent-ils reprochés comme des fautes ? Je l'ignore.

Les magistrats entrèrent. (*Voir page* 78.)

On me permit d'embrasser mon enfant, ma femme. Celle-ci semblait la plus forte de nous deux.

« On m'emmena. Oui, monsieur, l'on m'emmena à la Conciergerie ; j'étais prévenu : je ne tardai pas à devenir accusé du crime d'incendie, et rendu responsable de la mort de deux braves gens !

« Quelquefois je dédaignais de répondre aux interrogatoires du juge d'instruction. J'aurais souhaité que ce malheur finît tout d'un coup, que le gouffre se refermât sur moi. Puis je songeais à ma femme, à mon fils, à ce pauvre enfant qui naîtrait au milieu de tant de douleurs et de larmes.

— Pauvre cœur ! pauvre cœur ! fit l'abbé Bernard.

— Il saigne toujours, allez ! et jamais ne se fermera sa blessure. Vous ne savez pas tout encore. Chaque jour, chaque heure apportait son aggravation d'angoisse. L'instruction se termina, on fixa le jour de l'audience. C'était..... Oh ! je vivrais des siècles que je m'en souviendrais encore. Cette date sonne en moi comme un glas ! Vingt-deux novembre 1869 !

« A quoi bon vous peindre mes douleurs, mes tortures, vous retracer les scènes de cette Cour d'assises qui m'appelait à sa barre. Ni les vingt années de probité, dont je pouvais hautement rappeler le souvenir, ni mes protestations, ni les pleurs d'Alida et les sanglots d'Urbain, ni la déposition de mes ouvriers, ni le plaidoyer d'un homme de génie, rien ne put me sauver. Je m'entendis condamner aux travaux forcés à perpétuité !

« J'étouffai un cri.

« Ma chère femme se pencha vers moi.

« — J'irai te rejoindre, me dit-elle.

« Elle fut entraînée par ses amis, je montai dans une voiture cellulaire et j'entrai dans la prison. J'appartenais à la justice, je n'étais plus un homme, mais un galérien.

L'abbé Bernard s'essuya les yeux.

Le narrateur poursuivit :

— Après quelque temps, on m'apprit que j'allais partir pour Brest. Une résolution implacable avait remplacé mon angoisse. J'étais innocent, la liberté m'était ravie, volée, je la reprendrais. L'évasion devint mon idée fixe. Comment s'y prenait-on pour franchir les murailles les grilles du bagne, je ne me le demandais pas. Il me semblait qu'une inspiration me viendrait du ciel. Ma femme se montra héroïque, et bien plus calme que je n'eusse pu l'attendre de sa douleur et de l'état de sa santé. Au moment où elle me serrait la main pour la dernière fois, elle répéta :

« — Au revoir !

— Eh bien ? demanda le prêtre.

— Cet ange est allée m'attendre, dit le malheureux, car je ne l'ai pas retrouvée. J'arrivai à Brest, je revêtis l'infamante livrée ; je parus accepter mon sort ; loin de froisser mes compagnons de chaîne par mon silence et mon orgueil, je m'intéressai à eux, je les questionnai ; quelques-uns connaissaient de curieuses histoires de bagne, des évasions légendaires ; je les interrogeais avec un intérêt palpitant.

« L'un d'eux comprit vite que je profiterais de la première occasion qui s'offrirait à moi pour conquérir ma liberté. C'était un vieillard, un récidiviste en qui restait encore une fibre vivante : un petit enfant, celui de sa fille qui était morte. Crut-il à mon innocence ou feignit-il seulement d'y ajouter foi, toujours est-il qu'il me fit jurer sur l'Éternité de m'occuper de ce petit être, et quand j'eus promis, il m'aida.

« Je ne vous raconterai point tous les détails qui précédèrent mon évasion du bagne. Un récit de ce genre est toujours identique, les préparatifs, les angoisses se ressemblent. Depuis que j'étais enfermé au bagne, ma femme m'écrivait chaque semaine. Elle ne parlait plus de venir me rejoindre, et je m'en réjouissais, car sa présence à Brest n'eût pas manqué d'éveiller la surveillance de la police.

« Un forçat, dont la peine s'achevait à quelques jours de là, me promit de jeter à la poste une lettre dans laquelle j'informais ma chère compagne de mes projets. Je la suppliais en même temps d'aller m'attendre dans un petit village situé à quelques lieues de Paris, afin de nous consulter sur ce que nous devrions faire.

« Le lendemain même, je reçus d'elle une lettre renfermant ces mots :

« Suivant une promesse, que tu n'as sans doute pas oubliée, je par-
« tirai demain pour te rejoindre ; je serai déjà en route quand tu
« liras ces lignes, où notre enfant met un baiser. »

« Ce billet me terrifia. Ma femme ne recevrait point la lettre dont le forçat s'était chargé ; elle avait quitté Paris. Comment la rejoindre, où la trouver ? Tout était prêt pour mon évasion. Ce projet, élucidé avec tant de peine, devait être mis à exécution la nuit suivante. Il ne pouvait me venir à l'esprit d'hésiter. Une fois libre, je retrouverais toujours bien ma femme et mon fils.

« Cependant, à minuit, je pus quitter l'infirmerie, je vêtis le déguisement dont j'étais muni, puis je gagnai le chemin de ronde pour prendre dans une cachette l'échelle de corde et quelques outils qui pouvaient m'aider à gagner la crête de la première muraille ; je la descendis avec succès. Il faisait un horrible orage, dont les ombres favorisaient ma fuite. Déjà je me croyais sauvé, quand la sentinelle m'aperçut et tira. Je tombai du sommet du mur : la balle m'avait traversé la poitrine. J'espérais mourir et je survécus. Mais, quelle vie ! la surveillance redoubla autour de moi, et il se passa plus de quatorze ans, avant qu'il me fût possible d'essayer encore une fois de m'évader.

« Depuis la lettre par laquelle elle m'avait informé de son projet de venir me rejoindre, j'étais sans nouvelles de ma femme. La mort seule avait pu clore ses lèvres, arrêter sa main, et l'empêcher de donner suite à son héroïque promesse. Mais, mon fils ! qu'était devenu mon fils ! Dans quel coin du monde, au sein de quelles angoisses ces deux êtres si chers m'avaient-ils été ravis ? L'âme a des espérances qui survivent à tout ! Quatorze ans après avoir reçu la dernière lettre de ma femme, je me faisais l'illusion de la revoir encore. L'enfant devait me rester, du moins ! Je parvins à mon but, cette fois : je me vis libre !

L'abbé Bernard soupira comme s'il se sentait soulagé d'un grand poids.

— S'évader, reprit le galérien, ce n'est que la moitié de la tâche ; la plus difficile consiste à ne pas se faire prendre. Le tigre dans les jungles, le nègre marron dans les mornes ne sont pas traqués avec plus de furie que cette créature en révolte avec la loi, la société, les gendarmes, qui s'appelle un forçat. Chacun a le droit de le livrer. On fait une bonne œuvre en le vendant pour quelques louis.

« Les enfants le guettent ; certains chiens sont dressés à cette chasse. Tout est contre lui : ses vêtements d'infamie, sa tête rasée, déshonorée. Qu'on l'aborde, il se trouble ; qu'on le regarde de loin, il pâlit. Il a faim, et il n'ose demander à manger ; il a soif, et redoute de se pencher pour boire dans le ruisseau. Tout lui semble piège et danger.

« Pendant trois jours j'errai dans la campagne, arrachant des poignées d'épis, mangeant des mûres, des prunelles. Un événement qui pouvait me coûter la vie, me donna la sécurité. Un loup enragé parcourait le pays que je traversais et y répandait la terreur. Je me trouvais dans la forêt où il venait d'attaquer un porte-balle. Je courus au secours de cet homme, j'exposai pour lui cette triste vie, qui me semblait le plus lourd des fardeaux, et si je ne pus le sauver, je réussis du moins à abattre la bête dangereuse. Dans la poitrine du mort se trouvaient des papiers : je les dérobai.

Le malheureux regarda, avec inquiétude, l'abbé Bernard.

— C'est Dieu qui vous envoyait ce moyen de salut, mon frère.

— Je le crus. Trois semaines après, j'étais à Paris. Depuis ce temps, j'ai cherché partout et vainement les traces de ma femme, de mon fils, rien ! rien ! Si faible que fût mon espérance, je m'y cramponnais encore : elle m'aidait à croire, elle me faisait vivre.

— Et quand cette espérance vous a manqué, vous avez voulu mourir ?

— Oui, mon père !
— Vous n'en avez pas le droit, mon ami, mon frère, dit le prêtre, s'il a plu au Seigneur de vous ravir à la fois tous les biens de ce monde, inclinez-vous, et attendez.
— Attendre ! quoi ? demanda le malheureux.
— Un miracle de la Providence.
— Elle n'en fait plus, mon père !
— Si, puisqu'elle vous a placé sur ma route.
— Hélas ? murmura l'infortuné, que pouvez-vous ? Malgré votre charité vous restez impuissant pour me consoler.
— Moi, oui, répondit le prêtre, mais non pas Lui !
Et l'abbé Bernard désigna d'un geste un crucifix, que frappaient faiblement les rayonnements de la lampe.
— Ecoutez-moi, maintenant, dit le prêtre ; vous avez des papiers en règle, il vous est donc possible de rester à Paris. Si vous ne réussissez pas tout d'abord dans vos recherches pour retrouver votre enfant et votre femme, n'avez-vous point un autre but à poursuivre ?
— La réhabilitation ? demanda le forçat.
— Oui, la réhabilitation pour votre nom flétri, qui est cependant le nom d'un honnête homme, pour le fils que le ciel vous rendra, pour la mémoire de celle que vous pleurez !
— Ah ! s'écria le malheureux, vous me rendez à la fois l'espérance et le courage.
— Trouvez le courage en vous-même, l'espérance vous viendra de Dieu ! Vivez pour remplir une noble et grande tâche, vivez pour consoler à votre tour ceux qui souffrent et maudissent, pour leur redire les paroles que je vous ai fait entendre.
Maclou tomba prosterné devant l'abbé Bernard.
— Que voulez-vous que je fasse, vous qui m'avez conquis, compris, sauvé ?
— Rien, ce soir, sinon dormir sous la garde de Dieu et la mienne.
— Et demain ?
— Demain, nous aviserons.
— Je ne puis vous prouver ma reconnaissance que par ma soumission, répondit Maclou.
— Couchez-vous donc dans ce hamac, et reposez.
— Et vous, monsieur l'abbé ? demanda Maclou.
— Voyez-vous cet amas de lettres ?
— Oui.
— Eh bien ! elles doivent être parcourues cette nuit, afin que j'y réponde demain.

Quand la cloche matinale de Saint-Sulpice éveilla Maclou, le prêtre lui dit doucement, en lui tendant un petit portefeuille :

— Mon ami, je suis pauvre entre les pauvres, puisque tout ce que je possède appartient aux malheureux. Ne soyez pas humilié de la modicité de ce secours. Je fais ce que je puis. Ce que vous avez là suffit pour entreprendre un de ces commerces parisiens qui permettent de vivre et laissent dans l'ombre ; car vous avez besoin d'ombre pour vos recherches, de travail pour vous distraire de pensées lugubres. Rêvez, imaginez, cherchez, et revenez quand vous aurez trouvé.

Maclou porta à ses lèvres la main du jeune prêtre :

— Je suis armé pour la lutte, dit-il, puisque vous combattrez avec moi.

Et, quittant le presbytère, le forçat en rupture de ban descendit la rue Bonaparte, allant vers un inconnu qui le remplissait d'épouvante.

CHAPITRE V

VIE NOCTURNE

Pendant trois jours, Maclou Taupin erra dans les rues de Paris, à la recherche d'une idée. Certes, il voulait travailler, mais comment? à quoi? il n'en savait rien. La faible somme dont il pouvait disposer ne lui laissait le choix qu'entre des métiers n'exigeant aucun apprentissage, et un de ces commerces qui varient avec les saisons et qui, sans demander une mise de fonds considérable, permettent cependant de réaliser un bénéfice.

Il étudia la façon d'écouler, sous les portes cochères, des démêloirs à quinze centimes, et des flambeaux de plaqué à trois francs la paire; il causa avec les braves gens attelés à des charrettes, et qui vendent au rabais les légumes achetés le matin à la Halle. Il calcula ce que le commerce des enveloppes et du papier à lettres procure de bénéfice. La concurrence pour les anneaux de sûreté lui fit peur; il recula devant le débit des chansons populaires, et, au bout de trois jours d'études et de recherches, le malheureux ne se trouvait pas beaucoup plus avancé.

D'ailleurs, s'il voulait travailler pour vivre, il ne perdait point de vue qu'en se proposant pour but sa réhabilitation, il devait se ménager de longues heures de liberté. La justice l'avait injustement condamné, mais si elle s'était trompée de coupable, ce coupable existait. L'incendie qui détruisit ses ateliers, sa maison, n'était pas un malheur. Il y avait un crime, et le forçat évadé voulait et devait trouver le criminel.

Une autre considération arrêtait le malheureux chaque fois qu'il était sur le point de se décider sur le choix d'un métier facile. Il connaissait le flair de la police; les papiers de Maclou Taupin ne suffiraient peut-être pas pour confirmer son identité si jamais on s'avisait de lui demander qui il était et d'où il venait?

Un soir qu'il rentrait chez lui, las et presque découragé, il entendit un refrain de chanson qui lui fit tourner la tête. L'homme qui chantait portait une hotte sur le dos, tenait une lanterne dans la main gauche, un crochet dans la main droite, et cherchait, au milieu des tas d'ordures amoncelés devant les portes, les papiers, les chiffons, les os, les tessons de bouteille, tout ce qui n'a plus de valeur pour les particuliers, et dont le commerce s'empare pour lui faire subir des triturations et des métamorphoses nouvelles.

Le chiffonnier chantait avec une gaieté sincère, piquant les loques, les rejetant par-dessus l'épaule avec un mouvement régulier, et, courbé en deux, continuant sa moisson nocturne.

Maclou s'arrêta en face de l'humble travailleur.

— Eh bien ! demanda-t-il, les affaires vont-elles ?

— C'est comme à la Bourse, mon gentilhomme, il y a des jours de hausse et des jours de baisse ! On boulotte plus qu'on ne s'enrichit, vous pouvez croire.

— Et combien estimez-vous votre hotte pleine ?

— Entre un franc et un franc cinquante.

— Je vous propose un marché.

— Voyons toujours.

— Je vous donnerai un franc cinquante, et vous me suivrez chez le marchand de vin.

— Connu ! fit le chiffonnier ! Vous êtes un de ceux qui font causer les travailleurs hétéroclites pour mettre dans les livres ce qu'ils vous racontent, pas vrai ? Tenez, aussi vrai que je m'appelle Gobe-Mouche, j'ai jaboté avec M. Eugène Sue, trinqué avec Delvau, et collaboré avec Pyat, quand il fit son drame, *les Chiffonniers de Paris !* Je n'en suis pas plus orgueilleux pour ça, mais j'ai de fières connaissances sur le pavé de Paris.

— Eh bien ! père Gobe-Mouche, vous vous trompez, je ne fais ni romans ni drames, et cependant je voudrais causer avec vous.

Le chiffonnier éleva sa lanterne à la hauteur du visage de Maclou Taupin et, satisfait de son examen, il reprit :

— N'y a pas d'offense à vous regarder, bourgeois ? Je me demandais si par hasard vous n'étiez point de la *rousse*. Et du pain des mouchards, je n'en mangerais pas pour une fortune ! Votre figure me plait, quoique vous ayez diantrement l'air d'avoir oublié la chanson et le rire ! Que voulez-vous ? Les chagrins c'est une drogue ! Quand on n'est pas content, faut être philosophe ! Et maintenant, j'accepte votre invitation. A gauche, et virons vers Belleville, du côté du *Crapaud-qui-chante*, une maison de choix pour les escargots et le chausson aux pommes !

Quand le protégé de l'abbé Bernard se trouva dans l'horrible taverne où le conduisait le chiffonnier, il ne put s'empêcher de laisser voir à son invité son dégoût et sa surprise.

— Dame ! dit Gobe-Mouche, nous ne sommes pas chez les *Frères-Provençaux*, mais on saute un lapin proprement dans la maison, et sa clientèle est faite : clientèle variée, renouvelée souvent, par exemple ; pleine de types curieux et de chenapans modèles. M. Gérard de Nerval y a soupé plus d'une fois. Encore un qui mangeait avec des forts de la halle et des égoutiers pour écouter leurs histoires. La dernière, il l'a entendue rue de la *Vieille-Lanterne*, et à six heures du matin il s'est pendu à l'un des barreaux de la fenêtre du Tapis-Franc !

Maclou Taupin commanda un souper, somptueux pour le milieu dans lequel il se trouvait, et quand une bouteille de vin blanc eut mis Gobe-Mouche en train de jaser, le forçat lui dit, en posant ses coudes sur la table :

— Combien faut-il d'argent pour s'établir chiffonnier ?

— Six francs, répondit Gobe-Mouche ; trois francs le cachemire d'osier, deux francs la lanterne, vingt sous le crochet.

— Et on gagne par nuit ?

— C'est selon ! J'ai fait des hottées de vingt francs ! Il y a les aubaines ; entendons-nous, je ne dis pas les filouteries. Quand je cueille un couvert d'argent au milieu des trognons de choux et des vieux papiers, je m'empresse de le rendre à ses maîtres. Seulement, on me donne la récompense honnête, et cela est bien à moi. Les loques, les bottines éculées, le linge, le fer valent assez gros. Quand on a de l'ambition, on fait son triage soi-même et on revend aux marchands plus tard ; sinon on fait comme moi, on cède à forfait sa hottée à l'ogre, et on reçoit trente sous ! Est-ce que par hasard vous souhaiteriez entrer dans la corporation ?

— Peut-être, répondit Maclou.

— Eh bien ! vous ne dérogerez pas, mon gentilhomme, comme on dit dans les drames moyen âge joués à la Porte-Saint-Martin. Nous comptons, en ce moment, parmi les Frères de la Hotte, deux notaires disgrâciés de par leur Chambre, quinze négociants et trois préfets ! les préfets ! un clair de lune pour la durée.

— Vous semblez aimer votre profession ?

— Quand on n'est pas content, faut être philosophe ! D'ailleurs, elle a son côté gai, voyez-vous ! A force de voir des chiffons, on s'accoutume à réfléchir. Il faut que nous revienne tôt ou tard ce qui est beau, brillant, frais, parfumé ! Le bouquet de lilas et de roses, payé 100 fr. sur le boulevard, et devenu fumier le lendemain, à la hotte ! A la hotte la défroque des fonctionnaires qui traversent les places sans les occuper, la robe des avocats qui s'improvisent généraux, et l'épée de hasard des capitaines d'émeute ! A la hotte les journaux incendiaires, les caricatures, déshonorantes pour ceux qui les font, honteuses pour ceux qui permettent de les étaler. Et puis, camarade, à la hotte, avec les vieux papiers, les drames non joués, les papiers timbrés de l'huissier, les romans non insérés ! Tout cela se coudoie, se mêle et fait, sans querelle et sans orgueil, partie de ma hottée, et je ris parfois, tout seul, en épluchant les détritus de la vanité, de la folie, qui se pavanent dans les rues de Paris pour finir chez moi !

— Vous me tentez, camarade... A votre santé !

— Bien à la vôtre, compagnon !

— Vous disiez donc que six francs sont suffisants pour s'établir ?

— Parfaitement.

— Je possède alors les fonds nécessaires à l'entreprise. Maintenant, où me conseillez-vous de m'installer ?

— Ça dépend des goûts. D'habitude, les chiffonniers vivent entre eux, par familles, par clans, comme les bohémiens. Il y a des cités de chiffonniers. C'est un peuple à part, sale, déguenillé, mais pas voleur ! Les enfants grouillent dans les rues, les femmes tirent les cartes, les hommes dorment et boivent pendant le jour ; le soir, ils sortent de leurs trous. Les plus raffinés gîtent tout seuls, chacun chez soi ! c'est peut-être un bon système. Tenez, moi, j'habite un quartier sain, aéré, j'ai un parc à ma porte, et je suis logé pour 60 francs par an.

— Dans quelle rue ?

— Rue de Belleville, n° 539.

— J'irais volontiers dans votre voisinage.

— J'ai votre affaire : rue de Puebla. Un joli quartier, et gai ! tous les saltimbanques de Paris s'y donnent rendez-vous. L'orgue des chevaux de bois y moud sa musique enragée, la parade de la *Famille Laurier* vous donne pour rien le spectacle, et vous avez l'agrément de regarder chaque soir Jocrisse recevoir le traditionnel coup de pied, au milieu des éclats de rire non moins traditionnels de la foule des benêts. La baraque d'un de mes amis, qui s'est retiré du commerce pour louer six pieds de terre au cimetière de Saint-Ouen, est libre en ce moment ; je connais le propriétaire, vous vous arrangerez. Si vous manquez de meubles, vous ne serez pas déshonoré pour cela, vous paierez seulement six mois d'avance. Quand on n'est pas content, faut être philosophe !

— Content ! je le suis, ma foi, de vous avoir rencontré ; philosophe, on le devient de gré ou de force !

— Eh bien ! non ! fit Gobe-Mouche. Il y en a qui ne le deviennent jamais. Toutes les guenilles ne se ressemblent pas, quoiqu'elles sentent également mauvais. Moi, je suis pauvre, pas vrai ! rien dans la poche, pas quatre sous d'économie, et le rire aux lèvres. Mais j'en sais qui, au lieu de prendre leur peine en gré, regardent avec haine ceux qui possèdent quelque chose, comme si le bien-être des uns faisait tort à la misère des autres. Dans le cœur de ceux-là grouillent les mauvaises pensées, comme les crapauds dans les marais. Je sais des porte-haillons prêts au vol, à l'incendie, à l'assassinat, et j'en connais aussi qui sont doux comme des enfants et patients comme des martyrs! La misère est un grand livre dont les pages ne se ressemblent pas! Les hommes sont égaux devant le chagrin! et chacun de nous porte sa hotte, heureux quand il ne traine pas sa croix.

— Eh bien! Gobe-Mouche... un drôle de nom!..

— J'en ai bien un autre, répliqua le chiffonnier, un nom honnête que je tiens de mon père : Jacques Poirier... ça n'est pas noble, mais ça sonne tout de même. Les camarades m'ont donné l'autre, et il ne me déplait point. Gobe-Mouche! parce que je crois aux misères que l'on me raconte et que j'essaie de les soulager... Gobe-Mouche! parce que je reste parfois des heures à regarder un oiseau donnant la becquée à ses petits, ou des enfants innocents danser des rondes... Gobe-Mouche, parce que certains livres me font pleurer! On me dupe aisément, je le sais bien ; je flâne beaucoup, mais la flânerie me repose, et ce n'est pas moi qu'il faut plaindre si j'ai été attendri par un mensonge habile.

— Eh bien! ami Gobe-Mouche, me voilà des vôtres, et si vous voulez faire amitié avec moi..

— On verra... le vin que vous m'offrez est généreux, et vous semblez un brave homme... Seulement je crois, sans pouvoir m'expliquer pourquoi, que dans quelques semaines vous vous rapprocherez plutôt des notaires et des préfets que de votre hôte de ce soir.

— Vous vous trompez, Gobe-Mouche, et voici ma main en signe d'alliance.

— Demain, je vous conduirai chez le propriétaire de l'immeuble.

Les deux nouveaux amis se serrèrent les mains, et Maclou Taupin reprit le chemin de sa chambre garnie, où Gobe-Mouche vint le réveiller de bonne heure.

Le chiffonnier ne l'avait point trompé. Dans les hauteurs de Belleville, presque en face du marché de la Villette qui forme l'angle de la rue Barte, existait une cabane de planches dont les interstices étaient à peine remplis de mortier. Une toiture formée de rondelles de bois, une porte disloquée, deux fenêtres inégales, et un appentis sans issue, décoré du nom de magasin, composaient l'habitation. Certes, elle était moins que suffisante. Mais elle rachetait ses défauts par la gaieté de l'entourage. De ses fenêtres on apercevait l'église Saint-Georges qui se dessine toute blanche sur le ciel, et plus loin les buttes Chaumont avec leurs pelouses et leurs jeunes bosquets. Une gaieté franche, sentant à la fois la banlieue et la campagne, semble être l'atmosphère de ce coin de Paris. Le soleil enveloppe la place Puebla, et fait éclater les peintures des tableaux représentant Daniel dans la fosse aux lions, l'équilibriste Blondel traversant le Niagara, Judith cueillant la tête d'Holopherne, et la brune Hérodias dansant devant le tétrarque de Judée.

Cet ensemble plut au protégé de l'abbé Bernard ; il paya six mois de loyer, et se trouva locataire d'une maison qu'il habitait seul, entre un industriel réalisant le problème de faire des photographies à 15 centimes, et une marchande de pommes de terre frites.

Le soir même, Maclou, en possession d'un crochet, d'une hotte et d'une lanterne, descendit de Belleville, et gagna le quartier des martyrs.

Les vieux chiffonniers qui ne s'imaginent pas que la rue appartient à tout le monde, et croient avoir le monopole de certains morceaux de détritus parisiens, essayèrent bien de chercher querelle à leur nouveau confrère, mais celui-ci, après leur avoir répondu avec douceur, exécuta un moulinet si merveilleux avec son crochet, que les plus fort bâtonistes estimèrent qu'ils venaient de trouver leur maître, et jugèrent prudent d'accepter une tournée de mêlé-cassis qui leur fut gracieusement offerte.

A partir de ce jour, le forçat fut traité en camarade.

Quand il apprit à l'abbé Bernard l'état qu'il venait de choisir celui-ci l'approuva de tous points.

— Voici ce qui m'a décidé, lui dit Maclou. Je vous ai confié qu'il y a quinze ans j'occupais un grand nombre d'ouvriers... Il faut que j'en retrouve quelques-uns, que je les interroge... le chagrin m'a trop changé pour qu'on puisse me reconnaître... Je fréquenterai les cabarets où ils se réunissent, j'éveillerai leurs souvenirs... Le tapis franc du *Crapaud-qui-chante* compte plus d'un galérien parmi ses clients... Je ne puis trouver les incendiaires de ma maison que parmi la tourbe, la fange... Un chiffonnier peut fouiller là-dedans ! Me voilà masqué par mes rides, par mes cheveux blancs, qui poussent rapidement, par ma profession nouvelle... l'état nourrira l'homme, monsieur l'abbé, c'est tout ce qu'il me faut... J'ai à chercher les traces de ma femme, celles de mon enfant... J'ai à retrouver mon honneur ! Allez, je me sens fort, vous m'avez rendu le courage ! je puis marcher... Vous me permettrez de vous tenir au courant de mes tentatives, de vous raconter mes efforts... Si je faiblis, vous me soutiendrez ! Ce m'est déjà un grand soulagement dans ma misère, de savoir qu'un grand cœur compâtit à ma détresse.

L'abbé Bernard promit son aide, son amitié au malheureux, et celui-ci embrassa résolument sa nouvelle vie.

Hélas ! il avait tant souffert pendant ses années de bagne qu'il se sentait presque heureux ! il respirait en plein air, sous le ciel ; il

Le chiffonnier bouscula deux garçons en pénétrant dans la grande salle. (*Voir page* 93.)

couchait dans une cahutte, mais il y était seul; il travaillait péniblement, mais il ne portait pas la manille; il endossait des haillons, mais il n'avait pas la casaque d'infamie; on le tutoyait familièrement, mais il répondait à un nom, au lieu d'être compté comme un numéro matricule.

De même que les chiffonniers avaient inventé l'appellation de Gobe-Mouche, pour le brave Jacques Poirier, de même, et sans qu'il sût pour quelle raison, on ne connut bientôt le nouveau chiffonnier de la rue de Puebla que sous le sobriquet de père Falot.

Le nom de Maclou Taupin déguisait déjà le forçat évadé, celui de père Falot compléta la métamorphose.

En deux mois l'ami de Poirier devint populaire. Il était agréable, ni causeur, ni grand sableur de vin; mais, sans chercher les querelles, il semblait prêt à les soutenir. Il ne mangeait jamais seul sur un coin de table, et invitait généreusement les camarades. Les notaires et les préfets tentèrent de se lier avec lui, il repoussa pleinement leurs avances et continua de frayer avec les plus pauvres des négociants en chiffons. Il avançait aisément à un camarade l'argent d'une hottée.

Il donnait aussi vite quelques sous qu'un bon conseil. Les enfants lui faisaient fête, les pauvres femmes lui souriaient.

L'estime suivit la sympathie. Les sergents de ville surent bientôt que le père Falot était la fleur de l'honnêteté, et les femmes de chambre qui secouent les boucles d'oreilles de leurs maîtresses avec leurs tapis, les cuisinières qui oublient les couverts dans les eaux grasses, le regardèrent comme leur providence.

Quant arriva l'hiver, le père Falot était déjà une autorité.

Durant les belles nuits claires, le malheureux n'avait expérimenté que les côtés les moins pénibles de l'état qu'il venait de prendre. Les soirées étaient pures, la brise fraîche, le ciel étoilé. Mais à mesure qu'avança l'automne, elles devinrent froides; la pluie, la neige, les rafales se succédèrent. Ce fut l'hiver avec ses rigueurs et sa morne tristesse. Alors le père Falot grelotta sous ses maigres habits, il souffrit de l'onglée, il fut aveuglé par les tourbillons de neige, et la grande désolation de la nature envahit son âme.

Le chiffonnier ne souffrit pas seulement de sa misère personnelle, celle des autres lui poigna le cœur. Dans les quartiers qu'il habitait, si joyeux durant l'été et sous les soleils d'automne, la pauvreté prit ses plus terribles aspects. Il sacrifiait souvent son pain, il partageait parfois son gîte, mais que pouvait son aumône contre le flot grossissant des misères, au milieu desquelles tant de malheureux menaçaient de sombrer.

Oh! qui peindra dans les nuits de décembre le spectacle navrant que présentent des femmes portant des enfants dans leurs bras, traînant les autres accrochés à leurs jupes, des vieillards livides de froid balbutiant une prière, des adolescents pâles encore de la maladie qui les mit aux portes de la tombe...

Un soir, le père Falot terminait sa tournée dans la rue des Martyrs, quand il remarqua une jeune fille, si frêle qu'elle semblait encore une enfant. Vêtue d'une robe d'indienne foncée, les épaules frissonnantes sous un petit châle noir noué derrière le dos, la tête couverte d'un mouchoir blanc attaché sous le menton, elle se traînait plutôt qu'elle ne marchait en s'appuyant contre les murailles... De temps en temps elle s'arrêtait et tenait sa poitrine à deux mains pour y comprimer une douleur violente, puis elle regardait le ciel gris et bas, y cherchait une lueur, une étoile, une espérance, et se reprenait à marcher...

Pauvre frêle et mignonne créature! Son visage et ses mains avaient la pâleur de la neige recouvrant le pavé, et une expression de douleur résignée transfigurait les lignes de son visage souffrant.

Enfin, elle parut à bout de forces, s'accola contre la porte d'une maison, et s'affaissa lentement, sans bruit, comme un flocon de neige tombant sur une plaine de glace.

Le chiffonnier posa sa lanterne à terre, et il allait se débarrasser de sa hotte, quand, sous les rayons de son fallot, il vit briller sur le trottoir, étincelant de tous les feux de ses brillants, un bracelet d'un grand prix. Maclou le mit rapidement dans sa poche, plongea son crochet dans sa hotte à demi-pleine, plaça la lanterne par-dessus la cueillette de la soirée, et en deux enjambées se trouva près de la jeune fille. Il l'appela, elle ne lui répondit pas; il prit ses mains et les trouva glacées; il toucha son cœur et il ne le sentit plus battre...

Alors, enlevant la jeune fille dans ses bras encore robustes, il gravit, en courant, le sommet de la rue des Martyrs, et se trouva près du café qui forme l'angle de l'avenue Trudaine. Les garçons fermaient les contrevents et éteignaient le gaz.

Le chiffonnier en bouscula deux en pénétrant dans la grande salle, porta la jeune fille sur un banc rembourré, et appelant d'une voix retentissante:

— Un cordial, des sels! cette femme se meurt!

Un garçon apporta de l'eau-de-vie, avec laquelle le chiffonnier frotta les tempes de l'enfant. Dans le mouvement qu'il fit pour dégager le front, le mouchoir qui le couvrait tomba et la tête dénudée de la jeune fille apparut aux regards de son protecteur.

Alors, le chiffonnier poussa un cri de douleur.

— C'est la faim! dit-il, la faim! Pauvre créature! elle a tout vendu, tout, jusqu'à ses cheveux! Ah! il y a des anges sur la terre! Un bouillon! un peu de vin!

Quelques minutes après, le chiffonnier sentait se ranimer la pauvre fille, ses paupières battirent elle ouvrit les yeux, se redressa effarée, et demanda :

— Où suis-je?

— Buvez d'abord, répondit le chiffonnier, en lui tendant la tasse de bouillon.

Elle obéit avec une docilité d'enfant, et une larme de reconnaissance roula dans ses yeux.

Elle se sentit alors un peu ranimée, et regarda celui qui l'avait secourue :

— Vous êtes bon, dit-elle.

Le chiffonnier se détourna pour s'essuyer les yeux.

La jeune fille se leva, et s'aperçut seulement alors qu'elle était décoiffée.

Elle rougit, rajusta le petit mouchoir blanc et dit, d'une voix faible :

— Me voilà tout à fait bien ; je puis rentrer chez moi.

Le chiffonnier ne souleva aucune objection ; il glissa la main dans son gilet, en tira son porte-monnaie, qu'il parvint à insinuer dans la poche de la robe d'indienne de la jeune fille ; puis, la soutenant jusqu'à la sortie du café, il lui dit :

— Appuyez-vous sur mon bras, je suis un honnête homme, aussi vrai que vous êtes une honnête fille. Vous n'avez donc plus de père?

— Je n'ai pas connu mon père.

— Ni de mère?

— Ma mère est morte en me donnant le jour.

— Et vous alliez mourir de faim?

— Oui! répondit l'enfant d'un signe de tête.

— Je suis vieux, reprit le chiffonnier, vous pouvez avoir confiance en moi. J'ai beaucoup souffert, je comprends la douleur d'autrui. Les pauvres se doivent appui et protection ; voulez-vous accepter la mienne?

— Vous venez déjà de me sauver la vie, répondit la jeune fille, en levant ses grands yeux bleus sur Maclou.

— Eh bien! reprit celui-ci, dites-moi où vous demeurez. Votre faiblesse est si grande que vous pourriez encore tomber durant la route.

— Rue Rodier, répondit la jeune fille, n° 17.

Il y eut un moment de silence. Le chiffonnier soutenait avec une prévoyance paternelle les pas chancelants de la jeune fille ; celle-ci s'arrêtait parfois, comme pour reprendre haleine, elle souriait faiblement, avec la grâce des enfants et des malades, puis elle reprenait sa marche.

Quand elle se trouva devant sa maison, le chiffonnier lui dit avec un tremblement de pitié et d'émotion dans la voix :

— Votre abandon, votre malheur me touchent plus que je ne saurais vous le dire, me permettrez-vous de m'informer de vos nouvelles.

— Certes, répondit la jeune fille.

— Si peu que vaille mon appui, vous l'acceptez ?

— Je remercie Dieu de vous avoir envoyé à mon aide.

— Alors, apprenez-moi votre nom, dit le vieillard.

— Colombe, répondit la jeune fille.

— Eh bien ! Colombe, reposez sous l'aile des anges, je m'occuperai de vous.

L'enfant tendit sa pauvre petite main amaigrie au chiffonnier, sonna et franchit le seuil de sa maison, en répétant :

— Merci !

Elle allait disparaître dans les ténèbres du corridor, quand elle revint sur ses pas :

— Je vous ai dit que je m'appelle Colombe, mais vous ?

— Moi ? Les camarades me nomment le père Falot.

— Je ne l'oublierai pas.

La porte se referma. Le vieillard resta un moment immobile, le cœur serré, la tête brûlante. Une poignante émotion venait de l'envahir. Il se demandait si la misère de cette enfant la causait seule. Il ne s'expliquait pas le trouble de son âme à la pensée des tortures de cette jeune fille, ni sa joie à l'idée de lui être venu en aide. Il possédait assez l'habitude de la charité pour ne pas s'étonner lui-même de sa bonne action. Il se répétait tout cela, et cependant deux grosses larmes, dont il ne pouvait comprendre la source, coulèrent sur ses joues ridées.

Il allait descendre la rue Rodier, quand il sentit dans sa poche le contact d'un objet lourd et résistant :

— Pardieu ! fit il, j'allais oublier le bracelet.

Au lieu de redescendre la rue Rodier il la remonta, gagna la rue Bochard de Sarron et entra dans le bureau du commissaire de police, où somnolait un employé.

Presque au même moment, deux sergents de ville y introduisaient un voyou récalcitrant, surpris pendant l'exploitation illicite qu'il faisait des poches d'un badaud.

— Monsieur, dit le chiffonnier, en tirant le bracelet de sa poche, voici un bijou que j'ai trouvé rue des Martyrs, à l'angle de la rue La Tour d'Auvergne.

— Savez-vous qu'il est d'une grande valeur ! fit l'employé.

— Je le crois, monsieur ; mais, dans tous les cas, je ne fais que mon devoir en vous le remettant.

— Il est probable que la personne qui l'a perdu le réclamera et vous donnera une récompense.

— Je n'en accepterai pas, monsieur ; il y a les pauvres...

— Oh ! là ! là ! fit le gamin, c'est y de la générosité perdue, père Falot.

Le chiffonnier sortit ; mais quand il eut refermé la porte, l'employé demanda au jeune filou :

— Tu connais donc ce brave homme ?

— Lui, j'crois bien ! la fleur des chiffonniers de Paris ! S'il avait des ailes il s'envolerait ! On l'aime joliment dans le quartier Puebla, allez ! Et moi, qui ne respecte ni la loi ni les commissaires, parce que le commissaire est toujours rossé par Guignol, eh bien ! je respecte le père Falot !

Tandis que le gamin expliquait l'histoire du foulard et de la tabatière du bourgeois, le chiffonnier regagnait lentement son pauvre logis.

— Elle s'appelle Colombe, répétait-il, un joli nom, et qui lui va bien ; elle semble blanche, douce, innocente comme l'oiseau qui plana sans doute sur son berceau d'enfant !

Un coin du Crapaud-qui-chante.

CHAPITRE VI

ANGÉLIE

Nous avons dit que le galérien en rupture de ban, locataire d'une baraque en planches, sous le nom de Maclou Taupin, et connu dans le commerce des chiffons sous le sobriquet de père Falot, occupait une masure dans la rue Puebla. Chacun de ses camarades connaissait son adresse, mais, soit défiance, soit orgueil, le chiffonnier n'y recevait personne. Grâce aux généreuses avances de l'abbé Bernard, il lui avait été possible de conserver pour lui le profit de ses moissons nocturnes, et de revendre ses marchandises selon la nature de chacune : les fers à des forgerons, les os à des fabricants de boutons, les chiffons à des papetiers. Les profits s'augmentèrent d'autant plus rapidement que Maclou, d'abord pour obliger ses camarades, puis, afin de donner du développement à ses affaires, devint, au bout de quelques mois, entrepositaire

Un confrère du père Falot.

des marchandises d'un groupe de chiffonniers de son voisinage. Son premier soin fut de rembourser à l'abbé Bernard les quelques louis avancés par celui-ci ; la fortune du jeune prêtre étant le patrimoine des pauvres, Maclou ne se croyait pas le droit d'en accepter la dîme puisqu'il gagnait désormais sa vie.

Peu à peu sa garde-robe subit une transformation. Il garda des habits grossiers, mais il les voulut d'une propreté excessive, et s'il interdisait à tous l'entrée de sa demeure, c'est que, peu à peu, elle aussi changea d'aspect.

Sur les planches mal rabotées, servant de parquet, Maclou étendit un paillasson épais, occupant toute l'étendue de sa chambre. Les murs se cachèrent sous des tentures d'étoffe sans valeur qu'il se procura au Temple; son lit de fer, dressé avec soin, fut enveloppé d'une courtepointe, et il put ranger sur une tablette des volumes dépareillés, achetés au poids, puis placer sur sa table du papier, des plumes, de l'encre et ses registres de commerce. Des rideaux épais défendaient son intérieur contre les regards curieux des passants.

Dans l'appentis placé en arrière de cette pièce, Maclou opérait ses triages, et, à jours fixes, il remplissait des paniers, des couffes, des sacs et les portait chez des négociants en gros.

Quelques chiffonniers l'accusaient de fierté parce qu'il ne les recevait pas chez lui, mais Maclou les régalait si généreusement au cabaret, qu'ils finissaient par l'appeler le roi des hommes.

Rentré de ses courses nocturnes, Maclou se jetait sur son lit; hélas! il n'y trouvait pas toujours le sommeil. Dans le corps lassé, surmené, l'âme veillait encore, une âme souffrante, désolée, vivant de sa douleur, faute de pouvoir en mourir.

Quand il revint dans sa maison, après avoir secouru la pauvre fille rencontrée rue Rodier, Maclou se sentait le cœur rempli du souvenir de cette touchante misère.

Le malheureux forçat entendait encore la voix faible mais harmonieuse de la jeune fille lui dire :

« — Au revoir ! »

Il se demandait si cette figure pâle et charmante ne lui était point apparue déjà? C'était une vision du passé qui se levait devant lui et lui remplissait le cœur de souvenirs.

— Colombe! répétait-il, elle s'appelle Colombe!

Et ce nom, si doux à prononcer, le chiffonnier le redisait comme par instinct.

Il pensa bien à courir, dès le matin, rue Rodier, mais il craignit d'interrompre le sommeil de la jeune fille.

— J'irai demain ! se dit-il.

Il pensa à Colombe toute la journée.

— Les cœurs des pères restent toujours les mêmes, se disait-il; les enfants m'attirent, je me crois des droits sur tous. En soulageant la détresse de cette orpheline, il me semble que j'attirerai la protection de Dieu sur les êtres chers que je m'obstine à lui recommander.

La journée lui parut longue; pendant la soirée, il ne savait que faire; il se rendit au *Crapaud-qui-Chante*, sans parvenir à y déployer sa verve ordinaire, et Gobe-Mouche, qui remarqua sa préoccupation, lui frappa amicalement sur l'épaule, en lui disant :

— Quand on n'est pas content, faut être philosophe !

Maclou secoua la tête sans répondre, se leva et quitta le cabaret.

Il travailla une partie de la nuit, et s'endormit vaincu par la fatigue.

Il venait de terminer ce qu'il appelait ses affaires commerciales, et ouvrait un volume quand on frappa à sa porte.

Ce fait était insolite, et dans la situation de Maclou, tout ce qu'il ne comprenait pas lui causait de l'effroi.

Avant d'ouvrir, il écarta le rideau de la croisée, et sa surprise augmenta en voyant, à quelques pas de sa cahutte, une voiture très-simple, mais correctement tenue, attelée de deux jolis chevaux conduits par un cocher anglais.

Deux femmes, qui évidemment venaient de descendre de ce coupé, se trouvaient debout près du seuil de Maclou.

L'une était grande, mince, élégamment mise, mais avec une sobriété de bon goût. Son voile, relevé, permettait de voir un beau visage de dix-sept ans environ, encadré par des cheveux bruns, naturellement frisés aux tempes.

La personne qui l'accompagnait était âgée ; sa toilette, ses manières, tout en elle trahissait la gouvernante. C'était elle qui avait frappé à la porte de Maclou.

Le chiffonnier, rassuré, quitta la fenêtre, tourna la clef dans la serrure et ouvrit la porte.

Alors, la plus âgée des deux femmes se recula, et la jeune fille entra dans la chambre de Maclou, qui s'inclina avec respect, attendant que ses visiteuses lui apprissent le motif de cette visite matinale.

La jeune fille releva la longue manche de son dolman et, désignant au chiffonnier le riche bracelet entourant son poignet, elle lui demanda :

— C'est vous, n'est-ce pas, qui avez trouvé ce bijou ?

Maclou Taupin regarda le bracelet, et répondit simplement :

— Oui, mademoiselle.

La jeune fille jeta les yeux autour d'elle, et Maclou, comprenant que sa visiteuse avait d'autres questions à lui adresser, lui avança l'unique fauteuil de sa chambre, débarrassa une chaise pour la gouvernante, et resta respectueusement debout et silencieux.

— Vous vous nommez le père Falot ? reprit la jeune fille.

— Mes camarades m'appellent ainsi, mademoiselle.

— Pourquoi, reprit la questionneuse, n'avez-vous point souhaité rapporter chez mon père un objet de pareille valeur ?

— Parce que monsieur votre père aurait cru me devoir une récompense et que l'honnêteté n'en a pas besoin.

— Vous êtes fier, monsieur, dit la jeune fille.

— La dignité n'est pas de la fierté, mademoiselle, et le refus d'une aumône n'est pas de l'orgueil.

— Pardon ! fit la jeune fille, surprise du caractère des réponses du chiffonnier, je vous ai demandé votre nom, sans vous apprendre le mien.

— Mademoiselle.....

— Je me nomme Angélie Nerval.

— Ah ! fit le chiffonnier, en tressaillant.

— Vous connaissez le nom de mon père ?

— Beaucoup ; n'est-il pas propriétaire de grandes usines métallurgiques ?

— En effet, je ne lui demande jamais combien il possède de millions, puisque je suis sûre qu'il l'ignore lui-même. Voyons, reprit Mlle Nerval, avec un charmant sourire, je suis fière aussi, je ne voudrais pas rester votre obligée.

— Est-ce parce que je suis chiffonnier ? demanda Maclou, avec amertume.

— Non ! répondit Angélie d'une voix franche ; c'est parce que je suis riche et que vous me semblez pauvre.

— On n'est jamais pauvre quand on gagne sa vie.

— Vous gagnez si péniblement la vôtre ! Vous ne m'avez pas permis d'achever ma pensée. J'ai l'existence heureuse et facile, et le labeur que vous accomplissez est rude. Je sais déjà beaucoup de détails sur votre compte, monsieur Falot ; les indigents du quartier vous regardent comme leur Providence. Votre argent et de sages conseils, vous ne leur ménagez rien. Eh bien ! moi, qui suis une jeune fille riche, mais inutile, et qui deviendrais coupable si je ne faisais le bien, je vous propose une association.

— Une association entre vous et moi !

— Et dont ma mie Florence sera témoin ; il y a mille écus dans cette bourse, acceptez-les, et faites-en tel usage qu'il vous plaira. Savez-vous que le bracelet trouvé par vous vaut 20,000 francs chez un joaillier. Il me vient de ma mère et reste sans prix pour moi. J'aurais, le lendemain, offert cette somme, par la voix des journaux, à la personne qui me l'aurait rapporté. Je ne le quitte jamais : c'est une relique de mon cœur.

— Je suis doublement heureux de vous l'avoir rendu, mademoiselle.

— Alors, vous acceptez, n'est-ce pas ?

— Je refuse.

Une expression douloureuse passa sur le visage de la jeune fille. Falot se reprocha l'espèce de dureté avec laquelle il lui parlait. La pauvre enfant n'était pas responsable des souvenirs que ramenait le nom de son père dans la mémoire d'un forçat. Elle était accourue bien vite, la reconnaissance dans le cœur, un remerciement sur les

ANGÉLIE.

lèvres, elle venait avec un sourire et un rayonnement de bonté dans les yeux ; vraiment, cela était dur de la traiter de la sorte !

Maclou reprit donc avec un accent empreint de respectueuse déférence :

Le marmiton encadra sa tête réjouie dans la porte basse. (*Voir page* 107).

— Vous allez voir, mademoiselle, que nous finirons par nous entendre.

— Enfin ! s'écria Angélie.

— Pendant l'avant-dernière nuit, je n'ai pas seulement ramassé votre bracelet dans la neige, j'ai trouvé aussi, étendue sur le sol froide, glacée, mourante, une jeune fille de votre âge, à peu près ; l'infortunée était tombée de lassitude et d'inanition ; depuis quatre jours elle n'avait pas mangé !

— Mon Dieu ! s'écria Angélie, en joignant les mains, il se passe de telles choses à Paris ; on y côtoie de telles misères ! Et nous croyons avoir rempli notre devoir quand nous visitons quelques malheureux, quand nous sacrifions aux pauvres l'argent d'un bijou inutile ! Et cette jeune fille, vous savez où elle demeure ?

— Je pensais que la Providence lui viendrait en aide.

— Et vous avez commencé par être le mandataire de la Providence.

— Voulez-vous continuer l'œuvre, mademoiselle ?

— Ah ! de grand cœur !

— Vous vouliez me remercier d'avoir tout simplement rempli mon devoir, me payer d'une probité élémentaire. Eh bien ! faites pour Colombe ce que je ne saurais accepter à aucun titre. Et si vous soulagez cette chaste et cruelle misère, c'est moi qui vous serai reconnaissant.

Mlle Nerval se leva et, tirant un carnet de sa poche, elle se disposa à écrire :

— Vous avez dit : Mlle Colombe......

— Rue Rodier, n° 17.

— J'y serai dans une heure, ajouta la jeune fille.

Elle prit une carte de visite et la tendit au chiffonnier :

— Voici mon adresse, dit-elle ; cette enfant n'est pas sans doute la seule infortunée que vous connaissiez dans Paris. Je suis riche, très-riche, ne craignez point de demander pour ceux qui souffrent.

— J'abuserai peut-être, mademoiselle.

Angélie tourna une dernière fois un regard surpris autour d'elle, puis elle quitta la maison du père Falot.

La gouvernante, que la jeune fille appelait ma mie Florence, donna l'adresse de Colombe au cocher, et la voiture descendit, au grand trot, la rue de Belleville.

— Mon Dieu, ma mie Florence, dit Mlle Nerval, quel singulier chiffonnier nous venons de voir ! Il vous a des façons d'homme du monde et une manière de parler qui m'ont jetée d'étonnement en étonnement. Certes, cet homme a occupé autrefois une position importante. Je n'avais pas échangé trois mots avec lui que je l'appelais monsieur.

— Il ressemble tout à fait à un personnage de roman.
— Vous avez donc lu des romans, ma mie Florence ?
— Quelques-uns, je l'avoue, dit, en rougissant, la vieille fille.

Tandis que la voiture emportait ses visiteuses, le père Falot tombait comme accablé sur le fauteuil que venait de quitter Angélie.

— Nerval, millionnaire ! fit-il ; Nerval, dont les fabriques et les usines ne valaient pas les miennes jadis, et qui, je le crois, jalousait ma prospérité croissante ! Il a doublé sa part de bonheur, lui ! Sa fille est un ange de grâce et de beauté ! Et je me suis montré presque dur pour elle...... Ah ! c'est qu'en ce moment je comparais avec une poignante amertume le sort de cet homme avec le mien. Il a vu centupler sa fortune, il a gardé sa fille, lui ! Et en la regardant, je pensais à ma femme, à mon enfant, à tout ce que je pleure, à ce que je ne retrouverai peut-être jamais !

Le nom de Nerval venait de le rejeter brusquement au temps de son bonheur, et le fardeau de douleur qu'il portait sur ses épaules l'écrasait dans cette heure de désolation. Il fut longtemps avant de retrouver ce calme et cette sérénité résignée qui semblait faire le fond de sa nature.

Oh ! quand cette pauvre humanité éprouvée, saignante, torturée, cesse pour une heure de s'appuyer sur la croix, que lui reste-t-il et de quoi est-elle capable ? Maclou ouvrit l'*Imitation* et lut cet admirable chapitre : *le Chemin royal de la sainte Croix* ; quand il ferma le volume, il se sentait prêt de nouveau pour la lutte qu'il devait soutenir afin d'arracher son nom à la honte, et de retrouver ceux qu'il pleurait.

Pendant l'heure d'angoisse que subissait le chiffonnier, Mlle Nerval parcourait le trajet qui la séparait de la demeure de Colombe.

La rue Rodier est une des plus laides rues de Paris : traversée par une ornière, bordée de trottoirs sur lesquels un homme et un chien ne sauraient passer de front, pavée de blocs de grès inégaux, sale comme un égout, coupée de maisons lépreuses, de boutiques misérables, de bains au rabais, de marchands de vieux habits, de vieux fromages, de vieux meubles, elle semble avoir été oubliée dans l'assainissement de ce quartier.

La voiture d'Angélie cahotait sur les pavés, les roues menaçaient d'écraser des enfants, et mettaient des poules en fuites, les commères restaient sur leurs portes, bouche béante devant cette belle voiture, dont descendirent ma mie Florence et Angélie Nerval.

La concierge, une femme maigre, longue, sèche, semblable à une étude d'écorché, resta debout, roide comme le balai qu'elle tenait à la main, en suivant du regard la belle jeune fille qui montait légèrement les cinq étages conduisant à la mansarde de Colombe.

Sur le carré du cinquième étage s'ouvraient six portes brunes ; mlle Florence et Angélie ne furent pas longtemps indécises avant de savoir à laquelle frapper, une colombe blanche, dessinée à la craie, parut à Mlle Nerval la signature de la jeune fille.

Angélie frappa.

Une voix douce et faible dit :

— Entrez !

Colombe, en voyant paraître Angélie, s'avança toute confuse ; mais Mlle Nerval ne lui laissa pas le temps de s'excuser, elle courut à elle, l'entoura d'un de ses bras, la ramena jusqu'à la chaise qu'elle venait de quitter, et prenant pour elle une seconde chaise plus basse, tandis que mlle Florence s'installait sur une malle, Angélie saisit les mains pâles de Colombe.

— Ne vous étonnez pas, ne me questionnez pas ! lui dit-elle, vous êtes si faible. Je parlerai d'abord. Je viens de la part du père Falot. Un brave homme ! Et à votre sourire, je vois que ce nom vous donne déjà confiance... Comment, vous avez tant souffert, et vous êtes si jeune !

— Seize ans, répondit Colombe.

— Seize ans ! Vous serez mon amie, ma sœur cadette ; j'en ai dix-sept, moi ! Pauvre mignonne enfant ! vous avez eu faim ! et tandis que vous tombiez dans la rue, demi-morte, je perdais un bracelet de 20,000 fr. : la fortune d'une honnête fille !

— Ce n'est pas votre faute, mademoiselle, répondit Colombe, si vous aviez su ma misère, vous m'auriez apporté, non pas des secours, car je ne mendie pas, mais de l'ouvrage.

— Vous travaillez, Colombe ?

— Je suis lingère, mademoiselle. Les machines nous font du tort, si j'en avais une, je gagnerais plus d'argent. Mais la morte saison est venue, et puis j'ai été bien malade.

— Vous ne connaissez donc personne à Paris ?

— Peu de monde du moins ; les propriétaires des magasins pour lesquels je travaillais, voilà tout.

— Quoi, pas une compagne, pas une amie ?

— J'en avais une, mademoiselle.

— Elle vous a quittée ?

— Oui, répondit péniblement la jeune fille.

— Pauvre Colombe ! fit Mlle Nerval.

Elle resta un moment silencieuse ; puis, tout-à-coup, avec cette grâce communicative de la jeunesse, qui ajoute un charme à tout ce qu'elle dit, elle demanda à Colombe :

— Savez-vous, chère enfant, que je suis sortie à huit heures pour aller trouver le père Falot, en face du marché de la Villette. Je l'avoue sans honte, je possède l'appétit de mes dix-sept ans ! Il me reste beaucoup de choses à vous dire, et peut-être m'en conterez-vous davantage, si vous me regardez comme une amie. Laissez-moi faire comme si j'étais la maîtresse de ce logis. Il doit bien y avoir, dans la maison, un enfant disposé à faire une course dans le quartier?

— Certes, mademoiselle, répondit Colombe, il y a l'Ecureuil.

— Vous ratifierez ce que je commanderai ?

— De grand cœur.

— L'Ecureuil demeure ?

— Sur le carré, la porte à gauche.

— Je vais l'appeler, dit ma mie Florence, en se levant.

La gouvernante modula trois fois, sur trois tons divers, le nom de l'Ecureuil, et un garçon de quatorze ans, à mine futée, aux petits yeux clairs, rapides et perçants, à la démarche sautillante, bondit sur le carré.

Angélie lui donna tout bas un ordre qui fit passer une expression de surprise joyeuse sur le visage de l'Ecureuil, lui remit 20 fr., et, une seconde après, le gamin, enjambant la balustrade, la descendit à califourchon avec une rapidité vertigineuse,

— Mon Dieu ! s'écria mie Florence, il va se tuer.

— As pas peur ! répliqua l'Ecureuil qui se trouvait déjà au rez-de-chaussée.

Angélie revint prendre sa place près de Colombe, et tandis que la fille du négociant questionnait l'ouvrière avec douceur, la concierge monta, tenant un fagot, le charbonnier suivit avec une charge de bois, le marmiton du restaurant du *Faisan-Doré* encadra sa tête réjouie sous la porte basse, et les ronflements de la cheminée, le cliquetis des assiettes, des couverts, des cristaux répandit la gaieté dans la mansarde.

Le couvert fut dressé sur la petite table ; Angélie, Colombe, s'assirent, et ma mie Florence déclara qu'elle les servirait.

Quelle expression de joie charmante rayonnait sur le visage d'Angélie ! Comme elle était heureuse du sourire qui effleurait les lèvres pâles de Colombe ! Elle la regardait manger avec une satisfaction de grande aînée assistant au premier repas d'une jeune sœur convalescente.

A mesure que le déjeuner s'avançait, que Colombe retrouvait ses forces, et qu'elle causait davantage, Angélie sentait son étonnement grandir. Elle faisait chez la petite ouvrière la même remarque que chez le père Falot.

La distinction native de cette enfant, le choix des expressions dont elle se servait trahissaient un fond d'instruction solide. Par quelle suite de malheurs, était-elle descendue jusqu'à cette misère qui l'avait jetée sans pain et mourante sur la neige ?

Colombe acceptait l'aide et l'amitié d'Angélie sans honte orgueilleuse, avec une reconnaissance pleine d'élan. Elle croyait aux anges, à la charité, à la vertu, cette enfant éprouvée et, croyant voir une incarnation vivante de tout cela dans Mlle Nerval, elle se sentait disposée à l'aimer.

Cependant, si curieuse que fût Angélie d'apprendre la triste histoire de Colombe, elle n'osait plus la demander, dans la crainte qu'on la soupçonnât de vouloir faire payer, par une confidence, un faible service. Elle reprit seulement, en s'adressant à Colombe :

— Il y a longtemps que votre amie est partie ?

— Un an, répondit Colombe. Pauvre Epine-Vinette ! je l'aimais bien, elle m'a brisé le cœur. Et Dieu sait, mademoiselle, que j'avais déjà assez souffert. Vous me tendez la main, vous m'offrez votre protection, j'accepte tout ; en échange, prenez ma reconnaissance et ma confiance. Mon histoire est bien navrante, allez ! Et vous qui semblez si bonne, peut-être pleurerez-vous en l'écoutant.

— Ce qui est sûr, dit Mlle Nerval, c'est que plus vous aurez souffert, plus je vous aimerai.

Colombe se recueillit un moment, et commença le récit de sa vie.

Je me suis arrêtée en face d'un café, et, tremblante un peu, j'ai chanté. (*Voir page* 118.)

CHAPITRE VII

DEUX JEUNES FILLES

« Mes premières années, fit Colombe en passant ses mains sur son front, me laissent le souvenir d'une journée d'été pleine de fleurs et de soleil. J'ai grandi dans les champs au milieu des brebis et des chevreaux. Quand je ne dormais pas, le soir, dans mon berceau, je me souviens d'être restée de longues heures occupée à regarder les étoiles. Il me semblait toujours que de l'une d'elles descendrait un ange pour m'apprendre les cantiques du paradis. Je ne croyais pas aux fées, mademoiselle, mais je croyais aux anges.

« La tranquille vie que la mienne ! Une femme douce et bonne m'appelait sa fille, le vieux curé du village m'initiait à la science des choses de Dieu, et m'enseignait le reste par surcroît. J'étais élevée en fermière et en héritière tout ensemble. J'apprenais la grammaire en conduisant mes ouailles aux champs, et je récitais Corneille et Racine en barattant du beurre. Un jour je demandai à l'abbé Lormel pourquoi il voulait que j'étudiasse tant de choses diverses, il me répondit :

« — Mon enfant, je ne sais pas quel sort la Providence te réserve, mais tu dois être digne d'une belle destinée.

« Et comme je vénérais le pasteur des Bruyants à l'égal d'un saint, et que ma mère Marthe se réjouissait de mes succès, je fis des progrès rapides. J'ai compris plus tard le mot de cette énigme, et la prévoyance de l'abbé Lormel.

« Je ne me suis jamais expliqué, pendant mes premières années, pourquoi tout le monde m'aimait et me gâtait dans le village. — Colombe par ci, Colombe par là ! fruits nouveaux, fleurs, nids de pinsons, tout était pour Colombe ; il me semblait qu'à chaque foyer je comptais des parents, et que tous les pasteurs étaient mes frères. Aussi, Mademoiselle, quand je me suis trouvée seule dans ce Paris, le pain m'a peut-être manqué moins que l'amitié et les caresses.

« Le curé des Bruyants tomba malade, il me fit appeler, et quand je fus agenouillée près de son lit, il m'apprit que Marthe n'était point ma mère et qu'on m'avait trouvée un matin, vagissant sur la paille d'une charrette, à côté d'une femme morte.

« Cette révélation me bouleversa. Une pitié sans nom s'empara de moi pour cette mère inconnue. Depuis cette heure, il est resté une ombre sur mon front, et dans mon âme une place vide, la place de la chère morte que j'aurais tant aimée.

« Je n'étais pas ingrate cependant : le dévouement de Marthe me touchait profondément ; je lui devais d'autant plus de reconnaissance qu'elle ne s'était trouvée obligée à rien envers moi. Et quelle mère, donnée par le ciel, m'aurait entourée de plus de soins, de vigilante affection, et m'eût rendue plus heureuse dans ma sphère modeste !

« L'abbé Lormel, sur quelques faibles indices, pensait que mes parents avaient occupé dans le monde une place honorable. De grands, d'immenses malheurs les avaient atteints. J'ignore quelle en fut la nature, mais certainement ma famille se trouva dispersée. A l'époque où je vins au monde, j'avais, suivant les probabilités du curé des Bruyants, un père et un frère. Mais dans les fragments de papiers trouvés au fond de la carriole qui fut mon premier berceau, rien ne m'indiqua le nom de ma famille, et ne me donna des renseignements sur ceux dont j'étais séparée.

« Je vous ai dit, mademoiselle, que j'avais eu une heureuse enfance, mon adolescence fut triste. La mort du curé des Bruyants sonna le glas de mes joies insouciantes ; j'entrai réellement dans la vie à partir de cette heure. Et puis, comme si cette protection était un palladium unique contre la douleur, dès que ce saint, si humble et si doux, reposa dans sa tombe, le malheur sembla s'acharner sur la pauvre orpheline.

« Les douleurs s'enchaînent, mademoiselle, j'en fis cruellement l'expérience. Le mari de Marthe, ce brave laboureur qui avait gagné mon pain en creusant le sillon, s'en alla, deux ans après l'abbé Lormel, enlevé par une grosse fièvre.

Colombe resta un moment absorbée dans ses souvenirs.

Angélie lui prit les deux mains :

— Courage ! dit-elle, courage ! Si vous saviez combien votre récit m'intéresse.

— Marthe était une femme vaillante, reprit Colombe ; mais les sources de la vie s'usaient en elle ; la pauvre femme avait perdu plusieurs enfants, et chacun d'eux en mourant emporta une partie de sa force. Quand son mari expira, ce fut le dernier coup. Elle ne se plaignait point, elle tenta même de me cacher l'étendue de ses regrets, et peut-être la violence qu'elle se fit pour y parvenir contribua-t-elle à développer la maladie de cœur qui me l'enleva un an après mon père nourricier. Cette fois, j'étais bien seule, toute seule au monde. Ceux que j'aimais s'en étaient allés, me laissant isolée dans le monde où je ne trouvais plus que des étrangers.

« Mes voisins étaient de braves gens, pourtant ; ils essayèrent de me consoler. On m'offrit la place de servante dans plusieurs fermes ; mais, vous le dirai-je, mademoiselle, je me sentais, non pas de la répugnance pour les rudes travaux de la campagne, mais une impuissance physique dont je ne pouvais triompher. Marthe, se souvenant du mystère qui planait sur ma naissance, ne m'avait jamais obligée à m'occuper d'un labeur pénible. Chaque fois que j'essayais de m'associer à ses fatigues, elle se mettait à rire en disant :

« — Regarde tes mains, mignonne, est-ce que le bon Dieu les a faites pour la rude besogne ? Couds et brode, mon enfant ! gagne un peu moins, s'il le faut, et reste un peu plus heureuse.

« Je savais donc coudre et broder, mais l'ouvrage des métayères n'avait jamais été le mien. Quand je regardais les robustes filles du pays, je me disais, en me trouvant si fluette et si pâle, que ma nourrice avait raison, et je lui obéissais.

« Cependant, il fallait vivre. Dans les campagnes, une robe de drap dure pendant toute la vie d'une paysanne, les coiffures ne changent pas de modèle, le travail est rare pour les ouvrières. On me demanda si j'irais volontiers passer quelques semaines dans un château du voisinage, afin d'aider à mettre en ordre la lingerie. J'acceptai, et j'y restai deux mois.

Pendant ce temps, la femme de chambre, une coquette personne attifée avec goût, affectant le grasseyement des Parisiennes, ne cessait de me parler des grosses sommes que l'on gagne dans la capitale, des salaires des ouvrières adroites et laborieuses, et comparait leur sort à celui des pauvres filles ensevelies dans un village perdu au fond de la Bretagne.

« Certes les conseils de la femme de chambre de Mme Montravers n'auraient pas eu autant d'influence sur moi, si dans le fond de mon cœur n'avait depuis longtemps couvé une idée persistante. Je vous ai dit que dans les papiers trouvés près de ma mère, des brouillons de lettres me pouvaient laisser croire que j'avais un père, un frère. Le premier devait être bien loin, et très malheureux ; le second avait sans nul doute habité la rue *Grange-Batelière*, avec ma mère, et depuis que je savais cette circonstance, je ne cessais de songer à partir pour Paris. Tant que vécut Marthe, par amitié, par reconnaissance, j'évitai de laisser deviner le fond de ma pensée ; lorsque je l'eus perdue, elle s'empara de moi d'une façon despotique.

« Quelque tentation que j'éprouvasse de quitter le village, je voulais mûrir ma résolution. Il me fallait d'ailleurs quelque argent pour le voyage. Je ne me décidais donc pas, mais je m'entretenais chaque soir de Paris avec Epine-Vinette, mon amie.

« Je ne vous ai point encore parlé d'Epine-Vinette, mademoiselle, je l'ai beaucoup aimée et elle m'a grandement fait souffrir. Toutes petites, nous jouions ensemble. Sa mère, la Gembloux, était une femme bizarre, peu estimée dans le pays, et qui semblait cacher des mystères pénibles dans son passé. Epine-Vinette héritait un peu du manque de sympathie que l'on montrait pour sa mère. Moi, je la trouvais malheureuse et je la chérissais tendrement. Elle était si gaie, si drôle, elle chantait avec de tels éclairs de folie sauvage, elle m'embrassait avec des élans de tendresse si vrais que j'en avais fait ma compagne, ma sœur. Je m'efforçais d'atténuer en elle le dangereux sentiment de l'envie qu'attisait sa mère dans son jeune cœur. Epine-Vinette haïssait les riches parce qu'elle était pauvre. Quand elle se regardait dans un débris de miroir ou dans un seau d'eau, elle me disait parfois avec un éclat farouche d'orgueil et de haine :

« — Je suis plus belle que Mlle Montravers, pourquoi a-t-elle des robes de princesse et moi des haillons ?

« — Patience ! disait la Gembloux avec un rire silencieux, la soie est pour qui la paie, et tu pourras peut-être un jour en acheter comme une autre.

« — Qui me donnera de l'argent ? demandait Epine-Vinette.

« — M'est avis, disait la Gembloux, que dans ce Paris, où l'on aime les choses nouvelles, si Epine-Vinette chantait dans un théâtre les chansons de rossignol qu'elle dit, avant trois ans elle aurait fait fortune.

« — Paris ! un théâtre ! répétait Epine-Vinette, sans comprendre le sens de ces mots.

« Elle ne devait point les oublier, cependant, et quand je lui parlai de mon intention de quitter le village pour aller à Paris, elle me sauta au cou en s'écriant :

« — Je pars avec toi !

« — Mais ta mère ?

« — Ma mère me laissera faire, je lui enverrai de l'argent quand je serai riche.

« — Ecoute, répondis-je, tu n'as pas le droit de l'abandonner. Que ferait-elle toute seule aux Bruyants ?

« — Bah ! répliqua Epine-Vinette, elle ne m'aime guère, la misère lui ronge le cœur et la chair, elle a de l'ambition pour moi, et me laissera maîtresse de ma volonté.

« — Soit ! repris-je, mais je ne crois, moi, qu'à un moyen de fortune :

le travail. Tu es habile, nous pourrons gagner trois ou quatre francs par jour, s'il te convient de coudre, de broder comme moi ; nous aurons une seule chambre, une même caisse, un même cœur. Sinon, laisse-moi courir les chances de mon existence modeste et fais de ta vie la meilleure chose que tu pourras.

« — Tu es sage, me répondit Epine-Vinette, je tâcherai de t'imiter.

« La Gembloux vint me trouver, quelques jours après, dans le jardin où j'arrosais mes fleurs.

« — Vous êtes décidée à quitter le pays ? me demanda-t-elle.

« — Oui, la Gembloux ; il me semble qu'à Paris seulement je trouverai les traces de ma famille.

« — Ecoutez, Colombe, reprit-elle, ma fille veut vous suivre. Elle a dans la tête des ambitions ou des folies, c'est peut-être la même chose. Je serai contente que vous la preniez avec vous. Si elle réussit, je vous rejoindrai.

« — Vous souffrirez beaucoup de la quitter.

« — Je suis dure au mal, par le corps et par le cœur. Et puis, on a si souvent frappé sur ce cœur-là qu'il s'en est allé en morceaux ! Emmenez Epine-Vinette, un jour ou l'autre elle me laissera ; c'est dans la famille : ça suit le sang.

« La Gembloux me dit ces paroles d'une façon presque sinistre. On pouvait croire, en l'écoutant, qu'une faute pareille à celle qu'allait commettre sa fille était dans son passé, et que l'ingratitude d'Epine-Vinette lui semblait le juste châtiment de sa propre ingratitude.

« Huit jours après, je quittais le village, en compagnie d'Epine-Vinette, et munie d'une lettre de recommandation de Mlle Cerisette pour la lingère de sa maîtresse.

« On était en été. Je regrettais bien ma vie champêtre, les voisins, les vieilles maisons hospitalières, l'église sombre où j'avais tant prié, mais un sentiment plus noble que la curiosité me poussait en avant : je songeais à mon frère, à cet enfant plus âgé que moi, qui devenait un jeune homme, et se demandait peut-être aussi ce qu'était devenue sa sœur, dans quel lieu était morte sa mère.

« L'espérance est bien vivace à quinze ans ! Epine-Vinette m'aidait d'ailleurs à secouer mes regrets, elle riait de tout ; chaque détail de la route la distrayait. Elle battait des mains d'impatience et de joie. On eût dit qu'elle prenait possession du monde où elle entrait. Je ne vous ai point encore dit qu'Epine-Vinette était très belle... Des yeux d'un noir sombre, un peu sauvages, et des cheveux épais d'une longueur démesurée... ondés comme si le fer les avait crespelés, une bouche un peu grande à lèvres rouges, quelque chose de cruel et d'étrange dans l'expression générale de la physionomie. Avec sa petite coiffe de dentelle adoucissant ses traits, elle était charmante. Mais à peine avions-nous gagné Orléans, et les élégances parisiennes défilaient-elles devant ses regards, qu'Épine-Vinette, honteuse de sa coiffure campagnarde, la fourra dans sa poche. Je fis d'inutiles efforts pour la décider à la remettre, elle me répondit que ses cheveux seyaient bien mieux à son visage que sa cornette de linon, et je perdis ma première bataille... »

Angélie suivait le récit de Colombe avec un intérêt évident. Les émotions qui passaient sur le visage de l'ouvrière se reflétaient sur celui de Mlle Nerval, et la soudaine sympathie que lui avait inspirée la jeune fille, grandissait à mesure qu'elle l'appréciait davantage.

Colombe porta un verre d'eau à ses lèvres, et reprit :

« — A peine étions-nous descendues du chemin de fer, que nous nous rendîmes chez la lingère de Mlle Montravers. Dans la crainte de me tromper d'adresse, j'avais fait la dépense d'une voiture. La maîtresse du magasin lut attentivement la lettre, me sourit d'un air aimable, et me répondit :

« — Eh bien ! ma petite, je penserai à vous.

« — Mais, madame, lui dis-je, c'est tout de suite qu'il faudrait penser à moi.

« — Vous n'avez donc ni parents, ni ressources ?

« — Non, madame.

« — Nous sommes dans la morte-saison, le commerce ne va pas... les gains sont modiques... mais pour être agréable à Cerisette, dont la maîtresse est une de mes meilleures clientes, je vais vous confier des cols et des manches... On paie les cols six sous, et les manches huit... vous me rapporterez cela samedi prochain.

« Je remerciai, il me semblait que j'étais sauvée ; je serrai mon petit paquet, et j'allais monter en voiture, quand le cocher me demanda :

« — Où faut-il vous conduire, les jeunesses?

« — Mon Dieu ! lui répondis-je, nous ne connaissons pas Paris, et vous nous rendriez service en nous choisissant un logis modeste.

« — J'ai votre affaire ! dit-il, mon neveu l'Écureuil loge dans une maison de la rue Rodier, dont le propriétaire tondrait un œuf, mais dont les chambres ne valent que 100 francs ; si ça vous va, je roule vers la rue de mon neveu.

« — Allez et merci ! lui dis-je.

« Le brave homme nous conduisit dans cette maison, débattit le prix de la chambre avec la Cagnotte, une vieille et sordide portière que vous avez sans doute entrevue ; le soir même nous avions pour mobilier un petit lit de fer, des chaises, un fourneau et un poêlon de terre.

« Epine-Vinette rayonnait à l'idée de se trouver à Paris. Elle ne se plaignait pas d'avoir cinq étages à monter ; elle chantait en courant. Par la fenêtre de la mansarde elle voyait d'autres croisées ornées d'une cage ou d'un rosier, et trouvait cela charmant. Pourtant, comme moi, elle était accoutumée au grand air, au ciel, aux arbres, à cette belle vie de la nature qui repose de tout et endort nos chagrins. Paris me causa une impression toute autre. La foule m'inquiétait ; les grandes maisons m'effrayaient ; la magnificence des magasins me semblait une tentation perpétuelle, non pour moi, mais pour les natures ardentes, fantaisistes et à demi révoltées, semblables à celles de ma compagne. Pendant les premières semaines, elle ne me quitta point. Quand, le soir, il nous restait une heure de liberté, je l'entraînais du côté de la rue Grange-Batelière, où il me semblait que j'aurais des nouvelles de mon frère... mais que savais-je ? le nom de baptême d'un petit enfant disparu depuis quinze années... Je m'adressai à des marchandes du quartier, elles m'écoutèrent d'abord avec intérêt, puis elles me crurent un peu folle ! Songez donc, chercher dans Paris un enfant ! oui, cela était insensé, et cependant l'espérance ne mourait pas en moi. L'automne arriva, nous avions peu de travail, et nous gagnions péniblement notre vie ; les gros salaires dont parlait Cerisette étaient bien loin de la réalité. Nous recevions entre 1 fr. 50 et 2 francs par jour, et je vous assure que nous mangions plus de pommes de terre frites que de côtelettes.

« La chambre nous coûtait cent dix francs, en comptant les menus frais ; le lait du matin, le petit pain, prenaient quatre sous, ce qui fait déjà quinze francs vingt par mois ; l'huile à brûler, le repas de midi, celui du soir formaient un total semblable. Avec le reste, il fallait s'habiller, se chauffer... puis les quatre jours du dimanche étaient à déduire, de même que les heures perdues en courses pour chercher l'ouvrage ou le reporter. Malheureusement la lingère qui nous protégeait céda son magasin, et la personne qui l'acheta nous déclara qu'elle avait ses ouvrières à elle. Il fallut alors commencer cette vie terrible qui consiste à aller de boutique en boutique chercher un travail qu'on vous refuse souvent. Nous en prenions au rabais, et alors, même en passant les nuits, nous ne parvenions pas à gagner le nécessaire... Je suis timide, faible, je me déconcerte facilement ; l'idée d'aller demander de l'ouvrage me devint si pénible qu'Epine-Vinette se chargea de ces courses. Elle parlait hardiment, rien ne la rebutait, il lui semblait qu'elle luttait contre une force dont elle était fière de triompher. Elle avait, il est vrai, des moments de colère en rentrant dans la mansarde ; elle se dépitait contre l'insolence des marchandes, le maigre salaire accepté. Alors elle prenait sa tête dans ses mains, relevait ses cheveux épais sur son front et répétait d'une voix sourde :

« — J'aurai mon tour ! j'aurai mon tour !

« L'hiver fut rude, mademoiselle, nous gagnions si peu que nous dûmes vendre une partie de notre garde-robe pour solder le terme d'avril. Je ne m'attristais pas pour mon compte, je m'habituais à souffrir ; d'ailleurs, la révolte n'a jamais consolé du malheur... mais Epine-Vinette s'irrita à la pensée d'être encore plus pauvrement vêtue. Où demander du travail, quand nous serions habillées en mendiantes ?

« Heureusement la saison devenait plus clémente, l'air s'adoucissait ; un rayon de soleil entrait par les fenêtres de la mansarde, et l'espérance refleurit en nous quand poussent les premières branches de lilas... J'avais pris le deuil de mes rêves de fortune, je me disais que depuis mon berceau je semblais destinée à l'épreuve, et je me courbais sous la main céleste... Epine-Vinette, au contraire, semblait couver des peines sombres ; en lui rendant un peu de vie, le printemps lui donna aussi des désirs violents de plaisir et de liberté. Elle aurait voulu courir dans les bois, en rapporter des fleurs ; elle regardait avec envie les jeunes filles du voisinage, coquettement habillées, s'en aller le rire aux lèvres, et elle me disait :

« — Pourquoi pas nous ?

« — Dieu le sait ! lui disais-je ; toutes ces questions que tu te poses sans les résoudre, n'adoucissent point notre misère... laisse croître dans notre dur sentier la sainte fleur de la patience, elle embaume tout, jusqu'à la pauvreté.

« — Oh ! me disait-elle, tu n'as point d'ambition.

« — J'en ai plus que toi, ou du moins une plus grande... tout me paraît supportable, hors de déchoir... si je reste honnête, de quoi me plaindrai-je... Ma mère me guide, elle qui souffrit comme une martyre...

« — Alors le rire des autres ne sonne pas faux à tes oreilles ? la toilette des jeunes filles de ton âge ne t'inspire pas d'envie ?

« — Non, ma conscience est en paix, et j'ignore si elles peuvent prier le soir avec la même ferveur que moi !

« Epine-Vinette m'aimait autant, je crois, qu'elle pouvait aimer quelqu'un, mais l'égoïsme, la soif du plaisir, l'amour de la parure, avaient une grande place dans sa pensée... Je sentais que ses goûts, ses tendances, la détachaient de moi graduellement... Elle sortait plus souvent, rentrait plus tard, et quand elle me peignait les nocturnes splendeurs de Paris, je m'épouvantais de la chaleur qu'elle mettait à me représenter les choses qui l'avaient frappée...

« Evidemment aussi, soit en allant chercher du travail, soit en courant dans les magasins, elle avait entendu de pernicieux conseils dont je trouvais l'écho dans ses plaintes, chaque jour plus amères...

— Mon Dieu ! dit Angélie, certains livres nous représentent comme si gaie, si facile, l'existence de l'ouvrière parisienne.

— Je ne sais pas si les écrivains voient juste, mademoiselle, tout ce que je sais, c'est que chaque jour amena pour nous une déception. Peut-être si j'avais eu le courage d'aller demander quelque appui, de chercher la protection d'Œuvres charitables, eussé-je moins souffert, mais je vous l'ai avoué, je suis timide, et j'ai caché ma misère moins comme un malheur que comme un crime.

« Oh ! quand vint l'hiver, ce fut affreux, le charbon nous manqua... Nous étions affaiblies et malades... En nous voyant si pauvres, vêtues de lambeaux, on nous repoussait comme des mendiantes... Nous endurâmes alors les tortures de la faim, du froid... le doute envahit le cœur que gonflait autrefois l'espérance, et nous nous dîmes que la mort serait la bienvenue... Vous ne savez pas, Mademoiselle, ce que c'est que d'être dans une mansarde, sans feu, sans travail et sans pain... Le désespoir, ce mauvais conseiller, vous souffle des avis perfides... On sait des histoires de filles pauvres devenues soudainement riches... On lutte, on pleure, on prie ! mais souvent il semble que le ciel lui-même soit fermé.... Que vous dirai-je, il vint une heure où la faim tordit nos entrailles, et ce soir-là, Epine-Vinette m'embrassant avec une sorte de fureur, me dit :

« — Sois tranquille, dans une heure j'aurai de l'argent.

« Quand elle rentra, en effet, elle jeta sur mon lit une poignée de gros sous et de pièces blanches.

« — D'où vient cette somme ? demandai-je.

« — Oh ! voilà ! crois-tu que la fille à la mère Gembloux ait perdu la voix comme le courage ? Depuis huit jours je ne cessais de me répéter ce qu'un jour m'avait dit la lessiveuse des Bruyants :

« — Ton gosier te fera riche.

« En te quittant je suis descendue jusqu'au boulevard... je me suis arrêtée en face d'un café, et tremblante un peu, mais poussée par le besoin, j'ai chanté ! Du moment où j'ai lancé ma première note il m'a semblé être dans la campagne, sous les buissons où nichaient les loriots ! Je ne sais ce que j'ai dit ni ce que j'ai rossignolé, mais on m'écoutait avec surprise, et quand j'eus fini, un monsieur a jeté dans une assiette deux pièces blanches... Chacun de ses voisins l'a imité, j'ai reçu l'argent dans mon tablier, et me voilà ! cet argent, je l'ai gagné ! et j'ai entendu dire comme je m'enfuyais :

« Elle a cent mille francs dans le gosier, cette petite ! »

« Loin de me réjouir, je m'attristai de cette aubaine ; Epine-Vinette, folle de joie et un peu d'orgueil, descendit chercher des provisions, et très avant dans la nuit, elle répéta les refrains de nos campagnes. Je la suppliai de ne pas abandonner le travail, elle me dit en riant :

« — Voici plus d'argent gagné dans une heure que je n'en pouvais amasser dans un mois en travaillant du matin au soir ! Dieu fit tes doigts pour l'aiguille, et mon gosier comme celui des oiseaux. A chacun de nous sa part !

« Je pleurai ! pour moi, déjà Epine-Vinette était morte ; il me semblait que notre séparation était consommée.

« A partir de ce jour elle sortit chaque soir, chantant en plein air, recueillant des recettes superbes ; au bout d'une semaine, elle me dit un matin d'une voix un peu tremblante :

« — Je chante d'instinct, on m'a conseillé d'apprendre la musique, mes bénéfices me permettent de vivre, en travaillant le chant avec des maîtres, et...

« — Et tu me quittes...

« — Oh ! je viendrai te voir souvent ! dit-elle.

« — Epine-Vinette, quand tu seras heureuse, reste à ton bonheur... le jour où tu souffriras, souviens-toi de Colombe.

« — Tu rougirais de moi ? me demanda ma compagne.

« — Tu ne sais pas le mal que tu me fais ! Il me semble que tu entres dans une voie de perdition.

« — La misère me fait horreur ! dit-elle, il me faut de la soie, du velours, des plaisirs peut-être pour mes dix-huit ans ! La voix que je possède me donnera tout cela !

« Elle partit, mademoiselle, je ne l'ai pas revue... Je restai seule... le chagrin doubla mes souffrances, le travail manqua d'une façon absolue... Je ne possédais plus rien ! rien ! qu'une parure, je la vendis... »

Colombe arracha le petit mouchoir qui couvrait sa tête, et Angélie poussa un cri douloureux en la voyant privée de ses cheveux blonds.

« — Quand j'eus dépensé la faible somme qui me fut comptée, je restai sans ressource ; deux jours se passèrent... le troisième, je me dis : je descendrai dans la rue, je tendrai la main aux riches.

« Et je quittai ma mansarde en trébuchant.

« Quand je me trouvai dehors, dans la nuit, dans la neige, je crus que j'allais mourir de honte et de chagrin... Mais j'avais faim, et je demandai l'aumône... l'aumône ne vint pas à mon aide... C'était la première fois que je demandais de l'argent que je n'avais pas gagné... les passants s'éloignaient, je me sentais glacée, et je regagnai mon logis en cherchant, quand une soudaine faiblesse me fit tomber sur la neige, où le père Falot me ramassa... »

— Ah ! pauvre petite ! dit Angélie, vous ne souffrirez plus... Vous ne manquerez de rien ! Je suis là, désormais, et le père Falot vous a léguée à moi. C'est envers vous que je dois m'acquitter de la reconnaissance que je lui dois pour le service qu'il m'a rendu....

— Ainsi, demanda Colombe, vous me donnerez du travail ?

— Vous vous occuperez seule de ma lingerie, et je vous procurerai la clientèle de mes amies... En attendant...

Angélie voulut poser son porte-monnaie sur la cheminée de l'ouvrière.

— Mademoiselle, dit en souriant Colombe, le père Falot m'a fait des avances plus que suffisantes, je ne souhaite maintenant que de l'ouvrage pour m'acquitter...

Deux jours plus tard, quand le chiffonnier vint prendre des nouvelles de sa protégée, il la trouva entourée de pièces de batiste et de dentelles, occupée à renouveler le trousseau de mademoiselle Angélie Nerval.

Caoutchouc commença l'annonce du spectacle. (*Voir page* 126).

CHAPITRE VIII

LA PARADE

Le jour venait de finir ; les lointains de la butte Chaumont s'estompaient dans les brouillards ; l'église se profilait, toute blanche, sur le ciel assombri, et les terrains vagues avoisinant le quartier Puebla ressemblaient à une petite plaine rocailleuse que les rayons de la lune ne tarderaient pas à rendre semblable à un cimetière abandonné, dont les blocs de pierres et les débris de bois marquaient les sépultures.

Presque simultanément les becs de gaz s'allumèrent, et Caoutchouc, le pitre de la grande baraque de saltimbanques, prépara les lampions. Les grands tableaux suspendus devant la construction en planches du *théâtre Laurier* prenaient des physionomies étranges ; le vent, en les agitant, faisait mouvoir les sauvages chassant un alligator éperdu, Hérodias poursuivant sa danse effrénée, et Blondin courant sur le bambou jeté en guise de pont d'un bord à l'autre de la cataracte du Niagara.

Derrière les baraques, chacun se préparait pour la représentation ; bientôt un homme vêtu en Hongrois parut, ployant sous le poids de la grosse caisse, qu'il posa sur des tréteaux ; il fixa au-dessus une cimbale de cuivre, heurta la peau d'âne avec une sorte de casse-tête, et frappa de la main gauche sur la cimbale.

On eût dit le coup de canon, signal du commencement d'un abordage en mer.

En une seconde, et comme par enchantement, les *Fantaisies* parisiennes illuminèrent, les chevaux de bois commencèrent les *steeple-chase* vertigineux, les gondoles cédèrent au mouvement du roulis, la pratique de polichinelle jeta dans l'air son irrésistible appel, et de tous côtés éclata un vacarme de trombones, d'ophicléïdes, de cors de chasse, de tambours et de violons de Mirecourt.

Les charivaris dont Callot afflige les oreilles de saint Antoine dans ses épiques *tentations*, les cacophonies du carnaval dans ses heures incandescentes de folie, ne sauraient donner une idée des ronflements

Chacun se préparait pour la représentation. (*Voir page* 122).

d'orgue, des voix suraiguës de clarinettes, des tonnerres de grosse caisse, des sons métalliques du chapeau-chinois, de la cimbale et du triangle. Cela vibre, hurle, crie, glapit. C'est un assourdissement composé de tous les bruits, de toutes les notes, surtout de celles qui n'existent pas, un mélange exaspérant qui tord les nerfs, brise le timpan, fausse l'oreille, et qui, malgré, ou plutôt à cause de cela, exerce un irrésistible attrait sur les foules.

En effet, depuis un moment, le peuple de la rue de Belleville, de la rue Barte, du quartier Puebla, accourait, s'amoncelait, les uns poussant les autres ; les riches se promettant le luxe d'entrer dans la baraque, les pauvres se contentant de la perspective d'une parade, où chaque bon mot du pitre connu d'avance est payé du coup de pied attendu. Mais qu'importe? l'homme qui a rudement besogné pendant la journée a le rire facile, l'enfant ne semble pas né pour autre chose, et l'on voit de grandes bandes de petits garçons, de petites filles courir, en se tenant la main, vers la petite place située en face du théâtre.

Le marchand de coco agite sa sonnette, les glaciers à un sou vendent des blancs d'œufs battus, saupoudrés de sucre ; la loterie aux macarons tourne sa roue, et de temps en temps le pistolet du tir jette sa note belliqueuse.

Par cette belle soirée d'été, cette musique, si grossière qu'elle fût, ne manquait pas d'un certain attrait. Il se dégage d'ailleurs, de toute foule en bonne humeur, une effluve de vitalité, de franchise qui triomphe souvent de la morosité d'un homme chagrin.

Était-ce le bruit de la musique précédant la parade, la beauté de la soirée ou le besoin impérieux de poursuivre ses investigations qui chassa de chez lui le père Falot ? Toujours est-il qu'il sortit de sa maison basse, et se mêla à la foule qui s'entassait sur la petite place. On se sentait les coudes, ce soir-là !

Il s'agissait d'une pièce nouvelle, et la parade devait être renouvelée.

A côté du père Falot se trouvait un garçon de quatorze ans à peu près, coiffé d'un bonnet de police en papier, vêtu d'une blouse, dont mainte déchirure avait été, non pas dissimulée, mais rendue plus apparente par l'addition d'un morceau d'étoffe de couleur différente. Le pantalon s'effrangeait en bas, la chemise rousse était frippée, les pieds de l'enfant nageaient dans une chaussure deux fois trop grande pour son petit pied, mais il avait, malgré cela, un air de crânerie réjouissante. C'était encore le gamin de Paris, il gardait une franche figure ; la pâleur du voyou ne déshonorait pas son jeune visage, et sans posséder ce que l'on est convenu d'appeler l'esprit de Gavroche, il devait avoir la répartie prompte et la gaieté facile.

Les deux mains dans ses poches, il s'amusait à l'avance des préparatifs du spectacle. Il se trouva brusquement poussé vers la gauche, du côté du père Falot, et lui dit en portant la main à son bonnet de papier :

— Faites excuse, l'ancien ! y a des malins qui sont pressés, faut croire ! Eh là-bas ! Caoutchouc, commencez donc ! sans cela, monsieur va écraser tout le monde pour mieux voir et arriver plus vite.

L'homme qui avait rejeté l'enfant du côté du père Falot était de haute taille, d'une force peu commune, et il soutenait sur son épaule une fillette bossue, dont l'angélique visage rayonnait de joie. Le père avait la physionomie sombre, un peu farouche, le geste naturellement brusque ; mais, quand il regardait l'enfant difforme, une vague expression de douceur passait sur sa figure, et sa voix se faisait presque tendre pour lui parler.

— Es-tu bien, Bestiole ? demanda le géant à l'enfant.

— Oui, père, répondit la petite infirme, très bien.

Le nom de Bestiole fit lever la tête au gamin qui raillait tout à l'heure l'homme pressé de voir la parade, et quand il l'eut reconnu, il poussa un cri de joie.

— Comment, te voilà ici, petite Bestiole ?

— Oui, mon père m'a apportée sur son dos, pour me distraire un peu.

— Ça, c'est bien ! répondit le jeune garçon ; père Camourdas, vous pouvez être un loupeur fini, et un homme dissimulé comme si vous faisiez de la politique, mais il n'en est pas moins vrai que je vous sais grand gré d'avoir procuré un plaisir à la pauvrette.

— Tu ne viens plus chez nous, Bec-d'Oiseau, dit la petite infirme.

— J'ai travaillé, répondit l'enfant.

— A quoi ?

— A tout ! Ce sont les gens sans intelligence qui prennent un état ; moi, j'en ai dix, l'un remplaçant l'autre : bourrelier, menuisier, à mes heures ; je sais polir une clef, plier des journaux, souffrer des allumettes, cirer un parquet et décrotter des bottes ! De cette façon, quand l'un ne marche pas j'exerce l'autre et je retombe toujours sur mes pieds comme les chats. Tiens, l'autre semaine, je suis resté chez un jardinier.

— Comme tu étais heureux, Bec-d'Oiseau, c'est si joli et ça sent si bon les fleurs !

— Même que le jardinier m'a promis un pot de réséda pour toi, la Bestiole.

— Pour moi ! répéta l'enfant, avec une surprise joyeuse.

— Eh bien ! la Bestiole, êtes-vous surprise que votre camarade Bec-d'Oiseau ait songé à vous ?

— Non ! non ! répliqua la petite fille ; tu es bon, je le sais bien ; mais je suis si réjouie de songer que j'aurai ce bon parfum dans ma petite chambre.

Pendant que Bestiole et Bec-d'Oiseau échangeaient ces paroles, le père Falot regardait Camourdas avec une attention croissante.

Certes, la figure de l'homme avait changé, mais il la reconnaissait cependant. Il l'avait connu tout jeune, ce Camourdas, déjà paresseux, ivrogne, travaillant quand la soif ou la faim le prenait, se grisant plus aisément qu'il ne soupait. Il eût tout sacrifié à sa passion pour le vin ; elle le réduisait à la misère, elle l'eût porté à commettre des crimes.

Camourdas avait été un ouvrier dangereux, poussant les camarades à la révolte, maudissant les patrons, avançant cette maxime que l'ouvrier qui ne met pas de fonds dans une entreprise, doit cependant en avoir les bénéfices, faisant aux riches un crime de leur fortune, regardant le capital comme l'oppresseur du pauvre, prêt à faire la guerre à ceux qui possèdent, aveuglément, simplement parce que l'opulence des autres leur semble un crime dont ils pâtissent... Natures dangereuses en tout temps, sauvages et terribles parfois qui s'emplissent le cœur de fiel et de haine.

Sans se rendre compte pourquoi sa pensée, retournant subitement en arrière, s'attachait au passé de Camourdas, le père Falot se rappela que jadis il avait eu une discussion avec cet homme. L'ouvrier avait proféré une sourde menace, restée sans exécution, puisque.....

Tout-à-coup le père Falot se frappa le front, un souvenir venait de jaillir de sa mémoire.

— Oh ! pensa-t-il, à partir de cette heure, je m'attache à lui ; qui sait s'il ne tient pas le fil conducteur que je cherche depuis si longtemps ?

En ce moment, Caoutchouc parut sur l'estrade, fit les saluts de rigueur et commença l'annonce du spectacle :

— Messieurs et mesdames, dit-il, je pourrais vous raconter que nous avons travaillé devant le roi de Siam, et que je rapporte de sa cour la décoration de l'Eléphant-Blanc ! Je ne tomberai point dans ce mensonge traditionnel chez les pitres vulgaires, et je suis ici pour vous dire la vérité, rien que la vérité. Tel que vous me voyez, je suis bachelier ès-lettres, docteur ès-sciences, je parle grec, latin, allemand, anglais, et une foule d'idiômes dont le nom seul vous est inconnu. Mais, me direz-vous, comment un homme si savant est-il pitre au théâtre de la famille Laurier ? ceci est un mystère, messieurs et mesdames ; je suis timide !

La foule éclata de rire, et Caoutchouc poursuivit :

— Je vous étonne, vous trouvez bizarre qu'un pauvre garçon, qui parle devant une foule aussi nombreuse, avoue son infirmité, c'est la vérité, cependant ; ma laideur vous l'explique déjà. A force de me dire : tu fais peur ! on m'a forcé à me cacher, et j'ai souffert jusqu'à ce que j'eusse découvert qu'on peut tirer parti de sa figure aussi bien avec une extrême beauté qu'avec une laideur extrême. Les amateurs qui seraient tentés d'engager avec moi une conversation en latin ou en grec, paieront seulement dix centimes en sus : ce sont mes petits bénéfices.

Et maintenant que vous connaissez le pitre, voici le spectacle :

Mlle Croquignole donnera, sur la corde roide, le pas du coléoptère enragé.

La famille Laurier, composée de quinze personnages, vous présentera la pyramide humaine.

Un cheval dressé en liberté imitera les aventures du coursier de Mazeppa, à travers les steppes.

Et les comiques de la troupe rempliront les intermèdes.

Tzing ! boum ! suivez l'monde !

Le marchand de coco agite sa sonnette. *Voir page 123).*

Les militaires paieront demi-place.

— Père Camourdas, demanda Bec-d'Oiseau, vous n'entrez pas dans la baraque?

— Je ne suis pas capitaliste aujourd'hui, mon garçon.

— Vous attendez qu'on vous paie vos rentes, pas vrai?

— Mes rentes! qui t'a dit que j'avais des rentes?

— Cette farce! personne. Mais la Sorbonne sert à quelque chose. On a de la jugeotte ou on n'en a pas! J'ignore quel état vous exerciez autrefois, mais certainement vous êtes depuis longtemps brouillé avec tous les corps de métiers. Or, un homme qui fréquente le *Château-Rouge*, le *Crapaud-qui-Chante* et le *Rat-Mort*, un homme qui fume sa pipe, et boit à l'occasion, quoique, à vrai dire, je ne vous aie jamais vu boire et je vous aie souvent surpris payant des tournées aux camarades, faut que cet homme-là ait des rentes, à moins..... ce que je refuse de croire pour votre honneur.....

— A moins quoi? demanda Camourdas, d'une voix sombre.

— Qu'il ne soit de la rousse!

Camourdas fit un mouvement si brusque que Bestiole perdit l'équilibre sur son épaule.

— Tu n'as pas trouvé ça tout seul, Bec-d'Oiseau; qui est-ce qui te l'a dit?

— Les camarades.

— Eh bien! qu'il m'en tombe un sous la main, et je te jure.....

— Père! père! je glisse, dit Bestiole, avec effroi.

Le géant replaça l'enfant d'un seul mouvement d'épaule, et la petite fille se mit à regarder de tous ses yeux.

— Oh! Bec-d'Oiseau, fit-elle, vois donc comme ces petits garçons sont gentiment habillés ; on leur a mis des ailes aux épaules, comme à des papillons, et sans doute ils vont faire les exercices représentés sur les tableaux.

Le gamin fit tinter quelques gros sous dans sa poche.

— Voulez-vous que je paie le spectacle à Bestiole? demanda-t-il à Camourdas.

— Oh! père! père! répéta la petite bossue, avec l'accent de la prière.

— Allez! dit Camourdas, je fumerai des pipes en vous attendant.

Bec-d'Oiseau prit la main de Bestiole, dès que celle-ci fut posée à terre, et régla son pas sur le sien; la petite fille était non seulement bossue, mais boiteuse.

Tous deux, rayonnants de bonheur, entrèrent dans la baraque et prirent place sur des planches à peine rabotées, clouées sur des tréteaux mal équilibrés.

La toile se leva, et les jeunes enfants, qui avaient défilé devant la foule, reparurent ensemble, puis tour à tour, exécutant des variations sur le trapèze, se disloquant les membres, restant en équilibre sur des barreaux d'échelles, qu'un homme tenait entre ses dents, et au milieu des tours les plus difficiles, les plus dangereux, trouvant la force de sourire et d'envoyer des baisers aux spectateurs.

— Comme c'est amusant, ce qu'ils font là, dit Bestiole.

— Tu ne devines pas ce qu'ils ont souffert avant de le savoir, répondit Bec-d'Oiseau ; moi qui furète comme un furet, j'eus un jour la curiosité de l'apprendre et j'entrai, sous prétexte de m'engager dans la troupe, dans une grande baraque où l'on fabrique des monstres, des artistes et des infirmes. Oh ! tu aurais frémi de tout ton corps, ma pauvre Bestiole, si tu avais été témoin de ce que je vis. De pauvres petits enfants de quatre ans avaient les membres renversés et liés de telle façon que leurs talons touchaient l'arrière de leur tête ; ficelés avec des lisières de drap, ils devaient rester plus d'une heure dans cette position ; d'autres tremblaient de peur en marchant sur la corde, et quand ils suppliaient qu'on les laissât descendre, un fouet sifflant à leurs oreilles les avertissait de ce qui les attendait en bas. Quelques-uns, les plus jeunes, étaient entre les mains d'hommes forts comme l'athlète que tu vas voir tout à l'heure, et qui soulève des poids de 100 kilos à bras tendus. Il leur désarticulait les épaules, les bras, et les os des pauvres petits êtres craquaient sous ses doigts.

Tandis que tu les vois sourire, Bestiole, il me semble, moi, distinguer une larme qui roule dans leurs yeux. Tiens, petite, tu es bien à plaindre d'être à la fois boiteuse et bossue, eh bien ! ce n'est rien près de la vie que mènent ces pauvres créatures. Ces enfants ont-ils jamais le temps de jouer, de courir comme nous pouvons encore le faire ? Dès que la recette baisse dans un village, on attèle le cheval étique à la voiture, maison roulante qui emmène tous ses habitants entassés pêle-mêle dans une chambre de un mètre carré. Ah ! il ne faut pas les envier, ma pauvre Bestiole. Camourdas n'est pas tendre, mais il t'aime, lui, au moins !

La Bestiole baissa la tête et sa pâle figure se couvrit de rougeur. Mais cette teinte de mélancolie, qui traversa son visage, disparut vite, quoique, à partir du moment où Bec-d'Oiseau lui eût raconté les misères des petits acrobates, elle trouvât moins de plaisir à ces luttes d'agilité et de grâce.

Après le trapèze, la danse, une comédie jouée par des marionnettes, une chanson dite par le pitre, puis la quête au profit de Caoutchouc ; et comme tout finit, même les spectacles hors barrière, même les merveilles du théâtre de la famille Laurier, Bec-d'Oiseau et Bestiole virent baisser la toile. Le jeune garçon protégea de son mieux la pe-

La maison roulante emmène tous ses habitants. (*Voir page* 129).

tite infirme et la ramena à Camourdas, qui n'avait pas cessé de fumer.

— Père ! père ! dit la petite fille, je me suis bien amusée. Oh ! Bec-d'Oiseau, que je te remercie !

— Il n'y a pas trop de quoi, ma pauvre Bestiole ; bonsoir ! Dans deux jours je te porterai le réséda.

Bestiole sourit, fit un geste d'adieu, et son père, la replaçant sur sa robuste épaule, commença à descendre rapidement la rue de Belleville.

Alors, Falot, allongeant le pas, suivit Camourdas.

Celui-ci grimpa la rue des Martyrs, entra dans la rue Bochard-de-Sarron, et sonna à l'une des maisons dont la porte se referma sur lui.

— Maintenant que je sais où il loge, pensa le père Falot, je suis sûr de le retrouver, et puis, si je ne le revois pas au *Crapaud-qui-Chante*, je pourrai toujours me rapprocher de l'enfant. Ce Camourdas ! c'est bien l'ivrogne que j'ai chassé de mon usine, et qui jura de se venger plus tard !

Falot quittait la rue Bochard-de-Sarron et allait commencer sa récolte nocturne, quand un cri d'angoisse le cloua à sa place. Ce cri avait été poussé par un être faible, jeune, sans doute un enfant. Il trahissait l'effroi arrivé à son paroxysme.

Falot s'orienta et attendit ; pour la seconde fois, un cri de terreur s'éleva dans la nuit, un bruit de pas rapides, de course folle se mêla bientôt à l'appel qui avait saisi de pitié le cœur de Maclou Taupin.

Tout-à-coup, venant de l'extrémité de la rue, il vit accourir un enfant qui, de loin, pouvait sembler privé de tout vêtement, mais qui portait un maillot collant sur ses membres grêles. Il criait, il appelait, il avait peur, et derrière lui, bien loin, le chiffonnier crut distinguer un pas lourd, une voix brutale.

Évidemment on poursuivait l'enfant.

Au même instant, un jeune homme, mis avec élégance, s'avança rapidement du côté de celui-ci, et le pauvre petit être se trouva tomber à la fois dans les bras du jeune homme et dans ceux du chiffonnier.

Tous deux virent alors que le malheureux avait une blessure saignante à la tempe, et les paupières dévorées par un mal sans nom.

— Sauvez-moi ! sauvez-moi ! balbutia le pauvre petit.

— De qui, mon enfant ? demanda le jeune homme.

— De Guépar-le-Rouge, répondit le malheureux ; il me tuera, c'est sûr si je retombe entre ses mains.

Le chiffonnier jeta sa hotte sur le trottoir et enleva l'enfant dans ses bras.

— Monsieur, dit-il au jeune homme, vous semblez vouloir prendre une part de cette bonne action ; attendez ici l'arrivée de Guépar-le-Rouge. Vous êtes homme du monde, vous savez tirer l'épée ; à défaut d'une arme plus noble, voici mon crochet : il est solide et découdrait la peau du plus fort gaillard.

— Portez-vous l'enfant à l'hospice ?

— Non, monsieur, il est tard, nous aurons le temps d'aviser demain. Je connais, dans le voisinage, un brave cœur qui le prendra en pitié.

— Mais, ce pauvre enfant m'intéresse aussi, moi.
— En ce cas, monsieur, vous irez le demander rue Rodier, n° 17, chez Mlle Colombe.

Et le père Falot s'éloigna en courant, tandis que Guépar-le-Rouge, qui venait d'assister, de loin, à cette scène, se ruait à sa poursuite.

Alors, il trouva devant lui le jeune homme, armé d'un crochet de fer, qu'il faisait tournoyer avec un sifflement d'épée.

— L'enfant ! cria Guépar-le-Rouge, l'enfant !
— Il est en sûreté, répondit le jeune homme.
— Où l'avez-vous caché ? où l'enfermez-vous ? il est à moi !
— Il appartient à la charité qui le recueille, jusqu'à ce que tu aies prouvé que tu as sur lui des droits.
— Ceux d'un père ! hurla l'athlète.
— Tu mens ! fit le jeune homme, cet enfant ne t'appartient pas !
— C'est tout comme, je l'ai acheté !
— Ecoute, poursuivit le jeune homme, tu t'appelles Guépar-le-Rouge, et tu exerces le métier de saltimbanque. Demain, si tu le veux, je te ménagerai une entrevue avec cet enfant en présence du commissaire de police.

Une flamme de colère passa dans les yeux du colosse ; il ferma ses gros poings et bondit vers le jeune homme, qui l'attendait de pied ferme, tenant droit, et comme un fleuret, le crochet du père Falot.

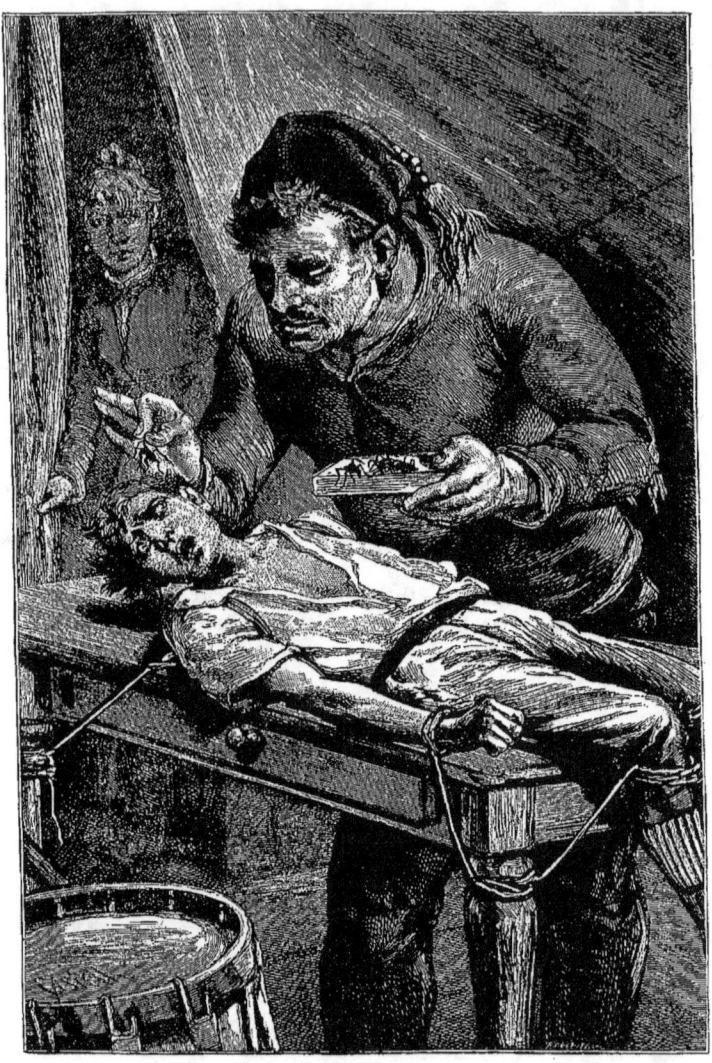

Il posait une grosse araignée sur chacune de nos paupières. (*Voir page* 110.)

CHAPITRE IX

LA VEILLÉE DE MÉDERIC

Tandis que le jeune homme qui s'est fait généreusement l'allié du père Falot, dans la protection accordée au petit saltimbanque, lutte contre Guépar-le-Rouge, le chiffonnier, portant dans ses bras l'enfant évanoui, gagne en courant la rue Rodier, sonne à la porte du n° 17, gravit l'escalier obscur, en trébuchant contre les marches usées et en tremblant de froisser le corps délicat du petit garçon évanoui.

Le père Falot frappe à la mansardre de Colombe ; personne ne lui répond ; il appelle la jeune fille, sans beaucoup hausser cependant le diapason de sa voix, dans la crainte de réveiller les voisins du palier.

Une porte s'ouvre sans bruit, elle est placée en face de celle de Colombe, et un jeune homme s'avance avec précaution. Il tient d'une main une petite lampe, dont la lueur tombe pleinement sur le visage de l'enfant bleui.

A la vue des plaies et du sang qui le couvrent, le jeune homme ne peut réprimer un cri d'indignation et de pitié. Mais le sentiment du danger que court le jeune saltimbanque, lui rend vite sa présence d'esprit.

— Mon ami, dit-il au chiffonnier, vous vouliez sans doute demander à Mlle Colombe de recevoir et de soigner cet enfant ? Acceptez ma bonne volonté pour cette nuit. Je serai heureux de remplacer ma voisine dans cette mission de charité. J'ai entendu bien tard le bruit de sa machine à coudre ; elle dort sans doute de son premier sommeil.

Ces paroles furent dites avec tant de douceur et de franchise, que le père Falot n'hésita pas : il franchit le seuil de la chambre du jeune homme et déposa l'enfant sur le lit.

En un instant, Méderic eut fait tiédir de l'eau et, prenant les plus fins de ses mouchoirs, il s'en servit pour laver la tempe saignante du petit garçon.

C'était un navrant spectacle que de voir cette créature maigre, pâle, blessée, vêtue d'un maillot rose pailleté, qui semblait déshonorer à la fois sa candeur et ses souffrances.

Quand la plaie du front eut été pansée, les deux hommes ôtèrent son costume d'histrion au petit malheureux, l'enveloppèrent dans la couverture de laine du jeune homme et, penchés vers lui, attendirent avec impatience qu'il donnât signe de vie.

Le souffle ne passait point sur ses lèvres, ses membres, sans avoir la raideur cadavérique, étaient froids et inertes, ses yeux restaient clos.

Ce que ne pouvaient s'expliquer Méderic et le père Falot, c'étaient deux plaies vives couvrant les paupières supérieures des yeux du pauvre enfant. La blessure de la tempe résultait sans nul doute d'un objet lancé avec violence à la tête du malheureux, mais ses pauvres yeux rouges, tuméfiés, dont la douleur n'eût pas manqué de faire tomber les cils, qui les avait réduits à cet état? .

Méderic fit respirer des sels à l'enfant ; mais la vie ne revenait pas.

— Mon Dieu ! dit le père Falot, s'il était mort !

— Non, répondit Méderic, non, il n'est pas mort, et votre protection lui portera autant de bonheur qu'à Mlle Colombe.

— Comment, vous savez ! demanda Falot.

— Entre voisins, répondit Méderic.

Puis, voyant que le chiffonnier le regardait curieusement et avec persistance, le jeune homme ajouta, avec l'accent de la sincérité :

— Je n'ai jamais parlé à cette jeune fille, je sais qu'elle est laborieuse et sage comme un ange. Elle a souffert et vous êtes venu à son aide.

— Mon Dieu ! répondit le chiffonnier, ce que j'ai fait est bien simple, et chacun eût été heureux de prendre ma place en cette occasion. J'ai ramené chez elle une pauvre fille malade, voilà tout. Puis, comme j'avais la possibilité de lui procurer une protection influente, j'ai recommandé votre petite voisine. Il faut bien profiter des immunités de mon métier nocturne ; mes bonnes nuits sont celles qui me fournissent l'occasion de rendre service à plus malheureux que moi. C'était le principe de mon curé qui passait sa vie à recueillir les petits mendiants.

— Permettez-moi de vous faire observer, dit Méderic, que si vous employez vos nuits à ramener les enfants perdus, à sauver les pauvres filles mourantes de faim, et à vider vos poches dans leurs mains glacées, vous ne devez pas réaliser de grands bénéfices.

— Mais, vous, monsieur, demanda le chiffonnier, en regardant autour de lui, si j'en juge par les amas de papiers de toute sorte qui couvrent votre table de travail et vos chaises, vous ne vous reposez guère.

— C'est vrai, répondit le jeune homme.

— Et cependant, malgré le labeur auquel vous semblez vous livrer sans relâche, labeur accusé par votre pâleur, le cercle bistré de vos yeux et l'ensemble de toute votre personne, vous ne me semblez point faire fortune.

— Vous vous trompez, répondit Méderic, avec un singulier accent, je gagne beaucoup d'argent.

— Et vous habitez une pareille mansarde !

— Si vous répétiez, à l'un des locataires de cette maison, ce que vous venez de me dire, mon ami, dit Méderic, avec une grande douceur, il vous donnerait tout de suite l'explication que votre regard semble me demander, et quand vous prononceriez mon nom, il dirait en souriant :

« — M. Méderic ? C'est un avare ! »

— Un avare, vous ?

— Oui, répondit le jeune homme, d'une voix grave, je suis un avare, je couche sur un lit de sangle, je bois de l'eau, je soutiens à peine mon existence, je porte des habits râpés comme ceux d'un juif, je me lève à cinq heures, je me couche après minuit. Il n'y a pour moi ni repos, ni plaisirs, ni fêtes ! Et j'ai vingt-cinq ans !

— Allons donc ! répéta le père Falot, je suis plus physionomiste que vous ne croyez, et jamais.....

En ce moment, un faible soupir entr'ouvrit les lèvres de l'enfant.

Falot le prit dans ses bras, tandis que Méderic lui faisait boire une cuillerée d'eau aromatisée.

L'enfant fit un effort pour soulever ses paupières, il n'y put réussir, et le chiffonnier le recoucha doucement sur l'oreiller.

— Il est sauvé ! dit Méderic, avec l'expression d'une vive joie ; encore quelques instants, et il retrouvera le sentiment de la vie.

Le chiffonnier regardait attentivement Méderic et semblait chercher une concordance entre sa physionomie et les paroles qu'il avait prononcées un instant auparavant.

Tout était sympathique dans ce jeune homme : ses yeux bruns, largement ouverts, et qui regardaient devant eux, son front bien proportionné, pâle mais sans rides, ses cheveux rejetés naturellement en arrière, sans prétention, mais d'une façon qui dégageait les tempes de leurs lourdes masses brunes. Sa bouche grave, qui semblait ne jamais s'être épanouie dans le bonheur, mais dont les lèvres bien modelées exprimaient la bonté. Jamais le mensonge n'avait dû les flétrir, jamais cet honnête regard n'avait été obligé de se baisser pour dissimuler une pensée.

Plus le père Falot examinait Méderic, plus il demeurait convaincu que ce jeune homme possédait une nature délicate, généreuse et vaillante jusqu'à l'héroïsme.

Quand il eut étudié le visage de Méderic qui, en ce moment, restait penché sur la figure souffreteuse de l'enfant, le chiffonnier regarda la chambre dans laquelle il se trouvait.

Elle était propre, c'est-à-dire qu'elle était balayée avec soin ; mais il était impossible de trouver plus grand dénûment dans une mansarde.

Un des angles s'abaissait brusquement, laissant apercevoir une fenêtre en tabatière qui devait distribuer la lumière avec avarice. Les carreaux rouges qui la pavaient étaient couleur brique, pas un lambeau de tapis n'en atténuait l'aspect et le contact. La cheminée sans feu prouvait, par l'amas de papiers qu'elle renfermait, qu'on la considérait comme un meuble inutile ; or, si une cheminée ne chauffe pas une pièce, le vent qu'elle laisse passer la refroidit considérablement ; Méderic avait changé la cheminée en armoire, afin d'obvier à cet inconvénient.

Sur la partie supérieure, une bouteille d'encre, quelques objets de toilette occupaient la place d'une pendule absente. La table était de sapin, très grande, encombrée de papiers de nature disparate : papiers timbrés pour copies d'actes notariés, papiers grand format, rayés de portées de musique, papiers épais satinés, couverts d'une grosse écriture bâtarde, interlignée et dont certaines lignes soulignées, certains noms propres tracés en ronde trahissaient les copies de pièces de théâtre. Enfin, d'énormes livres de caisse couverts de basane, à fermoirs de cuivre, prouvaient que Méderic apurait des comptes courants et mettait de l'ordre dans le grand-livre des petits commerçants. Il suffisait de l'examen de cette table pour prouver que Méderic était non pas seulement un garçon laborieux, mais un homme acharné à sa besogne multiple, dévorante, qui lui prenait ses jours et souvent ses nuits. Il y avait là du travail pour plusieurs semaines et, comme l'avait dit Méderic, pour une grosse somme d'argent.

Le lit sur lequel reposait le petit saltimbanque était un lit de fer, renfermant deux matelas de varech, un oreiller de crin, et une mince couverture ; la blancheur du linge rachetait la pauvreté de cette couche sans rideaux. Il semblait que l'on eût voulu la rendre volontairement sèche et dure, afin d'empêcher qu'elle fût propice à la paresse.

Il ne se trouvait que deux chaises dans cette pauvre chambre, glaciale et morne : celui qui l'habitait n'avait donc pas d'amis.

Méderic surprit le regard dont le père Falot enveloppait sa mansarde.

— Ne cherchez pas, lui dit-il, vous ne trouveriez point. Comme je ne sais pas mentir, je vous ai dit la vérité tout de suite. Je suis un avare. Demandez à la Cagnotte, ma concierge, demandez à Mlle Colombe elle-même.

Méderic prononça ces derniers mots avec une expression d'indicible regret.

Falot secoua la tête et ne répondit rien.

— Je vois la misère ! pensait-il, je la trouve palpable, réelle, désolée ; mais j'ai beau chercher je ne rencontre nulle part la trace de ce vice affreux qu'on nomme l'avarice ! Etre avare, quand on a vingt ans ! quand la pitié règne dans le cœur, la sympathie et la franchise dans le regard ! Allons donc ! Il se cache dans cette demeure un mystère que je tâcherai d'éclaircir quelque jour, car je sens bien désormais que l'affection me ramènera ici, comme un sentiment dont je ne saurais définir la nature m'attirera chez Colombe.

Le saltimbanque tendit ses petits bras en avant et ouvrit les yeux : deux grands yeux bleus, profonds, tristes jusqu'au désespoir.

Il promena autour de lui un regard inquiet et vague, le reporta sur les deux hommes qui se penchaient vers lui, puis il dit au chiffonnier :

— C'est vous qui avez empêché Guépar-le-Rouge de me reprendre ; je vous reconnais bien ! Etes-vous sûr qu'il ne viendra pas ici, Guépar-le-Rouge ?

— Non, mon enfant, il ne reviendra pas ; sois tranquille, nous sommes des amis.

— Des amis ! demanda l'enfant, qu'est-ce que c'est que ça ?

— Mais, dit Méderic touché jusqu'aux larmes par ce mot navrant et dit avec une simplicité si grande, les amis, ce sont ceux qui nous aiment, nous protègent, nous défendent.

— Ah ! reprit l'enfant d'un air rêveur, je vous disais bien, je ne sais pas ce que c'est.

— Ce Guépar-le-Rouge est-il ton père ?

— Non, celui-là, c'est le maitre ! fit l'enfant, en frissonnant.

— Mais, ton père ?

— Il m'a vendu au maitre.

— Vendu !

— Oui ; un soir, Guépar lui a dit :

« — Veux-tu cinquante francs du gosse ?

« Et mon père a répondu :

« — Va pour cinquante francs ! »

— C'est horrible ! horrible ! murmura Méderic.

— Comment t'appelles-tu ? demanda le chiffonnier.

— Je crois que ma mère m'appelait « Petit-Ange. »

— Un nom de vraie mère, dit Méderic.

— Et ton père ? ajouta Falot.

— Il disait « le Gosse. »

Il recueillait les petits mendiants. (*Voir page* 135.)

— Enfin, Guépar-le-Rouge ?
— Oh ! lui, le plus souvent : Propre-à-rien, Va-nu-pieds, Graine-de-bagne !

Le petit saltimbanque regarda le maillot rose étendu sur le lit et, se pelotonnant dans la couverture de laine, il murmura avec un sentiment de bien-être :

— J'ai chaud.

Sa blessure ne lui causait pas une excessive douleur ; il avait un peu de fièvre et conservait une sorte d'engourdissement général.

— Mon enfant, reprit Falot, quand tu t'es jeté dans mes bras, il y a deux heures, d'où venais-tu ?

— Du quartier Puebla, où le Guépar a sa baraque. Nous sommes dix enfants, tous achetés comme moi ou volés. J'ai refusé d'essayer un exercice trop difficile, alors le maître m'a lancé une bouteille à la tête ; et un des morceaux m'a coupé le front. La douleur, la vue de mon sang, le désespoir m'ont rendu un peu de courage ; au lieu de céder ; j'ai déclaré que je n'obéirais pas. J'ai menacé Guépar de dire que je n'étais pas son enfant, de raconter qu'il avait volé une petite fille, qu'il appelle Rose-des-Alpes ; j'aurais mieux aimé me faire tuer tout de suite que d'apprendre le tour qu'il voulait m'enseigner.

— Qu'était-ce donc ? demanda Falot.

— Il fallait sauter à travers un cerceau garni de lames de sabres.

— Pauvre petit ange ! pauvre martyr !

— Et alors, ajouta l'enfant, alors le Guépar m'a dit :

« — C'est bien, les araignées te mangeront les yeux. »

« Je me suis jeté à genoux. J'ai crié :

« — Pas cela ! pas cela ! Battez-moi, tuez-moi, mais pas les araignées ! »

— Mais, qu'est-ce donc que ce supplice infernal ? demanda Médéric.

— Mes pauvres yeux ne sont pas encore guéris, monsieur ; vous voyez comme ils sont. Guépar-le-Rouge condamnait ses élèves à cette torture pour avoir refusé de travailler quand la force nous manquait ou que la peur nous rendait comme fous ; il nous liait alors les bras et les jambes, nous attachait sur une table, couchés sur le dos, allait prendre, dans une boîte où il les gardait exprès, de grosses araignées noires, venimeuses, poilues ; puis, il en posait une sur chacune de nos paupières fermées, et les emprisonnait avec la moitié d'une coquille de noix. Toute la nuit, la bête hideuse nous dévorait les paupières, nous brûlait de son poison. Il nous semblait qu'elle rongeait nos prunelles, et que le lendemain nous serions aveugles. La douleur nous rendait insensés. Si vous saviez combien le crâne nous faisait mal. Nous roidissions nos poignets et nos chevilles pour tâcher de faire éclater les cordes qui nous retenaient à la table. Mais nous ne parvenions qu'à nous déchirer les bras et les jambes et à doubler nos douleurs.

Tenez, monsieur, ajouta le petit martyr, en découvrant ses bras maigres, sa poitrine rentrée, voyez, ma peau est toute bleue, toute marbrée; autant de coups. Le poing, le pied, le bâton! tout était bon pour nous châtier. Et cependant, ne voyant pas de moyen de sortir de cet enfer, j'ai essayé quelquefois de contenter le maître, je faisais tous mes efforts pour apprendre les sauts, les poses, les tours d'adresse qu'il m'enseignait. Mais, malgré moi, souvent je me sentais défaillir, le vertige me prenait. Je tombais de la corde tendue ou du sommet de la pyramide humaine. J'ai eu le bras cassé et une autre fois le genou déboîté. Mais c'est égal, les coups me semblaient supportables à côté des autres supplices. Ce soir, après la représentation, le maître, mécontent de moi, a voulu me donner la première leçon du saut au travers du cerceau garni de lames de sabres. Je me suis reculé pleurant, épouvanté. Il me semblait que toutes les lames me déchiqueteraient le corps. Quand il a vu qu'il n'y avait rien à obtenir de moi, il m'a menacé des araignées. Je me suis débattu en criant; mais Guépar-le-Rouge est fort, vous l'avez vu. Il m'a lié à la table du supplice, et il allait prendre la boîte aux bêtes immondes, quand la femme du paillasse l'a appelé. Il m'a laissé attaché, prêt à mourir d'effroi, la poitrine gonflée de sanglots, et appelant celle dont je ne vois plus les traits, même dans mes rêves: ma mère.

Deux grosses larmes roulèrent dans les yeux de l'enfant.

— Dieu t'a donné à nous, dit le père Falot, nous t'adoptons.

— Nous t'aimerons! ajouta Médéric.

— Comme ça, dit l'enfant, j'aurai un père et un grand frère.

Il sourit de ce beau sourire de l'enfance, qui semblait encore plus touchant sur ses lèvres pâles.

— J'étais donc tout seul sur la table, reprit-il, attendant Guépar-le-Rouge et les araignées, fermant les yeux dans la crainte de voir apparaître la figure du maître, du bourreau. Tout-à-coup, je sentis que l'on coupait la corde qui retenait une de mes jambes; l'autre devint également libre; d'un mouvement brusque on me rendit la liberté de mes deux bras. J'avais attendu le supplice, la liberté me venait. Je regardai. La fille aînée du saltimbanque était devant moi: elle me glissa ces mots dans l'oreille :

« — Mon père compte la recette, sauve-toi. Tu es mince, il suffira de ramper et de lever le bord de la toile.

« — Ah! petite Pâquerette! lui dis-je, tu me sauves la vie. Mais Guépar-le-Rouge te bat...

« — Il est mon père, dit-elle, il frappera moins fort.
« — Et s'il te condamnait au supplice des araignées.
« Elle me regarda d'un air résolu :
« — Il n'oserait pas ! fit-elle.

« Je sautai au bas de la table, je gagnai l'extrémité de la tente fixée en terre par des piquets, je m'aplatis contre le sol, et je me glissai hors de la baraque. Alors, les forces me revinrent subitement ; je me mis à courir. J'allais comme si la mort me poursuivait, et j'avais raison, car une minute après, Guépar-le-Rouge était déjà sur mes traces.

« Il avait sans doute terminé ses comptes plus vite que ne le pensait Pâquerette et, ne me trouvant plus sur la table, il avait compris que sa fille venait d'aider à mon évasion, et il se lançait à ma poursuite. J'allais toujours devant moi, sans savoir où. Je prenais à gauche, à droite, ayant une idée fixe, celle de dépister mon bourreau. Mais je suis tout petit, Guépar est un colosse ; j'avais peur, j'avais faim, je me sentais exténué et le maître était à moitié ivre de vin et de colère. Il arrivait ; encore une minute et il me tenait dans ses mains dont je connaissais l'étreinte : des tenailles. Quand vous m'avez ouvert vos bras, vous m'avez sauvé. »

L'enfant embrassa le chiffonnier.

Sans doute, il y avait longtemps que la victime de Guépar-le-Rouge n'avait fait une semblable caresse, car elle lui dilata le cœur comme une bouffée de tendresse et de joie.

Sans doute, aussi, il y avait bien des années que le père Falot n'avait senti une joue d'enfant s'appuyer sur sa joue ridée, car il frémit de tout son corps, et répéta d'une voix éperdue :

— Max ! mon cher Max !

Le saltimbanque le regarda avec des yeux surpris.

— Si vous voulez, dit-il, ne m'appelez pas Max, personne ne m'a jamais donné ce nom : mais, « Petit-Ange, » comme ma mère.

— Oui, Petit-Ange ! répéta Méderic.

L'enfant semblait fatigué, enfiévré. Tout ce qu'il venait de raconter l'avait ému comme s'il se trouvait encore exposé aux brutalités de son bourreau, et dans la façon dont il regardait souvent autour de lui, on pouvait comprendre qu'il cherchait si Guépar-le-Rouge ne le guettait pas dans un coin.

Méderic prit la main du chiffonnier :

— Vous avez perdu un enfant ? lui dit-il.

Le malheureux baissa la tête.

— Eh bien ! reprit Méderic, en voici un que le ciel nous donne ; il sera à nous deux, celui-là. Il est si petit, ajouta Méderic, il ne mangera pas beaucoup, et en partageant mon pain avec lui, je n'augmenterai pas ma dépense.

Le père Falot regarda le jeune homme.

— Est-ce que, décidément, pensait-il, ce serait un avare? Il mesure déjà la part que prendra Petit-Ange. Mais non! c'est la sienne qu'il compte sacrifier. Il veut bien se priver, mais non dépenser. Si jamais je gagne la faveur de Cagnotte, je saurai le mot de ce mystère.

— Mon ami, dit Méderic au chiffonnier, il est deux heures du matin; la fièvre de cet enfant augmente, laissons-le reposer. De mon côté, j'ai de la besogne pressée. Demain, avant de partir pour la halle, je remettrai votre protégé, notre protégé, veux-je dire, à Mlle Colombe. C'est chez elle que vous le trouverez, demain. Je pense que vous amènerez un médecin. Quittez-nous; allez vous-même chercher un peu de repos, vous en avez besoin.

— Mais, vous, monsieur?

— Il est deux choses qui nous tiennent éveillés, mon ami, répondit Méderic, d'une voix douce, et je les connais toutes les deux : la faim et le devoir.

— Petit-Ange, dit le père Falot à l'enfant, je reviendrai.

— Puisque vous m'avez sauvé, répliqua le petit martyr, faites encore quelque chose pour moi.

— Quoi donc? demanda le chiffonnier.

— Faites-moi voir ma mère en rêve!

Le père Falot serra l'enfant contre sa poitrine.

— Vous m'aimez! vous m'aimez! s'écria Petit-Ange; j'ai senti une larme sur mon front.

Le père Falot pressa nerveusement la main de Méderic et descendit l'escalier.

Tandis qu'il regagnait sa maison du quartier de Belleville, le petit saltimbanque, le front rafraîchi par une compresse d'eau froide, s'endormait du sommeil des anges.

Méderic le regarda un moment sous le rayonnement adouci de la lampe; son joli visage pâle semblait rasséréné. Le jeune homme s'arracha avec peine à sa contemplation, posa la lumière sur son bureau et se mit à écrire.

Il copia d'abord une romance manuscrite, puis il la roula comme s'il devait la reporter le lendemain, et commença sur des feuilles de papier timbré ce qu'on appelle des *rôles* dans la langue des officiers publics. Il traçait de grandes lignes, largement espacées, et le long desquelles les lettres couraient sans se rencontrer. Quand il eut amoncelé un certain nombre de feuillets de ce genre, il les plaça dans une feuille de papier solide portant en tête : *Étude de maître Damoiseau*;

ensuite, il prit des registres de commerce et les mit au courant. Quand la dernière addition fut faite, Méderic ferma les livres et rangea sa table de travail. Il détira ses bras, vérifia la besogne, et murmura :
— Allons ! j'ai rattrapé le temps perdu.
Cinq heures sonnèrent à un coucou de la forêt Noire.
— Allons! dit Méderic, l'horloge de l'Écureuil m'avertit qu'il est temps de partir.
En même temps que tintait l'horloge, une voix fraîche, une voix de jeune fille chanta :

>   Quand notre âme est lasse
>   De ces mauvais jours,
>   Qui gardent la trace
>   De plaisirs si courts !
>   Quand tout est pour elle
>   Tristesse et dégoût,
>   Qui donc la rappelle ?
>   — Dieu qui pense à tout !

Méderic souleva l'enfant endormi dans ses bras, et courut frapper à la porte de Colombe.

La lutte avait, sans doute, été acharnée entre eux. (Voir page 148.)

CHAPITRE X

LE SECRET DU PORTEFEUILLE

Quand le père Falot descendit dans la rue, après avoir mis Petit-Ange en sûreté près de Méderic, le jeune homme qui lui avait prêté assistance avait disparu de même que Guépar-le-Rouge. La lutte avait sans doute été acharnée entre eux, car le chiffonnier trouva son crochet tordu et un fragment du maillot du saltimbanque. La hotte en roulant du trottoir venait de rendre sur le pavé la cueillette nocturne du père Falot. Celui-ci jeta par poignées, par brassées, les papiers et les chiffons dans le cachemire d'osier, l'assujettit sur son dos, mit dans la hotte la lanterne cassée, écrasée, éteinte, et, hâtant le pas, rentra dans sa maison... Il se sentait à la fois las et satisfait. Cette journée était fructueuse pour le malheureux : d'abord il avait secouru une grande misère, et sans nul doute sauvé la vie d'un enfant ; ensuite il lui semblait que l'homme rencontré pendant la parade jouerait dans l'avenir un grand rôle dans sa vie.

Le visage, le nom de Camourdas, restés jusque-là dans l'ombre la plus profonde d'un drame sinistre, se plaçaient subitement au premier plan, et un secret instinct avertissait le chiffonnier qu'après avoir fait lever ce gibier, il fallait se garder d'en perdre la piste.

Falot se demandait à cette heure comment il n'avait jamais songé à cet homme ?

Et pourtant, lorsque, creusant sa pensée, il cherchait à s'expliquer à lui-même la raison déterminante qui lui faisait attacher une importance majeure à sa rencontre, il était forcé de s'avouer qu'il n'en trouvait pas.

Sans doute il avait chassé Camourdas de ses ateliers, parce que celui-ci s'adonnait à l'ivrognerie d'une façon habituelle, scandaleuse, et semait le désordre et l'irrégularité dans la maison ; mais ce n'était pas une raison pour que cet ouvrier congédié eût exercé une odieuse vengeance.

Personne ne le vit le jour du sinistre; on ne le cita pas au procès ; une fois chassé de l'usine il n'essaya pas d'y rentrer.

Le père Falot se dit tout cela ; néanmoins le nom de Camourdas le préoccupait, et il se promit de le retrouver au cabaret du *Crapaud-qui-Chante*, où Gobe-Mouche l'avait introduit et où Bec-d'Oiseau rencontrait souvent le père de la petite Bossue.

Le chiffonnier porta la hotte pleine dans son magasin, et la renversa sur le carreau, remettant au lendemain le triage et le classement des divers objets qu'elle contenait. Il fut subitement frappé par la vue d'un portefeuille qu'il n'avait point ramassé dans la rue, et qu'il trouvait au milieu des choses les plus hétéroclites.

Une idée lui traversa subitement l'esprit.

— Si le jeune homme qui m'a aidé à sauver Petit-Ange, se dit-il, l'a laissé tomber dans la rue, je l'aurai relevé en même temps que le contenu de ma hotte...

Le père Falot prit le portefeuille, rentra dans sa chambre, posa la lampe sur la table, s'assit et chercha à trouver le secret de la serrure.

Ce portefeuille avait presque la taille d'une serviette d'avocat et un assez grand nombre de papiers le gonflaient. Deux initiales d'or le timbraient, un M et un A ; ce chiffre fit tressaillir le chiffonnier. Il chercha d'un mouvement fiévreux le ressort au moyen duquel s'ouvrait le portefeuille, et après un quart d'heure de recherches, la plaque d'argent qui le fermait tourna, et le père Falot put se dire qu'il allait apprendre quel en était le propriétaire.

Des journaux vieux de date, jaunis, marqués au crayon, comme si l'on eût voulu signaler de graves passages, se trouvaient dans la première poche dont le chiffonnier fit d'abord l'inspection. Ces journaux étaient des numéros de la *Gazette des Tribunaux*, en date du mois de novembre 1857.

Le père Falot pâlit, tourna la page, et lut en tête d'une colonne :

COUR D'ASSISES DU DÉPARTEMENT DE LA SEINE

AFFAIRE AURILLAC

Incendie.

Un nuage de sang passa sur les yeux du père Falot, il lâcha les journaux et resta un moment la tête plongée dans ses deux mains.

— C'est étrange et fatal ! murmura-t-il, il faut que deux fois dans la même journée le souvenir de ce malheur, de cette honte, se dresse devant moi, non pas à l'état vague et comme perdu dans les brumes du passé, mais vivant, animé, terrible, providentiel comme une aide ou effrayant comme une menace ! Dieu veut-il me dire : Prends garde ! l'œuvre de recherches à laquelle tu te voues, la réhabilitation que tu poursuis, sont des chimères ! Je n'ai point décrété dans mon éternelle pensée que l'œuvre de la justice humaine serait révisée, elle ne le sera pas... Courbe-toi sous le malheur accepté, sous la honte bue, contente-toi de vivre libre, sans chaîne au pied, sans livrée infamante, et ne t'expose point à de nouveaux périls en multipliant des investigations imprudentes.

La curiosité reprit le cœur du père Falot, et il poursuivit l'inspection du portefeuille.

Un second compartiment renfermait une copie des premiers interrogatoires des témoins, de celui de l'accusé. En marge quelques mots tracés d'une écriture fine et serrée prouvaient que celui qui avait recueilli ces dispositions pesait la valeur de chacune. Un argument, une réplique, un mot significatif, caractérisaient l'opinion de l'annotateur.

Ses jugements courts et clairs, marqués au coin d'un sens juste, arrachèrent au père Falot des exclamations involontaires.

— Mon Dieu ! mon Dieu ! se disait-il, il semble que l'encre des notes est presque fraîche; ce travail est récent : qui peut avoir intérêt à s'occuper de cette affaire, à la tirer de l'oubli où elle semblait enfouie... Est-ce la lumière que vous voulez faire, et trouvez-vous que j'aie souffert assez ?

Il replaça dans leur ordre mathématique, car chaque pièce était étiquetée, numérotée, les feuilles qu'il venait de parcourir, et un cahier volumineux tomba sous sa main, quand il ouvrit la dernière poche du portefeuille.

Ce cahier avait pour titre :

MÉMOIRE RELATIF A L'AFFAIRE AURILLAC.

La date de ce travail ne permettait point de douter qu'il fût commencé depuis un an à peine. Le cœur du père Falot bondissait dans sa poitrine. Jamais, depuis les nuits terribles de ses évasions, il n'avait ressenti d'émotions semblables. Quelqu'un s'occupait donc de lui ? Quelqu'un avait relu ce procès rangé au nombre des causes célèbres, et cette personne voulait faire casser l'arrêt des juges ou croyait du moins que cet arrêt méritait une sévère, minutieuse et impartiale revision.

Le père Falot commença la lecture du *Mémoire*.

Ce n'était point cependant à proprement parler ce que l'on est convenu d'appeler de ce nom. L'auteur de la pièce, procédant du connu à l'inconnu, constatait le fait irréfutable, matériel : l'incendie de l'usine, incendie qui semblait avoir été prémédité, préparé, et dont les résultats devaient être qu'une somme d'un million cinq cent mille francs serait payée par une Société d'assurance. Qu'opposait à cette chose matérielle, écrasante par elle-même, celui qui prenait en main la cause de l'incendiaire ? L'honnêteté de toute la vie de l'accusé, la patience avec laquelle il avait lentement accru sa situation jusqu'à la rendre florissante.

Voici quel était son argument :

« Les fortunes scandaleusement rapides peuvent mettre en suspicion celui qui les échafaude, les improvise et les impose à la partie de la population de Paris qui se contente de la dorure de plusieurs millions pour donner des brevets d'habileté à ceux qui réussissent. Mais la vie d'Aurillac, cet homme que vous faites passer sans transition d'un milieu probe, moral, religieux, dans la caste des misérables et des criminels, a suivi lentement une voie de progrès. Son intelligence a secondé les événements, voilà tout. Il n'a spéculé ni sur les malheurs publics, ni sur la misère, ni sur les embarras financiers de ses collègues. Les circonstances l'ont moins poussé que sa probité ne l'a servi ; on lui demande les produits de son usine parce que ces produits sont supérieurs à ceux des maisons rivales. Et la seule raison de cette supériorité est dans la façon dont le fabricant traitait ses ouvriers. Si l'un d'eux tombait malade, il venait à son aide ; si un malheureux était blessé par suite d'imprudence et se voyait réduit à l'incapacité de gagner sa vie, il lui faisait une pension. Aurillac trouvait dans les hommes de sa fabrique le dévouement le plus absolu : ils pouvaient compter sur lui, il comptait sur eux.

« Tout, dans cette maison, marchait avec le touchant accord, résultat d'une vie laborieuse et d'une conscience honnête.

« On sentait dans cet intérieur une atmosphère d'honneur et de vertu.

« Il faut bien, quand on accuse un homme, rechercher ses antécédents.

« Voici ceux d'Aurillac, et je ne crains pas de les voir démentir :

« Jean-Antoine Aurillac était entrepreneur ; il commença par besogner rudement, avant de parvenir à gagner assez pour élever comme il le souhaitait, une famille nombreuse, que des pertes successives réduisirent plus tard à un seul enfant. Comme il fut aimé, choyé, ce pauvre petit qui devait lui tenir lieu de tous les chérubins envolés ! Rien ne semblait trop bon pour le Benjamin de la famille ; il faut le dire, à la louange du père, l'amour paternel ne dégénéra pas en gâterie ; à la louange de l'enfant, il n'abusa jamais de la tendresse de ceux qui le chérissaient plus que tout au monde. Jean-Antoine devint ambitieux, non pour lui qui gardait dans une prospérité relative la simplicité des goûts de sa jeunesse, mais pour Austin, son fils unique.

Il le voulut instruit, afin qu'il pût se rendre utile ; il le fit bon, afin de le voir heureux.

« Austin Aurillac ne chercha jamais les joies, les plaisirs bruyants. Il vivait en famille, rendant en bonheurs intimes à ceux qui le chérissaient les sacrifices qu'ils avaient multipliés pour lui. Les distractions ne manquaient pas cependant : Austin voyait des jeunes gens de son âge ; il avait la gaieté communicative de ceux dont jamais une arrière-pensée ne trouble l'esprit.

« Ses aptitudes ne le portaient point vers l'état exercé par son père ; il songea quelque temps, pour être agréable à celui-ci, à se faire architecte, et poussa même assez loin ses études de dessin, mais la vocation vraie, l'enthousiasme, la conviction, qui seuls permettent de concevoir et d'exécuter les grandes choses, ne venaient point au jeune homme.

« Il se sentait au contraire poussé d'une irrésistible façon vers la construction et le perfectionnement des machines. Il était né inventeur. Ses plus grandes joies étaient d'aller passer de longues heures au musée du Conservatoire des Arts et Métiers, et d'y étudier les phases, les progrès de la mécanique.

« Ses dépenses de jeune homme, loin de s'égarer dans les cafés, profitaient à des mécaniciens qu'il chargeait d'exécuter des modèles. Il devinait, travaillait, cherchait, trouvait ; mais, comme tous les vrais artistes, il ne se sentait jamais pleinement satisfait du résultat, et gravitait sans fin vers le but entrevu. »

Le chiffonnier repoussa le manuscrit d'une main, et passa l'autre sur son front.

— Qui a raconté ces détails à l'homme auteur de ce mémoire ? se demanda-t-il. Ceci est une biographie complète, un portrait ressemblant. Il a fallu chercher, questionner, mettre dans la poursuite de la vérité une volonté persistante, et quel intérêt pouvait avoir à ces recherches celui qui y a dépensé tant de patience et de zèle ?

Le chiffonnier resta un moment silencieux.

— Le mot de certains dévouements ne nous est pas toujours donné sur la terre ; mais celui de cet homme dépasse tout ce que j'ai lu jusqu'à cette heure, tout ce que j'ai admiré dans le fond de mon âme.

Maclou Taupin, à qui nous restituerons maintenant son nom véritable d'Aurillac, tourna la page du manuscrit et continua sa lecture :

« Les travaux d'Austin Aurillac ne tardèrent point à attirer sur lui l'attention. Son père, qui avait seulement jusqu'à cette heure toléré ce genre d'études, mais qui regrettait au fond de son cœur qu'il ne s'occupât point d'architecture, lui donna toute facilité de satisfaire ses goûts. A partir de cette heure, Austin entra dans une usine en

Jean Antoine s'éteignit dans les bras d'Austin et d'Auita. (*Voir page* 154.)

qualité de contre-maître. Il n'avait point l'orgueil de croire qu'il en savait assez pour enseigner les autres. Sa soif de science lui persuadait qu'il fallait travailler beaucoup avant de s'ériger en professeur. Mais chaque année, chaque mois, amenait un progrès réel, une conquête, un succès, et quand le propriétaire de l'usine où travaillait le studieux jeune homme songea à se retirer des affaires, il prit son contre-maître en particulier, et lui demanda :

« — Êtes-vous riche ?

« — De bonne volonté, certes ! d'aptitudes, peut-être !

« — Et d'argent ?

« — Mon père vit : donc je n'ai rien.

« — C'est bien, répondit le fabricant, je m'entendrai avec lui.

« Austin fut congédié avec un sourire.

« Le lendemain, Jean-Antoine Aurillac ne dîna pas chez lui; il avait accepté l'invitation du manufacturier chez qui travaillait son fils.

« Quand il rentra, sa femme et son fils l'attendaient, un peu intrigués de l'espèce de mystère qui régnait depuis deux jours dans ses allures.

« Jean-Antoine se frottait les mains comme un homme joyeux.

« — Allons, lui dit sa femme, tu n'as pas de mauvaises nouvelles à nous apprendre, il paraît ?

« — De mauvaises nouvelles ! répondit-il avec un gros sourire, jamais ! seulement j'ai peur d'être grondé.

« — Toi ! répliqua la femme, et par qui ?

« — Par toi-même, d'abord.

« — Ce serait la première fois.

« — Il y a commencement à tout ! puis par Austin.

« — Oh ! mon père !

« — Femme, reprit Jean-Antoine, j'ai disposé de notre fortune sans te consulter.

« — Tu l'as gagnée seul, mon ami, répondit la digne compagne du constructeur.

« — Et puis, ajouta Jean-Antoine, j'ai engagé la parole de notre fils.

« — Vous ne pouvez avoir rien promis que de bon, mon père.

« — Procédons par ordre : femme, j'ai acheté au prix de trois cent mille francs la fabrique de M. Monteil.

« — Mais notre capital ne s'élève qu'à la moitié.

« — Le capital réel, sans doute.

« — Eh bien ?

« — Mais le capital moral...

« — Celui-là, dit la femme de Jean-Antoine, ne trouve pas d'escompteur.

« — C'est ce qui te trompe ! Je paie cent cinquante mille francs comptant à M. Mareuil, et il me fait crédit pour le reste... j'ai dix ans pour payer... A partir de ce jour, Austin est chez lui dans l'usine.

« Le jeune homme devint pâle et se jeta dans les bras de son père avec un cri de joie.

« Sa mère eut dans les yeux des larmes de bonheur qui payèrent Jean-Antoine.

« — Me voici tranquille de tous côtés, femme ; reste à savoir ce que dira notre fils, je le marie...

« Une inquiétude poignante se trahit sur le visage d'Austin. Il attendit avec une visible angoisse la fin de la confidence de son père.

« — Eh bien ! garçon, tu ne te récries pas tout d'abord.

« — Je vous aime et je vous respecte trop pour vous affliger, non par un refus, mais par une discussion. Ordonnez, mon père.

« — Eh bien ! dans trois semaines, tu seras le mari d'Anita Royan.

« — Anita ! vous consentez ? vous avez deviné ?

« — Oui, j'ai deviné... et depuis longtemps encore... Je la savais pauvre et cette question me préoccupait médiocrement... Quand j'épousai la digne mère, nous n'avions, elle que sa candeur, son habileté à tenir une maison, la simplicité de goûts d'une honnête fille, et nous avons été très-heureux... Je n'ai point droit d'exiger que mon enfant prenne pour femme une héritière quand j'ai choisi une fille pauvre suivant mon cœur... Mais ce que je pouvais, ce que je devais vouloir, c'est que la fiancée de mon fils possédât toutes les vertus qui font la maison honorable et honorée ; que la tendresse qu'elle semblait éprouver pour lui ne fût pas un entraînement passager, en un mot, qu'il s'agit entre eux de fonder une famille, et non de satisfaire un penchant dont l'ardeur peut n'être pas la garantie...

« Austin tomba dans les bras de son père, et cette soirée fut la plus heureuse qu'eussent passée les membres si unis de cette famille.

« Un mois plus tard Anita Royan était la femme d'Austin Aurillac. »

Cette fois, le chiffonnier ne repoussa pas le manuscrit, il posa ses deux bras sur les pages qu'il venait de lire et éclata en sanglots.

Longtemps il prononça des phrases entrecoupées au milieu desquelles on distinguait le nom de sa femme. Tous les souvenirs de sa vie se dressaient devant lui, évoqués par la plume de l'homme qui avait rédigé ce mémoire. Les moments heureux passèrent devant les yeux humides d'Austin Aurillac avec la magie qui les parait jadis, il retrouva dans ses souvenirs le doux visage de sa femme éclairé par de grands yeux bleus, et couronné de cheveux noirs; la senteur du bouquet d'oranger qu'elle portait le jour de son mariage sembla parfumer

L'usine ne fut plus qu'un monceau de ruines. (Voir page 153.)

la pauvre demeure du chiffonnier, caché sous le nom de Maclou Taupin.

Aurillac essuya ses yeux et reprit sa lecture :

« Le jeune homme parvint en cinq ans à rembourser les avances de M. Mareuil ; son usine prospérait, nous avons dit en quelle estime le commerce tenait Aurillac, et quelle affection lui portaient ses ouvriers. Tout marchait à souhait. Sa femme avait tenu tout ce que promettaient les vertus de la jeune fille, et ils avaient un enfant... »

— Max ! mon petit Max ! murmura Aurillac.

Une fois encore il s'arrêta, étouffé, aveuglé par les larmes, puis il tourna les feuillets avec une curiosité avide.

« Jean-Antoine s'éteignit dans les bras d'Austin et d'Anita; sa femme le suivit dans la tombe, et les regrets d'Austin honorèrent la mémoire de ces deux braves cœurs qui avaient, en cherchant la félicité d'autrui, réalisé leur propre bonheur.

« Désormais Aurillac marchait seul dans la vie ; seul avec sa droiture, ses généreuses intentions, son courage. Les progrès de sa fortune, lents d'abord, s'accrurent subitement; l'Angleterre, appréciant ses produits, les lui demanda. Après avoir cédé les vieux bâtiments que lui avait vendus M. Mareuil, il fit construire ceux de la rue Lafayette, et s'installa dans la maison qu'il venait de faire bâtir. Ici commence le drame ténébreux dont nous cherchons la trame sans l'avoir encore démêlée... Les bâtiments furent assurés pour une somme énorme, mais qui ne dépassait réellement pas leur valeur ; les marchandises furent également protégées contre un sinistre, mais l'envoi de machines qui fut fait en Angleterre n'était ni certain ni même prévu... Peu de temps après le feu prenait à l'usine qui, en quelques heures, ne fut plus qu'un monceau de ruines. Aurillac fut arrêté, emprisonné, condamné comme incendiaire. Quel intérêt pouvait avoir à commettre un crime qui sapait tout l'échafaudage d'une vie honorable, honorée, l'homme qui, en deux années de labeur, pouvait aisément gagner la somme dont les compagnies d'assurances lui devenaient redevables?

« Ici se groupent des faits accablants à la charge d'Aurillac, mais pas un n'est fondé, pas un n'est prouvé.

« Vous dites : — Cherchez à qui profite le crime. — Aurillac n'a pas besoin de ce crime. Je me demande alors si un être que je ne connais point n'avait pas intérêt à ces manœuvres coupables; si quelqu'un ne devait pas hériter en quelque sorte de la fortune perdue d'Austin Aurillac ; si sa déchéance ne servait pas à l'agrandissement d'industrie ou de richesse d'un compétiteur... »

Le chiffonnier réfléchit profondément.

— Un agrandissement d'industrie... si c'était?..

Il n'acheva pas.

— Je sais le mal que fait une calomnie, fit-il, et voilà que j'accuse... cependant l'auteur du mémoire semble avoir eu la même pensée, rien qu'il n'ait désigné personne.

Après un moment de rêverie, Aurillac lut la dernière page du cahier :

« N'est-il pas possible aussi que, en dépit de sa bonté, de sa générosité, Austin se soit créé des ennemis ? Ses ouvriers étaient tous des hommes éprouvés, mais avant d'arriver à réunir sous ses ordres cinq cents hommes actifs, honnêtes, instruits et sobres, il faut en avoir congédié beaucoup. Les paresseux, les ivrognes, ne restaient point dans la maison d'Aurillac, et l'un d'eux peut avoir voulu se venger d'un renvoi mérité. »

Pour la seconde fois de la soirée, la haute taille de Camourdas se dressa devant le chiffonnier, et il vit sa face rouge et bestiale, telle qu'elle lui était apparue pendant la parade.

« C'est là qu'il faut chercher, concluait l'auteur du mémoire, là, et non point ailleurs : les faits matériels n'ont rien révélé ; nous n'avons pour nous guider dans la nuit que des indications trop vagues pour les consigner dans ces pages ; elles n'ont d'autre but que de faire connaître l'homme accusé d'un crime abominable, et de ressusciter pour sa défense le souvenir de toute une vie d'honneur. »

Le chiffonnier lut ces derniers mots à genoux.

— Vous êtes bon, mon Dieu ! s'écria-t-il avec l'exaltation de la reconnaissance : à l'heure où je me sentais faiblir, vous m'apprenez qu'un homme croit à mon innocence, se fait mon champion et lutte pour ma cause... Ah ! je n'ai pas le droit de m'abandonner moi-même... Je me sens fort, rasséréné ; j'aurai un guide, un conseil, un ami !...

Il se leva et reprit les papiers qu'il venait de lire afin de les enfermer de nouveau dans le portefeuille.

— Mais ce frère, cet ami, qui est-il ? où le trouver ? J'oubliais que je ne sais pas même son nom.

Il renversa le portefeuille, en fouilla les poches, et poussa une exclamation de joie.

Une carte venait de tomber sur la table.

Cette carte portait : Maximilien Audoin, *avocat*, rue de la Sainte-Chapelle, n° 10.

Par un mouvement dont il ne fut pas maître, Aurillac porta cette carte à ses lèvres.

Quand il eut renfermé les journaux, les lettres, le mémoire, dans le portefeuille, il souffla sa lampe et fut tout étonné de voir que le jour était venu. Combien longues allaient lui paraître les heures en attendant qu'il fût possible de se présenter chez l'avocat ! Et cependant, en y réfléchissant, Aurillac trouva qu'il devait s'applaudir de ne pouvoir se rendre immédiatement chez M. Audoin : l'émotion violente que trahissait son visage, le tremblement de sa voix, auraient livré une partie de son secret, et il voulait en rester complètement le maître, jusqu'à l'heure où il serait sur les traces du véritable coupable

A sept heures seulement, Austin Aurillac, proprement vêtu, le visage calme et l'allure paisible, se dirigea vers la rue de la Sainte-Chapelle.

Il fréquente un tapis franc connu sous le nom du *Crapaud-qui-Chante*. (*Voir page* 166.)

CHAPITRE XI

LE CABINET DE MAITRE AUDOIN

Maître Audoin n'était pas encore un avocat célèbre, mais il ne pouvait manquer de le devenir : à une érudition profonde, une sagacité rare, une logique que rien ne faisait dévier, il joignait, non pas seulement l'amour, mais la passion du travail. Il ignorait ce que sont les distractions futiles qui dévorent la meilleure part des forces des jeunes hommes ; s'il veillait, c'était avec ses livres ; son esprit n'avait pas besoin pour se détendre de chercher l'excitation, plus bruyante que vraie, d'une compagnie de jeunes fous. Quand il se sentait las jusqu'à l'épuisement, il prenait un chemin de fer, le premier venu, s'arrêtait à une ou deux stations, courait à travers champs, s'enivrait d'air, de parfums printaniers, se retrempait aux sources vives de la nature, qui se fait maternelle et douce pour notre fatigue et nos soucis, puis il rentrait le corps assoupli par la marche, le cœur allégé. Le lendemain, la besogne lui paraissait plus facile, et il s'y remettait courageusement.

Ce qui lui rendait plus indispensable le spectacle des tableaux de la vie champêtre, c'est que sa première jeunesse s'était écoulée à la campagne. Il était alors moitié écolier, moitié pâtre. Il récitait Virgile en gardant les chèvres, et lisait Homère en regardant les nourrices de village laver le linge dans le grand étang. La science s'était mêlée pour lui à toutes les choses simples ou sublimes de la terre. Et s'il aimait peu la plupart des poètes modernes, c'est qu'il leur trouvait plus d'afféterie que de naturel, plus *de faire* dans la façon de peindre que de sentiment véritable.

L'homme qui l'avait élevé était un vieillard pauvre et bon qui dépensa pour lui jusqu'à son dernier sou, et lui légua en mourant le peu de bien qui le faisait vivre. Maximilien Audoin savait quel prix son éducation avait coûté à son bienfaiteur : il l'en paya au centuple par sa tendresse, son labeur et une reconnaissance qui se traduisait dans les moindres actes. Il devint ambitieux pour satisfaire le cœur de l'excellent homme. Voyant combien ses succès le rendaient heureux, il redoubla de zèle. Il espérait un jour lui rendre les soins dont il avait entouré son enfance, mais cette joie fut refusée à tous deux Seulement, avant d'expirer, le vieillard dit au fils de son adoption :

— Ta vocation est d'être avocat, sacrifie tout pour arriver à ce but ; j'aimais cette vieille maison comme l'hirondelle aime son nid, vends-la, cependant, pour continuer tes études ; lorsque tu seras riche, tu la rachèteras, et qui sait, tu y viendras peut-être lire tes vieux livres et te promener dans l'enclos où tu as joué tout petit.

— Oh ! père ! père ! répondit le jeune homme, vous ne me quitterez pas.

Il récitait Virgile en gardant les chèvres. (*Voir page* 158.)

— Si, mon enfant, je m'en vais ; sans regret, car tu seras heureux, et mon souvenir ne te quittera pas ; sans peur, le maître à qui je vais rendre mes comptes est aussi mon père, et de ce côté je suis tranquille. Je crois que les âmes exercent encore une protection sur les êtres chers qui restent en ce monde. Je veillerai sur toi, je prierai pour toi.

Le jeune homme se jeta, en pleurant, dans les bras du vieillard.

En ce moment, un violent orage éclata, et les roulements du tonnerre accompagnèrent le souffle de la rafale qui courbait les arbres et faisait craquer les branches, tandis que de larges éclairs sillonnaient le ciel sombre.

Une même pensée traversa l'esprit du jeune homme et celui du vieillard.

Ils restèrent longtemps dans les bras l'un de l'autre.

— Mon enfant, dit enfin le vieillard, tu me fus donné par une nuit semblable, et je dois remercier Dieu des joies que tu as répandues sur ma vie. Va reposer, demain nous nous reverrons.

Le jeune homme s'éloigna et revint à l'aurore dans la chambre du malade.

Un rayon de soleil s'y jouait, un sourire effleura les lèvres de l'agonisant.

Presque au même moment, le curé du village vint s'informer de l'état de celui qui allait mourir.

— Je suis bien, tout à fait bien, répondit le malade. Vous m'avez dit d'avoir confiance, j'ai confiance. Adieu, Maximilien ! Ne m'oublie pas, et puisse le Seigneur te rendre.....

Il n'acheva pas ; sa tête, qu'il avait soulevée, retomba en arrière, ses yeux restèrent clos, sa bouche muette.

Un mois plus tard, la maison était vendue, et Maximilien Audoin prenait la route de Paris avec une somme de 10,000 fr. dans son portefeuille.

Le jeune homme savait beaucoup, mais il n'avait pris aucun grade ; il enleva son brevet de bachelier, et poursuivit le doctorat ès-sciences en même temps qu'il commençait ses études de droit.

Dix mille francs pour vivre pendant cinq années, payer ses inscriptions, acheter ses livres et s'installer d'une façon convenable, cela semblait tout d'abord impossible. Mais Maximilien poussait, avons-nous dit, l'amour du travail jusqu'au delà du possible ; il résolut de subvenir à ses dépenses au moyen de leçons qu'il donnerait, et de réserver son petit capital pour le jour où il s'installerait définitivement. Le vieux curé du village qu'il venait de quitter lui avait remis une lettre pour un jeune prêtre qui instruisait des enfants. Celui-ci le chargea des plus grands. Bientôt Maximilien trouva des écoliers pour son compte et, dès lors, il put presque se suffire. Un an plus tard il était assuré de parvenir à son but, et quand il passa sa thèse, il faisait des économies.

Maximilien possédait une prodigieuse mémoire. Il n'apprit pas seulement le droit français, le droit romain, il connut tous les codes anciens et modernes des différentes législations. Son érudition tenait du prodige. Avant d'avoir fini son stage, il eut la bonne fortune de passer une année en qualité de secrétaire dans le cabinet d'un avocat en renom, et il acquit de la sorte ce qui lui manquait. Aussi, du jour où il fut inscrit au tableau des avocats, sa situation fut assez établie pour qu'il pût espérer de vivre honorablement. Il ne plaidait point toutes les causes, et n'avait pas pour habitude de calculer, avant de s'en charger, ce qu'elles lui rapporteraient.

Si la cause qu'on lui apportait lui semblait juste, il acceptait de la plaider, sans même discuter auparavant les honoraires, non pas qu'il crût beaucoup à la reconnaissance des gens, après le gain de leur procès, il savait aussi bien que les médecins à quoi s'en tenir sur ce genre de gratitude, mais il ne voulait pas faire commerce de sa parole, et ne la rabaissait point à l'état de marchandise. Peut-être perdit-il de la sorte quelques milliers de francs, mais il regagna en considération ce qu'il sacrifiait en argent, et la confiance qu'il inspira le dédommagea grandement de son désintéressement.

Chaque jour Maximilien Audoin visitait une des prisons de Paris, non pas en avocat famélique, cherchant des causes, plaidant pour plaider, mais en homme convaincu que l'exercice de l'éloquence est plus qu'un droit, un sacerdoce, et qu'il est possible de relever le courage d'un malheureux par de bonnes paroles, de sages conseils. Maximilien obtenait souvent des acquittements, par la seule raison que les affaires véreuses ou perdues d'avance lui répugnaient. S'il accordait son aide à un criminel plein de repentir, il la refusait au récidiviste dangereux, au misérable que rien ne corrige, et qui se crée un revenu avec le vol et l'assassinat.

Malgré sa jeunesse, Maximilien exerçait donc une certaine influence; quand il parlait pour un accusé, on était certain d'avance que, si le malheureux était coupable d'une faute, même d'un crime, quelque chose plaidait encore cependant en sa faveur.

Le laborieux jeune homme se levait à six heures, travaillait jusqu'à huit, recevait ses clients jusqu'à dix heures, et se rendait plus tard au Palais.

On entrait dans son cabinet sans distinction de rang, et régulièrement à son tour. Le vieux domestique qui le servait ne recevait point de gratification pour faire passer les gens pressés par une porte dérobée ; il avait, comme son maître, le sentiment de la justice, et il eut cru manquer au caractère de maître Audoin en agissant autrement.

Ce matin-là, le jeune homme avait bouleversé les papiers entassés sur son bureau, sans parvenir à trouver l'objet de ses recherches. Son portefeuille lui manquait, et il y attachait sans nul doute une grande importance, car son inquiétude à ce sujet prenait les proportions d'un chagrin violent.

— Mon brave Mathieu! dit-il à son domestique, dérange, cherche, trouve ; à force de remuer ces papiers, je ne puis plus savoir ce que je fais.

— Y avait-il des billets de banque dans ce portefeuille, monsieur?
— Non, Mathieu, mais des journaux, un mémoire, des pièces que je ne saurais où retrouver aujourd'hui, un travail qui m'a pris de longues heures, et qui était à la fois un devoir et une espérance.
— On peut le rapporter, monsieur.

Un jeune prêtre qui instruisait des enfants. (*Voir page* 160.)

— Je ne crois pas qu'il s'y trouvât rien indiquant mon adresse.
— Comment monsieur l'a-t-il perdu ?
— Sans doute, dans la rue, tandis que je me battais avec un saltimbanque.
— Monsieur s'est battu !....
— Mon Dieu ! oui, Mathieu.

Le laborieux jeune homme travaillait jusqu'à huit heures. (*Voir page* 161.)

— Et avec un saltimbanque, un histrion, un.....
— Un misérable, sois-en sûr, mon bon Mathieu ; mais il s'agissait de sauver un enfant.

En ce moment, on sonna vivement à la porte ; c'était un client qui demandait maître Audoin.

Plusieurs plaideurs se succédèrent dans le cabinet de consultations, et Maximilien pensait avoir terminé ses audiences, quand le chiffonnier, porteur d'un volumineux portefeuille, demanda à être introduit.

Aurillac n'attendit pas longtemps. En l'apercevant, le jeune homme s'écria :

— Comment ! c'est vous ?
— Vous me reconnaissez, monsieur ?
— Les avocats ont la mémoire des physionomies. Mais, qui vous a donné mon adresse, qui vous a dit mon nom ?
— Monsieur, répondit Aurillac d'une voix émue, ce portefeuille vous appartient.
— Et je ne saurais vous dire avec quelle joie je le retrouve.
— Votre carte se trouvait dans une des poches, monsieur.
— Et l'enfant ? demanda vivement Maximilien.
— Il a été soigné toute la nuit par un brave jeune homme, et sans doute à cette heure il est chez Mlle Colombe. J'ai d'abord voulu vous remettre ces papiers, je prierai ensuite un médecin de m'accompagner pour voir Petit-Ange. Oserais-je vous demander, monsieur, comment vous vous êtes débarrassé de Guépar-le-Rouge ?
— Assez mal pour lui, je vous assure. Il a voulu me traiter comme les enfants qu'il exploite, me faire peur avec sa grosse voix et m'assommer avec ses gros poings ; mais je m'étais mis en travers de la porte que vous veniez de franchir, et j'étais prêt à en défendre le passage au prix de ma vie. L'athlète a juré, trépigné, il a tenté de me saisir à bras-le-corps ; je me suis escrimé avec votre crochet, et j'ai, sinon enlevé un lambeau de chair, du moins fendu le maillot mal dissimulé sous sa houppelande. Peut-être la lutte se serait-elle prolongée, et m'eût-il été difficile de la soutenir, si un bruit de voix et de pas ayant retenti à quelque distance, le dompteur n'eût cru prudent de s'esquiver, en me criant toutefois qu'il saurait bien me retrouver.
— Vous êtes aussi brave que bon, monsieur, reprit Aurillac, et c'est parce que j'en suis convaincu que je vais vous faire un aveu.
— Grave ? demanda Maximilien en souriant.
— Vous allez en juger. Quand j'ai trouvé dans ma hotte ce portefeuille mêlé aux choses les plus bizarres, rien ne m'a d'abord éclairé sur sa provenance. Il fallait l'ouvrir afin d'apprendre à qui il appartenait.

— C'est fort naturel, dit l'avocat.

— Après avoir découvert le secret au moyen duquel il se ferme, j'ai tiré les volumineux papiers qu'il contient, et.....

— Eh bien? demanda Maximilien.

— Et je les ai lus, ajouta plus bas le chiffonnier.

— Il ne me semble pas que ces feuilles de procédure, ces vieux journaux, et le commencement d'un *Mémoire*, puissent grandement vous intéresser?

— Pardonnez-moi, monsieur. J'ai commencé par la *Gazette des Tribunaux*, qui faisait revivre devant moi la scène terrible de la Cour d'assises, telle qu'elle s'est passée le 22 novembre 1857.....

— Vous y assistiez? demanda vivement maître Audoin.

— J'y assistais, oui, monsieur.

— Vous connaissiez Aurillac, sa femme, son enfant?

Le chiffonnier répéta d'une voix étranglée :

— Sa femme, Anita, Max son enfant....

— Continuez, continuez, je vous prie.

— Quand j'eus achevé les journaux, monsieur, je feuilletai les procédures. Enfin, je pris votre *Mémoire*. Oh! monsieur, quel intérêt poignant, quelles émotions tout cela a remuées en moi! La nuit s'est écoulée de la sorte, je me suis trouvé au matin sans m'être aperçu de la fuite des heures, et je viens, les mains jointes, vous demander: « Pourquoi ces recherches, ce travail ; que prétendez-vous faire? »

— Je veux faire rendre son honneur à un homme malheureux, s'il est encore de ce monde, réhabiliter sa mémoire, s'il a succombé à ses longues douleurs.

— Ah! vous êtes un noble et grand cœur! s'écria le chiffonnier. Quoi, vous qui vivez paisiblement, honorablement, vous sacrifiez votre temps, vos veilles, pour trouver les preuves de l'innocence d'un être qui sans doute vous est inconnu!

— Complètement inconnu, répondit Maximilien. Mais, ajouta-t-il, vous semblez plus ému que ne le serait un homme étranger à toute cette affaire ; vos mains sont tremblantes ; je vois des larmes dans vos yeux, parlez, parlez.

— Monsieur, dit le chiffonnier, je n'ai pas toujours porté la hotte, et longtemps j'ai travaillé dans l'usine de M. Aurillac.

— Vous avez travaillé chez lui? Mais, alors, vous connaissiez son caractère, ses habitudes ; vous avez une opinion sur cette affaire terrible?

— Aurillac était innocent, monsieur, j'en fais le serment devant Dieu!

— Je suis heureux de vous entendre parler de la sorte, dit l'avocat.

Tout est providentiel dans notre rencontre. C'est la pensée d'une même bonne action qui nous rapproche, le même but à poursuivre nous liera davantage. Je vous l'ai dit, je travaille à cette œuvre avec patience et religion, et il me semble que ce fut une inspiration du ciel qui me fit m'en occuper. Personne ne m'en a parlé ; nul ne sait que je donne beaucoup de temps à ce labeur et que je ne le perds jamais de vue.

— Mais la première idée de cette tâche ?

— Me vint en feuilletant de vieilles causes célèbres. Aurillac me parut trop honnête pour avoir pu franchir subitement tous les degrés du crime, et je résolus de chercher le mot de ce problème. Si vous saviez combien j'ai déjà interrogé de prisonniers ayant été avec lui, soit à la Conciergerie, soit à Mazas, soit au bagne. Mais Aurillac parlait peu et cachait sa blessure au fond de son âme. Cependant à Paris comme à Brest, au tribunal comme au bagne, il n'a cessé de protester de son innocence. Vous lui étiez dévoué ?

— J'offre ma vie pour aider à votre œuvre.

— Écoutez, dit l'avocat, cette affaire est assez ancienne pour que les défiances des coupables ou des complices soient endormies. Ils se croient sûrs de l'impunité. Aurillac s'est enfui de Brest après quatorze années d'une captivité d'autant plus rude, qu'une fois déjà il avait tenté de s'évader et qu'on le tenait en suspicion. Sans nul doute il est passé à l'étranger, et ne songe pas à rentrer à Paris où il courrait de grands risques. Personne ne le redoute, il ne peut nuire à personne, la connaissance de son identité suffirait pour le perdre. Puisque vous avez travaillé jadis dans l'usine de la Villette, vous devez connaître quelques compagnons de votre âge, qui s'y trouvaient en même temps ?

— Non, monsieur.

— Comment ! jamais vous n'avez rencontré fortuitement une figure de connaissance et serré la main à un ouvrier d'Aurillac ?

— Ce soir, pour la première fois, j'en ai revu un.

— Avez-vous été liés jadis ?

— Camourdas était toujours ivre, il fut chassé de la fabrique.

— Mais, un ouvrier chassé d'une maison peut en devenir l'ennemi.

— Cela s'est vu, monsieur.

— Pourriez-vous le retrouver, ce Camourdas ?

— Il paraît qu'il fréquente un tapis-franc, connu sous le nom du *Crapaud-qui-Chante*.

— Vous est-il facile de le surveiller ?

— Mes soirées sont libres.

— Et, demanda l'avocat, vous me promettez votre aide ?

— Monsieur, répondit Aurillac, j'aurais jadis sacrifié ma vie pour arriver à la connaissance de la vérité que vous poursuiviez ; à partir de cette heure, je la donnerais pour vous sur un signe de votre main. Vous êtes mon maître, je serai le chien quêteur, le limier, le policier. Vous n'êtes plus seul, je ne suis plus abandonné, ce que vous rêvez, je le désire, ce que vous voulez, je le recherche ; l'union fait la force, nous serons forts !

— Vous prenez cette affaire bien à cœur, dit l'avocat avec une sorte de surprise.

— M. Aurillac m'avait inspiré de la reconnaissance, répliqua le chiffonnier avec un peu d'embarras.

— Donnez-moi votre main, mon ami, dit l'avocat.

Le chiffonnier la tendit et serra les deux mains de maître Audoin. Alors, une émotion, dont il ne fut pas maître, lui causa un tremblement convulsif ; son front devint pâle, ses jambes se dérobèrent sous lui, son cœur battit à briser les parois de sa poitrine, et, tout chancelant, il tomba sur un siège.

Maximilien se précipita vers Aurillac, déboutonna sa veste, arracha sa cravate, lui tendit un verre d'eau et épia avec sollicitude la fin de cette crise qui, heureusement, ne présentait aucun danger.

Quand le chiffonnier se trouva, pour ainsi dire, dans les bras du jeune homme, un rafraîchissement mystérieux passa sur son front et sur son âme. Il se sentit guéri, heureux et fort. Sa vie se trouvait soudainement renouvelée.

L'avocat attribua cette émotion aux souvenirs évoqués par le nom d'Aurillac, et quand le père Falot, un peu honteux de sa faiblesse, se retrouva en pleine possession de lui-même, il dit à maître Audoin :

— C'est convenu, nous sommes désormais deux collaborateurs.

— Vous vous appelez ?

— Maclou Taupin, et je demeure rue Puebla, en face du marché de la Villette.

Maximilien inscrivit le nom et l'adresse sur un livre.

— Venez me voir quand vous voudrez, ajouta l'avocat.

— Je sors peu durant la journée, reprit le chiffonnier, voulez-vous me permettre de vous rapporter le soir les renseignements que j'aurai recueillis ?

— Vous me trouverez toujours de huit heures à minuit.

Maximilien tendit une seconde fois la main au chiffonnier, et celui-ci regarda longuement le jeune homme. Il y avait tant de simplicité, de droiture, de charme, dans cette belle tête brune, intelligente et douce à la fois, qu'Aurillac fut obligé de faire un effort pour quitter son nouvel ami.

Quand il se trouva dans la rue, son cœur débordait de joie et d'espérance. Il ne pouvait contenir le flot de pensées qui l'emplissait, et, ses regards rencontrant un moment après les hautes tours de Notre-Dame, il se dirigea vers la grande basilique.

Aurillac avait, à cette heure, soif de prière, de bénédiction. Il passa le seuil de la basilique avec un saint frémissement et s'avança lentement dans l'ombre des grandes colonnes.

Une fraîcheur pleine de mystère régnait dans le temple, les grandes roses semaient des fleurs idéales sur le pavé ; des bandes de lumière coupaient en écharpe des masses d'architecture, des statues de saints, des balustrades. C'était fête pour l'esprit, les regards et l'âme, que de pénétrer à cette heure dans l'une des plus grandes merveilles de l'art chrétien au moyen âge.

Aurillac s'agenouilla sur le pavé, cacha son front dans ses mains et pria.

Il ne parlait pas, il ne prononçait aucune parole, il cherchait Dieu dans le silence, et il le trouvait. Il le bénissait par ses pleurs, par les élans de son cœur meurtri ; il le suppliait d'achever son œuvre ; il demandait justice à cette justice souveraine, dont la terre ne sait jamais le dernier mot, et qui échappe même aux anges !

Il demandait le repos pour sa vieillesse, la réhabilitation pour son nom. Il supplia le Christ qui, durant sa vie mortelle, rendait les fils morts à leurs mères en larmes, de lui ramener les enfants qu'il avait perdus !

Puis fortifié, l'âme rassérénée, il quitta l'église et remonta la rue Montmartre ; il avait hâte d'apprendre des nouvelles de Petit-Ange.

Une jeune fille, pâle, échevelée, se précipita dans la mansarde. (*Voir page* 180.)

CHAPITRE XII

PETIT-ANGE

Quand Méderic frappa à la porte de Colombe, la jeune fille venait de se lever, et rangeait son modeste ménage. Elle crut d'abord qu'une de ses voisines, jeune comme elle, et presque aussi pauvre, demandait un service, et, avec le sourire affable qui est l'avance du bienfait, elle ouvrit d'une main rapide.

En apercevant Méderic, Colombe laissa échapper un cri de surprise, et se recula, non pas effrayée, mais troublée.

Le jeune homme sentit une égale rougeur monter à son front, mais il avait heureusement une raison excellente pour dominer l'impression première dont il n'avait pas été maître, et ce fut d'une voix adoucie par les sentiments de la pitié qu'il sentait pour l'enfant, et du respect que lui inspirait la jeune fille, qu'il dit à celle-ci :

— Je remplis un mandat du père Falot, mademoiselle... Hier au soir, il voulait remettre cet enfant à vos soins, mais j'ai craint de voir troubler votre sommeil, et j'ai préféré garder le pauvre petit chez moi. Maintenant je dois sortir pour accomplir ma besogne quotidienne, et je le confie à qui saura mieux le consoler, le protéger...

— Oh! monsieur, répondit Colombe, j'aurais de bon cœur passé la nuit pour veiller ce pauvre petit être... Vous dites que le père Falot l'a trouvé?

— Dans la rue, saignant, désespéré.

— Oh! je sais, dit Colombe avec un sourire plein de résignation et de grâce; les épaves de la faim, de la brutalité, reviennent de droit à ce chercheur de misères. Ne m'a-t-il pas ramenée de la sorte, un soir, dans mon logis?

— Vous, mademoiselle Colombe?

— Qui vous a donc appris mon nom? demanda la jeune fille.

— L'Ecureuil qui sait, regarde, furète et rapporte.

— Oui, moi, reprit Colombe qui parlait tout en préparant son lit de façon que l'enfant pût s'y trouver commodément placé.

Le pauvre petit dormait encore roulé dans la couverture de Méderic. Le jeune homme le déposa sur la couchette avec des précautions maternelles, le regarda avec attendrissement, puis se tournant vers Colombe :

— Me permettrez-vous, mademoiselle, de m'informer du petit malade?
— Certainement, monsieur Méderic.

Le jeune homme sourit ; Colombe savait son nom comme il savait le sien.

Après avoir effleuré d'un baiser le front du pauvre enfant martyr, Méderic sortit en disant :

— Ne vous tourmentez pas, mademoiselle, je vais vous envoyer un médecin.

Colombe resta seule avec cet enfant endormi et blessé. Ses petites mains fluettes reposaient sur la couverture. Son joli visage respirait une sérénité complète, et les traces de la fatigue et de la souffrance se fondaient en ce moment dans une placidité angélique.

La jeune fille tira les rideaux blancs que, la veille, elle avait suspendus à sa fenêtre, et, tout en surveillant de loin l'enfant, elle se mit à coudre.

Angélie avait tenu sa promesse : dès le lendemain de sa première visite, elle avait envoyé chez sa protégée des pièces de mousseline de l'Inde, de toile de Hollande, des dentelles ; et Colombe qui, grâce à une avance dont le chiffre était considérable pour elle, n'était plus inquiète du lendemain, se mit à l'ouvrage avec une joie qui n'avait d'égale que sa reconnaissance.

Une seule pensée jeta une ombre sur sa joie, ce fut le souvenir d'Epine-Vinette : pourquoi n'avait-elle pas eu la force d'attendre? Quelle était sa vie désormais? La chanteuse des rues aspirant à devenir une grande artiste ne perdrait-elle point ce qui restait encore de bon au fond de son âme, épaves de sa jeunesse souffrante, élevée à une école mauvaise? Colombe avait attendu la Providence, et la Providence était venue les mains pleines ; la pauvre enfant respirait à plein cœur ; elle osait regarder en face l'avenir qui l'épouvantait si fort quelques mois auparavant.

Elle ne ressemblait déjà plus, même physiquement, à ce qu'elle était quand le père Falot la rencontra. Une robe noire très-simple, mais chaude et bien faite, remplaçait ses haillons d'indienne ; un col blanc tout uni dégageait sa tête fine et mignonne que couvraient de petites boucles frisées naturellement ; ses cheveux si saintement sacrifiés repoussaient avec la sève généreuse de ses seize ans.

Les yeux de la jeune fille retrouvaient le sourire en même temps que ses lèvres.

Vraiment elle était charmante dans ce cadre si pauvre, l'ancienne pupille de l'abbé Lormel.

De temps en temps Colombe levait les yeux vers le lit où reposait l'enfant. Elle remerciait au fond de son cœur le père Falot de lui avoir envoyé un être à soigner, à aimer. Elle qui avait toujours eu besoin d'être protégée, allait donc protéger à son tour. Après avoir eu besoin de tout le monde, elle répandrait sa tendresse sur plus faible et plus malheureux qu'elle-même. Et la chère et douce enfant, dont l'âme était toujours prête pour l'action de grâces, bénit Dieu d'avoir mis dans sa maison le petit saltimbanque.

Un souvenir déchirant fit en ce moment monter des larmes à ses yeux.

— Qui sait, se demanda-t-elle, qui sait si mon frère n'a pas souffert autant que cette innocente créature? Les petits êtres volés ou perdus ne sont-ils pas pour la plupart voués à ces misères? Qu'est-il devenu, celui dont je sais à peine le nom, et que j'ai tant de fois appelé près de moi? M'appuierai-je jamais sur un cœur fraternel? Tous les miens sont-ils à jamais perdus? Et mon père! mon père! que les papiers formant mon unique héritage me montrent si bon, si doux, si infortuné, Dieu me le rendra-t-il jamais... à défaut de lui, n'apprendrai-je pas dans quel lieu repose sa dépouille?

Un faible soupir fit lever la tête de la jeune fille.

Le petit saltimbanque ouvrait les yeux.

La jeune fille jeta rapidement son ouvrage et courut auprès du lit.

Elle souleva l'enfant dans ses bras avec précaution, rangea les couvertures, et adressa à l'enfant de ces douces paroles dont les souffrants ne comprennent pas toujours les mots, mais dont ils devinent le sens.

Petit-Ange ouvrit ses yeux de plus en plus grands, regarda Colombe et sourit; la connaissance était faite entre ces deux orphelins.

— C'est chez toi ici? demanda-t-il.

— Oui, répondit Colombe; veux-tu y rester?

— Je veux bien... le Guépar ne m'y trouvera pas?

— Sois tranquille; d'ailleurs, tu as des amis, maintenant.

— Oui, le vieux chiffonnier, puis le grand jeune homme, celui qui s'est battu avec Guépar-le-Rouge... Sais-tu son nom, au grand jeune homme?

— Non, répondit Colombe, mais le père Falot te le dira.

— Reviendra-t-il me voir?

— Sans doute, tu es notre enfant à nous deux.

— Ah! votre enfant... ce serait bon de penser cela.

— Eh bien! pense le, mon mignon, et repose jusqu'à l'arrivée du médecin.

— C'est que... reprit l'enfant en hésitant, j'ai faim !

Colombe regarda autour d'elle; ses provisions n'étaient pas faites; elle ne pouvait se décider à laisser Petit-Ange tout seul; la terreur l'aurait pris peut-être ; elle ouvrit la porte et appela d'une voix claire :

— Ecureuil ! Ecureuil !

Quelque chose qui n'était ni une porte ni une chattière s'ouvrit; une boule rouge, hérissée, au centre de laquelle se dessinait une façon de visage, apparut dans le centre de l'ouverture, et un grand éclat de rire fut la première réponse de l'individu interpellé.

— Peux-tu me rendre un service ? demanda Colombe.

— Un service, mademoiselle ! mais quinze, trente services ! à quoi l'Écureuil serait-il bon sans cela ? S'agit-il de vous amener l'éléphant blanc du roi de Siam, ou de prendre pour vous Lipp-Lapp, un grand diable de singe que j'ai vu l'autre jour sur un balcon... Parlez, faites-vous servir ! Achetez-moi une cage, et je tournerai dans la roue, si cela peut vous amuser.

— Apporte moi pour quatre sous de lait et un petit pain blanc.

— Un petit pain blanc ! quatre sous de lait ! Mais vous devenez prodigue, mademoiselle Colombe ! Il vous faut des festins de Sardanapale, à présent, et à sept heures du matin encore.

— Voyons, ne ris pas, l'Écureuil, c'est sérieux, j'ai un pensionnaire.

— Un oiseau ! C'est du mouron qu'il lui faut, alors !

— Un enfant, l'Ecureuil, un joli petit enfant... quand je dis.... joli... il le sera quand les traces de sa souffrance et de sa misère seront effacées.

— La misère ! mais c'est une mère, mademoiselle ; elle m'a nourri, bercé ! m'a élevé, je l'aime, et nous ne nous quitterons jamais ! elle me donne du pain sec qui me garde les dents blanches ; elle me prive de vin et me verse l'eau claire à discrétion ; je la chéris, ma misère, et je la porte sans honte, puisque je la garde sans déshonneur ! La misère ! faut pas en dire de mal, voyez-vous. Jamais je n'ai été aussi heureux qu'au temps où j'étais ramoneur et où je gagnais quatre sous par jour.

Et l'Écureuil montra ses dents blanches et fines dans un large éclat de rire.

— Tu ne veux donc pas aller chercher mon lait ?

L'Écureuil prit les six sous que lui tendait la jeune fille, et enjambant la rampe de l'escalier, il descendit de la sorte jusqu'au rez-de-chaussée, en criant à la jeune fille :

— C'est mon ascenseur, mademoiselle Colombe.

Pour être juste, il faut avouer que l'Ecureuil, qui glissait avec tant de prestesse sur les rampes d'escalier, en remonta les marches avec une gravité digne d'éloge. Il tremblait de répandre une seule goutte du lait destiné à Colombe.

Il se glissa par la porte entre-bâillée de la chambre, et tendant ses provisions à la jeune fille, il s'approcha du lit sur la pointe du pied.

— Pauvre gosse! fit-il en voyant les plaies des paupières de l'enfant, et la blessure de son front, mademoiselle Colombe a raison, c'est de la vraie misère, cela! Moi, je suis un banquier, un grand seigneur à côté de toi.

« Mademoiselle, poursuivit l'Ecureuil, le père Grappin m'a augmenté de trois francs par mois; ça fait dix huit, pour me nourrir, me loger et me blanchir. J'ai les pourboires des pratiques, c'est vrai... Mais les servantes ne sont pas riches en général, et le commis du magasin de vieux papiers et de bouquins dépareillés ne reçoit pas cent sous de gratification, quand il porte à domicile un volume de cinquante centimes ou des cahiers qui sentent le moisi. Ça ne vous dérange pas que je jabotte, mademoiselle Colombe?

— Non, l'Écureuil, le lait chauffe pendant ce temps-là.

— Eh bien! faut vous dire que je ne reste pas dans la boutique du père Grappin par intérêt, mais parce que je m'y amuse... il a une si drôle de clientèle : depuis l'épicier qui vient chercher le papier nécessaire à la confection de ses sacs et de ses cornets, jusqu'aux maniaques qui me chargent de les avertir quand le patron a mis la main sur des tas de manuscrits... Vous comprenez, après décès, tout va dans la boutique des marchands de vieux papiers : les plans de drames, les mémoires que les académiciens n'ont pas couronnés, les rêveries des gens qui cherchent la quadrature du cercle et le mouvement perpétuel; les travaux qui veulent prouver que les chemins de fer doivent passer sous l'eau pour épargner le mal de mer aux passagers; est-ce que je sais... Si le père Grappin a ses chalands, moi, j'ai mes pratiques. Je connais à Montmartre un jeune auteur dramatique qui achète au poids toutes les pièces des hommes incompris, et qui meurent faute d'avoir été classés parmi les hommes de génie... Puis un monsieur vieux, à cheveux longs, prend tous les cahiers parlant d'inventions. Celui-là est un richard, il s'appelle monsieur Grambourg. Il y a quelque temps, faut croire qu'il a fait une trouvaille, car il m'a tiré l'oreille bien amicalement, en me donnant trente sous. Et puis, mademoiselle, je m'instruis dans la boutique du père Grappin. Je lis les livres, les cahiers, tout; je classe, je range; Grappin assure que je ferai un fameux libraire!

Le lait placé sur le fourneau bouillait; Colombe le versa dans une tasse, le sucra, et porta à Petit-Ange le pain doré et le lait fumant.

L'enfant sourit, quel sourire ! il fallait avoir bien souffert de la faim, pour se réjouir ainsi de ce modeste repas.

Jamais je n'ai été aussi heureux qu'au temps où j'étais ramoneur. (*Voir page* 173.)

— Mais, et vous, mademoiselle Colombe? demanda l'Écureuil; il a bu les quatre sous, le Petit-Ange !

L'enfant tendit la tasse vide à Colombe, et dit avec l'expression du regret :

— Il n'y en a plus !

— Mon mignon, répondit la jeune fille, il faut maintenant attendre le médecin.

— Oui, répondit docilement le blessé ; guérira-t-il mes yeux ?

— Certes ! et ta blessure aussi...

En ce moment un bruit de pas se fit entendre dans l'escalier, l'Ecureuil regarda et dit rapidement à la jeune fille :

— Un monsieur en cravate blanche ! c'est le médecin, je me sauve.

— Reste, au contraire, mon enfant, tu porteras l'ordonnance chez le pharmacien.

C'était en effet le docteur Marteau qui, prévenu par Méderic, venait visiter le petit malade.

Il marcha droit au lit de l'enfant, détacha le bandeau, enleva le pansement provisoire fait par le jeune homme, lava la plaie avec soin, la couvrit de charpie, la banda, puis, après avoir replacé la tête de l'enfant sur l'oreiller, il regarda le pauvre petit corps couvert d'ecchymoses et bleui par grandes plaques. Il laissa échapper une exclamation indignée.

— C'est horrible ! fit-il, horrible ! Il existe une Société protégeant les animaux contre la brutalité sauvage de l'homme, et nul ne se place entre l'enfant et ses bourreaux ! Oh ! quelles réformes à faire !

Puis, après avoir enveloppé Petit-Ange dans ses couvertures, il dit à Colombe :

— Il faudra des soins, mademoiselle, de grands soins.

— Oh ! répondit Colombe, soyez tranquille, on ne les épargnera pas !

— C'est que, ajouta-t-il plus lentement, il faudra aussi beaucoup d'argent...

— Je compte sur la Providence, monsieur...

La porte s'ouvrit en ce moment, et une belle jeune fille, qu'enveloppait un grand rayon de soleil, parut sur le seuil.

C'était Angélie.

— Je vous annonçais au docteur, mademoiselle, dit Colombe, je parlais de la Providence...

Mlle Nerval rougit, salua le médecin, aperçut l'enfant, et devina ce que sa protégée lui raconta en quelques mots.

Le docteur écrivit une ordonnance qui passa rapidement des mains de Colombe dans les mains de l'Ecureuil.

— Donnez vos ordres, monsieur, dit Angélie avec une douceur pénétrante ; ne craignez rien, je suis riche, très-riche, et mon père ne sait rien me refuser.

— Alors, mademoiselle, dit le docteur d'une voix vibrante, il reste pour les femmes, et surtout pour les femmes de Paris, une grande OEuvre à former. Le nombre des enfants qui se trouvent dans la capitale, sans famille, sans lien social, élevés dans la dégradation, jusqu'à ce qu'ils soient mûrs pour le vice, est incalculable. Vous voyez passer par groupes de trois ou quatre des Italiens, vrais ou faux, dont on a fait la traite en Piémont, comme en Afrique on fait le commerce des nègres... Ils s'en vont, une lourde harpe sur le dos ou une zampogne sous le bras, vêtus de haillons, traînant leurs pieds, une plume de paon et des fleurs artificielles au chapeau, chantant, dansant! Ils sont partis à jeun, ils vivront des croûtes de pain qu'on leur jettera ; le soir en entrant dans le bouge où le maître les entasse, ils seront battus, s'ils ne rapportent pas une somme suffisante...

— Mon Dieu ! mon Dieu ! murmura Angélie.

— Et ce n'est pas tout ! combien d'enfants sont comme ce petit malheureux, vendus, livrés à des saltimbanques qui leur brisent les os sous le prétexte de les assouplir, et les obligent à exécuter des tours de force et d'adresse qui doivent les faire mourir de terreur à chaque seconde... le tour manqué, l'enfant est roué de coups... le maître est impitoyable! Est-ce qu'il est à lui, ce paria ? cette chair rose si souvent meurtrie lui appartient-elle... Et hors la dislocation, les tours, la danse de corde, qu'apprend cet enfant ? rien. On le dressera à la maraude comme à l'équilibre. Le code est le balancier qui l'empêchera de se faire prendre, et voilà tout ? Et cependant, il n'existe pas de loi obligeant tout homme ayant un enfant chez lui, à ses ordres, à ses gages, à quelque titre que ce soit, ramoneur, musicien, saltimbanque, montreur de singes ou de marmottes, à lui faire donner l'instruction élémentaire. Plus tard, si cet enfant commet un délit, on lui dira : — Nul n'est censé ignorer la loi, — et cependant qui la lui a apprise ? Ceux qui l'entouraient n'en prononçaient le nom que pour enseigner le moyen de la violer...

— Eh bien ! monsieur, demanda Angélie avec vivacité, que faudrait-il faire ?

— Réunir ces enfants une fois la semaine au moins ; obtenir du préfet de police qu'il obligeât les maîtres de ces petits malheureux à les envoyer à cette classe faite volontairement par des gens instruits, des femmes dévouées. On récompenserait publiquement les plus dociles, les plus studieux, et cette même Société se chargerait de mettre en apprentissage ceux qui voudraient quitter cette vie de hasard, de mendicité, pour apprendre un état.

— Oh ! c'est bien, docteur ! c'est utile et beau ; ce que vous venez de dire ne sera pas oublié... ce sera mon œuvre favorite, à moi, et je vous promets le concours de tous les amis de mon père.

— Accepterez-vous les gens de bonne volonté, mademoiselle ? demanda une voix respectueuse à Angélie.
— Monsieur Audoin ! s'écria la jeune fille.
— Je viens savoir des nouvelles de mon petit ami, dit l'avocat.
— Ah ! je vous reconnais bien, allez ! fit Petit-Ange, dont le visage se couvrit de la rougeur d'une vive émotion... vous m'avez défendu, hier soir. Avez-vous tué Guépar-le-Rouge ?
— Non, mon enfant ! mais sois tranquille, il ne te fera plus de mal.
— Je suis bien ici, dit Petit-Ange en regardant tour à tour Colombe, Angélie, le docteur Marteau et maître Audoin.
— Et tu voudrais y rester ? demanda Mlle Nerval.
L'enfant fit un signe de tête affirmatif.
— Allons, Colombe, bien qu'il soit à nous tous, cet enfant, gardez-le...
La jeune fille répondit en embrassant Petit-Ange.
— Monsieur, dit le médecin à l'avocat, vous m'avez promis votre aide pour l'Œuvre des *Enfants abandonnés de Paris*, je retiens votre parole.
L'avocat et le docteur échangèrent leurs noms et leurs adresses.
— Je vous connais déjà, dit le médecin, vous êtes l'avocat des pauvres ; mes soins ne sont plus nécessaires ici, pour le moment, ajouta-t-il, je vous quitte, je reviendrai demain.
Le docteur allait s'éloigner quand un grand cri dans lequel se mêlaient l'angoisse et la terreur fut poussé non loin d'eux.
Angélie tressaillit, et maître Audoin allait s'élancer, quand Colombe dit d'une voix triste :
— C'est le fou... sans doute, il est pris d'un de ses accès...
Un éclat de rire formidable succéda aux cris désolés.
— Un fou ! il y a un fou dans cette maison ?
— Oui, docteur, mais il n'est pas méchant... Jamais il ne fait de mal à sa fille.
— Il n'a qu'elle pour le soigner ?
— Oui, docteur, c'est une rude tâche... pauvre Reine !
— Mais il me semble que la jeune fille appelle au secours, dit Audoin.
— J'irai seul, d'abord, fit le médecin, et si j'ai besoin d'aide, j'appellerai.
Le docteur Marteau sortit et entra rapidement dans la chambre d'où sortaient successivement des cris, des menaces, des rires et des sanglots.
Pendant ce temps, Angélie, le jeune avocat et Colombe, groupés

autour du lit de l'enfant, attendaient avec inquiétude le résultat de la démarche du médecin. Pour distraire Angélie de l'oppression à laquelle elle semblait en proie, Maximilien Audoin lui dit :

— Je ne suis point surpris de vous rencontrer ici, mademoiselle, on m'avait dit que vous étiez l'ange de la charité. Mais, puisque nous nous trouvons sur le même terrain, je vous supplie de me permettre de vous donner mon concours le plus dévoué, chaque fois que vous le jugerez utile... Il est bien d'autres misères que celles des prisonniers, des accusés, et moi qui, privé de famille, ai choisi la mienne dans la grande famille des malheureux, je cherche à retrouver le plus d'infortunés possible pour en faire de nouveaux frères, de nouvelles sœurs.

— Vous parlez de ma bonté, dit Angélie : que fais-je auprès de vous? rien ! Mon père me donne beaucoup d'argent, j'en sacrifie une partie pour les pauvres, il n'y a pas à cela grand mérite. Mais vous, monsieur, c'est votre talent, votre cœur, votre âme que vous prodiguez. Vous avez choisi, par dévouement pour les infortunés, une tâche magnifique, et vous la remplissez avec une simplicité qui en double le prix... Je ne sais encore ni donner, ni consoler, mais je l'apprendrai, et quand vous m'associerez à quelque œuvre sainte, je croirai que vous ne me regardez pas comme une de ces Parisiennes qui font de l'aumône une auréole, et de leur bienfaisance un coquet étalage.

— Mademoiselle, répondit Maximilien Audoin avec une expression de respect mêlée d'une émotion contenue, Dieu le sait, je n'ai jamais placé une femme au-dessus de vous dans ma pensée.

Angélie se sentit rougir :

— Vous n'avez plus votre mère, monsieur ?

— Non, mademoiselle... ou du moins j'ignore ce qu'elle est devenue... ce serait une terrible histoire à raconter, et si courte, cependant !

— Ainsi, vous avez beaucoup souffert?

— J'ai toujours souffert, mademoiselle... certaines blessures ne cessent jamais de saigner ; je me résigne parce que je suis chrétien, mais je n'oublie pas...

La jeune fille resta un moment silencieuse, puis elle reprit plus rapidement :

— Je crois que mon père doit vous écrire aujourd'hui, monsieur Audoin, au sujet d'un gros procès... il s'agit de six cent mille francs, je crois...

— Je suis entièrement aux ordres de monsieur Nerval.

— Je n'oublierai point que vous vous êtes mis aux miens pour tout ce qui concerne mes œuvres de charité.

Un cri plus terrible que les premiers s'éleva de nouveau dans la chambre voisine, et une jeune fille pâle, échevelée, se précipita dans la mansarde de Colombe :

— Au secours ! fit-elle, au secours ! Monsieur ! venez à notre aide ! la crise est terrible, et je ne puis...

L'avocat s'élança sur le palier pour aller offrir son secours au docteur, et Reine tomba de toute sa hauteur sur le plancher.

Il se jetait la face contre terre en répétant : la malheureuse ! la malheureuse ! (*Voir page* 182.)

CHAPITRE XIII

L'INVENTEUR

Quand Maximilien Audoin pénétra dans la mansarde où le docteur l'avait précédé, il trouva un homme de soixante ans environ, en proie à un accès d'intraduisible désespoir. Il pleurait, sanglotait, se déchirait les bras avec les dents, s'arrachait les cheveux, puis se jetait la face contre terre en répétant :

— La malheureuse ! la malheureuse !

Le docteur saisit le fou dans ses bras avec une vigueur qui n'excluait pas la compassion, et, regardant fixement l'insensé, il le tint un moment sous le rayonnement magnétique de ses prunelles. Le fou subit lentement la puissance de la volonté du médecin, ses yeux perdirent leur égarement ; à la torsion nerveuse de ses bras succéda une mollesse, un affaissement annonçant la fin de la crise. Il baissa la tête comme une bête féroce domptée, et la balança à droite et à gauche, avec des mouvements lents et doux.

Tandis que le médecin plaçait des compresses d'eau froide sur le front de l'insensé, il demanda à la jeune fille quel malheur, quel chagrin violent avait coûté la raison à son père.

Reine raconta brièvement ce qui suit :

« Quatorze ans auparavant, Chrétien Moureau travaillait dans l'usine de M. Nerval. C'était un homme doux, inoffensif, silencieux ; il ne s'enivrait pas, ne se liait point avec ses camarades d'atelier, et s'isolait dans les vastes cours ou les salles immenses pendant l'heure des repas que les ouvriers prenaient à la fabrique.

« Tandis qu'il mangeait distraitement son pain coupé en gros dés et buvait l'eau de la fontaine, il traçait sur des morceaux de papier, ramassés n'importe où, des figures bizarres, dont lui seul sans doute avait le secret ; c'étaient des poulies, des hélices, des rouages, des courroies ; à chacun de ces rouages, de ces détails, il ajoutait un chiffre, un signe correspondant à sa pensée et à ses calculs

« Ses camarades se moquaient de lui et l'appelaient par dérision le *Géomètre*. Il ne se fâchait point, souriait doucement, et, l'heure du repas écoulée, il se remettait à l'ouvrage.

« Il s'habillait proprement, mais pauvrement. Sa sobriété expliquait mal ce manque de toute coquetterie, car l'ouvrier parisien est excessivement *faraud*. Il aime les blouses de toile fine, les chemises blanches, les cravates de couleur gaie. Il fallait que Chrétien Moureau cachât un vice intime et fît tomber l'argent de ses semaines dans un gouffre mystérieux. Il ne hantait point le cabaret, où pouvait-il dépenser sa paie? Un bouquiniste du quartier donna le mot de l'énigme.

« Chrétien Moureau se ruinait en livres en achetant des manuels de dessin, de mécanique. Le dimanche, il parcourait les musées ; pendant la semaine, il consacrait à l'étude ses heures de loisir.

Comme il ne semblait pas à ses camarades devoir être jamais autre chose qu'un ouvrier comme eux, ceux-ci riaient de son amour pour la solitude, de sa sobriété, de sa passion pour la lecture, et le taquinaient souvent quand ils le trouvaient songeur, assis dans la cour, sur des piles de bois, traçant avec un gros crayon des figures auxquelles ils ne comprenaient rien.

« Cependant Chrétien Moureau devenait de plus en plus grave, méditatif. Son travail manuel l'occupait moins que ses idées ne l'absorbaient. Il restait quelquefois immobile devant son établi, l'œil fixé dans le vide, comme s'il voyait s'agiter les rouages imaginaires d'une machine fantastique.

« Un jour, il rencontra M. Nerval dans la cour et lui demanda quelques moments d'entretien.

« Ce matin-là, le riche usinier était en belle humeur ; il emmena l'ouvrier dans son bureau, celui-ci s'assit timidement au bord de la chaise qu'il avait prise, et se mit à tortiller sa casquette entre ses doigts.

« Il lui avait d'abord paru très facile d'expliquer au maître ce qu'il comprenait lui-même si bien ; mais, si l'ouvrier entendait sa propre pensée et la poursuivait d'une façon lucide, il lui devenait difficile d'exprimer ses idées, de leur donner une forme vivante, et de rendre claire pour autrui ce qu'il voyait, lui, lumineux comme les rayons du soleil.

« — Eh bien ! mon garçon, lui demanda M. Nerval, avez-vous quelque chose à me demander ?

« — Je veux vous expliquer, monsieur, vous dire....

« Chrétien comprit qu'il ne s'en tirerait jamais avec des phrases, et, fouillant dans une de ses poches, il en tira un rouleau de papier, tandis qu'il cherchait dans l'autre une poignée de rondelles, de plaques, de scies, de roues en fer-blanc, et, les posant sur le bureau :

« — Voici la chose, dit-il en ouvrant son cahier.

« M. Nerval, surpris, mais résigné, se renversa dans son fauteuil et se disposa à écouter l'ouvrier.

« — Peut-être bien, monsieur, que je m'expliquerai mal, dit Chrétien, les gens qui vivent seuls avec une idée manient difficilement la parole. Mais vous êtes savant, vous, et ce qui me manquera, vous saurez le trouver. J'ai inventé un support articulé, s'adaptant entre deux wagons à deux roues, support qui les consolide entre eux, de façon à ne former qu'un seul et grand wagon à quatre roues.

« — Mon ami, demanda M. Nerval, c'est pour me parler de votre invention que vous m'avez demandé un entretien ?

« — Rien que pour cela, monsieur.

« — N'allons pas plus loin, alors ; j'ai ma fortune faite, ou du moins à peu près, avec les systèmes connus, je n'irai pas la compromettre et perdre mon temps en essayant autre chose.

« — Mais, monsieur, répliqua Moureau, grâce à mon système, les déraillements sont impossibles, la traction est diminuée de beaucoup, enfin on réalise une économie notable...

« — Alors, mon ami, portez votre invention à l'Académie, proposez-la aux grandes compagnies ; quant à moi...

« — Je voulais vous demander une chose bien simple, monsieur. Voulez-vous me fournir ce qu'il me faut pour exécuter chez vous les pièces de mon modèle ?

« — Combien coûterait le modèle ?

« — Deux mille francs.

« — Ce serait autant de perdu. Vous vous illusionnez sur ce que vous avez trouvé. On se grise de sa pensée, Chrétien, on s'affole de ses inventions. Croyez-vous être le premier homme qui soit venu me trouver et me proposer des merveilles en mécanique ? Vingt ingénieurs sont entrés ici avec des mémoires d'une lucidité parfaite, des dessins merveilleux ; l'un avait découvert le secret de séjourner quatre heures sous l'eau ; le second me proposait de faire construire un bateau d'un système hors ligne pour aller à la plus fructueuse des pêches, celle de l'or au fond de l'Océan. On aurait dragué le fond de la mer et ramené à sa surface des tonnes d'or et d'argent. Il y a huit jours, un jeune homme, dont le talent atteint presque le niveau du génie, m'a proposé de me mettre à la tête d'une compagnie constituée pour établir sur la Manche un pont gigantesque sur lequel courrait un chemin de fer. Des écluses permettraient le passage aux navires. Les calculs sont faits, les travaux ne semblent pas impossibles : eh bien ! j'ai refusé de m'occuper de tout cela. Chaque semaine je reçois vingt lettres pour m'expliquer de nouvelles inventions ; je les repousse toutes d'une façon impitoyable.

« — Et ceux qui ont fait de ces découvertes l'occupation de leur vie, le but de leur avenir !

« — Mon pauvre Chrétien ! ceux-là sont des niais, heureux quand ils ne deviennent pas des fous !

« — Mais que résoudre, monsieur ? Mon invention est utile, elle réalise un progrès ; si j'étais peintre, j'exposerais mon tableau ; si j'étais écrivain, je ferais lire mon livre. Mais je ne possède que des calculs, des dessins, et l'exécution presque enfantine de ma machine, mise en jeu avec des rondelles de fer-blanc.

« — Je n'y puis rien ! répondit M. Nerval, absolument rien !

« — Et vous refusez de m'aider ?

« — Ce serait vous rendre un mauvais service.

« Chrétien Moureau baissa la tête avec accablement.

« — Il me reste un conseil à vous donner, reprit le riche usinier, ne vous absorbez pas trop dans ces calculs, dans ces songeries, dans ces espérances qui ont la valeur d'un château construit dans les brouillards ; vous perdrez progressivement, si vous vous abandonnez à des idées fixes, les qualités d'exactitude qui faisaient de vous un excellent ouvrier. Vos recherches vous rendront triste, misérable ; le travail vulgaire vous enrichira.

« Chrétien Moureau se leva.

« — Merci de vos conseils, monsieur, dit-il ; j'ai confiance en Dieu, qui donne à certains esprits une lumière spéciale ; s'il m'a permis de trouver quelque chose, c'est afin que cette chose profite à tous.

« Chrétien ramassa ses rondelles de zinc et roula ses papiers.

« — Avez-vous lu la vie des inventeurs célèbres ?

« — Oui, monsieur.

« — Vous savez quelle fut leur destinée ?

« — On a fermé devant eux les portes, je le sais ; on les a traités de fous et de rêveurs ; et cependant, monsieur, la vapeur fait marcher les navires, les métiers Jacquart enrichissent des industries diverses, le gaz éclaire les rues, le soleil remplace le crayon du peintre. Je n'ai, à proprement parler, rien inventé, j'apporte une amélioration, voilà tout. Mais, en évitant les déraillements des trains, elle sauverait des milliers d'existences.

« Je vous demande pardon de vous avoir dérangé, monsieur.

« — Il n'y a pas de mal, je n'ai rien à faire ce matin.

« L'ouvrier sortit. Il était fort pâle. Les froides réponses de M. Nerval avaient glacé son cœur. Si encore l'usinier lui eût laissé quelque espérance, lui eût montré un moyen, l'eût soutenu moralement, mais il venait de le repousser brutalement.

« — Est-ce que je suis mis au monde pour ciseler sans fin la même pièce d'acier ? se demandait Chrétien. Je ne suis pas bien savant, soit ! mais j'ai trouvé ! j'ai trouvé ! Il faut à chacun sa part de gloire et de joie. Il y a une fortune pour l'inventeur de ce wagon qui permettra de réaliser une économie notable. Oui, j'ai raison contre mes camarades, contre le maître de cette usine, qui se contente de grossir sa fortune, sans songer que la loi du progrès est la loi du monde !

« Chrétien regagna sa place à l'atelier et travailla comme à l'ordinaire. Cependant, à partir de cette journée, ses distractions devinrent plus fréquentes; il se trompait souvent, manquait ou brisait des pièces.

« Peut-être allait-il rouler dans une voie fatale, quand il songea à devenir le mari d'une jeune fille honnête et douce, avenante plutôt que jolie.

« Rose savait que Chrétien était bon ; elle pensa qu'il la rendrait heureuse, et elle devint sa femme.

« Un nouvel élément de bonheur changea subitement les pensées de Chrétien. Il cessa durant plusieurs mois de s'occuper de ses inventions. Le souvenir de sa femme travaillant au logis en l'attendant prima tous les autres ; et, durant une année, Rose se trouva pleinement satisfaite. Au bout de ce temps, elle eut une fille, la petite Reine, et sa vie lui sembla désormais si complète, qu'elle ne demanda plus rien à Dieu.

« Quant à Chrétien, soit que l'enfant occupât trop Rose et le privât d'une partie du temps qu'elle lui consacrait, soit que sa passion pour l'étude reprit son empire tyrannique, Chrétien tira de l'armoire les vieux livres qu'il lisait avant son mariage; il consulta ses cahiers, vérifia ses calculs, recommença ses dessins, et lorsque sa femme l'interrogea sur sa vie à l'atelier, sur les progrès qui pouvaient survenir dans leur aisance, Moureau lui imposa silence de la main, sans colère, mais de façon à ce qu'elle ne le troublât plus.

« Un soir, soit ennui, soit parce qu'elle s'intéressait réellement à ce qui occupait Chrétien si fort, sa femme lui demanda ce qu'il cherchait pendant les longues soirées qu'il dépensait à lire, rêver, compter, écrire.

« Une flamme joyeuse brilla dans la prunelle du mari.

« — Tu veux le savoir, vrai ?

« — Tes espérances ne sont-elles pas les miennes ?

« Chrétien l'embrassa, et s'approchant de la table, feuilletant son cahier à mesure qu'il parlait :

« — M. Nerval ne m'a pas compris. C'était bien simple, cependant, il ne m'a pas compris ou peut-être il a ressenti de la jalousie. J'avais trouvé une fortune pour l'enfant, pour toi, pour nous tous ! Mon support articulé coûtait à établir trois cents francs, pour deux wagons, bien entendu ; je supprimais une paire de roues, et l'autre paire s'adaptait au centre. On économisait douze cents francs par paire de roues, en comptant les ressorts et les accessoires. Et pour une compagnie comme celle de Lyon, qui possède plus de trente mille wagons, le bénéfice atteignait un total de trente-six millions !

« — Trente-six millions ! s'écria la femme.

« — De plus, d'après mon invention, les trains pouvant marcher sur des courbes de vingt-cinq mètres de rayon, les montagnes n'auraient plus besoin d'être percées, on les contournerait.

« — Alors il n'y aurait plus de tunnels ?

« — Plus d'accidents, plus de pensions, plus d'indemnités.

« — Mais c'est magnifique.

« — Oui, j'économiserais plus que de l'argent, j'économiserais la vie humaine.

« — Eh bien ! reprit Rose, il faut la montrer, ton invention.

« — Je l'ai fait.

« — Qu'est-ce qu'on t'a dit ?

« — On s'est moqué de moi.

« — Alors c'est qu'elle n'était pas bonne !

« — Si, elle est bonne, je te l'ai expliquée tout à l'heure, et tu la trouvais belle.

« — J'ai cru ce que tu me disais. Mais tu peux t'être trompé, et, si des hommes comme M. Nerval ne t'encouragent pas, c'est que tu perdrais ton temps à poursuivre l'impossible. Vois-tu, ce qui est bon réussit toujours.

« Chrétien baissa la tête et, depuis ce jour, jamais il ne reparla de son perfectionnement des wagons.

« Mais il y pensait le jour ; la nuit il en rêvait. Comme ses heures de repos étaient rares, et que d'ailleurs il ne pouvait ni voir de machines, ni consulter certains livres pendant la soirée, Chrétien commença à prendre l'habitude de rester chez lui le lundi. Ces jours-là étaient ses bons jours. D'abord, sa femme ne fit aucune observation, elle le crut fatigué et souffrant ; quand elle comprit que Chrétien faisait de ce repos une habitude, elle s'alarma.

« La ménagère songeait avec chagrin que la paie de la semaine se trouverait diminuée. Elle hasarda à ce sujet une observation timide.

« — Connais-tu un seul de mes camarades qui travaille le lundi ? demanda Chrétien à sa femme. Eh bien ! je fais comme les camarades.

« — Je te l'accorde : mais ce lundi n'est pas seulement une non-valeur, c'est un jour de dépenses ; tu achètes des livres, du papier, des crayons, que sais-je !

« — Et si j'allais au cabaret ? demanda Chrétien.

« Sa femme se leva, prit l'enfant dans ses bras et la promena dans la chambre en chantonnant.

« La première pierre venait de tomber dans le lac bleu du ménage.

« Chrétien ne tarda pas, du reste, à se laisser envahir par le démon de l'invention. Il travaillait à l'atelier d'une façon distraite. Au lieu de s'occuper de sa besogne, il découpait des pièces et des engrenages pour lui. Le contremaître le réprimanda ; Chrétien le prit d'assez haut, et parla de ne pas revenir. Le contremaître, qui était un brave homme, ne parut pas avoir entendu l'observation de Chrétien, et celui-ci s'amenda pendant quelques jours. Mais s'il travaillait à la besogne réglementaire, il veillait chez lui ; l'huile coûte cher, la lumière empêchait l'enfant de dormir, les yeux de Chrétien devenaient rouges et gonflés ; son cerveau bouillait, ses nerfs étaient dans un état de tension perpétuelle. Il perdait l'appétit et le sommeil : quand on lui parlait d'un ouvrage vulgaire, il n'entendait plus.

« Le contremaître lui renouvela ses observations, le caissier lui fit des retenues ; Chrétien devint sombre et, au lieu de s'absenter de l'atelier un jour par semaine, il fit le mardi, le mercredi, et bientôt on ne le vit plus dans l'usine que lorsque sa femme demandait du pain pour l'enfant.

« L'aisance qui régnait dans la maison dégénéra en gêne, puis en pauvreté ; la pauvreté devint à son tour la misère ; la femme traîna des haillons, l'enfant eut froid.

« Alors Rose connut les larmes et fit entendre des reproches ; timides d'abord, ils éclatèrent ensuite avec violence. Elle réclama la part de bonheur que chaque jour, depuis quatre ans, on lui faisait de plus en plus petite, elle regretta le passé, elle maudit le jour où elle reçut l'anneau de mariage de Chrétien Moureau.

« Celui-ci sortit sans répondre, et on ne le vit pas de trois jours.

« Le lendemain, il déclara qu'il était le maître, et n'alla pas à l'atelier.

« Son inexactitude lassa la patience du contremaître ; il avertit M. Nerval, et celui-ci, comprenant quelle folie arrachait l'ouvrier à sa tâche quotidienne, essaya de montrer à Chrétien dans quel gouffre il allait rouler ; mais l'ouvrier répondit d'une voix calme :

« — Les miens souffrent, soit ! je souffre plus qu'eux ; ils me pardonneront quand je serai riche.

« La discussion s'envenima ; M. Nerval blessa Chrétien dans son orgueil, et Chrétien sortit en disant :

— Adieu, monsieur ! vous pouvez donner à qui vous voudrez ma place à l'établi.

« Le soir, il dit paisiblement à sa femme que l'usine de M. Nerval lui était fermée.

« — Qu'allons-nous devenir ? demanda Rose.

« — Je ferai autre chose. D'ailleurs, en huit jours, j'achèverai le modèle de mon système, et on l'adoptera tout de suite ; en cas de retard, je trouverai bien quelqu'un qui, sur l'exposé de mon invention, me fera une grosse avance.

« En attendant, on porta les matelas et les couvertures au Mont-de-Piété. Chrétien n'acheva pas le dessin de sa machine, il lui restait quelque chose à trouver, bien peu, presque rien ! Mais il ne pouvait cependant pas proposer son invention à une compagnie avant de l'avoir perfectionnée.

« Il emprunta. L'ouvrier de Paris est serviable et bon ; sa bourse s'ouvre aisément. Seulement, il ne peut faire de grosses avances ; et quand Chrétien eut frappé à la porte d'un certain cercle d'amis, il ne lui resta plus personne à qui raconter sa peine.

« Chrétien ne se décourageait pas, cependant, et continuait à chercher, à dessiner, à calculer. Pendant ce temps, la femme et l'enfant mangeaient des croûtes de pain et des pommes de terre.

« Reine, la petite Reine, tomba malade.

« Ce ne fut plus seulement une épreuve pour la mère, mais un désespoir.

« La mère fit ce que la femme n'osait plus. Elle parla sérieusement, presque rudement. Elle ordonna à Chrétien, au nom des devoirs les plus sacrés, de chercher du travail, de soutenir sa fille et sa femme.

« — Tu n'as pas le droit, lui dit-elle, de nous laisser mourir de faim. Allons, cherche du travail, trouves-en n'importe où ! Je te promets de te laisser dessiner et chercher à ton aise, si tu te résignes à rentrer dans un atelier.

« Chrétien alla au berceau de l'enfant.

« Reine semblait n'avoir que le souffle ; dans ce moment, une grosse fièvre avivait ses joues pâles et rendait trop brillants ses yeux bleus, creusés par la souffrance.

« — Un médecin ! dit la mère, cours chercher un médecin !

« — J'y vais, répondit l'homme.

« — Quand le médecin aura promis de venir, cherche de l'ouvrage.

« — C'est dit, la femme.

« Chrétien sortit.

« Une heure s'écoula, puis une autre ; la petite Reine devenait de plus en plus brûlante, et sa mère la tenait dans ses bras pour tâcher de lui faire oublier sa souffrance.

« Enfin le médecin arriva. Il secoua la tête, écrivit une ordonnance et dit :

« — Que ceci soit porté tout de suite chez le pharmacien ; une heure de retard, et je ne répondrai de rien !

« Le docteur laissa le papier sur la table. La femme le regarda, tout agitée. Elle ne pouvait quitter l'enfant ; heureusement une voisine entr'ouvrit la porte, et s'informa si l'on n'avait pas besoin d'elle.

« — Ah ! fit Rose, cette ordonnance chez le pharmacien.

« La voisine descendit peu après.

« — Vous avez les remèdes ? demanda la mère.

« — Mais, répliqua la voisine, on ne les donnera pas sans argent.

« — Mon mari va rentrer, dit Rose. Il en rapportera. Combien est-ce, ces remèdes ?

« — Six francs.

« — Six francs ! et je n'ai pas un sou ! rien ! Mon anneau de mariage est vendu, le linge, la literie, tout est engagé. Rien ! il faut de l'argent cependant ! Mon enfant, ma pauvre enfant bien-aimée !

« En ce moment, une voix, montant de la cour, cria :

« — Avez-vous des chiffons, des papiers à vendre ?

« La voisine jeta un regard dans l'angle de la mansarde, où s'étageait un monceau de papiers.

« — Il y en a bien là pour six francs, dit-elle.

« — Ces papiers, balbutia Rose, ceux de Chrétien..... Mais, au fait, reprit-elle, à quoi sont-ils bons ? Avant que mon mari barbouillât de la sorte, nous étions heureux, presque riches ; maintenant, c'est la misère, la maladie ; demain ce sera la mort. Je n'ai pas le droit de laisser mourir mon enfant, après tout !

« Rose se pencha vers la fenêtre, et cria au marchand :

« — Montez !

« Celui-ci, une *romaine* d'une main et un sac de l'autre, parut dans la mansarde.

« — Combien ça ? demanda la femme.

« — On va vous le peser, la petite mère. Mauvais papier, trop petit. Mais il vous sera payé trois sous la livre tout de même, parce que vous n'êtes pas bien riche.

« — Pesez et prenez !

« La voisine était là, attendant l'argent.

« — Trente-huit livres ! dit le marchand.

« — Il me faut six francs, répondit Rose.

« — Moins six sous.

« — Le pharmacien a dit six francs pour ses remèdes, sans cela rien de fait.

« Le marchand de vieux papier haussa les épaules, aligna les six francs, jeta les cahiers dans un sac et descendit lourdement l'escalier.

« Une minute après, Rose administrait à l'enfant la potion ordonnée par le docteur.

« — Ma fille vivra, dit la mère ; Dieu est le maitre du reste.

« Chrétien rentra à la nuit.

« — Allons, tranquillise-toi, la femme, j'aurai de l'ouvrage.

« — Demain !

« — Lundi, pour commencer la semaine.

« — Et d'ici là ? demanda Rose.

« — D'ici là, j'achèverai mon travail. Il me reste deux heures de jour, je vais refaire un calcul qui semble avoir trouvé la solution.

« Chrétien s'approcha d'une table, dans le tiroir de laquelle il serrait des papiers. Il vit l'enfant endormie et, sur la cheminée, des fioles de différentes grandeurs.

« — Tu as fait des dettes ? dit-il à sa femme.

« — On m'a refusé crédit, j'ai payé.

« — Ah ! fit-il.

« Il n'ajouta rien de plus, sa pensée tournait vers le calcul qu'il devait refaire.

« Ce fut en cet instant qu'il tourna les yeux vers l'angle de la chambre où il entassait ses papiers. Comme il était pauvre et n'avait ni bureau ni bibliothèque, il empilait tout au hasard sur le carreau.

« Son regard flamboya en apercevant la place vide.

« Il courut, rejoignit sa femme d'un bond et lui demanda d'une voix triste :

« — Mes papiers, mes manuscrits, où sont-ils ?

« — L'enfant allait mourir, répondit la mère avec un léger tremblement, je les ai vendus pour acheter des remèdes.

« — Tu as fait cela ?

« — Je l'ai fait, et c'est la première fois que ces cahiers auront été utiles à quelque chose !

« — Ah ! folle ! misérable folle ! s'écria Chrétien Moureau ; tu n'as pas eu foi en moi ! tu m'as livré, vendu, trahi. De l'argent, mais j'en aurais trouvé, mendié, s'il t'en fallait ! La belle affaire ! des francs, des louis, j'en avais là pour des centaines de mille francs et des millions aussi. Encore quelques mois, et tu aurais nagé dans l'abondance. Mais tu n'as pas osé consommer ce crime ? car ce serait un crime, entends-tu ?

« Chrétien regardait sa femme d'un air égaré et lui secouait ses frêles poignets à les briser.

« — J'aurais tout souffert pour moi, murmura Rose, mais il s'agissait de l'enfant !

« Chrétien ne comprenait pas, n'écoutait pas : il cherchait.

« — C'est un tour que tu m'as joué, une farce ! Tu veux que je retourne à l'atelier, j'y retournerai ; c'est dit. Lundi, sans faute, je recommencerai à travailler. C'est assez faire durer cette épreuve. Un peu plus, et mon cerveau se perdrait, je deviendrais fou.

« La voix de Chrétien vibrait, ses mains tremblaient, ses prunelles nageaient dans un fluide qui les rendait brillantes d'une sinistre clarté.

« Alors seulement Rose comprit le mal qu'elle avait fait.

« Elle se demanda si, en sauvant sa fille, elle n'avait pas sacrifié son mari.

« Lentement elle se laissa glisser aux genoux de Chrétien et, les mains jointes, elle le regarda sans parler.

« L'ouvrier serra son front à deux mains, comme s'il avait peur que l'indignation ne le fît éclater. Un cri sortit de sa gorge comprimée, ses jambes se dérobèrent sous lui, et il tomba sur un escabeau en poussant un long éclat de rire.

« — Fou ! s'écria Rose, mon mari est fou ! »

La malheureuse jeune fille ne comprenait rien à cet accès de rage. (*Vois page* 207.)

CHAPIRE XIV

REINE

En poussant ce cri douloureux : « — Mon mari est fou ! » — Rose n'éprouvait pas la terreur de l'irrémédiable. Elle crut à un accès de douleur arrivé à son paroxysme ; elle pensa que l'impression d'angoisse violente ressentie par Chrétien avait ébranlé ses facultés sans les détruire.

Cependant, épouvantée du résultat de la faute qu'elle venait de commettre contre l'époux en voulant sauver l'enfant, elle se courba vers le malheureux, appuya la tête de Chrétien sur sa poitrine, et commença à lui parler avec une pénétrante douceur.

— Voyons, disait-elle, ne t'afflige pas, rien n'est perdu... pas même tes papiers, peut-être. Je chercherai le marchand, je les lui rachèterai. S'il le faut, je m'engagerai comme servante pour gagner du pain, et tu travailleras à loisir ; tu feras tes machines, tu recommenceras tes calculs, tu créeras ce que tu cherchais encore...

Un sanglot souleva la poitrine de l'insensé.

— Que veux-tu, reprit Rose, nous autres femmes, nous ne voyons que le foyer, la nichée. Nous devenons inquiètes, dès que l'argent ne sonne plus dans la tirelire. Ce n'est pas pour moi que je tremblais.... une femme ! ça se tire toujours d'affaire... Mais les innocents... J'ai commis la faute pour elle... pour elle j'aurais commis un crime.

— Cette femme est mon bourreau ! dit Chrétien d'une voix sourde.

Le pauvre insensé se tordit les bras.

Rose appela au secours ; une servante, dont la chambre était voisine de la sienne, accourut, et la malheureuse femme lui expliqua tout.

— Il faut que je retrouve le marchand de vieux papiers, dit-elle ; on me donnera bien quelques renseignements dans le quartier.... pour l'amour de Dieu, gardez l'enfant pendant une heure.

— Mes maîtres sont à la campagne, répondit la femme de chambre, j'ai tout mon temps ; sortez, cherchez, je veillerai sur votre mari et je soignerai la petite.

Rose sortit. Elle questionna de boutique en boutique ; sur l'indication d'un sergent de ville, elle courut pendant une heure, et se trompa finalement d'adresse. Après avoir marché pendant trois heures, elle rentra sans avoir rien découvert. La servante berçait l'enfant en chantonnant, Chrétien avait pris un morceau de charbon et couvrait de calculs un des pans de la muraille.

Il ne parut pas s'apercevoir de la rentrée de sa femme et continua son travail.

Rose était si désespérée qu'elle eût souhaité, à cette heure, mourir de l'excès de sa souffrance ; la brave fille qui s'était occupée de l'enfant n'oublia pas la mère : elle gardait des économies qu'elle mit à la disposition de la pauvre femme.

Le loisir dont elle jouissait lui permit de choisir du travail pour la malheureuse, et celle-ci commença une existence dont chaque jour augmenta les douleurs.

Chrétien était bien réellement fou. Mais en expiation de ce qu'elle continuait à appeler son crime, Rose voulut le garder près d'elle ; le malheureux ne faisait de mal à personne, il ne se plaignait même plus. Enfoncé dans des calculs sans fin, il dessinait, écrivait, couvrait d'innombrables feuilles d'esquisses de rouages, de wagons, de roues. Rose avait soin de renouveler chaque jour sa provision de papier. C'était presque l'unique dépense de l'insensé ; il mangeait peu, et sans se préoccuper de la qualité des aliments qui lui étaient servis.

Les anges veillaient sur la petite Reine. Dieu voulait la laisser comme dernière consolation à sa mère. L'enfant guérit, et ce fut sur elle que retomba bientôt le soin de s'occuper du malade. La pauvre enfant ne savait pas ce que c'est que la folie, mais, en voyant son père si triste, elle se prit pour lui d'une grande compassion. L'instinct profondément imitateur de l'enfance la porta à copier ce que faisait son père, et les premières notions d'écriture et de dessin que reçut Reine, elle les dut à un insensé.

C'était une mignonne petite fille, pâle avec des teintes roses aux joues, mais délicates comme des fleurs de pêcher. Ses cheveux blonds cendré avaient une finesse excessive ; un souffle les faisait envoler comme des fils de la Vierge. Ses petites mains étaient douées déjà d'une incroyable adresse. Elle apprit à lire sans que plus tard il lui fût possible de dire comment. Elle demandait à chacun une leçon d'une façon si gentille, qu'il n'était pas un locataire qui ne lui en eût donné une. Un peintre de talent qui demeurait dans la maison la fit poser un jour pour une *Présentation de la Vierge au Temple*, et lui donna une pièce de vingt francs qui mit l'aisance dans le ménage pour quelques jours.

Rose travaillait à des ouvrages de couture.

C'était vraiment un tableau navrant que celui de cet intérieur. La femme assise dans l'embrasure de la fenêtre, cousait sans trêve, de l'aube à la nuit, sans lever les yeux. Quand le dernier rayon de lumière avait disparu, elle allumait la lampe, et recommençait à coudre. On ne pouvait perdre une heure, une minute ; Reine s'accoutumait à faire la cuisine du ménage. Il fallait si peu !

Chrétien arraché à sa besogne se mettait à table, mangeant d'une façon distraite et traçant du bout du doigt, sur la table, des chiffres imaginaires et des figures nouvelles.

Parfois un rayon de lucidité furtive traversait sa pensée ; alors il cherchait dans la chambre, fouillait dans les armoires, en répétant d'une voix plaintive :

— Les papiers ! les papiers !

Un matin il se trouva seul : Rose reportait de l'ouvrage et Reine était à l'école ; le fou poursuivit de nouveau ses investigations.

Il semblait tout joyeux de sa liberté, et se frottait de temps en temps les mains, comme s'il était sûr de faire de grandes découvertes. Tandis que sa femme était là, présente, il avait bien la facilité d'ouvrir l'armoire, de tirer les tiroirs tout grands, d'enfoncer ses bras jusqu'au fond, mais jamais il ne lui avait été possible d'arriver jusqu'à un placard étroit, tout en hauteur, large comme une échelle, et presque sans profondeur. Dans la cervelle troublée de l'inventeur restait une idée fixe de maniaque, de fou ; il voulait savoir si le placard ne contenait pas quelques papiers échappés à la destruction générale.

Profitant de sa liberté, Chrétien ouvrit le placard, dressa la table à côté, plaça une chaise sur la table, et grimpa sur cet échafaudage. Il tremblait, la crainte lui était venue avec la maladie ; cependant il chercha en haut, retira de la dernière planche des paquets d'habillements usés, des jouets brisés ayant appartenu à Reine. Tout à coup il poussa un cri de joie. Un objet rond se trouvait sous sa main. C'était une balle élastique enveloppée dans un chiffon de papier.

Chrétien lança la balle dans un coin de la chambre, puis déplia le papier. Il était chiffonné, sali, presque informe ; cependant, en dépit des taches, des dentelures qui altéraient la marge, le haut et le bas de la feuille, Chrétien reconnut cette feuille. Elle avait encore son folio visible : 217, et avait fait sans doute partie d'un cahier volumineux, car on pouvait y voir les traces d'arrachement que produit une grosse ficelle. Quand le fou l'eut placée sur son genou, lissée de la paume de la main, il la lut avec avidité. A mesure qu'il avançait dans sa lecture, ses yeux retrouvaient une vivacité nouvelle ; ils voyaient leur rayon se fixait au lieu de se perdre dans le vide ; un travail énorme se produisait dans son cerveau ébranlé par des coups successifs. Il regarda les dessins tracés sur la marge et les compara avec des essais plus informes terminés la veille. Puis une vive joie éclaira sa physionomie. A cette expression de triomphe succéda cependant une sorte de crainte : celle de l'enfant qui redoute d'être grondé, de l'animal qui craint d'être battu. Le fou enleva rapidement la chaise et la table, les remit à la place qu'elles occupaient auparavant, et, à la fois ravi et inquiet du trésor dont la possession le troublait d'une façon si grande, il chercha du regard où il pourrait bien le cacher. Les fous et les enfants ont cette manie. Les meubles étaient rares dans la mansarde, où les ouvrait souvent, la feuille de papier frapperait les yeux... Si on allait la déchirer... la vendre ? On avait bien livré les autres. Il fallait sauver celle-ci des mains de Rose.

Le fou, s'il ne témoignait à sa femme ni haine ni colère, n'en gardait pas moins le ressentiment sourd de la peine qu'elle lui avait causée. Il la regardait en tremblant, et la douceur avec laquelle Rose le traitait ne lui enlevait pas le sentiment vague qu'une grande douleur était venue d'elle.

Après avoir cherché vainement une cachette, il avisa un cadre en bois noir, au verre bombé. Ce cadre renfermait, placés sur un fonds de velours bleu, la couronne et le bouquet de mariée de Rose.

C'était, dans cette mansarde, le reflet des beaux jours disparus ! le rayon évanoui de la jeunesse! l'ombre riante du bonheur, rendant plus sombres les années présentes!

Le fou attacha-t-il l'idée d'un souvenir à cette guirlande d'oranger, fraîche encore sous le globe protecteur ? cela est possible, car il l'enleva de la muraille avec une sorte de respect.

Quand il tint le cadre dans ses mains, il le tourna et le retourna curieusement.

Quelques clous sans tête, semblables à ceux dont se servent les encadreurs et les tapissiers, fixaient l'envers d'un carton recouvert d'un papier bleu.

Chrétien souleva les clous rabattus, tira le carton, plaça la feuille de papier, qu'il avait trouvée, entre le velours bleu et la feuille épaisse, courba les pointes comme auparavant, et suspendit de nouveau le cadre à sa place.

Alors il éclata d'un rire sonore, un rire qui parut détendre ses nerfs et épanouit tout son visage, un de ces larges rires qui sont plus que la joie, et semblent l'épanouissement de tout l'être.

Il entendit monter dans l'escalier.

Un peu après, une clef grinça dans la serrure.

Chrétien comprit que Rose rentrait. Il reprit sa place près de la fenêtre, saisit un crayon de charpentier et se mit à tracer des figures, lentement, regardant sa femme avec une sorte de sournoiserie.

L'insensé venait de remporter une grande victoire, de conquérir une part de lui-même. Il devait cacher tout cela : Rose n'était-elle pas l'ennemie ?

Le soir, seulement, il s'approcha de Reine, l'appuya sur son cœur, et l'enfant s'endormit sur l'épaule du père.

La petite fille n'avait pas manqué d'inspirer dans le quartier un vif intérêt ; sa douceur, la patience dont elle usait avec son père, les soins de précoce ménagère qu'elle donnait à la maison, la faisaient citer comme un modèle.

Tout le monde l'aimait à l'école ; les dames inspectrices lui témoignaient une faveur spéciale, et l'une d'elles, Mme Gamburg, la prit sous sa protection spéciale.

Or, Mme Gamburg était une autorité. Son mari avait une grande réputation de science ; dans sa maison, chacun se faisait le thuriféraire de ce chercheur, de ce mathématicien, de cet inventeur, qui passait sa vie au milieu des livres, dans les cabinets des archives, dans les bibliothèques. Était-il réellement un grand génie ? Il avait du moins résolu le problème, difficile à Paris, de se faire compter au nombre des hommes de talent. Il avait répété à sa femme qu'il était aussi savant que toutes les académies, et le cœur de Mme Gamburg avait été crédule à défaut de son esprit. Elle avait aidé, poussé, vanté, exalté son mari. Sa tendresse était touchante. Si l'impression en paraissait quelquefois exagérée, elle puisait sa source dans une origine si respectable, que cette femme, sans éloquence vraie, arrivait à persuader les autres de ce qu'elle croyait elle-même.

Le reflet de la science réelle ou fictive de M. Gamburg avait plus tard mis sa femme en évidence. A force de la voir dans les ministères, de la rencontrer chez les académiciens, on lui prêta une valeur. Elle était peu riche : quels sont les savants qui font couler le Pactole dans leurs maisons ? On lui donna, par faveur plus que par droit de mérite, par sympathie plus que par conviction, une place d'inspectrice.

Si la science de Mme Gamburg ne lui eût pas permis de surveiller de hautes études, elle se trouvait du moins parfaitement propre au genre d'emploi qu'on lui confiait.

Elle était bonne, elle aimait les enfants. Elle avait un fils unique, son orgueil, celui de son mari, que sa passion pour les voyages avait décidé à entrer dans la marine. Il avait accepté dans toute leur difficulté, leur amertume, les débuts de cette vie, et s'était engagé comme simple matelot dans la marine de l'État. Il avait sur le pont, à fond de cale, dans les haubans, n'importe où, complété son éducation scolaire, doublée, poétisée, agrandie par le sentiment de l'immensité qui l'environnait et la beauté des spectacles qui frappaient ses yeux.

Il s'était engagé dans la marine de l'État. (*Voir page* 202.)

Mme Gamburg aimait tous les enfants dans son enfant.
Reine devint sa fille d'adoption. L'écriture remarquable de la petite fille, ses dispositions pour le dessin, donnèrent à Mme Gamburg l'idée

de développer ses facultés du côté des arts libéraux. Elle gagnerait sûrement plus d'argent à peindre qu'à coudre.

Quand la proposition fut faite à Reine d'étudier la peinture décorative, elle poussa un cri de joie en se jetant dans les bras de sa bienfaitrice.

Quinze jours plus tard, Mme Gamburg, conduite par Reine, montait à la mansarde de Rose, et lui proposait de se charger de l'éducation artistique de l'enfant.

— Ah! madame, répondit la malheureuse femme, vous m'enlevez en me parlant ainsi un grand poids! Il m'étouffait le cœur. Faire de ses filles des ouvrières! c'est la misère, la lutte, la faim! c'est le froid de l'hiver sous une robe de toile, et le manque de charbon dans le poêle! Si vous saviez combien depuis dix ans je renouvelle d'efforts pour arriver à peine à nous nourrir tous les trois.

— Mais aussi, dit Mme Gamburg avec une sorte d'hésitation, vous avez gardé une lourde charge.

Et l'inspectrice désigna Chrétien qui, penché sur la table, poursuivait ses interminables calculs.

— Ça, madame, fit Rose, ce n'est pas une charge, c'est l'expiation. Elle lui raconta avec des larmes, des sanglots, comment la folie s'était emparée de son mari.

Quand je l'épousai, dit-elle, il gagnait de l'argent; on le citait comme le modèle des ouvriers. Chrétien ne connaissait pas même le nom des cabarets voisins. Il travaillait, piochait tout le jour; je me disais que nous ne pouvions manquer de devenir riches : j'eus de l'ambition plus peut-être que de la tendresse... pourtant, je l'aimais bien! franchement, sincèrement; mais quand je m'aperçus qu'il négligeait l'atelier pour ses rêves, que tout l'argent passait en livres, je changeai d'humeur, je devins grondeuse. Il se montra patient, il espérait... Eh bien! en ruinant son espoir, j'ai attenté à sa vie... et si le malheureux n'est pas encore descendu dans la tombe, il n'en vaut guère mieux. Je dois protéger cet homme vieilli avant l'âge, cet être intelligent retombé par ma faute dans l'enfance, et je ne m'en séparerai jamais.

Ces sentiments qu'exprimait Rose lui faisaient trop honneur pour que Mme Gamburg essayât de les combattre. Le cœur de la protectrice de Reine s'attacha d'autant plus à l'enfant qu'elle se demandait souvent si les sources de la vie ne s'épuisaient pas dans la mère.

Reine travailla, dessina, progressa, et poussa l'art de la calligraphie à un degré merveilleux.

Grâce aux relations de Mme Gamburg, on donna à l'enfant des copies de mémoires à faire; elle mit au net de volumineux manuscrits.

Sa grande écriture ronde, simple, franche, se lisait d'un regard. Les bénéfices des travaux ajoutèrent à l'aisance du ménage, et, quand Rose, épuisée par un travail de couture au-dessus de ses forces, laissa tomber l'aiguille de ses mains défaillantes, Reine se trouvait en état de subvenir aux dépenses de la maison.

La mère prit le lit et ne le quitta plus. Une phtisie galopante dévora en quelques jours ce qu'elle conservait de vie.

Quand elle pensa qu'elle allait mourir, elle fit approcher Chrétien de sa couche et lui demanda pardon d'une façon touchante.

Le fou ne saisissait pas le sens de ses paroles, mais il vit deux grosses larmes rouler sur ses joues et l'émotion lui poigna le cœur.

Il tendit en avant ses deux mains pour saisir celles de la mourante.

— Mon Dieu ! soyez béni ! dit Rose, il me pardonne...

Alors elle se tourna vers sa fille :

— Reine ! dit-elle, décroche le tableau renfermant ma couronne et mon bouquet de mariage.

Reine allait obéir à l'ordre de Rose, quand le fou, croyant que pour la dernière fois sa femme allait détruire le fruit de sa pensée et l'emporter avec elle dans la tombe, bondit vers la muraille et resta les mains étendues pour défendre la dernière feuille de papier qu'il avait cachée derrière le cadre.

A ce geste, au cri de Chrétien, le cœur de Rose éclata :

— Il ne me pardonne pas, fit-elle, il ne me pardonnera jamais !

La malheureuse femme expira dans la nuit, priant pour celui dont les lèvres pâles s'agitaient pour la maudire.

L'adieu de Rose à sa fille renfermait un ordre sacré :

— Ne te sépare jamais de ton père.

L'enfant le promit, et garda jusqu'au matin dans sa main la main refroidie de l'infortunée qui venait de la bénir !

Les funérailles furent celles des pauvres.

Reine avait alors quinze ans. Son habileté de copiste aurait presque suffi à la faire vivre, elle y joignit des peintures sur éventails, sur faïence, des lavis de toute sorte.

Une ère nouvelle commença pour l'insensé. Au lieu de cette femme triste et pâle qui cousait, cousait dans l'embrasure de la fenêtre, il voyait une belle enfant copiant des manuscrits d'une main exercée, ou dessinant des oiseaux, des fleurs. Tout ce qu'il avait aimé, la peinture, le dessin, l'écriture, revivait autour de lui. Il apportait sur la table de la jeune artiste ses papiers couverts de croquis informes et de caractères bizarres.

Un soir, Reine prit l'ébauche d'un dessin de machine, fait par son père, et le copia en le corrigeant. Sous le pinceau léger de la jeune fille, les cylindres s'arrondissaient, les roues tournaient, les scies avaient de fortes dentelures ; les ombres donnaient une valeur à chaque chose, tandis que le clair obscur rapprochait les objets de la vie réelle.

Appuyé des deux mains sur la table, Chrétien suivait d'un regard enfiévré le pinceau de Reine, perfectionnant ce qu'il avait à peine indiqué, donnant le mouvement à ses informes ébauches.

Quand la jeune fille eut terminé, Chrétien saisit la feuille, l'éleva en l'air avec un cri de triomphe, puis, la posant sur la table, il s'approcha de Reine, il écarta les cheveux de son front, et l'embrassa.

C'était, depuis dix ans, le seul acte complètement réfléchi qu'il eût accompli.

Son âme s'éveillait-elle donc ? Le cœur allait-il revivre ? La lumière du flambeau divin de l'intelligence pourrait-elle briller encore en lui ?

Ce fut une lueur, un éclair dans la nuit, mais il suffit pour encourager Reine dans la voie où elle venait d'entrer.

Loin d'empêcher Chrétien de se livrer à sa manie inoffensive, elle se prêta à la satisfaire. Elle lui acheta des livres, des manuels de mécanique, elle accumula devant lui le papier, les pastels, les crayons. Elle étudiait à son tour les travaux paternels, les retouchait avec une bonté intelligente, et Chrétien sentit qu'elle s'intéressait à ses travaux.

La raison ne revenait pas encore, mais la folie s'éloignait déjà.

Reine alla voir un médecin aliéniste d'une grande célébrité ; celui-ci donna à la jeune fille des espérances bien évasives.

— Il faudrait, dit-il, pour lui rendre la raison, qu'il retrouvât les papiers perdus.

Sur le même carré que Reine demeurait l'Ecureuil, l'étrange et gai commis du marchand de vieux papiers de la Pointe-Sainte-Eustache. Reine le pria de faire des recherches ; dans tous les marchands de vieux papiers elle croyait voir celui qui, dix années auparavant, avait acheté, pour six francs ! le bonheur, la joie, la raison de son père !

L'Ecureuil s'informa sans rien découvrir ; le seul service qu'il rendit à Reine fut de lui apporter pour son père des cahiers ayant rapport aux études spéciales poursuivies par le pauvre insensé.

La vie de Reine était relativement heureuse. Elle sortait peu, l'Ecureuil, une fois la boutique de Grappin fermée, faisait les courses de de la voisine. Elle le payait, non en argent, car l'Ecureuil avait pour maxime qu'entre pauvres les services ne doivent pas se payer, mais en dessins : une aquarelle, une sépia, indemnisaient largement le gamin de sa peine. Il avait couvert l'atroce papier de son trou sous le toit par des dessins corrects, des bouquets de fleurs finement peints : c'était son Louvre.

Quelquefois, le soir, l'Ecureuil entrait dans la mansarde de Reine et, tout en travaillant, la jeune fille chantait une chanson dont l'orgue de la rue lui avait appris l'air. De même que l'Ecureuil avait son Louvre, il appelait les soirées pendant lesquelles chantait Reine, son Conservatoire.

La jeune fille venait de réaliser des économies, bien modestes ! mais suffisantes pour améliorer l'aspect intérieur du pauvre logis. Elle voulait faire changer le papier de la mansarde, mettre le carreau en couleur, vernir les vieux meubles. Un ouvrier devait venir le lendemain commencer ces travaux.

Reine avait lavé les dalles, le sapin des boiseries, nettoyé les vitres ; il ne lui restait plus qu'à enlever de la muraille une gravure assez informe, mais bien précieuse pour elle, son *cachet de première communion*, et le cadre renfermant la couronne et le bouquet de mariage de Rose.

Elle se dirigea du côté de cette chère relique, mais soudain Chrétien s'élança vers elle, lui saisit le bras avec une brutalité folle, croyant de nouveau qu'on voulait lui ravir son dernier bien ; il crispa ses mains dans ses cheveux, poussa des cris forcenés, et terrifia sa malheureuse fille, qui ne comprenait rien à cet accès de rage soudaine.

Ce fut en ce moment qu'entra chez la jeune copiste le docteur Marteau qui, suivant la promesse qu'il avait faite à Méderic, était venu visiter le petit saltimbanque victime de la férocité de Guépar-le-Rouge.

Chrétien semblait complètement égaré. Il pleurait, criait, menaçait.

Reine pleurait, agenouillée à ses pieds.

L'Ecureuil se frappait le front, en se demandant ce qu'il ferait bien pour lui rendre sa sérénité habituelle.

Une potion calmante, que le gamin courut chercher, apaisa la crise du fou ; une prostration complète remplaça son agitation : il s'accouda sur la table, et la tête plongée dans ses mains, il s'endormit.

Pendant que le médecin et Maximilien Audoin s'occupaient du soulagement de la grande misère dont l'existence venait de leur être révélée, Angélie, assise près de Petit-Ange, lui faisait un de ces contes dans lesquels les enfants s'attendent toujours à voir paraître des fées.

Lorsque l'avocat rejoignit la jeune fille, il était un peu pâle.

— Mademoiselle, lui dit-il, vous avez encore du bien à faire avant de quitter cette maison... nous venons de voir un insensé qui jadis travaillait à l'usine de votre père... Ce que nous a raconté sa fille est fort touchant. Je sais que désormais nous n'avons plus besoin de craindre pour elle.

Angélie tendit la main à l'avocat.

— Merci ! monsieur, dit-elle avec un beau sourire comme la charité en fait rayonner sur les jeunes visages ; nous sommes alliés désormais, j'ai votre parole que vous vous souviendrez de moi quand vous trouverez au milieu de vos courses des malheureux et des désespérés.

— Je me souviendrai de cela, mademoiselle.

L'avocat salua respectueusement.

Il serra la main du médecin, demanda à Colombe la permission de revenir prendre des nouvelles de Petit-Ange, et il allait franchir le seuil de la porte quand Angélie ajouta :

— Vous savez, monsieur... le gros procès... mon père vous attend à onze heures.

— Je serai exact, mademoiselle.

Au moment où Angélie quittait la maison de Colombe et remontait dans sa voiture, le père Falot en gravissait l'escalier en spirale.

Il me semble qu'il serait bon de vivre comme je f.i . (*Voir page* 215).

CHAPITRE XV

LA LIGNE DROITE

M. Nerval, le riche usinier, dont le nom est revenu plus d'une fois dans le cours de ce récit, se trouvait en ce moment dans un petit salon faisant suite à la salle à manger. L'heure du déjeûner n'était point encore sonnée, mais il avait sans doute un peu de loisir ce jour-là, à moins qu'il ne dissimulât une arrière-pensée sous l'empressement qu'il mit à rejoindre sa fille.

Achille Nerval avait cinquante ans ; la taille moyenne, mais un peu courbée ; la maigreur de ses joues s'augmentait du teint jaunâtre de sa peau. Une grande ligne noire estompait ses yeux, dont les paupières, un peu rouges, laissaient luire deux yeux petits, perçants, d'un ton fauve, comme les yeux des carnassiers. Son nez fin et droit avait des narines mobiles que la contrariété pinçait de façon à les coller contre les cartilages du nez, tandis que la colère les gonflait comme celles d'un animal flairant une piste. Des dents petites, d'un blanc nacré, éclataient entre des lèvres pâles, coupées en droite ligne. Le menton accusait l'entêtement. Le front développé, intelligent, mathématique, était le corollaire du menton quant à la force de la volonté. Ce que voulait cet homme, il devait le vouloir d'une façon absolue, implacable.

Nerval voulut être riche : il possédait plusieurs millions.

Il n'y avait qu'une opinion sur son compte dans la haute finance de Paris, car les hommes arrivés par le commerce à ce degré de fortune, ne tardent pas à prendre rang parmi les financiers. Nerval traitait les affaires avec une loyauté absolue, sa parole valait sa signature et sa signature valait de l'or.

La fortune ne l'avait pas rendu dur, si elle le faisait orgueilleux. Il donnait d'une main libérale et, sans doute, pour ajouter à la somptuosité de ses aumônes une grâce nouvelle, il les distribuait par les mains d'Angélie.

Levé le premier de sa maison, travaillant jusqu'à la nuit, allant de l'usine à la Bourse, d'un bureau de journal dont il était propriétaire, aux magasins immenses dans lesquels il entassait ses marchandises, il inspectait un article, vérifiait un compte, examinait les travaux de tous genres.

Comme il avait débuté dans la vie par être lui-même ouvrier, ce fils de ses œuvres, qui s'en vantait, ne reculait pas devant une leçon à donner à un travailleur. Si, dans l'inspection d'un atelier, il trouvait une pièce mal venue, il prenait le marteau ou la lime et montrait à l'ouvrier maladroit comment s'y prendre.

Sa fortune, avons-nous dit, se calculait par millions. Il s'en servait sans prodigalité, mais avec grandeur. Les services qu'il rendait, et il en rendait beaucoup, étaient peut-être du genre des services d'argent que rendent les usuriers qui prêtent à 50 0/0. Nerval s'en faisait rembourser l'intérêt en bons offices, en réclames de bonté, de dévouement. Il ne lui déplaisait pas de trancher du Mécène, et comme il possédait un journal, il feignait parfois de protéger les hommes de lettres.

Au demeurant, il faisait infiniment plus de cas de ses batteurs de fer que des ciseleurs de phrases. Mais, comme il avait tous les orgueils et qu'il rêvait la décoration, il fallait un prétexte plus ou moins bon pour la lui décerner, et ce prétexte, il était sûr de le trouver dans le journalisme. En soutenant les ministères, il s'était ménagé dans quelques-uns des relations précieuses. On lui donnait la primeur de certaines nouvelles politiques, et il en jouait d'une façon si habile qu'à la suite de chacune d'elles il réalisait à la Bourse un notable bénéfice.

Sa situation, enviée de beaucoup, ne semblait cependant pas encore suffisante. Il rêvait la députation et, pour arriver à faire partie de la Chambre, il essayait de se créer dans la population travailleuse de Paris une popularité capable d'imposer son élection. Durant un hiver, il installa, à ses frais, 100 fourneaux économiques. Une autre année, il dégagea du mont-de-piété le linge des pauvres gens ; une affiche apposée sur les murs de la capitale, étalait, en grosses lettres, le nom du bienfaiteur ; le premier pas était fait : quand on lirait sur une affiche : M. ACHILLE NERVAL, *candidat républicain*, tout le monde saurait de qui il était question.

Mais, quoi qu'il fît personnellement, mû par ses projets d'orgueil, habilement dissimulés, Nerval aurait échoué peut-être, sans le secours de sa fille.

La jeune fille ne remarquait point que son père n'oubliait jamais de mettre le nom d'Angélie Nerval en tête des listes de souscription ; elle répandait tant d'aumônes en secret qu'elle n'eût pas compris la satisfaction orgueilleuse de voir s'étaler dans un journal le chiffre de ses bienfaits.

D'ailleurs, elle ne lisait guère de journaux, pas même celui de son père. La légèreté voulue des feuilletons effrayait sa candeur et elle avait le bons sens de ne rien comprendre à la politique. Anna, sa femme de chambre, qui ne professait pas le même dédain pour la littérature quotidienne, avait ordre de couper dans les faits divers tout ce qui avait rapport aux accidents signalés dans la journée : Angélie trouvait dans ces renseignements une source inépuisable d'aumônes à répandre, de mères à soulager, de malades à visiter dans les hôpitaux, d'orphelins à nourrir.

Son père lui avait fixé une pension énorme pour sa toilette ; 24,000 fr ! Et cependant Angélie demandait des avances, se faisait ouvrir des crédits, et tendait souvent les deux mains pour que Nerval les remplît d'or. Elle inventait une foule d'occasions, de prétextes à présents. Il fallait fêter tous les saints du calendrier qu'elle comptait pour protecteurs. Le jour de la Saint-Nicolas, patron des enfants, de la Sainte-Catherine, patronne des jeunes filles, Pâques, Noël, le premier jour de l'an, l'anniversaire de sa naissance, elle comptait, elle calculait tout. Mais il était inutile de lui donner des bijoux, deux jours après elle les avait vendus, et les pauvres gens savaient où était allé cet argent.

Cette aide qui, à toute heure, s'offrait à lui, n'avait nullement l'idée qu'elle servait l'ambition paternelle. Angélie donnait parce qu'elle était charitable et bonne, mais elle gardait à son père une reconnaissance infinie de la façon généreuse avec laquelle il accueillait toutes ses demandes.

La jeune fille aimait profondément son père. Elle le trouvait bien un peu préoccupé, enveloppé parfois d'un sombre nuage de tristesse, mais Angélie songeait alors que sa mère était morte jeune, et qu'Achille Nerval l'avait beaucoup regrettée.

Le souvenir de sa femme l'avait-il seul empêché de contracter une autre union ? Angélie suffisait-elle à la somme de tendresse qu'il pouvait dépenser ? Nerval ne fit de confidences à personne, et sa fille voulut croire qu'il gardait la sainte religion d'une tombe prématurément ouverte.

Chose bizarre, Nerval n'avait pas d'amis. Ses relations étaient nombreuses, beaucoup de gens lui serraient la main ; il tutoyait quelques hommes riches comme lui, et cependant il ne possédait pas un seul frère de cœur, de pensée, et s'il avait souffert, il lui eût été impossible de choisir, dans la foule des gens qui l'entouraient, l'être dévoué, prêt à le soutenir, à le fortifier, même à l'entendre.

Sa froideur repoussait-elle le plus grand nombre, ou bien Nerval avait-il en lui ce je ne sais quoi d'indéfinissable qui éloigne au lieu d'attirer ? Sa main était-elle trop froide, ses lèvres trop minces, sa voix manquait-elle de cette plénitude qui invite à la confiance ? Il y avait peut-être tout cela en lui.

Par orgueil, il ne se plaignait pas de ce manque absolu de dévouements, et cependant il le constatait. Il eût donné 100,000 fr. pour entendre dire de lui : « — Ce Nerval, quel bon garçon ! » — Mais on ne le pensait pas, et ce que l'on ne pense pas monte rarement aux lèvres.

Il n'avait donc qu'Angélie. Mais avec cette jeune fille si candide, si bonne, il ne pouvait parler de tout ce qui lui tenait au cœur. Une part de sa vie restait mystérieuse et sans expansion.

Nerval, depuis un mois environ, redoublait de bontés pour sa fille ; celle-ci ne s'en étonnait pas ; une femme perspicace se serait presque effrayée.

Après avoir fait de chaque heure de sa vie un moyen d'arriver à la fortune, de chaque relation un marchepied, Nerval, père d'une fille charmante, n'allait-il point songer à la faire servir aussi, elle, d'échelon pour monter encore ?

Jamais, jusqu'à ce jour, il n'avait été question de mariage entre le père et la fille ; Nerval recevait peu de monde, Angélie traversait à peine le salon quand son père donnait une soirée. Les pensées si chastes de la jeune fille ne s'étaient jamais arrêtées sur la perspective d'une union quelconque. Elle se trouvait heureuse et croyait que, sous peine de le gâter, il ne faut jamais toucher au bonheur.

Tandis qu'Angélie travaillait, ce matin-là, dans le petit salon, et que Nerval, allongé sur le divan de soie, paraissait la regarder avec une expression de satisfaction intime, Angélie se souvenait de ce qu'elle avait vu pendant la matinée ; elle se rappelait que le nom de son père avait été prononcé, à propos du fou de la mansarde, et elle voulait essayer d'obtenir de Nerval qu'il fît quelque chose pour ce malheureux.

— Tu sembles bien pensive ? lui dit tout à coup son père.

— Oui, répondit-elle, je n'ose vous parler d'une chose qui m'intéresse vivement, et...

— Depuis quand ma fille a-t-elle peur de moi ?

— Peur, n'est pas le mot ; mais il faut rappeler en vous des souvenirs effacés peut-être.

— Il n'est point de souvenirs dans ma vie que l'on ne puisse évoquer, dit Nerval, d'une voix brève.

— Oh ! mon père ! je le sais ; mais quand il s'agit d'un infortuné pour lequel je voudrais vous attendrir, et envers qui, peut-être, vous vous êtes montré...

— Parle ! parle ! Que veux-tu dire ? demanda Nerval, d'une voix saccadée.

— Oh ! si vous vous fâchez déjà...

— Je ne me fâche pas. J'ai horreur des réticences. Tu sembles m'accuser d'avoir été injuste.
— Tout au plus sévère.
— Après.
— Il s'agit d'un ouvrier de votre usine, Chrétien Moureau ; ce nom ne vous rappelle-t-il rien ?
— Chrétien Moureau. C'est bien vieux, sans doute ?
— Cela remonte à dix ans.
— Chrétien Moureau... Ah ! j'y suis, un maniaque à qui ses camarades avaient donné le sobriquet de *Géomètre*.
— C'est bien cela.
— En quoi t'intéresse-t-il ?
— Il est devenu complètement fou.
— Cela devait arriver.
— Il était honnête homme et père de famille.
— Sans doute ! mais l'orgueil l'a perdu ; au lieu de travailler au fourneau ou à l'atelier, il s'occupait à tailler des rondelles, à découper des rouages de zinc, à calculer des choses impossibles. Ne prétendait-il pas changer le système de nos wagons et chauffer les trains avec la vapeur ?
— Votre mémoire est très fidèle.
— Comment, petite fille, tu t'occupes de questions de chemins de fer ?
— Quand mes amis y ont intérêt.
— Il est ton ami, ce Chrétien ?
— Depuis ce matin, oui, mon père.
— Veux-tu que je lui envoie Legrand du Saule, l'aliéniste ?
— Non, merci, un docteur, dont j'ignore le nom, l'a vu ce matin, en même temps qu'un nouveau protégé.
— Il me semble que tu étends beaucoup le cercle de tes relations ?
— Autant que celui de vos affaires.
— Mais les affaires me rapportent.
— Tandis que mes relations vous coûtent.
— Ne réglerons-nous jamais nos comptes ?
— Je ne demande pas mieux.
— Aujourd'hui, te conviendrait-il ?
— Parfaitement, mon père.
— Ta mère..., dit lentement M. Nerval.
— Ma mère ne possédait rien quand vous l'avez épousée, je le sais.
— Soit ! mais à l'heure où je la perdis, j'étais riche ; le régime de la communauté nous rendait solidaires. Donc, quand elle mourut, comme je me trouvais à la tête de deux millions, il lui en revenait un.

Angélie ne parut pas comprendre.
Nerval la regarda : elle sourit.
— De sorte que, reprit l'usinier, tu possèdes un million à toi.
— Un million ! quel bonheur !
— Tu vas donc aimer l'argent ?
— Il y a tant de pauvres !
— Un million, poursuivit Achille Nerval, dont j'ai la gestion en qualité de père et de tuteur, mais dont tu entreras en possession lors de ta majorité.
— Les filles comme moi ne sont jamais majeures, mon père.
— Ou bien, dit l'usinier, en prenant une main de sa fille, qu'il tapota doucement, à moins que l'émancipation te vienne du mariage.
— Du mariage !
— N'y as-tu jamais songé ?
— Jamais.
— Cependant, tu ne penses pas entrer dans un cloître ?
— Non, mon père ; il me semble qu'il serait bon de vivre comme je fais, semant le bien, vous entourant de tendresse et de respect.
— Oui, tu es une bonne fille ; cependant, réfléchis, la vie de la femme, c'est le foyer, la famille, les enfants. Quand je mourrai, je ne veux pas te laisser seule, à la tête de capitaux immenses ; il faut que je te confie à un protecteur.
— Vous l'avez déjà cherché ? dit soudainement Angélie.
— Et j'étais dans mon rôle comme dans mon droit.
— Je vous l'accorde. Tenez, vous me demandiez tout à l'heure si j'avais songé à me marier ? Non, cela est vrai, mais je sais cependant quel idéal je me fais du mariage.
— Deviendrais-tu romanesque ?
— Ne le craignez pas, je suis votre fille, et je suis chrétienne, deux motifs pour ne pas rêver. Mais, autour de moi, si peu que je connaisse le monde, je vois assez d'unions troublées pour me dire : — Une femme doit trouver dans son mari le compagnon de sa vie, l'ami des bons et mauvais jours ; elle doit l'honorer au moins autant que le chérir. Donc cet homme doit mériter l'estime et la tendresse. Vous venez de m'apprendre que je possède un million ! Je ne dirai point que cela me rassure, mais cela me rend cependant contente. Puisque je suis riche, je pourrai choisir mon mari sans me préoccuper de la question d'intérêt.
— Je te disais bien que tu allais devenir romanesque.
— Nullement. Cinquante mille francs de rentes me font riche, n'est-ce pas ?
— Oh ! médiocrement aujourd'hui ; cependant la pauvreté d'un

homme ne serait pas un insurmontable obstacle, dans le cas où il offrirait des avantages d'une autre sorte. Un grand nom, par exemple.

— Ou un grand talent.

— Non pas ; le talent est lent à se former ; un nom est tout de suite une puissance, et s'impose de lui-même. Ainsi, admets que j'aie pour gendre un homme portant un des vieux noms de France, cette alliance appuie beaucoup mon crédit ; le nom de mon gendre s'étale à la tête de mes administrations financières ; il donne confiance comme honneur, tandis que le mien donne confiance comme solvabilité et quand je me porterai candidat...

Angélie regarda son père bien en face, de ses grands yeux limpides et clairs, et lui demanda :

— Pourquoi ne me dites-vous pas tout de suite le nom de ce prétendant ?

— Le comte de Nointel.

— Lui ! mon père.

— En quoi te déplaît-il ?

— Je l'ai fort peu vu, et cependant je l'ai jugé ; il ne m'aimerait pas, il n'aime personne. Il s'est ruiné par orgueil, en faisant courir, en luttant de folies avec tous les écervelés de Paris. Il ne cache pas ses opinions religieuses.

— Que t'importe ! s'il te laisse libre d'aller à l'église.

— Il m'importe beaucoup, mon père ; je veux trouver dans mon mari, puisque vous voulez que je songe au mariage, un confident de toutes mes pensées, un être qui partage mes aspirations, mes enthousiasmes, mes espérances.

— Tu réfléchiras, dit celui-ci ; le comte de Nointel est estimé...

— Estimé ! dit Angélie, il a lancé dix affaires qui sont tombées.

— Oui, mais il n'y a eu de ruinés...

— Que les actionnaires ! dit Angélie.

— Tu deviens acerbe.

— Vous devenez pressant, mon père !

Une mauvaise humeur visible se manifesta sur le visage de Nerval, mais sa fille le comprit à temps ; elle l'enlaça de ses bras, lui dit des paroles pleines de tendresse, le supplia de ne pas l'éloigner de lui, demanda du temps, promit en échange de réfléchir, et se montra si complètement charmante, que le millionnaire se dit qu'il aurait toujours le temps de faire valoir sa volonté et qu'il était prudent et sage de commencer par faire des concessions à sa fille. Il eut donc l'air de céder à demi.

— Je te propose un marché, dit-il ; je te ferai cadeau, cadeau, entends-tu ? d'un billet de 1,000 fr. pour meubler une chambre convenable à Chrétien Moureau, et tu me promettras de te montrer, sinon empressée, du moins aimable pour le comte de Nointel, qui dînera prochainement ici.

— J'accepte, dit Angélie, les mille francs.

— Voici ; ta parole ?

— Je vous tends la main.

Au même instant, le valet de chambre annonça que le déjeuner était servi.

Nerval offrit son bras à sa fille, et tous deux passèrent dans la salle à manger.

Ils venaient de prendre place à table, quand le timbre de la porte résonna assez bruyamment, et un domestique prévint que M. Audoin demandait un moment d'entretien.

— Faites entrer ! dit Nerval.

Maximilien Audoin parut.

— Tu permets ? dit Nerval à sa fille.

— Comment donc ! Mais, j'ai déjà rencontré M. Audoin aujourd'hui.

— Tu ne deviens pas plaideuse ?

— Vous savez bien qu'on appelle monsieur l'avocat des pauvres.

— Ce serait à regretter d'être millionnaire si, à ce prix, il fallait se priver du secours de votre talent, dit gravement Nerval.

Puis se tournant vers l'avocat :

— J'y songe, puisque vous êtes en courses depuis ce matin, vous n'avez sans doute pas déjeuné ?

— Monsieur, dit Maximilien, vous me rendez confus.

— Un couvert pour monsieur, dit Nerval au domestique ; nous causerons à table. J'ai tant à faire aujourd'hui ! D'ailleurs, Angélie s'entend bien plus aux affaires que je ne croyais, et tout à l'heure elle a plaidé une cause...

— Qu'elle a gagnée ?

— Pas absolument ; l'affaire est remise à huitaine.

— Vous m'avez parlé, monsieur, d'un procès ?

— Oui, un procès ; je vous remettrai le dossier tout à l'heure. Il s'agit de mines d'une grande valeur, dont on me conteste le droit d'exploitation ; vous gagnerez cette affaire, haut la parole.

— Je gagnerai, monsieur, d'abord si vous avez raison...

— La question est-elle absolument là ?

— Elle s'y trouve en germe, du moins, car si je vous donnais tort dans mon esprit...

— Vous n'en auriez que plus de mérite à l'emporter sur mon adversaire.

— Si je vous croyais dans votre tort, monsieur, je ne plaiderais pas !

— Mais vous dénaturez l'idée fondamentale de la discussion judiciaire.

— Au contraire, je reste dans la justice ; la première condition pour convaincre les autres, c'est d'être convaincu soi-même.

— Erreur ; on ne prouve bien que ce qu'on ne sait pas

— Ceci serait de l'habileté et non de la conscience.

— Vous croyez donc à la justice ?

— Je fais ce que je puis pour qu'elle triomphe du moins.

— Mais, dit Nerval, vous possédez une facilité de parole, une finesse d'aperçus qui ne doivent jamais vous laisser au dépourvu d'arguments.

— Pardonnez-moi, monsieur, je possède à faible dose quelques-unes des qualités que vous me prêtez généreusement, mais je les perdrais de la manière la plus absolue si j'en abusais de quelque façon que ce soit.

— Je n'en crois pas un mot, je vous ai entendu plaider. J'avoue même que ce jour-là, je ne me sentais pas sans inquiétude. Que voulez-vous ! Il s'agissait d'intérêts graves : huit cent mille francs ! Maître Dubois, un des habiles de Paris, devait se charger de mon dossier, et voilà que, l'avant-veille de l'audience, il me déclare que l'état de sa santé le force de partir pour l'Algérie. Il vous présenta à moi : « C'est un suppléant ! me dit-il ; je vous fais un cadeau ! » Votre physionomie m'inspirait confiance, mais le talent de maître Dubois m'était connu.

— Cependant vous me fîtes crédit, monsieur.

— Oui, mais quand j'entrai dans la salle d'audience, le cœur me battait un peu. Je fus vite rassuré : un organe sonore, le geste sobre, le raisonnement pressé, l'argumentation irréfutable, de la chaleur, de l'entraînement, de l'éloquence, pour tout dire.

— Oh ! cette fois, monsieur, vous exagérez.

— Nullement. Je trouvai en vous un homme, et à partir de ce jour, quand bien même maître Dubois serait revenu, vous n'en seriez pas moins resté mon conseil.

— Et j'espère bien que vous me garderez cette confiance.

— Et vous votre appui.

— Ceci, je vous l'ai dit, monsieur, ne dépend pas de moi, mais de votre cause.

— Mais, abstraction faite de l'intérêt que j'ai dans ceci, dit Nerval, vous ne deviendrez jamais un avocat plaidant beaucoup, si vous voulez choisir vos causes.

— Je crois que vous êtes dans l'erreur, monsieur, et quand il serait vrai, je ne changerais pas pour cela de manière de voir et de façon d'agir. Je plaiderai moins, cela est possible, mais quand les juges verront que je me charge d'une affaire, ils sauront par avance de quel côté est l'équité.

— Vous serez alors doublement intéressé: juge d'abord, avocat ensuite.

— C'est ainsi que je comprends mon devoir.

— Vous l'exagérez. Vous êtes ambitieux?

— Je ne le cache pas.

— Eh bien ! l'argent donne tout, et l'argent s'amasse en plaidant toujours et en gagnant souvent des causes.

— Vous croyez donc à la force absolue de l'argent, monsieur?

— Je ne crois qu'à celle-là ; le dieu d'aujourd'hui s'appelle le veau d'or.

Angélie sentit la rougeur monter à son front ; Maximilien Audoin resta un moment silencieux.

— Je sais, reprit-il lentement, que l'on fait maintenant peu de cas de ces mots : honneur, conscience ; l'habileté tient lieu de beaucoup de choses : cependant je serais malheureux d'agir autrement que je fais.

— Vous êtes riche ? demanda Nerval.

— Je suis pauvre, répondit Maximilien, avec simplicité.

— Savez-vous, mon jeune ami, que vous êtes un phénomène ?

— Pas même une exception ; il existe un bien plus grand nombre de gens honnêtes que vous ne paraissez le supposer

— Voulez-vous dire qu'ils se trouvent dans les classes indigentes ?

— Pas plus chez les pauvres que chez les riches ; l'honneur est une affaire de cœur, de conscience. Je connais des gentilshommes qui sont des modèles de probité dans toute l'étendue de ce mot, et des travailleurs, des mendiants qui ne leur cèdent en rien. Je dois ajouter cependant que ces fleurs de loyauté germent de préférence dans les âmes de ceux qui croient.

— Vous êtes donc croyant, monsieur Audoin ?

— Oui, monsieur.

— Chrétien ?

— Plus que cela, catholique.

— Et en l'avouant, vous ne redoutez pas de vous exposer aux railleries ?

— Quelles railleries ? Et de qui me viendraient-elles ? Quoi ! il faudrait, pour éviter certaines plaisanteries, qui sont au moins de mauvais goût, renier mon éducation première, les bienfaiteurs qui me l'ont donnée, le travail qui m'a nourri, la croyance qui m'a consolé ?

— C'est bien, monsieur ! c'est bien ! dit Angélie.

— Pardon, mademoiselle, je me suis laissé entraîner, croyez bien...

— J'aime entendre les belles et chaleureuses paroles, monsieur, dit la jeune fille, elles reposent. Dans tous les cas, voulez-vous être assez bon pour vous charger de remettre à Chrétien Moureau le billet de mille francs que mon père m'a donné pour lui.

— Ah ! monsieur, dit Maximilien, comme vous vous calomniez.

— Non pas ! non pas ! l'aumône n'a pas de rapport avec les affaires, et mademoiselle ma fille distribue à merveille les unes, tandis qu'elle ne s'entendrait nullement aux autres. Passez dans mon cabinet, je vous remettrai le dossier.

— Volontiers, répondit l'avocat.

Nerval quitta la table et sortit le premier.

Maximilien se tourna vers la jeune fille :

— Votre commission sera faite ce soir, mademoiselle.

— Merci, répondit Angélie.

Elle resta un moment immobile, regardant la porte par laquelle son père et le jeune avocat venaient de disparaître.

— Décidément, dit-elle, c'est un noble cœur !

En quittant la salle à manger, Angélie regagna le petit salon.

Trois ou quatre hommes débouchèrent dans le passage. (Voir page 224.)

CHAPITRE XVI

LE TAPIS-FRANC DU CRAPAUD-QUI-CHANTE

Ils diminuent en nombre les tapis-francs servant de rendez-vous aux voleurs et de souricière à la police.

L'agrandissement des rues, l'assainissement des quartiers les suppriment et tendent à les faire complètement disparaître.

Il faut aux tavernes l'obscurité d'une ruelle, les ruisseaux fangeux, les dédales des rues et des passages, les maisons lépreuses du voisinage, les caves ayant des trappes à fleur de terre et des égouts à côté. Les souris qui fréquentent ces mauvais lieux seraient trop vite prises si elles n'avaient plusieurs gîtes.

Le cabaret du *Crapaud-qui-Chante* continuait les vieilles traditions de ces bouges où l'on comprend que puissent se passer des scènes odieuses et se combiner des crimes atroces.

Il était situé dans ce passage de Ménilmontant qui, lui-même, domine les hauteurs de Belleville.

On ne saurait imaginer un quartier plus sombre, plus hideux. Tout le passage est formé d'une double rangée de maisons basses, noires, sordides, aux fenêtres borgnes, aux allées sales et profondes. Une population de montreurs de singes, de chiffonniers, de saltimbanques, d'individus exerçant des métiers invraisemblables avec lesquels ils sont sensés subvenir à leur existence, s'agite, vit et grouille dans ce milieu de vices et de vermine.

Pendant le jour, les industriels du quartier se répandent dans Paris; le soir, ils viennent régulièrement dans les immondes cabarets du voisinage, dont le plus renommé est le *Crapaud-qui-Chante*.

On y débite des arlequins dans lesquels le haricot de mouton est farci d'arêtes de poisson, de saucissons à l'ail, du vin qui n'a jamais su ce que c'est qu'un grain de raisin, et de l'eau-de-vie pour laquelle les noms de *fil-en-quatre*, de *tord-boyaux* semblent encore trop doux.

Haute et petite pègre s'y rencontrent et y fraternisent.

Tandis que les clients de passage mangent sur une table de sapin des plats bizarres qui leur sont servis, ou avalent un canon debout devant le comptoir, les pratiques de la maison se dirigent vers l'arrière-salle, après avoir cligné de l'œil en passant devant la propriétaire de l'établissement.

Celle-ci semble avoir été créée pour trôner dans ce misérable bouge.

Sa figure ronde et rouge est couverte de pustules noirâtres ; elle a le nez à demi rongé, et les quelques dents qui lui restent branlent dans leurs alvéoles. Ses cheveux rares plaquent sur son front. La *Roublarde* est lourde, courte, massive ; ses jambes, façonnées avec l'élégance particulière à celles de l'éléphant, appuient pesamment sur le sol. Son costume est un composé de haillons sordides. Elle a les pieds logés dans des bottes rognées, et la tête coiffée d'une capeline rouge. Un torchon graisseux, d'une teinte invraisemblable, entoure sa taille, et nul ne peut savoir tout ce que contiennent les poches multiples dont sont ornés les haillons de la Roublarde. Elle en a deux à sa jupe, deux à son tablier, deux à son caraco. Chacune, à la fin de la journée, est gonflée d'objets de provenances diverses. Des montres, des foulards, des tabatières, des pièces de dentelle se confondent dans ces réservoirs. Une gibecière remplie de monnaie blanche pend au côté de la Roublarde.

Quand un client l'appelle dans un coin de la salle du cabaret et lui montre un bijou, la vieille recéleuse prend quelques pièces dans sa sacoche et dit simplement :

— Voilà !

Il n'y a pas à revenir sur le prix qu'elle vient de proposer. La Roublarde ne s'amadoue pas, ne s'adoucit jamais. Quand le vendeur ne semble pas content, elle lui remet l'objet dans la main, en répondant :

— Va chez le changeur, mon petit !

La Roublarde avait passé par la prison de Saint-Lazare ; pendant sa jeunesse, la dépravation de ses mœurs l'y fit enfermer ; elle en sortit plus gangrenée au dedans, mais plus prudente dans ses allures.

Afin de n'avoir pas la police contre elle, la Roublarde l'eut pour elle.

Mais il ne faut pas conclure de ces mots que la Roublarde trahissait indistinctement tous ses habitués.

De temps à autre elle faisait prendre le menu fretin de voleurs qui passaient chez elle sans s'y fixer, sans chercher d'attaches, mais elle couvrait d'une protection occulte, directe, vigilante, les membres de la famille comprise sous le nom de *Déboulonneurs*.

D'où venait ce nom ? On ne saurait guère l'assurer. Peut-être de ce que les voleurs qui avaient commencé à s'associer s'en prirent d'abord au dévissage des boutons de portes, de serrures de cuivre, de l'outillage extérieur des maisons et des choses dont ils enlevaient le métal utile. Cette industrie prospéra pendant quelques temps ; la surveillance des sergents de ville la contraria si fort, qu'il fallut changer de moyens de vivre. Mais le nom était créé, on le garda. Seulement la société des *Déboulonneurs* s'accrut de filous de tous genres : au *bonjour*, au *poivrier*, à la *tire;* tous les systèmes paraissaient bons pourvu qu'ils amenassent un résultat sérieux.

Les *Déboulonneurs* étaient les préférés, les Benjamins de la Roublarde.

Elle leur gardait les portions de choix dans ses arlequins, son vin le moins frelaté.

Pour eux, elle tenait toujours prêt un moyen d'évasion, un alibi. Les misérables qu'elle protégeait de la sorte l'appelaient la mère aux filous ou la *mère* tout court.

Quelques gens du quartier affirmaient qu'elle avait été mariée, et que son mari était mort de mort violente, terme poli pour raconter qu'on l'avait guillotiné sur la place de la Roquette. On ajoutait même qu'elle avait eu un enfant, dont la disparition l'avait rendue à peu près folle pendant quelques mois, et que si la Roublarde amassait de l'argent, c'était dans l'espérance de retrouver son enfant.

Jamais elle n'en parlait. En souvenir du petit être qu'elle avait perdu, il semblait qu'elle aurait dû chérir les enfants : il n'en était rien ; elle les haïssait, les repoussait, comme si leur vue agrandissait une blessure encore saignante.

Pendant le jour, le cabaret du *Crapaud-qui-Chante* était presque désert. Le bouge paraissait comme un trou noir, au fond duquel s'esquissait vaguement la lourde silhouette de la maîtresse du lieu.

Sur l'enseigne, un crapaud verdâtre jouait de la guitare, en présence d'un cercle de jeunes grenouilles émerveillées.

L'enseigne avait commencé à faire la fortune du cabaret.

Dès le matin, l'ogresse sortait de la soupente dans laquelle elle se vautrait comme un sanglier dans sa bauge. Elle faisait ses provisions : viandes faisandées, poissons gâtés, légumes dépréciés et flétris, et précipitait le tout dans sa marmite, avec de la graisse et de l'ail.

Vers cinq heures, le couvert était mis : une assiette épaisse, un gobelet d'étain, pas de couverts. On payait à l'avance sa portion de viande ; le vin se débitait au comptoir. La Roublarde suffisait à tout ; quand elle croyait avoir besoin d'aide, elle priait Bec-d'Oiseau de lui servir de garçon de salle.

Le gamin s'attachait une serviette autour des reins et, rieur, caustique, malin, débraillé, il courait d'une table à l'autre, enlevant les assiettes, recevant les gros sous, versant le vin bleu. Jamais il ne se trompait dans ses calculs. Pour faire passer le chiffre d'une addition, il disait un bon mot, chantait un couplet, et répandait le rire dans cette salle enfumée et sombre, où souvent, le soir, on trouvait sur les tables des plaques rouges qui n'étaient pas du vin répandu.

Bec-d'Oiseau se formait, comme disait la Roublarde. Cependant il restait au fond de cette jeune âme quelque chose de nativement bon qui se révoltait contre le mal. Il côtoyait l'abîme, il n'y tombait pas encore.

Ce n'était point la faute de la Roublarde, pourtant !

Comme la plupart des natures déchues, elle ne pouvait supporter les gens de bien.

Cet enfant vagabond, un peu paresseux, qui travaillait de tous les métiers, suivant sa fantaisie, et qui n'en savait aucun, lui semblait un problème. Elle eût souhaité qu'il se fît le compagnon d'un des membres de la haute Pègre.

Il refusait, affirmant à la Roublarde qu'il gagnait autant que la plupart de ses abonnés, puisqu'ils étaient toujours sans le sou.

— Hardi, mon garçon ! lui dit un soir l'ogresse, nous avons du monde, ce soir ; les affaires ont bien marché, et paraît qu'il faudra des plats de distinction. On fait tant de frais qu'on a commandé la musique.

— Connu ! dit Bec-d'Oiseau ; le musicien garde la porte, sans en avoir l'air, et pendant ce temps on peut causer.

— Tu es un malin, toi ! et si tu voulais....

— Eh bien ; quoi ? si je voulais... vous m'embaucheriez dans les *Déboulonneurs*, pas vrai ? la belle avance ! Le Lapin-blanc est à Mazas, Turc fait un voyage d'agrément à Cayenne ; ils sont trois ici qui ne dorment pas plus que des lièvres au gîte, ce n'est pas une vie, cela !

— Tu oublies les bonnes parts de prise, l'argent, les bijoux...

— L'argent, les petits comme moi n'en reçoivent guère ; les bijoux ? Sans vous considérer, la Roublarde, vous ne les payez pas même au poids ! Non ! non ! je préfère ma façon de mener l'existence : ouvreur de portières, ramasseur de bouts de cigares, marchand de statuettes de plâtre, commissionnaire sans médaille, garçon de café quand j'ai l'honneur de travailler dans votre établissement ! Je sors quand il me plaît, sans craindre la *rousse*, je fais mon bonheur des représentations de la Famille Laurier, place Puebla ; on me considère un peu, on m'aime beaucoup ; et puis, voyez-vous, la Roublarde, j'ai une autre raison, encore.

— Laquelle ? demanda l'ogresse.

— Je protège une jeune fille.

— Toi ? Voyez-vous Bec-d'Oiseau s'érigeant en protecteur !

— Et pourquoi pas ?

— Et ta protégée s'appelle ?

— La Bestiole, répondit Bec-d'Oiseau.
— C'est pas un nom, ça.
— Je le sais bien ; mais on ne lui en donne pas d'autre. La mauviette est tombée un jour dans un escalier, et de cette chute elle est restée boiteuse et contrefaite.
— Eh bien ! tu places joliment tes bontés.
— Ne riez pas, la Roublarde, c'est un ange que cette enfant-là. Si vous voyiez comme elle est faible, pâle, maladive, et cependant quel courage au travail dans un si petit corps ! Elle coud comme une fée. Pauvre Bestiole ! Elle a un joli état : habilleuse de poupées ! Mais ce travail est peu payé, et encore je ne suis pas sûr que Bestiole n'abandonne pas une partie de son salaire à son père.
— Est-ce que je le connais, son père ?
— Sans doute ; Camourdas.
— Ah ! un drôle de corps ! Il mange comme un bœuf, et il boit de l'eau.
— Il boit de l'eau ici, avec les camarades ; mais il se grise tout seul, et ses ivresses sont terribles !
— Qui te l'a dit ?
— Bestiole, que j'ai trouvée un jour toute meurtrie et ensanglantée. Ne croyez pas qu'elle se plaigne, cependant, pauvre agneau ! Elle n'accuse jamais Camourdas ; au contraire, elle parle avec bonheur des moindres attentions qu'il a pour elle.
— Je ne vois pas quel rapport la Bestiole peut avoir avec ton avenir ?
— Un très-grand. Elle est si honnête, si douce, cette pauvre Bestiole que le jour où elle me demanderait, les yeux dans les yeux :
— « Qu'as-tu fait depuis que je ne t'ai vu ? » — Je ne saurais pas lui mentir et j'avouerais tout. Elle a une manière de vous parler de l'honnêteté, du travail, de toutes les bonnes choses, qui me remue. Tenez, la Roublarde, vous me croirez si vous voulez, et si vous vous moquez, je m'en fiche, elle m'a mené un soir à l'église.
— Toi ?
— Oui, moi ! C'était la première fois que j'y entrais. Une veille de Noël, je m'en souviendrai toute ma vie, j'étais allé lui demander si elle faisait réveillon avec son père :
« — Mon père, me répondit-elle, dînera et soupera avec des amis.
» — Et toi, ma pauvre Bestiole ?
» — Moi, je resterai ici.
» — Toute seule ?
» — Il le faut bien.
» — Et si nous faisions un réveillon à nous deux ? Du cervelas, des noix, des pommes, tout ce que tu voudras.

» — Oh ! ce n'est pas cela que je souhaiterais, me répondit-elle.
» — Quoi donc ?
» — Voir l'église tout illuminée, entendre les beaux cantiques. Si tu voulais m'y conduire... Tu comprends, infirme comme je suis, je ne saurais y aller seule.
» — Et cela te rendrait heureuse ?
» — Oh ! oui, mon petit Bec-d'Oiseau.
Elle ajouta :
» — Ce n'est pas un nom : *Bec-d'Oiseau;* c'est comme *Bestiole*, cela ne vous rappelle rien quand on vous les donne et qu'on les répète. J'aurais voulu m'appeler Marie ou Jeanne, de façon à me figurer que tout là-haut, dans les profondeurs du ciel, une belle sainte en robe d'or, en voile d'azur, me regarde et me protège. Ces idées-là ne te viennent pas à toi ?
» — Non, lui dis-je. Tu te souviens encore un peu de ta mère, moi, je n'ai pas connu la mienne. Je suis l'enfant du quartier, nourri par l'un, battu par l'autre ; j'ai grandi sous la pluie, la neige, le soleil. J'ai couché dans les carrières, sous les ponts, au fond des caves ! On ne m'a jamais parlé de ce que tu dis là, et c'est pour cela que moi, qui ai tant de fois grimpé au paradis des théâtres, je ne suis jamais entré dans une chapelle.
» — Eh bien ! allons-y ensemble.
» — Et mes guenilles ? lui dis-je.
» — Le bon Dieu n'est pas fier, il manquait de langes dans son berceau. »
Nous partîmes, la Roublarde. Je soutenais bien doucement Bestiole, car elle a une jambe trop courte et la hanche démise ; et comme nous voulions voir tout ce que l'on fait de plus beau cette nuit-là dans Paris, nous sommes allés à la Madeleine. Eh bien ! oui, Bestiole a raison ! ça remue, on a envie de pleurer, sans savoir pourquoi. Ce qu'on disait, je ne le comprenais pas, car on le chantait dans une langue étrangère. Mais il y avait tant de lumières, on brûlait de l'encens si parfumé et les chants me paraissaient si harmonieux que je sortis de là avec un éblouissement dans le cœur.....
— Petite dinde, va ! dit la Roublarde.
— Oh ! je savais bien que vous vous moqueriez de moi ; mais cela m'est égal. J'ai voulu vous expliquer que la Bestiole m'empêche de devenir tout à fait un sacripant, si elle ne me fait pas encore un travailleur régulier. J'ai du vif-argent dans les veines, je ne reste guère en place, mais je ne veux aller ni à la Roquette ni plus loin, parce que la petite estropiée a besoin de moi.
— T'auras le prix Montyon ! fit l'ogresse.

— Autant ça que la corde ! Je ne froisse point vos opinions politiques, la mère ; je ne m'informe pas d'où viennent vos pratiques, je les sers avec empressement ; elles me paient souvent d'une mauvaise parole, mais vous m'avez abrité et nourri quelquefois, et j'ai de la mémoire. Seulement, ne me taquinez pas à cause de la Bestiole !

— Sois tranquille ! riposta l'ogresse, et d'autant moins que nous n'avons plus le temps de bavarder, voilà les paroissiens qui aboulent.

Trois ou quatre hommes, qui semblaient à moitié gris, débouchèrent dans le passage. Ils essayèrent d'entrer de front dans le bouge, mais il fallut que l'un d'eux cédât les honneurs du pas à l'autre, et ils se bousculèrent d'une telle sorte, que le premier s'applatit sur une table, plutôt qu'il ne s'y appuya.

— Rien de cassé ? cria l'ogresse.

— Que désire monsieur ? ajouta Bec-d'Oiseau.

— Le plat du jour, répondit l'homme qu'on appelait Pot-à-Tabac, sans doute en raison de la rotondité de sa personne.

Il exerçait la profession de marchand de robinets et soufflait dans une sorte de cornet en zinc des airs populaires qui lui valaient la réputation d'excellent musicien.

Mais le commerce des robinets n'était pas le plus lucratif de ses métiers. Sous prétexte de raccommoder les fontaines, il inspectait les cuisines, poussait jusqu'à la salle à manger, et se trouvait souvent à même de donner des renseignements précis à des gens encore plus curieux que lui d'apprécier la valeur d'un mobilier et le poids de l'argenterie.

Il était suivi par un jeune homme pâle, maigre, aux cheveux plats, à la mine sournoise et patibulaire, qui se baissa pour franchir la porte de la Roublarde, parce qu'il portait sur la tête une petite table de sapin.

Celui-là était raccommodeur de faïence, porcelaine, ivoire, cristal, etc. Bon métier, qui permet de faire des dupes à son aise. Personne n'inquiète les raccommodeurs de faïence, ils vous volent avec un aplomb merveilleux, et s'il vous prenait fantaisie de vous faire rendre justice, vous seriez fort en peine de savoir à qui vous adresser.

Celui qui venait d'entrer à la suite de Pot-à-Tabac, que ses camarades appelaient Muguet, devait avoir filouté pas mal de pratiques dans la journée, car l'argent tintait dans sa poche et il avait cette figure railleusement insolente des misérables qui vivent de métiers non avoués et non avouables.

Le troisième de la bande exerçait la profession de « pauvre ouvrier sans ouvrage. » Il allait de cour en cour, chantant un couplet de chanson, d'une voix éraillée, et alternant le refrain avec son boniment de mendicité. Il se faisait une voix factice, traînante, il trouvait des intonations invraisemblables, des finales de phrases en mineur qui attendrissaient certaines gens, et une chanson, dans laquelle revenaient souvent ces mots : *la neige tombe*, lui avait certainement plus rapporté qu'à l'auteur.

Quand ces trois individus furent installés à une table, et que Bec-d'Oiseau leur eût servi l'arlequin, le fromage et le vin demandés, ils commencèrent à manger, en causant à voix basse.

Pendant ce temps, arrivaient des femmes, traînant après elles des enfants loués ou volés, de celles qui font métier d'entortiller une ou deux petites créatures dans des chiffons et de s'installer sous les portes cochères.

Puis des marchands d'allumettes, des tondeurs de chiens du Pont-Neuf; les négociants en savons, en opiats, ceux qui vendent des montres avec leur chaîne pour quinze centimes ou font le commerce de démêloirs d'écaille à deux sous.

Ce fut bientôt une foule, une mêlée, une cohue. On se poussait, on se bousculait, les tables manquaient, les sièges devenaient introuvables.

Le tumulte s'augmenta bientôt du tapage des bêtes formant en quelque sorte le complément de leurs maîtres ; singes habillés, chiens savants, marmottes ensommeillées, cacatoès criards. Les consommateurs parlaient, riaient, faisaient un bruit de verres et de fourchettes au milieu duquel on ne pouvait plus s'entendre.

Cependant un nouvel affamé, nous n'osons dire un consommateur, se présenta sur le seuil de la porte du tapis franc. Il savait trop que la Roublarde ne faisait pas crédit, et ne possédant pas un sou, il inspectait les groupes de consommateurs afin de chercher à qui il demanderait bien une invitation à dîner.

Quand il reconnut le groupe formé par Muguet, Pot-à-Tabac et le chanteur des rues, il poussa une sorte de sifflottement joyeux, descendit les marches de la taverne, joua des coudes pour se frayer un passage et arriva jusqu'à la table où «Pauvre-ouvrier-sans-ouvrage» comptait la recette de la journée.

— C'est ça une chance ! dit le nouveau venu, de l'or plein les poches ? et Bibi n'a pas le sou ! Qu'est-ce qui m'invite ? Toi, le gouâleur, car, sans reproche, si je n'avais pas écrit pour toi mes meilleures chansons, tu ne serais pas si bien monté en roues de carrosse.

— Bah ! répondit le chanteur, tu baisses, mon vieux ; parle-moi de Châtillon ! Tu n'as rien fait qui vaille sa *Levrette en* PANETOT ! C'est ça un succès ! Quand on la dit, les sous pleuvent. *La neige tombe* est bien vieille maintenant, elle va fondre au soleil. Il faudrait de l'émoustillant, quelque chose dans le goût du jour.

— Paie-moi à dîner, reprit le nouveau venu, et je fais au dessert la chanson que tu demandes.

— Comme ça, je paie d'avance, Filoche.

— Sois tranquille, tu ne regretteras pas ton argent.

Une portion fut apportée pour l'invité, et quand il eut vidé une bouteille de vin bleu, il se leva et, s'appuyant d'une main sur la table graisseuse et de l'autre commandant le silence, il dit d'abord le titre de sa chanson :

— *Le fiancé de la Pétroleuse !*

Un hurrah formidable l'accueillit.

Alors, de sa voix rude, avec un débraillé d'où se dégageait une odeur de poudre et de barricades, Filoche entonna, sur un air étrange, une chanson à faire courir des frissons de terreur[1].

> J'la rencontre un soir par hasard ;
> C'était du temps qu'les communards
> A Paris, commettaient tant d'meurtres
>   A Montmartre !
>
> J'lui plus d'abord, parc'que j'avais
> Un physico qui lui r'venait ;
> Et sur la tête un bonnet de marthe
>   A Montmartre !

Toute la salle répéta en chœur :
>   A Montmartre !

Filoche poursuivit :

> Ell' fut pris' par les Versailleux,
> C'est ell'mème' qui commanda l'feu !
> Allons donc prendre une absinthe verte
>   A Montmartre !
>
> Depuis qu'on lui a crevé l'cœur,
> Sur sa tombe on va j'ter des fleurs,
> Car on l'y a bâti un tertre
>   A Montmartre !

Le chanteur tira cent sous de sa poche :

— Je te les donne, à la condition que je serai seul à dire ta chanson dans Paris ; tu as mon estime, et tu remontes à la hauteur de Châtillon.

[1] Cette immonde chanson a été vendue dans les rues de Paris, ainsi que le *Fils de l'Insurgé*.

Filoche prit les cent sous, s'inclina modestement sous les bravos éclatant de toutes parts et vida une seconde bouteille pour entretenir sa verve.

En ce moment, un nouveau groupe de consommateurs tenta de pénétrer dans la salle; mais sans l'aide de Bec-d'Oiseau et de la Roublarde, il leur eût été impossible d'y parvenir.

Ils étaient trois : Tête-de-Turc, cheval de retour émérite, qui, en ce moment encore, se trouvait en rupture de ban. Puis, la Perche, dont la haute taille justifiait le surnom. Il frisait chaque jour la Cour d'assises et n'en avait pas encore franchi le seuil. Il indiquait les bons coups à faire et recevait le prix de ses renseignements sans participer à la perpétration des vols qu'il croyait trop dangereux. Le dernier avait nom Triolet. Il semblait aussi gai que la Perche avait l'air mélancolique.

Le nez au vent, l'œil éveillé, les lèvres fleuries, il inspirait moins de défiance que la figure pâle et livide de la Perche ou le visage sombre de Tête-de-Turc. Aussi pouvait-il, de temps à autre, remplir, dans de grandes maisons, l'emploi de domestique supplémentaire ou intérimaire. Il conduisait bien, savait raser, coiffer et se faisait au besoin valet de chambre. Manquant de l'audace de Tête-de-Turc, il possédait plus de finesse.

La Roublarde sourit largement en les voyant entrer.

Triolet, la Perche et Tête-de-Turc étaient ses meilleures pratiques.

— Hé! la mère, dit le dernier entré, un souper *rup*, de la soupe à l'oignon, dont l'oignon ait bon goût de brûlé, des côtelettes aux cornichons, que vous ferez prendre à côté, votre fourneau ne confectionnant pas de ces friandises, et du vin, oh! mais du vin au poivre de Cayenne! je ne vous dis que ça.

— Et où faut-il vous servir?

— Dans la pièce du fond.

— Ecoutez, mes amours, dit la Roublarde, je ne veux pas répondre que vous n'y aurez pas des compagnons. Vous savez, je dois des égards à toutes mes pratiques, comme de juste. Une pauvre veuve qui vit des produits de son restaurant ne peut renvoyer personne.

— Cela va de soi, pourvu que les gens qui y entrent soient des habitués de la maison.

— Excepté celui qui me demandera, dit la Perche; vous ne l'avez jamais vu, et mes camarades ne le connaissent pas : c'est un ami que je veux leur présenter.

— Bec-d'Oiseau! cria la mégère, une table de quatre dans le salon du fond.

— Et, en attendant l'invité, des cartes ! dit Tête-de-Turc, avec un gros rire.

La vieille femme tira de sa poche une pelote de ficelle, une poignée de pruneaux, un paquet de clefs, une pomme, quatre porte-monnaie, un rat-de-cave, trois montres en argent, une paire de chaussettes, des foulards et un jeu de piquet.

— Mazette ! c'est un capharnaüm que ta poche.

— Les affaires vont cependant bien mal. Depuis la guerre, vous ne savez pas combien les profits diminuent. Il n'y a vraiment pas moyen de gagner sa pauvre vie. Ces fafiots-là font du bagage, et je n'en retirerai pas cinquante francs !

— Et tu as payé le tout ?

— La moitié, mes fistons.

— Vieille farceuse, va ! répliqua Tête-de-Turc.

Bec-d'Oiseau venait d'ouvrir la porte de la salle du fond, et les trois convives allaient y entrer, quand une main robuste s'abattit sur l'épaule de Triolet.

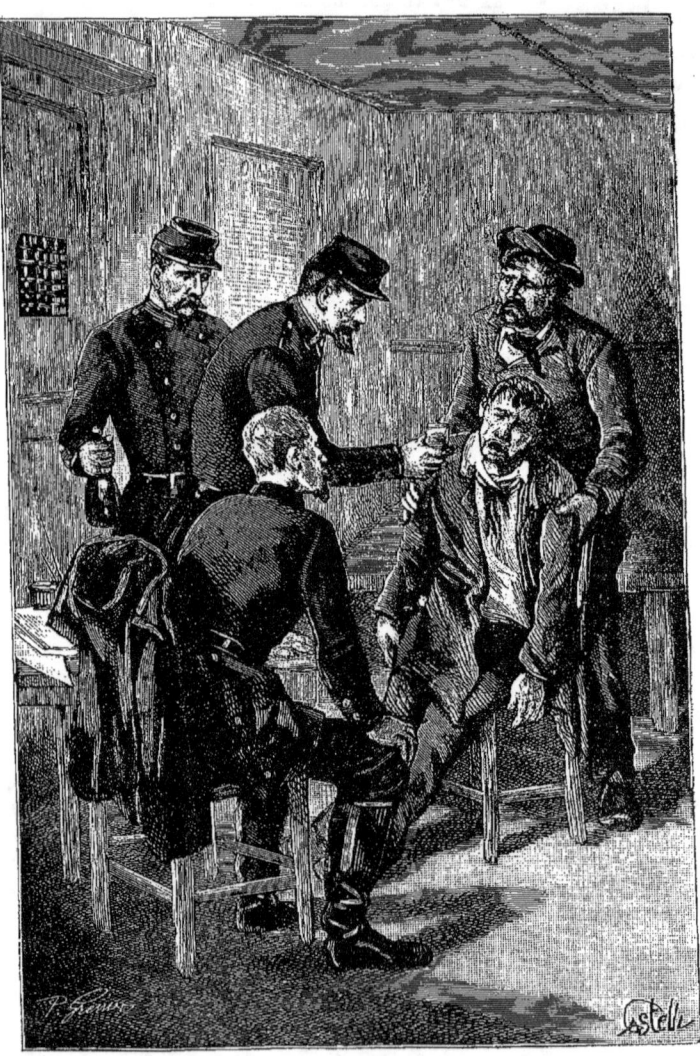

On lui fit avaler un verre d'eau-de-vie. (*Voir page* 232.)

CHAPITRE XVII

UNE RECRUE

Le petit homme rondelet et rieur se retourna en sentant la lourde mainqui s'appuyait sur son épaule avec encore plus de force que de familiarité, et s'écria d'une voix dans laquelle vibrait moins de joie que de surprise :
— Camourdas !
— Eh bien ! oui, Camourdas, est-ce que cela vous contrarie, mes agneaux. Non seulement je demande ma place dans la salle du fond, mais encore je réclame de vous une invitation à dîner.

Les trois complices parurent se consulter du regard.
— Au fait, dit Tête-de-Turc, c'est un bon diable.
— Et il est doué d'une poigne solide, ajouta Triolet.
— Venez, venez, dit la Perche, et n'attribuez l'hésitation de mes camarades qu'à cette raison : j'ai donné rendez-vous ce soir, ici, à un ami, et nous l'attendons.
— Et cet ami s'appelle ? demanda Camourdas.
— Tu ne le connais pas, c'est un honnête homme.
— En votre compagnie ? Je suis renseigné.
— Alors, tu es bien habile, dit Triolet ! car la Perche ne nous a pas encore fait de confidence.
— Eh bien ! j'écouterai la confidence, dit Camourdas. Je ne suis pas un méchant garçon ! et pas un de vous n'a le droit de se défier de moi... d'autant moins que ce soir je mangerai votre pain et votre sel... dans huit jours je vous paierai un festin de Balthasar si vous le voulez, mais pour le quart d'heure je suis à sec comme un marsouin sur le sable.
— Camourdas, tu manques d'ordre.
— Peut-être bien ! l'argent me brûle au fond des poches ; il me glisse dans les doigts, et quand arrive le 20 de chaque mois, c'est la dèche, oh ! mais la dèche !
— Et nous sommes au 22, objecta Triolet.
— J'en suis à la famine, dit Camourdas.
— Heureusement que dans huit jours tu toucheras tes rentes.
— D'ici là j'emprunterai aux bons cœurs.

En un moment Bec-d'Oiseau eut étendu sur la table un vieux châle vert, et les quatre joueurs commencèrent une partie de besigue.

La Perche interrompait souvent le jeu pour raconter fragment par fragment l'histoire de l'invité qu'il attendait.

— Je longeais, il y a trois jours, le canal Saint-Martin; quand je dis : il y a trois jours, il serait plus juste de dire : il y a trois nuits. Le temps était superbe, et je flânais; quand on flâne on observe, et je suis né observateur. Un homme marchait fièvreusement devant moi, non en promeneur, en individu attendant quelqu'un, mais plutôt comme un malheureux qui hésite à en finir avec l'existence.

Je respecte la liberté de chacun, et je le laissais faire, tout en le surveillant du coin de l'œil ; je pouvais lui rendre deux espèces de services... ou le retenir sur le bord de l'abime, ou le retirer de l'eau quand il s'y serait jeté. Le retenir ne me coûtait aucun risque, mais n'entraînait aucune récompense... le retirer du canal me donnait un vernis de sauveteur qui ne déplaisait pas à mon amour-propre. J'attendis, en me disant qu'il serait toujours temps d'agir.

La Perche étala sur le tapis le roi, la dame et le valet de pique, énonça son chiffre, remit dans sa main ses cartes en éventail, et oubliant de nouveau son jeu, reprit :

— Les passants devenaient de plus en plus rares ; il n'y eut bientôt plus sur le canal, aussi loin que pouvait s'étendre ma vue, que deux hommes : l'inconnu et moi. Tout ce que j'avais prévu se réalisa. Je vis le promeneur s'arrêter, ôter son paletot, le placer sur la marge du canal, et puis : flouc ! le voilà dans l'eau.

J'arrache ma veste, je saute après lui, je cherche, je le trouve, il se débat, nous luttons, je m'obstine à le sauver ; dans la crainte de me sentir entraîner au fond de l'eau, je lui donne un coup de pied qui l'étourdit, puis je gagne l'échelle, je monte le noyé après moi, et me voilà en quête d'un poste portant ces mots : *Secours aux blessés.*

Je pliais sous mon fardeau, j'entre au poste ; le malheureux que je viens de repêcher revient à lui, tourne des yeux hagards sur tout ce qui l'environne et murmure d'une voix éteinte :

— Pourquoi m'avez-vous sauvé ?

— Mais, lui répliqua un sergent de ville, parce que la vie d'un homme vaut quelque chose, et que s'il est grand et beau de la perdre sur un champ de bataille ou pour une noble cause, il est lâche de la rejeter comme un fardeau.

— Avez-vous des enfants ? demanda le noyé au sergent de ville.

— Non, répondit celui-ci.

— Eh bien ! répliqua le malheureux. J'en ai six... et ils meurent de faim.

Les sergents de ville se regardèrent, l'un d'eux tendit son képi, ses amis le remplirent, puis il le vida dans les mains jointes de celui que je venais de tirer du canal.

— Merci ! dit-il, merci ! ah ! les bons cœurs.

On lui fit avaler un verre d'eau-de-vie, et il déclara ensuite qu'il pourrait regagner son domicile.

J'allai chercher une voiture et je poussai la générosité jusqu'à payer le cocher, puis j'y montai avec mon nouveau compagnon qui donna cette adresse : rue Darcet, 34.

La voiture commença à rouler ; le malheureux grelottait, ses dents claquaient, il saisit ma main et la serra avec énergie.

Quand nous arrivâmes devant sa porte :

— Venez, me dit-il, je veux qu'on vous remercie là-haut.

L'escalier était plongé dans une obscurité complète, je tirai de ma poche des allumettes, un rat-de-cave, et nous montâmes.

Quand nous fûmes arrivés au dernier étage de la maison, le pauvre homme s'appuya défaillant contre la muraille, me désigna la porte du gîte, et me dit :

— C'est là !

Je frappai.

Une femme vint ouvrir.

Elle poussa un cri de terreur en voyant son mari ruisselant, prêt à défaillir.

— Rentrez, madame, lui dis-je, rentrez, et n'effrayez pas vos enfants.

La jeune femme jeta un regard effaré dans la chambre, respira en voyant que les petits restaient immobiles et avança une chaise sur laquelle tomba son mari.

— Césaire ! disait-elle en pleurant. Césaire, tu as désespéré de l'avenir, tu nous abandonnais... as-tu donc cessé de nous aimer ?

Le malheureux attira sa femme sur son cœur, et l'y retint longtemps.

— J'oublie tout ! dit-elle, en se relevant, ces vêtements mouillés, ton état de souffrance, aidez-moi, monsieur.

Mais Césaire déclara qu'il lui restait assez de force pour se servir et, un moment après, il avait changé de vêtements.

— J'ai faim ! balbutia-t-il.

Je crus devoir continuer mon rôle de bienfaiteur ; quelque chose me disait que je faisais une simple avance, et que l'avenir me paierait de mes peines.

Je descendis l'escalier aussi vite que me le permettait le délabrement des marches des étages supérieurs, et, trouvant une boutique de boulanger et une charcuterie ouvertes, j'y fis des provisions suffisantes, complétées par un litre de vin.

Quand je remontai, il me fut possible de mieux observer la chambre dans laquelle je me trouvais.

Si grande qu'elle fût, elle semblait étroite, en raison des quatre lits qu'elle renfermait : dans le premier, garni de rideaux blancs, adossé à la muraille, se trouvait une jeune fille d'une pâleur de cire. Son visage, ses mains, avaient la même blancheur ; ses lèvres se teintaient à peine de rose, et ses grands yeux noirs semblaient seuls vivants dans son visage.

Le second et le troisième lit renfermaient l'un trois petits garçons, l'autre deux petites filles ; le dernier, celui du père et de la mère, était séparé de la chambre par un paravent.

Quand j'arrivai, le père se trouvait à genoux près du lit de la jeune fille.

La voix de celle-ci était faible comme un souffle.

— Père ! oh ! père ! disait-elle, ne songeais-tu pas que ta mort m'aurait tuée. Sans doute, j'éprouverais une affreuse douleur si Dieu te rappelait à lui, mais me dire à toute heure que tu as devancé sa volonté, que tu as fini la vie, faute d'avoir l'énergie de la supporter... Songer que dans l'éternité où tu te serais jeté, je ne te retrouverais jamais ! Oh ! cela me serait une douleur la plus grande de toutes.

— Tais-toi, Crucifix, tais-toi, mon ange... si tu savais quelle est mon angoisse en vous voyant tous souffrir.

— M'as-tu jamais entendue me plaindre ? En ai-je le droit ? Quand je souffre, je regarde ce crucifix dont le nom me fut donné d'avance comme un stigmate de douleur... Je suis toujours paisible et calme, même en endurant la faim, l'insomnie, mille tortures dans tous mes membres. Ce que Dieu veut, je le veux aussi ! Père ! résigne-toi, il viendra des jours meilleurs.

— Ah ! ce misérable Montravers, s'écria Césaire.

— Ne le maudis pas ! ne maudis personne ! reprit Crucifix. Nous prierons ensemble ce soir, et demain tu te sentiras l'âme pacifiée.

Césaire posa ses lèvres sur le front de sa fille.

La femme venait d'achever de mettre le couvert ; le malheureux avait faim, il mangea.

Je m'approchai de la jeune malade :

— Mais vous, lui dis-je, n'avez-vous besoin de rien ?

Elle me regarda doucement, et me dit :

— Non, merci !

J'avais rempli mon rôle pour ce soir-là, et je songeais à me retirer. Je souhaitais revoir celui que j'avais retiré du canal, mais l'intérieur de la maison me semblait trop honnête pour qu'il fût possible d'y traiter la moindre affaire. Je savais cependant que nous avions besoin de recrues pour notre troupe, et rien ne vaut mieux pour les grands coups qu'un homme réduit au désespoir par la faim.

Ce que j'avais fait ce soir-là pouvait donner pleine confiance pour l'avenir ; en prenant congé du mari, je lui dis :

— On doit s'aider entre pauvres gens ; si vous souhaitez du travail, il ne me serait pas impossible de vous en trouver.

— Quel genre de travail ?

— Oh ! mon Dieu ! peut-être n'aurez-vous qu'à choisir. Il se trouve dans Paris des endroits manquant parfois d'élégance, mais dans lesquels se réunissent des camarades de tous métiers, et comme celui qui nourrit son homme est toujours bon, je vous donne rendez-vous demain chez un marchand de vin de la rue Mazarine, à l'enseigne du *Veau-à-la-Mode*.

— J'y serai, me répondit Césaire.

Sa femme me prit la main et la serra dans ses mains brûlantes.

La malade que l'on appelait Crucifix se souleva dans son lit et m'envoya un signe d'adieu.

Quand je sortis, je me répétai en me frottant les mains que je n'avais pas perdu ma soirée.

Un nom m'avait frappé dans les paroles échangées entre les membres de la famille de Césaire, c'était celui de Montravers le banquier.

A quoi pouvait nous servir la haine de Césaire contre ce roi des capitalistes ?

Je l'ignorais ; mais l'homme qui hait son frère, trouve toujours le moyen de perpétrer sa vengeance.

La Perche s'arrêta et abattit ses cartes sur la table.

— Me voilà bien, fit-il, j'ai oublié mon compte.

— Qu'est-ce que cela fait ? demanda Triolet, tu te souviens de l'histoire et c'est l'essentiel.

— Continue ! continue ! dit Tête-de-Turc, il faut que nous soyons au fait avant l'arrivée de Césaire.

— Ah ! l'histoire est presque finie, reprit la Perche ; le lendemain mon homme fut exact au rendez-vous. Il trouva dans l'établissement du *Veau-à-la-Mode* des amis à moi qui, bien stylés d'avance, le bercèrent de promesses ; pendant quatre jours il courut, cherchant un emploi, si minime qu'il fût. Il ne trouva rien... C'est sur cela que je comptais.

Le cinquième jour, je commençai à sonder son cœur, à deviner ses vues, je soufflai sur ses rancunes, je lui montrai la société hostile au malheur, j'en conclus qu'on devait se hâter de faire fortune. J'insinuai que chacun avait le droit de vivre largement, et que mille

Quand on a mis ou clou son dernier matelas. (*Voir page* 236.)

métiers s'offraient à celui qui avait l'audace de les exercer. D'abord Césaire m'écouta avec terreur, puis, la curiosité aidant, il voulut apprendre comment se soutiennent à Paris certaines existences dont le dernier mot n'est jamais dit... Je lui rappelai sa femme, ses enfants, cette jeune fille si pâle, qu'il paraissait tant aimer, et je finis par ces mots :

— Vous consentiez à mourir il y a quelques jours, donc la mort ne vous effraie pas... Peut-être courrez-vous des risques dans ce que nous vous proposons, mais, à coup sûr, il y aura de l'argent à gagner.

Césaire me regarda avec inquiétude.

— De quel métier s'agit-il?

— Nous sommes trois associés, répondis-je, voulez-vous être le quatrième?

— Non, me dit-il, non ! vous me faites peur maintenant. Il me semble que vous ne m'avez arraché au trépas que pour me précipiter dans un abîme mille fois plus terrible que l'eau glacée du canal Saint-Martin.

— A votre volonté, répliquai-je; mais si vous revenez sur votre décision, vous me trouverez avec mes deux amis, passage de Ménilmontant, à l'enseigne du *Crapaud-qui-Chante*.

— Adieu ! me cria-t-il en s'éloignant.

— Au revoir ! répliquai-je, dans trois jours.

— Et tu l'attends, demanda Triolet.

— Je suis sûr qu'il viendra.

— Tu le dis honnête homme.

— On a toujours été honnête, mais quand le travail manque, quand on a mis au clou son dernier matelas, il faut bien sauter le pas.

Au moment où la Perche achevait l'histoire de la nouvelle recrue qu'il attendait pour la bande des *Déboulonneurs*, un jeune garçon, vêtu d'une culotte de velours marron, les jambes serrées dans des guêtres de toile maintenues par des lanières de cuir, les pieds emprisonnés dans des babouches jaunes, nouées de ficelle, la tête coiffée d'un chapeau pointu orné de fleurs déteintes et de plumes de paon, se plaça sur le seuil du cabaret et commença à jouer de la zampogne ; quand il cessait de souffler dans son instrument, il chantait des paroles bizarres en méchant piémontais, et dansait un pas spécial, inventé par lui, sans doute, dans lequel se confondaient la gigue écossaise, la folle tarentelle et la bourrée d'Auvergne.

Tout en dansant, en chantant ou en jouant de la zampogne, il observait les alentours.

Dans la grande salle, les buveurs reprenaient en masse la chanson du *Fiancé de la Pétroleuse*, tandis que, las d'attendre leur hôte, la

Perche, Triolet et Tête-de-Turc venaient de donner ordre à Bec-d'Oiseau d'aller chercher chez le charcutier des côtelettes aux cornichons, qu'il ne tarda pas à rapporter dans un plat de faïence à grosses fleurs.

Il venait de franchir le seuil du tapis-franc, quand un homme pâle, se soutenant avec peine, et regardant devant lui avec une sorte de terreur, s'aventura dans le passage. On aurait pu croire qu'il était ivre en observant sa démarche incertaine, mais il régnait plus d'angoisse que d'égarement dans ses yeux, et comme les poltrons qui chantent pour se donner du courage, il fredonnait le refrain d'une chanson de carrefour :

> Le souvenir reste au fond de mon verre
> Et je me grise tous les soirs !

Il regarda l'enseigne, et s'adossa au mur qui lui faisait face.

Le joueur de zampogne frappait en ce moment ses genoux de la paume de ses mains d'une façon désespérée en poussant des cris rauques, et en se démenant comme un démoniaque. Des chants d'orgie, des odeurs repoussantes sortaient du tapis-franc par bouffées. Et si écœurante était cette atmosphère que l'étranger, prêt à en franchir le seuil, hésita encore une fois.

Le petit Italien voyant un inconnu observer la maison, poussa un stride et sifflement qui, sans doute, était une invitation à prendre garde, car au même instant les chansons s'arrêtèrent, et l'ogresse parut près de la porte.

— Qui demandez-vous ? fit la Roublarde d'une voix peu encourageante.

— Tête-de-Turc, Triolet et la Perche.

— Ils vous attendent, passez.

Le nouvel invité descendit les marches avec défiance, comme s'il eût craint qu'une trappe s'ouvrît subitement sous ses pieds. Certes, on n'en pouvait douter à son attitude, c'était la première fois qu'il pénétrait dans un semblable milieu. L'effroi lui poignait le cœur, une flamme lui brûlait les paupières, le souffle manquait à sa poitrine, et, rappelé soudainement à l'honneur et au devoir par le souvenir de ses enfants et de sa femme, il allait retourner en arrière, quand la Roublarde, après s'être difficilement frayé un passage, ouvrit toute grande la porte de la seconde salle.

Les trois amis et Camourdas se levèrent à la fois.

Césaire se précipita dans le cabinet du fond ; à partir de cette heure la mouche était prise dans les filets de l'araignée.

En une minute les cartes furent restituées à la Roublarde, le tapis vert s'envola comme un tapis de féerie, une nappe de toile bise le remplaça, et le fumet des plats domina pendant un moment l'odeur des pipes, des haleines avinées et des absinthes apocryphes.

Bec-d'Oiseau servait.

Sans qu'il s'en rendît compte, il lui semblait qu'il avait une raison pour s'intéresser à l'homme qui venait d'entrer.

Le pauvre petit paria, qui avait connu toutes les misères, regardait Césaire avec intérêt, et cherchait à se rendre compte du malheur qui le jetait brusquement au milieu des habitués de ce bouge.

C'était un homme de quarante-cinq ans, à figure douce et pâle, intelligente et triste. Ses habits d'une grande propreté attestaient les soins d'une femme économe. Son linge reprisé était très-blanc. En dépit des privations qui avaient laissé leurs traces sur son front coupé de rides et sur ses joues creusées, cet homme gardait dans l'expression une sorte de dignité. Au frémissement de ses lèvres, à l'effarement de ses yeux, on voyait qu'il s'épouvantait de ce qu'il allait faire. Un malheureux prêt à franchir un abîme doit avoir ce regard et cette amère torsion des lèvres.

Il salua gauchement, en homme qui comprend qu'il ne se trouve point avec des gens de sa sorte et qui craint de les blesser.

Les blesser ! il avait donc besoin d'eux ?

La Perche, Tête-de-Turc et Triolet le regardaient avec inquiétude.

Camourdas fixa sur lui un œil surpris, et croisant les bras sur la table, il attendit.

— Mangeons d'abord ! dit la Perche, ventre affamé n'a pas d'oreilles, et nous sommes tous affamés, je l'espère, sans cela, l'hôtesse de céans aurait multiplié des soins inutiles.

Le nouveau venu ne répondit pas, mais il fit un geste d'assentiment.

Quand Bec-d'Oiseau mit le plat de côtelettes sur la table, les narines du malheureux se dilatèrent. On aurait dit qu'il n'avait rien pris depuis plusieurs jours, à voir l'avidité avec laquelle il regardait les mets vulgaires entassés devant lui.

On apporta un grand nombre de bouteilles sur la table, et Bec-d'Oiseau commença à les déboucher.

En ce moment le père Falot, arrivant au cabaret du *Crapaud-qui-Chante*, se heurta contre les coudes du petit Piémontais qui secouait avec rage son tambour de basque.

Puis le chiffonnier, passant devant la Roublarde, lui dit avec un sourire épanoui :

— Une faim de loup ! la mère, une faim de loup !

— Eh bien ! fit l'ogresse, en se levant avec empressement, on va vous servir... un couvert sur la table, du bœuf aux choux et...

— Ah ! ça ! fit le père Falot avec dignité, depuis quand m'avez-vous vu prendre mes repas avec la fripouille ? Vous savez bien que je mange dans la salle du fond ; on y est plus tranquille pour se griser.
La Roublarde hésita.

En refusant le père Falot, elle redoutait de le froisser ; en l'introduisant dans la salle où Triolet, la Perche et Tête-de-Turc avaient amené leur victime, elle courait risque de fâcher ses meilleures pratiques.

L'ogresse entra résolument dans l'arrière-salle, et frotta énergiquement une table placée à quelque distance des soupeurs.

— Le père Falot veut prendre sa place habituelle, dit-elle à Triolet.

Celui-ci fit un mouvement de contrariété, mais il répondit en s'adressant autant au nouveau commensal qu'à la Roublarde :

— Il est de la bande, s'il n'est pas de l'affaire... souvent il nous a rendu service, et cette fois encore...

— Alors je peux mettre son couvert ?

— Oui, répondit Triolet.

— Ah ! ça, dit Falot, on complote ? S'il s'agit de renverser le gouvernement, j'en suis, moi... les gouvernements, pourquoi qu'on les inventerait, si ce n'était pour les fiche à bas.

— Si vous vouliez dîner avec nous ?

— Je n'ai pas faim, j'ai soif, mais soif !

— Verse au père Falot, dit Triolet en s'adressant à Bec-d'Oiseau.

Quand l'enfant eut rempli le verre du chiffonnier, Triolet glissa ces mots à l'oreille de Bec-d'Oiseau :

— Avant une demi-heure, il faut qu'il soit ivre-mort.

— Compris, fit le gamin.

Et comme le verre de Falot se trouvait déjà vide, Bec-d'Oiseau le remplit de nouveau en faisant au chiffonnier un signe que celui-ci traduisit par ces mots : « Méfiez-vous. »

Bientôt on n'entendit plus dans la salle du tapis-franc que le bruit sec des fourchettes heurtant la faïence, les éclats des bouchons tirés violemment du goulot des bouteilles cachetées, les éclats de rire suscités par les facéties de Bec-d'Oiseau et les notes criardes de la zampogne, ronflant sous le bras et glapissant sous les lèvres du petit Piémontais qui gagnait son argent en conscience.

Pendant ce temps, Falot buvait avec une sorte de régularité automatique. Un verre suivait un verre, une bouteille une autre bouteille... les yeux du chiffonnier s'allumaient, sa voix s'emportait, et Bec-d'Oiseau se demandait avec terreur si son vieil ami n'avait pas compris l'avertissement qu'il lui avait donné.

Triolet, la Perche, Tête-de-Turc, et leurs invités Camourdas, et le nouveau venu, attaquaient le fromage. Bec-d'Oiseau venait de placer la cafetière sur la table, quand Triolet dit en posant son couteau sur la nappe :

— Les histoires, ça se conte entre la poire mûre et le fromage avancé.

Le nouveau venu dans le tapis-franc regarda les trois associés avec une fixité étrange :

— C'est pour moi que vous dites cela, n'est-ce pas ?

— Eh ! sans doute, puisque vous en avez une à nous apprendre.

En ce moment le père Falot renversa deux bouteilles vides, croisa ses bras sur la table, et posa sa tête sur ses bras.

Bec-d'Oiseau haussa les épaules :

— Une vraie grive ! quoi !

L'invité des trois filoux regarda de nouveau les misérables qui l'observaient et commença de la sorte :

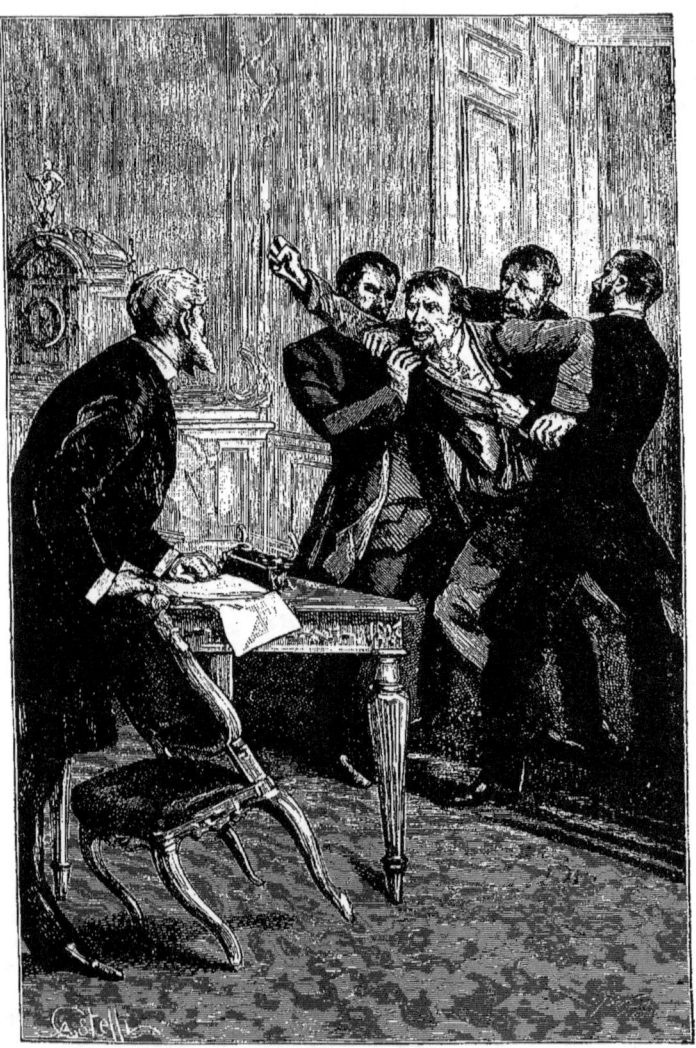

Des hommes m'entraînèrent de force. (*Voir page* 246.)

CHAPITRE XVIII

REVANCHE A PRENDRE

Mon nom est Césaire Niquel; je suis né dans un département voisin de Paris; mon père habitait Pontoise et y occupait un emploi modeste; ma mère m'enseigna tout ce qu'elle savait, me plaça ensuite dans un collège en qualité d'externe, et j'y appris juste ce qu'il fallait pour n'être bon à rien : du latin quand j'ignorais presque le français, du grec quand je ne savais pas l'arithmétique. Mon père mourut avant que j'eusse terminé mes classes. J'étais incapable ou à peu près de gagner ma vie ; pendant deux ans je restai dans une étude de notaire, puis ma mère croyant qu'il nous serait plus facile de vivre à Paris, nous quittâmes Pontoise et nous nous installâmes modestement dans un quartier pauvre. A force de recherches, je parvins à entrer dans la maison d'un riche banquier, M. Montravers. On me donnait douze cents francs d'appointements ; c'était peu de chose, mais il restait à ma mère quelques économies, et nous vécûmes paisiblement.

Le peu d'ambition que j'avais eue autrefois était envolée; je me résignai à ma vie précaire, et l'unique souhait que je formasse encore était de trouver une femme bonne et douce, qui s'occupât de ma mère tandis que j'étais à mon bureau, et me donnât ma part de tendresse.

Je la trouvai. C'était une jeune fille orpheline, simplement élevée, dont la dot était belle pour mon infime position : elle m'apportait trente mille francs! une fortune! Nous fûmes heureux, oui, bien heureux; j'avais quatre enfants quand mourut ma mère; il m'en fut envoyé deux autres, et nous les accueillîmes avec autant de joie que leurs aînés.

Seulement, l'aisance s'en était allée; le petit héritage de ma mère, la dot de ma femme, mes appointements, portés à seize cents francs, tout cela formait un revenu insuffisant pour un ménage composé du mari, de la femme et de six enfants.

Le soin de ses enfants prenait tout le temps de ma femme et ne lui permettait pas de gagner de l'argent. Elle réalisait des prodige d'économie, mais sans arriver à suffire à tout, car une dure épreuve nous fut envoyée ; ma fille ainée, Crucifix, tomba en langueur et ne quitta plus son lit. Ah ! la chère malade ! quelle douleur de ne pouvoir lui offrir tous les soulagements que réclamait son état. Elle aime les fleurs, et nous ne pouvions en mettre dans sa chambre, car le prix des fleurs représentait du pain pour ses frères ! Et cependant, quand nous perdions courage, c'est Crucifix qui nous consolait.

Bec-d'Oiseau sentit une larme lui monter aux yeux.

— En voilà une que j'aimerai comme j'aime Bastiole ! murmura-t-il.

Césaire Niquel reprit plus rapidement :

Un jour, M. Montravers m'ordonna de copier, pour les journaux, une note financière, dans laquelle il présentait une affaire magnifique. Il s'agissait de mines d'or découvertes sur les bords du Guadalquivir. Tandis que je copiais ces réclames, je me disais :

— Pourquoi ne demanderais-je pas à M. Montravers de me céder des actions au prix de l'émission ? Avant un an, la dot de ma femme se trouverait triplée, l'aisance succéderait à la misère : ce serait le bonheur pour nous tous !

Mais, quand je remis les copies destinées aux journaux et aux feuilles financières spéciales, je n'osai pas formuler mon souhait. M. Montravers est un homme d'aspect fier et peu communicatif. Sa parole est brève, son regard dur ; il tient trop ses employés à distance pour que ceux-ci lui témoignent de la confiance. Mais, comme si le banquier eût deviné ce qui se passait dans l'esprit des commis et des employés de sa maison, il les réunit tous le lendemain du jour où cette pensée m'était venue et il nous dit :

— Je suis content de votre zèle et j'entends le récompenser. Au moment où je lance une affaire énorme, qui fera prime sur la place de Paris avant quinze jours, je tiens à vous associer tous à mes chances de fortune, et je vous offre autant d'actions que vous en pourrez prendre au taux de l'émission.

Je possédais trente-six mille francs, et je demandai soixante-douze actions.

Le soir, quand je rentrai à la maison, j'étais fou de joie.

Je me répétais qu'avant trois ans nous serions riches et les enfants heureux.

Mais, contre mon attente, ma chère femme ne partagea pas mon enthousiasme.

— Sans doute, me dit-elle, trente-six mille francs sont bien peu de chose, mais cette somme constituait une dot de six mille francs pour chacun de nos enfants. Avec cela une jeune fille crée un magasin de lingerie, fonde un petit établissement. Je comprends la tentation à laquelle tu as cédé ; je regrette que tu ne m'aies pas consultée. Tu le sais, les désastres financiers se multiplient, et que deviendrions-nous si cette affaire engloutissait notre modeste capital ?

— Écoute, dis-je à ma femme, nous sommes vingt dans la maison de M. Montravers, et chacun de nous a placé dans les mines du Guadalquivir ce qu'il possédait. J'avoue que bien des affaires promettant de magnifiques résultats, tombent à plat ; mais le banquier n'aurait pas accepté pour premiers gogos les employés de sa maison, il aurait eu la pudeur de prendre l'argent d'inconnus s'il n'avait pas cru à la réussite de cette affaire.

— Mon cher ami, me répondit ma femme, tu es le maître de la communauté dans le sens le plus absolu du mot ; tu as agi pour le bien, que Dieu te protège !

Pendant trois mois, l'affaire parut magnifique à tout le monde ; elle faisait prime, nous nous réjouissions ; ma femme, moins par conviction que par amitié, ne me parlait plus de mon imprudence. Pendant le second trimestre, on cessa de demander les actions des *mines du Guadalquivir ;* lors de la réunion d'actionnaires, à laquelle j'assistai, il fut fait un appel de fonds ; l'exploitation devenait plus dispendieuse qu'elle n'avait paru d'abord. Certainement l'affaire n'en restait pas moins excellente, mais il fallait du temps et de l'argent. Cette nouvelle m'atterra.

Je ne dis rien à ma femme, mais à partir de ce jour, je ne connus plus le sommeil. Sous peine de perdre mes actions ou de les vendre avec une dépréciation énorme, je devais opérer un versement ; j'empruntai deux mille francs à un ami. Et six mois plus tard, la société des *mines du Guadalquivir* était en liquidation.

J'étais ruiné ! ma femme et mes enfants allaient devenir victimes de ma folie, de mon étrange confiance dans l'homme qui nous avait demandé, volé notre argent, car il savait bien à l'avance que les fonds de ses malheureux employés seraient perdus sans retour. Vraiment, celui qui avait fait cela était un misérable, dix fois plus coupable que les hanteurs de bagne et les vulgaires assassins.

J'étais ruiné, et je devais deux mille francs !

J'eus le courage de cacher longtemps la vérité à ma femme ; les journaux la lui apprirent. Et puis il fallut vendre notre modeste mobilier. Je n'avais pas pu payer notre terme et notre propriétaire nous faisait saisir. Pour nous commença la triste existence de ceux qui habitent en garni. Loin de se plaindre, de m'adresser des reproches, ma chère femme me consola.

Mais cette générosité, en me rendant ma femme plus chère encore, ne fit qu'augmenter mon désespoir.

Crucifix avait éprouvé une grave rechute à l'annonce de ce désastre. Mon cœur se gonflait, mon cerveau bouillonnait comme un volcan, j'avais peine à contenir mon indignation et ma douleur. Je sentais qu'il s'en fallait de peu que ma colère atteignit les proportions de la folie. En quelques jours, je vieillis de dix ans.

M. Montravers ne paraissait nullement se préoccuper de notre ruine; l'affaire fut liquidée, on me rendit cent écus sur mes trente-six mille francs.

Quel ne fut pas mon étonnement, lorsque j'appris, quelque temps après, que les *mines du Guadalquivir* ressuscitaient entre les mains mêmes de M. Montravers ; une nouvelle couche d'actionnaires fournissait de nouveaux capitaux, et cette fois, l'opération paraissait magnifique. Au bout de trois mois, elle donnait des dividendes.

Ce qui se passa dans ma tête, je ne saurais vous le dire, mais un soir, au lieu de quitter le bureau, j'entrai dans le cabinet de M. Montravers. Je devais être fort pâle, car il recula devant moi, plus de terreur que de surprise.

— Que voulez-vous ? me demanda-t-il.

— Mon argent, lui répondis-je; j'ai versé trente-six mille francs dans la société des *mines du Guadalquivir*, je veux mes trente-six mille francs.

— Vous savez bien qu'on a liquidé, me répondit le banquier.

— Je sais que l'on m'a indignement volé ! repris-je. Nous sommes restés ruinés, nous ! mais vous, monsieur, vous avez réalisé de gros bénéfices ! Les actions, tombées à vil prix, ont été rachetées par vous, puis vous avez remonté l'exploitation des mines qui vous rapporte de merveilleux profits. On appelle peut-être cela, dans votre monde de banque et d'agiotage, de l'habileté, de la finesse, je trouve, moi, que c'est odieux, inique, et que les misérables que l'on traîne en prison pour quelques sous volés ont mille fois moins mérité que vous la police correctionnelle ou la cour d'assises.

— Des insultes ! me dit Montravers.

— Des vérités, lui répondis-je.

— J'aurais pu avoir pitié de vous, si vous vous étiez adressé à ma générosité ; mais, par la voie de l'intimidation, vous n'aurez rien ! rien !

— Si, bandit ! lui dis-je, j'aurai ce que tu m'as dérobé comme un larron, car je raconterai ta conduite, je ferai du bruit, je dirai que tu as ruiné d'honnêtes gens !

— Et je vous attaquerai en diffamation. La liquidation a été opérée d'une façon régulière. Sortez ! ou je vous fais jeter dehors par mes gens.

Montravers saisit le cordon d'une sonnette.

Alors, le sang me monta au visage ; je ne me rappelle plus trop de ce qui se passa, il me semble que je bondis vers cet homme, que je le saisis par le cou à l'étrangler : j'ai un vague souvenir que des hommes survinrent, m'arrachèrent ma proie, m'entraînèrent de force et me jetèrent hors de l'hôtel.

Je me retrouvai malade, dans mon lit, avec une fièvre terrible. On m'avait rapporté évanoui à ma femme, et depuis quinze jours elle me soignait. Comment vécut la famille pendant ce temps, je ne sais. De braves gens vinrent à notre aide, les voisines attiraient chez elles les enfants.

Lorsqu'il me fut possible de rassembler mes idées, je regardai ma situation en face. J'étais sans ressources et sans emploi. Ma convalescence me laissait une grande faiblesse. Quelle vie devint la nôtre ! Je gagnais vingt ou trente sous par jour, à faire des courses, à copier des manuscrits, à régler des comptes. Crucifix, assise sur son lit, le dos soutenu par des oreillers, essayait de travailler à des broderies ; ah ! la pauvre fille dévouée ! combien chaque point lui coûtait de tortures ! J'ai cherché du travail sans en trouver.

L'un de vous, dont le nom est Triolet, m'a rendu, l'autre soir, un service, et m'a donné rendez-vous ici ; je suis venu. Vous vouliez savoir mon histoire, la voilà.

— Et tu as eu raison, Niquel ! s'écria la Perche ; nous sommes des gens de bon conseil.

— Que dois-je faire ?

— Reprendre ton bien.

— J'ai réclamé, vous savez ce qu'on m'a répondu.

— Il ne fallait rien demander, mais prendre toi-même.

— Voler ! fit Césaire Niquel, avec effroi.

— Ah bien ! elle est bonne, celle-là ! dit Triolet ; on lui escroque trente-six mille francs, et il aurait scrupule à les reprendre.

— Comment ? demanda Césaire Niquel.

— Dans la caisse du banquier, nigaud.

— Non ! non ! répéta le malheureux ; pas cela !

— Tu as peur ? demanda Triolet.

— Oui, j'ai peur. Ma femme, mes enfants, que deviendraient-t-ils, si j'étais découvert ?

Tête-de-Turc se leva et alla secouer le père Falot, qui grogna d'une façon indistincte.

— Faut de la prudence, dit Tête-de-Turc, je ne me défie pas de Falot, mais je le surveille ; il dort, c'est tout ce que je voulais savoir. Vous parlez comme des corneilles, vous autres, et Césaire Niquel a

Notre propriétaire nous faisait saisir. (*Voir page* 244.)

joliment raison de ne pas vouloir s'exposer à s'introduire dans les bureaux, et à fouiller la caisse du patron. Bien que Montravers n'ait pas porté plainte contre lui, sans doute on ne le perd pas de vue, et en cas de vol, les soupçons se porteraient tout de suite sur celui qui a crié le plus haut.

— Tu veux qu'il renonce à ses trente-six mille francs?

— Non pas! Mais si j'entre dans l'affaire, j'exige qu'elle soit promptement menée.

— Il a raison ! dirent la Perche et Triolet.

Niquel regarda vaguement les trois voleurs émérites et attendit que chacun d'eux eût donné son opinion.

— Montravers est marié ? demanda Tête-de-Turc à Césaire Niquel.

— Il a une femme et une fille.

— Sais-tu quelque chose sur toutes deux ?

— La femme est belle encore, élégante, moins par goût peut-être que par orgueil. Je ne la crois pas heureuse, et certains bruits courant sur la conduite de son mari ont pu arriver jusqu'à elle. Elle semble triste, mais d'une façon hautaine. Ses attelages sont magnifiques ; elle va chaque jour au bois, possède une loge aux Italiens et en avait une à l'Opéra. Elle connaît tout le Paris élégant, quête pour les bonnes œuvres et ne manque pas un bal officiel.

La fille est d'une beauté rare, insolente et railleuse.

— Il n'est pas besoin de demander, reprit Tête-de-Turc, si Mme Montravers possède des diamants.

— Pour un demi-million, répondit Niquel.

— Tout est sauvé ! reprit Tête-de-Turc ; c'est à la femme que nous redemanderons l'argent volé par le mari.

— Comment cela ?

— Une grande fête officielle sera donnée dans quelques jours ; Mme Montravers s'y rendra et mettra tous ses diamants. Rarement le banquier accompagne sa femme et sa fille. Il suffira de faire remplacer le cocher par un homme à nous, et de conduire notre proie dans quelque lieu d'où elle ne puisse nous échapper. Nous ne lui ferons aucun mal ; ses diamants suffiront pour le remboursement de Niquel et nos bénéfices. Cela te convient-il ? demanda Tête-de-Turc à l'ancien commis de Montravers.

Celui-ci hésitait encore ; ses lèvres remuaient sans proférer aucun son.

La Perche comprit que la lutte n'était pas finie entre son désespoir et sa conscience.

— Est-ce que la belle Mlle Montravers songe à ta pauvre Crucifix mourante ? demanda la Perche.

Niquel brisa son verre sur la table.

— C'est dit ! fit-il ; je consens à tout.

Bec-d'Oiseau remplit un nouveau verre et le plaça devant le malheureux.

— Allons ! dit Triolet, au rétablissement de la fortune de Niquel !

— A la ruine et au déshonneur des Montravers ! ajouta celui-ci.

— Ça se corse ! dit la Perche en se frottant les mains.

Césaire Niquel se tourna vers Camourdas :
— Pourquoi ne buvez-vous pas avec nous ? lui demanda-t-il.
— Si vous y tenez, répondit Camourdas, je viderai une bouteille à votre santé.
— Deux bouteilles si tu veux ! dit Tête-de-Turc.
Camourdas saisit deux flacons et les engouffra dans une de ses poches.
— Eh bien ! eh bien ! fit Bec-d'Oiseau, tu ne les bois pas.
— Je les boirai, sois tranquille.
— Pourquoi pas tout de suite ? Tu manges comme un ogre, et tu avales du vin de grenouille, c'est malsain pour la santé.
— Et peu poli pour les convives, ajouta Triolet.
— Ma sobriété, reprit Camourdas, n'a point de rapport avec la politesse. Mon habitude de ne pas boire dans le monde cache un secret de famille.
— Bah ! dit Bec-d'Oiseau, en éclatant de rire, comme qui dirait un serment.
— Juste ! un serment.
— Et qui date de loin ?
Camourdas passa la main sur son front et murmura, d'une voix étranglée :
— De la nuit du 22 novembre 1857.
— Oh ! là ! là ! fit Bec-d'Oiseau. Si vous n'étiez pas un homme ayant des rentes, papa Camourdas, car vous avez des rentes, puisque vous vivez sans travailler, et que régulièrement votre bourse se trouve à sec tous les 25 du mois, tandis qu'elle s'emplit le 1er de chaque mois suivant, je vous conseillerais de vous engager dans la troupe de Belleville, pour jouer les traîtres.
Bec-d'Oiseau laissa éclater un rire sonore, tandis que le père Falot soulevait la tête avec précaution et regardait Camourdas avec une fixité inquiétante pour celui-ci.
Camourdas ne vit point le geste de Falot, et ne l'entendit pas murmurer :
— Je me souviens ! je me souviens !
Cet incident ne laissa aucune trace ; sauf Camourdas, tous les convives burent jusqu'à l'ivresse, et ce fut seulement quand Césaire Niquel fut hors d'état de se rendre un compte exact de ce à quoi il s'engageait, que la Perche, Triolet et Tête-de-Turc lui firent promettre de prendre une part active dans le drame dont Mme Montravers serait infailliblement la victime.
— Dis donc, le gosse, demanda Triolet, tu nous serviras d'éclaireur.
— Moi ! s'écria l'enfant.

Mais au moment où il allait sérieusement refuser de venir en aide aux voleurs, deux lèvres s'approchèrent de son oreille et lui dirent :
— Accepte !

Bec-d'Oiseau n'en pouvait douter, le conseil lui avait été donné par le père Falot, le père Falot si probe, si bon, qui rendait les bracelets garnis de diamants, sauvait de la faim les pauvres filles et arrachait les petits martyrs des mains sauglantes de Guépar-le-Rouge. C'était à n'y rien comprendre.

L'enfant tourna la tête du côté du chiffonnier, celui-ci releva à demi le visage, en posant un doigt sur ses lèvres.

— De quoi ? demanda la Perche, en s'adressant à l'enfant, mossieu refuse de travailler ! mossieu dédaigne la belle ouvrage !

— Non pas! répliqua Bec-d'Oiseau ; mais, si je vous rends service comme un homme, je veux être récompensé comme un homme et toucher une grosse part. A quand la fête ?

— Lors du grand bal. D'ici là, tu ne quitteras guère les abords de l'hôtel Montravers, et chaque soir, entre onze heures et minuit, tu viendras nous faire un rapport détaillé.

En ce moment, la Roublarde parut sur le seuil.

— Je ne sais pourquoi, dit-elle, il me semble qu'il souffle un mauvais vent sur le cabaret du *Crapaud-qui-Chante*, ce soir ; si vous avez assez jaspiné, mes amours, allez prendre l'air du côté des buttes Chaumont et séparez-vous ; Bec-d'Oiseau reconduira cet ivrogne de père Falot. C'est incroyable comme il se dérange depuis quelque temps, ce vieux Sardanapale !

Césaire Niquel chancelait, Triolet lui prit le bras.

— Reconduis-moi, dit Césaire, jusqu'à ma porte ! Et ne dis rien à ma femme ; ma femme, répéta-t-il d'une voix étouffée.

Tête-de-Turc et la Perche s'éloignèrent, en sifflottant, les mains dans les poches.

Le père Falot trébuchait, s'accrochait aux meubles et chantait, en passant son bras sur l'épaule de Bec-d'Oiseau, cette belle phrase de Méhul, qu'il disait d'une voix chevrottante :

> O toi, le seul appui d'un père,
> Jamais, tu ne me quitteras...

Et sur la porte du cabaret, le joueur de zampogne étouffait les derniers sons de son intrument rustique, quand les six dernières pratiques de la Roublarde quittèrent le tapis-franc du *Crapaud-qui-Chante*.

Tant que le père Falot crut qu'il pouvait être aperçu par ses voisins de table, il continua sa marche en zig-zag ; lorsqu'il pensa qu'on

l'avait perdu de vue, il se redressa subitement, prit la main de l'enfant et lui dit, d'une voix franche et pleine :
— Tu as confiance en moi, petit ?
— Certes ! répondit l'enfant.
— Tu as été surpris de voir que je te conseillais d'accepter les offres de Triolet et de sa bande ?
— Dame ! un peu.
— Tu le feras, cependant ; il faut que nous devenions leurs complices.
— Vous ne préviendrez donc pas Mme Montravers ?
— Non, répondit le père Falot.
— Et vous la laisserez assassiner, car ils l'assassineront ?
— Elle a fait le mal, dit le chiffonnier, d'une voix attristée, il faut qu'elle soit punie pour qu'elle arrive à se repentir.
— Oh ! fit Bec-d'Oiseau.
— Où loges-tu, ce soir ? demanda le père Falot.
— Je ne sais pas ! Il y a des terrains vagues du côté de la rue de Puebla.
— Si tu veux dormir dans ma maison, petit ?
Il sembla à Bec-d'Oiseau qu'on lui ouvrait un palais des Mille et une Nuits.
— Chez vous, père Falot, dans votre maison où vous ne recevez personne ?
— Oui, chez moi.
— Vous m'aimez donc un peu ?
— Oui, Bec-d'Oiseau.
— Je n'ai cependant rien fait pour cela.
— Tu te trompes, mon enfant ; d'abord, vivant dans un milieu profondément corrompu, tu es resté relativement honnête, et si la paresse, la gourmandise et autres défauts restent à corriger, il faut pourtant te savoir gré de ne pas être devenu pire. Et puis, tu as une qualité, celle d'être pitoyable pour les plus malheureux que toi.
— Vous connaissez Bestiole ? demanda vivement Bec-d'Oiseau.
— Je l'ai vue un soir, à la parade de la famille Laurier, et j'ai été touché de tes attentions pour cette petite créature maladive et contrefaite.
— C'est vrai ! dit Bec-d'Oiseau, Camourdas la bat quand il est ivre, et il s'enivre souvent, non pas avec les amis, mais tout seul, comme s'il redoutait de parler devant les autres, et de voir la vérité sortir de son verre. Moi, pour dédommager Bestiole des misères que lui cause Camourdas, je lui porte des fleurs, des livres dépareillés, que l'on me donne pour prix de quelques commissions ; j'ai passé des journées

entières à lui lire des histoires, et quand je serai riche, bien riche, j'ai un grand projet que je mettrai à exécution.

— Peux-tu me le confier ?

— Je prendrai une voiture, car l'enfant ne peut presque pas marcher et je la mènerai au jardin d'acclimatation.

— Mais, il ne faut pas être bien riche pour cela, dix francs suffiraient.

— Dix francs ! les aurai-je jamais à moi !

— Eh bien ! si tu ne les as pas, je te les prêterai. J'irai avec toi prendre la fille à Camourdas, et de ce jour elle comptera un ami de plus.

— Ah ! vous êtes bon ! s'écria Bec-d'Oiseau, la Bestiole vous aimera.

Le chiffonnier se trouvait en ce moment devant sa porte ; il fit entrer l'enfant, lui montra une paillasse dans un coin de son réduit et, tandis que Bec-d'Oiseau dormait à poings fermés, Aurillac se demandait avec persistance :

— Qui donc peut faire une rente à Camourdas ?

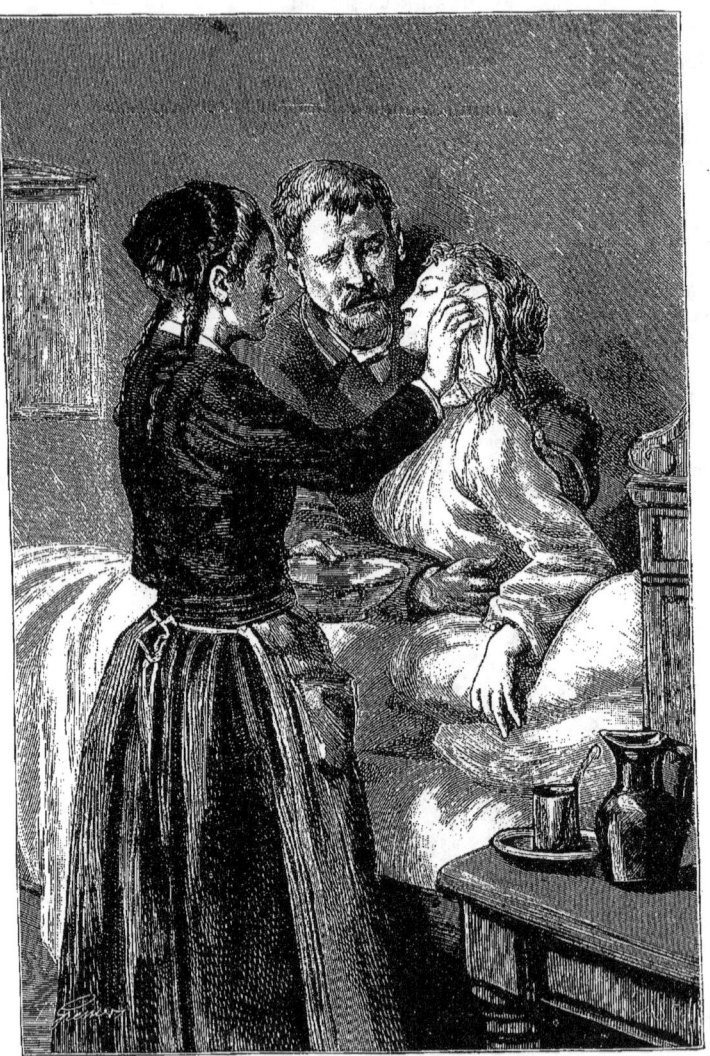

Jeanne mouillait ses tempes d'eau froide. (*Voir page 261.*)

CHAPITRE XIX

CRUCIFIX

Le jour se levait dans une pauvre chambre encombrée de meubles modestes. Dans le grand lit placé près de la fenêtre, une pâle jeune fille priait avec un sentiment de ferveur exaltée. Ses lèvres remuaient à peine, mais l'éclat de ses grands yeux noirs témoignait assez de l'ardeur de son invocation. De temps à autre cependant ses regards se reportaient sur une femme amaigrie qui, ayant prolongé sa veille, s'était endormie sur une chaise. Même pendant cette heure de repos, elle paraissait souffrir. Des tressaillements passaient sur son visage, une crispation agitait nerveusement ses doigts.

On eût dit que la jeune fille puisait dans le spectacle présenté par sa mère endormie une recrudescence de foi, et trouvait dans cette grande douleur un aliment nouveau pour sa prière.

Cette jeune malade s'appelait Crucifix ; sa mère était Jeanne Niquel, la femme de Césaire.

En racontant son histoire à ceux dont il allait devenir le complice, le malheureux n'exagérait rien. Il avait une famille nombreuse, et depuis la perte de son emploi chez le banquier, il lui avait été impossible de trouver un travail suffisamment rémunérateur.

Malgré son état maladif et les soins que réclamait sa famille, la pauvre Jeanne n'avait point perdu courage. Un travail de couture étalé sur la table prouvait qu'elle essayait de soutenir le ménage.

Crucifix, l'aînée des enfants de Jeanne, comptait quinze ans ; elle paraissait à peine avoir cet âge. La souffrance avait tellement émacié le visage, donné à la peau une transparence idéale, maigri les mains fluettes, que cette créature, blanche comme un lis, pure comme un ange, semblait toujours prête à s'envoler.

Cette âme était une de celles qui sont perpétuellement prisonnières dans l'enveloppe du corps et qui battent des ailes pour remonter vers le ciel dont elles descendent. Elle venait d'avoir treize ans quand arriva la catastrophe financière qui ruinait ses parents. Elle la sentit avec une force au-dessus de son âge. On était alors au mois de mai, la famille se disposait à fêter la première communion de Crucifix.

La jeune fille avait passé presque tout le jour à l'église où l'avait conduite une voisine, tandis que Jeanne préparait le dîner.

Lorsque Crucifix rentra, elle vit son père accablé, la tête plongée dans ses deux mains, et sa mère s'occupant activement, mais d'une façon fébrile. Jeanne avait les yeux rouges.

Trois des enfants se tenaient blottis dans un coin, jouant sans bruit avec l'instinct qui fait deviner à ces jeunes êtres qu'ils doivent rester silencieux, en face de ce mystère qui s'appelle la douleur.

On avait dit à Crucifix que l'heure la plus magnifique de sa vie approchait. Sa jeune âme restait dans les hauteurs d'une joie céleste, inaccessible.

Elle revenait donc, touchant à peine le sol du pied, l'âme dilatée, l'œil fixé sur un infini au centre duquel rayonnait une image divine.

Et tandis qu'elle marchait en plein bonheur, la désolation, la ruine s'abattaient sur les siens, frappant Jeanne dans ses modestes espérances, et ruinant à la fois le courage et le bonheur de Césaire Niquel.

Mais si la pauvre enfant devina le mal, elle en ignorait la cause.

Seulement elle comprit que ceux qu'elle aimait avaient besoin de silence, et quand ses deux frères rentrèrent de l'école, elle s'occupa d'eux doucement et sans bruit.

Le père et la mère mangèrent à peine; Crucifix s'occupa de la petite famille, embrassa ensuite tendrement les chérubins, les déshabilla et les mit dans leurs couchettes.

Tout-à-coup Césaire se leva brusquement et se dirigea vers la porte.

Crucifix échangea un regard douloureux avec sa mère, puis trouvant du courage dans le sentiment du devoir qu'elle devait accomplir, elle prit le bras de son père et lui dit d'une voix douce :

— Père, ne veux-tu pas me donner ta bénédiction ?

Césaire tressaillit et se recula.

— Ah! balbutia-t-il, je ne sens dans mon cœur que des mouvements de haine, comment pourrais-je bénir quelqu'un !

— Père, reprit l'enfant en s'agenouillant, si je t'ai offensé, pardonne-moi ! Dieu saura te consoler de tes peines, mon père... On dit que le jour de leur première communion les enfants sont tout-puissants... eh bien ! demain, je demanderai à Dieu qu'il te console, et j'en suis sûr, il te consolera...

Césaire attira brusquement sa fille dans ses bras, et l'embrassant au front :

— Pardonne-moi de t'avoir donné la vie ! dit il, mon imprudence vous a rendus à jamais malheureux.

— Non ! non ! père, ce n'est pas cela que je veux... la vie est bonne quand même puisqu'elle nous permet d'attendre les joies célestes et de travailler à les mériter ! C'est ta bénédiction sur la terre que je veux ! afin que demain je sois encore plus vite exaucée.

— Sois bénie ! sois bénie ! répéta Césaire.

Il se dégagea des bras de sa fille et saisit le loquet de la porte.

— Où vas-tu ? demanda Jeanne avec inquiétude.

Césaire fit un signe désespéré et sortit sans répondre.

Quand elle se trouva seule avec sa mère, Crucifix l'interrogea :

— Quel malheur nous frappe donc ? demanda-t-elle.

— Ma pauvre chérie, répondit Mme Niquel, nous sommes ruinés.

— Eh bien ! répondit l'enfant, nous travaillerons. Je deviens grande, j'apprendrai un état, et nous suppléerons à ce qui vient de nous manquer.

— Dieu garde le secret de l'avenir, ma fille, mais, je te le répète, l'épreuve est rude.

Crucifix garda le silence. Serrée sur la poitrine de sa mère, elle semblait puiser à son tour, dans ce cœur déchiré, le sentiment d'une désolation dont jusqu'à cette heure elle n'avait pas eu l'idée. Crucifix se sentait grandir ; l'enfant devenait femme, la chrétienne acceptait le martyre.

La mère et l'enfant se couchèrent tard.

Cette veillée que l'une et l'autre avaient pensé devoir être si douce fut partagée entre les larmes et la prière, et longtemps après que Crucifix fut endormie sous ses rideaux blancs, Jeanne veillait et pleurait encore.

Quand elle se réveilla, Crucifix souriait.

Elle embrassa sa mère en lui disant :

— Courage ! Dieu nous sauvera !

Elle fit la prière avec ses frères et ses sœurs et aida à préparer leur toilette. On eût dit qu'elle glissait sur le carreau de la pauvre chambre. Sa mère la regardait avec une sorte d'admiration attendrie, et quel que fut le désespoir amer de Niquel, il ne put se défendre de sentir son cœur se dilater au contact de cette pureté angélique, de cette ferveur exaltée qui mettait un rayonnement sur le pâle visage de Crucifix.

Toute la famille se rendit à l'église. Mais l'âme de Césaire ne s'humilia pas sous le coup qui le frappait. Le malheureux ne pardonna point à l'auteur de sa ruine.

Jeanne demanda la force, la patience ; elle se courba sous la main qui la frappait, elle supplia le Sauveur de lui accorder assez d'influence sur son mari, pour le ramener à la résignation.

Quant à Crucifix, elle n'appartenait plus au monde.

La foule qui regardait les jeunes visages des communiantes fut frappée de la céleste expression de Crucifix. On eût dit une apparition, une figure angélique; les regards cherchaient involontairement des ailes sous les plis de son voile aérien.

Quand elle rentra dans la maison, elle retrouva son calme sourire, s'entoura des enfants, leur répéta combien Jésus les aimait, et passa ainsi toute la journée, tantôt à redire des paroles de l'Évangile aux petits qui l'écoutaient, tantôt à répandre son âme au pied de l'autel.

Le soir elle dit à sa mère en la couvrant de baisers :
— Console mon père, la fortune qu'il vient de perdre lui sera rendue.
— Pauvre chérie ! dit la mère, puisse le ciel t'exaucer !

Huit jours après Crucifix se trouva toute lasse, l'appétit manqua, elle sentait de vagues douleurs dans tout son être ; Jeanne s'alarma et parla d'aller chercher le médecin.

Crucifix s'agenouilla au pied de son lit et récita à haute voix le *Magnificat*.
— De quoi remercies-tu le Seigneur ? demanda Jeanne.
— C'est mon secret, répondit Crucifix.

Le soir elle se coucha de bonne heure, et le lendemain elle ne se leva pas.

Son père était sorti chercher de l'ouvrage.

Les deux petits garçons étaient à l'école, les trois derniers enfants jouaient dans un coin, sans bruit, s'interrompant pour regarder leur grande sœur malade.

— Ma chérie ! dit la mère, où souffres-tu ? qu'as-tu ? Le médecin viendra demain, il l'a promis... ah ! mon Dieu ! ce nouveau malheur me manquait.

— Prends une chaise, dit Crucifix, approche-la bien près de mon lit ; maintenant place tes bras autour de mon cou et écoute-moi...

Jeanne appuya sa fille sur son cœur.

— N'envoie pas chercher le médecin, dit Crucifix d'une voix lente et basse, il ne comprendrait rien à ma souffrance, il serait impuissant à la guérir... ce n'est pas une maladie ordinaire, ma mère chérie.., c'est, je le sens, l'acceptation de mon sacrifice.

— Quel sacrifice ? demanda Jeanne.

— Quand j'ai vu le désespoir de mon père, ta douleur, je n'ai eu qu'une idée, une préoccupation, alléger votre souffrance à tous deux, dussé-je en mourir.

— En mourir ?

— On m'avait dit que le Seigneur ne refuse rien aux enfants qui le reçoivent pour la première fois... cette parole m'a donné confiance et je l'ai supplié de sauver mon père, de lui rendre le bonheur envolé, la fortune perdue, et de me choisir pour sa victime, s'il devait frapper quelqu'un de cette maison.

— Tu as fait cela ! s'écria la mère, qui sentait des sanglots contenus déchirer sa poitrine.

— Je l'ai fait sans y trouver mérite ni grandeur... et tu vois, je suis exaucée... du moment que le bon Dieu me frappe, c'est qu'il m'accepte.

— Mais je ne veux pas, moi ! je ne veux pas ! s'écria la mère.

— Ah ! dit Crucifix, bénis la main qui éprouve ! Rappelle-toi que tu m'as nommée Crucifix au baptême et que je serai une crucifiée.

Jeanne sanglotait.

— Et maintenant, reprit l'enfant, ne parle plus de remèdes humains, ma vie est offerte, puisse Dieu la prendre ?

Une étreinte dans laquelle se mêlaient la désolation, l'attendrissement et une admiration sans bornes, confondit ces deux âmes si dignes de se comprendre, et la mère remercia Dieu de lui avoir donné une telle fille.

Peut-être, lorsque, dans l'élan de sa ferveur, Crucifix se plaça en holocauste sur l'autel, s'attendait-elle à voir son père sauvé rapidement, comme par miracle ; peut-être espérait-elle un effet immédiat de son sacrifice ? Mais si elle l'avait cru, tout d'abord, elle se trouva cruellement déçue.

D'après le récit fait par la Perche à ses camarades, on sait que l'ancien commis de Montravers ne réussit pas à trouver un emploi suffisant. Il ne possédait ni recommandations, ni références, il n'avait pas osé envoyer prendre des renseignements chez le banquier. Le peu de travaux qu'il trouva, mal rétribués, irréguliers, empêchèrent la famille de mourir de faim, voilà tout.

Mme Niquel prit de la lingerie dans un magasin, et Crucifix, de plus en plus faible et souffrante, l'aida autant qu'il lui fut possible.

Malheureusement on n'osait offrir des secours, si déguisés qu'ils fussent, à cette famille ; Césaire et sa femme les eussent refusés. On procura un peu de travail à Jeanne, mais le découragement s'emparait de Césaire, et il commençait à s'abandonner lui-même. Des sentiments de haine et de vengeance remplissaient son cœur. Il ne pouvait chasser de sa pensée le nom de Montravers ; sa colère pleine de fiel et de désespoir, se manifesta dans une lâcheté. Il voulut mourir.

Quand on le ramena chez lui défaillant, sa fille porta à ses lèvres l'image du Christ en croix.

— Vous l'avez gardé de la mort, dit-elle, soyez béni !

A partir de cette nuit d'angoisse, et comme s'il plaisait au Seigneur de faire payer à l'innocente fille le crime du suicide du père, les souffrances de Crucifix devinrent de plus en plus cruelles.

Loin de se calmer cependant, la désolation de Césaire parut grandir

A partir du moment où la Perche lui offrit son aide, celui qui, jusqu'alors, n'avait été que malheureux, roula sur la pente du crime.

Sa femme s'effrayait de le trouver si taciturne, Crucifix redoublait de prières, mais tandis que l'angélique enfant s'efforçait de désarmer la colère céleste, l'esprit du mal s'emparait progressivement de l'âme paternelle.

Jeanne cédait tantôt à l'influence consolante de sa fille, tantôt à la terreur involontaire que lui inspiraient l'attitude et les rares paroles de son mari. Quelquefois même, elle accusait sa fille d'imprudence.

— Tu t'es sacrifiée, disait-elle, et tu ne parviendras pas à le sauver.
— Tu ne comprends pas la loi de l'immolation, répondait Crucifix.
— Pourquoi aller au-devant de la douleur?
— Ne sais-tu point que dix justes auraient racheté Sodome... Dieu aime les sacrifices; vois Abel, Isaac, la fille de Jephté...

Elle embrassa sa mère avec une tendresse ardente, puis reprenant son travail de couture :

— Veux-tu me faire grand plaisir? amène les trois mignonnes sur le pied de mon lit, cela me réchauffe de voir leurs grands yeux bleus, et puis, je veux qu'elles se souviennent de moi.

Jeanne détourna la tête en pleurant.

Un instant après les trois petites filles jouaient autour de Crucifix.

Les jolies têtes rieuses quoique pâles étaient charmantes : Louise, l'aînée, avait six ans, Claudette cinq et Marion deux seulement. Elle ne parlait pas, elle gazouillait. L'âme s'éveillait en elle avec une candeur, une fraîcheur ravissante. Louise faisait déjà la personne raisonnable, elle lisait couramment et savait marquer; Claudette traçait pendant des heures entières de grands bâtons sur tous les morceaux de papier qu'elle pouvait trouver.

Marion regardait ses doigts roses, ébouriffait ses cheveux, et riait sans cause, pour rire.

La présence des enfants réjouissait la malade. Elle leur racontait des histoires merveilleuses qu'elles écoutaient surprises et charmées.

Oui, Crucifix voulait qu'on se souvînt d'elle.

La généreuse fille ne gardait nulle illusion. Chaque mois, chaque jour augmentait ses souffrances, et quand elle vit revenir l'anniversaire de sa naissance, elle dit à sa mère :

— Tu mettras des chrysanthèmes sur ma tombe, ce sont les dernières fleurs de la saison.

Césaire passait une partie de ses journées hors de chez lui. Parfois il rapportait un peu d'argent, et le plaçait sur la table d'une façon brusque; on eût dit que ce gain lui faisait honte et qu'il s'en détournait avec horreur.

Sa femme n'osait plus l'interroger : il lui faisait presque peur. Crucifix l'observait avec une tendre sollicitude, et il lui semblait qu'à mesure qu'une ombre fatale s'étendait sur le front de son père, à mesure que la nuit devenait plus épaisse dans son âme, ses souffraces physiques augmentaient.

Elle s'en réjouissait, y trouvant la preuve que le Seigneur acceptait son sacrifice.

Les deux femmes prévoyaient que le malheureux subirait une crise fatale. Elles devinaient que des mains de démon le poussaient vers l'abîme et qu'il allait la tête baissée vers le gouffre insondable.

Il rentrait ivre quelquefois, repoussant la femme, brutalisant les enfants, lui si doux du temps de son bonheur; il jetait à peine un farouche regard du côté de ce lit aux blancs rideaux dans lequel Crucifix endurait son martyre.

Un soir sa femme se jeta à ses genoux, le visage couvert de larmes, et, d'une voix entrecoupée, lui dit :

— Parle-moi, Césaire, romps un silence qui nous tue... que veux-tu faire, qu'as-tu résolu ?

— Ce que j'ai résolu ! répondit Niquel en frappant sur la table avec violence, j'ai résolu de reprendre mon bien à qui me l'a volé !

— A monsieur Montravers ! s'écria Jeanne terrifiée.

— A lui !

— Mais, malheureux, que peux-tu contre cet homme sans cœur et sans justice ? Il t'a fait jeter à la porte de son hôtel par ses valets; lorsque tu réclameras ce qui t'est dû pour la seconde fois, il s'adressera au commissaire de police ! Ne sommes-nous point assez à plaindre ? ajouteras-tu le déshonneur à la misère ? Mon cher Césaire, nous n'avons plus que notre probité, respecte-la. On peut tout supporter quand la conscience garde cette consolation suprême.

— Alors, demanda Césaire, on ne se vengerait jamais ?

— Non, répondit la femme, on ne se vengerait jamais.

— C'est un misérable : et il faut qu'il soit châtié ! dit Niquel.

— Dieu sait récompenser et punir, Césaire, fie-toi à sa justice.

— Je n'y crois plus ! répliqua le malheureux.

— Ne blasphème pas !

— Cet homme, ce voleur, ce bandit qui m'a dérobé mes économies et ta dot, je l'ai vu passer hier dans sa voiture, fier et souriant ; il saluait d'un air heureux. On eût dit que sa fortune s'épanouissait sur son visage... et moi, misérable, j'errais affamé, l'esprit perdu, me demandant pourquoi ce fripon relevait la tête avec cette insolence, et pourquoi l'honnête dupe marchait humiliée et torturée par la faim.

Mais patience ! chaque chose a son heure ! Je me vengerai ! je me vengerai !

On entendit un faible soupir sous les rideaux blancs.

Crucifix était en proie à une terrible crise nerveuse.

Césaire courut vers sa fille, la souleva dans ses bras, tandis que Jeanne mouillait ses tempes d'eau froide.

— L'infâme ! l'infâme ! répétait Niquel, il est cause de la maladie de mon enfant. Crucifix était pâle et chétive, mais elle aurait vécu, si la nouvelle de notre ruine ne l'avait brisée.

— Tais-toi, Césaire, dit Jeanne, ce n'est point la misère qui tue notre fille.

— La misère, le chagrin, une même chose !

— Non ! ce qui use sa vie, ce n'est pas la souffrance physique, c'est sa tendresse pour nous tous, c'est l'angoisse que tu nous causes, c'est... ah ! malheureux ! si tu connaissais le secret de l'agonie de ta fille, tu tomberais à genoux au pied de son lit, et tu la rachèterais de la mort.

— Moi ! moi ! balbutia Césaire.

La jeune fille ouvrit les yeux.

Son regard rencontra le regard éperdu de sa mère, une de ses mains effleura le front de son père, de l'autre elle fit un signe imposant le silence.

Jeanne avait failli trahir le mystère de la lente mort de son enfant.

— La volonté de Dieu soit faite, dit Crucifix à voix basse.

Pendant toute la nuit Césaire et Jeanne l'entourèrent, et les petits enfants réveillés soulevaient la tête hors de leurs lits pour regarder ce qui causait au milieu de la nuit ce mouvement insolite.

A l'aube seulement Crucifix tomba dans un sommeil paisible; alors Jeanne lava son visage dans l'eau fraîche, leva les enfants, les peigna, les habilla, les envoya à l'école, rangea le chétif ménage et prépara le déjeûner de la famille : de la soupe aux pommes de terre.

Soit que les émotions de la nuit l'eussent ramené à de meilleures pensées, soit que la fatigue des veilles et de l'ivresse l'eût broyé lui aussi, Césaire mangea entre Jeanne et les trois petites filles. On eût dit un homme près de faire naufrage, se raccrochant aux algues et tentant de s'en faire un moyen de salut.

Mais les algues cèdent sous la main crispée, ne laissant qu'une poignée d'herbes dans les doigts raidis ; c'est la roche qu'il faudrait saisir : la roche abrupte, dure, qui ensanglante parfois, mais qui retient et sauve.

Et ce rocher que rien n'ébranle s'appelle la foi.

Or, il y avait longtemps que Césaire, ballotté par les vagues furieuses, l'avait quitté pour chercher l'appui de bouées impuissantes et fragiles.

Cependant un combat, un combat suprême se livrait dans son âme. Il hésitait.

Quelque pauvre que fût la maison, il y avait des attaches : sa femme l'avait dit, et si délaissée que restât depuis quelques mois la pauvre Jeanne, il n'en était pas moins vrai que Niquel l'avait grandement, puissamment aimée. Hélas ! il l'aimait encore ! seulement il empoisonnait cet amour dans sa source. Il voulait rendre les siens heureux, n'importe par quel moyen ; il ne comprenait plus que l'honnêteté est à elle seule un trésor sans prix et que nul n'égale. Il lui fallait de l'or, beaucoup d'or. On l'avait volé, celui qui l'avait volé jouissait impunément de l'estime de tous. donc, il s'agissait non pas d'être honnête, mais seulement adroit ; il tâcherait de l'être et tout serait sauvé.

Tandis que sa femme et ses enfants l'entouraient, il se répétait ces raisonnements malsains, et tentait de se persuader à lui-même qu'il agissait pour leur bonheur.

Crucifix devina-t-elle ce qui se passait dans l'âme de son père ?

Tout-à-coup elle l'appela.

Césaire parut hésiter ; il ne redoutait pas autant les grands yeux graves de ses petits enfants, ni même les yeux attristés de Jeanne, que le regard profond et pur de l'enfant mourante.

— Père, répéta la voix.

Césaire s'approcha du lit.

— Que veux-tu ? demanda-t-il.

— J'ai une fantaisie de malade, reprit-elle, tu sais, ceux qui souffrent sont ainsi... il me semble que si tu me veillais cette nuit, je serais guérie.

— Te veiller, soit ! mais ta mère te veille chaque nuit, et cependant..

— Oh ! père ! ce n'est pas la même chose.

— Peux-tu m'expliquer pourquoi ?

— Je le sais à peine moi-même, et je te l'ai dit, c'est une fantaisie. Si tu avais l'habitude de dormir ici d'un bon sommeil, j'hésiterais peut-être à t'adresser cette prière, mais tu passes les nuits dehors, à errer sur les quais, à songer à nos misères, ou bien tu entres dans des cabarets où l'on boit et où l'on chante toute la nuit. Reste avec moi ! et il me semble que tout ira bien ensuite pour nous.

— Je veux bien, seulement...

— Oh ! pas de seulement, promets...

— Je resterai ! dit Césaire.

Crucifix se souleva et noua ses deux bras autour de son cou.

— Sois béni ! dit-elle, sois béni pour cette parole. Vois-tu, cette nuit sera une nuit terrible, je sens que si tu franchissais le seuil de cette porte, tu courrais un grand danger, et je mourrais de ce malheur.

— Et ce danger, demanda Césaire, devenu subitement pâle, en connais-tu la nature ?

— Non, je le prévois comme les oiseaux devinent l'orage, voilà tout.

— Cela est étrange, murmura Césaire.

Il embrassa de nouveau sa fille et resta près de son lit.

Alors l'enfant lui parla lentement, à voix basse, réveillant dans son souvenir les jours heureux évanouis, les évoquant pour les montrer prêts à renaître. Elle disait que la Providence veille sur les pauvres, et qu'un jour elle apparaîtrait dans la mansarde, les mains ruisselantes de bien plus d'or qu'il n'en avait perdu.

Au son de la voix de sa fille, Césaire sentait pénétrer en lui une sensation de fraîcheur, de pureté qui ranimait son âme épuisée.

L'apaisement céleste de l'âme de Crucifix passait dans l'âme de Césaire, comme une source, filtrant goutte à goutte à travers des roches, arrose et vivifie un coin de terre brûlé par le soleil.

Ce malheureux qui s'était approché de la malade avec défiance et terreur, la contemplait avec joie et reconnaissance.

— Oui, je te veillerai, dit-il, et tu vivras, et tu seras guérie !

Presque au même moment, on frappa à la porte.

— Entrez, dit Césaire.

La figure futée de Bec-d'Oiseau s'encadra dans la baie de la porte.

Il salua en faisant le geste de porter la main à une casquette absente, puis, tirant de sa poche une lettre chiffonnée, il la tendit à Niquel.

Celui-ci la regarda avec une sorte d'inquiétude, déchira l'enveloppe, lut les deux lignes qu'elle contenait, et répondit :

— C'est bien !

— Faut-il répéter ce mot à la Perche ?

— Oui, il suffira.

— Mon Dieu ! mon Dieu ! dit Bec-d'Oiseau en regardant Crucifix renversée, défaillante sur ses oreillers, votre fille se meurt !

Césaire broya la lettre dans ses mains, courut vers Crucifix, essaya de la faire revenir à elle, chercha vainement du vinaigre et de l'eau. Bec-d'Oiseau tenait à la main un gros bouquet de jacinthes qu'il venait d'acheter pour la petite Bestiole, il pensa que les vifs parfums de la fleur ranimeraient la malade, et il les approcha de son pâle visage... Une minute après, Crucifix souleva ses paupières.

— Père ! dit-elle, père ! es-tu là ?

— Oui, dit-il.

En ce moment, Jeanne rentra.

— Ta fille ! dit-il, occupe-toi de ta fille.

Et tandis que Jeanne courait vers Crucifix, Niquel fit un signe à Bec-d'Oiseau et s'élança hors de la chambre avec lui.

Quand Crucifix fut tout à fait revenue à elle, la chambre était vide. Elle tordit ses bras avec angoisse :

— Dieu ne veut donc pas que je vive ! murmura-t-elle.

Elle vit alors la lettre roulée en boule sur le carreau, et la désignant du doigt à sa mère :

— Donne-moi ce papier, dit-elle.

Crucifix le déplia et lut :

« *C'est pour ce soir.* »

Alors se jetant dans les bras de sa mère, elle éclata en sanglots : Niquel était bien perdu.

Voici des pantoufles chinoises, fleuronnées d'or fin, des merveilles. (*Voir page* 266.)

CHAPITRE XX

DEUX JEUNES FILLES

Diane Montravers était assise ou plutôt couchée sur une chaise longue ; en face d'elle une jeune fille, coquettement vêtue et parlant avec une sorte d'élégance mercantile, tirait, de volumineux cartons, des dentelles, des blondes, des fleurs, tous les raffinements de la coquetterie parisienne. Diane approuvait ou repoussait, gardant ou refusant les objets, sans s'inquiéter de leur prix, suivant son caprice, sans consulter personne.

A quelque distance, une camériste, habillée avec goût, risquait un mot au milieu du déluge de jolies phrases de la marchande de modes : elle savait bien qu'elle avait tout à gagner à l'excès de dépenses de sa maîtresse, et la marchande, bien apprise, ne manquait jamais, en se retirant, de laisser un cadeau pour la femme de chambre.

Les écharpes, les ceintures s'entassèrent sur les fauteuils, la petite marchande de modes sortit à reculons avec une révérence de théâtre, et Diane dit d'un ton à demi ennuyé :

— Serre tout cela, Mariette.

La camériste chargea ses bras de ces charmantes inutilités, et revint en annonçant que le chausseur de mademoiselle était là.

— Qu'il vienne, dit Diane ; aussi bien, je n'ai plus de bottines mettables.

— J'ose espérer que celles-ci seront dignes du pied de mademoiselle, répondit l'artiste en chaussures, en dépliant un foulard.

Il présenta d'abord des bottines de satin bleu pâle, boutonnées de perles, et dont le talon Louis XV, d'une courbe savante, arrivait à la moitié d'une semelle évidée avec une grâce qui n'appartient qu'à cette maison.

— Ce talon n'est-il pas un peu étroit ? demanda Diane ; il me semble que l'on ne saurait aisément se tenir en équilibre avec cette chaussure.

— Mademoiselle sait bien que l'on ne marche jamais avec certaines bottines. Voici des pantoufles chinoises, fleuronnées d'or fin, des merveilles. Elles emboîtent l'extrémité du pied, et voici les bas de soie destinés à les compléter, des bas avec des dessins miraculeux de couleur.

— Charmant! charmant! Ces fleurs de lotus bleues et ces tulipes jaunes s'épanouissant sur le cou-de-pied, sont d'un effet ravissant; et, combien?

— Les pantoufles, cent cinquante, les bas, deux cents.

— Je les garde, dit Diane. Et les souliers; qu'avez-vous en fait de souliers, monsieur Ferrey?

— Des souliers Fénelon à grosses coques de rubans, nuances mastic, des souliers à barrettes, charmants d'effet, des souliers découverts comme des mules.

— Et tout cela à mon pied?

— Oui, mademoiselle.

— Alors, laissez-en un assortiment.

Je vous dois beaucoup d'argent? demanda Diane au chausseur.

— Je n'en sais rien; le père de mademoiselle est si riche!

— Eh bien! tâchez de vous faire régler cette facture par lui, car ma pension est mangée d'avance pour deux ans.

Le fournisseur salua d'un sourire et d'un mouvement d'épaule du meilleur ton.

Mariette le suivit.

— A combien me reprendrez-vous les bottines de ma maîtresse qui ont servi, et que vous vendez quatre-vingts francs, monsieur Ferry?

— A vingt-cinq, répondit le chausseur.

— Alors, puisez dans le tiroir, et donnant, donnant.

Le cordonnier emporta la moitié des fournitures de l'année et dit, en riant, à la cameriste:

— Bonne maison, n'est-ce pas?

— Peuh! fit-elle, avec une moue dédaigneuse, des financiers! ça gâche l'argent, sans savoir le dépenser. Mademoiselle gaspille et croit jouer à la grande dame; mais j'ai servi une vraie comtesse du faubourg Saint-Germain, et je vous assure que cela ne se passait pas de la sorte.

Un coup de sonnette interrompit les confidences de la femme de chambre au chausseur, et Mariette introduisit la couturière dans le cabinet de toilette de Diane Montravers.

— Voici la robe de bal de mademoiselle, dit la grande faiseuse, en étalant sur trois fauteuils un chiffonnage ravissant de soie couleur turquoise malade, des flots de tulle et de fleurs d'une nuance indéfinissable.

Il était impossible de décrire cette toilette; elle n'était d'aucun style, mais, portée par une élégante personne, elle ne pouvait manquer de produire un grand effet.

Diane critiqua l'effet d'un nœud qui fut lestement changé de place, approuva l'ensemble, et dit :

— Je vous ferai compliment demain, si ma robe est classée parmi celles dont parlent les reporters de journaux.

— Mademoiselle me permettra-t-elle de lui demander si elle peut me remettre un à-compte sur ma facture ?

— Votre facture ! mais je vous ai donné de l'argent, l'année dernière.

— Cela est vrai ; mais, depuis...

— Oh ! depuis, cinq robes habillées, quatre costumes d'été, des toilettes de rue, un costume travesti, et pour les bals.....

— Trois parures complètes.

— Et cela fait ? demanda Diane avec indifférence.

— Les robes habillées, l'une dans l'autre à cinq cents francs, deux mille cinq cents francs ; les costumes.....

— Eh mon Dieu ! qui veut le détail ? L'ensemble madame Aurélie, l'ensemble ?

La couturière tira une facture de sa poche.

— Huit mille trois cents francs cinquante-deux centimes.

— Ravissants, les cinquante-deux centimes ! s'écria Diane. Vous n'oubliez rien, et voilà des comptes merveilleux ! Malheureusement, madame Aurélie, je ne saurais vous donner un sou. Songez donc ! mon père m'accorde douze mille francs pour ma toilette, je ne paie aucun fournisseur, et cependant je n'ai jamais d'argent. Mais soyez tranquille, je me marierai cette année, et l'époque de mes fiançailles sera celle de la solde de mes dettes. Je liquiderai !

— Cependant, mademoiselle.....

— Quoi ? craignez-vous de ne pas être payée ?

— Non, sans doute ; mais.....

— Est-ce l'intérêt de l'argent que vous regrettez ? Ajoutez-le à la facture. Je n'irai pas ennuyer mon père de ces détails de ménage. Quant à demander de l'argent à ma mère, je suis sûre qu'elle n'en a pas plus que moi. Prenez donc patience et ne me tourmentez pas !

Mme Aurélie, consolée par l'autorisation reçue d'ajouter les intérêts à sa facture, se retira en réitérant de nouvelles offres de service.

— Mariette ! dit Mlle Montravers, cette Mme Aurélie devient ennuyeuse, tu m'enverras Clarck, le couturier, il doit beaucoup mieux réussir la coupe des corsages.

Cependant l'œuvre de Mme Aurélie, cette robe originale, inédite, comme disent les grandes faiseuses, amena un sourire sur les lèvres de Diane ; elle l'examina attentivement, et n'eut pas de peine à se persuader qu'elle serait ravissante avec ses cheveux noirs et son teint pâle, au milieu de ce nuage bleu tendre sur lequel couraient des traînées de fleurs.

Elle tirait distraitement de son écrin un fil de perles que son père lui avait données la veille, quand Mariette lui annonça que Mlle Angélie Nerval demandait si son amie était visible.

— Angélie ! s'écria Diane avec une franche explosion de joie ; mais j'y suis toujours pour elle.

Puis, traversant sa chambre et courant dans le petit salon où se trouvait alors son amie, elle l'amena dans une petite pièce capitonnée de rose, et l'embrassa avec effusion.

— Que je suis heureuse, Angélie ! Oh ! tu es bonne de venir ! Je te vois trop rarement.

— C'est ta faute, dit doucement Mlle Nerval.

— Si tu savais combien j'ai peu de temps ; le matin, les fournisseurs : j'en ai reçu quatre ; il y a bal ce soir, et tu comprends ; nous déjeunons à midi, et je dois avoir fait ma toilette ; mon père ne souffre pas le négligé ; des billets à écrire, l'heure du bois vient, souvent nous dînons en ville, ou ma mère reçoit ; les dîners, les concerts, que sais-je ! Je suis la personne la plus occupée du monde.

— Parce que tu n'as rien à faire, dit Angélie en souriant.

— Rien à faire ! Et s'habiller, se déshabiller, essayer des robes, des coiffures, des bottines, choisir des gants, des fleurs, se faire coiffer, monter en voiture, changer de toilette quatre fois par jour, se montrer dans tous les endroits élégants sous peine de perdre sa réputation de jeune fille à la mode.

— De jeune fille à la mode ! répéta Angélie.

— Oh ! mon Dieu oui ! Jadis quelques femmes, seules, ambitionnaient ce titre ; mais le siècle a marché, les jeunes filles s'en mêlent ; tu peux constater le changement qui s'est produit dans les mœurs ; les jeunes femmes se réservaient autrefois les fleurs, les velours, les plumes, les diamants. Actuellement j'ai des toques aussi garnies d'ailes d'oiseau, de plumes de lophophores, d'aigrettes de héron que ma mère elle-même ; je possède des solitaires de dix mille francs montés en gouttes d'eau, et qui sont d'un effet merveilleux. Les habitudes de ma mère m'ont vite formée ; nous montons à cheval ensemble ; elle partage avec moi ses loges et me prête ses livres. Il est convenu qu'elle ne me contrariera pas au sujet de mon mariage. Toutes deux nous avons arrêté le chiffre de la dot que j'aurai et celui de la fortune du mari qu'il me faut. Balzac a écrit un livre superbe : *la Marâtre*. As-tu lu Balzac, Angélie ?

— Non ! répondit la jeune fille.
— Tant pis pour toi ! Il faut voir comme il peint les femmes ! Il les connaissait, va ! Les filles du père Goriot rongent leur père jusqu'à la moelle pour avoir des robes, et il meurt en les appelant des anges. Je reviens à *la Marâtre*. Balzac y met en scène une mère jalouse de sa fille; c'est horrible ! n'est-pas ? Eh bien ! après avoir lu ce drame, j'ai étudié ma mère pendant quinze jours, l'épiant, cherchant à surprendre ses regards, ses gestes, ses pensées. Je suis tranquille ! elle n'est pas jalouse de mes dix-huit ans ! d'ailleurs, elle a grandement raison, on la remarque plus que moi-même.

— Diane ! Diane ! s'écria Angélie, que dis-tu ?

— Des poignées de vérités ! Je sais bien que tu ne regardes pas le monde par le même côté de la lorgnette, la simplicité de ton cœur te l'interdit; mais, moi, j'aime les choses prises sur le vif.

— Et si tu ne vois que des tableaux malsains et dangereux ?

— Malsains ! Je ne crains pas la peste ! Je lis impunément des romans, parce que n'étant point romanesque, je ne crains pas de me laisser entraîner. Le positivisme me garde des dangers que tu sembles redouter. Le monde me semble une vaste comédie dans laquelle je joue un rôle, sans croire que cela soit arrivé.

— Et tu ne t'ennuies jamais ?

— Je n'en ai pas le loisir.

— Mais enfin, exister dans un tourbillon, ce n'est pas vivre; notre cœur a besoin de respirer commes nos pores; il y a des heures où nous aspirons à un repos absolu, complet, et ce repos se trouve dans le seul lieu dont tu ne sembles jamais franchir la porte.

— A l'église ? demanda Diane.

— Oui, à l'église.

— Mais tu te trompes, Angélie; me prends-tu pour une païenne ? Tous les dimanches, je me rends à Saint-Augustin et j'y entends la messe de une heure. Jadis le monde fashionable se réunissait à la Madeleine; la mode a tourné, on se groupe aujourd'hui à Saint-Augustin. C'est un Longchamps pour les modes. Je me suis donné un livre d'heures superbe, couvert d'émaux bizantins : regarde.

— Tu le portes, dit Angélie, tu ne le lis pas.

— Mais, ma chère, si je l'ouvrais, on verrait moins la reliure, et puis, j'aurais l'air d'une petite pensionnaire. On tient un livre à l'église, comme une lorgnette au théâtre et un éventail au bal.

Diane posa son livre sur une table couverte d'un tapis de perse broché d'or, et dit à son amie, en l'entraînant :

— Viens voir ma robe !

Angélie passa dans le boudoir, où Mariette préparait la toilette du soir.

— Eh bien ? demanda Mlle Montravers.

— Il me semble que cette parure serait plus convenable pour une jeune femme que pour une jeune fille.

— Ah ! je comprends, tu voudrais en revenir à la sainte mousseline, erreur ! Les jeunes filles élégantes ayant du *chic*, pardon Angélie, ce mot n'est pas de ton vocabulaire, mais il s'emploie beaucoup, ces jeunes filles ont l'ambition d'être prises pour des petites *madames* : même parler, même façon de se mettre. Mais, toi, Angélie, on dirait vraiment que tu ne connais rien au monde.

— Je le vois d'une façon si différente.

— Voyons, ce matin, j'ai reçu une procession de fournisseurs, et toi, qu'as-tu fait ?

— A six heures, j'étais levée, dit Angélie, et j'ai fait la toilette que tu vois, reçu les comptes de la dépense de la maison, et donné mes ordres pour la journée à la femme de charge. Nous avons un maître d'hôtel, et quand mon père traite des étrangers, je ne m'occupe pas du menu ; quand nous sommes seuls, cela est différent : je déteste le gaspillage.

— Bah ! ton père est si riche !

— Soit ! La dépense profite, quand ce ne serait qu'à faire valoir les travailleurs ; mais le gaspillage ne rapporte rien à personne. D'ailleurs, si riche que soit mon père, la somme de la dépense étant fixée, si je réalise des économies.....

— Mon Dieu ! serais-tu avare ?

— Les pauvres sont nombreux, Diane.

— Mais, je les aime, je m'en occupe ; je brode des pantoufles pour leurs loteries, j'écoute de la musique à leur profit, je danse pour eux.

— Moi, dit Angélie, je vais les voir, tout simplement.

— Et tu arrives de chez tes protégés ?

— Justement. Tu parlais de tes bals, tout à l'heure, de ces fêtes où chacun rivalise de coquetterie, de parure, que l'on quitte souvent la tête brisée, l'esprit fatigué, le cœur vide ; où l'on n'a parfois trouvé aucune des satisfactions que l'on attendait, parce qu'une rivale en élégance avait une toilette plus chère, et que la coiffure de notre meilleure amie a été remarquée. Je me trouve à l'abri de ces froissements, de ces niaiseries, je vis dans un milieu plus sain, et je t'assure que j'en apprends davantage en causant avec de pauvres gens qui me racontent leurs peines et m'initient à leurs travaux que tu ne le fais en écoutant le caquetage des petits jeunes gens qui se coiffent en bandeaux à la russe et sont très-*chics*, comme tu disais tout à l'heure.

— Ainsi, jamais de bals ?
— Rarement, du moins.
— Et les lectures ?
— Sont sérieuses et choisies. Je lis pour m'instruire. Je ne suis pas pédante, mais j'ai soif du beau ; les grandes œuvres seules me transportent dans un milieu où je respire.
— Tu te feras religieuse ! dit Diane, en riant.
— Je ne le crois pas, répondit Angélie ; mais si je ne me fais point religieuse, rien ne m'empêchera de vivre en chrétienne.
— Et ton mari ? car si tu n'entres pas dans un cloître, tu te marieras.
— Peut-être, mais je choisirai, sois-en sûre, pour compagnon de ma vie, un homme ayant les mêmes croyances robustes.
— Les mêmes croyances, soit ! Je n'aimerais point épouser un protestant ni un athée, qui refuserait d'aller à l'église. D'abord, c'est de mauvais ton, ensuite, cela empêche de paraître dans une toilette ravissante, de se montrer sous un voile de tulle qui vous enveloppe comme un nuage, et d'assister à une cérémonie dont on est le but et l'héroïne. Mais, tu n'exigeras point que ton mari pratique.
— Tu te trompes, Diane, je l'exigerai. Je veux n'avoir point de secrets pour le compagnon de ma vie, et quel secret plus grand, plus merveilleux que celui des joies éprouvées au pied de l'autel ! Qui ne les a pas ressenties ne peut ni les traduire ni les comprendre. Je parlerais donc une langue étrangère à mon mari en lui parlant de la foi, de l'amour, de l'espérance. Nous serions donc unis dans ce monde, pendant de rapides années, pour nous voir séparés pendant l'éternité. Ce serait trahir mon Dieu que de donner ma vie à qui ne l'aimerait pas. Je méprise les courts bonheurs, je dédaigne les félicités sans espérances immortelles. Que me font les joies si vite flétries de ce côté de la terre et qui ne peuvent refleurir dans les hauteurs du ciel ! Ce que je veux, Diane, c'est marcher la main dans la main de mon époux, de franchir avec lui les steppes de la vie. Je ne veux pas que cette main destinée à me soutenir se sépare de la mienne sur le seuil des saints parvis ! Crois-tu, Diane, que le Seigneur bénisse des tendresses qui se traînent et rampent sur la terre, que la prière ne mûrit pas en les sanctifiant, qui ne trouvent pas leur source et leur couronnement en Dieu ? Est-ce que je me contenterais d'unir deux noms et deux dots, de traîner ma destinée dans la poussière de petits intérêts, de vanités médiocres ! Oh ! les grandes sphères où l'âme peut ouvrir ses ailes, où le cœur palpite sans trouble, où l'on sent que Dieu bénit la vie, la lutte, le travail, la famille, voilà ce que je veux, ce qu'il me faut, ce que j'attends.

— Est-ce le comte de Nointel qui te donnera toutes ces joies ?
— Pourquoi jettes-tu son nom dans cet entretien, Diane ?
— On parle de son assiduité chez ton père.
— On se trompe, répliqua Mlle Nerval ; jamais il ne sera mon mari.
— Pourquoi ?
— Pour les raisons que je viens de te dire.
— Oh ! fit Diane, je ne suis pas si difficile.
— Tu l'accepterais ?
— Tout de suite.
— Sans crainte ?
— Quelle crainte ? Il t'a demandée en mariage et tu es charmante, il n'y a là rien que de fort simple ; je ne serai pas jalouse, et surtout d'un ange comme toi. Le comte de Nointel monte admirablement à cheval, fait courir, a la réputation d'un beau joueur et d'un homme à la mode ; il est du jockey-club, sa famille est irréprochable ; que peux-tu exiger davantage ? Tu disais tout à l'heure que tu ne lisais pas de romans. Tu rêves beaucoup plus que moi, cependant.

— Moqueuse ! dit Angélie.

Mais elle rougit en disant ce mot.

Diane vit la rougeur subite de son amie, et lui saisit les deux mains.

— Folle que je suis ! dit-elle. Tu peux mettre un nom au bas du portrait que tu traçais tout à l'heure dans ta pensée.

— Non ! dit gravement Angélie. Je ne choisirai point mon mari contre le gré de mon père ; malgré moi je puis avoir rencontré, reconnu l'homme sérieux, fort et chrétien, qui comprendrait comme moi la vie et le mariage, mais je ne dirai jamais sur qui s'est reposée ma première pensée de bonheur humain.

— Comme tu es sage ! dit Diane.

— Combien tu es folle ! répondit Angélie. Mais, enfin, les folles comme toi servent à faire vivre de pauvres filles ; je m'intéresse à deux : l'une s'appelle Reine ; elle peint des éventails, des écrans, et maintenant qu'il est de mode d'avoir des éventails de la taille d'un paravent, tu pourrais lui en commander un. Son père est fou ! C'était peut-être un homme de génie.

— Dis-lui de me faire trois éventails, un rose, un blanc et un noir.
— Merci ; l'autre est lingère.
— J'enverrai demain chez elle. Et, vois-tu, le bon Dieu me saura gré d'une foule de petites choses de ce genre ; je ne sais point lui parler, je ne trouve rien à lui dire, mais je ne demande pas mieux que de lui être agréable.

— Ne rien trouver à dire à Dieu, jamais ?
— Non, jamais.

— Tu n'as donc point pleuré?
— Une fois, mon père me refusait une parure.
— Tu n'as pas souffert, tu n'as pas eu peur?
— Chacun prévient mes souhaits. Non, je ne connais ni la peine ni la peur.
— Adieu! dit Angélie, je n'appelle pas le malheur sur ton front; mais si une épreuve, si dure qu'elle fût, avait pour résultat de te révéler le Dieu que tu oublies, que tu ignores, je bénirais cette épreuve.
— Voilà que tu vas me souhaiter un malheur, maintenant.
— Dieu sait ce qu'il nous faut, murmura Angélie. Adieu! pense à moi, et viens me voir... entre deux bals.

Les deux jeunes filles s'embrassèrent, et Mlle Nerval remonta en voiture et rentra chez elle.

Restée seule, Diane se replaça sur sa chaise longue et se mit à songer.

Quelle différence entre sa vie et celle d'Angélie! Laquelle des deux avait raison? Sans nul doute, Diane. Et cependant, combien Angélie semblait joyeuse, d'une gaieté saine et vivace, qui ne ressemblait aucunement à la joie fébrile et factice de Diane.

Ce que celle-ci ne s'expliquait pas, c'est que son amie dépensât son temps dans les églises, chez les pauvres.

— Si elle était laide, sotte, et mal partagée des dons de la fortune, pensait Diane, cela se comprendrait encore. Mais Angélie est aussi jolie que moi, quelques-uns mêmes disent plus jolie, la fortune de son père a plus de solidité encore. Elle me vaut à tous les points de vue, et cependant elle agit d'une façon diamétralement opposée. Je prierai ma mère de m'expliquer cela. Mais, bah! ma mère réfléchit-elle plus que moi-même?

Diane s'arrêta sur cette question, et comme elle était fatiguée de penser, elle s'approcha de son piano et se mit à jouer une valse viennoise, fort à la mode.

Mais, si brillante qu'elle fût, cette valse l'ennuya vite; et elle quitta le piano.

Des oiseaux voletaient dans un petit palais treillissé de fils d'or; Diane les regarda, les écouta distraitement. Les pauvres petits essayaient à peine leurs ailes dans cet étroit espace, et sans nul doute ils regrettaient l'air libre des pays lointains, dont les bosquets fleuris abritèrent le nid de leur mère.

— Ils s'ennuient! dit Diane, et c'est à peine s'ils m'amusent. Quelle vie que la leur, s'agiter entre ces barreaux d'or sans trouver la liberté, ébaucher un chant sans écho, et mourir sur un perchoir, quand on se souvient des branches des arbres. Bah! fit-elle, un moment après, nous autres Parisiennes ne ressemblons-nous pas beaucoup à ces oiseaux exotiques ; nous voulons comme eux de l'or, des rubis, des saphirs, non sur nos ailes, mais sur nos têtes ; et nous restons presque aussi prisonnières !

Diane s'approcha de la croisée, en écarta les triples rideaux et regarda un moment la rue populeuse, bruyante, encombrée de piétons et de voitures.

— Je deviens triste ! reprit Mlle Montravers, sans nul doute la conversation d'Angélie a déteint sur mon esprit. Que signifie ce mot qu'elle m'a répété : « Vous avez le cœur vide ! » Que manque-t-il à mon cœur ? Rien ; mon père est bon, il me donne tout ce que je veux ; ma mère m'aime et ne me prive d'aucune distraction ; de quoi pourrais-je me plaindre ? Avoir le cœur vide ! Qu'aimerais-je donc en dehors de mes parents et de moi-même ? Mes amies, sans doute : Angélie occupe le premier rang parmi celles-là ; mes chiffons, mes bijoux ? mais, toutes les femmes remplissent leur existence de ces choses, toutes, hors celles qui ressemblent à Angélie. Que veut-elle dire avec la soif de Dieu, le besoin de la prière ? comment se fait-il qu'elle se prenne de tendresse pour tous ceux que la misère visite ? Elle sort à peine, excepté quand il s'agit de faire le bien : elle fuit le monde que je recherche, ses adulations qui font ma joie, et cependant, je n'oserais soutenir que j'ai l'âme plus heureuse !

Ces réflexions assombrirent le visage de Diane ; elle quitta la fenêtre, s'assit dans un fauteuil et prit un livre.

— Toujours la même histoire ! fit-elle, niaise, et la plupart du temps mal écrite ou violente et remplie de tableaux qui font rougir, même sans qu'on en comprenne la portée.

Décidément, Diane courait risque de s'assombrir pour le reste de la journée, et comme la tristesse lui seyait mal, elle avait l'habitude de se l'interdire. Elle fut arrachée à ses réflexions par l'arrivée de sa mère.

Mme Montravers était une femme de trente-huit ans, souple, fine, pâle comme la plupart des Parisiennes, élégante de sa mule de velours, brodée d'or, à ses cheveux d'une fauve ardent, qu'elle avait fait teindre pour se conformer à la mode.

— Es-tu contente de ta toilette ? demanda Mme Montravers.

— Ravie ! Juges-en.

Toutes deux recommencèrent l'examen de la parure, à laquelle Mme Montravers, malgré les exigences de son goût, ne trouva rien à reprendre.

— Mon père nous accompagne-t-il ? demanda Diane.

— Lui ! non, il va au cercle ; peut-être viendra-t-il nous prendre

— En vérité, dit Diane, à nous voir toujours sortir seules, on pourrait croire que tu es veuve et moi orpheline.

— Ton père est parfait pour moi, dit Mme Montravers ; il gagne beaucoup d'argent, et nous en donne sans parcimonie. Sans doute, étant jeune fille, et ayant reçu une éducation bourgeoise, je me figurais autrement la vie et le mariage ; mais on s'y fait, mignonne ! Il se trouve par-ci par-là des heures pendant lesquelles on se demande si le cœur bat, si l'âme est satisfaite, et quand par hasard on s'aperçoit qu'il leur manque quelque chose, on court plus vite de fête en fête, on se grise de bruit, de louanges, de coquetterie, et comme on n'a plus le temps de penser, on oublie !

Mme Montravers embrassa sa fille et dit, en la quittant :

— Nous partirons à onze heures, car la file des voitures sera longue, et nous attendrons peut-être longtemps.

Et ces deux femmes, dont l'une était si peu mère et l'autre si peu fille, se quittèrent après avoir échangé deux baisers.

Le petit homme prit un conduit en caoutchouc et l'approcha de ses lèvres. (*Voir page* 281.)

CHAPITRE XXI

L'AGENCE BOMPOIL

Six jours avant la date fixée pour le bal de l'Elysée, Baptiste Morel, cocher de Mᵐᵉ Montravers, reçut une lettre par laquelle on le priait de passer le plus vite possible à l'agence Bompoil, rue Taitbout, 72, pour affaire de famille de la plus haute importance.

Très-surpris de cette ouverture, Baptiste, dont l'imagination s'enflammait aisément, repassa dans sa mémoire la liste des parents qu'il possédait encore, et crut, d'après la courte missive de la maison Bompoil, qu'un héritage venait de lui échoir. Seulement, quel oncle venait de mourir, quelle tante restée fille se souvenait de lui ? Baptiste ne le devina pas, et quand il eut prit les ordres de sa maîtresse, et acquis la certitude qu'elle n'aurait pas besoin de ses services avant l'heure de sa promenade au bois, le cocher, ganté de frais, l'air arrogant, comme il convient à un cocher de gens de finance, gagna la rue Taitbout.

La maison devant laquelle il s'arrêta se compose de deux corps de logis séparés par une petite cour dans laquelle se trouve placé le pavillon des concierges. Les bureaux sont au troisième étage sur la rue. Une large plaque de cuivre, dans laquelle sont gravés des caractères noirs, porte ces mentions diverses :

Agence Bompoil et Cⁱᵉ.

Affaires contentieuses, liquidations de faillites, renouvellements gratuits des reconnaissances du Mont-de-Piété, règlement de mémoires d'architectes, tapissiers, etc.

Mariages riches, discrétion.	Bureau de placements, sujets garantis.
Avances d'hoiries.	
La maison traite les affaires spéciales d'adoption de jeunes gens par des personnes titrées.	Commis, femmes de chambre, gens de maison.
	Célérité dans les démarches.
Recherches nobiliaires.	Un agent ayant été attaché au service de sûreté met ses talents à la disposition des clients.
Traductions de chartes, documents, etc.	
Arbres généalogiques.	

On traite à forfait.
Les honoraires sont payés D'AVANCE.
T. L. B. S. V. P.

Avant de tourner le bouton de la porte, suivant l'invitation qui lui en était faite, Baptiste Morel lut les renseignements divers énumérés sur la plaque de cuivre.

— Je ne pense pas que l'on songe à m'offrir une autre place, dit-il, car je défie bien les plus habiles placeurs de m'en trouver une moins fatigante et plus lucrative.

Baptiste entra d'abord dans une antichambre meublée de trois tables couvertes de paperasses, derrière lesquelles disparaissaient presque complètement les têtes de trois clercs ébouriffés. On ne voyait guère que les chevelures variant du brun au roux et au noir.

La vibration puissante du timbre fit lever subitement trois visages pâles et maigres, et suspendit le travail régulier de trois plumes de fer.

— M. Bompoil ? demanda Baptiste Morel.

— Monsieur, répondit le plus âgé des trois scribes, venez-vous avec une recommandation ?

— Je suis mandé par une lettre, répondit le cocher.

Le clerc prit la lettre, la lut d'un regard, et dit à son collègue de droite :

— *Affaire Morel.*

Celui-ci ouvrit un grand registre à coins de cuivre, le feuilleta, trouva un folio correspondant à la lettre M, puis il dit, d'une voix pleine de déférence :

— Morel, Jean-Baptiste, *succession.*

Le clerc se leva, passa devant Baptiste, après l'avoir salué, et lui dit, avec cet accent spécial que prennent des gens infimes, en parlant aux capitalistes :

— Veuillez vous donner la peine de me suivre, monsieur.

Le cocher de Mme Montravers, quelque préparé qu'il fût à recevoir une bonne nouvelle, ressentit cependant une émotion profonde en entendant résonner à son oreille ce mot si gros de promesses : « Succession. » Il se redressait en marchant, caressait ses favoris taillés à l'anglaise et cherchait à se donner tout de suite l'aplomb d'un homme en possession d'une vraie fortune.

Le clerc ouvrit la porte et annonça :

— M. Baptiste Morel.

A ce nom, un homme petit, chauve, maigre, dont les yeux disparaissaient sous des lunettes vertes, et dont les lèvres minces s'agitaient comme s'il faisait à perpétuité des monologues, leva la tête vers le nouveau venu, et fit un signe équivalent à l'invitation de s'asseoir. Autant le jeune clerc avait témoigné d'empressement, autant le petit homme en lunettes se montra circonspect. Il commença par examiner Baptiste minutieusement, tout en feignant de chercher parmi ses dossiers une feuille de papier introuvable. Quand il eut formulé son jugement sur le cocher, il lui dit d'un ton froid :

— Monsieur Jean-Baptiste Morel, vous avez sans doute été surpris lors de la réception d'une lettre à vous adressée par la maison Bompoil que j'ai l'honneur de représenter ?

— Sans doute, monsieur, agréablement surpris, puisqu'il s'agit de succession.

— Cela est probable, fort probable même ; cependant le nom de Morel est un nom très commun, et les indications que nous donnent les journaux et les actes de décès, en ce moment en notre possession, peuvent être insuffisants pour établir vos droits. Ce serait à vous de nous indiquer... vous comprenez.....

— Parfaitement, monsieur ; quand on perd un porte-monnaie, on est tenu d'en chiffrer le contenu pour se le faire restituer, et vous ne pouvez me mettre sur la voie d'une succession ouverte à mon profit, sans que le total des honoraires qui vous seront dus soit réglés d'avance.

— Vous êtes un homme pratique, monsieur Morel.

— Autant que possible. Abrégeons donc.

Mon oncle, Athanase Morel, est mort, laissant un fils dont nous n'avons jamais eu de nouvelles.

Il s'embarqua jadis sur un bâtiment de commerce.

La dernière lettre que nous reçûmes de lui était datée des îles Malouines.

L'agent consulta une lettre, et dit ensuite :

— C'est bien cela.

— Mon cousin a donné de ses nouvelles ?

— Mieux que cela, il est revenu.

— Des îles Malouines ?

— Où il a fait une grande fortune.

— Ce cher cousin !

— Je vous plains beaucoup, mon cher monsieur, si vous lui portez un grand intérêt. Votre cousin revient opulent, mais fort malade. Il s'est informé, en débarquant, du seul parent dont il gardât un amical souvenir, et notre maison a été chargée d'opérer des recherches.

— Ainsi, Athanase est malade ?

— Le médecin garde peu d'espoir de le sauver. Il serait bon de profiter de sa lucidité d'esprit pour réveiller en lui le sentiment de la famille ; nul doute que la joie de vous retrouver ne le décide à faire en votre faveur un testament qui vous institue son légataire universel.

— Diable ! fit Baptiste, il faudrait partir ?
— Incontestablement.
— Et ma place ?
— Vous y tenez ?
— Je le crois bien !
— Il y aurait un moyen de tout arranger, dit l'agent de la maison Bompoil à Baptiste.
— Lequel ?
— Ne parlez pas de quitter la maison, demandez un congé pour affaire de famille.
— Mais cette absence peut être longue ?
— Je ne crois pas, répondit le petit homme, avec un singulier sourire.
— Dans tous les cas, reprit Morel, Madame ne peut se passer de cocher, même pendant une semaine.
— Qu'à cela ne tienne, nous vous procurerons un remplaçant.
— Tout de suite ?
— Demain, si vous voulez.
— Et je reprendrai ma place au retour ?
— Naturellement.

Le petit homme en lunettes prit sur la table un conduit de caoutchouc muni d'un pavillon de cuivre, l'approcha de ses lèvres, et prononça quelques mots auxquels il fut immédiatement répondu de la même manière.

Un moment après, un vieillard, tenant un gros livre, apparut à son tour dans le bureau.

— Cherchez à l'article *cochers*, dit l'agent de la maison Bompoil.

Le vieux commis trouva l'article demandé. Le nom de chacun des automédons sans place était suivi d'un signalement complet, âge, mention des maisons dans lesquelles il avait servi, rien n'y manquait. Quand le bonhomme fut arrivé aux nom et qualités d'un des cochers inscrits, l'agent frappa sur la table avec une règle :

— Victor Bude, c'est un excellent sujet, trente ans, de la tenue, parle anglais, références excellentes...

Le commis regarda Baptiste.

— Voici le conseil que je vous donne : prévenez Mme Montravers, présentez lui Victor Bude, qui vous remplacera pendant votre absence, et partez.

— Il ne me manque qu'une chose, dit Baptiste : l'adresse de mon cousin.

— Vous la trouverez demain, à trois heures ; Victor vous attendra dans ce bureau.

— A combien se montent les frais de correspondance ?

— A cent francs, répondit l'agent.

— J'échangerai demain un billet de banque contre l'adresse d'Athanase.

Le cocher salua, l'agent se replongea dans sa correspondance, le vieux commis remporta ses livres, et les trois clercs se levèrent quand passa Baptiste Morel, futur héritier de son cousin Athanase, capitaine au cabotage.

Le jour même, Baptiste Morel expliqua à Mme Montravers son vif désir d'aller voir l'unique parent qui lui restait. En même temps, il annonçait que le service de Madame n'aurait nullement à en souffrir, puisqu'il se ferait immédiatement remplacer.

Mme Montravers donna à Baptiste la permission de prendre quinze jours de congé, et, le lendemain, le cocher retournant aux bureaux de l'agence Bompoil y trouva Victor Bude, plaça dans son portefeuille l'adresse de son cousin, paya les cent francs de frais de correspondance et emmena avec lui celui qui devait prendre pendant quelques jours sa place à l'hôtel Montravers.

Victor Bude semblait un garçon flegmatique et réservé. Sa tenue était irréprochable, son accent légèrement britannique, et Baptiste fut presque jaloux de sa belle mine et de sa distinction.

Tandis que l'heureux cousin du capitaine au cabotage allait installer Victor, l'agent de la maison Bompoil télégraphiait à Marseille :

A Monsieur Jean Légume, fabricant de crêtes de coq en palais de bœuf.

Poisson est pris, cousin s'appelle Athanase Morel, garder Baptiste dix jours.

TRIOLET.

Le lendemain Baptiste montait en chemin de fer et un train de grande vitesse l'emmenait vers Marseille.

Victor entra en fonctions et les remplit en cocher accoutumé aux bons chevaux et aux élégants attelages.

Le jour du bal approchait.

Les toilettes étaient prêtes dès le matin, les ordres donnés à midi ; Mme Montravers déclara qu'elle n'irait pas au bois ce jour-là, afin d'éviter toute espèce de fatigue.

Victor et Jack se trouvaient libres.

Jack était un groom de seize ans qui paraissait en avoir douze,

Le lendemain un train de grande vitesse l'emmenait vers Marseille. (*Voir page* 282.)

mince et pâle, futé comme un enfant de Paris qu'il était, railleur à l'office, respectueux avec ses maîtres, lisant les journaux avancés et fumant les cigares de M. Montravers, il réalisait le type complet de cette adolescence flétrie avant l'âge comme un bouton de fleurs est rougé par un ver avant d'avoir pu s'épanouir.

Du reste, il remplissait son service avec une grande exactitude, et on ne pouvait lui adresser aucun reproche sérieux.

Quand Mme Montravers eut déclaré à Victor qu'elle ne sortirait pas, celui-ci proposa à Jack de faire une partie fine. Ils se trouvaient libres jusqu'à dix heures du soir et pouvaient se promener à leur guise, dînant au cabaret, entendant un peu de musique ; la nuit serait dure, il était juste que les domestiques prissent du loisir puisque les maîtres s'amusaient.

Jack accepta avec enthousiasme, le cocher l'emmena jusqu'aux boulevards extérieurs, commanda un dîner succulent, des vins de choix, et le moulin-à-vent, le rire, la musique eurent bientôt grisé le jeune garçon. Il devint d'une pâleur livide, ses mains s'agitèrent, sa tête oscilla, et il tomba à la renverse ivre ou endormi.

Victor l'enleva dans ses bras comme un enfant, un garçon appela un cocher, Jack fut étendu sur les coussins de la voiture et le numéro 4322 entraîna rapidement Victor et son jeune compagnon vers le passage de Ménilmontant, à quelque distance du *Crapaud-qui-Chante*.

Un petit Italien chantait et dansait encore devant la porte.

L'ogresse se remuait lourdement au fond de son antre.

— Eh ! la mère, dit Victor Bude, faut m'engager ce joli oiseau jusqu'à demain ; seulement, si je n'ai pas besoin du moine, sa défroque m'est nécessaire ; déshabillez-le, et trouvez une anguille qui entre dans sa peau.

— Est-ce possible, la Perche !

— Eh oui, la mère ! un agent de police s'y tromperait, quoi !

L'ogresse appela de toutes ses forces :

— Bec-d'Oiseau ! Bec-d'Oiseau !

— Me voilà, répondit l'enfant qui servait un dîner.

— Vingt-cinq francs à gagner pour remplir l'office de groom pendant cette nuit, dit la Perche, c'est à dire ouvrir deux fois la portière de la voiture et la refermer.

— Est-ce loin ? demanda l'ami de Bestiole.

— Chaussée-d'Antin.

— Chez du beau monde ?

— Des banquiers.

— Pourrai-je jeter un coup d'œil dans la salle du bal ?

— Sois tranquille, petit, tu verras un drame autrement drôle qu'une soirée où l'on danse au son du violon.

Bec-d'Oiseau endossa la livrée de Jack et se trouva en un instant métamorphosé en groom.

— Hardi, mes lapins ! dit la Roublarde, il s'agit d'une bonne soirée.

— On veillera ? dit la Perche, en clignant de l'œil.

— Sois tranquille, mon fils !

— Houp ! petit ! Et souviens-toi de répondre au nom de Jack, ce failli groom s'est enivré comme une grive dans une vigne !

La Perche et Bec-d'Oiseau montèrent en voiture, et firent une nouvelle station au café du Delta.

Comme il y entrait, Bec-d'Oiseau fredonna un refrain de chanson, en passant près d'un buveur qui leva rapidement la tête, fit un signe imperceptible à l'enfant, et quittant presque aussitôt le café, se mit en quête d'une voiture.

Il en trouva une, et donnant une pièce de cinq francs au cocher :

— Je te prends à l'heure, dit-il... vingt francs de pourboire si je suis content.

— Et que faut-il faire pour que vous soyez content, not'bourgeois.

— Suivre d'abord le 4322.

— Et après ?

— Après nous verrons.

Quand Bec-d'Oiseau dit Jack, et la Perche dit Victor Bude, quittèrent le café du Delta, dix heures sonnaient gaiement à l'horloge ?

— Ecoute, petit, dit la Perche, tu remplaces un enfant qui ne doit pas être puni pour une faute légère ; afin d'éviter que l'on s'aperçoive que tu prends pour ce soir la place de Jack, aie soin de te tenir dans l'ombre et évite de parler ; la voix trahit autant que le visage.

— Suffit, dit Bec-d'Oiseau.

Tandis que la Perche et le petit ami de Bestiole s'apprêtaient à jouer leur double rôle, l'homme avec qui Bec-d'Oiseau avait échangé un signe, s'était installé dans son fiacre à deux pas de la porte de l'hôtel Montravers.

Quand il fut certain que ni les maîtres, ni les domestiques ne ressortiraient avant l'heure du bal, il descendit, commanda au cocher de l'attendre, et revint une demi-heure après, amenant avec lui deux hommes d'une allure déterminée. Tous trois se réinstallèrent dans le fiacre et attendirent.

Pendant ce temps, Mme Montravers et sa fille procédaient à leur toilette.

La femme du banquier portait une robe paille recouverte d'une tunique de précieuses dentelles ; son corsage, sa chevelure ruisselaient de diamants. Elle était vraiment éclatante et rayonnait comme une reine sous son diadème de pierreries.

Diane s'habillait avec lenteur, ne négligeant pas un détail de sa parure, se complaisant dans sa beauté, dont une haute glace lui reflétait l'éclat.

Quand sa toilette fut achevée, elle passa dans le boudoir de sa mère.

— Voyons! dit gaiement Mme Montravers.

Elle passa une rapide inspection de sa fille, et lui dit avec plus de vanité que de tendresse :

— Vraiment, tu es charmante!

— Oh! moins que toi! fit Diane, mais enfin, je ferai honneur aux perles que mon père m'a données...

— C'est ce dont je viens m'assurer, dit une voix joyeuse.

M. Montravers entra.

— Vraiment, oui, Diane, tu as raison, tu fais honneur à mes perles, et vous, ma chère, poursuivit-il, en s'adressant à sa femme, vous éblouirez même au milieu de toutes les splendeurs de ce bal. Vous portez royalement vos cinq cents mille francs de diamants... car vous en avez pour cinq cents mille francs. Votre écrin me représente vingt-cinq mille livres de rente, un capital improductif.

— Monsieur! dit Mme Montravers.

— Ceci est l'opinion du banquier, et non pas l'avis du mari... Amusez-vous bien toutes deux. Je vais tailler un bac au cercle, mais j'irai certainement vous prendre.

— Comme vous voudrez, répondit Mme Montravers avec indifférence.

Diane embrassa son père, et le banquier s'éloigna en chantant.

Un moment après, la jeune femme donnait ordre d'atteler.

— La voiture de madame est avancée, vint dire le valet de chambre au bout de dix minutes.

La femme de chambre donna un dernier regard à la toilette de ses maîtresses, jeta des pelisses de satin sur leurs épaules, et Mme Montravers et Diane descendirent lentement les grands escaliers de l'hôtel.

Vraiment à les voir s'avancer ainsi, souriantes et parées, couvertes de diamants, marchant vers un succès de vanité dont l'espoir les faisait sourire, bien des femmes les eussent enviées, et auraient laissé échapper un soupir de regret et d'envie!

Et cependant!

Victor Bude tenait ses chevaux en main avec une raideur et une correction parfaites, Bec-d'Oiseau était prêt à ouvrir la portière.

Une minute après, Diane et sa mère se trouvaient en voiture.

— Au palais de l'Elysée, avait dit Diane.

Les chevaux partirent comme des coursiers de ballade.

Les deux femmes frileusement entortillées dans leurs pelisses s'abandonnaient à cette course folle. Une légère buée couvrait les vitres; la lumière du gaz piquetait à peine ce brouillard. On ne pouvait distinguer ni les rues ni les maisons.

Diane et sa mère se taisaient.

La voiture roulait de plus en plus vite.

Au milieu de leur rêverie, il sembla tout-à-coup aux deux femmes que, bien qu'elle marchât d'un train merveilleux, la voiture n'avançait guère.

Puis il leur parut qu'elles auraient dû entendre des piaffements de chevaux, des tapages de portières, des cris de cochers, des ordres de sergents de ville, tout le tumulte qui, d'ordinaire, accompagne les abords d'un palais où se trouve une fête grandiose. Rien de tout cela : la voiture ne courait plus sur le pavé, mais sur le macadam, et la route était silencieuse comme une tombe.

Une inquiétude vague traversa l'esprit de Mme Montravers.

— Victor! dit-elle! Victor!

Sans doute le cocher n'entendait pas ; en vain la jeune femme agita-t-elle le cordon, Victor ne l'avait point passé à son bras, et le cordon resta dans les mains de la jeune femme.

Alors un sentiment d'effroi traversa le cœur de Mme Montravers.

Sans savoir pourquoi, elle saisit vivement la main de Diane, et murmura :

— Tout ceci est étrange!

Diane tira vivement une des glaces de devant, et saisit de sa petite main le bras du cocher.

— Arrêtez! dit-elle, arrêtez!

Le cocher cingla ses chevaux d'un coup de fouet rapide, et comme les nobles bêtes n'étaient point accoutumées à ce mauvais traitement, elles partirent à fond de train.

La crainte indéterminée d'abord, instinctive de Mme Montravers, devint une terreur véritable, elle abaissa une des portières et regarda au dehors.

La voiture courait dans une allée déserte des Champs-Elysées.

Seulement, espoir unique de salut et de secours, une seconde voiture courait parallèlement.

— A nous! cria Mme Montravers.

Le cocher du fiacre lancé sur la piste de la voiture du banquier, fit un mouvement comme s'il voulait sauter à bas de son siège et se jeter à la tête des chevaux de Mme Montravers, pour les arrêter dans leur course furieuse, mais un ordre donné d'une voix impérieuse par les hommes occupant le fiacre 4322, arrêta la bonne volonté de l'automédon, et le fiacre continua à suivre la voiture.

Lorsque celle-ci arriva à l'embranchement de gauche qui s'éloigne du lac, un coup de sifflet rapide, suivi d'un chant de rossignol, fendit l'air; la voiture s'arrêta brusquement, et avant que la femme du banquier et sa fille eussent le temps de descendre, deux hommes ouvrirent simultanément les portières de la voiture, et, avec une rapidité prouvant autant d'habitude que de sang-froid, ils attachèrent les bras de Diane et de sa mère en les ramenant derrière le dos, baillonnèrent les deux femmes avec des mouchoirs de soie, prirent place avec elles dans la voiture, refermèrent les portières, et crièrent au cocher :

— Où tu sais !

Et la voiture recommença sa course vertigineuse, toujours suivie par le fiacre 4322, dont les stores restaient baissés.

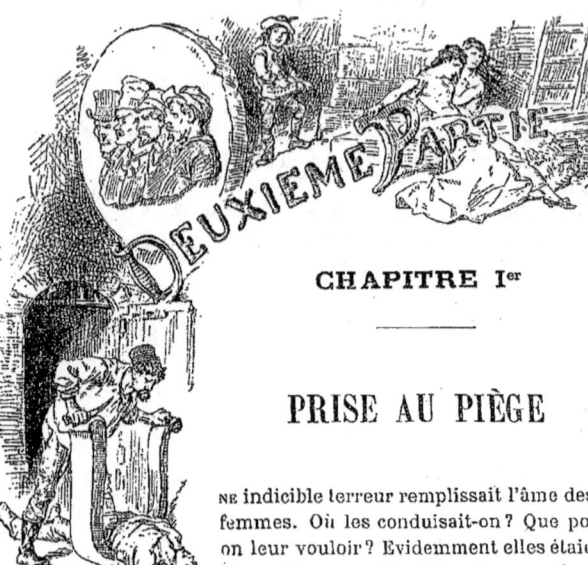

DEUXIÈME PARTIE

CHAPITRE Ier

PRISE AU PIÈGE

Une indicible terreur remplissait l'âme des deux femmes. Où les conduisait-on ? Que pouvait-on leur vouloir ? Evidemment elles étaient victimes d'une combinaison atroce, préparée de longue main. Victor était l'agent, l'allié des misérables qui enlevaient à la fois Mme et Mlle Montravers. Toutes deux cherchaient quels ennemis elles pouvaient avoir, et ne s'en connaissaient point. Elles vivaient sans faire le bien, mais aussi sans commettre le mal. Pourquoi, s'il s'agissait seulement de les voler, ne pas leur avoir arraché tout de suite les diamants qu'elles portaient au cou, aux bras, aux oreilles ? La vengeance méditée contre elles devait être plus terrible. Quelqu'un avait un intérêt puissant, monstrueux à les tenir en sa puissance.

Un sentiment de révolte, de haine sans nom, gonflait le cœur de Mme Montravers ; mais, il faut le dire, ses angoisses pour sa fille étaient plus grandes que ses craintes personnelles. Au milieu du désespoir qui remplissait son cœur, elle n'avait pas même la consolation de voir le visage de Diane. Les misérables qui les enlevaient ayant baissé les stores de soie bleue, l'intérieur de la voiture restait sombre comme un tombeau.

Seulement, à l'affaissement complet du corps de Diane sur les coussins, Mme Montravers put croire que sa fille était évanouie.

En effet, Diane, l'enfant gâtée, la frivole créature, accoutumée à toutes les jouissances du luxe, entourée de soins comme une fleur précieuse, avait perdu le sentiment du danger comme de l'existence.

Immobile et glacée, elle gisait dans la voiture, insensible désormais aux durs cahots et n'ayant plus conscience des tortures qu'elle devait subir.

Mme Montravers, plus énergique, et soutenue d'ailleurs par sa tendresse maternelle, subitement éveillée par le péril, gardait, au milieu de son angoisse, un sang-froid dont personne ne l'eût crue capable. Suffoquant sous son bâillon, les poignets meurtris par les cordes, en dépit des gants qui les protégeaient un peu, elle se raidissait contre sa douleur.

Il fallait rester éveillée, vaillante ; peut-être allait-elle avoir à se défendre. Si elle avait pu deviner où on la menait, elle aurait fait d'avance provision de courage, elle eût préparé ce qu'elle avait à dire, à répondre, mais elle ne savait rien ! Elle allait vers l'inconnu, vers l'abîme, aveugle, liée, bâillonnée.

La voiture quitta les allées dans lesquelles s'adoucissait le fracas des roues ; Mme Montravers comprit qu'elle rentrait dans Paris et traversait de grandes voies pavées. Quoique rares, d'autres voitures sillonnaient les rues ; mais le cocher abandonna les grands quartiers, et l'allure des chevaux avertit la malheureuse femme que la route montait.

Bientôt les rues devinrent plus étroites, le pavé plus rude. Évidemment on gravissait les pentes d'un quartier populeux ; un certain grouillement sourd, des cris d'ivrognes, des chansons, les sons éloignés d'une musique endiablée, des odeurs nauséabondes formées de toutes sortes de détritus, d'immondices et d'égouts montaient de tous côtés. On devinait la vermine des hommes et la lèpre des maisons. Les chevaux soufflaient péniblement.

Enfin un bruit de zampogne frappa l'oreille de Mme Montravers, et la voiture s'arrêta.

Les hommes placés en face des deux femmes les enveloppèrent dans des manteaux de couleur sombre, et chacun en enleva une dans ses bras.

Tous deux se dirigèrent vers une porte basse, en descendirent les marches, tandis que les trois personnes enfermées dans le fiacre 4,322 sortaient de leur voiture et suivaient les deux hommes chargés de leur lourd fardeau.

Un quatrième personnage se glissa sur leurs traces ; c'était Bec-d'Oiseau qui venait de remplacer le groom Jack pendant cette terrible soirée.

Les hommes qui pénétrèrent dans le cabaret de la Roublarde, à la suite des ravisseurs de Mme Montravers, n'étaient sans doute pas attendus, car l'ogresse tenta pour la première fois de leur défendre l'entrée du tapis-franc.

Mais une voix bien connue lui dit à l'oreille :
— Tais-toi, la mère, j'en suis !
Et la Roublarde les laissa passer.

Quant à ceux qui avaient enlevé la femme et la fille du banquier, à peine furent-ils dans la salle du fond, qu'ils ôtèrent les manteaux enveloppant leurs victimes, arrachèrent leur bâillon et leur rendirent la liberté de leurs membres.

Hélas ! Diane ne donnait plus aucun signe de vie.

Faute de canapé, on la coucha sur la table ; un manteau roulé lui servit d'oreiller ; l'autre fut jeté sur elle en guise de couverture.

— Oh ! misérables ! misérables ! fit Mme Montravers, vous avez tué ma fille !

— Sois tranquille, dit un des bandits, elle n'est pas morte !

— Où suis-je, reprit la malheureuse femme, dans quel bouge horrible m'avez-vous conduite, et que voulez-vous de moi ?

Alors, un des deux hommes se plaça devant la femme du banquier et lui demanda :

— Me connaissez-vous ?

— Non, répondit-elle, je ne vous ai jamais vu !

— Vous ne m'avez jamais vu ! et cependant je vous dois ma misère, mon désespoir ; ce désespoir qui me fait descendre jusqu'au crime... Ne croyez pas que je m'absolve de ce que je fais... Certains appelleraient ma conduite une œuvre de représailles, moi, je sais que la plus vulgaire honnêteté défend de se faire justice, et que mon devoir serait de me résigner sans malédiction et sans vengeance. Mais ce devoir, je ne me sens plus la force de le remplir. J'ai eu faim et froid, j'ai souffert, j'ai langui, je veux vous l'apprendre. Je veux mettre sous vos yeux mes tortures et tenter de faire jaillir de votre âme un sentiment d'équité. A force de souffrances, je suis devenu un misérable, capable de tout ! Et cependant, si violent que je vous paraisse, je veux encore tenter de vous attendrir et d'obtenir de vous ce que j'ai le droit d'exiger.

Celui qui parlait ainsi, frémissant, les cheveux hérissés, la voix entrecoupée, était Césaire Niquel.

Mme Montravers sentit qu'elle se trouvait en face d'un ennemi implacable, et que sans nul doute il avait contre elle de sérieux griefs. On l'accusait, on la traînait à une barre ! Qu'importait le lieu où elle était jugée, elle se trouvait devant un tribunal.

Si hardis que fussent ceux qui l'avaient enlevée, elle comprit qu'ils voulaient mettre de leur côté une sorte d'équité, si l'équité peut jamais s'unir à la violence.

Mme Montravers ne répondit pas.

Debout, appuyée près de la table sur laquelle Diane restait immobile, elle regardait le front décoloré de sa fille et sentait les larmes envahir ses yeux.

— Du secours ! dit-elle, du secours pour mon enfant !

— Ma fille ainée se meurt ! reprit Césaire, d'une voix farouche ; je l'ai laissée évanouie comme la tienne, et je l'ai repoussée du pied pour aller t'attendre et t'amener ici.

— Mais, que voulez-vous, enfin ?

— Que tu m'écoutes d'abord, j'ai un récit à te faire, un récit que tu devrais redire à toutes les femmes qui vivent de ta vie, et préparent tant de misères et de désespoirs. Ne vous y trompez pas, je ne suis point un homme haïssant les riches pour leur fortune ! Nul plus que moi ne respecte les nobles opulences héréditaires ou la richesse honorablement gagnée par de longs travaux. Ce que je hais, ce que je flétris, ce sont les fortunes improvisées à la bourse, les millions gagnés au jeu de la politique, les chiffres fabuleux d'une caisse grossie par l'usure et les spéculations véreuses ! J'étais un honnête homme, poursuivit Niquel, je vivais au milieu d'une nombreuse famille, et je l'élevais pour le travail, la probité, la foi. Le malheur a voulu que j'entrasse chez le banquier Montravers, un des princes de la finance. Il n'a pas toujours été riche. Ses commencements furent obscurs. Il tâtonnait, cherchant sa voie ; il s'accrochait à toutes les branches. Commis de finance, employé dans une maison de banque, il agiota à son tour, travaillant d'abord avec ses économies, puis avec l'argent des autres. L'habileté d'un côté, l'audace de l'autre, un service inavouable rendu à un homme puissant, lui permirent de prendre position à la Bourse. Il songea alors qu'il était temps de se marier ; une dot appuyait son crédit et lui permettait à la fois de doubler le chiffre de ses affaires et d'ouvrir ses salons.....

Césaire Niquel regarda bien en face Mme Montravers et, d'une voix sifflante, il ajouta :

« Vous étiez une jeune fille avide, non pas d'une vie de bonheur, mais d'une existence tumultueuse, milieu factice, malsain et dangereux des femmes à la mode. Vous aviez soif d'un bruit tapageur. A défaut de talents ou de vertus qui pouvaient vous faire remarquer, il vous restait la chance d'une haute prospérité, d'une existence agitée, dont tout Paris fut spectateur. Avoir pour mari un honnête homme, simple et bon, un grand artiste dont vous auriez dû respecter le recueillement et la gloire, n'aurait point été votre fait ! Poupée de carton, il vous fallait un habilleur à la mode pour faire valoir votre beauté de fantaisie, des reporters de journaux pour dépeindre vos toilettes, un théâtre pour y jouer votre comédie savante !

« Allez, je vous connais, vous et vos pareilles! frivoles de la tête aux pieds, faisant effort pour étouffer votre cœur sous le poids de l'égoïsme, si par hasard vous le sentiez battre. On dirait que vous oubliez avoir reçu du ciel une âme que vous devez grandir par la charité... Ne me dites pas que vous faites l'aumône, vous qui n'avez jamais franchi le seuil d'un pauvre! Si certaines femmes sont la gloire de leur sexe par leur dévouement, si un grand nombre de riches ne semblent heureux de leur opulence qu'en raison de la joie qu'elle leur procure en leur permettant de soulager les misères des indigents, combien de femmes frivoles comme vous l'oublient! Et cependant à notre époque de démoralisation et de douleurs, c'est à la femme qu'il appartient de calmer les haines, de soulager toutes les souffrances! Vous êtes-vous jamais demandé si vous aviez une âme? Vous vous croyez d'une essence si parfaite que vous méprisez tous ceux qui sont au-dessous de votre niveau de fortune! Et cependant, nous vivons dans un temps de démoralisation telle que vos sottises, vos fautes ne sont même plus une exception!

En ce moment Diane souleva ses paupières et regarda autour d'elle.

A l'aspect du misérable lieu dans lequel on l'avait conduite, des hommes muets rangés le long de la muraille, et de celui qui, debout, le bras levé, semblait menacer sa mère, elle étouffa un cri de stupeur.

Mme Montravers passa son bras autour du cou de sa fille, la souleva par la taille et l'appuya contre elle.

— Vous croyez l'aimer, cette enfant, reprit Niquel, mais vous ne l'aimez pas! Elevée à votre école, elle vous surpassera en faiblesse, en coquetterie, en misérables penchants, et ses filles ne la vaudront pas encore! Ah! race de vipères, souples et venimeuses! quel avenir vous vous préparez à vous-même, et quelle génération vous nous donnerez!

Diane serra silencieusement la main de sa mère comme pour protester.

— Je veux finir mon histoire, reprit Césaire, car si je vous juge, je veux que vous prononciez sur moi à votre tour. J'étais donc heureux, ma femme, une vraie mère, celle-là! une vraie femme! nous rendait la vie facile; notre médiocrité nous gardait heureux, sans envie, sans ambition autre que celle d'élever notre famille; je gagnais quinze cents francs, du pain! et le chiffre de ma fortune représentait un revenu semblable! Cela vous semble étrange, impossible, qu'une famille composée du père, de la mère et de six enfants, existe avec mille écus de rente? Vous dépensez plus que cela pour vos gants! Le travail, la concorde, la foi, je priais alors, faisaient un paradis de mon ménage. Dieu planait sur mon bonheur, et mes joies tombaient des mains de la Providence ! Ce fut alors que fut lancée l'affaire des *mines du Guadalquivir...* Vous tressaillez, vous vous souvenez ! Il fallait de l'argent pour payer les actions ! il fallait les louis, les écus, le cuivre des pauvres gens pour remplir la caisse des capitalistes !

« On nous présenta à nous, pauvres diables, cette affaire comme superbe. Songez-donc ! on nous faisait la faveur de nous donner les actions tout de suite, et dans six mois leur valeur serait doublée. C'était une fortune ! des dots pour les enfants, le repos pour la femme, la félicité pour tous ! Les malheureux rêvent plus que les autres, parce qu'ils ont moins abusé de tout ! Et puis, peut-on croire que l'homme qui vous emploie chez lui, dont vous êtes l'aide, l'outil, qui vous attache à sa maison, comme les praticiens leurs clients, va prendre d'une main avide les économies de l'employé, de l'homme de peine, pour les ajouter à sa caisse débordante d'or ! Non ! non ! c'est un crime que l'on ne saurait prévoir ! On n'a pas le droit de suspecter, de calomnier son maître. Alors dans l'espérance de faire grossir la dot des filles, de donner un état honorable aux garçons et de payer les remèdes de l'enfant malade, on porte tout, jusqu'au dernier liard ; on ferait de l'or avec son sang pour ajouter à son mince capital, qui va se multiplier entre des mains habiles. Et quand l'affaire est lancée, quand la Bourse la cote, que les journaux la prônent, que les feuilles financières la conseillent, il faut voir combien grandit le pot au lait de Perrette ! Les actions des *mines du Guadalquivir* ont acheté bien des châteaux en Espagne ! Et je n'étais pas le seul à rêver, à croire, à attendre ; les pauvres gens de mon quartier avaient, comme moi, donné dans le piège ; des vieilles femmes, des travailleurs, des orphelins, venaient de jeter dans le gouffre leurs économies, le pain de la vieillesse, l'honneur de la vie, le repos et la liberté. Eh bien ! savez-vous ce qu'est devenue cette spéculation magnifique ? Votre mari nous a pris notre argent, nous a tous ruinés jusqu'au dernier sou, et pendant que nos enfants mendient le pain dans la rue, lui, le spéculateur malin, roule carrosse et vous couvre de bijoux.

— Mon Dieu ! mon Dieu ! s'écria Mme Montravers, est-ce ma faute si une opération de Bourse ou de banque ne réussit pas ?

— Si c'est votre faute ! Vous demandez-vous d'où vient l'argent que vous dépensez à pleines mains ? Après avoir oublié Dieu, vous oubliez la justice ! Quand vous êtes-vous inquiétée de la source de votre scandaleuse fortune ! On vous présente comme une opération financière ce qui est un vol public, organisé, entouré de précautions habiles pour que la justice ne se fasse pas apporter les livres ! Non, vous ne questionnez pas ! Qu'est-ce que cela vous fait ! Chaque opération véreuse vous donne des cachemires, des voitures ; vous avez

Mme Moutravers souleva sa fille par la taille et l'appuya contre elle. (*Voir page* 293.)

part à la curée, vous prenez tant pour cent sur les vols financiers !
Oh ! misérable ! misérable !

Pour la première fois, Mme Montravers se demanda si, comme le disait Césaire Niquel, elle n'était pas la complice d'une association étrange, épouvantable, ayant pour but de dépouiller les gens confiants et d'engraisser de leur argent ceux qui les exploitent.

Elle se souvint vaguement d'avoir entendu son mari émettre des maximes d'une facilité élastique. Elle s'effraya de l'œuvre accomplie, et dont, à cette heure, on lui demandait un compte rigoureux.

— Vous n'avez qu'une enfant, j'en ai six, reprit Césaire ; vous grisez votre fille de plaisir, les miennes manquent de pain, et Crucifix, ma pauvre ange, est à cette heure à l'agonie. Je suis père, moi ! les miens sont mon sang, mon cœur, ma chair ! Je ne me demande pas si j'ai raison de faire ce que je fais ; il faut de la pâture pour mes petits, et je vais en quête de proie. Je ne suis pas un méchant homme, Dieu m'a fait doux et bon ! Je suis laborieux et sobre par nature, et si depuis quelque mois je m'enivre, c'est pour oublier, c'est pour chercher le courage de faire ce que je fais ; aujourd'hui je ne suis plus un homme, mais un fou ! Votre mari m'a volé trente mille francs.....

— Eh bien ! dit Mme Montravers, je lui parlerai, je lui dirai...

— Ce que moi, Césaire Niquel, j'ai fait pour les reprendre. Ce serait trop niais ; votre mari me ferait arrêter ; on m'enverrait à Cayenne ! Il faut en finir, en finir tout de suite... Vous allez me signer une lettre de change de trente mille francs.

— Je suis prête ! dit Mme Montravers.

Césaire Niquel tira des papiers timbrés de sa poche, un encrier, et posa le tout sur un portefeuille de façon à ce qu'il devint facile à la jeune femme d'écrire son obligation.

Mais, alors, un éclat de rire retentit dans la salle, une main robuste arracha le portefeuille et les papiers des mains de Niquel, et d'une voix gouailleuse lui cria :

— Imbécile !

Tête-de-Turc entrait en scène.

— De quoi ! de quoi ! des papiers, des écritures, un tas de fafioles ? Mais, quand tu présenteras ta lettre de change, mon bonhomme, on refusera de te la payer, et tu seras mis, par surcroît, entre les mains du procureur de la République. Tu demandes justice, on va te la faire ; tu veux de l'argent, tu seras payé ! Niais ! cette femme a pour cinq cent mille francs de diamants à son corsage.

— On ne me doit que trente mille francs ! dit Césaire, je ne veux que cela !

— Et les amis ! on les oublie ces bons amis qui vous aident à faire les traquenards et posent les pièges à louves ! Trente mille francs pour toi, le reste pour nous !

— Mais c'est un vol ! un vol !

— Penses-tu accomplir une bonne action ?

— J'exige que l'on restitue, voilà tout.

— Eh bien ! le reste ne te regarde pas.

— Vous m'en rendez complice, dit Césaire.

— Mais, mon bonhomme, en supposant que la justice se mêle de nos petites affaires, penses-tu que tu serais moins compromis que nous ? les galères, sans jalousie ! Cayenne pour tout le monde ! Mêle-toi donc de ce qui te regarde ! Ces femmes nous comprennent, et tu vas les voir se décider. N'est-il pas vrai, la mignonne ? demanda Tête-de-Turc, en s'adressant à Diane.

Celle-ci, voyant au mouvement du misérable qu'il voulait détacher son collier, porta ses mains tremblantes à son cou, moins pour défendre ses perles que pour empêcher le bandit de mettre la main sur elle.

En ce moment aussi, Mme Montravers poussa un cri plein de sauvage douleur et enveloppa sa fille de ses deux bras.

— Je vous défends de la toucher, dit-elle.

Puis, regardant les hommes rangés autour de la table, près de laquelle elle se tenait :

— Il n'y a donc que des misérables et des assassins ici ?

La porte de la pièce d'entrée s'ouvrit comme Mme Montravers prononçait ces mots, et le père Falot parut, suivi de deux hommes d'une taille colossale.

— Il y a du grabuge, dit le chiffonnier. Hardi, vous autres, et commençons par protéger les femmes.

— De quoi vous mêlez-vous, père Falot ? demanda brusquement la Perche.

— Vous le voyez bien, de défendre madame.

— Elle doit acquitter une dette.

— Une dette ! S'il s'agissait d'une dette honorable, avouable, vous ne l'auriez pas amenée au *Crapaud-qui-Chante*. Mais, c'est d'un vol, d'un guet-apens, d'un assassinat qu'il s'agit, et alors, mes fistons, c'est avec moi qu'il faut compter !

Le père Falot se dressa de toute sa taille et regarda, avec une énergie superbe, les misérables placés en face de lui.

— Prends garde ! fit Tête-de-Turc, c'est pas tes affaires, on jouera du surin !

— A votre guise ! répliqua le chiffonnier.

Et d'un bras soulevant Diane, qu'il plaça rapidement derrière lui, il tira de l'autre un couteau catalan passé dans sa ceinture.

— Qui veut en découdre ? fit-il.

Mais à peine la Perche avait-il fait un bond de son côté que les silencieux amis du père Falot prirent part à l'action.

Les deux femmes, protégées par la table que le chiffonnier avait poussée devant elles en guise de barricades, allaient assister à une lutte horrible, dans laquelle le sang ne pouvait manquer de couler.

Diane défaillait ; Mme Montravers venait de tomber à genoux et de cacher son front dans ses mains, quand Bec-d'Oiseau rampa du côté des deux femmes :

— Courage ! dit-il, nous sommes cinq ici pour vous protéger.

La Perche, imitant le père Falot, venait de sortir de sa poche un stylet affilé, tandis que Tête-de-Turc maniait un redoutable casse-tête.

Triolet, moins bien armé, ne possédait qu'un couteau vulgaire, dont la lame manquait de point d'arrêt. Il lui en fit un en fixant le couteau dans sa main à l'aide de son mouchoir.

— Ah ! traître ! vociféra la Perche, en s'adressant à Falot, tu es venu ici surprendre nos secrets. Penses-tu, par hasard, que nous te croyions plus honnête homme que nous-mêmes ? Si la rousse se mêlait de savoir d'où tu viens, où tu vas, peut-être te réserverait-elle une place où tu nous prédis que nous irons pourrir.

Une crispation douloureuse passa sur la face du père Falot.

Comme l'affirmait la Perche, peut-être commettait-il une imprudence. Mais, en ce moment, il songeait moins encore à défendre les diamants de Mme Montravers qu'à empêcher Césaire Niquel de souiller à jamais sa vie. Lancé dans cette voie, il ne voulait pas reculer. Seulement, comme il tenait à paralyser ses adversaires et non à les blesser, il cria à ses acolytes :

— Rendez-les impuissants et ne les frappez pas !

Mais, la Perche, Triolet et Tête-de-Turc ne prenaient pas les mêmes précautions ; il s'agissait pour eux d'en finir avec les défenseurs improvisés des deux femmes.

Craignant de succomber sous le nombre, ils firent appel à Césaire ; celui-ci, sombre et les bras croisés, regardait s'accomplir le drame.

Il n'avait qu'un but : reprendre ses trente mille francs ! Peu lui importait le reste. Il ne voulait pas assassiner, et même dans sa conscience, si obscure qu'elle fût devenue, une voix lui disait de prendre parti pour Falot et ses compagnons, et de répudier ceux qui l'avaient amené à devenir le complice d'un vol odieux.

Déjà Triolet gisait à terre, atteint d'un coup de poing à la tempe ; la Perche crachait ses dents ; Tête-de-Turc se roulait dans les liens dont on l'avait garrotté.

Le père Falot avait au front une blessure sans gravité, mais d'où le sang sortait avec abondance ; il se battait comme un lion et l'on sentait, à la façon dont il soutenait la lutte, qu'il avait fait une étude approfondie de la science des armes.

— Bec-d'Oiseau ! cria-t-il, conduis ces dames jusqu'à leur voiture, si elles ont la force de se soutenir.

L'enfant aida Mme Montravers à se relever, et celle-ci, à son tour, prit sa fille dans ses bras.

En ce moment, Triolet, poussant un cri effroyable, tombait, l'épaule traversée d'un coup de couteau.

Il ne restait plus que la Perche qui, la poitrine sifflante, luttait encore contre ses adversaires ; mais désormais la victoire ne pouvait rester indécise, et une minute après, le dernier des misérables rejoignait ses compagnons sur le sol rougi.

Alors le père Falot saisit le bras de Césaire Niquel :

— Rentre chez toi, dit-il, lave ton visage et tes mains, et silence ! quoi que tu voies et quoi que je fasse !

— Ah ! monsieur, s'écria Niquel, vous ne me dénoncerez pas ?

— Je suis l'agent de la miséricorde et de la justice, non celui de la haine et de la vengeance.

Falot et ses amis traversèrent la grande salle.

Derrière son comptoir, restait la Roublarde, plus morte que vive ; elle avait entendu la lutte, les cris, elle devinait que la cause de la querelle était grave, mais dans le fond de sa pensée elle eût souhaité que la victoire restât à la Perche et à ses associés.

— Adieu, la mère, dit le père Falot ; votre maison n'est pas assez tranquille pour moi ; je crains bien de ne pas y remettre les pieds.

La vieille ogresse se dirigea vers la salle du fond.

— Il y a du surin, dit le père Falot, voulez-vous un médecin ?

— Le diable suffira à cette besogne, dit-elle.

— Maintenant, dit brusquement Falot, vous devez avoir ici le petit Jack, dont la livrée couvre les épaules de Bec-d'Oiseau.

— Ah ! la misérable graine de bagne ! fit la Roublarde ; que la peste l'étouffe et qu'il crève sur le fumier.

— Je lui préparerai un autre avenir, dit Falot, en se dirigeant vers une soupente munie d'un lit sur lequel dormait Jack, d'un sommeil stupéfiant.

— Et quel métier exercera-t-il, ce damoiseau ? demanda l'ogresse.

— Celui d'honnête homme, répliqua le chiffonnier.

Falot prit Jack, ivre de vin et d'opium, le plaça dans le fiacre, ordonna à Bec-d'Oiseau de se mettre près de lui, puis, prenant la main de Césaire Niquel, qui se tenait debout près de la voiture :

— Laisse ces femmes, et va-t'en ! dit-il, si tu veux que Crucifix vive.

— Vous connaissez Crucifix ?
— Et je sais de quoi elle se meurt.

Césaire baissa la tête comme une bête farouche domptée, et s'éloigna de la portière, dont le père Falot s'approcha à son tour.

— Madame, demanda-t-il à la femme du banquier, d'une voix respectueuse, et avec cette nuance délicate, souvent imperceptible, qui permet de distinguer, même sous le plus humble habit, l'homme dont l'éducation est supérieure à son état, avez-vous confiance en moi ?

— Oh ! oui ! oui ! répondirent à la fois Diane et sa mère.

— Où que vous alliez, quoi que je fasse, vous ne me suspecterez pas ?

— Comment le pourrions-nous ? demanda Mme Montravers ; vous nous avez sauvé la vie !

— Alors, fit le père Falot, je vous servirai moi-même de cocher.

Il ferma la portière, monta sur le siège et fouetta les chevaux, sans dire aux deux femmes où il avait l'intention de les conduire, mais il était hors de doute qu'il ne les ramenait pas à l'hôtel Montravers.

En ce moment, un homme tomba lourdement sur ses genoux. (*Voir page* 305.)

CHAPITRE II

L'EFFET ET LA CAUSE

L'angoisse n'avait cessé de grandir dans la chambre où Crucifix se débattait contre la mort ; Jeanne, affolée de douleur, suivait sur le visage de sa fille la marche progressive de la souffrance.

L'état de l'enfant s'aggravait d'heure en heure.

Sa mère, agenouillée près de son lit, un bras passé sous la tête de la jeune mourante, essayait d'étouffer ses sanglots.

De temps en temps, Crucifix passait ses petites mains pâles sur les joues mouillées de larmes de sa mère ; elle ne lui parlait plus ; qu'aurait-elle pu lui dire ?. La conviction de Crucifix qu'elle souffrait pour le rachat de l'âme paternelle, avait passé dans l'âme de sa mère.

Ce n'était plus seulement de la tendresse que lui inspirait sa fille, mais de la vénération.

Les deux petits garçons dormaient dans le même lit.

Quant aux deux petites filles, elles venaient de se réveiller et, surprises de voir leur mère debout, la lampe brûlant encore, ne se rendant compte ni du jour ni de l'heure, elles se mirent à gazouiller comme font les oiseaux dans leurs nids à la pointe du jour. Leur gazouillement se traduisit en un cantique, dont l'air remonte sûrement à plus de deux siècles, et dont les naïves paroles semblaient charmantes sur ces lèvres d'anges.

La plus grande commença :

> Ce sont trois dames d'Egypte, allant se promener;
> Elles ont fait la rencontre du fils d'un charpentier.

Puis, les deux autres dirent avec Marianne ce refrain formé du nom des trois Marie :

> Marie-Marthe ! Marie-Madeleine ! Marie-Salomé !

Rien ne saurait rendre le charme de ce nocturne chanté mystérieusement par ces voix ingénues. Il semblait, à les entendre évoquer les trois femmes qui suivirent Jésus au Calvaire, que l'on dût voir flotter leurs robes de saintes dans la chambre dénudée.

— Mon Dieu, dit Jeanne à Crucifix, la voix de tes sœurs te fatigue peut-être ?

— Je t'en prie, dit la malade, laisse-les continuer ce Noël que tu me disais quand, toute petite, tu m'endormais sur tes genoux.

La blonde Marianne poursuivit :

— Que cherchez-vous, mesdames? je vous le trouverai.
— Nous cherchons Jésus-Christ, Jésus de Nazareth.

Et les trois voix reprirent ensemble l'invocation :

Marie-Marthe ! Marie-Madeleine ! Marie-Salomé !

Crucifix poussa un grand soupir et se tordit sur son lit, comme si on lui enfonçait un glaive dans le cœur.

Jeanne, à genoux, pleurait comme pleurent les mères.

Et Marianne poursuivit :

— Ne cherchez point ! mesdames ! il est ressuscité !
Venez sur la montagne je vous le montrerai.
Marie-Marthe ! Marie-Madeleine ! Marie-Salomé !

Mais, cette fois, le refrain des mignonnes fut couvert par un grand cri :

— Mon père ! mon père ! dit Crucifix.

Et elle resta roide, exangue, et comme morte sur son lit de souffrance.

Jeanne se releva haletante, passa ses mains brûlantes sur le visage glacé de la jeune fille, releva ses cheveux blonds épars sur son front baigné d'une sueur froide, et poussa un gémissement terrible.

— Morte ! morte !

Et la voix de Marianne et de ses sœurs murmura de plus en plus bas :

Marie-Marthe ! Marie-Madeleine ! Marie-Salomé !

La lampe qui, depuis quelques instants, ne jetait plus qu'une lueur intermittente, rayonna d'une flamme plus vive et s'éteignit tout-à-coup.

Les ténèbres et la mort avaient envahi la maison.

Les petits garçons s'éveillèrent et, entendant les sanglots de Jeanne, ils s'étreignirent en pleurant.

Il est des scènes que rien ne saurait rendre : cette jeune fille sans mouvement, cette mère aux abois, ces enfants, dont la petite poitrine s'emplissait de cris étouffés, Marianne et ses sœurs se berçant dans leur mélopée naïve, tout se confondait dans ce logis qui paraissait à jamais voué à la nuit, à la douleur, au trépas !

Cependant un jour blafard succéda à l'obscurité complète ; mais cette aurore, plus lugubre encore que la lueur vacillante de la lampe, ajouta au tableau quelque chose de plus sinistre encore. L'aube était grise et froide, et sa clarté glaçait pour ainsi dire tous les objets sur lesquels elle se glissait, contenue, avare, attristée.

Un bruit se fit dans l'escalier, bruit de pas hésitants, exclamations étouffées, auxquelles répondit une voix basse, qui paraissait encourager.

La porte s'ouvrit, et Jeanne ne tourna pas la tête ; seuls les petits garçons relevèrent leurs fronts rapprochés ; les petites mignonnes s'étaient assoupies en achevant le refrain de leur Noël.

Un homme passa le premier, et deux femmes le suivirent.

Ces deux femmes étaient en toilette de bal, mais ces toilettes, froissées, déchirées, pendaient autour d'elles en débris de soie, de dentelle. Leurs cheveux, défaits, ruisselaient sur leurs épaules. La plus jeune enlaçait sa mère de ses bras.

L'homme frotta vivement une allumette, raviva la lampe et dit à la plus âgée des deux femmes :

— Vous êtes ici dans la demeure de Césaire Niquel.

Mme Montravers frissonna de la tête aux pieds.

Ainsi, cette misère, cette ruine, ces douleurs, étaient l'œuvre de son mari, la sienne. Elle avait contribué à l'accomplissement de spéculations odieuses, de vols savamment organisés et perpétrés de façon à ce que la loi ne pût les atteindre. On l'amenait, elle, en face de ses victimes.

Tout à l'heure, le mari de Jeanne, le père de cette jeune fille qui semblait morte, lui avait crié :

— Tu m'as volé ! rends-moi mon bien, mon sang, ma vie !

Maintenant nul ne lui réclamait quelque chose, mais le père Falot, grave comme un juge, se tenait debout à ses côtés.

Il ne la maudissait pas, il ne formulait point d'accusation.

Après avoir châtié les trois misérables auteurs du guet-apens dans lequel était tombée la femme du banquier, il amenait celle-ci devant son œuvre, et se contentait de lui dire :

— Voilà l'effet, tu es la cause !

Alors, une honte sans nom s'empara de l'âme de Mme Montravers. Cette femme, orgueilleuse la veille et qui voyait à cette heure ce que coûtaient aux autres les jouissances dont elle était saturée, se sentit brusquement précipitée de son piédestal. Elle n'éprouva pas seulement un sentiment de honte, ce fut de l'horreur. Il lui sembla subitement que sa robe de fête la brûlait comme la tunique fabuleuse de Nessus. Ses diamants dévoraient son cou et ses bras, comme s'ils eussent été des larmes corrosives. Elle cacha son front dans ses mains, en reculant.

— Oh! fit elle, avec un mouvement de dégoût.

Puis, subitement, elle dénoua son collier, détacha ses bracelets, ses boucles d'oreilles, et les posa sur la table.

Sans rien dire, Diane imita sa mère.

Puis, comme si ce sacrifice venait de les purifier et les rendait dignes de s'associer à la douleur de Jeanne, toutes deux allèrent se prosterner au pied du lit de Crucifix.

En entendant d'autres sanglots répondre aux siens, Jeanne releva la tête.

— Qui êtes-vous, demanda-t-elle, qui êtes-vous, pour pleurer ma fille?

— Je me nomme Mme Montravers, répondit la femme du banquier.

— Vous venez trop tard, balbutia Jeanne.

— Non! non! ne dites pas cela, s'écria Diane; cette enfant peut vivre encore : c'est un évanouissement, ce n'est pas la mort! Dieu ne saurait vous éprouver à ce point, vous, innocente de toute faute, et nous châtier si cruellement, nous qui venons effacer et racheter le passé! Priez, Jeanne, priez à voix haute, nous répéterons, du plus profond du cœur, les mots que vous prononcerez.

— Hélas! fit Jeanne, mes prières, mes larmes ne pourront rien! rien!

— Vous n'avez donc plus la foi?

— Je crois ce qu'a dit ma fille, elle meurt pour son père. Et pour la réveiller, la ressusciter, il faudrait que Césaire fût là, près de nous, et qu'il se prosternât le front dans la poussière.....

En ce moment, un homme que nul n'avait entendu entrer, tomba lourdement sur ses genoux.

— Alors, reprit Jeanne, en s'animant, si cet homme disait à Dieu : «Je me résigne, je me repens, je pleure, sauvez ma fille!» Dieu se laisserait fléchir, et ma fille serait sauvée!

— Mon Dieu, répéta une voix étranglée par les larmes, je me repens, je demande grâce! Sauvez ma fille!

Jeanne poussa un grand cri et regarda.

— Césaire ! fit-elle, Césaire !

Niquel frappa sa poitrine.

Alors, comme si elle obéissait à une voix mystérieuse, et s'éveillait de la mort qui, tout à l'heure, semblait l'avoir endormie, Crucifix murmura :

— Père ! père !

— Elle vit ! s'écria Jeanne.

— Elle vit ! répéta Césaire.

— Père ! père ! fit Crucifix, en tendant les bras,

Le malheureux se précipita vers le lit de l'enfant et la garda serrée sur sa poitrine.

— Ah ! te voilà ! disait Crucifix ; j'ai cru mourir, vois-tu. Il m'a semblé que tu courais un grand danger.

— Oui, dit Césaire, un grand danger.

— Je demandais ta grâce au ciel, et le ciel était fermé pour moi. Cela a duré longtemps, bien longtemps... C'était une terrible agonie !

— Et te voilà sauvée ! dit Césaire en couvrant de baisers le front de sa fille.

— Sauvée... Oui, pour jamais sauvée !

Mais, en disant ces mots, son sourire était trop céleste pour qu'elle songeât aux choses de ce monde.

Pendant longtemps il régna encore dans cette chambre un mouvement, un désordre, inhérents à toutes les grandes crises. Jeanne et son mari, tout à la joie de retrouver leur fille, oubliaient la femme et la fille du banquier, que Césaire n'avait pas reconnues dans l'ombre.

Quand le jour, grandissant, lui permit de distinguer leur visage, il resta devant elles comme pétrifié.

— Je suis perdu ! balbutia-t-il.

Mme Montravers s'approcha et lui prit la main.

— Soyez sans crainte, dit-elle, vous aurez les trente mille francs dont vous avez été frustré.

— Madame ! madame ! fit Césaire, je ne réclame plus rien ! J'ai agi en misérable, en fou furieux ; la douleur avait noyé ma raison. J'ai failli commettre un crime ! je suis aussi coupable que s'il était accompli, et si Falot n'était venu à votre aide.....

— Je sais, dit Mme Montravers, mais j'oublie. Qui ne perdrait la raison en présence de pareilles douleurs ? La plus grande part de votre faute ne retombe-t-elle pas sur moi. Vous vouliez m'arracher par la violence, l'équivalent de la petite fortune que vous aviez perdue, je vous l'apporte. Vous ne prenez rien ! vous ne réclamez même rien. Quand vous exigiez, je me révoltais, je parlais de tribunaux et de justice. Mais cet homme, ajouta Mme Montravers, en désignant le père

Falot, m'a, sans rien dire, amenée ici, m'a placée en face de mon œuvre, et la trouvant honteuse, coupable, criminelle, je me repens à mon tour.

— Oh ! Madame !

— Mon mari vous doit trente mille francs, moi je vous dois de savoir que je m'engageais dans une voie maudite, et ce service ne peut se payer. Gardez ces bijoux, que je ne porterai plus jamais, je vous les abandonne, je les ai en horreur, et songez à moi et à ma fille, sans nous maudire.....

Jeanne vint s'agenouiller près de Mme Montravers.

— Vous maudire, mais vous nous rendez la vie. Ne vous accusez pas, ce n'est point votre faute, vous ignoriez.....

— On n'a jamais le droit de rester indifférent aux souffrances d'autrui. Je suis coupable, et je trouve, à me l'avouer, une certaine douceur, car de l'heure où le repentir amollit l'âme, la réparation n'est pas loin.

Jeanne prit les diamants de Valérie Montravers et les perles de Diane, et les remettant sur les genoux de la jeune femme :

— Si vous le pouvez, dit-elle, rendez-nous la petite fortune qui est le pain de nos enfants, procurez un travail honorable à mon mari, et nous vous bénirons. Que ferions-nous de ces pierreries ? On nous accuserait de les avoir dérobées.

— Vous avez raison ! répondit la femme du banquier, je les vendrai moi-même.

Les deux femmes semblaient oublier leurs fatigues, leurs angoisses. Un renouvellement complet se faisait dans leur âme ; cette nuit de trouble et d'angoisse s'achevait dans une sorte d'apaisement.

Le père Falot s'approcha respectueusement de Mme Montravers.

— Voulez-vous me permettre, madame, de vous conduire à votre voiture ? Il est six heures du matin ; les invités du bal de l'Elysée regagnent leurs hôtels. M. Montravers pourrait être inquiet.

— Oui, vous avez raison, dit machinalement la femme du banquier, mon mari pourrait s'inquiéter.

Puis, regardant celui dont l'intervention l'avait sauvée :

— Je tiens à savoir votre nom, monsieur.

— Le père Falot, chiffonnier.

— Chiffonnier ! répéta Mme Montravers. Vous avez pris ce déguisement pour me rendre service.

— Je n'ai point eu besoin d'employer ce moyen ; ma hotte et mon crochet me font vivre, et je n'en rougis pas !

— Donnez-moi votre main, monsieur... Falot, dit Valérie ; cela fait du bien de serrer la main d'un honnête homme.

— Et moi, dit Césaire Niquel, et moi ?

— Oh! nous nous reverrons, tous deux, dit Falot ; pas chez l'ogresse du *Crapaud-qui-Chante*, par exemple !

— Mais, dit Mme Montravers, il y a dans tout ce qui s'est passé des choses que je ne réussis point à m'expliquer. Baptiste a donc été éloigné de l'hôtel avec préméditation ?

— Sans nul doute, de même que votre petit groom Jack avait été grisé et remplacé par un enfant qui m'a aidé à remplir mon rôle de protecteur ; quand Baptiste reviendra, vous pourrez le reprendre, il a été joué par l'*Agence Bompoil*, à la tête de laquelle fonctionne un des gredins que j'ai assez malmenés cette nuit.

— Ma voiture ? demanda Mme Montravers.

— Vous attend en bas.

— Mais, je n'ai plus de cocher.

— Oubliez-vous, madame, que je sais conduire ? Pardonnez-moi seulement de monter sur le siège d'un si fringant équipage en costume de travail.

— Et Jack ?

— Bec-d'Oiseau l'a conduit à votre hôtel.

— Vous avez tout prévu, tout.

— Tout ! répondit Falot en appuyant sur ce mot.

— Ainsi, demanda lentement Mme Montravers, vous n'avez voulu me sauver des mains des assassins et des voleurs que pour m'amener ici ; et vous comptiez.....

— Je comptais sur votre cœur pour le reste, je ne me suis pas trompé.

Le chiffonnier noua les diamants dans un foulard, qu'il tira de sa poche.

Mme Montravers serra les mains de Jeanne ; Diane embrassa Crucifix.

Et l'adieu du père Falot, à la famille consolée, fut cette promesse :

— Je vous enverrai l'abbé Bernard !

Un moment après, Mme Montravers et sa fille étaient dans la voiture.

Le chiffonnier qui, au temps où il était le riche Aurillac, aimait les chevaux avec passion et conduisait avec une rapidité et une sûreté de main admirables, gagna rapidement l'hôtel Montravers, demanda la porte, fit tourner le huit ressorts dans la cour, aida Valérie et sa fille à descendre de voiture, les salua avec cette courtoisie qui surprenait si fort la jeune femme, et lui faisait concevoir tant de doutes sur la véritable situation sociale de chiffonnier, puis Valérie lui dit avec une sincère expression de gratitude :

— Vous me causerez une grande joie, monsieur, le jour où vous me permettrez de m'acquitter envers vous.

— Soyez tranquille, madame, répondit le père Falot, je vous rappellerai la nuit du bal de l'Elysée.

Le père Falot quitta la cour de l'hôtel ; le palefrenier, réveillé, s'occupa des chevaux, et Valérie et sa fille regagnèrent leur appartement.

— Mariette, dit Mme Montravers à sa femme de chambre, emportez la robe de bal de Diane et la mienne, nous ne les remettrons plus.

La mère et la fille se couchèrent après s'être tendrement embrassées. Cette nuit terrible leur avait à la fois révélé la charité, la justice et la tendresse.

Le lendemain matin, Valérie Montravers demanda la plus simple de ses robes de chambre, se coiffa en tordant, sans prétention, ses cheveux, puis elle envoya chercher son bijoutier.

Celui-ci, comptant sur une commande, arriva, muni de quelques écrins contenant des pierres d'une grande valeur.

— Monsieur Aubertin, dit Valérie, je n'achète pas, aujourd'hui, je vends. Vous m'avez fourni ces diamants ?

— Et j'espère que madame ne me fait aucun reproche. Aucune paille dans les émeraudes, des saphirs merveilleux, des brillants d'une eau superbe.

— Le tout payé comptant cinq cent mille francs.

— Les diamants étaient chers ! fit Aubertin.

— Et maintenant ? demanda Mme Montravers.

— L'arrivage des pierreries du Cap sur la place de Paris les a fait baisser.

— Je comprends ; vous me les reprendrez pour.....

— Madame songe à s'en défaire ?

— Aujourd'hui. Seulement, comme il s'agit de régler quelques petites dettes que je ne veux point avouer à mon mari, vous remplacerez les pièces vraies par des fausses ; mes diamants sont tellement connus qu'on ne se doutera même pas de l'échange.

— Et madame souhaite l'argent ?

— Ce soir.

— C'est trop tôt, dit le bijoutier, il me faut le temps de vendre ces valeurs.

— Je n'ai pas le temps d'attendre, dit Mme Montravers.

— Alors, j'emprunterai. J'espère que madame se souviendra de mon empressement à lui être agréable quand il s'agira d'un nouvel achat de pierreries.

— J'ignore quand j'en achèterai, dit Valérie, mais je vous promets, si cela arrive, de me fournir chez vous.

Aubertin sortit et Mme Montravers respira.

Pendant toute la journée elle passa l'inspection de ses parures, de ses toilettes, de ses dentelles, de ses cachemires. Puis, quand elle eut fait mettre de côté un grand nombre d'objets, elle ouvrit dans son secrétaire un tiroir rempli de factures de toutes couleurs et dont quelques-unes remontaient à plusieurs années de date.

Quand ce monceau de papiers rosés, bleuâtres, blancs, gris pâle, fut étalé sur le bureau, Valérie fit appeler sa fille.

— Mignonne, lui dit-elle, nous allons régler les comptes de nos fournisseurs.

— Oui, mère, répondit doucement Diane.

— Aide-moi, mon enfant. Quand on fait les notes on ne s'occupe jamais d'un total qui finit par devenir énorme. Ces couturières ! une ruine !

— Je crois bien ! répliqua Diane ; vingt-cinq mille francs.....

— Ajoute vingt cinq mille francs aux douze mille deux cents de la lingère.

— Et les gants, les fleurs.....

— Additionnons, ma chérie.

— Et le cachemire persan ?

— Je ne l'ai pas mis, je le rendrai.

Valérie et sa fille comptaient, comptaient encore.

— Cela fait ? demanda Mme Montravers.

— Quatre-vingt-cinq mille.

— Et toi, mon enfant ?

— Moi, une grosse somme aussi.

— Écris-la si tu n'oses la dire.

Diane traça un chiffre au bas du compte de sa mère.

Alors, Mme Montravers sonna la femme de chambre.

— Ecrivez, lui dit-elle, à toutes les personnes dont voici les noms, afin de leur donner rendez-vous pour demain à onze heures.

Mariette ouvrit de grands yeux surpris.

— Bien, madame ! fit-elle.

— Allez ! dit Valérie.

— Madame ne s'habille pas ?

— Je ne descendrai point déjeûner ; vous demanderez au valet de chambre de M. Montravers si celui-ci est dans son cabinet.

Deux heures plus tard, Valérie, vêtue de noir, entrait chez son mari.

— Mais, ma chère, demanda celui-ci, qu'est-il arrivé hier ? Je ne vous ai point trouvée au bal de l'Elysée ; votre cocher a disparu, Jack continue de dormir.

— Un accident de voiture, dit Mme Montravers ; mais soyez tranquille, les aventures de cette nuit n'auront aucune suite fâcheuse.

— Je suis ravi. Votre refus de déjeûner, la pâleur de votre visage.....

— Un peu de fatigue et de préoccupation, voilà tout.

— La fatigue s'explique d'elle-même ; la préoccupation.....
— En voici le motif; à cette époque de vie brûlante, factice, quelquefois on éprouve le besoin de s'appuyer sur des bases solides ; je souhaiterais connaître le chiffre exact de notre fortune.
— Est-ce au sujet du mariage de Diane que vous le désirez ?
— Pour cela, puis pour d'autres raisons encore. Je n'aime pas plus les villes sur pilotis que les fortunes mal échafaudées. Vous me feriez un grand plaisir en me répondant aussi sérieusement.....
— Qu'un chiffre.
— C'est cela.
— Soyez tranquille, vous aurez le bordereau demain, m'avouerez-vous tout ensuite ?
— Oui, tout.
— Ne souhaitez-vous rien ? ni attelage, ni diamants ?
— Rien ! dit Mme Montravers, vous m'avez comblée.
— Moi ! point du tout ! Vous faites partie de mon luxe.
— De votre luxe ! répéta Mme Montravers.
— Eh ! sans doute ! Quand vous passez au bois, dans un magnifique attelage, on dit :
« — Cette femme charmante, que vous voyez étendue sur les coussins de soie de cette voiture, miracle de la carrosserie, c'est la belle Mme Montravers, la femme du riche banquier. »
— Ah ! fit Valérie.
— Lorsque vous entrez dans un bal, le cou et les bras ruisselants de diamants, on murmure : « Est-elle heureuse, cette Mme Montravers, son mari achète pour elle les plus riches écrins de Paris ! »
— Vraiment !
— En me voyant si gracieux, si prodigue pour ma femme, on en conclut que je réalise de merveilleux bénéfices.
— De sorte que je suis en effet un mannequin portant élégamment les costumes de Worth, les diamants de Falize et d'Aubertin, un spécimen, un résumé de la fortune de M. Montravers.
— Vous avez beaucoup d'esprit ! dit le banquier.
— Et vous venez de me faire comprendre que je manquais autant de cœur que de dignité.
— Ai-je dit un mot de cela ?
— Non ! non ! fit Valérie Montravers : j'ai tort, j'ai mes nerfs ! Ah ! quelle nuit ! quelle nuit !
Elle passa la main sur son front, resta un moment silencieuse ; puis, s'éloignant de son mari :
— Vous m'avez promis pour demain le chiffre exact de votre fortune ; j'y compte.

— On dirait que vous êtes fâchée ? demanda le banquier.

— Moi ! allons donc ! Ne suis-je pas la poupée la plus élégante de Paris ? En vérité, je me montrerais bien exigeante ! des diamants, des chevaux, un mari opulent ! et je me plaindrais ! Il faudrait être folle, comme certaines femmes qui veulent un mari qui les aime, et non un commanditaire qui les paie, du bonheur plein l'âme et non du semblant de plaisir, des affections saintes et non pas l'association de deux fortunes, quand ce n'est pas la complicité de deux intérêts !

Et, sortant rapidement, Mme Montravers ferma la porte derrière elle, tandis que le banquier se répétait :

— Qu'est-ce qu'elle a ? Mais qu'est-ce qu'elle a ?

A peine Valérie fut-elle enfermée dans sa chambre, qu'elle se jeta dans les bras de Diane et fondit en larmes en lui disant :

— Diane ! Diane ! je suis bien malheureuse !

Je saisis l'enfant par le bras et la lançai au hasard dans les escaliers. (*Voir page* 318.)

CHAPITRE III

OÙ LE POT DE TERRE MENACE LE POT DE FER

M. Nerval travaillait dans son cabinet, quand le valet de chambre ouvrit la porte d'un air discret.
— J'avais dit que l'on ne me dérangeât pas, Joseph, dit l'usinier, d'une voix brève ; je ne donne pas d'audience ce matin.
— C'est ce que j'ai répondu à la personne qui insiste pour être reçue ; mais.....
— Eh bien !
— Elle s'est assise dans l'antichambre en me disant :
« — J'attendrai que M. Nerval ait fini. »
— Et cette personne est ?...
— Une sorte d'ouvrier mal vêtu, débraillé, qui, de loin en loin, vient solliciter les secours de monsieur.
— Son nom ? reprit Nerval, d'un accent de plus en plus bref.
— Il l'a écrit sur ce bout de papier.
— Donne, fit Nerval.
Joseph prit un petit plateau de laque sur le bureau de son maître, posa dessus le grossier billet et le présenta au manufacturier.
Celui-ci fit un effort pour se contenir, mais une expression de vive contrariété passa comme un éclair sur son visage.
Il froissa le papier, remua bruyamment ses couteaux à papier et ses plumes, feuilleta des registres pour se donner une contenance et prendre le temps d'affermir sa voix, puis, sans regarder le domestique, il lui dit, d'une voix brève :
— Amène cet homme.
Joseph s'inclina et sortit.
A peine eut-il disparu, qu'une rage mal contenue éclata sur la pâle figure de Nerval ; de ses yeux jaillirent des éclairs de haine, ses lèvres blêmirent, ses mains se crispèrent et il répéta, d'une voix étranglée :
— Toujours ce rocher de Sisyphe ! Il m'écrasera si je ne le pulvérise. Avoir tout : fortune, réputation, bonne renommée, et le pouvoir de jouir de tout cela, si cette ombre ne se projetait sur mon bonheur !

Ces paroles, hachées, perdues au milieu de sourds blasphèmes, ne disposaient pas Nerval à faire un bienveillant accueil à celui qui venait chez lui d'une façon doublement intempestive. L'usinier était retombé sur son fauteuil et froissait les feuilles volantes entassées devant lui, quand la porte s'ouvrant livra passage au visiteur.

Celui-ci attendit que Joseph eût fait retomber les portières et poussé les portes capitonnées ; quand il se crut certain que nul ne pourrait entendre sa conversation avec l'usinier, il s'approcha du bureau, s'y appuya d'une main et, regardant Nerval avec une insolence gouailleuse :

— C'est moi ! dit-il.

— Que voulez-vous encore ? demanda le millionnaire.

— Encore ! c'est un mot de reproche. On ne reçoit pas de la sorte des gens qui nous ont été utiles, au dévouement desquels, pendant certaines heures de chagrin, on a assez de confiance pour leur dire : « Fais ceci, ma réputation, ma fortune en dépendent ! » Est-ce que vous seriez ingrat, monsieur Nerval ?

— Au fait ! venons au fait ! Que demandez-vous ?

— De l'argent ! répondit l'homme.

— Mon caissier ne vous en compte-t-il pas chaque mois ?

— Oui, je suis porté sur la liste de vos pensionnaires pour la somme de douze cents francs par an. Les ouvriers blessés dans votre usine, les enfants dont le père est mort à votre service, viennent le même jour toucher le montant de la rente que vous leur faites ; ce sont les invalides du travail ; ils ont gagné honnêtement ce que vous leur donnez. Cette rente leur suffit avec le témoignage de leur conscience ; mais ce qui donne l'aisance et la joie à un travailleur honnête, ne saurait satisfaire Camourdas !

— C'est un arrangement pris entre nous, fit le banquier ; je l'ai proposé, vous avez accepté, ne revenons pas là-dessus ; passez à la caisse, touchez vos cent francs ; mes appartements, mon bureau, vous sont interdits.

— Vous croyez ! dit Camourdas, toujours de sa même voix railleuse. Eh bien ! non, et la preuve, c'est que je suis ici ; j'ai demandé à être reçu et j'ai été introduit ; j'ai voulu vous parler et je vous parle.

— Soit ! dit l'usinier, parlez donc ; qu'avez-vous à me dire ?

— Ma pension est trop faible.

— Nous avons fait des conventions, dit Nerval ; je respecte les miennes, tenez les vôtres.

— J'ai réfléchi ; dans le temps, j'acceptai un marché de dupe, et je reviens sur ce qui a été conclu. Je vous ai demandé mille francs de plus, il y a six mois, c'est mille écus qu'il me faut aujourd'hui.

— Mille écus ! pourquoi faire ?

— Pour boire ! dit Camourdas, d'une voix farouche.

— Jamais ! répliqua Nerval. Vous aider à satisfaire cette passion funeste, c'est vous pousser à votre perte et creuser devant vous un abîme. Quand on boit on s'enivre, et quand on est ivre on parle.

— Je bois, reprit Camourdas, mais je bois seul. Je m'enivre, mais dans mon grenier ! Je ne parle pas, je ne veux pas parler ! Je n'ai pas même le plaisir grossier de la franche griserie. Je vide les bouteilles d'eau-de-vie chez moi, non parce que j'aime l'ivresse, mais parce que l'ivresse fait oublier, et il faut que j'oublie. Ne me parlez pas de me marchander ce qui m'arrache à moi-même, et met une muraille entre le passé et moi. Quand ma tête bout, que mes pensées s'embrouillent, que les vapeurs du vin me montent au cerveau, je ne crois plus être ce que je suis, ce que vous m'avez fait, j'entre dans un pays nouveau, le pays des rêves, où coule l'absinthe verte ; je vois des choses merveilleuses et j'écoute des voix douces, à moins que l'ombre de ma femme glisse devant mes paupières alourdies ou que je me sente environné de flammes rouges et bleues, pleines de pétillements et d'étincelles.

— Taisez-vous ! fit le banquier, taisez-vous !

— Soyez tranquille, tout est clos, personne n'entrera. Il me semble que cela me soulage de vous parler de mes tortures. N'en éprouvez-vous jamais, vous ? La fortune vous cuirasse-t-elle assez le cœur pour que le souvenir du passé s'efface, un souvenir de dix-huit années ? Après ça, vous, un homme instruit, un homme de grandes capacités, vous avez d'autres idées en tête ; tandis que moi, un simple, un ignorant, une brute, je n'ai que celle-là.

Camourdas passa sa main sur son front, comme pour chasser ce souvenir, puis il reprit :

— Autrefois, quand j'entendais parler de remords, je me mettais à rire, je ne comprenais pas ce que ce mot signifiait ; je croyais qu'avoir des remords était la marque d'un esprit faible, que les gens de résolution n'éprouvaient ni crises de tremblement, ni larmes, ni terreurs dans la nuit. Je raillais les misérables qui voient apparaître des fantômes, comme on se moque des enfants qui s'imaginent que les morts reviennent et accourent le soir, drapés de blanc, frapper à la porte des chambres. Aujourd'hui, je ne raille plus ces croyances, ces terreurs. Si cela s'appelle avoir des remords, que de jeter sans cesse autour de soi des regards effarés, comme si l'on s'attendait à voir un accusateur dans chaque homme qui vous parle ; si c'est avoir des remords que de pâlir chaque fois que le bruit d'un sinistre arrive jusqu'à vous ; que d'avoir peur de la nuit qui s'illumine de clartés sanglantes, du silence pendant lequel s'élèvent des bruits de plaintes, de sanglots, de cris désespérés ; de ne plus oser toucher la main d'un camarade, choquer amicalement son verre contre le sien, de sentir que l'on est pour tous un objet de défiance, et d'en être réduit à manger dans des bouges, à côté de filous et peut-être de meurtriers, parce que l'on se sent indigne de frayer avec les gens honnêtes et les braves ouvriers, eh bien ! j'ai des remords.

Nerval courba la tête et ne répondit pas.

— L'homme n'est pas parfait, reprit Camourdas ; quand vous me proposâtes la petite association qui vous débarrassait d'un rival dangereux pour votre prospérité et me donnait des rentes superbes pour ma situation, j'acceptai, et je crus faire un marché magnifique : douze cents francs de rente ! l'indépendance ! la richesse en y joignant le travail ! Je comptais sans ce sentiment étrange que nous donne notre dégradation. Nous avons beau faire, voyez-vous, l'homme a besoin de s'estimer, autant au moins qu'il désire être estimé par les autres ; et je crois même que le malheureux injustement flétri est moins à plaindre que l'homme qui, volant l'honorabilité de sa réputation, est forcé de se dire tout bas, à lui-même, dans le fond de sa conscience : Je suis un misérable !

Camourdas s'arrêta un moment, puis il reprit :

— Je ne pensais rien de tout cela avant la nuit du 22 novembre 1857. Mais depuis, ai-je pensé, réfléchi ! Vous parlez de conventions faites, c'est vrai, vous avez offert, j'ai accepté ; je croyais le travail bien payé. Mais j'attendais le bonheur en même temps que le salaire. Cet argent convoité, cet argent maudit apporta la tristesse, la maladie, la mort dans ma maison. J'avais une femme bonne et douce, qui jusqu'alors avait souffert mes brutalités avec patience, et que j'aimais tout en la faisant souffrir ; à partir du jour où j'eus fait ce que vous savez, elle me parut une ennemie ; il me semblait qu'elle lisait au travers de ma conscience. Elle me disait des demi-mots qui me donnaient le frisson. Dans son instinct d'honnête créature, qui ne la trompait jamais, elle refusait avec douceur, mais obstination, l'argent que je voulais lui donner.

« — Tu ne travailles pas, me disait-elle, comment te procures-tu de l'or et des billets de banque ? Je ne toucherai point à des sommes dont j'ignore la provenance. »

Et elle se tuait à travailler pour elle et pour l'enfant.

Et puis elle devenait triste, oh ! triste !

De sa tristesse, de ses craintes, elle mourut, et le dernier mot qu'elle dit fut celui-ci :

« — Je ne regrette qu'une chose, c'est de ne pas emmener l'enfant. »

La voix de Camourdas devenait rauque, ses yeux étaient brillants, ses paupières rouges ; mais, s'exaltant lui-même par ses paroles et ses souvenirs, se grisant pour ainsi dire des reproches, des plaintes, des haines qui gonflaient son cœur, s'irritant du silence de Nerval qui, la tête cachée dans une de ses mains, ne levait pas même les yeux sur lui, Camourdas poursuivant la trace de ses souvenirs, ajouta :

— Et c'était vrai ; pour son bonheur, l'enfant aurait dû mourir. Vous avez élevé la vôtre dans le repos, la joie ; la mienne a grandi sous les larmes de sa mère. Toute petite, je l'effrayais ; les enfants ont des instincts qui jamais ne les trompent. Elle se détournait de moi, et mon regard la faisait pleurer. Si vous saviez, aussi ! Je l'ai vue dans son berceau, tandis qu'elle croyait que je ne l'apercevais pas, fixer sur moi ses yeux bleus, purs comme des fleurs, mais profonds, oh ! profonds ! On aurait dit qu'elle essayait de lire dans mon âme. Ce regard d'ange pesait sur moi, il m'oppressait, il me faisait mal. Il me semblait que Dieu pouvait permettre qu'elle vît ma dégradation, mon crime. Alors, je courais près de son berceau, furieux, halluciné, criant : Ferme tes yeux ! ferme tes yeux ! Elle enfonçait son visage rose sous les couvertures et je l'entendais pleurer. Oh ! des nuits, des nuits entières, je l'ai vue tremblante, cachée, blottie dans son pauvre petit lit ; je buvais, je chantais, je faisais du bruit. Elle avait peur ! Et la colère bouillonnait en moi, quand je me disais que j'effrayais ma fille. Les enfants ont peur des monstres, c'est tout simple. Un soir, je rentrai dans un état de rage sourde, qui me rendait capable de tout. Ma fille n'était pas couchée, elle travaillait. Ses pauvres petits doigts s'essayaient à assembler des vêtements de poupée, pas pour elle, pour les magasins. Elle avait honte de mon argent, comme sa mère. Le vin et l'eau-de-vie manquaient à la maison, je lui ordonnai d'aller en chercher. Elle me regarda de ce regard qui me troublait :

« — Oh ! papa ! papa ! me dit-elle, ne bois pas, cela me fait trop de mal ! Il me semble, alors, que tu ne m'aimes plus, que tu me hais ! Et si tu le voulais, je t'aimerais cependant, car ma mère me l'a ordonné avant de mourir. Ne bois pas, je resterai sur tes genoux, ou bien je te lirai des histoires, dans des livres que me prête un petit camarade, Bec-d'Oiseau. Il y a dedans des récits terribles, qui font pleurer, des naufrages, des incendies. Oh ! le grand incendie de l'usine de la Villette.....

Je saisis l'enfant par le bras, aveugle, furieux, j'ouvris la porte, et je la lançai au hasard dans les escaliers.

J'entendis un cri, un bruit comme quelque chose qui roulait, se

Les enfants dont le père meurt à votre service. (*Voir page* 315.)

brisait, un son mat, puis plus rien ! Mais, une minute après, une femme montait, tenant dans ses bras l'enfant inanimée.

Elle entra chez moi, plaça l'enfant sur le lit :

« — Allez chercher le médecin ! » me dit-elle.

Je descendis, je frappai chez dix docteurs du quartier. J'en ramenai un.

Il palpa les membres de la petite fille, son dos, ses épaules, et dit :

« Jambe cassée, hanche deboîtée, luxation de l'épine dorsale. Ce sera long. »

L'enfant me regarda avec une douceur d'ange et posa son doigt sur ses lèvres. Elle me défendait de parler, elle me promettait le silence.

La femme qui l'avait trouvée, gisante et brisée, au bas de l'escalier, la soigna avec un dévouement maternel. L'argent ne manquait pas. La pension étant insuffisante, je vous demandai deux mille francs. Bestiole fut traitée comme une princesse. Quand sa garde malade était partie, je buvais. Il me fallait désormais oublier, non pas seulement l'incendie, mais cette chose horrible que j'étais devenu le bourreau de mon enfant.

Elle guérit, si cela s'appelle guérir. Bestiole, avant sa chute, était une belle petite fille rose, blanche, droite et souple comme un jonc de marais. Quand elle put se lever, son dos était courbé, sa taille déviée, elle boitait d'une façon terrible. Ma jolie enfant était devenue une sorte de petit monstre. La tête seule était restée la même, pâle, délicate, avec ses grands yeux qui, de plus en plus, m'effrayaient par leur profondeur. Mais, si la grâce de l'enfant était perdue depuis cette chute, sa gaieté aussi l'avait abandonnée ; elle s'était étendue enfant sur son lit de douleur, elle se releva jeune fille, femme, tant elle avait réfléchi, souffert et pleuré.

Oh ! je vous haïssais bien depuis le jour du crime, mais à partir de cette époque, ce fut plus que de la rage, une haine violente, folle. J'aurais voulu pouvoir vous infliger mes propres tortures, et quand le hasard me faisait rencontrer votre fille, je me demandais pourquoi je ne la défigurerais pas, pour que vous aussi, vous sachiez ce que c'est que de souffrir dans son enfant.

Comprenez-vous maintenant que pour ces regrets, ces remords, ces tortures, douze cents francs sont une pincée de cendres ! Cent francs par mois, trois francs par jour ! mais je ne sais plus, je ne veux plus travailler, moi ! le vice m'a rendu paresseux, ivrogne, méchant. Je veux avoir les plaisirs du vice, et boire jusqu'au sommeil, jusqu'à la mort.

Camourdas tremblait, ses jambes se dérobaient sous lui.

Nerval releva la tête et dit, en regardant son ancien ouvrier :
— Il faut en finir !
— Oui, finissons-en !
— Douze cents francs ne vous suffisent pas. Vous gagneriez chez moi huit francs par jour, quarante-huit francs par semaine.
— Et les heures supplémentaires ? dit Camourdas.
— Soit ! Mettons le total de chaque semaine à soixante-quinze francs, cent écus par mois.
Camourdas regarda le banquier d'un air de convoitise satisfaite.
— Cent écus par mois sont un joli chiffre. Vous pouvez avec cela rendre plus douce la vie de votre fille infirme, dont je m'occuperai d'ailleurs avec sollicitude. Elle vous pardonnera votre brusquerie, et Angélie ira prochainement la voir. Ce sera déjà un adoucissement à votre situation.
— Sans doute, dit Camourdas, et les cent écus ?
— Je vous les donnerai, non comme revenu, il ne me convient pas d'augmenter d'une façon ostensible le chiffre de la rente que je vous fais en qualité d'ouvrier, jadis blessé en travaillant dans mon usine. Vous ne pouvez souvent vous présenter chez moi, ma présence vous rappelle des souvenirs qu'il faut tenter d'oublier ; de mon côté, je ne veux pas réveiller le passé.
— Comment faire alors ? demanda Camourdas.
— Je vous donnerai le capital : soixante mille francs !
— Soixante mille francs ! répéta Camourdas, ébloui.
— Grâce à cette somme, il vous sera possible d'entreprendre un commerce, d'aller, si vous le voulez, vivre dans une ville de province, comme un rentier, d'habiter la campagne, qui serait salutaire à votre fille.
— J'accepte, dit Camourdas ; quand aurai-je l'argent ?
— Demain.
— Pourquoi pas tout de suite ?
— Parce qu'en échange des soixante billets de mille francs, que je vous remettrai, vous m'apporterez certaine lettre.....
Comourdas partit d'un éclat de rire.
— Je comprends, dit-il, je comprends tout, maintenant ! Imbécile que je suis, je croyais tout à l'heure que vous éprouviez un peu de pitié pour un malheureux que vous avez fait misérable, que vous compatissiez aux douleurs de ma petite estropiée, et qu'un sentiment humain venait de pénétrer dans votre cœur. Ce n'est pas un don que vous voulez me faire, c'est un marché que vous me proposez, et quel marché ! Ah ! vous mettez les atouts dans votre jeu, monsieur Nerval ! Vraiment, mais vous n'y songez pas ! soixante mille francs

une lettre qui peut ruiner votre crédit, soixante mille francs un papier qui peut vous conduire en Cour d'assises, déshonorer votre fille, et vous ruiner par-dessus le marché, parole d'honneur je vous en ferais cadeau !

— Cependant,... dit l'usinier.

— Soixante mille francs ! vous me les donnerez en détail, et au-delà ! Et puis, un capital, je me connais, voyez-vous, je le boirais. Placé chez vous, il est en sûreté. Il y a six mois, je vous demandai deux mille francs, aujourd'hui, j'en veux trois mille ; dans six semaines j'en exigerai peut-être autant. Vous aviez raison, tout à l'heure, je monterais volontiers un commerce. J'aimerais assez être marchand de vin. Non, je me griserais avec mes pratiques et je montrerais la vérité cachée au fond de mon verre. N'importe ! je trouverai. Gardez vos soixante mille francs, j'aime mieux les rentes.

— Et si je refusais d'en faire.

— Vous n'oserez pas !

— Pourquoi ? Vos exigences grandissent ; vous pouvez chaque mois avoir des prétentions nouvelles ; peut-être atteindront-elles un chiffre que je ne pourrai satisfaire. Alors, vous crierez haut, dites-vous ! Dans quel but ? quel intérêt avez-vous à parler ? Aucun, ma perte serait la vôtre.

— Oui, dit Camourdas, votre perte serait la mienne ; mais, qui vous dit que je n'ai pas songé plus d'une fois que j'aimerais mieux aller tout déclarer à la justice que de traîner le fardeau de mon crime. Il ne me quitte pas, il m'obsède, il me poursuit. Il est là, partout, toujours ! Quand j'aurais parlé, quand j'aurais dit à un magistrat :

« Il y a dix-huit ans, un homme riche, possesseur d'une usine magnifique, jalousant la fortune d'un collègue, dont la fabrication était plus soignée, et la situation plus prospère encore, profitant d'une circonstance fortuite de vente de machines en Angleterre, et d'assurances contre l'incendie, me chargea de mettre le feu à la maison et aux magasins de M. Aurillac. Je reçus mille écus comptant, et la promesse d'une rente. On m'a bien payé. Mais le remords m'étouffe. J'ai besoin de souffrir, d'expier, le châtiment amène le repentir. Quand j'aurai subi ma peine, je ne devrai plus rien à la société. Jugez-moi, condamnez-moi, mais jugez et condamnez en même temps l'homme riche qui se servit de mes vices de paresse et d'ivrognerie pour me faire l'exécuteur de sa vengeance ! Ruinez-le comme il a ruiné Aurillac ! que sur sa fille retombe la malédiction qui, sans doute, a suivi les enfants de l'innocent condamné à sa place ! qu'il prenne au bagne le numéro de celui qu'il y envoya jadis ! »

— Vous ne ferez pas cela ! vous ne ferez pas cela ! s'écria Nerval.

— Cela n'est pas sûr! fit Camourdas, d'une voix sombre. Voyez-vous, j'ai revu plus d'une fois, dans mes nuits sans sommeil, cette femme, pâle, avec ses beaux cheveux noirs, qui, tout le temps du procès, resta dans la salle de la Cour d'assises, aux pieds de son mari, le regardant avec une tendresse qui disait sa foi dans son innocence ! J'ai revu l'enfant aussi, un petit ange aux cheveux blonds qui s'appelait Max.

Tenez, une fois, tandis que je travaillais dans l'usine de M. Aurillac, car vous n'avez pas seulement fait de moi un incendiaire, mais un Judas, l'enfant, me rencontrant dans la cour, me vint embrasser ! Qu'est-il devenu? j'ai mangé son pain, et j'ai trahi son père ! et vous, vous qui m'avez fait ce que je suis, vous êtes assez fou pour croire que je vous libérerai de ma présence ! Vous vendre la lettre que vous m'avez écrite, une pièce qui vous met à ma discrétion, qui, placée sous les yeux d'un procureur de la République, entraînerait un mandat d'arrêt. Mais, c'est ma seule joie, cette pièce ! quand je la regarde, je suis consolé, heureux, presque fier !

C'est beau de tenir dans sa main un homme riche, envié, orgueilleux, et de se dire : Celui qui occupe dans Paris cette position enviée, qui rêve de députation et qui l'obtiendra peut-être, ce millionnaire qui ferait attendre un prince dans ses bureaux, me reçoit, moi, Camourdas, à toute heure du jour; il me recevrait la nuit. Je viens chez lui en bourgeron sale, en souliers éculés, je souille les tapis, j'apporte ici une infecte odeur de pipe, d'ail, de tapis-franc ! Je me vautre dans ses fauteuils de soie ! Et l'on ne me dit rien ! On me tolère, on me supporte ! A toute cette fortune, je puis faire une brèche à ma guise, et quand il me plaira de la saper, ce sera l'écroulement de l'honneur de la maison Nerval ! Ah ! ah ! vous vendre ces jouissances amères, sauvages, infernales, les seules qui puissent être les miennes, désormais, vous n'y songez pas ! C'est ma joie, ma vanité, ma revanche !

Nerval, les poings crispés, écoutait le misérable.

Cela était vrai ! il était en la puissance de cet homme ! ce misérable pouvait le perdre.

— Que faire? se demandait Nerval, que faire?

Et il se répondait à lui-même :

— Rien ! rien !

Lorsque le père de Bestiole se fut repu de la terreur du millionnaire, comprenant qu'il ne faut abuser de rien, même d'un indiscutable pouvoir, il reprit, d'une voix brève :

— Mes mille écus, et je m'en vais !

Nerval eut un moment d'hésitation.

Debout, les sourcils froncés, il eut la même pensée que Camourdas.

— Si je me livrais? dit-il, ce serait fini! Cet homme a raison, le remords fait plus de mal que le châtiment.

Le souvenir de sa fille lui revint.

— Je n'ai pas le droit de la déshonorer! pensa-t-il.

Une idée plus sombre encore jeta un reflet sur son visage.

Camourdas la devina.

— Il sera toujours temps! dit-il.

En effet, Nerval venait de songer au suicide.

Le banquier ouvrit un tiroir, y prit trois billets de banque, et les remit en silence à son misérable complice.

— Pas de rancune! dit Camourdas; j'ai comme ça des vivacités. On n'est pas parfait, savez-vous. Faut pas croire tout ce que l'on dit dans le vin de la colère. Et pour en revenir à Bestiole, dont vous parliez tout à l'heure, faudrait pas que le langage du père vous empêchât d'accomplir ce que vous aviez l'intention de faire pour l'enfant.

C'est triste, chez nous! un mobilier qui ne vaut pas vingt francs. J'ai cent fois songé à en acheter un, chez Crépin de Vidouville, payable par mois; mais le vin augmente, et l'on double les impôts sur les eaux-de-vie, ce qui fait que je ne bois pas à ma soif. Bestiole est une honnête fille.

Le banquier comprit tout de suite que Camourdas songeait à tirer parti de la compassion qu'avait paru lui inspirer l'état de la pauvre infirme; en ce moment, il voulait gagner du temps pour trouver le moyen d'échapper à la pression de Camourdas. Bestiole pouvait lui être d'un grand secours, sans que l'innocente créature s'en rendît compte.

Aussi, répondit-il à Camourdas :

— J'ai votre adresse, Angélie s'occupera de Bestiole.

— Je compte sur vous, répondit Camourdas.

Puis, les deux mains dans ses poches, après avoir placé sa casquette sur sa tête, le misérable sortit en sifflant.

— Toi, vipère! dit Nerval, il faut que je t'écrase ou que je meure!

Et il ajouta :

— Je ne veux pas mourir!

Paul Bigorneau se mit à dessiner la charge de Lazare. (*Voir page* 332.)

CHAPITRE IV

L'ATELIER DE GABRIEL VERNAC

L'atelier de Gabriel Vernac tenait à la fois du musée et du palais ; bâti rue Laval, et situé entre des maisons vulgaires, l'hôtel que l'artiste célèbre avait fait construire ressortait au milieu des constructions modernes et mercantiles comme un bijou précieux avoisinant des objets informes.

Avec ses grandes fenêtres, à croisillons de pierre, laissant apercevoir les stores de satin rouge, ses consoles ornées de grands vases de faïence débordants de fleurs, les ramures de feuillage, mêlées d'oiseaux montant du pavé au faîte, et le cachet artistique et coquet marquant les moindres détails de l'architecture, cette habitation avait l'air d'avoir été transportée, par un coup de baguette magique, de quelque ville restée féodale en dépit du temps, jusqu'à Paris, où elle attirait le regard des passants intelligents, qui ne pouvaient la voir sans se dire :

— Comme on doit bien travailler là !

En effet, on y travaillait beaucoup.

L'heureux propriétaire de l'hôtel de la rue Laval était arrivé jeune à la célébrité ; et cependant il faut lui rendre cette justice qu'il l'avait attendue de son labeur, de ses progrès, sans la quémander d'une façon bruyante.

Gabriel Vernac avait connu le travail acharné, les privations, les efforts souvent infructueux de la lutte. Mais, chaque épreuve, loin de le décourager, l'avait trempé davantage. Il avait accueilli les dures critiques comme des leçons et non comme des outrages ; profitant des conseils, étudiant les maîtres, ne négligeant rien de ce qui pouvait l'instruire, fréquentant les ateliers afin d'apprendre, de chaque homme en possession d'une réputation, un des secrets du métier, il arriva vite à posséder un faire d'une perfection rare, même chez les artistes de premier ordre.

Quelques tableaux d'histoire commencèrent la réputation de Gabriel Vernac. L'éclatant succès du *Christ au tombeau* le classa définitivement parmi les maîtres.

Cette toile oblongue, conçue avec une simplicité extrême, remporta, lors de son exposition, la grande médaille d'or.

Vernac avait représenté l'intérieur du caveau dans lequel le Christ vient d'être porté par Joseph d'Arimathie. La porte est close. Sur une table de pierre repose le corps du crucifié divin, roidi, exangue, mais dont la grâce et la force justifient cette expression : « *Le plus beau des enfants des hommes.* » Les clous, arrachés des mains et des pieds percés, sont à terre dans un plat de cuivre, avec la couronne aux épines rougies ; le drap qui traîne à terre est maculé de sang.

A genoux, dans un des angles du cachot, un ange, embrassant de ses deux bras les jambes de son maître, le front collé sur les pieds déchirés, s'abîme dans le sentiment d'une incommensurable douleur. Il n'a pu prendre dans ses mains ces pieds divins pour les empêcher de saigner sur les routes de la montagne, pour les protéger contre les bourreaux ; il n'a pu éloigner le calice que Jésus devait boire jusqu'à la lie, et quand il le consola au Jardin des Olives, il ne put que pleurer sur les souffrances acceptées par l'Agneau. Pendant le jour du sacrifice, invisible, il planait sur le Golgotha, et maintenant, prosterné, défaillant, perdu dans sa douleur et son angoisse, il voudrait mourir comme a succombé l'humanité sacrée de Jésus !

De l'autre côté du tombeau, assis sur la pierre même du sépulcre, la chevelure soulevée par un vent prophétique, l'œil étincelant d'une sublime espérance, un de ses bras levé vers la voûte du caveau, de l'autre tenant une trompette de cuivre, le second ange, les lèvres entr'ouvertes, semble déjà crier au monde : « Réjouissez-vous, le Christ est ressuscité ! »

Impossible de rendre d'une façon plus complète ce merveilleux contraste : l'affaissement douloureux de l'un des anges, et la fière attitude de son frère du ciel. L'âme s'emplissait d'émotions profondes, le drame sacré du Calvaire se déroulait sous les yeux, à mesure que l'on contemplait cette œuvre. Elle renfermait une grande science de dessin, indiquait une profonde entente des ressources de la palette, et surtout frappait par ses beautés simples et saisissantes, qui sont le véritable cachet du génie.

A partir de ce moment, Gabriel Vernac fut compté parmi ceux dont on disait six mois à l'avance : « Qu'expose-t-il cette année ? » L'artiste ne tira nulle vanité de son succès, il se crut obligé à travailler davantage ; rester stationnaire dans l'art, c'est reculer, et chaque salon de Vernac fut marqué par un progrès.

S'il l'eût voulu, il aurait, en trois ans, réalisé une fortune en se consacrant à faire des portraits ; mais il n'avait point l'esprit assez mercantile pour se résigner à peindre des bourgeois qui paient la peinture au mètre, ni des héritières laides à faire peur. Vernac faisait des portraits, mais il choisissait ses modèles.

Avoir son portrait peint par Gabriel Vernac était un certificat de grâce ou de talent. Il les faisait pour rien, par fantaisie, comme étude, ou les faisait payer douze mille francs. On connaissait son prix ; nul ne se serait permis de marchander, mais plus d'une fois on laissa chez lui, en échange d'une toile, un portefeuille contenant vingt billets de banque de mille francs chacun.

On était au mois de mars, un mois terrible pour les peintres !

Les uns achèvent en toute hâte le tableau qu'ils destinent au *salon*, les autres se demandent si leur œuvre est complète ; ils essaient les cadres, vernissent, placent la toile tantôt bas, tantôt très-haut ; ils la mettent dans son meilleur jour, l'examinent dans une glace, de loin, de près, se sentent pris de mortelles inquiétudes, et se demandent s'ils doivent l'exposer. Les autres, contents d'eux-mêmes, attendent avec confiance la décision du jury et, tout en se frottant les mains, se promettent de *l'épater*.

Gabriel Vernac se sentait pris, non pas de découragement, mais d'angoisse. Son talent était trop réel pour qu'il éprouvât une invincible confiance en lui-même. Sans doute, tandis que seul, inspiré devant sa toile, il avait jeté sa pensée vivante dans le moule du dessin et de la couleur, il avait éprouvé les joies du créateur, les tressaillements de l'artiste, les ivresses de celui qui comprend que sa main obéit docilement à sa pensée. Mais à cette heure, à mesure que le moment approchait de soumettre l'œuvre aux juges, il ressentait cette crainte des vrais artistes ; l'art fuyait devant lui, ployant ses ailes divines ; il se demandait s'il n'avait réussi que le métier.

Le cœur serré par cette noble défiance ignorée des médiocres, il avait invité ses amis à juger son œuvre avant de l'envoyer au palais de l'Exposition. Il voulait savoir ce qu'allaient en penser les premiers qui la verraient ; il voulait juger de leur émotion devant ses toiles et, suivant leur avis, les modifier peut-être ou prendre courage.

Le Paris intelligent se montre très-friand de ces expositions particulières.

Avoir la primeur d'une œuvre est une recherche des délicats.

C'est ce qui explique l'obstination avec laquelle on s'efforce d'assister aux premières représentations théâtrales, la hâte avec laquelle on dévore le livre nouveau.

Voir, entendre, savoir est peu de chose ! Mais savoir et entendre le premier est tout. C'est une question de steeple-chase comme une autre.

Ce jour-là, l'atelier de Gabriel Vernac avait un aspect plus animé que d'ordinaire. On y respirait la vie, la joie. Il s'était mis en fête, et l'esprit comme les yeux s'y reposaient à l'aise.

Le beau s'y trouvait sous toutes ses formes ; et au milieu d'une vaste galerie, debout sur d'énormes chevalets sculptés, se trouvaient les deux toiles destinées au prochain salon : une *Rébecca à la fontaine* et une *Jeanne d'Arc sur le bûcher* : la vierge biblique et la vierge lorraine, l'une couronnée de toute la grâce de l'Orient, l'autre le front rayonnant du nimbe des martyrs.

Ces deux toiles, conçues avec une grande sobriété, étaient véritablement superbes, et jamais Vernac ne s'était élevé à une pareille hauteur.

Calme, mais un peu pâle, l'artiste attendait les amis convoqués à cette exposition préliminaire, tout en travaillant aux étoffes d'un superbe portrait, dont la tête était entièrement finie. Ce portrait était celui d'Angélie Nerval, dont le caractère d'intelligente beauté avait vivement séduit l'artiste.

Quand le fastueux usinier demanda au peintre s'il consentait à faire le portrait d'Angélie, Gabriel Vernac accepta spontanément, joyeusement. Il était heureux de rendre ce pur et doux visage dont la perfection était le moindre charme ; mais lorsque Nerval parla du sien propre, Vernac se retrancha derrière le nombre de ses travaux. Nerval offrit vingt mille francs ; Vernac s'obstina dans son refus.

La physionomie de l'usinier lui était antipathique.

Tandis que l'artiste s'essayait à rendre la transparence de la robe de mousseline des Indes d'Angélie, un jeune homme de trente-cinq ans environ, entra dans l'atelier.

— Ne te dérange pas ! dit-il à Vernac ; je veux regarder à mon aise, et je n'ai pas besoin que tu m'expliques ton tableau.

— C'est toi, Gontran ! je suis heureux de te voir ! Je ne comptais presque plus sur ta visite.

— Je ne t'oublie point cependant, mais le travail.....

— Avance-t-il ? demanda Vernac.

— Non ! je peins pendant une semaine avec enthousiasme, inspiration peut-être, et puis j'efface, je recommence : ce n'est pas cela encore ! Oh ! le beau, le sublime, Gabriel, que c'est loin, que c'est haut !

— Tu es un grand, un véritable artiste, dit Vernac, en laissant sa palette et en prenant la main d'Aurèle Gontran.

— Merci de me le dire, ami ; mais, si je suis un grand artiste, pourrais-tu m'expliquer pourquoi je meurs de faim ?

— Ah ! Gontran, si.....

— N'ajoute rien, tu me blesserais, pauvre cher grand cœur ! je sais ce que tu voulais dire ; tu voulais me répéter ce que tu m'as offert cent fois, ta maison et ta bourse. Je n'en veux pas ! Je ne demande que ton amitié; celle-là, je la veux ! c'est le pain de mon cœur, une part de ma confiance. Je ne suis jamais sorti de chez toi sans me sentir plus fort. Quand j'ai regardé tes œuvres, écouté ta parole sincère, honnête, vibrante, je trouve l'humanité moins laide et l'avenir moins noir.

— Je ne te parle pas de services personnels, Gontran, mais tu pourrais.....

— Faire de mon art un métier, comme tant d'autres, diras-tu, je le sais, mais je ne le veux pas. Dans cette voie, on ne s'arrête jamais. Après avoir flatté les goûts de la foule, il faudrait descendre jusqu'à donner la pâture à ses instincts mauvais. Quand on a conçu une chose légère, on est prêt d'en créer une immonde. Je suis d'un bloc ! Je n'ai qu'un but, j'y marche ! qu'une idée, je la garde, comme on fait d'une relique dans un écrin d'or. Ma force est dans la conviction que je suis dans le vrai ! On ne comprend pas ma peinture, on n'achète pas mes toiles ; entre deux tableaux, je barbouille des enseignes qui me donnent du pain, et paient le grenier dans lequel je travaille. Mais je crois en moi ! Est-ce que l'on n'a pas refusé *le Naufrage de la Méduse*, de Géricault, cette toile si navrante de vérité, si terrible dans sa vigueur sombre ?

On a rendu justice à Géricault, pourquoi ne me la rendrait-on pas ?

— Mais la misère !...... fit Vernac.

— Pardon, maître, me parlez-vous ? demanda gaiement un jeune garçon de dix-sept ans, à l'œil vif, à la bouche plus railleuse que souriante.

— Non ! Te voilà, Bigorneau ?

— C'est que, voyez-vous, quand on parle misère, il me semble toujours que c'est à moi qu'on s'adresse.

— Elle ne t'attriste pas, au moins ?

— M'attrister ! ce serait me montrer ingrat. Elle fut ma mère et ma nourrice ! Elle m'a bercé, nourri, bien peu, car je suis maigre ! Elevé, assez mal, car il faut votre indulgence pour me supporter ; mais elle m'a laissé un bon cœur, un esprit point envieux, et assez de bon sens pour ne jalouser personne !

— Les caractères comme le vôtre sont rares, dit Gontran.

— Je ne sais pas. La faute n'en est à personne si je ne suis pas riche ! Je ne crois point que la société soit tenue de nourrir et d'habiller les fantaisistes. Je suis né pauvre, c'est vrai ; mais, depuis l'âge de douze ans, je pouvais exercer un état, et chaque état nourrit son homme. Au lieu de cela, je suis un lézard de flânerie ; je regarde les hirondelles qui passent et l'eau qui coule. Je m'arrête pour entendre toutes les musiques, depuis celle de l'insecte, jusqu'à la grosse caisse du saltimbanque. En vérité, si, vivant les trois quarts du temps les mains dans mes poches, j'exigeais un menu de prince et pour logis un palais, ce serait de l'injustice.

— Mais alors, Bigorneau, mon ami, change de vie.

— Jamais ! Tenez, maître, vous êtes arrivé à la gloire, vous ! on peut vous le dire en face sans flagornerie ; dans une heure, l'atelier sera plein de gens qui vous le répéteront avec plus d'élégance mais sans une sincérité plus convaincue. Vous avez deux raisons pour réussir, le talent et le faire. M. Gontran est un alchimiste, il cherche sa pierre philosophale, il sent la transmutation de la toile en chef-d'œuvre, du plomb en or. Trouvera-t-il, et s'il trouve, sera-t-il compris ? Moi, je ne cherche pas, je ne rêve pas, je me laisse vivre. Vous me gardez dans votre atelier, je nettoie les palettes, je prépare des fonds, je peins de petites machines qui vont faire le bonheur des bourgeois d'Amérique, et quand j'ai cent sous dans ma poche je me sens aussi fier que le ministre qui vient de toucher ses appointements. Pourvu que j'aie de l'air, du soleil, de la paresse, cela me suffit. Je n'aurai jamais de génie, jamais de talent, puisque je ne travaille pas. Je suis né museur, gamin, et voilà ! Je reste pauvre, et j'en ris.

— Heureuse nature ! dit Gontran à Vernac.

— Très-heureuse ! répliqua celui-ci, bien opposée à celle de ce malheureux qui se faufile plutôt qu'il n'entre en ce moment dans l'atelier. Curieux caractère que celui-là. Je ne fais point semblant de le voir. Ne le regarde pas. Lazare, que ses amis appellent *Lazare-le-Pâtre*, en raison de son admiration exclusive pour ce gros drame, n'a aucune espèce de talent. Il voit mal et traduit plus mal encore. Ses toiles feraient mourir de rire si elles ne donnaient envie de pleurer. J'ai vu, de lui, un paccage de chevaux, dont les robes représentaient tous les tons de l'arc-en-ciel. Le sentiment de la forme vraie lui échappe ; il peint tantôt avec du bitume, tantôt avec du vermillon. Mais, tandis que toi, Gontran, tu ressens, en face des toiles, les grandes et sublimes angoisses de l'artiste aux prises avec la nature, qu'il s'agit de rendre, de traduire, de faire vivante ! tandis que Paul Bigorneau, cet enfant qui a de l'esprit comme un faubourien, et qui deviendra, sans que je le lui dise d'avance, un des premiers caricaturistes de notre temps, rit de sa pauvreté, Lazare-le-Pâtre, misérable, haineux, sans talent, sans force vitale, bave sur ses camarades et ses amis.

En effet, *Lazare-le-Pâtre* regarda tour à tour les deux toiles de Vernac ; puis, s'approchant de côté, et regardant d'une façon vague :

— C'est gentil ! c'est très gentil !

— Mais oui, pas mal, et toi ? fit Bigorneau ; ça va, la grande peinture ? les chevaux de Diomède ! une rude chose, hein ! Quel coup de brosse tu possèdes, foi de lapin sauté ! Il y en a un surtout, le cheval pie, non pas pie, gris-roux. Ce n'est pas gris-roux non plus, une teinte qui flotte entre aurore et fleur d'outre-mer ! Oh ! le beau cheval ! un cheval marin, quoi ! avec une crinière verte, comme la chevelure des syrènes.

— Envieux ! dit Lazare-le-Pâtre.

— On le serait à moins. Sais-tu ce que j'ai exposé, moi ? Trois oignons avec un hareng sur le gril. Ça ne coûte pas cher de modèle ! Je suis pauvre, et l'ambition ne me dévore pas ! Si je suis reçu.....

— Tu le seras ! tu le seras ! dit Lazare-le-Pâtre. Il suffit de faire des choses plates, mal léchées ou ambitieuses comme des machines de décor pour être admis.

— Et toi, Lazare ?

— Oh ! moi je reste dans les *intransigeants*, et je suis refusé d'avance.

— C'est une spécialité, cela.

— La roche tarpéienne est un siége comme un autre.

— Jusqu'à ce qu'on en tombe, fit Bigorneau.

— Mes compliments, mes compliments sincères ! dit Lazare-le-Pâtre à Vernac, c'est gentil, très-gentil !

— Maître ! dit Bigorneau, j'ai envie de le scalper.

— Tais-toi ! fit Vernac, en riant.

— Appeler gentils des tableaux qui sont des pages sublimes ! Ne sentir ni la grandeur de la conception, ni la pureté du dessin, ni la magie de la couleur. Il faut que je me venge !

Paul Bigorneau prit une feuille de papier gris, un fusain, et se mit à dessiner, avec une crânerie charmante, la charge de Lazare.

Gabriel Vernac ne put s'empêcher de rire.

— Allons ! dit-il, grand enfant, voilà ta voie.

— La caricature ?

— Et sans doute.

— Et moi qui étudiais l'antique !

— Te figures-tu que Daumier, Gavarni ne connaissaient pas le dessin ? Travaille, mon ami, travaille, tu aimes la gaieté, la gaieté possède une philosophie. Tu deviendras le rival de Cham ; j'ai voulu te cacher ta vocation jusqu'à cette heure, mais ma foi la caricature de Lazare est trop réussie pour que j'y tienne !

— Caricaturiste ! s'écria Bigorneau.

Il fit un bond dans l'atelier, battit des mains et, revenant plus grave vers Gabriel Vernac :

— Je vous remercie, lui dit-il, vous êtes bon.

L'artiste tendit une main que le rapin serra avec attendrissement.

Deux personnes furent, en ce moment, introduites dans l'atelier, et bientôt les visiteurs s'y succédèrent.

Les toiles de Gabriel Vernac obtenaient un succès légitime, sincère ; on n'adressait point à l'artiste de ces éloges préparés d'avance, monnaie polie donnée par le visiteur en échange d'une permission gracieuse.

Vernac sentait que les premiers juges étaient gagnés. Il les étudiait, tandis qu'ils contemplaient ses œuvres et restaient silencieux, saisis par la grande poésie de ces pages ; leur âme, élevée soudain dans une haute région, se reflétait sur leur visage ; il y avait du respect dans la façon dont ils complimentaient l'artiste. Le cœur de Gabriel Vernac se dilatait dans sa poitrine, et Gontran partageait la joie de son heureux ami.

C'était une véritable fête que cette exposition. Princesses étrangères, grandes dames, artistes, diplomates, financiers se pressaient dans le magnifique atelier. Si le jeune peintre l'eut souhaité, il eut tout de suite vendu ses deux toiles.

La foule commençait à s'écouler, quand Maximilien Audoin franchit à son tour le seuil de l'atelier.

L'artiste et l'avocat se connaissaient. Ils étaient amis, de ces amis sincères qui s'apprécient et se comprennent, mais que le tourbillon des affaires et les obligations de la vie séparent souvent des mois entiers. Vernac, ayant dû intenter un procès, chargea Maximilien de défendre sa cause ; l'avocat la gagna, et, à partir de cette heure, une liaison intime s'établit entre eux.

Le jeune avocat avait, ce jour-là, plusieurs motifs pour venir chez l'artiste ; il souhaitait d'abord voir les toiles destinées à l'exposition, puis, comme son ami lui avait annoncé qu'il commencerait prochainement le portrait de Mlle Angélie Nerval, l'avocat souhaitait vivement s'assurer si l'artiste avait saisi et rendu le charme pénétrant du visage de la jeune fille.

Regarder le portrait d'Angélie, c'était presque la voir elle-même.

Pauvre Maximilien !

Peut-être ne se l'avouait-il pas à lui-même, mais le souvenir de la fille de M. Nerval était trop souvent présent à sa pensée ; il n'essayait pas de chasser cette douce et pure image ; elle protégeait sa vie de travail, elle était le but inavoué de son espérance.

Espérance ! Non ! lui, si modeste et si pauvre, que devait-il espérer ? La riche héritière pouvait-elle devenir la femme de ce travailleur inconnu, assez austère pour préférer la droiture au succès, et qui peut-être ne se ferait jamais une place remarquée au soleil de la faveur populaire. Il besognait, il luttait, mais la conscience qu'il déployait dans ses études ne serait-elle point une entrave à ses succès au lieu de lui devenir un auxiliaire ? Avait-il un avenir sérieux devant lui, ce jeune homme qui prétendait parvenir sans platitude, réussir sans lâchetés, grandir sans transiger avec sa conscience ?

Ce n'étaient donc point, à vrai dire, des espérances qu'il nourrissait. Mais, sans qu'il le voulût et le comprît, l'image d'Angelie s'associait à son existence obscure. Il la voyait appuyée sur sa table, debout dans l'ombre du bureau, près d'une grande toile représentant un crucifix saignant par toutes ses plaies.

Quand il s'arrêtait, quand il défaillait, son nom revenant a sa mémoire, lui rendait soudain le courage. Sans chercher à s'expliquer l'ascendant qu'elle prenait sur lui, il le subissait plein de joie et d'enthousiasme.

Aussi, quand il regarda le portrait de Mlle Nerval, si excellemment peint par Gabriel Vernac, ne put-il s'empêcher de s'écrier :

— C'est bien elle ! c'est bien elle !

— Vous connaissez Mlle Nerval ?

— Je suis l'avocat de son père.

— Une charmante personne, ajouta Vernac.

— Un ange ! s'écria Maximilien.

— Ah ! nous en sommes là ! ajouta Vernac, en souriant.

— Nous n'en sommes à rien ! reprit Maximilien Audoin avec tristesse ; il est permis de regarder en haut les étoiles, les anges, les aigles ; j'ai regardé en haut, voilà tout, et je l'ai vue.

Gabriel Vernac n'insista pas.

L'avocat exprima son opinion sur les deux toiles, avec une franchise qui n'excluait pas l'enthousiasme et, après avoir complimenté son ami, il allait se retirer, quand son regard tomba sur un tableau de chevalet placé sur un fauteuil :

— Qu'est-ce que cela ? demanda-t-il au peintre.

— Une pochade, une ébauche, bien vieille. Hier, on a décroché des tableaux vendus, et comme il faut combler les vides, je ferai mettre cette petite toile dans un coin.

— Où avez-vous peint cette exquise ? demanda l'avocat avec une certaine agitation.

— Dans un pauvre petit pays qui s'appelle les Bruyants, et que je traversais avec mon outillage de peintre.

— Mon Dieu ! mon Dieu ! dit Maximilien, d'une voix tremblante, cela est étrange, bien étrange.....

— Quoi ?

— Cette toile !

— Elle me rappelle, en effet, une scène douloureuse, et c'est pourquoi j'y tiens. Quel tableau ! jamais je n'oublierai cela.

— Cette scène ! fit Maximilien, il faut me la raconter, je veux savoir.....

— Mais, qu'avez-vous ? demanda le peintre, vous pâlissez.

— Ce que j'ai ? le sais-je ? une idée folle. Parlez, mais parlez donc. Comment, pourquoi avez-vous peint cela? Quel souvenir ! quelle nuit ! Je vous écoute, je tremble, je sens mon cœur se fendre dans ma poitrine ! Au nom de notre amitié, parlez !

Vernac saisit la main de Maximilien et la trouva glacée.

Il devina qu'un grand secret se cachait sous son angoisse, et il commença :

— C'est fort simple. Il y a dix-huit ans environ, je poursuivais une tournée artistique ; c'était en été, je voyageais le sac au dos, en blouse d'atelier, étudiant, dessinant, travaillant, cherchant sans fin à surprendre les secrets de la nature. Où je me sentais attiré, retenu, je restais.

Le village des Bruyants, un coin perdu de la Bretagne, avait des côtes pittoresques ; il se trouvait sur la pente des collines, des châtaigniers si beaux et si vieux, les types de ses habitants me parurent si purs et la vie s'y écoulait si facile que je m'installai dans une ferme, mangeant de la galette, buvant du cidre ou du lait, humant l'air balsamique et remplissant mes albums.

Le curé des Bruyants, le digne abbé Lormel, me prit en gré ; c'était un sage et indulgent vieillard ; je le comblai de joie en peignant pour lui une madone. J'allais cependant replier ma tente, et je me dirigeais vers le presbytère afin de dire adieu à mon vénérable ami, quand je fus soudainement frappé par un douloureux et saisissant spectacle.

A l'aube, une carriole s'était arrêtée devant la porte de la maison curiale ; le cheval s'était abattu de fatigue dans les brancards, et lorsqu'on accourut au bruit de sa chute et à son hennissement de douleur, on trouva dans la charrette, étendue sur la paille, morte et presque froide déjà, une jeune femme, une belle jeune femme, et un petit enfant, à qui elle venait de donner la vie.

— Une jeune femme ! un petit enfant ! dit Maximilien Audoin, comme dans un rêve.

— On s'occupa de l'orpheline, reprit le peintre, et en attendant qu'on l'ensevelit, on coucha la morte sur des javelles. Oh ! tenez, cette esquisse est si fidèle que les larmes me montent aux yeux. Voilà bien le visage pâle, les grands yeux bleus, que le doigt de la mort n'avait pas fermés, les petites mains jointes pour une prière suprême, et les longs cheveux noirs formant un voile funèbre à la jeune trépassée....

— Après ! après ! dit fiévreusement Maximilien.

— C'est tout ! Dans la journée, on enterra l'étrangère, avec une pompe villageoise, mêlée de respect et d'attendrissement. La petite créature, qui était née durant cette nuit de trépas et d'orage, fut portée à l'église ; je serrai la main à l'abbé Lormel et je partis...

— Ainsi, cette femme avait eu un petit enfant ! Mon Dieu ! Mon Dieu ! quelle lumière se fait soudainement en moi au milieu de ces ténèbres !

— Qu'avez-vous ? demanda Gabriel Vernac à Maximilien ; de grâce, qu'avez-vous ? quel souvenir réveille ce tableau ?

Le jeune avocat frissonna de tout son corps.

— Ce que j'ai ? dit-il. Cette charrette, je crois la reconnaître, et cette femme aux cheveux noirs, que vous avez vue morte, il me semble que c'est ma mère !.....

Mon père, affolé de terreur, me prit et m'emporta. (*Voir page* 339.)

CHAPIRE V

SOUVENIRS LOINTAINS

En entendant Maximilien Audouin pousser ce cri : « Il me semble que cette morte est ma mère ! » Gabriel Vernac se sentit profondément ému ; la sympathie qu'il éprouvait pour le jeune avocat devint une amitié soudaine, et il lui peignit en termes si vrais et si chaleureux ce qui se passait dans son âme, que Maximilien lui dit en pressant ses mains tendues :

— Vous souhaitez connaître mon passé, et savoir ce que fut ma jeunesse, je vais vous l'apprendre. Il me faut pour cela fouiller au plus profond de mes souvenirs, les souvenirs d'un enfant. Où suis-je né ? A Paris, sans aucun doute, car, lorsque j'y revins, à l'âge de vingt ans, il me parut que je rentrais dans mon véritable pays. L'aspect des monuments m'était familier ; le nom des rues de certains quartiers rappelait des sons à mon oreille ; il me semblait reconnaître des maisons. Oui, j'ai vu Paris enfant, j'ai prié dans ses églises, joué dans ses jardins, et, bien que les vagues de la vie aient passé sur moi, me roulant comme un naufragé, je suis très sûr d'y avoir vécu. Il me semble voir encore les deux êtres qui veillaient sur mon berceau : — Mon père, un homme grand, robuste, à figure virile et douce. Quand il commandait, il avait la voix forte sans rudesse, et lorsqu'il me parlait, elle se faisait caressante et douce. Nous devions être riches... Dans les visions presque effacées de mes premiers songes, je vois les dentelles de mon berceau, le luxe des tapis, des meubles de soie. Les domestiques passent, muets, silencieux. Je vois ma mère retirée dans un petit salon meublé avec luxe et plein d'arbustes rares.

Ma mère ! vous l'avez vue, Gabriel, et aujourd'hui, je retrouve dans le croquis me la montrant vêtue d'une pauvre robe, ses longs cheveux traînant sur la paille d'une cour de presbytère de campagne, cette beauté qui me charmait quand j'étais tout petit, et que je comparais son visage à celui de mes plus belles gravures. Mais ce que vous ne pouvez comprendre, ce que je définirais mal, c'est la grâce de son allure, la mélodie de sa voix, restée dans l'oreille de mon âme, c'est la joie enfantine avec laquelle elle me soulevait dans ses

Je vois ma mère retirée dans un petit salon meublé avec luxe. (*Voir page* 338.)

bras, en m'appelant son trésor, son amour! en inventant, pour me les donner, ces noms charmants qui forment le vocabulaire d'une mère. J'étais un enfant rieur, heureux et riche. Un soir, je m'endormis sous des rideaux de soie, et brusquement, au milieu de la nuit, mon père, affolé de terreur, me prit dans ses bras et m'emporta. J'eus la sensation que je traversais une fournaise. Je vis des flammes, des étincelles, un brasier... puis ma mère me serra sur son sein en répétant :

« — Il est sauvé ! Dieu soit béni !
« — Oui, Dieu soit béni, Anita, répondit mon père. »
Ce nom d'Anita est resté dans ma mémoire. Je le trouvais doux, heureux et charmant ! Aujourd'hui, je le répète, comme si, en le prononçant, je pouvais évoquer, ressusciter celle qui pouvait alors y répondre.

A partir de la nuit d'incendie, une lacune se fait dans mes souvenirs. Je ne sais ce qui arriva, un grand malheur, sans doute. Mon père quitta la maison d'une façon brusque, mystérieuse. Ma mère pleurait, et plus que jamais me gardait contre sa poitrine. On eût dit souvent qu'ils n'avaient plus que moi pour consolation et pour espérance...

Le peintre serra la main de Maximilien.

— Pauvre ami ! dit-il.

— La dernière fois que j'ai vu mon père, reprit l'avocat, ce fut dans une pièce étroite et sombre à laquelle nous étions parvenus après avoir traversé de longs couloirs. Je me souviens que ma mère, ce jour-là, marcha longtemps, me tenant par la main, et quand je me sentis trop fatigué, elle me prit dans ses bras.

« — Où allons-nous ? disais-je.
« — Dans la grande maison, répondait-elle. »

Nous nous arrêtâmes devant des murailles hautes et sombres ; les portes avaient un aspect sinistre... l'homme qui nous ouvrit nous regarda d'un air méchant qui me fit peur... ma mère montra un papier, l'homme le prit et nous ordonna d'attendre... Je me serrai, effaré, craintif, contre ma mère :

« — Allons-nous-en ! lui dis-je.
« — Et ton père, nous venons voir ton père.
« — Vas-tu l'emmener avec nous ?
« — Je ne peux pas, me répondit-elle. »

Pourquoi ne pouvait-elle pas emmener mon père ? Que s'était-il passé ? Ne nous aimait-il plus ? Ces questions se pressaient dans mon front d'enfant, et me faisaient battre le cœur.

Le concierge reparut, et nous dit :

« — Venez. »

Nous le suivîmes. Alors je vis mon père, si c'était le voir que de sentir entre lui et nous des grilles rendant les caresses impossibles.

— Des grilles ! répéta Gabriel Vernac.

— Oui, mon ami, répondit Maximilien, et autant que j'en puis juger aujourd'hui, mon père était prisonnier.

— Ah ! malheureux ! malheureux ! s'écria Gabriel Vernac.

— Il fut malheureux, mais je savais qu'il n'était pas coupable.

J'appuie cette filiale conviction sur la tendresse que lui gardait ma mère, sur le respect avec lequel je l'entendais me parler de celui qu'elle appelait : — « le martyr ! » — Le martyr ! c'était donc une victime ! Il souffrait par la faute d'autrui ; il était la proie d'une machination terrible. Un jour, pendant une de ses visites, la dernière, hélas ! ma mère me fit mettre à genoux, et je l'entendis qui disait à mon père :

« — Bénis ton enfant ! »

Mon père éleva ses mains, et de loin, les yeux levés vers le ciel, les joues ruisselantes de larmes, il murmura :

« — Que le Seigneur soit avec toi, mon enfant ! Max, que Dieu te garde du mal, mon fils bien-aimé ! »

A son tour ma mère tendit les mains vers mon père, et tomba défaillante. Je me précipitai sur elle, la couvrant de baisers et de pleurs... Quand je cherchai du regard mon père... une grille était retombée, et nous étions seuls.

« — Au revoir ! au revoir ! cria ma mère, comme si son mari pouvait encore l'entendre. »

Au revoir ! je n'ai jamais revu mon père.

— Et votre mère ne fit rien pour s'en rapprocher ?

— Beaucoup de détails m'échappent dans cette lugubre histoire. Où allait mon père ? Pourquoi ma mère me disait-elle souvent : — « Courage, petit, nous irons le rejoindre ! » — Je ne le sais pas... souvent, j'ai peur de deviner trop juste, et la vérité m'effraie au point que j'aurais peur de la lumière. Cependant, ma mère fit un matin venir une marchande qui nous acheta en bloc le peu que nous possédions encore. Nous allâmes demeurer dans une maison délabrée, au milieu de pauvres gens, et, à deux mois de là, ma mère acheta une charrette, un vieux cheval, mit des provisions et quelques marchandises dans le véhicule, et me dit :

— Max, nous allons rejoindre ton père.

Je poussai un cri de joie.

Je ne saurais dire combien de temps dura le voyage. Je ne me sentais pas triste ; le mouvement, la nouveauté des objets me charmaient ; ma mère vendait de la toile, des mouchoirs dans les fermes. On l'accueillait bien ! elle était si douce et elle paraissait si triste ! Elle ne souriait plus, plus jamais ! ses lèvres avaient pâli et ne s'ouvraient plus que pour des baisers. Il faisait beau, les chemins étaient pleins de fleurs, les arbres étendaient leurs frais rameaux le long des chemins que nous parcourions ; à mesure qu'avançait le voyage, ma mère semblait allégée d'une partie de son chagrin, et cependant, si son cœur se dilatait un peu à l'idée de revoir mon père, sa santé paraissait chancelante .. elle souffrait. Sa marche devenait lourde, souvent elle avait des frissons de crainte. Ah ! pauvre noble femme ! quelle agonie et quelle mort !

Maximilien resta sans parler, puis il reprit en serrant avec force les doigts de l'artiste :

— Un soir, la voiture courait sur la route, ma mère se plaignait, elle si patiente ; un orage éclata, subit, furieux, terrible ! le vent, le tonnerre, les éclairs se succédaient et se confondaient ; et ma mère me serrant contre elle avec force, murmurait :

— Pourvu que j'arrive avant l'heure !

L'heure de mort, l'heure de délivrance ! le sais-je...

Elle pleurait, elle me faisait prier, elle activait la marche du vieux cheval. Mais ses forces trahirent son courage, elle appela au secours et se renversa dans la carriole en jetant un grand cri.

Que faire ? Rien sur la route, l'ouragan dans l'air ; dans la nuit je vis une lumière et je la pris pour guide... blessé, ruisselant d'eau, le visage labouré par les épines, j'arrivai dans une ferme où demeurait un vieillard. Je le suppliai de venir au secours de ma mère, et quand tous deux nous eûmes rejoint la route, la charrette avait disparu...

— Disparu !

— Sans retour ! les démarches pour retrouver les traces du véhicule et de ma mère furent inutiles, et je n'ai jamais revu celle que j'appelais ma mère, et que mon père nommait Anita.

— Mais alors, ce tableau, reprit Vernac.

— Est le complément de la catastrophe, le dernier mot de ce drame douloureux.

— Vous croyez.

— Suivez-moi bien ; je raisonne par hypothèse, mais cette hypothèse s'appuie sur la logique.

— Parlez. Max, parlez.

Tandis que je cherchais du secours, la voiture s'éloigna. Ma mère défaillante perdit sans doute la force de tenir les rênes, et au milieu d'une crise terrible, sans secours, seule, dans cette nuit épouvantable... ah ! quel mystère de douleur et d'angoisse...

— C'est horrible ! horrible !

— Dieu sait payer tous les martyres, Gabriel ; il aura récompensé le sien. La voiture, traînant à la fois le cadavre de la jeune femme et la petite fille nouvellement née, s'arrêta devant le presbytère des Bruyants, et là, par un effet de la Providence, dont j'adore les décrets, vous avez fait le tableau qui représente cette scène navrante.

— Cela semble possible en effet, dit Vernac.

Il resta un moment rêveur, puis il demanda à Maximilien :

Je ne trouvai pas de vocation plus belle que celle de l'avocat. (*Voir page* 345.)

— Je sais où dort la jeune morte, mais vous, pauvre petit, que devintes-vous ?

— Le brave homme qui m'avait pris en pitié, Corneille Aubin, me garda chez lui... c'était l'instituteur du village, il vivait modestement de ses appointements et de la culture de son jardin. Ce qu'il savait, il me l'enseigna. D'après mes vêtements, il concluait que mes parents avaient connu l'opulence, et se croyait obligé de m'élever en prévision de ce qui adviendrait plus tard si j'arrivais à les retrouver. Je n'ai pas besoin de vous dire qu'il avait fait des efforts infructueux pour retrouver la trace de ma mère. Dans ces petits pays où les chemins de fer sont inconnus, où les habitants de deux villages voisins se rencontrent à peine tous les ans, le jour de la foire ou de l'assemblée, les nouvelles ne circulent guère... peut-être aussi, Corneille Aubin, sachant que ma mère était morte, préféra-t-il me laisser au fond du cœur l'espérance vague de la retrouver un jour. Les âmes d'enfant ne sont pas de force à supporter la douleur, et si ce fut ce motif qui scella ses lèvres, je bénis encore sa mémoire pour le soin pieux avec lequel il garda flottant devant moi le cher fantôme que je ne devais plus revoir.

J'appris de Corneille Aubin ce qu'il savait ; le curé, le juge de paix firent le reste, ou plutôt, tous les deux m'enseignèrent le grand art d'apprendre. Je me formais une méthode spéciale, lisant autant dans le livre de la nature que dans les feuillets des volumes, cherchant la vérité dans l'étoile et dans la fleur, trouvant Dieu dans ses œuvres, et l'adorant dans ses mystères, grave comme un enfant précocement éprouvé, fervent comme un prosélyte, et me demandant de quel côté me pousserait ma vocation, et si toutefois j'avais une vocation.

La plupart des hommes se figurent fermement qu'ils sont appelés à faire quelque chose, tandis que l'exception seule a droit à une place à part. Ce que je voulais, ce que je devais faire, je ne me le disais point encore, mais ce qui surnageait sur l'océan de mes souvenirs était l'image d'un homme me tendant les bras à travers les grilles d'une prison.

A mesure que je grandissais, que je me rendais compte des effets et des causes, j'en concluais que mon père avait été passible de la loi, frappé, opprimé par elle. Qu'il fut innocent, cela ne faisait aucun doute dans mon esprit ; les expressions dont plus d'une fois se servit ma mère, ces mots de « martyr, » de « victime, » prononcés par elle, m'affirmaient l'innocence de mon père. Mon père était donc un innocent atteint par la justice, convaincu d'un crime, condamné comme coupable, flétri, séparé de la société. En songeant à cette condamnation, à ce martyre enduré par deux êtres qui réalisaient pour moi l'idéal de la beauté, de la grâce, du courage et de la patience, je me disais qu'il est un rôle magnifique à remplir dans la société, un rôle que beaucoup briguent, que quelques-uns remplissent d'une façon vraiment digne de la justice et de la miséricorde, de la raison et de la vérité. Qui sait! me demandais-je pendant les heures de rêveries, d'angoisse, consacrées à interroger le passé pour lui demander la solution de l'avenir, qui sait si mon père a été défendu par un de ces hommes qui font luire un divin flambeau dans les ténèbres d'une cause qui d'avance semble perdue ? Faute d'une parole éloquente, il a sans doute succombé. Sa condamnation entraîna notre ruine, le départ de ma mère, sa mort. — Et je ne trouvai pas de vocation plus belle que celle de l'avocat, et je me vouai à l'éloquence du barreau. Quand je dis : je m'y vouai, c'est-à-dire que je lus des plaidoiries, j'étudiai des questions de droit ; mon rêve était de devenir avocat, de prêter l'appui de ma parole aux pauvres gens, de sauver l'honneur et les biens d'une famille en larmes, de me faire le protecteur de la veuve et le père de l'orphelin.

— C'est bien, dit Vernac, d'une voix attendrie.

— Peut-être avais-je raison ; mais d'un autre côté, je ne pouvais me résoudre à faire part de mes souhaits ardents au brave homme qui m'avait élevé. L'ingratitude, à son égard, m'eût semblé un crime impardonnable. Il mourut en me bénissant.

« — Maximilien, me dit-il, pars pour Paris, fais ton droit, deviens savant, célèbre, je te bénis pour le courage avec lequel tu m'as caché ton secret désir. Puisse le Seigneur te récompenser un jour d'avoir permis à Corneille Aubin de mourir paisible et consolé ! »

Il expira et me légua sa petite fortune. C'est alors que je vins à Paris. Je me tins la parole que je m'étais donnée, je travaillai, j'appris vite, et dès que ma parole put être de quelque secours aux malheureux, je la leur offris. Ce que je suis, vous le voyez, un pauvre enfant perdu dans la nuit, un orphelin dont le père est peut-être mort sous l'infâme casaque d'un galérien, et dont la mère expira de douleur sur une grand' route.

— Ah ! pauvre noble cœur ! s'écria Vernac.

— J'ai beaucoup souffert, beaucoup lutté, reprit l'avocat ; il m'a fallu éteindre une imagination trop vive, combattre mes passions dans leur germe, afin de parvenir à en triompher. Je vis dans une solitude complète, austère, sauf quelques amis excellents, comme vous, des clients qui m'honorent de leur sympathie ; ma vie est plane comme une steppe, et mon cœur est fermé.

En ce moment un rayon de soleil, glissant sur le portrait de Mlle Nerval illumina cette tête douce et pensive.

Le même rayon parut empourprer la figure pâle de Maximilien. Gabriel Vernac surprit cette rougeur.

— Ah! dit-il avec émotion, ne craignez pas de me laisser deviner ce qui se passe dans votre âme. J'étais un camarade ; depuis une heure vous m'avez fait votre ami, il ne tient qu'à vous que je devienne un frère.

— Un frère!

— Ne sommes-nous pas du même âge?

— Mais si différents de situation! vous, riche, heureux, célèbre, moi...

J'appris de Corneille Aubin ce qu'il savait. (*Voir page* 344.)

— Vous, en passe de le devenir.

— Le croyez-vous véritablement? demanda Maximilien.

— J'en suis sûr... Vous avez pour arriver les plus grandes chances dont dispose un homme : la volonté et le savoir. Vous voyez un but et vous brûlez du désir de l'atteindre.

— J'ai regardé trop haut! dit Maximilien avec un soupir.

— Pourquoi?

— Mlle Nerval est si riche!

— Elle a des goûts si simples!

— Son père est ambitieux.

— Que son gendre soit un homme de talent, cela lui suffira sans doute.

— Vous parlez du père, mais cette jeune fille elle-même...

— Est une noble créature qui ne sacrifiera rien à de mesquines conventions.

— Ah ! fit Maximilien, c'est une folie !

— L'avenir seul en décidera, mon ami ; voyez quel miracle vous avez pu opérer déjà ! Enfant perdu dans une campagne, pauvre, ruiné, vous êtes arrivé à vous créer une place honorable dans le barreau. Il faut des mobiles dans la vie ; le désir d'honorer la mémoire de votre père injustement condamné vous a porté à étudier le droit ; je ne doute pas qu'une ambition légitime vous serve à conquérir une femme ayant droit à l'admiration comme au respect de tous.

— Vous êtes consolant ! dit Maximilien.

— A partir de cette heure, vous pourrez sans crainte me parler du mystère du passé que vous n'avez pu éclaircir, et de l'avenir que vous devez faire paisible, heureux, illustré.

Maximilien serra les deux mains du peintre.

Il se leva, prit de nouveau le tableau représentant l'ébauche des Bruyants, et le regarda à travers un brouillard de larmes.

— Ma mère ! ma mère ! murmura-t-il.

— A propos, demanda Gabriel Varnac, vous avez plaidé pour moi ?

— C'est possible.

— Et vous avez gagné mon procès.

— C'était mon devoir.

— Alors, j'ai complètement manqué au mien.

— Comment cela ?

— En ne m'occupant pas de la question des honoraires.

— Je vous en prie ! dit Maximilien.

— Mon cher ami, on me paie mes tableaux, on me les paie même fort cher ! je ne vois pas pourquoi vous ne vendriez pas votre parole comme je vends mes toiles.

— Soit ! je reçois des honoraires de M. Nerval, un capitaliste, mais entre amis, entre artistes.

— J'accepte, dit Gabriel Vernac, mais alors choisissez un tableau dans mon atelier.

— Un tableau !

— Je le veux, je l'exige.

— Vous me permettriez de choisir ?

— Même la *Rébecca à la fontaine*.

— Alors, dit Maximilien, le regard brillant, la voix tremblante, donnez-moi cette ébauche.

— Le drame des Bruyants ? ah ! de grand cœur, vous me permettrez seulement de prendre le temps nécessaire de faire de cette esquisse un tableau fini.

L'artiste pressa l'avocat dans ses bras.

— Dès cette heure, dit-il, cette petite toile est à vous, je la ferai porter à votre adresse.

— Mais, demanda l'avocat, vous n'avez rien su depuis...? ce prêtre dont vous avez indiqué la vénérable figure...?

— L'abbé Lormel est mort... Seul, l'enfant que vous voyez dans son costume d'acolyte, le jeune desservant du curé des Bruyants, vit encore et habite Paris. Il pouvait avoir quinze ou seize ans, alors, et vous voyez quelle tête d'archange j'eus à peindre... On m'a rappelé son nom l'autre jour...

— Il s'appelle? demanda Maximilien.

— L'abbé Bernard, et il est attaché à la paroisse Saint-Sulpice.

— Merci! merci! dit Maximilien.

Il serra une dernière fois la main de son ami.

— Vous me quittez?

— Je vais chez l'abbé Bernard, répondit Maximilien, vous m'avez dit où se trouve le tombeau de ma mère, je veux apprendre ce qu'est devenu le berceau de ma sœur.

Bestiole commença à émietter du pain aux cygnes. (*Voir page* 356.)

CHAPITRE VI

SOUS LE SOLEIL

A partir du jour où Bec-d'Oiseau s'était trouvé mêlé au drame dont Valérie et Diane de Montravers faillirent être victimes, le père Falot s'attacha à cet enfant perdu de Paris, qui gardait au fond de l'âme de bons instincts et une honnêteté relative, dont il fallait lui savoir gré en raison du milieu dans lequel il avait vécu.

Emmené par le chiffonnier dans la maison de la rue Puebla, l'enfant s'accoutuma vite à une existence régulière. Un crochet, une hotte en firent un apprenti chiffonnier. Avant de se dévouer à cet être fugace et spirituel, le père Falot voulait s'assurer qu'il accepterait avec reconnaissance une protection efficace.

Il ne fallut pas beaucoup de temps au chiffonnier pour comprendre que l'enfant, qui côtoyait depuis sa naissance le vice de si près, serait heureux d'échapper sans retour à ses suggestions. Si Bec-d'Oiseau avait, le regard troublé, l'esprit curieux, cherché à connaître le mot de bien des turpitudes, il avait reculé devant elles, comme un enfant s'effare en s'approchant d'un monstre. Les scènes du bouge du *Crapaud-qui-Chante* l'écœuraient. Il tremblait qu'un coup de filet de la police l'enlevât brusquement à sa chère liberté, car il aimait la liberté par-dessus toute chose, ce flâneur de boulevard, ce lézard ami du soleil, ce vagabond des rues suivant la musique militaire, faisant nombre avec les badauds devant les montreurs de rats savants ou les marchands de savon à détacher. Il passait des heures délicieuses, appuyé sur le parapet du pont des Saints-Pères, regardant couler la Seine, suivant du regard les évolutions des *Bateaux-Mouches*, la marche pesante des bateaux chalands, ou le sauvetage d'un chien tombé à l'eau. Il aimait Paris pour ses rues, ses trottoirs, son macadam, les cris des cochers, les lazzis des marchandes de poissons, les airs des orgues de Barbarie, les chansons braillées par des enfants, se brisant la voix en répétant le refrain à la mode.

La seule idée d'être enfermé, prisonnier, obligé de travailler en silence, lui causait un mortel effroi. Aussi, certain de gagner sa vie en partageant le labeur du père Falot, Bec-d'Oiseau ne demandait-il rien de plus.

Mais le malheureux qui cachait Austin Aurillac sous la houppelande du père Falot, ne se contentait pas d'un demi-service à rendre. Après avoir arraché l'enfant au vice, à la tourbe, il fallait lentement le faire remonter vers le bien. A cette nature vivace et primesautière il devait assigner un but. A cette intelligence vive et précoce il devenait nécessaire de fournir un aliment.

Pour arriver au résultat qu'il se proposait, le père Falot comptait beaucoup sur l'influence de Bestiole ; les conseils que le chiffonnier aurait pu donner à l'enfant lui pouvaient paraître intéressés ; il éprouvait pour Bestiole une confiance aveugle, enfantine. Cette créature chétive, contrefaite, lui semblait la plus douce, la plus héroïque enfant de la terre. Leurs âges les rapprochaient ; elle avait trop souffert pour ne pas comprendre les souhaits inavoués de Bec-d'Oiseau, et ne point mettre à son service, non pas son expérience, mais son instinct précoce, développé par la douleur latente, l'oppression paternelle, et le sentiment d'infériorité dans lequel la tenaient sa taille déviée et ses pauvres membres.

Oui, le bon conseil, le soutien moral devait venir de la fille de Camourdas.

Aussi, quand le travail du matin était fini, c'est-à-dire le triage de la moisson de la nuit, que le magasin approprié, la chambre brillante ne laissaient rien à reprendre, Falot disait souvent à Bec-d'Oiseau :

— Va dire bonjour à Bestiole.

Et quand il rentrait, l'enfant ne manquait jamais de s'extasier sur la douceur de la petite fille, son adresse de fée pour habiller les poupées, sa bonne humeur, et les paroles de consolation qu'elle gardait pour ceux qui souffraient.

Un jour, Falot dit à son protégé :

— Les enfants de Paris sont farauds par nature, et si nous allions flâner du côté de la *Maison-du-Pont-Neuf*, il me semble qu'on y trouverait, pour peu d'argent, un habillement à ta taille.

— Pour moi, un habillement, père Falot ?

— Et pourquoi pas ? Tu travailles, je puis bien te payer.

— Je travaille... si peu, et vous me nourrissez si bien !

— Si tu crois me redevoir quelque chose, tant mieux, mon enfant ! Comme tu es honnête, tu t'acquitteras. Je ne me mets pas en peine de ta solvabilité ; tu as des bras et du courage, je puis faire des avances.

— Eh bien ! vrai, père Falot, ça me fait grand plaisir ! Mes souliers bâillent comme des carpes au soleil, mon pantalon s'effiloque tous les jours et ma blouse est devenue un habit d'arlequin ! On n'est pas tant un homme quand on est mal mis.

— Sans doute, Bec-d'Oiseau. L'ordre, le soin sont des qualités qui se reflètent dans tout notre être, et la propreté a plus d'influence qu'on ne croit sur les habitudes générales de la vie.

Le chiffonnier et Bec-d'Oiseau entrèrent dans les vastes magasins du Pont-Neuf : en un quart d'heure, l'enfant fut méconnaissable. Un pantalon solide, une blouse de toile grise, une chemise de toile forte mais éblouissante de blancheur, une cravate bleue, des chaussures solides et une jolie casquette de canotier complétèrent le costume de Bec-d'Oiseau qui, se regardant dans une haute glace, ne put s'empêcher de rougir de satisfaction.

— Et maintenant, dit le père Falot, montons en voiture.
— En voiture ! nous sommes donc de noce ?
— De fête, au moins.
— Et nous allons ?
— D'abord, j'ai des provisions à faire.

Falot descendit à la porte d'un charcutier, en revint avec un saucisson flairant bon à donner appétit à qui viendrait de dîner. Une demi-bouteille de vin, des fruits, des gâteaux s'entassèrent dans un petit panier. Le chiffonnier voyant à l'étalage d'un magasin de nouveautés, un châle de laine, très simple et d'un prix modeste, l'acheta et le mit dans la voiture.

En reprenant sa place, le père Falot dit à Bec-d'Oiseau très intrigué de ces préparatifs :

— Donne au cocher l'adresse de Bestiole.
— C'est chez Bestiole que nous allons !
— Ne veux-tu pas me présenter à celle qui se donne le nom de fée Boscote ?
— Ah ! comme elle sera contente ! Si vous saviez, elle vous aime déjà !
— Moi ? Elle ne me connait pas.
— Je lui parle de vous, dit Bec-d'Oiseau avec animation, et puis, vous m'avez donné des livres pour elle !

Et le contentement honnête de l'enfant lui donna une expression que jamais le chiffonnier ne lui avait vue.

— Allons, pensa-t-il, l'âme s'éveille.

Il fallut près d'une demi-heure pour arriver dans le pauvre logis où demeurait la fille de Camourdas.

Comme il passait devant la loge de la concierge, Falot fit un mouvement de surprise, en reconnaissant un homme qui parlait vivement à la mère Foyoux. C'était bien Nerval, l'usinier, le riche Nerval, son rival d'autrefois ; malgré les dix-sept années qui s'étaient écoulées depuis que ces deux hommes s'étaient rencontrés, Aurillac n'hésita pas à le nommer. D'ailleurs, la prospérité avait gardé à Nerval un reste de jeunesse. Il se tenait droit, ses cheveux grisonnaient à peine, tandis que le chiffonnier, courbé, la tête blanche, les yeux rougis par les pleurs, le visage ravagé par la souffrance, paraissait âgé de plus de soixante-dix ans; Nerval en accusait à peine quarante-cinq.

Bien que surpris de rencontrer Nerval dans cette piètre maison, Falot monta rapidement l'escalier.

Bec-d'Oiseau frappa.

Une voix douce cria :

— Attendez !

Puis, un mouvement de chaises se produisit, le bruit d'un pas claudicant se fit entendre, et la douce et souffrante figure de Bestiole s'encadra dans l'ouverture de la porte.

— Comment, c'est toi, Bec-d'Oiseau ?

— Avoue que tu as peine à me reconnaître, cela ne me surprendra ni ne me fâchera, Bestiole, je ne me reconnais pas moi-même.

— Entre, Bec-d'Oiseau. Prenez une chaise, monsieur.

— Monsieur Falot, le père Falot, Bestiole.

La petite infirme eut un sourire de contentement.

En ce moment, une jeune femme, d'une tournure élégante et qui regardait de menus objets étalés sur la table de Bestiole, se retourna, et le chiffonnier reconnut Angélie, qu'il avait rencontrée chez Colombe.

La présence de la jeune fille expliquait jusqu'à un certain point la présence de Nerval dans la loge de la portière, et cependant le père Falot conserva un soupçon vague, une secrète inquiétude.

Angélie prit la main de la petite bossue.

— Chassez tout souci, Bestiole, lui dit-elle, d'une voix douce; je serai votre amie, plus que votre protectrice, et je trouverai le moyen de vous créer une situation qui vous assurera l'indépendance dans le travail.

Jamais la fille de Camourdas ne s'était entendu dire de si affectueuses paroles. Cette belle jeune fille, sereine comme la vertu, souriante comme la bonté, lui parut appartenir à un monde supérieur, sublime; elle, la chétive, se sentit pénétrée d'une reconnaissance attendrie et, saisissant la main de Mlle Nerval elle la porta à ses lèvres.

La jeune fille descendit, et, au moment où elle traversait le corridor, elle entendit son père demander à haute voix :

— Ainsi, cette enfant mérite tout intérêt ?

— Certes, monsieur, répondit la concierge, c'est sage, honnête pauvre et laborieux.

— Au revoir ! fit Nerval.
L'usinier aida sa fille à monter en voiture et lui dit :
— Rentre à l'hôtel, je te rejoindrai pour le déjeuner.
— Où allez-vous ?
— C'est mon secret.
— Un secret bien grave ?
— Tu le sauras, ce soir.
— Et j'en serai contente ?
— Il y a vingt baisers pour moi dans ce secret-là.
— Profit pour nous deux, alors !
— A bientôt ! dit Nerval.

Angélie agita sa main par la portière, et la voiture partit au galop.
Nerval prit la rue des Martyrs et descendit vers le boulevard Haussmann.

Pendant ce temps, Bestiole causait gentiment avec le père Falot.
— C'est pas tout ça, mes enfants! dit le chiffonnier ; il fait un superbe soleil, soleil de printemps, brise de juin ; on se sent des envies de courir à travers prés et bois, d'échapper aux vieilles maisons, de s'en aller comme les oiseaux..... Eh! pardi, envolez-vous.
— Et les ailes ? demanda Bec-d'Oiseau.
— Je vous les offre, mes enfants, sous la figure de deux chevaux de fiacre. Bec d'Oiseau m'a souvent répété que sa petite camarade avait envie de voir le jardin d'acclimatation ; c'est un jour exprès fait par le Bon Dieu. Le cocher est payé jusqu'à sept heures du soir, vous trouverez des provisions dans la voiture.
— Mais, dit Bestiole, confuse, puis-je sortir, habillée de la sorte ?
— Vos cheveux blonds sont une coiffure suffisante, dit le père Falot.
— Mais, ma robe....
— Cachez-la avec ce châle, mon enfant.

Et le chiffonnier tendit à la petite infirme le châle de laine grise acheté pour elle.
— Vous êtes donc un magicien ? demanda-t-elle.
— N'avez-vous point déjà reçu la visite d'une fée, Bestiole ?
— Je crois plutôt que Mlle Angélie est une sainte, dit gravement la fille de Camourdas.

Tandis que Bestiole drapait le châle sur sa taille contrefaite, le père Falot attirait Bec-d'Oiseau dans l'embrasure de la fenêtre.
— Voilà cent sous, mon enfant ! Quand on prend du plaisir, on n'en saurait trop prendre. On en dépense plus que tu ne crois au jardin d'acclimatation. D'abord, il faut payer les entrées, puis Bestiole aura le désir de monter dans la voiture des chèvres, et tu souhaiteras

peut-être grimper sur le dos des éléphants. Ne vous refusez aucune de ces jouissances permises pendant les heures de congé que vous avez à vous.

— Vous êtes trop bon ! dit Bec-d'Oiseau, dont la physionomie mobile reflétait encore plus d'attendrissement que de joie.

Une minute après, il ajouta :

— Que ferai-je pour vous remercier ?

— Si je te le disais, mon enfant, je t'enlèverais une partie du mérite que tu auras à le deviner. Bestiole est prête, la voiture vous attend. Adieu, et bien du plaisir !

— Adieu et merci ! père Falot, dit Bestiole de sa douce voix.

Bec-d'Oiseau sauta, sans parler, au cou du chiffonnier.

— J'en avais trop envie ! dit-il.

Le père Falot passa la main sur ses yeux.

— Ah ! les enfants ! les enfants ! murmura-t-il.

Et il ajouta, d'une voix tremblante :

— Mon petit Max ! mon pauvre petit Max !

Surmontant avec peine l'émotion qui lui étreignait le cœur, le chiffonnier descendit, suivi de Bec-d'Oiseau ; Bestiole ferma la porte et mit sa clef chez la mère Foyoux.

Les enfants prirent place dans la voiture, et tandis que le père Falot s'installait chez un marchand de vin faisant face à la maison de Camourdas, le cocher de fiacre, cinglant de la mèche de son fouet ses deux maigres chevaux, se dirigeait vers les Champs-Elysées.

Ce n'était pas l'heure du bois ; les grands équipages ne sillonnaient pas l'avenue de l'Impératrice ; les cavaliers et les amazones ne couraient pas dans les allées ; tout était calme, fraîcheur, solitude.

Les enfants, penchés de chaque côté de la voiture, aspiraient le souffle des brises, réjouissaient leurs yeux avides d'espace et de ciel bleu. Au loin des masses de verdure, toujours des arbres, de l'eau, des fleurs.

Le cocher tourna à droite, puis s'arrêta devant la grille.

Bec-d'Oiseau descendit le premier et tendit la main à Bestiole.

— Faut vous attendre, mes petits agneaux ? demanda le cocher.

— Comme de juste ! répondit Bec-d'Oiseau.

Tout fier, il jeta sa pièce de cinq francs au contrôleur ; on lui rendit sa monnaie, et il passa.

C'était bien simple, n'est-ce pas ? Deux pauvres enfants de Paris, s'en allant prendre un jour de congé, au milieu des arbres et des bêtes. Et cependant rien de tout cela n'était vulgaire. Le jeune garçon avait la figure rayonnante, il se sentait à son aise sous sa livrée d'enfant du peuple, propre et lui donnant bon air ; sa compagne, chétive créature, étiolée, brisée, paraissait si heureuse que les promeneurs s'arrêtaient pour les regarder.

— C'est le frère et la sœur, dit une vieille femme.

— Le frère et la sœur, entends-tu, Bestiole? demanda Bec-d'Oiseau.

— Ah! fit la pauvrette, tu serais humilié d'avoir une sœur comme moi.

— Une sœur comme toi! Et pourquoi, par exemple? N'es-tu pas une fille travailleuse, douce et bonne?

— Bossue et boiteuse, ajouta Bestiole avec résignation.

— C'est possible! Mais je fais plus de cas de toi, avec ta jambe un peu courte et ta taille déviée, que de toutes les fillettes de ton âge. N'ai-je pas deviné que tu es restée estropiée à la suite d'une violence de Camourdas!

— Oh! Bec-d'Oiseau!

— Tais-toi! tu mentirais pour ne pas l'accuser, et je ne veux pas que tu mentes. Jamais tu n'as menti, chère bête-à-bon-Dieu, ne commence pas! Oui, je t'estime; j'ai pour toi un peu de ce que j'éprouve pour Falot,... du respect.

— Je ne le mérite point, dit la petite fille; mais j'ai bonne volonté, et j'espère rester toute ma vie sage et vaillante.

Les deux enfants se trouvaient près de la rivière, et Bestiole poussa une exclamation de joie en voyant une escadre de cygnes voguant sur l'eau bleue.

— Que c'est beau! dit-elle, que c'est beau! Sont-ils blancs, et fiers et doux. Ils s'approchent, ils viennent vers nous.

— Achetez des pains pour les oiseaux, cria une vieille femme.

Bec-d'Oiseau en prit six, et Bestiole commença à émietter du pain aux cygnes qui plongeaient leur cou souple dans l'eau, battaient des ailes, joûtaient sur l'onde, tournaient gracieusement, et déployaient leur coquetterie de palmipèdes pour ces pauvres enfants qui, plus d'une fois, avaient envié la plume de l'oiseau et la toison de la brebis; puis, entendant de doux bêlements du côté d'une autre partie du jardin, ils allèrent de ce côté.

Autres enchantements: c'étaient des chèvres à cornes bizarres, tournées commes des vrilles ou aigües comme des flèches, des yacks éclatants de blancheur, des bisons lourds et bossus, les regardant de leur gros œil glauque, sur lequel buissonnent d'épais sourcils.

Ils virent passer les antilopes, légères comme les biches et tachetées sur les flancs; puis ils admirèrent les chameaux qui, perdant leur chaude fourrure d'hiver, en traînaient les haillons sur la croupe et les jambes, tandis qu'une peau lisse et fine apparaissait par les déchirures de leur habit de mendiant. Ils levaient leur cou de serpent, avançaient leur mufle froncé, regardant de ces yeux bleus, doux et vagues, au fond desquels semble rester quelque chose de l'immensité des déserts.

Bestiole avait vu sur des feuilles d'images enluminées, quelques-unes de ces créatures bizarres; elle les reconnaissait, les nommait. Sa joie ne connaissait point de bornes, elle caressait les chèvres, jetait du pain aux dromadaires, et s'arrêtait rêveuse, devant les échassiers mélancoliques qui, debout sur une seule patte, le bec replié sur leur jabot soyeux, semblaient méditer sur une grave question de philosophie.

Quand Bestiole vit passer les attelages d'autruches, la pauvre petite fille poussa un cri de convoitise.

— Regarde! regarde! Bec-d'Oiseau, des voitures traînées par des autruches, la girafe des oiseaux! Oh! que ce doit être amusant d'aller dans cette belle calèche!

— Monte! dit le jeune garçon.

Et ils montèrent, et ils rirent tous deux comme les autres enfants riches qui jouaient dans le jardin.

Quand ils descendirent de la voiture, ils s'assirent sur un banc ombragé par un acacia, et chacun, préoccupé par ses pensées, resta silencieux.

Bec-d'Oiseau parla le premier.

— Qui a fait tout cela, Bestiole?

— Dieu, répondit la petite fille.

— Tu crois? demanda le petit garçon.

— J'en suis sûre.

— Qui t'en donne la certitude? Tu ne vois pas Dieu.

— Mon cœur m'affirme son existence!

— Ton cœur! Et comment cela?

— Je suis une pauvre misérable enfant, dit Bestiole, plus à plaindre que la plupart de celles que je connais; ma mère est morte; mon père me délaisse, et si je mourais, je crois qu'il en éprouverait du soulagement. Si peu que je sache prier, je me souviens de ce que m'enseigna ma mère, et je le répète quand je souffre davantage. Alors, mon chagrin s'en va doucement, lentement; il me semble que j'entends battre les ailes des anges; ma solitude se peuple. Tu n'as jamais prié, toi, Bec-d'Oiseau?

— Jamais! je ne sais point de prière.

— Je t'en apprendrai une; tu la répèteras quand tu seras triste. Es-tu souvent triste?

— Non, mais je le deviens.

— Le père Falot ne te rend pas malheureux, cependant?

— Lui, la crême des hommes! Seulement, il vous a une manière de parler qui porte à réfléchir. Il raisonne sur la vie, le devoir, et sans me donner de conseils, il me laisse souvent l'esprit troublé. Je voudrais faire quelque chose d'utile et de bon, quand ce ne serait que pour lui faire plaisir, car je comprends, sans qu'il s'en fasse valoir, qu'en me retirant dans sa maison, il m'a rendu un fier service!

— Moi, dit Bestiole, j'ai mon idée pour ce qui me concerne, mais il me faudrait de l'argent, beaucoup d'argent, pour la mettre à exécution; j'attendrai.

— Et que voudrais-tu faire, Bestiole?

— Habiller des poupées, toujours! Je suis si faible, j'ai les mains si petites que je ne me crois pas bonne à autre chose; seulement, au lieu de les mettre à la mode, je voudrais vendre des poupées portant le costume de tous les pays de la terre. Comprends-tu combien ce serait curieux et joli! des Espagnoles, des femmes de Finlande, des Italiennes, des créoles, des sauvages!

— Ce serait charmant! dit Bec-d'Oiseau.

— Malheureusement, comme tu le dis, il faudrait de l'argent.

— Et toi, que voudrais-tu devenir?

— Je n'en sais rien! Depuis ce matin, maintenant que j'ai des habits propres, il me semble que le métier de chiffonnier est bien triste. Et puis, j'aurais envie de m'instruire, de lire de gros livres. Le père Falot en sait bien plus long qu'il n'en a l'air, Bestiole. J'ai trouvé sur sa table des volumes écrits dans des langues que je ne comprends pas, et qu'il lisait comme en français. Je me dis parfois que c'est un prince déguisé, qui redeviendra subitement riche. Il me parle avec une douceur... Il veut que je devienne laborieux, honnête; je veux bien, mais je voudrais aussi exercer un état qui me laissât, comme aujourd'hui, avec une blouse propre et du linge frais.

Bestiole battit des mains.

— Fais-toi typographe! dit-elle.

— Typographe! Ce serait trop d'ambition, Bestiole.

— Pourquoi cela? Mieux vaut regarder en haut que regarder en bas. Voici ce que je ferais, moi; ce soir, en remerciant le père Falot de ses bontés, je lui dirais que j'ai envie de travailller à un vrai métier, et que celui d'imprimeur me tente. Que, s'il voulait, je serais trop heureux de recevoir de lui des leçons après les heures de travail, afin d'apprendre à compter, à bien écrire. Et tu verrais que le père Falot t'approuverait.

— Petite Bestiole, tu es de bon conseil! dit Bec-d'Oiseau. Typographe! Je me vois d'ici, en blouse blanche, le bonnet de police en papier sur l'oreille, trottant dans Paris, portant les épreuves aux auteurs, aux journalistes! Je verrais les hommes célèbres! Et puis ceux qui font des drames me donneraient parfois un billet de théâtre ; tu as raison, Bestiole, ce serait un fier état.

— Oseras-tu parler au père Falot?

— Je le pense ; je suis aujourd'hui plein de courage et de joie.

— Il me semble, dit Bestiole, que cette journée nous laissera de bons souvenirs.

Tous deux se serrèrent la main et reprirent leur promenade.

Un des employés du jardin passa, une longue perche sur l'épaule ; à sa vue, les cacatoës roses, blancs, à crêtes soufre ou couleur claire, quittèrent leurs escarpolettes et volèrent sur la perche.

— Les oiseaux vont se coucher, dit Bestiole.

— Allons! fit Bec-d'Oiseau, partons aussi.

Ils reprirent le chemin conduisant à la grille ; le cocher fumait sa pipe en les attendant. Les enfants s'installèrent et la voiture roula.

Quand ils se trouvèrent rue Royale, l'église de la Madeleine frappa les yeux de la fillette ; elle appuya ses doigts effilés sur le bras de Bec-d'Oiseau.

— Veux-tu entrer ? dit-elle.

Le jeune garçon ouvrit la portière, et lui aida à descendre.

Un moment après, ils se trouvaient dans l'église.

Les grandes lueurs du jour mouraient sur les dalles, les fresques et les tableaux se perdaient dans de mystérieuses demi-teintes. Il y avait loin de cet aspect recueilli, à l'illumination merveilleuse pendant laquelle Bestiole et Bec-d'Oiseau l'avaient vue.

La jeune fille s'agenouilla péniblement et, se penchant vers Bec-d'Oiseau :

— Maintenant, dit-elle, je vais t'apprendre ma prière.

Bec-d'Oiseau se pencha vers l'enfant.

— « *Notre père qui êtes aux cieux*... Dieu, c'est notre père, Bec-d'Oiseau, il nous voit, il nous guide... *que votre nom soit sanctifié*.... Tu comprends, il ne faut ni le railler ni blasphémer... *que votre règne arrive*... Je crois que cela veut dire aimons-le, prions-le tous... *que votre volonté soit faite*... Nous sommes pauvres, il ne faut pas nous plaindre... *sur la terre et dans le ciel*... Nous aurons notre récompense... *Donnez-nous aujourd'hui notre pain quotidien, pardonnez-nous nos offenses comme nous pardonnons à ceux qui nous ont offensés*... Tu vois, il n'en faut vouloir à personne... *Délivrez-nous du mal*, de la paresse, de tous les défauts, de tous les vices, du péché, enfin ! *Ainsi-soit-il.* »

Les deux enfants quittèrent l'église et gagnèrent la voiture.

— Bestiole, dit Bec-d'Oiseau, il me semble qu'avec l'aide du bon Dieu et du père Falot, je deviendrai un fameux typographe, qu'en dis-tu?

— Moi, j'ai presque envie de pleurer, non de chagrin, mais de joie. Nous voici arrivés... Adieu, Bec-d'Oiseau, au revoir ! Va retrouver le père Falot, et dis-lui tout... tout.

— Je te le promets ! dit Bec-d'Oiseau.

Et, joyeux et le cœur léger, le jeune garçon remonta la rue Lafayette.

Puis-je vous aider, mon bourgeois? (*Voir page* 365.)

CHAPITRE VII

APPARTEMENT FRAICHEMENT DÉCORÉ
A LOUER

Lorsque M. Nerval rejoignit Angélie, à l'heure du déjeuner, il la trouva souriante.

La joie d'Angélie contrastait étrangement avec la préoccupation de Nerval.

Depuis la dernière visite de Camourdas, il n'avait plus ni sommeil ni repos.

Jusqu'à ce moment, le misérable auquel il s'était confié était resté engourdi comme un serpent que glace l'hiver; mais il relevait brusquement la tête et menaçait de ses crocs empoisonnés. L'appât qui jusqu'alors avait paru lui suffire, ne le contentait plus.

Que ferait Nerval?

Sa première pensée fut d'ajouter un second crime au premier, et de trouver un homme capable de le débarrasser du complice qui lui faisait horreur.

Mais, n'était-ce pas compliquer plutôt que simplifier la situation?

L'assassin se montrerait-il plus accommodant que l'incendiaire?

Après avoir beaucoup réfléchi, Nerval résolut d'opposer la ruse à l'audace de Camourdas.

Celui-ci possédait une pièce compromettante, il s'agissait de la lui reprendre.

La lettre de Nerval à Camourdas, lettre établissant d'une façon irréfragable la complicité de tous deux dans *l'affaire de l'incendie de la Villette*, et la perte du malheureux Aurillac, devait se trouver dans l'un des meubles du misérable logement de Camourdas.

Il s'agissait, avant tout, de s'introduire dans son domicile; et rien n'était plus facile : la bonté bien connue d'Angélie donnerait le meilleur des prétextes.

Un matin, donc, et sachant bien que Bestiole se trouverait seule au logis, M. Nerval dit à sa fille :

— On m'a signalé une grande infortune. Il s'agit d'une enfant estropiée doublement, maltraitée par son père, et vivant d'un travail insuffisant. Il te sera facile de la soulager de plus d'une façon.
— Oh ! que vous êtes bon ! s'écria Angélie.
— Tu trouves ? demanda l'usinier.
— Oui, et je vous aime de toute mon âme.

Angélie et son père montèrent en voiture, et se firent conduire à quelques pas de la maison de Camourdas.

Tandis qu'Angélie montait chez Bestiole et réchauffait le cœur de la pauvre créature, M. Nerval entrait chez la portière.

La mère Foyoux était au moins aussi bavarde que la pie sautillant dans sa loge.

En voyant paraître Nerval, dont la tenue, les façons et l'air un peu hautain trahissaient un homme riche, elle flaira une bonne affaire, et lui fit sa plus belle révérence.

— Madame, lui dit Nerval avec bonhomie, ma fille vient de monter chez une petite habilleuse de poupées, que l'on nous a recommandée ; cette enfant mérite-t-elle que l'on s'occupe de son avenir ?

— Si elle le mérite, monsieur ? c'est une martyre que cette creature-là ! Et cependant je ne l'ai jamais entendue se plaindre. Quant à son père, il n'y a pas grand chose à en dire ; c'est un rentier qui boit ses revenus. L'homme n'est pas parfait ! La Bestiole le supporte avec une douceur d'agneau. Il la laisse seule tout le jour, et rentre tard, quand il rentre, jamais gris, par exemple ; c'est chez lui qu'il boit. Il a le vin solitaire. Parfois on entend crier, briser des bouteilles, et on dit dans la maison : « Camourdas a vidé ses fioles. » Le lendemain, Bestiole est plus pâle, et voilà tout.

— De sorte que l'enfant pâtit des débauches du père.
— Je le crois bien, mon bon monsieur.
— C'est, dites-vous, une habile ouvrière, que cette Bestiole ?
— Une fée, monsieur, une vraie fée.
— Elle demeure au cinquième, sur la cour ?
— Oui, monsieur.
— C'est bien haut pour une infirme !

Nerval parut réfléchir.

— N'avez-vous pas un appartement à louer dans cette maison ?
— Un amour d'appartement, en plein midi, sain comme l'œil, fraichement réparé.
— A quel étage ?
— Au premier au-dessus de l'entresol
— On le loue ?
— Huit cents francs.

— Ecoutez, poursuivit Nerval, il me vient une idée ; seulement, promettez-moi le secret le plus absolu.

— Je le jure sur ma tête.

— Voici mon secret. Je retiens l'appartement vacant, et voici dix francs d'arrhes. Tantôt, je reviendrai. On apportera de ma part, pour le nouvel appartement de Mlle Camourdas, un mobilier complet. Ma fille s'occupera des détails de l'installation. Préparez le nouveau logis, et que tout soit fini pour ce soir ; s'il faut des ouvriers, des commissionnaires, voici cinquante francs d'avance sur les menus frais.

Mme Foyoux salua jusqu'à terre, pleine d'un respect croissant pour cet homme si riche et si charitable.

Ce fut au moment où Nerval terminait, avec la concierge, cet arrangement préliminaire, que le père Falot et Bec-d'Oiseau s'arrêtèrent devant la maison, descendirent de fiacre et gravirent les cinq étages conduisant au logement de Bestiole.

Tout en déjeûnant, Nerval raconta à sa fille ce qu'il venait de faire.

— Le mobilier est acheté, dit-il, on le portera, vers deux heures, dans le nouveau logement de ta protégée ; je me suis chargé des gros achats; voici cinq cents francs pour le linge et les menus détails. Rejoins-moi vers cinq heures ; ce soir tout sera fini, et il y aura dans Paris une pauvre enfant de plus, bénissant le nom d'Angélie.

— En l'associant au vôtre, mon père. Oh ! s'écria la jeune fille, avec un redoublement de tendresse, si le bonheur en ce monde était mesuré à la vertu, à la générosité des hommes, que vous seriez heureux ! Et cependant, mon père chéri, il y a des moments où il me semble que vous souffrez d'un mal caché ! Oh ! dites, ne pouvez-vous me confier ce qui vous manque, ce que vous souhaitez, afin que je le demande à Dieu pour vous ?

— Ma fille, répondit l'usinier, peut-être ce soir aurai-je terminé, pour mon repos et ma satisfaction, une affaire qui me tourmente et m'absorbe. Si je réussis, tu ne me verras plus ni triste ni inquiet.

Le marchand de meubles fut exact ; pour aider aux ouvriers, et activer le travail, la concierge appela un commissionnaire qui buvait chez le marchand de vin, et le père Falot, pensant qu'il y aurait bien de l'ouvrage pour deux, offrit ses services.

Le chiffonnier flairait un piège dans la conduite de Nerval. Il ne lui semblait pas très naturel que cet homme si fier descendît subitement à tous les détails de l'ingénieuse charité qui faisaient le bonheur et la vie propre d'Angélie. Tout en soulevant les meubles et en aidant à les mettre en place, il écoutait, ou surveillait.

Tandis que les travailleurs plaçaient la commode, le secrétaire, montaient les lits dans l'appartement, coquet et frais, qu'allait habiter Bestiole, Nerval avait demandé la clef de l'ancien logis, afin de voir s'il s'y trouvait quelque objet valant la peine d'être transporté dans le nouveau.

Il renfermait peu de meubles.

Sans nul doute, Camourdas n'avait jamais lu la *lettre volée* d'Edgard de Poë, et ne pouvait avoir eu recours aux mêmes moyens pour défendre la pièce à laquelle il attachait une si grande importance, contre une curiosité intéressée.

Camourdas devait l'avoir cachée comme les gens du peuple cachent leurs secrets, dans un tiroir ou dans la paillasse.

Nerval commença par tirer les compartiments d'un vieux chiffonnier. Il souleva des loques, des rognures de soie, des bouts de blonde servant à Bestiole pour l'habillement de ses poupées. Dans un tiroir de table, il trouva des paperasses informes ; mais, ni lettre, ni papier compromettant ; rien ! rien !

Nerval sentit l'angoisse l'envahir; il fouillait nerveusement, avec furie, avec rage ; jetant la paillasse hors du lit, il répandit son contenu sur le plancher couvert d'objets de toute sorte. Il essaya de lever les briques du foyer, il arracha le papier terni couvrant les murailles. Ivre de colère, le blasphème aux lèvres, il voyait subitement s'écrouler le château de cartes bâti dans sa pensée.

Lui, l'homme habile et fort, il avait trouvé un prétexte, un moyen pour pénétrer dans ce réduit : il avait jeté de l'argent à cette enfant misérable, attiré sa fille au milieu de ce repaire, prodigué l'imagination et l'argent pour arriver à être joué par Camourdas.

— Je ne trouverai rien ! rien ! répéta Nerval.

Comme il disait ces mots, en noyant dans ses cheveux ses mains crispées, une voix, demi-railleuse, lui demanda :

— Puis-je vous aider, mon bourgeois ?

Nerval tourna la tête ; dans ce moment, le moindre incident lui paraissait un danger, et chaque personnage nouveau, un ennemi.

— Qui êtes-vous ? demanda-t-il brusquement.

— Falot! le père Falot! J'ai aidé aux ouvriers à ranger les meubles, et je viens voir s'il y a des paquets à porter.

— Non ! dit Nerval, d'une voix brève.

Le chiffonnier regarda l'usinier avec attention.

— Que veut-il ? que cherche-t-il ici ? Sa bonne action dissimule un but d'intérêt privé. Je croyais que Camourdas avait la clef du mystère que je poursuis, maintenant j'en suis sûr. Mais pourquoi Nerval joue-t-il le même jeu que moi?

Le chiffonnier s'éloigna.

— J'avais raison! reprit Nerval, quand il se trouva seul, il n'y a que les morts qui ne parlent pas, et je ne veux pas que Camourdas parle.

Il quitta la chambre en désordre, regagna le nouvel appartement, dans lequel se tenait Angélie souriante et lui jetant un mot d'adieu, il sauta dans la voiture et disparut.

— Sûrement, se dit le père Falot, cet homme a la conscience troublée.

Angélie était arrivée presque en même temps qu'un commissionnaire, chargé d'une hotte de fleurs. Elle les fit ranger sur la fenêtre, dans les jardinières, donna un pli gracieux aux rideaux, sourit à la Vierge-Mère qui, sur la cheminée, occupait la place habituelle d'un miroir, puis, avec un bon regard, et d'une voix qui allait droit au cœur, Angélie, se tournant vers le père Falot, lui demanda :

— Croyez-vous que Bestiole soit contente?

— Elle le sera, mademoiselle, elle le sera. Cette triste disgraciée a soif d'amitié, de tendresse ; elle est prête à la reconnaissance, à l'amitié ; c'est un oiseau qui est tombé hors du nid et s'est broyé dans sa chute ; mais il a gardé sa voix pour chanter et son cœur pour chérir.

— Qui sait, d'ailleurs, s'il ne sera pas possible de la soulager ! J'ai grande confiance dans le médecin qui a guéri Colombe, et qui s'occupe en ce moment du malheureux ouvrier dont l'accès de folie m'a causé un si grand effroi. Je ne l'ai pas vu, ni lui ni Reine, depuis assez longtemps. Savez-vous de ses nouvelles ?

— Mademoiselle, le docteur le visite régulièrement, et il se montre fort calme ; sa fille peint toujours avec la même ardeur ; c'est une digne créature.

— Il me semble, reprit Angélie, que le maître de l'usine dans laquelle travaillait ce malheureux aurait dû lui venir en aide.

Le père Falot hésita.

Apprendre à Angélie que la dureté de son père avait été pour beaucoup dans la folie du malheureux, c'était infliger au cœur de la jeune fille une douloureuse épreuve. Une des joies d'Angélie était de vénérer le père qui se plaisait à la gâter ; Falot ne se crut pas le droit d'attenter à ce respect.

— Mademoiselle, dit-il, votre protection suffit à l'insensé et à sa fille ; ne cherchez point pour eux d'autre allégement à leur douleur que votre bonté et votre sollicitude.

— Vous avez raison, répondit-elle.

Puis, une dernière fois, embrassant cet intérieur des yeux :

— Les enfants peuvent rentrer, dit-elle, je ne regrette qu'une chose, c'est de ne point être témoin de leur joie.

Angélie descendit, et remit à Mme Foyoux la clef du nouvel appartement.

Le père Falot ne voulut pas attendre Bec-d'Oiseau, dans la crainte de rencontrer Camourdas.

Il pouvait être huit heures, quand Bestiole et son jeune compagnon s'arrêtèrent devant la maison dirigée et balayée par la veuve Foyoux. Celle-ci, debout sur le seuil de la porte, attendait avec impatience la locataire du nouvel appartement du premier. En voyant Bestiole souriante, elle sourit jusqu'aux oreilles.

— Une belle promenade! dit-elle, une belle promenade mes enfants !

— Je suis tout étourdie, répondit Bestiole; le grand air, les promenades dans les calèches traînées par les autruches, la course à dos d'éléphant, tout cela m'a grisée.

— Faut croire qu'il y a de bonnes journées dans la vie ! dit la mère Foyoux, d'une façon sentencieuse.

— Voulez-vous me donner ma clef?

— Je monterai avec vous pour vous éclairer.

— Viens-tu, Bec-d'Oiseau ? demanda Bestiole.

— Le temps de mettre ce livre sur votre table, et je redescends ; j'ai hâte de demander au père Falot comment je dois m'y prendre pour devenir typographe.

La veuve Foyoux monta la première, ouvrit la porte de l'appartement meublé par Nerval et dit à Bestiole :

— Venez voir une bonbonnière.

Bestiole entra craintive, en s'appuyant sur le bras de Bec-d'Oiseau.

— Comme c'est joli ici ! dit-elle ; vois donc les beaux meubles : et comme ces fleurs sentent bon ! la belle peinture sur la cheminée ! rien ne manque, ni les livres, ni la machine à coudre, ni les coupons d'étoffe ! Qui donc va demeurer ici, madame Foyoux ?

— Une petite ouvrière bien sage et très douce, qu'une grande dame a prise sous sa protection.

— Et que fait-elle ? demanda la petite bossue.

— Elle habille des poupées, comme vous, comme vous elle boite un peu, et fut battue plus souvent qu'à son tour... mais la fortune lui est venue !

— Tant mieux ! fit Bestiole, tant mieux pour elle ! le bonheur des autres ne me rend point envieuse... viens, Bec-d'Oiseau !

— Tenez, dit la concierge avec une brusquerie masquant son attendrissement, voici la clef des meubles, et celle de l'appartement ; tout est à vous, quoi ! et c'est mademoiselle Angélie qui a fait le coup !

— Je suis chez moi !
— Chez vous ! il y a des provisions dans les armoires, du linge dans le bahut, de l'argent dans un tiroir.
— Un miracle ! fit Bestiole, un miracle !

Bec-d'Oiseau, sans rien dire, alla s'agenouiller devant la madone de la cheminée.

Il chercha dans sa mémoire la prière qu'avait dite et commentée Bestiole ; il ne s'en souvint pas complétement, mais il répéta avec force :
— Notre Père... délivrez-nous du mal...

Ce fut tout ; mais le Seigneur s'en contenta sans nul doute. La bonne volonté s'éveillait dans ce cœur d'enfant.

Il embrassa la petite Bestiole rayonnante, cria un bonsoir amical à la mère Foyoux, et, léger comme un cabri, il courut du côté de la rue de Puebla retrouver Falot.

Pendant ce temps, la petite infirme regardait, admirait sa couchette blanche, ses jolis meubles ; le grand air l'avait ranimée, elle respirait mieux ; la présence d'Angélie venait de changer sa vie, de transformer le milieu dans lequel elle s'agitait.

Un peu de fatigue, le grand air, un bonheur jusqu'alors inconnu l'endormirent doucement, et, pour la première fois, cette douce déshéritée des biens de ce monde fit des rêves d'enfant, des rêves heureux au milieu desquels passaient des anges.

Elle reposait si profondément, qu'elle n'entendit point rentrer son père.

Camourdas, au moment où il traversait le corridor, fut arrêté par Mme Foyoux qui le mit en trois mots au courant de la surprise ménagée par M. Nerval.

Au lieu de l'expression d'une vive reconnaissance, la concierge, à son grand étonnement, saisit, sur le visage de son locataire, une raillerie mêlée de colère.

— Le vieux Mohican ! fit-il, il croit me prendre sous vent !

Et, sans expliquer cette phrase étrange à la veuve qui aurait bien voulu en savoir davantage, il monta l'escalier.

Quand il se trouva dans l'appartement, son regard le parcourut avec une satisfaction visible. S'il ne devait point de remerciement à M. Nerval pour l'apparence d'un bienfait qui, pour Camourdas, cachait plus qu'une défiance, il n'en était pas moins satisfait.

Aussi, tirant des profondeurs de sa poche une bouteille d'eau-de-vie, s'apprêta-t-il à la déguster à loisir. Il allait être seul ! il pouvait boire à son aise !

L'ivrognerie, tel était, depuis sa jeunesse, le vice dévorant de Camourdas.

Il l'avait conduit à la paresse, à l'abrutissement, au crime. Inévitablement il le conduirait à la mort.

Camourdas était enfant de Paris. Intelligent, alerte, il aurait pu faire son chemin, gagner de l'argent, parvenir comme tant d'autres, mais il aimait la flânerie, les stations au cabaret, les longues parties de cartes, la pipe, tous ces anneaux de la lourde et interminable chaîne que traîne après soi le libertin. Il savait un état, et un état lucratif : mais se rendre à l'atelier à des heures régulières, travailler pendant tout le jour, ne pouvaient convenir à ce réfractaire du travail ; Aurillac avait été obligé de le renvoyer de son atelier pour cause d'insubordination d'abord, puis, pour cette cause plus grave, que Camourdas s'efforçait d'entraîner ses camarades vers l'abîme où il roulait.

Ce fut en quittant l'usine d'Aurillac qu'il se présenta dans les ateliers de M. Nerval.

Celui-ci l'accepta après l'avoir interrogé.

Il comprit d'un seul regard l'ensemble des vices de cet homme, et le parti qu'il en pourrait tirer.

Les chefs d'ateliers se plaignirent de sa nonchalance, de son inexactitude. Le contre-maître déclara qu'il faisait cinq heures au lieu de dix et que sa besogne était mauvaise.

Signalé par les chefs d'ateliers, dénoncé par le contre-maître, Camourdas restait à la fabrique, protégé par M. Nerval lui-même qui semblait suivre les progrès du mal dans ce paresseux débauché.

Quand il crut ce fruit véreux près de se détacher de la branche, Nerval manda Camourdas dans son cabinet.

Après une série de questions amenant des réponses attendues, après avoir acquis la certitude que cet homme descendrait toutes les pentes du vice et du crime, pourvu qu'on lui fournît les moyens de satisfaire ses goûts crapuleux, M. Nerval en vint à lui parler d'Aurillac et de sa fabrique. Il le sonda, afin de surprendre un mouvement de haine dans ses réponses sur son ancien patron ; Camourdas exala sa rancune.

Il accusa Aurillac de l'avoir réduit à la misère en le chassant de son atelier. Il accusait Aurillac et répétait contre les capitalistes quelques-uns de ces raisonnements qui tendent à faire croire aux esprits faibles et malades, que les patrons sont les ennemis des ouvriers, et que l'infâme capital tue le salaire.

Nerval souffla sur ces rancunes et les attisa jusqu'à donner à Camourdas le désir de la vengeance. Ce ne fut ni long ni difficile.

Arrivé à ce but, Nerval put chercher avec Camourdas le moyen de châtier le misérable qui avait le grand et impardonnable tort de vouloir s'entourer d'honnêtes gens, et de préférer à des ouvriers débauchés, des hommes animés d'un esprit chrétien et juste qui accomplissaient leur labeur comme un devoir, au lieu de le subir comme un châtiment.

La haine de Camourdas comprenait une seule chose : attendre Austin Aurillac au coin d'une rue, l'attirer dans un piège, sous prétexte de bienfaisance et l'assommer.

Ceci ne suffisait pas à Nerval.

Que son rival mourût, nul ne le désirait plus que lui, mais il préférait à une vengeance rapide, la jouissance lentement savourée de la haine satisfaite.

Déshonorer Aurillac le tentait mieux que le faire assassiner.

Il s'y prit du reste adroitement pour faire adopter ses idées par Camourdas.

Le moyen brutal, mis en avant par celui-ci, présentait de grands dangers.

— A quoi bon, d'ailleurs, disait Nerval, pousser les choses à l'extrême ? Ce que vous haïssez, c'est le capital qui vous dévore, plus encore que celui qui le possède.

— Sans doute, répondit Camourdas.

— Vous permettriez bien à Aurillac de vivre à la condition qu'il devînt pauvre comme vous l'êtes vous-même.

— Et comment ruiner un millionnaire ?

Nerval prononça plus bas quelques mots, et Camourdas tressaillit.

Si mauvais qu'il fût, ce crime l'effrayait encore plus que l'assassinat.

Il ne s'engagea pas ; il voulut le temps de réfléchir ; pendant quinze jours, courant d'un cabaret dans l'autre, il s'excita lui-même. Nerval lui garantissait l'impunité et lui promettait une rente de douze cents francs.

Voyant que l'ouvrier négligeait l'atelier et ne se hâtait point de lui répondre, Nerval lui écrivit.

Camourdas, après avoir lu la lettre, la serra dans un méchant portefeuille de basane.

— Je puis agir, maintenant, se dit-il.

Quinze jours après, les ateliers de la Villette étaient la proie des flammes.

Une semaine plus tard, Aurillac était en prison.

Camourdas vécut de sa rente de douze cents francs, régulièrement payée à la caisse de M. Nerval. L'ouvrier simula une blessure, se fit porter comme invalide de la fabrique et mangea sa pension dans les cabarets et dans les bouges.

Une seule crainte survivait en lui : celle de parler dans l'ivresse.
Aussi le misérable qui recherchait la société des mauvais sujets, ne s'enivrait-il jamais avec eux. Il redoutait cette déesse bavarde qui se niche au fond des verres. Pour éviter de se trahir et de se perdre, il buvait chez lui, tout seul. Son crime, dont le souvenir le poursuivait, ne lui laissait pas même le grossier plaisir de boire avec ses camarades.

C'était pendant une de ces ivresses solitaires qu'il avait précipité sa fille dans les escaliers.

Ce soir-là, sa bouteille d'eau-de-vie devant lui, un verre à la main, l se réjouissait d'avance du plaisir grossier auquel il allait se livrer.

— Pas de danger ! dit-il en débouchant le noir goulot, pas de danger que l'on m'entende ici ; je peux dire des sottises si la fantaisie m'en prend.

Il se versa un grand verre d'eau-de-vie, et l'avala avec lenteur.

— Vieux Mohican ! répéta-t-il en revenant à ce qu'il pensait un quart d'heure auparavent.... si tu crois que je te sais gré d'avoir meublé l'appartement de la Bestiole.... A d'autres, mon bonhomme. Ah ! il te faut la lettre, la fameuse lettre, grâce à laquelle moi, Camourdas, l'ivrogne, l'incendiaire, je puis t'attacher avec moi au banc de la cour d'assises ! Il te la faut, à prix d'or, à prix de rouerie, n'importe comment ! C'est malin de mettre ici des meubles neufs, afin de fouiller dans les autres pour y trouver le papier, le précieux papier.

Camourdas se mit à rire et se versa de nouveau de l'eau-de-vie.

— Mais je l'ai sur moi, le papier, reprit-il, toujours sur moi ! la prudence est une bonne chose !

Il fouilla dans ses poches, et en tira des prospectus, des notes, des chiffons, et balbutia :

— Ce n'est pas cela ! où diable ai-je pu le mettre ? Est-ce que le cognac me tourne la Sorbonne.... Alors, Camourdas, cesse de boire ! Ouvre l'œil et méfie toi !

Il partit soudain d'un éclat de rire, se leva, ôta rapidement sa veste brune rapiécée, déchirée, trouée au coude, puis il s'assit et la posa sur ses genoux.

Ensuite, tirant un couteau de sa poche, il se mit à découdre la doublure, jusqu'à ce qu'il aperçut une lettre dont les plis semblaient usés.

— Le voilà ce papier, le vrai papier : — « *Camourdas agira, vers huit heures du soir, à l'usine AA... les circonstances sont des plus favorables... demain il passera à la caisse. — Paris 22 novembre 1875* Signé N., plus six points abréviatifs remplaçant les lettres... Vendre cela, la liberté, la tête d'un millionnaire, l'honneur et la joie de sa fille ! Jamais ! jamais ! c'est ma force, ma vengeance, c'est le prix de mon existence flétrie, de mes terreurs, de mes remords.... c'est ce qui me fait trembler, boire, souffrir ! mais c'est aussi ce qui torture le malheureux qui m'a fait ce que je suis !

Camourdas vida son verre.

— Cache-toi ! fit-il, maintenant !

Il fit un mouvement, tous les papiers tombèrent sur le plancher.

Saisissant la bouteille par le goulot il avala une gorgée d'eau-de-vie, remit la fiole sur la table, puis chercha à terre, trouva ses papiers, en glissa un dans la doublure de sa veste et, prenant deux épingles sur sa manche, il attacha la doublure béante, sourit du sourire hébété de l'ivresse, retomba sur le dossier de sa chaise, et s'endormit du sommeil de la brute.

Elle a su rendre populaires les chansons du village. (*Voir page* 384.)

CHAPITRE VIII

LE PELOTON DE FIL D'OR

Une sensation jusqu'alors inconnue de contentement et d'espérance éveilla Bestiole.

Elle se leva doucement, passa une robe ample qui dissimulait un peu les défectuosités de sa taille, peigna ses beaux cheveux, puis rangea l'appartement.

Quand tout fut propre autour d'elle, la diligente ouvrière s'approcha de sa table de travail et se mit à coudre. Elle acheva d'habiller une *Arlequine* au costume étincelant de soies de diverses couleurs, et ornementée de broderies d'or. Malheureusement, pendant le déménagement, les soies et les bobines de Bestiole avaient un peu souffert : elles se trouvaient en ce moment embrouillées de telle sorte que la fillette songea d'abord à les pelotonner avant de continuer les passements du costume de la poupée.

Bestiole chercha autour d'elle ce qui lui était nécessaire pour ranger ses fils de soie ; mais elle n'avait pas une feuille de papier sous la main. Elle se leva sans bruit, afin de ne pas éveiller son père, et ouvrit la porte de sa chambre.

Elle allait la traverser et gagner la salle à manger, quand elle vit Camourdas abattu par son ivresse nocturne. Sa veste était sur ses genoux, et machinalement, s'appuyant sur le bord de la table, il s'était endormi.

La jeune fille s'arrêta pétrifiée.

C'était, après sa joie naïve de la veille, son contentement du matin, la réalité sombre et morne qui reprenait ses droits. Dans l'appartement confortable, meublé pour elle avec une prévoyance affectueuse, le vice avait repris sa place.

Elle restait immobile, appuyée sur les montants de la porte de sa chambre, regardant ce misérable qui était à la fois son père et son bourreau.

Et cependant, si malheureuse qu'elle fût des vices qui l'avaient torturée, mutilée, aucun sentiment de révolte ne s'éleva dans le cœur de Bestiole. Ce ne fut pas même du mépris qu'elle trouva dans son cœur pour Camourdas, mais la pitié, une de ces pitiés tendres et puissantes qui montent au ciel parce que l'invocation s'y mêle, et que l'espoir les peut suivre.

Tandis que Bestiole, perdue dans ses pensées, demeurait droite et silencieuse, ses regards, en tombant à terre, aperçurent un papier jauni, froissé, coupé de plis ; elle s'approcha sans bruit, le releva, rentra dans sa chambre, et commença à pelotonner son fil d'or sur ce papier replié en plusieurs doubles....

Peu après, un sourd grognement de Camourdas prouva qu'il s'éveillait. Il leva sa tête branlante, alourdie, promena autour de lui des yeux glauques, détira ses membres roidis et se dressa sur ses jambes.

Ce mouvement fit tomber le vêtement qu'il avait sur les genoux.

— Tiens ! ma veste ! fit-il ; pourquoi n'est-elle pas sur mon dos ?

Il la mania curieusement, et, tout en la palpant, il sentit la résistance et le bruit d'un papier entre le drap et la doublure.

Alors il sourit avec une sorte d'hébétement joyeux.

Mais il poussa presque aussitôt un cri ; il venait de se piquer le doigt avec une épingle.

— C'est juste ! dit-il, j'ai décousu la doublure hier, pour voir... Vieux Mohican ! va ! bien fin sera celui qui jouera Camourdas.... On m'arracherait plus vite la peau que ma veste....

L'ivrogne ouvrit la porte de la chambre de Bestiole.

— Une aiguille ! dit-il, du fil, et plus vite que ça ! faut recoudre la doublure paternelle.... et proprement, et solidement !

La jeune fillette enfila une aiguille et réussit à recoudre la doublure du vêtement.

— Hein ! Bestiole la bien nommée, dit Camourdas, je gage que tu as, hier soir, prié le bon Dieu pour Nerval et sa fille ?

— Oh oui, mon père, et de grand cœur ! Songez donc quelle différence entre cet appartement situé au soleil et le logement sombre que nous habitions.

— Tout ça, on nous le devait, dit Camourdas.

— Les riches ne doivent pas, dans le sens absolu de ce mot ; on leur conseille de donner ; aucune loi ne les y oblige.

— Aucune loi ! aucune loi ! faudrait voir ! Ton père est un malin ! et s'il lui plaisait d'avoir un hôtel à la place de ce logement, peut-être, bien qu'il l'aurait tout de même.

— Vous m'effrayez, mon père.

— J'suis un malin, moi ! j'ai mis dans ma tête de devenir riche, et je deviendrai riche.... j'aurai des domestiques, des chevaux, tout, quoi....

— Voici votre veste! dit Bestiole doucement.

— Cette veste-là, c'est la poule aux œufs d'or! Ne t'échine pas à travailler; si tu le veux, tu auras une femme de chambre.

— Mon père, dit Bestiole gravement, votre père était ouvrier, ma mère blanchissait du linge ; vous-même avez travaillé dans les usines, et je suis une pauvre petite habilleuse de poupées. Je resterai ce que je suis, ne touchant jamais qu'au salaire que j'aurai gagné.

— Est-ce pour insulter ton père, ce que tu dis? demanda Camourdas.

— Dieu m'est témoin que je vous respecte et que je le prie pour vous, dit Bestiole d'une voix grave ; mais, à mon âge, on a le droit de savoir quel pain on mange. Je ne vous accuse pas ; je ne vous suspecte pas. Je me suffis à moi-même, et je vous supplie de ne pas essayer de faire ma vie plus aisée. Le Seigneur y pourvoira, s'il lui convient. O mon père ! ajouta doucement Bestiole, il me semble que nous serions bien plus heureux si vous le vouliez ! C'est bon, allez, l'atelier où l'on travaille, le salaire reçu à la fin de la semaine. Croyez-vous que je ne serais pas une bonne petite ménagère, et que je ne vous préparerais pas une cuisine meilleure et plus saine que celle qui vous est servie dans les cabarets où vous mangez. Je suis faible, c'est vrai, mais j'attrape mes quinze ans, et malgré mes infirmités, je puis suffire à tout. Si vous vouliez, nous aurions une vie facile. Je gagne déjà un peu d'argent, mon adresse est connue, et, quelque jour, je me verrai à la tête d'un établissement à mon compte. Oh ! père ! père ! ce serait si bon de travailler tous deux, de prendre nos repas ensemble. Je vous aimerais tant que vous m'aimeriez un peu.

— Tu crois donc que je ne t'aime pas ?

— Je le redoute parfois.

Camourdas marcha brusquement dans la chambre.

— Elle a raison ! pensait-il, elle a raison ! je ne l'aime pas ! qu'est-ce qu'elle connait de moi, les reproches, les coups, les jurements, les blasphèmes, et, à toute heure, ses infirmités lui rappellent mes brutalités.

Camourdas s'approcha de sa fille et l'enleva dans ses bras à la hauteur de son visage.

La pauvre créature enlaça le cou robuste de Camourdas de ses deux bras et, collant ses lèvres fraiches contre son oreille, elle ajouta de plus en plus bas:

— Si vous vouliez quitter les amis qui vous entrainent, et dont l'amitié ne peut valoir la tendresse que je vous porte, vous verriez combien vous seriez heureux. Reprenez le marteau, la lime, redevenez un ouvrier robuste et franc ami du travail, alors vous me verrez sourire, et vous serez tout étonné de respirer plus à l'aise.

Camourdas posa sa fille à terre.
— Le pli est pris, dit-il, il faut aller juqu'au bout.
— Et savez-vous où mène la route que vous suivez ?
Le front de Camourdas se couvrit d'un nuage sombre.
Tout ça, reprit-il, c'est pas des affaires d'enfant ! En voilà assez de sermons et de rangaines ! Ta mère m'en faisait dans le temps, ne me fais pas souvenir de ta mère.
— C'était une sainte ! dit doucement Bestiole.
— Une sainte ! c'est martyre que tu veux dire, car, hélas ! c'est moi qui l'ai tuée à force de coups.
Bestiole, appuyée d'une main sur la table, et comprimant de l'autre les battements de son cœur, regardait de ses grands yeux doux et bons, ce colosse abruti dont le cœur, une minute, une seule, depuis longtemps, avait battu d'un sentiment honnête.
Comme s'il regrettait de s'être abandonné à cet élan de sensibilité paternelle, l'ivrogne reprit :
— Voilà de l'argent, une poignée d'argent, et j'entends que tu le dépenses.
— Ne vous tourmentez pas de moi, ce que je gagne me suffit.
L'œil de Camourdas étincela.
— Tu repousses cet argent comme s'il était maudit, crois-tu donc qu'il soit le produit du crime ?
— Mais mon père....
— Tu me suspectes, tu m'accuses !
— Je vous aime, dit Bestiole je vous aime de toute mon âme·
Mais, en dépit de cette assurance, donnée avec un accent tremblant, Camourdas comprit que rien ne vaincrait les défiances instinctives de cette enfant dont la droiture semblait un héritage maternel, et, poussant brusquement la porte, il sortit.
Son père, à partir de ce jour, passa dehors toutes ses heures ; il ne revenait pas une fois par semaine coucher chez lui. Bestiole se trouvait seule comme une orpheline. Cependant, depuis que la mère Foyoux avait la certitude que ses peines lui serait payées par Angélie, elle montait plus souvent chez la pauvre petite. Celle-ci, d'ailleurs, ne tarda pas à avoir besoin de soins et de ménagements exceptionnels.
Un matin, Mlle Nerval lui amena son médecin. Celui-ci, après avoir examiné la jambe de Bestiole, palpé ses épaules et soigneusement étudié ce corps souffreteux, déclara qu'il pouvait s'engager à remettre la hanche et l'épaule de Bestiole, de façon à supprimer presque complètement sa claudication ; il promit, en outre, que l'usage d'un corset orthopédique ramènerait progressivement l'épine dorsale à la ligne droite.

A la pensée de redevenir une enfant marchant comme les autres, Bestiole, si naïve, si résignée qu'elle fût, ne put s'empêcher de rougir de plaisir.

Elle laissa donc serrer sa taille déviée dans un corset à lamelles de fer, elle chaussa des brodequins à hauts talons, et se résigna à subir des massages douloureux.

— Vois-tu, Bestiole, lui dit Angélie, après une visite du médecin, qui avait été pour l'enfant une véritable torture, le jour où tu seras guérie, je t'installerai dans une boutique à toi ; je la choisirai sur le boulevard ; des tapis couvriront le plancher ; tu auras de magnifiques vitrines remplies de poupées, et on verra, sur une grande enseigne, ces mots écrits en lettres d'or d'un pied de haut : *A la Poupée Cosmopolite.*

— Oh ! mademoiselle, c'est trop beau !

— Pauvre petite ! tu as souffert avec résignation et courage, accepte le soulagement qui vient à toi. Une sœur riche te tend la main, n'exprime ni faux orgueil ni crainte ; si jamais je souffre à mon tour, je viendrai te le dire.

— Vous, mademoiselle, quel chagrin pourriez-vous avoir !

— Dieu sait ce qu'il nous réserve, mon enfant ! Ceux qui ne voient que la splendeur d'un hôtel, le luxe des écuries, la richesse des parures, s'imaginent que ceux qui possèdent tout cela sont heureux.

— Mon Dieu, mademoiselle, vous si bonne, si douce, avez-vous déjà souffert ?

— J'ai souffert, mon enfant, et je souffrirai encore. Dieu veuille proportionner l'épreuve à ma faiblesse. Et puis, vois-tu, mon enfant, quand j'aurai le cœur triste, je songerai à toi, si éprouvée dans ton corps brisé, dans ton cœur méconnu, et je viendrai te prier de m'apprendre la patience !

Et, en effet, moins sans doute pour se fortifier elle-même que pour consoler Bestiole, la fille de Nerval le millionnaire vint souvent s'asseoir près de la table de travail de la petite ouvrière.

Etrange rapprochement opéré par la Providence ! les deux enfants s'aimaient, et une haine mortelle divisait les pères.

Et plus d'une fois, en jouant, Angélie tint dans ses mains un peloton de fil d'or que Nerval eût payé de la moitié de sa fortune.

Il y avait une semaine que Bestiole n'avait vu Bec-d'Oiseau, quand, un dimanche matin, celui-ci parut dans le petit appartement de la boiteuse.

Il portait une blouse de toile grise, un chapeau bien brossé, des souliers brillants de cirage, et, dans une de ses mains, il tenait un livre d'heures à tranches dorées.

— Mon Dieu ! dit Bestiole, comme te voilà beau !

C'est moi qui l'ai tuée à force de coups. (*Voir page* 317.)

— Et c'est tous les jours comme ça! répondit gaiement Bec-d'Oiseau. Je te conterai mon histoire, Bestiole, cette après-midi, si tu veux. Je suis venu de bonne heure pour te demander si tu voulais venir à la messe?

— A la messe! Bec-d'Oiseau! mais sans doute; je m'appuierai sur ton bras.

Le brodequin de fer me fait grand mal, va! Comme tu es bon pour moi, mon petit camarade.

— C'est tout simplement de la reconnaissance.
— Comment de la reconnaissance?
— Sans doute! n'est-ce pas toi qui, un jour de Noël, m'as conduit à l'église? N'est-ce pas toi qui, durant notre promenade au jardin d'acclimatation, m'as conseillé de travailler pour devenir un honnête homme?
— Sans doute, mais....
— Eh bien! je vais devenir un honnête homme, Bestiole, et tu m'y aideras.

La petite fille noua autour d'elle le châle dont le père Falot lui avait fait cadeau, posa un bonnet blanc sur ses cheveux soigneusement peignés, et, prenant le bras de Bec-d'Oiseau, elle descendit avec lui l'escalier.

Bestiole s'appuyait bien fort sur le bras de son compagnon; celui-ci semblait fier de servir d'appui à la pauvre créature, et si quelque méchant garçon de son âge avait tenté de railler la démarche incertaine de la petite fille et sa taille déformée, il eût fallu voir avec quelle vigueur Bec-d'Oiseau l'eût défendue à coups de poings.

Ils gagnèrent Notre-Dame-de-Lorette, montèrent dans la nef, le plus haut qu'ils purent, afin de bien voir les cérémonies et d'entendre les magnifiques chants de l'Eglise. Bec-d'Oiseau, peu instruit et qui épelait les choses de la foi, lisait attentivement dans son livre; Bestiole parlait tout naïvement à Dieu de ceux qu'elle aimait, de sa mère qu'elle pleurait encore, d'Angélie qui la consolait, du père Falot et de Bec-d'Oiseau qui l'enlevaient à ses misères; elle demandait pour Camourdas la résignation, et pour elle, la chère créature, elle se fût contentée du bonheur des autres!

L'office terminé, les deux enfants s'assirent dans le jardin.

— Conte-moi ce qui t'est arrivé, dit Bestiole à Bec-d'Oiseau.

— Vois-tu, répondit celui-ci, une bonne parole n'est jamais perdue, et les sages conseils germent en bonnes actions. Le souvenir de ce que tu m'avais dit me troublait si fort la cervelle, que je le racontai au père Falot. Il me laissa lui exposer mon idée, puis, m'attirant sur ses genoux, il m'embrassa bien fort, et deux grosses larmes tombèrent sur mes joues.

— Demain, me dit-il, je m'occuperai de toi.

Le lendemain, le père Falot me conduisit dans une imprimerie.

Je restai tout émerveillé du mouvement des grandes machines, de l'adresse des compositeurs à prendre les lettres dans les cases, de la rapidité des grands rouleaux à passer sur les formes. Je regardais de tous mes yeux, pendant que le père Falot causait avec le chef d'atelier.

Quand la conversation fut terminée, il me fit un signe.

— C'est arrangé, me dit-il ; tu travailleras ici à partir de demain ; remercie monsieur de vouloir bien te venir en aide ; on te laissera deux heures de liberté chaque jour, afin que tu puisses aller chez le curé t'instruire des vérités de la religion, et te disposer à faire ta première communion.

— Oh ! monsieur ! dis-je en joignant les mains, c'est vrai, je deviendrai typographe !

Mon rêve, Bestiole, mon rêve ! j'avais envie de rire et de pleurer tout à la fois. L'imprimeur m'a pincé l'oreille d'amitié, là ! et le père Falot m'a emmené. Ma foi, je n'y ai pas tenu, et quand nous avons été dans la rue, je lui ai sauté au cou et je l'ai embrassé. Alors, comme la première fois il s'est troublé.

— Vous ai-je fait de la peine, père Falot ? lui demandai-je.

— Toi, mon pauvre petit ! oh ! non ! non !

— Vous ne savez pas, ai-je repris plus bas, quand je vous vois regarder avec tant d'attendrissement des enfants qui souffrent, il me semble parfois que vous avez perdu un enfant que vous aimiez bien.

— Tu dis vrai, Bec-d'Oiseau, j'ai perdu un enfant !

Et le pauvre homme, se cachant la figure dans ses mains, répéta :

— Max ! mon petit Max !

Il s'est remis, nous sommes allés loin, bien loin nous promener, et le lendemain, au moment où j'allais partir, il m'a dit :

— Ta vie est tracée, mon enfant ! A partir de ce jour, tu vas apprendre deux choses : la religion qui montre le but de la vie ; le travail qui est la loi de l'humanité. Tu prends rang parmi les hommes ; gouverne-toi par la foi, aime ceux qui souffrent, aide aux autres, et deviens un honnête homme !

— Oh ! je profiterai de vos conseils ! je vous aimerai, ai-je dit.

— Sois plus heureux que le père Falot, mon enfant !

Une heure plus tard, j'étais à l'atelier ; un brave garçon m'apprenait le nom des caractères, et leur place dans la casse. Et je retenais vite, va ! j'ai si grande envie de devenir un ouvrier fini, de gagner beaucoup d'argent. Oh ! pas pour moi, pour ceux qui souffrent, pour les pauvres petits enfants qui manquent de père pour les guider dans la vie, pour toi, Bestiole, qui as tant souffert.

— Mais comme l'horizon s'éclaircit pour nous deux ; il me semble que c'est un bon présage !

Ils causèrent longtemps sous les grands arbres, au bruit de la fontaine tombant dans les vasques, et regardant les anges blancs qui semblaient leur sourire.

Les petits enfants blonds et roses jouaient à leurs pieds ; ils se sentaient l'âme reposée et joyeuse, et quand Bestiole reprit le chemin de sa maison, elle marchait plus allégrement, et regardait le ciel bleu avec plus de confiance.

Bec-d'Oiseau ne pouvait, en raison de ses occupations multiples, faire à l'habilleuse de poupées de fréquentes visites; mais, en revanche, le père Falot multipliait les siennes.

Depuis le jour où il avait pensé pour la première fois que son ancien ouvrier avait la clef du sinistre mystère qu'il devait pénétrer à tout prix, Aurillac avait eu un but, celui de s'introduire dans la maison de Camourdas. Jusqu'à quel point cet homme avait-il été l'agent de sa ruine, Aurillac l'ignorait, mais ce qu'il regardait comme certain, c'est que Camourdas avait aidé à sa perte.

Il s'était répété bien des fois que, sans nul doute, quelqu'un avait eu intérêt à briser sa vie ; mais, n'ayant jamais fait de mal à personne, il ne se connaissait pas d'ennemis; Aurillac avait vainement cherché le nom de celui qui s'était acharné à le ruiner dans son honneur et dans sa fortune.

Du moment où il trouva Nerval fouillant les vieux meubles de Camourdas, Aurillac comprit une partie du passé.

Un seul homme avait profité de sa perte : Nerval.

Et un lien étrange, monstrueux, les liait l'un à l'autre. Nerval devait être la tête du complot, et Camourdas le bras. D'observations en observations, et en suivant la logique précise des déductions, Aurillac en arriva à formuler cette opinion: Camourdas recevait sans nul doute de Nerval ces mystérieux revenus qu'il dépensait dans des tavernes. La seu'e précaution qu'il prit, était de s'abstenir de boire avec ses camarades dans la crainte sans doute de révéler un secret dont dépendaient sa liberté et sa fortune. Toutes ces choses rapprochées et mises en faisceau, établirent bientôt pour Aurillac des preuves morales auxquelles manquait seulement une preuve palpable, irréfutable, qui devait se trouver en possession de Camourdas. Aurillac en fut doublement sûr, le jour où, sous prétexte de faire don d'un mobilier à Bestiole, et d'améliorer sa situation, le riche capitaliste fit enlever le vieux mobilier et fut surpris par l'ancien forçat fouillant les tiroirs, sondant les murs, et cherchant, avec l'acharnement du désespoir et de la rage, cette pièce qui lui échappait.

Ainsi, ils étaient deux à la poursuite de ce papier d'un intérêt si capital : Nerval qui le redoutait ; Aurillac dont il serait le salut.

Quand le père Falot voulut pénétrer dans l'intérieur de la maison de Camourdas, ce fut dans l'espoir de saisir un renseignement, un indice. Le père, se tenant sur ses gardes, il pourrait faire parler l'enfant.

Mais bientôt l'innocence, la sincérité, la bonté de Bestiole s'emparèrent d'Aurillac;, il éprouva une sorte de honte à s'enquérir près de la fille des habitudes du père, pour arriver à convaincre celui-ci d'un crime qui le conduirait à l'échafaud.

N'était-ce pas une trahison, que de s'emparer de la confiance de la petite infirme pour plonger ensuite cette enfant dans un nouvel abîme de souffrance?

Sans doute Camourdas était un misérable, Bestiole supportait assez le poids de ses colères pour que nul n'ajoutât à son fardeau.

Et cependant, malgré lui, le chiffonnier, chaque fois qu'il se retrouvait près de l'enfant, ne pouvait s'empêcher de la questionner sur la vie bizarre et les solitaires ivresses de Camourdas.

— J'ai vu mon père si doux, disait la petite fille, et si bon ! Tenez, encore aux heures où il n'a pas cherché l'excitation dans l'absinthe ou l'eau-de-vie, il se montre complaisant et bon. Vous le savez bien, vous qui m'avez rencontrée, pour la première fois, perchée sur son épaule, regardant la parade de la famille Laurier. L'autre jour encore il semblait bien disposé, et je lui avais presque arraché la promesse de vivre à la maison, tous deux. Ce sont ses amis qui l'égarent ; mais lui, je ne l'accuse point, je n'en ai pas le droit.

— Et cependant, petite, c'est sa brutalité qui t'a faite infirme.

— Ne parlons pas de cela, père Falot ; mon père l'a bien regretté, allez! Et souvent, quand il regarde mes pauvres membres, il se reproche sa colère d'une heure. Mais bientôt je marcherai droit, je serai une jeune fille comme les autres, le médecin l'affirme.

— Et quand il est ivre, Camourdas parle, comme en rêve, n'est-ce pas?

— Il s'enivre la nuit, et la nuit je dors.

— Ne l'as-tu jamais entendu parler, dans ses ivresses, de mort, d'incendie, d'un drame épouvantable au milieu duquel passaient des femmes, des enfants? N'appelle-t-il pas au secours, ne maudit-il personne? Parle, parle, Bestiole.

— Pourquoi me demandez-vous cela? fit la petite fille, en regardant fixement le chiffonnier.

Celui-ci répondit sans lever la tête:

— Mon enfant, le vin rend fou, et les fous ne savent que déraisonner.

Aurillac n'apprenait donc rien ! rien !

Et cependant le secret était là, dans cette maison, et il ne pouvait l'arracher ni à cette enfant naïve, ni à ce buveur effréné qui redoutait assez son ivresse pour ne rendre personne témoin de ses excès.

Il y avait des jours où le père Falot désespérait de sa tâche, de l'avenir. Alors, il courait chez l'abbé Bernard, mettait son âme déchirée dans les mains de cet apôtre du bien, ou bien il montait à l'atelier de couture de Colombe, et causait avec elle de longues heures.

Près d'elle il trouvait le rafraîchissement du cœur, comme il rencontrait la lumière de l'esprit dans ses entretiens avec l'abbé Bernard. Colombe l'accueillait avec un sourire heureux, lui faisait place près d'elle, recommençait pour lui l'histoire de ses jeunes années, et lui parlait du vide que lui laissait l'absence d'Epine-Vinette.

— C'était une mauvaise tête! disait-elle, mal élevée par une mère envieuse et sans croyance; mais, au fond de l'âme, elle n'était pas méchante. Mon petit voisin l'Écureuil m'a dit l'avoir vue, il y a quelque temps, vêtue d'une splendide toilette, et chantant dans un café à la mode. On parle d'elle dans les journaux, elle est presque célèbre, et a su rendre populaires, à Paris, les chansons du village des Bruyants. Pauvre fille!

— Elle est riche, célèbre, dites-vous, et vous la plaignez?

— J'aime mieux l'ombre que le soleil, père Falot; si les affections m'attirent, le bruit et les plaisirs m'effraient. Je ne suis point un oiseau volant haut, mais une colombe nichant dans les *trous de la pierre*, comme disent les Saints-Livres. Il me semble que ma vie eût été bien simple si je l'avais pu faire moi-même. Un père qui m'eût aimée, une mère! oh! la mère que j'ai perdue, et qui semblait si belle et si douce, et puis.....

— Et puis, demanda le père Falot, ne vous êtes-vous jamais demandé si, vous trouvant orpheline et seule, vous n'auriez pas besoin d'appui, de défenseur, et si un mari...

Colombe posa un doigt sur ses lèvres:

— Silence! dit-elle, père Falot; si mon cœur parlait, je ne l'écouterais pas!

Et les heures passaient, entre le père Falot et Colombe, avec une rapidité que ni l'un ni l'autre ne s'expliquaient; mais le bonheur qu'ils éprouvaient à se trouver ensemble les rapprochait de plus en plus, lui, l'homme brisé par la douleur, l'injustice, les tortures du bagne, elle, l'enfant abandonnée, qui avait vidé la coupe de toutes les misères parisiennes.

Le dîner opéra une heureuse diversion. (*Voir page* 396.)

CHAPITRE IX

LA CONSCIENCE DE MAX

L'humeur de Nerval était complètement changée. La brusquerie était devenue rudesse, il fuyait le monde par boutades ou s'y jetait à corps perdu. Sa tendresse pour sa fille paraissait diminuer ou du moins il semblait y mettre des sourdines. On eût dit qu'il nourrissait contre Angélie une secrète rancune. En vain la charmante enfant redoublait de prévenance et de grâce, Achille Nerval la repoussait parfois, et répondait aux plus touchantes expressions de sa tendresse :
— Des mots ! des mots !

Angélie souffrait. Elle attribua d'abord à une disposition d'esprit fâcheuse, puis à des pertes d'argent, les variations de caractère de Nerval. Mais le mal empira au lieu de guérir, et la jeune fille commença à soupçonner une cause morale profondément troublante à la nouvelle conduite de son père.

Ses questions, voilées sous le respect et la douceur, ne recevant point de réponse satisfaisante, Angélie, pour sortir de cette situation pénible, anormale, résolut de demander franchement à son père en quoi elle avait mérité son mécontentement.

— Tu le sais trop, lui répondit-il ; pour toi j'ai tout sacrifié, jusqu'au bonheur rendu possible par un second mariage, et quand je t'ai placée en face d'un dévouement à accomplir, tu as reculé.

— Un dévouement ! répéta Angélie, je suis prête à tout pour vous, si vous courez un danger.

— Un danger ? qui parle de danger ? Il suffisait de me devenir utile.

— En quoi le puis-je ?

— En épousant l'homme dont j'ai fait choix pour toi.

— Je croyais que vous ne m'en parleriez plus, dit Angélie.

— Si, j'en parlerai et pour la dernière fois. Il faut que je sache si je puis compter sur le cœur de ma fille.

Angélie devint fort pâle.

Elle était assise dans un grand fauteuil, placé un peu dans l'ombre, tandis qu'Achille Nerval se trouvait en pleine lumière.

Une agitation fébrile éclatait dans ses yeux, ses lèvres tremblaient, son teint était d'une pâleur bilieuse ; il ne pouvait être mis en doute que Nerval ne fut réellement à cette heure sous le coup d'une émotion violente.

— J'ai des ennemis, dit l'usinier, des ennemis nombreux. On ne devient pas impunément une puissance financière sans exciter la jalousie. Si fort que l'on soit, on a besoin d'être soutenu, étayé... fils de mes œuvres, arrivé seul à Paris, ayant épousé une orpheline, je suis sans alliés naturels ; mes parents sont morts, et d'ailleurs l'humilité de leur situation ne me permettrait de trouver en eux aucune ressource... cependant l'homme ne saurait vivre isolé. Je compte des amis, ou plutôt des hommes qui se disent tels ! Mais je sais le peu de cas qu'il faut faire de leurs protestations de dévouement ; au premier souffle d'orage leur amitié s'envolerait comme, sous un coup de vent, la fleur des pommiers. J'avais compté sur toi pour me créer ce qui me manquait : un centre, une famille ; après avoir regardé autour de moi, pesé les chances et les avantages de l'union rêvée, je m'étais décidé pour le comte de Nointel, un homme sans grands défauts et sans vertus éclatantes, bien apparenté, et dont le frère occupe une des plus hautes charges dans la magistrature.

Nerval s'arrêta ; on eût dit que ces derniers mots lui déchiraient la gorge.

En effet, sous l'influence de la crainte que lui inspirait Camourdas, dans l'hypothèse d'une dénonciation, d'un acte de vengeance de son misérable complice, l'usinier avait songé à prendre pour gendre un homme allié à la magistrature de Paris. Ce serait pour lui un point d'appui indispensable, et si l'heure du péril sonnait, il serait sûr de trouver un homme intéressé comme lui à mettre tout en œuvre pour arrêter à son début une instruction scandaleuse.

Angélie regarda son père et lui dit doucement :

— Vous n'avez pas de procès, mon père, et d'ailleurs, les magistrats ne vendent pas leur conscience.

L'usinier saisit les mains de sa fille avec plus de violence que de terreur.

— Il faut m'obéir ! dit-il, il le faut, parce que ce mariage me convient sous tous les rapports, et que j'ai le droit de commander.

— De commander, mais non d'opprimer. Écoutez-moi bien, mon père, et, pour la dernière fois, traitons cette question du mariage qui répugne souverainement à ma délicatesse de jeune fille...... Que vous m'opposiez votre incontestable autorité si je désire former une union disproportionnée, imprudente, je le conçois ; je m'inclinerais devant l'arrêt de votre vouloir. Mais je ne songe point à m'établir ; je me trouve heureuse près de vous ; je remplis en toute liberté mes devoirs religieux, vous me permettez de me montrer libérale avec les pauvres. Je suis très jeune, j'ai en vous grande confiance, et je vous chéris de toute mon âme; quelle hâte avez-vous donc de vous séparer de moi? M. de Nointel est, dites-vous, un bon gentilhomme ! Je sais moi, qu'il est un mauvais chrétien. Quelle serait ma vie auprès d'un tel homme ? Sans cesse il raillerait ce que j'adore, et foulerait sous les pieds les objets de ma vénération ; le venin de ses paroles ne respecterait ni ma foi ni mes espérances ; je serais pour lui un objet de pitié insultante, car il me jugerait indigne de comprendre la grandeur de son athéisme et les habiletés de sa discussion ; il serait pour moi un sujet de continuelle douleur. Non ! non ! un pareil mari ne me rendrait pas heureuse. Il vous soutiendrait quand vous présenteriez votre candidature, soit ! mais serait-il digne de moi de devenir l'appoint d'un chiffre d'électeurs ? Vous opposez à mes justes répugnances des enfantillages de politique et d'ambition. Vous mettez en balance mon bonheur et la situation de M. de Nointel ! Mon âme n'est pas jugée comme ayant plus de valeur que son esprit de sport et de club ! Ah ! tenez, mon père, ne prolongeons pas une discussion pénible. S'il se fût agi pour vous du salut, de la vie, vous m'auriez trouvée prête à me sacrifier; je ne m'immolerai pas à des considérations mesquines.

— Tu te sacrifierais s'il y allait de mon honneur ?

— Tout de suite, sans hésitation.

— Eh bien ! si ma vie semble calme, Angélie, elle couve des orages. Ma fortune paraît assurée et demain elle peut crouler. Ma réputation intacte, un mot peut la détruire.

— Oh ! vous voulez m'effrayer, mon père !

— Regarde-moi ! fit Nerval.

Angélie étudia les lignes tourmentées du visage de son père, elle se souvint de tout ce qu'il concentrait d'angoisses depuis quelque temps, et demeura convaincue qu'il n'exagérait rien, en affirmant que sa situation se trouvait en péril.

— Sur votre honneur, reprit Angélie, vous me jurez ce que vous venez de dire, mon père.

— Je le jure sur la tête à toi, qui es le seul être que j'aime.

La jeune fille se leva, l'ombre d'une grande douleur passa sur son beau visage.

Pendant l'espace d'une minute, elle endura toutes les angoisses de l'immolation, mais retrouvant cette force chrétienne qui descend sur nous dès que nous faisons appel au Seigneur, appui des faibles, elle tendit à Nerval sa petite main glacée.

— Accomplissez votre salut ! dit-elle.

— Tu m'accuses d'égoïsme ! dit Nerval.
— Votre bonheur est le mien, sauvez-les.
— Ah ! tu es un ange !
— Quand dois-je me préparer à recevoir M. le comte de Nointel ?
— Demain ! dit Nerval avec effort.

Il rougissait de sa conduite et son cœur se déchirait à la pensée de la douleur de son enfant. Mais, pour lui, avoir pour gendre le frère d'un avocat général était une telle préservation qu'il accepta le sacrifice de sa fille.

— Mon père, dit Angélie, j'ai besoin de penser à ces choses nouvelles et terribles. Voulez-vous me laisser seule... il est certaines heures de la vie que la nature ne saurait supporter si la prière ne nous venait en aide.

Nerval attira vers lui Angélie et l'embrassa au front.

La jeune fille se retira dans sa chambre et, se jetant à genoux, elle offrit son sacrifice à Dieu.

Elle pleura longtemps, sans trêve, avec ces sanglots contenus des enfants qui font tant de mal à entendre. Elle ne dit son secret qu'à Dieu, mais les hommes n'auraient pu lire sur son visage les traces indélébiles d'une souffrance humaine.

Angélie n'avait-elle pas, dans le fond de son cœur, un de ces mystères qu'on ose s'avouer à peine et qui le déchirent comme les griffes d'un tigre déchirent un corps pantelant. Qu'avait-elle rêvé, cette chaste et pure enfant ? elle ne le dit pas ; elle cacha sa blessure par dignité et se résigna par respect pour l'autorité paternelle.

Mais la douleur ressentie par la jeune fille n'avait pas seulement pour cause son effroi à l'idée de devenir la femme du comte de Nointel ; quelque chose de sa vénération pour son père avait sombré pendant l'entretien qu'elle venait d'avoir avec lui.

Elle s'était accoutumée à le considérer comme un homme méritant tous les respects, toutes les tendresses, et brusquement, lui, lui-même avait détruit ce magnifique échafaudage de confiance. Toute frémissante de honte, elle cherchait pour quelle cause son père s'effrayait. Une raison grave lui rendait indispensable l'intervention occulte, protectrice de la justice. Avait-il donc forfait aux sévères lois de l'honneur ? Angélie se demandait avec angoisse si son père était victime de quelque machination odieuse ou si une faute grave jetait une ombre sur sa vie.

Qu'importait désormais ? A partir de cette heure, son devoir était tracé ; elle avait promis, elle tiendrait la parole donnée, et son plus grand effort de courage serait d'entourer du même respect le père qui l'obligeait au sacrifice.

Tandis que la jeune fille, défiante de ses propres forces, demandait à Dieu la grâce nécessaire pour rester à la hauteur d'un devoir rigoureux, M. Nerval, douloureusement ébranlé par l'entretien qu'il venait d'avoir, était rentré dans son cabinet. Si son esprit était plus calme, son cœur saignait. Il venait de briser l'avenir de bonheur d'Angélie, en prévision de l'exécution de la menace de Camourdas.

Assis dans son fauteuil, les deux coudes appuyés sur son bureau, le front enseveli dans ses mains, il repassait toute sa vie, et se reportait à l'heure où, poussé par l'ennui que lui causait la rivalité manufacturière d'Austin Aurillac, il avait chargé Camourdas de ruiner à jamais sa fortune.

Qu'était devenu cet infortuné ? Etait-il mort au bagne ? Et sa femme, et son enfant, dans quel abîme de misère ils avaient dû descendre ! Cette femme, jeune et belle, accoutumée au luxe, n'avait-elle point succombé aux privations, à l'excès de la souffrance ? Après dix-huit ans, pouvait-il calculer les suites de son crime ?

Il l'avait souvent entendu dire : pour être tardive, la justice de Dieu n'en est pas moins sûre. L'heure venait-elle de sonner où cette justice allait accomplir son œuvre de réparation pour la mémoire de l'un, de châtiment pour la conduite de l'autre ?

Un frisson parcourait les membres du misérable. Ce n'était point assez qu'il eût sacrifié Aurillac, Anita, le petit Max, à sa haine ; il entraînait sa fille elle-même à la suite de ces premières victimes...

Le bruit que fit la porte en s'ouvrant arracha Nerval à sa rêverie douloureuse.

— Monsieur peut-il recevoir son avocat ? demanda le valet de chambre.

— Monsieur Audoin ?

— Il attend dans le petit salon.

— Faites entrer ! faites entrer ! dit vivement Nerval.

La présence d'un indifférent eût semblé un soulagement à l'usinier, celle de Maximilien lui parut une guérison à son mal. Ce jeune homme portait en lui le calme, la bonté ; il possédait une force intime de consolation, d'apaisement. Ce qu'il disait était marqué au coin de la droiture. Ne serait-il pas possible d'ailleurs à Nerval d'amener la conversation sur des questions de droit qui lui permissent de s'éclairer sur ce qu'il pouvait pour se défendre. Puis, sans nul doute, il venait de lire le dossier de l'affaire dont se préoccupait Nerval, et lui apportait une solution rassurante. Tout concourait à rendre l'usinier heureux de recevoir la visite de son avocat. Il se leva donc vivement, espérant chasser, par l'effort de sa volonté, le sombre nuage resté sur son front, puis il dit à maître Audoin d'une voix nerveuse mais sonore :

Se jetant à genoux, elle offrit son sacrifice à Dieu. (*Voir page* 389.)

— Eh bien ! mon jeune maître, vous avez lu les pièces ?
— Oui, monsieur, répondit Maximilien.
— Qu'en pensez-vous ?

Le jeune homme tira de sa serviette de peau de chagrin le volumineux dossier, et le posa sur le bureau du millionnaire.

— Monsieur, dit Maximilien avec réserve, mais conviction, après avoir pris connaissance des diverses pièces que vous avez bien voulu me confier, je vous les rapporte.

— Vous les rapportez ?

— Je ne saurai plaider cette cause.
— Pour quel motif ?
— Je donne raison à votre adversaire.
— Qu'est-ce que cela me fait ! s'écria l'usinier, pourvu que vous persuadiez aux juges qu'il a tort.

— Je croyais vous avoir fait ma profession de foi, monsieur, et vous avoir convaincu que jamais ma parole ne sera mise au service d'une cause douteuse. Que vous me blâmiez ou m'approuviez, ceci importe peu ! Il s'agit d'autre chose dans la vie que de faire fortune en dépit de l'avis de la plupart des hommes de mon temps ! Vous allez railler bien fort, monsieur, le rigorisme de ma conscience. Elle est faite ainsi et, plaise à Dieu, elle restera de même.

— Soit ! Mais vous vous condamnez à la stérilité, à la pauvreté !

— La stérilité, monsieur ! N'est-il donc plus de nobles et justes causes ? La pauvreté ! qu'importe ! les millionnaires sont-ils plus heureux que le jeune homme qui s'endort avec le sentiment d'avoir rempli son devoir, et qui s'éveille en se promettant de le remplir encore. Oh ! je le sais, les habiles ne procéderaient pas de cette manière ; ils plaideraient pour le client riche, l'influent M. Nerval, et gagneraient leur procès peut-être. Moi, monsieur, je me croirais déshonoré si je m'abaissais à ces raisonnements. Quand vous m'offrirez une cause honorable à défendre, comptez sur moi ; mais aujourd'hui c'est impossible.

— Fort bien, monsieur l'honnête homme ! dit Nerval avec plus d'ironie que de colère ; ces juvéniles audaces ne messient point aux nouveaux venus, mais l'ambition viendra, et alors...

— Qui vous a dit que je ne fusse pas ambitieux, monsieur ?

— Votre conduite.

— Elle vous induirait en erreur. Je suis forcené d'ambition. Tel que vous me voyez, vivant dans une gêne étroite, et me donnant le uxe de choisir les causes que je défends, je veux attacher mon nom là une cause célèbre, faire de la réparation d'une grave erreur judiciaire la base de ma réputation ; enfin, partir de haut, pour aller loin.

— Vraiment ! fit Nerval. Et peut-on savoir quel fait est l'objet de vos recherches et quelle grave affaire apprendra tout d'abord votre nom au public ?

— Je puis le dire maintenant, monsieur, car mes études s'avancent et j'ai déjà réuni assez de documents pour attendre de la Providence qu'elle mette les autres dans mes mains .... Vous habitiez Paris en 1857, n'est-ce pas ?

— Oui, répondit l'usinier, qui, sans savoir pourquoi, sentit l'inquiétude lui gagner le cœur.

— Vous souvenez-vous d'un procès en Cour d'assises, dit : *l'Incendiaire de la Villette ?*

Nerval regarda fixement l'avocat, se demandant avec angoisse si cette question était motivée par un soupçon ou si le hasard seul la dictait.

— Je m'en souviens, répondit-il avec effort.

— Austin Aurillac, qui fut accusé d'avoir mis le feu à son usine pour bénéficier des avantages des primes d'assurance, se vit condamner aux travaux forcés à perpétuité.

— En effet, il fut condamné. Mais la vente de son matériel.....

— Quelques faits paraissaient l'accuser, j'en conviens, et cependant Austin Aurillac était innocent, j'en suis sûr !

— Sûr ! vous osez dire que vous en êtes sûr, quand la justice a prononcé ?

— La justice des hommes. C'est à celle de Dieu que j'en appelle.

— Et vous avez des preuves ?

— Des commencements de preuves, du moins. Et quant à celles qui me manquent encore, je suis certain de les trouver.

— Et que ferez-vous alors ? demanda Nerval avec un frisson.

— Deux choses : Je prouverai l'innocence d'Aurillac, je lui ferai restituer sa réputation ternie, sa fortune volée, et je traînerai devant les tribunaux le vrai coupable, le misérable assez lâche pour avoir préparé le piège où vint se perdre Austin, et qui laissa consommer sa perte. Voilà toute mon ambition, monsieur : réhabiliter un honnête homme, perdre un lâche et un meurtrier. La poursuite de cette enquête mystérieuse est mon œuvre, elle me prend souvent mes jours et mes nuits ; je n'omets pas un indice, partout et toujours je surveille, j'épie ; la préoccupation de ce procès ne saurait m'abandonner. Je suis ici, près de vous, et je la garde, elle me presse, me domine et me possède. Aussi, croyez-le, quand un homme doué d'une énergie semblable à la mienne s'est marqué un but, il l'atteint toujours !

Achille Nerval frissonna.

Maximilien parlait avec une chaleur communicative, ses regards brillaient, son cœur battait plus fort, et Nerval comprit que le jeune avocat disait vrai, en affirmant qu'il parviendrait à retrouver le véritable auteur de l'incendie de la Villette, et à faire rendre justice à Aurillac innocent.

Le danger venait donc pour lui de deux côtés à la fois.

Camourdas, en haine de son complice, ou comme il le disait, pour se débarrasser de ses remords, menaçait de révéler la part de complicité de l'usinier.

Maximilien, conduit par la Providence sur les traces des coupables, s'apprêtait à les stigmatiser devant tous.

De ces deux hommes, l'avocat parut encore le plus dangereux à Nerval.

Il était facile de temporiser avec Camourdas ; au besoin on pourrait s'en défaire.

Mais l'incorruptibilité de Maximilien ne laissait aucune prise; toute tentative de séduction glisserait sur cette conscience dure comme un bloc de cristal natif, et comme lui impossible à entamer.

Il s'agissait désormais d'avoir Maximilien pour lui ; il fallait le vaincre par ses propres armes. Si fort qu'il fût, cet ardent jeune homme avait bien un défaut à sa cuirasse.

Tout moyen est bon pour le méchant ; quand il ne peut attaquer un homme par ses vices, il s'en prend à ses vertus.

La résolution de Nerval ne se fit pas attendre.

Après avoir écouté les dernières paroles convaincues de l'avocat, d'un air calme, impassible, il se leva vivement et, la main tendue, s'approcha de lui :

— Touchez-la ! vous êtes un noble cœur !

— Mais, monsieur.....

— Tenez, pardonnez-moi ! ce que j'ai fait est indigne de mon caractère et du vôtre.

— Je ne comprends pas.

— Vous ne comprenez pas que depuis une heure je vous soumets à une épreuve.

— Une épreuve ! Que voulez-vous dire ?

— Je ne le regrette point absolument, puisqu'elle me permet de vous apprécier davantage.

— Mais, ce procès ?

— Ah ! je l'eusse intenté si vous me l'eussiez conseillé.

— Et maintenant ?

— J'y renonce. Oui, vous avez un grand cœur ! une noble intelligence ! Et vous accomplirez une œuvre doublement méritoire en poursuivant la recherche des incendiaires de la Villette et en faisant rendre le prestige de sa réputation à Austin Aurillac. S'il vous faut de l'argent pour continuer votre entreprise, je suis riche, très-riche.

— Vous me comblez, monsieur.

— Je vous rends justice. Et ne craignez point d'abuser de moi ; mon temps et ma bourse vous appartiennent. Quelle joie de trouver dans la foule abrutie qui adore le veau d'or partout où il peut, un être assez fort, assez fier pour dédaigner l'argent mal gagné ou facilement reçu. On envie souvent les millionnaires. On devrait les plaindre. A mesure que nous devenons riches, nous perdons la foi et la confiance.. Sous l'apparence de l'amitié, nous tremblons de découvrir la spéculation. La vue d'un visage attristé nous effraie : nous devinons tout de suite un solliciteur. On nous exploite, on nous trompe. Les faiseurs d'affaires essaient de nous entraîner dans le cercle véreux de leurs opérations ; chacun nous courtise et personne ne nous aime. Nous nous créons un ennemi nouveau à mesure que nous refusons un service. Et si nous rendions tous ceux qui nous sont demandés, nous verrions fondre la ruine sur nous avant huit jours. Comprenez-vous ma joie en apercevant qu'il est un homme en qui je puis avoir confiance, dont la droiture ne me permettra pas d'hésiter sur le conseil qu'il me donne. A partir de cette heure, vous serez, si vous le voulez, l'âme même d'une partie de mes affaires. Je ferai de vous plus que mon avocat, mon conseil, mon ami.

— Ah ! monsieur ! s'écria Maximilien, que vous êtes bon de me parler de la sorte !

— Je vous parle comme je pense, franchement ; et parfois même vous me trouvez brutal. Mais enfin, je ne suis pas un méchant homme et si vous voulez sceller un pacte d'alliance, prenez ma main.

— Voici la mienne ! ajouta Maximilien.

— Et, maintenant, c'est convenu, je vous initierai à mes affaires, vous me tiendrez au courant de ce qui vous intéresse. Et, ma foi, vous imiterez Angélie, qui ne se gêne pas, je vous le jure, pour puiser dans la caisse du millionnaire, quand il s'agit d'une misère à soulager.

— Mais, je crois rêver ! dit Maximilien ; vous me parlez avec une bonté !....

— Je pourrais être votre père, répliqua Nerval, d'un air attendri.

— Mon père ! répéta le jeune homme, dont une rougeur subite couvrit le front.

— Eh ! mon Dieu oui ! Je ne suis plus jeune, et rien n'empêcherait qu'Angélie n'ait un frère aîné. Je ne le voudrais ni plus convaincu, ni plus sage, ni plus éloquent.

— Il y a de bonnes heures dans la vie ! s'écria Maximilien.

— Et plusieurs bonnes heures équivalent à une agréable journée, n'est-ce pas ? Finissez celle-ci auprès de moi. L'heure du dîner approche, je vais commander que l'on mette votre couvert.

— Vous me comblez, monsieur.

— C'est une acceptation ?

— Sans doute !

L'usinier frappa sur un timbre et le valet de chambre parut.

— Mettez un couvert en plus, et prévenez Mlle Nerval que M. Maxilien Audoin nous fait l'honneur de dîner avec nous.

Quand le domestique s'acquitta de sa commission près d'Angélie, celle-ci avait à peine essuyé ses yeux. Des traces de larmes brillaient sur son beau visage, et ses prunelles nageaient dans un fluide nacré, brillant, noyé.

Sa première pensée fut de se faire excuser près de son père.

— Je n'irai pas, dit-elle, tout bas ; non je n'irai pas ! A quoi bon me soumettre à cette inutile torture. J'ai promis d'épouser M. de Nointel, il est de mon devoir de fuir celui qui, sans le deviner, m'avait inspiré une sympathie si vive. Ah ! si le comte de Nointel avait la foi, la vaillance de ce noble et pauvre avocat, dont se raille sans doute mon père, avec quelle joie j'aurais mis ma main dans la sienne pour lui confier la direction de ma vie !

Angélie s'arrêta un moment.

— Ai-je donc peur de moi ? Ne saurais-je briser de mes mains nerveuses les pauvres fleurs de mes espérances qui n'ont pas eu le temps de s'épanouir. Allons, Angélie, courage ! regarde bien en face le compagnon que tu ne peux choisir. Si jamais tu éprouves le besoin d'un bon conseil, c'est à cette âme droite et pure que tu pourras encore le demander.

La jeune fille trouva que la robe blanche qu'elle portait lui donnait l'air trop habillé ; elle mit une toilette très simple, retoucha sa coiffure dérangée par les brusques mouvements de ses mains dans ses bandeaux, puis, après avoir mentalement demandé de la force à Celui qui soutient les faibles, elle descendit.

En voyant paraître Mlle Nerval, l'avocat ne put se défendre de laisser échapper un mouvement de joie.

Nerval le surprit, et son front s'éclaira subitement.

— Eh ! mais, pensa-t-il, de ce côté, du moins, ce sera facile.

Une sorte de contrainte régnait entre les deux jeunes gens ; Angélie redoutait de s'abandonner au charme de la causerie de Maximilien ; celui-ci se demandait s'il ne déplaisait pas à la jeune fille.

Le dîner opéra une heureuse diversion. Nerval chercha tous les moyens de faire briller, en présence d'Angélie, les talents et les qualités du jeune homme, et Mlle Nerval, reportant son souvenir sur le mariage qui venait de lui être imposé, s'efforçait de contenir au fond de son cœur l'amertume de ses regrets.

On se sépara de bonne heure.

— A bientôt ! dit Nerval au jeune avocat.

— Je deviendrai importun ! répondit Maximilien.

— Alors, tant mieux pour nous ! ajouta Achille Nerval en serrant la main de son nouvel ami.

Elle leva un regard reconnaissant vers le jeune homme. (*Voir page* 400.)

CHAPITRE X

DIPLOMATIE DE NERVAL

L'étonnement d'Angélie fut grand en voyant passer plusieurs jours sans que son père lui rappelât, même vaguement, l'existence du comte de Nointel. La jeune fille, semblable aux condamnés, se disait qu'on lui accordait un sursis; mais elle n'en restait pas moins sous le coup d'une écrasante menace. Elle savait sa vie à jamais brisée, et remerciait le ciel d'avoir au moins, dans la solitude, le temps de s'accoutumer à son malheur. Jamais elle n'avait prié davantage pour obtenir la force dont elle avait besoin, et demander à Dieu qu'il sauvât son père du danger dont il lui révélait l'existence sans en préciser la nature.

Parfois, trouvant Achille Nerval doux et bon, généreux, attentif à tout ce qui pouvait lui plaire, Angélie se demanda si son père n'avait pas seulement voulu apprécier l'étendue de son dévouement et de son obéissance.

Ce qui semblait justifier cette pensée, c'était la présence presque inexpliquée de Maximilien Audoin dans l'hôtel du riche usinier. Jamais Nerval n'eût si fréquemment besoin des conseils d'un avocat; jamais non plus le jeune légiste ne trouva autour de lui une sympathie si chaudement exprimée.

Si tout d'abord il s'était presque senti froissé d'avoir été soumis à l'épreuve dont son honnêteté l'avait fait sortir victorieux, il finissait par comprendre que l'opulence, en entourant Nerval d'amis prétendus, qui mangent les miettes de sa fortune, et d'escompteurs de sa complaisance, l'avait rendu méfiant sur la sincérité des affections qui lui étaient spontanément offertes.

Mais en se rendant aux invitations de l'usinier, Maximilien cédait, sans s'en rendre compte, à un attrait bien autrement puissant que la sympathie manifeste du millionnaire.

Si Angélie eût été une de ces petites Parisiennes plus semblables à des poupées qu'à des femmes, et dont Mme Montravers était un spécimen complet, Maximilien aurait pu la voir chaque jour sans éprouver pour elle même un sentiment d'amitié banal. Mais il connaissait la piété d'Angélie, il l'avait trouvée dans les greniers des malheureux ; elle lui apparaissait comme une forme visible de la charité, figure céleste destinée à consoler de la présence de la misère.

Chaque fois que Maximilien l'avait écoutée parler, il avait été surpris de sa droite et précoce raison. Elle évitait cependant de se montrer rigoriste, et la force de son esprit n'en dénaturait pas l'indulgence.

Elle restait vraie au milieu de toutes les faussetés, de toutes les commotions ; elle portait un véritable rayonnement de consolation et de douceur. Sous sa frêle enveloppe, on devinait une âme robuste, prête au sacrifice, dès que celui-ci serait exigé par le devoir.

Mais en même temps, on demeurait convaincu, sitôt que l'on avait causé avec elle, que jamais ces violents sentiments que l'on essaie de grandir en les appelant des passions, ne parviendraient à troubler cette âme pure, à accélérer les battements de ce cœur honnête.

Non pas qu'Angélie fut froide ; elle possédait au contraire toutes les qualités d'abandon, de confiance, de spontanéité qui joignent le charme à l'admiration qu'elles inspirent. Mais semblable à un diamant dont rien ne parvient à rayer et ternir la blancheur souveraine, l'âme d'Angélie ne pouvait rien refléter de mauvais ni recevoir une dangereuse empreinte.

Elle pouvait aimer profondément, Dieu le permet à tous ; mais pour inspirer à cette jeune fille un sentiment profond et sincère, il fallait avant tout être de sa croyance, appartenir à cette race de chrétiens qui sacrifient tout à la foi, et ne font litière que de leurs joies personnelles.

Si le rapprochement de deux êtres semblables à Maximilien et Angélie était sans danger, en raison même de leurs vertus, il était difficile qu'ils n'éprouvassent point l'un pour l'autre une sympathie inspirée par la concordance même de leurs idées.

Angélie le comprenait, le savait... Aussi, lorsque Nerval lui apprit que son mariage avec M. de Nointel était résolu, essaya-t-elle de se dispenser d'assister au dîner où elle savait rencontrer Maximilien. A quoi bon regarder le mirage quand il faut traverser le désert ? De quoi lui servait de voir la source si ses lèvres devaient se dessécher faute de s'y désaltérer.

Il fallut céder, et Angélie obéit comme elle savait obéir, simplement.

La soirée se prolongea ; l'entretien prit une tournure philosophique, dans le sens chrétien et résigné de ce mot, puisque philosophie veut dire amour de la sagesse. Quand elle remonta chez elle, Angélie fut toute surprise de se sentir moins désespérée. C'est que Maximilien, avec cette éloquence qui lui était particulière, avait entraîné l'âme de la jeune fille vers des régions plus hautes ; il avait montré, non pas le cirque où git le corps sanglant du martyr, mais le ciel s'ouvrant pour son âme glorieuse ; il avait laissé loin de lui la terre pour ouvrir les deux portes du ciel.

Aussi y avait-il une sorte de reconnaissance dans l'âme d'Angélie quand elle dit adieu au jeune avocat.

Nerval lui ayant donné rendez-vous pour le lendemain, le jeune homme déjeuna avec l'usinier et sa fille.

Il s'aperçut qu'Angélie avait pleuré.

Que pouvait-elle avoir?

Maximilien se le demanda avec angoisse.

N'osant interroger Mlle Nerval, et cherchant cependant le moyen de lui faire comprendre qu'il devinait la douloureuse situation de son esprit, l'avocat, après que l'on eût passé dans le salon pour prendre le café, trouvant dans une corbeille le volume de l'*Imitation*, chercha le chapitre du *Chemin royal de la Croix*, et y plaça le signet.

Angélie vit le mouvement de Maximilien, et quand elle prit sa place dans l'embrasure de la croisée, elle ouvrit le livre et comprit.

Alors elle leva un regard reconnaissant vers le jeune homme, et sembla lui promettre de chercher dans la foi son unique espérance.

Huit jours se passèrent ; Nerval éprouvait plus que jamais le besoin des conseils de l'avocat. Il se faisait près de lui simple et bonhomme.

— On ne me comprend pas ! disait-il, je vous assure qu'on ne me comprend pas ; beaucoup de gens s'imaginent que je suis orgueilleux de ma fortune, il n'en est rien ! J'en jouis largement, sans en tirer vanité. Il me semble que devenir riche quand on obtient le résultat après avoir franchi lentement tous les degrés du travail est un bon exemple et non pas un scandale. Il est moralisateur pour un enfant qui pénètre dans une usine pour la première fois, de se dire : « Le maître de ces bâtiments, le patron de cette armée d'ouvriers, a commencé comme nous, et, l'outil à la main, a gagné ses premiers grades. » Le soldat sait qu'il a dans son sac son bâton de maréchal de France, et l'ouvrier peut se dire sans être accusé d'excès d'ambition : « Je serai maître à mon tour. » Est-ce que les grandes fortunes du genre de la mienne sont le résultat d'héritages? On rit souvent de l'affectation de certains hommes à répéter : Je suis venu à Paris en sabots ! c'est l'unique orgueil que je comprenne, car j'ai gagné ma fortune à la sueur de mon front, et je m'en fais gloire, mais je ne m'en prévaux d'aucune sorte. J'estime l'argent comme un levier pour soulever maintes difficultés dans la vie, et non pour lui-même... et tenez, la preuve de ce que j'avance est dans ceci : je me trouve assez riche pour permettre à ma fille de se marier à son gré.

— Vous laisseriez mademoiselle Angélie libre d'épouser un homme pauvre ?

— On n'est jamais pauvre quand on possède du talent, et je suis complètement rassuré sur ce point : ma fille ne prendra pour mari qu'un garçon de cœur et d'intelligence. Je connais ses opinions à ce sujet.

— Ah! mademoiselle Angélie vous a dit...

— Elle m'en a dit fort long, mon cher maître, si long que son discours ressemblait à une plaidoirie. Elle veut... les exigences des hommes ne sont rien, en vérité, à côté de celles des jeunes filles. Elle veut pour mari un homme jeune, car elle prétend que les époux doivent vieillir ensemble et soutenir en commun le fardeau de la vie. Je ne la blâme point trop en cela. Marier une fille de dix-huit ans à un homme de quarante, est l'exposer à des froissements ; le mari ne comprendra point ce qui reste d'enfantin encore dans le caractère de sa femme, il s'en étonnera, puis s'en irritera. De son côté, la nouvelle mariée trouvera bien un peu docte, sérieux et autoritaire, ce maître qui a payé cher son expérience. Un premier désaccord sera constaté, et celui-là en enfantera d'autres. Angélie a raison, l'âge du mari doit se rapprocher de celui de la femme.

— Je suis aussi de cet avis, dit Maximilien.

— Ensuite, ma fille veut un chrétien fervent pour son seigneur et maître ; elle soutient que les époux qui ne s'agenouillent pas devant le même autel, s'aiment d'une façon moins complète et moins riche d'espérances.

— Sans nul doute, s'écria Maximilien, puisque pouvant prétendre au ciel ils se contentent de la terre.

— Vous êtes pieux ? demanda gravement Nerval à Maximilien.

— Oui, si vous entendez par ce mot pratiquer ce que je crois, et trouver ma consolation et mon bonheur dans cette pratique.

L'usinier resta un moment silencieux.

— Vous rendrez votre femme heureuse, dit-il ensuite avec lenteur.

— Ma femme ! répéta Maximilien en secouant la tête, sais-je, monsieur, si je me marierai jamais. J'ai de folles exigences dans ma pauvreté. Songez donc que je voudrais admirer autant qu'aimer celle qui sera ma compagne, que la vulgarité me repousse, la légèreté m'effraye, le scepticisme me désole, la vanité m'est étrangère, et dites-moi si une jeune fille, parfaite comme je la rêve, donnerait sa main à un humble avocat comme moi... Il faudrait qu'elle se sentît de force à épouser mes espérances, à prendre sa part de mes travaux, qu'elle s'effaçât et s'oubliât quand le travail ardu m'absorberait tout entier. Peut-être rêverait-elle quelque distraction permise, quand je serais résolu à m'enfermer dans mon cabinet. Et puis, j'aurais l'orgueil de ne rien devoir qu'à mon travail et encore ce travail est-il peu rémunérateur jusqu'à ce moment. Je vous ai dit avec quelle persévérance je me voue à retrouver le véritable incendiaire des usines de la Villette.

— Oui, oui, dit Nerval.

— Eh bien! ce que j'ai accepté comme une source de travail et de joie, peut m'arrêter longtemps sur la route de la fortune.

— Non, si vous épousiez une fille riche!

— Une fille riche, monsieur...

— Pourquoi pas? la jeunesse, le génie, ne sont-ils pas des capitaux?

— Dont le revenu a de cruelles intermittences.

— Bah! le bonheur vient en dormant, et votre bonheur se trouvera préparé quelque jour sans que vous y ayez songé.

Une rougeur ardente passa sur le front du jeune homme.

Il allait répondre et tenter sans doute de faire expliquer à Nerval le sens de ces paroles remplies d'une sorte de transparent mystère et d'heureuses promesses, quand Angélie entra.

En apercevant M. Audoin, elle hésita et parut tentée de se retirer.

Maximilien demeurait debout, troublé, ne trouvant rien à dire à celle qui prenait tant d'empire sur sa vie.

Nerval, conservant sa bonhomie, rompit ce silence embarrassant, et le jeune avocat prolongea sa visite.

Celui qui aurait en ce moment étudié le visage d'Angélie, serait resté frappé de l'éclat fiévreux de son regard.

Nerval ne s'apercevait pas, ou ne voulait pas s'apercevoir de sa souffrance.

Il se servait de sa fille comme d'un bouclier destiné à parer les coups qui le menaçaient, et suivait, en joueur qui risque sa tête, les chances d'une terrible partie.

Et cependant, si cet être ambitieux et cupide était capable d'aimer, ce dernier amour se reportait sur Angélie.

Dans sa candeur d'enfant, elle ne soupçonnait pas la monstrueuse profondeur de l'égoïsme paternel; elle avait plaint Nerval lui racontant ses angoisses et le suppliant de lui sauver l'honneur; mais depuis plus de deux mois qu'avait eu lieu l'entretien qui brisa sans retour ses espérances d'avenir, Angélie pouvait presque croire qu'elle s'était trouvée le jouet d'un rêve. Sur le front de Nerval on ne voyait plus trace de préoccupation, et tout, dans sa conduite, paraissait démentir ce qu'il aeait laissé échapper dans une heure de folie.

Il l'avait trouvée dans les greniers des malheureux. (*Voir page* 399.)

Maximilien comprit mieux la souffrance d'Angélie, et sans en définir la cause, il fut tristement frappé.

Aussi son adieu s'imprégna-t-il d'une sorte de crainte douloureuse qui trouva un écho attendri dans le cœur de la jeune fille.

Lorsque Maximilien fut sorti et que le père et la fille se trouvèrent seuls, Mlle Nerval resta quelque temps rêveuse, accablée sur son siège, elle ne parlait pas, mais ses lèvres remuaient comme celles des enfants qui refoulent avec leurs pleurs des paroles de prière.

Cependant, elle fit un suprême effort, et, se levant, elle alla droite à son père.

C'était une vaillante et honnête fille qu'Angélie, incapable de mensonge, de pactisation avec sa conscience, une créature que l'ombre seule du mal eût troublée, et qui demandait la lumière pour ses actes comme pour ses pensées.

— Mon père, dit-elle d'une voix dans laquelle vibraient de secrètes angoisses, quand me présenterez-vous le comte de Nointel ?

— Je ne te croyais pas impatiente de le voir entrer dans cette maison.

— Vous connaissez mes répugnances au sujet de ce mariage ; cependant, dès lors que j'ai accepté un fiancé que je n'avais pas choisi, je ne me regarde plus comme libre. Je dois être la femme de monsieur de Nointel ; fixez donc la date de ce mariage.

— Mais cette union ne doit pas être hâtée.

— Elle doit l'être comme l'œuvre de votre salut.

— Le lendemain n'est pas menacé, dit Nerval.

— Mon père, si ce n'est pour vous que se soit pour moi ; ou bien, si vous croyez devoir reculer la preuve que vous exigez de mon obéissance et de mon dévouement, permettez-moi, du moins, de vivre jusque-là, comme je le souhaite, dans une solitude plus grande encore que la mienne, et qui ne sera troublée par aucun de vos amis.

— Même par M. Audoin ?

— Même par M. Audoin, oui, mon père.

— Je te croyais pour lui beaucoup de sympathie.

— Vous avez raison ; mais je viens de vous le dire, du moment que vous fixez ma vie, je dois m'accoutumer au joug, et regarder bien en face l'existence qui me sera faite. Je serai une digne femme comme vous m'avez trouvée fille respectueuse ; mais vous ne pouvez exiger que ma vertu aille au delà de ma résignation. Hélas ! mon père, même en acceptant la mort, la fille de Jephté pleurait sa virginité sur la montagne. Pas plus qu'elle, je ne veux donner le spectacle de ma douleur, à vous par devoir, et à M. Maximilien...

— Achève ! dit Nerval.

— Ah ! vous devenez cruel, mon père ! Eh bien ! soit, je vous parlerai comme je parlerais à Dieu, à genoux et dans toute la sincérité de mon âme. Je veux fermer les yeux et ne plus voir, fermer les oreilles et ne plus entendre, parce que si mes yeux rencontrent l'homme que j'estime le plus au monde, si j'écoute son éloquente parole vanter la vertu, la justice, l'humanité, si je découvre que, dans le vol de son âme, il touche aux mêmes sommets que moi, enfin, si sachant que son Dieu est mon Dieu, sa foi, son espoir, ma foi et mon espérance, si je devinais de plus que son rêve prend une figure, une forme, un nom, et que ce nom est le mien, que cette femme c'est moi... ce serait trop, vous le comprenez bien, mon père. Je puis renoncer par amour pour vous au légitime bonheur auquel j'avais le droit de prétendre, mais je puis aussi, ne chérissant pas le mari que vous m'imposez, me refuser à voir le fiancé que j'eusse choisi...

— Ainsi, demanda lentement Nerval, si ma volonté n'opprimait la tienne, tu croirais au bonheur dans un mariage assorti par les goûts, les convenances, les croyances ?

— Oui, répondit Angélie avec une noble franchise.

— Et puis-je savoir le nom de celui que tu as distingué ?

— Vous l'estimez autant que moi-même.

— Maximilien Audoin, alors.

— Oui, mon père.

Angélie baissa les yeux et ne put voir l'expression de vive joie qui se reflétait sur le visage de son père, mais elle releva le front avec une sorte de fierté outragée en entendant l'éclat de rire qui accueillit sa confidence.

— Vous raillez ! fit-elle, j'aurais dû m'y attendre, me taire et souffrir. Mais les forces humaines ont des limites. J'ai eu peur de moi, peur de mes regrets qui pouvaient grandir au point de me rendre votre salut impossible.. pardon, mon père, et oubliez, oubliez tout cela.

Nerval attira sa fille sur sa poitrine avec une sorte de violence.

— Folle ! dit-il.

Angélie ne savait encore si elle devait espérer ou craindre, si Nerval la blâmait ou l'exauçait.

— Vous ne m'obligerez pas à le voir, n'est-ce pas ?

— Jamais !

— Vous ne m'en voulez pas ?

— De quoi t'en voudrais-je ? Embrasse-moi, je vais écrire une lettre dont tu liras le contenu.

Nerval s'assit à son bureau, réfléchit un peu, traça quelques lignes et les tendit à sa fille.

— Ce serait vrai ? fit-elle toute tremblante.

— Tout-à-fait vrai.

— Je n'épouserai pas le comte de Nointel ?

— Il te rendrait malheureuse.

— Mais cet appui dont vous aviez besoin, cette sorte de protection occulte dont son crédit pouvait vous couvrir?

— J'avais, dans mon esprit, grossi d'une façon prodigieuse les menaces d'un malheureux dont je suis délivré. De ce projet éphémère de mariage, une seule chose demeure : la preuve de la tendresse, la force de ton caractère, l'excès de ton dévouement, une droiture de conscience que j'admire. Tu es une noble fille, Angélie, j'ai contracté envers toi une dette que j'acquitterai.

Mlle Nerval tomba dans les bras de son père.

Une joie profonde remplissait son âme. Elle pouvait sans mentir, sans rougir, et protégée par l'autorisation tacite de l'usinier, laisser son cœur libre de suivre sa pente.

Elle apprenait à la fois son salut et celui de Nerval.

Sa reconnaissance envers Dieu se traduisit par une fervente prière.

Deux jours plus tard, vers l'heure du dîner, M. Nerval fit avertir sa fille qu'elle eût à faire une toilette un peu habillée.

Angélie, pour la première fois peut-être de sa vie, reçut cet ordre sans être contrariée ; il lui semblait que rien de fâcheux ne pouvait lui arriver, depuis qu'elle était redevenue maîtresse de sa destinée.

Quand elle descendit, elle s'attendait à voir de nombreux couverts sur la table ; il n'y en avait que trois.

Quelques moments après, Maximilien entra.

Lui aussi semblait heureux et confiant.

On dîna gaiement ; Nerval parlait de son désir d'abandonner les affaires et de céder son usine.

— Je me ferai économiste, agronome, dit-il ; peut-être me nommera-t-on député, et, ma foi, je me laisserai faire ! mais des machines, des ateliers, j'en ai assez ! Ma fille possède une belle dot, à quoi bon me tourmenter pour la faire encore plus riche ; on ne l'en aimera pas davantage, n'est-ce pas, monsieur Audoin ?

— Le mari de mademoiselle sera toujours sûr de posséder un trésor.

— C'est ce que je répète à cette obstinée de modestie.

— Vous me gâtez trop, dit Angélie en rougissant.

Après le dîner, tous trois passèrent dans le salon.

— A propos, mon cher maître, dit Nerval avec une douce raillerie, savez-vous que vous êtes un étrange avocat.

— Vous repentez-vous de suivre mes conseils ?

— Il ne s'agit pas de vos conseils, mais de vos affaires.

— Elles sont excellentes ! fit Maximilien en riant, j'ai une clientèle superbe.

— Permettez-moi de vous dire que si vous traitez comme moi tous vos clients, vous ne devez pas faire fortune ; depuis deux ans, j'ignore à quel chiffre se montent vos honoraires, et je vous dois...

— De grâce, monsieur, répliqua Maximilien confus.

— Oh ! nous pouvons parler chiffres devant ma fille, elle s'y entend ; d'ailleurs, ce qui concerne ma fortune la regarde. Je vous disais donc que, faute de connaître à combien se monte la somme dont je vous suis redevable, je veux vous donner un souvenir de mon amitié, et je suis sûr qu'il vous fera grand plaisir ; tenez, ajouta-t-il, en tendant un petit écrin à Maximilien, gardez cela pour l'amour de nous.

L'avocat, très troublé, prit l'écrin presque machinalement, l'ouvrit, et poussa un cri de surprise.

Il renfermait deux bagues, l'une en brillants, l'autre formée d'un admirable saphir.

— C'est trop ! dit-il, c'est trop !

— Vraiment, dit en riant Nerval ; alors, offrez l'un des deux à ma fille, je vous y autorise, Maximilien.

Le jeune avocat ébloui, chancelant, regardait tour à tour Nerval et Angélie. Il n'osait parler ; le sang affluait à son cœur ; il restait immobile, se demandant s'il faisait un rêve.

Nerval prit la main de sa fille, et la gardant dans les siennes, il dit tout en l'avançant vers l'avocat :

— C'est la bague des fiançailles, Maximilien.

Le jeune avocat tomba dans les bras de Nerval.

Quant à Angélie, deux larmes humectèrent ses paupières, mais cette fois c'étaient des larmes de joie.

— Maintenant, dit Maximilien d'une voix émue, je n'ai plus le droit d'avoir de secrets pour celle qui sera ma femme, pour celui qui va devenir mon père.

— Parlez, dit Nerval.

— Je suis pauvre, vous le savez déjà ; mais ce que vous ignorez, c'est que je ne suis pas seul au monde.

Nerval changea subitement de visage.

— Votre père ? demanda-t-il.

— J'ignore ce qu'il est devenu ; peut-être vit-il au loin, à l'étranger ; un mystère plane sur sa vie, et Dieu n'exaucera peut-être pas la prière ardente que je lui fais de le soulever. Il s'agit de ma sœur.

— Vous avez une sœur, dit Angélie d'une voix douce.

— Je veux l'espérer encore. Depuis quelques jours seulement j'ai appris qu'une innocente créature, ma sœur, était née pendant la nuit où, pour la dernière fois, j'entendis la voix de ma mère. Un de mes amis m'a raconté le drame déchirant dont vous saurez quelque jour les détails, Angélie, et m'a montré, reproduit sur la toile, dans son saisissant désordre, le spectacle qui le frappa dans un pauvre village. Il m'a promis de me donner le portrait de ma mère morte, et je m'attends chaque jour à le trouver chez moi. Mais cette sœur, la petite orpheline adoptée par les paysans du village, vit-elle encore ? Je veux croire que Dieu me l'a gardée. Un saint homme, l'abbé Bernard, pouvait me donner des nouvelles sûres ; en quittant l'autre jour mon ami, Gabriel Vernac, je courus chez lui, avide, impatient de savoir si je n'avais pas une sœur ; l'abbé Bernard était absent. Il venait de partir pour aller poser la première pierre d'un orphelinat fondé pour les orphelins de l'Alsace. Sitôt qu'il reviendra, je retournerai chez lui. Je saurai, ou du moins j'espère savoir..... Mais, Angélie, et vous, monsieur, vous qui allez être mon père, si je retrouve ma sœur, ce sera sans doute une humble fille, vivant de son travail, et je crains.....

— Ne craignez rien, dit Nerval, elle sera de la famille.

— Comme je l'aimerai ! ajouta Angélie.

— A partir de cette heure, je lui constitue une dot, reprit le financier. Vous avez eu raison de me confier cette particularité, Maximilien, elle ajoute encore, s'il est possible, à mon estime pour vous.

Le souvenir de cette sœur inconnue, dont Vernac lui avait révélé l'existence, jeta d'abord un voile de mélancolie sur l'entretien qui suivit cette confidence, mais le doux empire d'Angélie ne tarda pas à triompher de cette tristesse. Elle promit avec un entraînement si sincère à son fiancé de le seconder dans ses recherches, et de chérir cette enfant comme lui-même, que l'avocat retrouva la joie qui lui avait rempli le cœur quand Nerval lui avait accordé la main de sa fille.

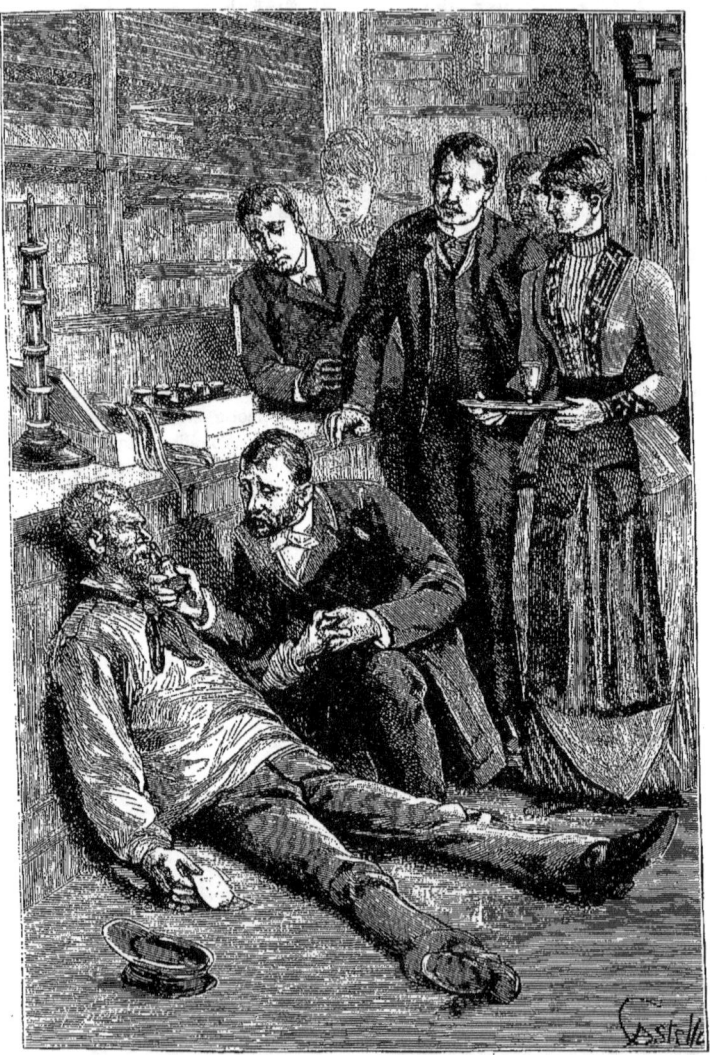

Austin Aurillac fut ranimé, grâce à un flacon d'éther. (*Voir page* 418.)

CHAPITRE XI

PREUVE TROUVÉE

On dînait gaiement chez Bestiole : le père Falot y avait porté une oie; Bec-d'Oiseau, habile à tous les métiers, venait de s'improviser rôtisseur; et c'était plaisir de voir s'animer un peu le pâle visage de la petite estropiée. La meilleure récompense que l'on pût promettre à l'apprenti typographe était de le conduire chez la fille de Camourdas. L'enfant s'attachait à cette sœur de misère et de souffrance de toute la gratitude de son cœur. Il ne pouvait oublier que le premier mot de prière qu'il eût prononcé était tombé des lèvres de Bestiole dans son âme et qu'il y avait germé, produisant à mesure les bonnes pensées, les actions honnêtes : prodige sans cesse renouvelé par la force toute puissante de l'invocation qui retombe sur nous en rosée de grâce divine.

Falot ressentait, lui aussi, une profonde amitié pour la pauvre Bestiole.

Personne n'avait plus besoin qu'elle d'une protection efficace : de quelque façon que vint à lui manquer celle de son père, une heure sonnerait infailliblement où elle lui ferait défaut.

Soit que Camourdas payât sa dette à la justice, soit que ses vices dévorassent une existence vouée sans retour au mal, que deviendrait la jeune fille, écrasée par la triple misère de l'abandon, de la pauvreté, de la maladie? Sans doute, Angélie avait promis de la soutenir, mais la vie d'Angélie elle-même pouvait changer; un mariage l'éloignerait peut-être de Paris; d'ailleurs, entre la riche héritière de M. Nerval et l'habilleuse de poupées il existait moins de liens qu'entre le chiffonnier et l'apprenti imprimeur.

Falot, dans la prévision d'un sombre avenir, souhaitait adoucir pour la fille, le coup qui ne pouvait manquer d'atteindre le père. Il voulait qu'à l'heure où la justice arracherait Camourdas de sa maison, l'orpheline pût se jeter dans ses bras pour y pleurer.

En châtiant le coupable, Austin Aurillac se réservait le droit de protéger l'innocent.

Les deux enfants jasaient gaiement; Bec-d'Oiseau parlait de son état avec enthousiasme, le chiffonnier appuyait son bonheur sur les éloges qu'il faisait de son protégé, et la pauvre petite bossue se sentait revivre. Oh ! si elle avait pu deviner que l'homme si bon, si prévoyant, si affectueux, qui se faisait son ami, son guide, poursuivait son père d'un soupçon implacable ! Mais elle ne soupçonnait rien. Elle aimait le père Falot de toute la sincérité de son âme d'enfant reconnaissante et pure.

Le chiffonnier n'avançait nullement, d'ailleurs, dans sa persistante recherche.

La fouille opérée chez Camourdas n'avait rien amené ; les quelques ouvriers employés jadis par Austin Aurillac, et que celui-ci avait retrouvés par hasard dans quelques tripots, se souvenaient à peine de l'affaire qui préoccupait si vivement le malheureux. D'autres crimes, d'autres incendies, des bouleversements politiques, la guerre, les horreurs d'un siège, un gouvernement odieux, une Commune plus odieuse encore, avaient versé sur ces faits tant d'oubli, de boue et de sang, qu'ils surnageaient à peine. Comment se rappeler beaucoup l'incendie d'une usine, quand la capitale tout entière avait, une nuit, flamboyé de tant de côtés à la fois ?

Nerval, cuirassé soit par l'assurance de l'impunité, soit par l'innocence, car les soupçons d'Aurillac pouvaient ne pas être fondés, ne laissait nulle prise à l'ancien forçat.

Camourdas le fuyait instinctivement. Il lui permettait de voir Bestiole, de la promener, de mettre un peu de joie dans sa vie, parce qu'il savait bien que Bestiole ignorait son secret.

Il y avait des moments où le père Falot était tenté de renoncer à sa tâche.

Nul ne réussirait sans doute à lui rendre ses enfants ; devait-il, pour recouvrer un honneur dont personne ne se souciait plus, se donner tant de peine ? Il était vieux, plus vieux encore d'expérience et de douleur que d'années. Ne pouvait-il se résigner, porter son fardeau, si lourd qu'il fût, et mourir ignoré, mais libre !

Il exposa ses doutes à Maximilien Audoin. Un jour, en le remerciant de l'héroïsme avec lequel il s'obstinait à sa tâche, il tenta presque de dissuader le jeune homme de la poursuivre.

— Sans doute, lui dit-il, Austin Aurillac est mort, et Dieu aura, par bonté, attiré à lui ses enfants. Vous avez fait plus que vous ne deviez pour ce malheureux ; ne vous détournez pas plus longtemps de vos travaux, du soin de votre réputation. Que ferait aujourd'hui ce vieillard d'une réhabilitation que la loi laisse toujours imparfaite, puisqu'elle ne se résout jamais à avouer qu'elle s'est trompée ? La générosité a des bornes, monsieur. Vous avez fouillé, cherché en haut, j'ai descendu marche à marche les escaliers des immondes bouges de Paris, qu'avons-nous trouvé ? Camourdas ! Mais Camourdas ne se livre pas, ne s'abandonne pas. Cuirassé dans son silence, solitaire dans ses ivresses, il se tait sur son passé et sur son présent. Je commence à désespérer de lui faire avouer quelle part il a prise au drame qui brise ma vie ; il se peut encore qu'il soit innocent et que je me sois trompé de piste ; si cela était je n'en poursuivrais pas une autre...

— Mon ami, répondit Maximilien d'une voix douce mais ferme au chiffonnier, jamais, entendez-vous, jamais je n'abandonnerai cette œuvre ; cela me semblerait à la fois impie et lâche. Mon enfance reste enveloppée d'un cruel mystère auquel je dois le sacrifice, l'immolation de ma vie. Vous ne pouvez me comprendre, mais le Seigneur lit au fond de mon âme, et il ne peut manquer de m'exaucer. Il y a plus, j'exige de vous, autant que je le puis, que vous continuiez à me donner votre aide. Chacun éprouve de ces défaillances, il ne faut jamais s'y arrêter. Dieu n'est pas obligé de nous révéler les moyens dont il se veut servir. Faisons notre devoir et rapportons-nous en à sa bonté souveraine.

Aurillac ne crut pas devoir montrer moins de persévérance que le généreux jeune homme, et il continua ses investigations. Seulement, il les porta d'un autre côté.

Après que la scène sanglante qui s'était passée au *Crapaud-qui-Chante* lui eut rendu dangereux de remettre les pieds dans le bouge de l'ogresse, il parcourut l'un après l'autre tous les tapis-francs de Paris, il fit causer les ouvriers de Nerval, il chercha, consulta, demanda sans rien obtenir, sans rien trouver.

Tandis qu'il dépensait une partie de ses heures de la sorte, il employait l'autre à donner de l'extension à son commerce. Le chiffonnier devenait négociant.

Ses camarades lui apportaient le produit de leurs hottes. Il gagnait de l'argent, et bientôt se vit dans l'obligation de louer un vaste hangar pour servir d'entrepôt à ses marchandises.

Quand il avait fait une rude journée, le père Falot montait souvent chez Colombe. La chère créature s'épanouissait comme un bouton en avril ; elle redevenait la jolie enfant courant les prés des Bruyants, et jetant au vent sa chanson printanière. L'aisance croissait dans son petit ménage. Elle gardait toujours Petit-Ange auprès d'elle, car le docteur avait déclaré que le pauvre enfant avait besoin de soins et de ménagements, et qu'il ne faudrait pas le placer en apprentissage avant une année.

Pendant ses moments de repos, Colombe lui apprenait à lire, à prier ; elle développait ce cœur d'enfant, elle l'épanouissait à la vertu, à l'amour du bien, et le martyr de Guépar-le-Rouge témoignait à sa protectrice une reconnaissance touchante.

Colombe et le père Falot se réjouissaient en le voyant reprendre des forces.

Il se faisait actif et serviable dans la maison, et s'empressait d'épargner à Colombe les courses et les commissions dont il pouvait se charger. L'Ecureuil s'était fait tout de suite son ami, et chaque soir, quand le commis de Grappin, le marchand de vieux papiers de la pointe Sainte-Eustache, rentrait rue Rodier, il appelait Petit-Ange dans son Louvre et lui racontait une foule d'histoires qui les faisaient rire comme deux enfants.

Aussi, trouvant l'Ecureuil si gai, et le métier qu'il exerçait si facile, Petit-Ange ne voyait-il rien de plus beau dans ses rêves que de devenir commis de librairie comme son ami l'Ecureuil.

On ne se rend pas assez compte combien les pauvres gens font vite bon ménage et se prêtent une mutuelle assistance quand la foi élève leur esprit et dilate leur cœur. Ce ne sont pas ceux qui prêchent la fraternité qui la pratiquent ; ce ne sont pas ceux qui plaident pour le partage des fortunes qui répandent le plus d'aumônes. La charité a toujours été et sera toujours la grande égalitaire. Au nom du Christ, elle ouvre la main du riche pour la charité ; au nom du Christ aussi, elle dit au pauvre de recevoir avec gratitude et respect, ce que nul n'est obligé de lui donner.

Jamais les révolutions n'ont créé un asile pour les vieillards, une crèche pour les enfants, un ouvroir pour les jeunes filles, une Œuvre d'apprentis pour les jeunes garçons.

Les révolutions démolissent sans édifier. Elles arrachent le crucifix des murailles, mais elles ne remplacent par aucun emblème consolant l'image du Dieu de la pitié et du sacrifice.

Pour guérir les fauteurs de discorde, les braillards de clubs, les orateurs de barrières, les architectes de barricades, il suffirait de leur mettre sous les yeux, grâce à des chiffres, à des statistiques, les totaux de l'aumône des hommes chrétiens, avec l'offrande de ceux qui ne le sont pas. Mais ces aveugles ne veulent pas recevoir la lumière, et leur endurcissement sert trop bien les gens de leur parti pour qu'ils essaient de faire tomber les écailles de leurs yeux.

Petit-Ange avait à peine onze ans. Le mal dont il avait été témoin avait glissé sur son âme sans l'atteindre. La souffrance avait défendu, en quelque sorte, sa pureté, et dans le sain milieu qui lui était ouvert, il se guérissait rapidement et fleurissait comme un rameau. Il parlait à Colombe de sa mère dont les traits s'effaçaient un peu dans la brume de ses souvenirs, mais dont le doux visage s'illuminait à mesure qu'il s'éloignait davantage, comme ces figures béatifiées qui semblent se fondre dans la splendeur de leur auréole.

Chaque fois que le père Falot venait rue Rodier, il trouvait autour de lui une atmosphère de tendresse familière. Sans savoir pourquoi, il appelait Colombe « mon enfant, » et Colombe, à son tour, disait ce nom : « père Falot, » avec une intonation spéciale.

Après avoir couru les cafés, les tripots, les bouges, dans lesquels se vautre la lie des débauchés, des paresseux, des chevaux de retour arrivant de Melun, ou les restes des bagnes de Brest, de Rochefort et de Toulon que l'on supprime comme on a fait des léproseries ; quand il avait entendu des cris, des blasphèmes, des dialogues en argot, vu l'ivresse descendre jusqu'à la bestialité, et subi l'horrible torture, pour un homme intelligent, honnête et chrétien, d'assister à des scènes de dégradation sans nom, le père Falot courait chez Colombe. Il rafraîchissait son cœur en écoutant les douces paroles de la jeune fille, il se retrouvait plus lui-même entre deux enfants qui l'aimaient.

L'âme de Petit-Ange et celle de Colombe, blanches et pures toutes deux, le reposaient des impressions douloureuses. Il puisait, dans l'atmosphère d'âme que lui faisaient ces deux êtres reconnaissants, le soulagement de cruelles tortures.

Afin de donner à Bec-d'Oiseau des amis de son âge, il l'amena chez l'Ecureuil et lui recommanda Petit-Ange.

Bien des gens ignorent quel rafraîchissement portent avec eux les enfants. Leur grâce est un attrait comme leur ignorance du mal est un repos. D'ailleurs, dans ces déshérités, Austin Aurillac voyait sans cesse son fils, ce « petit Max, » dont la perte laissait en lui une plaie toujours saignante. C'était par amour pour l'enfant perdu qu'Aurillac s'occupait des autres enfants. Il aimait mieux préserver du vice ces créatures que le mal n'avait pas effleurées, que de s'occuper à relever, à purifier les hommes déchus. Il faut pour cela plus que la main d'un homme : celle d'un prêtre.

La voix qui conseille doit posséder en même temps le pouvoir d'absoudre.

Quand le chiffonnier croyait qu'une bonne pensée, fût-ce la dernière, éclairait encore une conscience, cette conscience eût-elle reçu toutes les éclaboussures du vice, il respectait cette lueur expirante, et il envoyait cet homme à l'abbé Bernard, le missionnaire des *sauvages de Paris*.

Aurillac conservait avec le digne prêtre des relations suivies. Il lui demandait les forces d'en haut quand l'humanité défaillait en lui ; si l'espérance s'envolait trop loin, l'abbé Bernard la rappelait, comme Noé rappela la colombe de l'arche. Il défendait l'âme du malheureux

Il parcourut, l'un après l'autre, tous les tapis-francs de Paris. (*Voir page* 412.)

contre les défaillances. Il arrive souvent que celui qui a vivement imploré une faveur du ciel renonce à l'obtenir et s'enveloppe dans une sorte d'amère résignation. L'abbé Bernard voulait que cette résignation demeurât chrétienne, et seul il pouvait exercer assez d'ascendant sur Aurillac pour l'empêcher de désespérer de la justice divine.

— Que craignez-vous? lui disait-il ; vous ne pouvez avoir crainte de trop user de la prière, puisqu'il nous a été ordonné de demander pour recevoir. La plus grande louange que le Seigneur reçoive de l'humanité est celle d'une inaltérable confiance.

Ce fut en quittant un jour l'abbé Bernard, l'âme réconfortée par une ardente prière devant Notre-Dame-des-Victoires, que le père Falot eut l'idée d'amener Bec-d'Oiseau souper chez la petite bossue. Elle aussi avait eu confiance, et le bien lui arrivait par surcroît.

Après le dîner, quand la vaisselle eût été mise en place, Bestiole posa la lampe sur la table de travail et prit bravement son aiguille.

Elle devait finir d'habiller une merveilleuse poupée, portant un costume turc de la dernière élégance.

Elle achevait d'attacher des brandebourgs d'or à la veste de la jeune sultane à la tête de porcelaine, quand elle s'aperçut qu'elle allait manquer de fil d'or.

— Mon Dieu! dit-elle toute contristée, la marchande attend demain livraison de sa poupée turque, et je n'ai plus de fil d'or.

— Faut-il aller en chercher? demanda vivement Bec-d'Oiseau.

La petite infirme allait sans doute accepter quand le père Falot se leva.

— Reste, mon enfant, dit-il, tu devais lire à Bestiole les *légendes de tous pays*, et tu sais combien elle aime ce genre de récits... prends ton livre, et tandis que tu liras, j'irai acheter ce qui est nécessaire à notre petite amie.

— Mais vous devez être las, père Falot, dit Bestiole.

— J'ai de vieilles jambes, répondit le chiffonnier.

— Raison de plus pour qu'elles soient fatiguées, objecta Bec-d'Oiseau.

— Bah! mes enfants, le bonheur des autres repose.

Bestiole prit l'échantillon de fil d'or qui lui restait, et le plaça dans la feuille à demi-dépliée sur laquelle autrefois il se trouvait pelotonné.

— Voici, dit-elle, un échantillon, prenez bien semblable, père Falot, en or fin... ma poupée est une fille de sultan.

— Où trouverai-je cela?

— Rue Saint-Denis.

Le père Falot descendit rapidement l'escalier, tandis que Bec-d'Oiseau reprenait la lecture des *légendes de tous pays*.

Le chiffonnier marchait rapidement, bien qu'il se sentît las; le plaisir de rendre service à la petite bossue donnait de l'élasticité à ses membres. Il avait une gaieté nouvellement épanouie dans le cœur. Tout en serrant dans sa main le papier renfermant l'échantillon du fil d'or, il se souvenait des paroles de l'abbé Bernard.

— Le saint prêtre l'a dit, murmurait-il, la prière fait violence au ciel, et l'on obtient tout du Christ par l'intercession de Marie. Je ne sais plus à quels moyens humains recourir pour arriver à mon but, mais je m'adresse à Dieu, mon consolateur et mon père, et je serai exaucé.

Le père Falot, arrivé devant la boutique de passementerie où il devait trouver le fil d'or de Bestiole, tourna le bouton de la porte et entra.

Le magasin était rempli de clients.

Les jeunes gens débitaient la soie, la passementerie; les demoiselles de comptoir, du fil, des aiguilles, des dentelles en façon de point d'Espagne.

Le père Falot resta un moment assez embarrassé. Enfin un jeune homme lui demanda :

— Que faut-il à monsieur ?

Alors le chiffonnier tendit son bout de fil d'or.

— Fin, demi-fin ou gros ? reprit le commis.

— Or fin, répliqua le père Falot.

Tandis que le jeune homme cherchait ses bobines, le chiffonnier, debout dans le magasin, tournait machinalement entre ses doigts le papier qui avait renfermé son échantillon et que Bestiole lui avait remis.

Par un sentiment naturel, instinctif à quiconque tient un papier, et n'a rien de mieux à faire qu'à s'enquérir de ce qu'il contient, le père Falot regarda la feuille qu'il tenait entre ses doigts.

C'était une feuille de papier épais, et bien éloigné des raffinements de grain et de satinage des papiers à lettre d'aujourd'hui. Il y a dix-huit ans, la mode des enveloppes n'existait guère, et cette feuille avait été pliée dans sa hauteur d'abord, en travers ensuite ; elle gardait à l'endroit du cachet des vestiges de cire. Le cachet avait été usé, brisé. Sans savoir pourquoi il s'inquiétait de ces détails, le père Falot regarda l'adresse. Elle portait : Louis Camourdas. Dans le haut, le mot *pressé* prouvait que ce billet était d'une certaine importance. Enfin le chiffonnier regarda le timbre postal. La lettre avait été jetée dans la boîte située place de la Bourse, et la date du *21 novembre 1857* restait visible sur le cercle tamponné à l'encre grasse.

Cette date arracha un cri involontaire au chiffonnier.

Jusqu'alors, son étude de cette vieille feuille de papier avait été, disons-nous, une sorte de curiosité machinale, un moyen d'employer son temps, en attendant que la bobine de fil d'or fût remise. Mais ce chiffre : *21 novembre 1857*, accéléra les battements de son cœur, et couvrit soudain sa vue d'un nuage.

Vingt et un novembre ! la veille du jour où sa fortune et son honneur avaient sombré dans le même sinistre !

L'écriture de l'adresse était ferme, distinguée, une belle écriture tranquille de négociant plutôt que d'homme de loi.

Le père Falot déplia la feuille de papier.

Elle contenait deux lignes.

Deux lignes, dont l'impression fut telle sur le chiffonnier, qu'il laissa échapper un cri sourd, et tomba de toute sa hauteur sur le parquet.

Cet accident causa dans le magasin un mouvement général. On s'empressa autour du chiffonnier, le mot « congestion » fut prononcé, et comme un médecin demeurait à quelques pas on l'envoya chercher en toute hâte.

Celui-ci comprit vite qu'il s'agissait d'une émotion violente plus que d'un coup de sang ; Austin Aurillac fut ranimé, grâce à un flacon d'éther et à une cuillerée de cordial énergique.

Quand il ouvrit les yeux, il ne se souvenait d'abord de rien, et regarda ceux qui l'entouraient avec autant de surprise que d'inquiétude.

Tout à coup l'angoisse le saisit.

— Mon papier ! cria-t-il, mon papier !

Il le tenait dans sa main crispée, et si raidie que nul n'eût été capable de l'ouvrir.

Quand il comprit qu'il avait en sa possession ce qu'il avait tant cherché, tant désiré, sans oser croire qu'il le trouverait ou l'obtiendrait jamais, le chiffonnier murmura avec l'accent de la reconnaissance :

— Merci, mon Dieu ! mon Dieu !

Il se leva tout chancelant, remercia pour les soins dont on venait de l'entourer, prit la bobine de fil d'or, la paya et sortit.

Où aller ? que faire ?

La tête du père Falot bouillonnait comme un volcan.

Il ne pouvait se décider à aller chez Bestiole. Il lui fallait d'ailleurs le temps de s'accoutumer à sa joie, et de prendre une résolution.

Un café était ouvert à quelques pas ; il y entra.

Après avoir demandé un verre d'eau et ce qu'il fallait pour écrire, Austin Aurillac étala sur sa table la lettre adressée à Camourdas, et la lut, la relut encore.

On se souvient que le soir du jour où Nerval meubla l'appartement de Bestiole, afin d'avoir le loisir de chercher dans les meubles anciens, le complice de l'usinier rentra le soir chez lui, porteur de deux bouteilles d'eau-de-vie, et commença à boire, tandis que sa fille dormait dans la petite chambre blanche.

Camourdas, plus railleur que furieux, répétait, en l'adressant à Nerval absent, l'épithète de « vieux Mohican » tout en vidant sa fiole.

Puis, pour se donner à lui même la triomphante satisfaction de revoir ce papier auquel Nerval ajoutait tant de prix, cette lettre qui mettait l'usinier millionnaire à la disposition du misérable Camourdas, l'incendiaire tira successivement de ses poches, tous les papiers qu'il y trouva enfouis, les plaça sur la table, but encore, et se souvenant enfin que la lettre, établissant la complicité de Nerval dans l'*incendie de la Villette*, avait été cousue par lui entre l'étoffe et la doublure de sa veste, il prit un couteau, se mit à découdre cette doublure, et en tira le papier qui était le plus clair de son revenu, et sur lequel reposaient toutes ses espérances d'avenir. Puis, par un mouvement brusque, après avoir fait rouler tous ses papiers à terre, factures, prospectus et cætera, Camourdas, de plus en plus ivre, plia la première feuille de papier qui lui tomba sous la main, la glissa dans sa veste, la piqua à l'aide de deux épingles et s'endormit.

Le lendemain matin, lorsque Bestiole traversait la chambre afin de chercher le papier nécessaire pour peletonner son fil d'or, elle vit à terre une lettre vieille, froissée, chiffonnée, coupée aux angles, la releva et s'en servit pour rouler dessus, sans la regarder davantage, le fil d'or qu'elle voulait débrouiller.

Quand, le lendemain, son père la pria de coudre la doublure de sa veste, elle obéit. Camourdas, sentant un papier entre les deux étoffes, ne songea pas même à regarder s'il ne s'était pas trompé.

C'est ainsi que Camourdas portait précautionneusement dans son vêtement un prospectus de cirage, tandis que la petite Bestiole dévidait son fil d'or sur la pièce à conviction du crime d'Achille Nerval.

On comprend aisément la foudroyante émotion d'Austin Aurillac.

Il tenait entre ses mains la preuve de son innocence.

Il saurait désormais confondre Nerval et demander aux tribunaux que l'on prononçât entre eux.

Le crime de l'usinier et de Camourdas était visible pour tous, et nul doute que l'ouvrier ne s'empressât de faire des révélations, afin d'obtenir un peu d'indulgence.

Ainsi Aurillac pouvait dire son nom bien haut ; il lui serait loisible de redemander à tous, ses enfants perdus. Il allait passer brusquement de la nuit dans laquelle se cachait le forçat évadé, à la lumière qui se fait pour l'honnête homme méconnu.

Il se disait tout cela comme dans un rêve. Son cœur battait à lui briser la poitrine ; des étincelles passaient devant ses yeux ; tantôt il lui semblait que sa tête était pleine de pensées joyeuses, et tantôt elle lui paraissait si lourde qu'il ne pouvait la soulever.

Chose étrange ! il ne se sentait plus de hâte, de précipitation.

Il se recueillait dans sa joie.

Cet homme, isolé dans l'angle d'un café borgne, pria de toute la ferveur de son âme.

Quand il se fut habitué à l'idée qu'un miracle venait de le sauver, Austin Aurillac se demanda ce qu'il allait faire.

Il ne pouvait s'accoutumer à l'idée de se trouver ce soir-là en face de Bestiole. Ne devait-il pas le lendemain livrer son père à la justice ?

Le chiffonnier écrivit un mot à Bec-d'Oiseau pour l'avertir qu'une affaire urgente l'empêchait de le rejoindre chez la petite infirme. Il lui enjoignait de rentrer sans s'occuper des chiffons pour cette nuit, et il ajoutait que l'apprenti dans l'art de la typographie devait ne point s'inquiéter de l'absence sans doute assez prolongée de son vieil ami.

Il plaça la bobine de fil d'or dans la lettre, remit le tout à un commissionnaire, en lui recommandant de courir chez Mlle Camourdas, puis, tranquille de ce côté, Aurillac se leva.

— Je trouverai M. Maximilien chez lui, se dit-il.

Il aurait pu prendre une voiture afin d'arriver plus vite, mais sa tête brûlait tellement qu'il éprouvait le besoin de marcher.

Une pluie fine commençait à tomber ; Aurillac y exposa son front.

— Ainsi, disait-il, ce brave cœur va trouver la récompense dans l'accomplissement de sa tâche. Il a rêvé mon salut, et ce salut est prochain. Il s'est imposé un but, et ce but il le touche ! Oh ! Dieu est bon, Dieu est grand ! Dieu est plein d'amour et de miséricorde !

Une demi-heure plus tard, Austin Aurillac sonnait vivement à la porte du jeune avocat.

— Monsieur Audoin ? demanda-t-il au vieux domestique.

— Mon maître n'est pas encore rentré, répondit celui-ci.

— Puis-je l'attendre ?

— Certainement.

Aurillac fut introduit dans le cabinet où la lampe allumée, sur le bureau, prouvait assez que Maximilien ne comptait pas de sitôt se livrer au sommeil.

Ma mère me serrait sur sa poitrine avec des élans de tendresse alarmée. (*V. page* 429.)

CHAPITRE XII

LA MORTE

Aurillac fut cruellement déçu dans son impatience de voir Maximilien et de lui confier la découverte qui changeait brusquement toute sa vie. Il avait besoin de crier à un ami :

— Libre ! je suis libre !

Car la liberté, pour Aurillac, ce n'était pas seulement de marcher sans manille au pied, sans casaque de forçat et sans bonnet vert; la facilité d'aller et de venir sans redouter l'argousin, et de dormir sans trouver à ses côtés un immonde compagnon de chaîne.

Sans doute, pendant les terribles années de sa captivité, aussi bien quand il avait vécu seul, enfermé dans une étroite prison, que durant les terribles années du bagne, il avait demandé à Dieu, à genoux, avec toute la ferveur d'une âme éprouvée et confiante, le droit d'errer à l'air libre, sous le soleil, de respirer, d'agir comme un homme, et non plus comme une machine numérotée.

Mais, en brisant ses fers, Aurillac n'avait pas recouvré sa liberté.

Ne s'était-il pas vu obligé de cacher son nom, d'abord sous le nom du porte-balle; puis, la personnification du père Falot n'avait-elle pas à son tour absorbé celle du marchand forain?

Sans doute Aurillac avait cherché ses ennemis, ses accusateurs, mais non point en face et aidé par la justice ; il avait dû, pour arriver à son but, frayer avec des voleurs, s'enfermer dans des bouges et tutoyer des assassins. Il avait fallu masquer son âme autant que son visage, imposer silence à ses révoltes, surmonter ses dégoûts, subir toutes les épreuves de la patience, après avoir supporté celles de la douleur.

Non, il n'avait pas été libre ! Il sortait le soir, il exerçait la nuit un métier fait pour révolter ses habitudes ; sauf l'abbé Bernard et Maximilien, il ne comptait point d'amis. Les seuls moments pendant lesquels il lui était permis de laisser battre son cœur au contact des affections humaines, étaient ceux qu'il passait près de Colombe ou bien encore dans la chambre de la petite habilleuse de poupées, tandis que Bec-d'Oiseau lisait les pages d'un livre instructif.

Pauvre Bestiole ! ce n'était point sa faute si son père était un misérable, et Aurillac se promit de protéger celle dont il allait faire une orpheline.

Hélas ! le mal commis retombe souvent sur les innocents ! La petite infirme chérissait son père, en dépit de ses torts, de ses brutalités, et Aurillac devinait quel déchirement d'âme secouerait ce corps déjà si frêle.

— Je sais ce que je ferai, pensa l'ancien forçat ; je conduirai Bestiole chez Colombe ; tandis que celle-ci habillera d'élégantes Parisiennes, Bestiole copiera leurs toilettes pour les poupées Huret ; Bestiole trouvera une sœur aînée, une jeune mère dans Colombe. Celles qui ont souffert s'entendent si bien à consoler. Je châtie, mais je ne me venge pas ! Dieu m'est témoin que s'il m'était possible de reprendre mon nom, mon rang, mon honneur, sans dénoncer personne, je renoncerais à la jouissance de punir. Mais la loi est implacable dans ses exigences. Pour chaque crime, s'il exista un coupable, il faut un châtiment ; pour prouver mon innocence, je dois produire le criminel ! Pour avoir le droit de chercher les traces perdues de ma femme et de mes enfants, il me faut atteindre le père de Bestiole et le père d'Angélie.

Une pensée douloureuse traversa la joie d'Aurillac.

Il éprouvait pour la fille de son implacable ennemi une sympathie si vraie, il admirait si complètement cette angélique fille, que l'idée des larmes qu'elle allait verser l'attendrit.

— Si je la voyais à cette heure, se dit-il, je lui prendrais les mains et, la regardant bien en face, je lui donnerais le conseil adressé par Hamlet à Ophélie : — « Entre au couvent, ma fille ! — Le monde implacable te fermera ses portes après le châtiment de Nerval ; le Christ t'ouvre toutes grandes les galeries de ses cloîtres. Entre au couvent, gardes-y ta robe blanche et le lis de ton cœur ; consume-toi lentement dans la prière et la pénitence, et prie sans relâche pour obtenir la grâce de celui qui ne s'est jamais repenti ! »

Aurillac, qui était tombé dans un fauteuil, se leva vivement :

— Non, jamais repenti ! reprit-il avec une croissante énergie. Il est resté dur aux pauvres, égoïste, orgueilleux. Serait-il possible de compter ses victimes ? Le misérable fou que je connais ne doit pas avoir été seul repoussé par cet implacable riche. J'excuse presque Camourdas, cet ivrogne abruti par l'eau-de-vie, et dont Nerval a soutenu les vices pour en user plus tard. Je dirais volontiers aux juges : C'est une brute inconsciente, condamnez-le au jeûne, qu'il travaille, qu'il rachète sa faute ; mais, pour Nerval, soyez sans indulgence ! Etait-il donc dénué de biens pour jalouser ma fortune ? Non, il possédait une usine rivale de la mienne. Il a été insatiable et féroce; pour être juste, vous devez avoir dans la revanche une férocité égale ! Et s'il ne m'avait pris que mon argent, que ma liberté même ! la liberté, le plus grand des bonheurs, cependant ! Mais j'étais époux, il m'a séparé de ma femme ; j'étais père, il m'a ravi mes enfants !

La voix d'Aurillac trembla et s'imprégna de larmes.

— Anita ! mon petit Max ! répéta-t-il, d'un accent désolé.

Comme il achevait ces deux noms, résumé de ses tendresses et de ses angoisses, ses yeux se portèrent sur la grande table du cabinet de l'avocat.

Deux heures avant l'entrée d'Aurillac chez Maximilien, le valet de chambre de Gabriel Vernac avait apporté une toile de la part de son maître.

Le domestique de l'avocat, pensant que le cadeau du célèbre artiste toucherait infiniment M. Audoin, l'avait placé sur la table, appuyé sur un chevalet d'appartement, supportant d'ordinaire des gravures ou des photographies. Puis, quand il eut allumé la lampe, Pierre la posa près du tableau, de façon à ce qu'elle l'éclairât complètement.

Cette toile, maintenant finie avec grand soin, et signée du nom de Gabriel Vernac, était l'ébauche primitive peinte aux Bruyants, et devenue, grâce à quelques retouches, une œuvre achevée.

C'est sur ce tableau, retraçant la scène si pathétique de l'arrivée de la jeune morte aux Bruyants, dans le presbytère de l'abbé Lormel, que venaient de se porter les regards d'Aurillac.

A peine l'eut-il embrassé d'un rapide coup d'œil, qu'il bondit du côté de la table, haletant, les prunelles dilatées, la poitrine soulevée par une émotion terrible.

Puis, ses forces le trahissant, il tomba lourdement sur les genoux.

Un brouillard de larmes couvrait ses yeux ; et, les mains jointes, regardant à travers ses pleurs la jeune morte peinte sur la toile, il cria dans un sanglot :

— Anita ! ma chère Anita !

Oui, Aurillac, l'ancien forçat, Aurillac, qui cachait en ce moment dans sa poitrine les preuves de son innocence et de la double culpabilité de Nerval et de Camourdas, celui dont la vie s'était écoulée depuis dix-huit ans dans une perpétuelle angoisse, retrouvait providentiellement dans le tableau de Gabriel Vernac, l'image de celle qu'il avait tant aimée.

— Ma femme ! ma femme ! répétait-il.

Ses lèvres effleurèrent respectueusement sur la toile la figure pâle de celle qui n'était plus.

Quand le premier mouvement de surprise douloureuse fut passé, quand un lent et minutieux examen eut justifié le cri instinctif poussé par le malheureux, Aurillac s'abandonna à une explosion de désespoir.

— Morte ! dit-il, morte ! et sans retour perdue ! Que parlais-je donc tout à l'heure de réhabilitation et d'espérance ? A qui offrir les restes d'une vie dont elle ne prendra point les heures suprêmes ? A qui rapporter mon honneur reconquis, cet honneur dont elle fut solidaire et dont la ruine l'a tuée ? Dix-huit ans j'aurai vécu de sa pensée, dix-huit ans j'aurai gardé la confiance de la retrouver dans un coin du monde, et à l'heure où le monde me jugera digne de marcher près d'elle, le front haut et l'âme pacifiée, j'apprends qu'elle a cessé de vivre ! Mais non ; peut-être me reste-t-il un espoir ! Elle est évanouie, elle va revenir à la vie ; les femmes qui s'empressent autour d'elle vont lui rendre le sentiment de l'existence ; elle rouvrira les yeux, elle reverra son enfant.

Il ne vit pas l'enfant adoré, agenouillé près d'Anita ou consolé par les braves gens du village.

— Max ! fit-il, où est Max ?

Soudain, au lieu du petit garçon, dont il cherchait la tête blonde, il aperçut une créature vagissante dans les bras d'une femme, en habit de paysanne, et sur l'épaule de laquelle perchait un beau pigeon blanc.

Le drame de la vie intime d'Aurillac se compliquait d'un nouveau mystère.

Tout devenait incompréhensible dans la douloureuse scène reproduite par le peintre.

— Si c'était......, murmura tout-à-coup Aurillac.

Il n'acheva pas. Dans les ténèbres au milieu desquelles il se débattait, il ne se trouvait pas un rayon de lumière.

— M. Maximilien saura sans doute, se dit-il enfin. Je vais l'interroger ; il va revenir ce soir, tout à l'heure. Mais, peut-être prend-il cette scène pour la création fantaisiste d'un artiste, et croit-il trouver seulement, dans le visage d'Anita, le type d'une beauté désolée. Mon Dieu ! mon Dieu ! éclairez cette nuit ! apprenez-moi la vérité ! et si elle doit être terrible....

Il s'arrêta et, levant les mains en haut :

— Si ma femme est morte, Seigneur, je vous demande justice ! Nerval ! Camourdas ! assassins, calomniateurs ! la revanche sera sans pitié ! Je suis un homme, moi, je peux souffrir ! mais cette femme, cette douce créature, vous lui avez pris son mari, son soutien, son compagnon, et elle est morte ! morte de la douleur de son cœur brisé ! tombée agonisante sur la dernière marche de son calvaire ! Ah ! lâches !

lâches! qui, après avoir sacrifié le père, le mari, vous en êtes pris à l'épouse et à l'enfant!

Il se tut; sa gorge était brûlante, ses yeux rouges. Le feu de la douleur venait de sécher ses larmes.

Cependant, cette âme était trop profondément chrétienne pour s'arrêter même dans le paroxysme de la souffrance à des pensées de vengeance et de haine. Aurillac s'humilia vite sous la main du Seigneur.

— Mon Dieu! dit-il, mon Dieu! Vous ne venez pas de retracer à mes yeux cette scène déchirante, pour broyer davantage un cœur dont vous semblez avoir pitié! Tenez, je vous ai demandé avec persévérance, avec larmes, la joie de confondre mes calomniateurs, eh bien! j'ai mis trop haut l'orgueil, je le faisais passer avant les joies intimes, ou plutôt j'implorais de votre miséricorde l'effusion de tous les dons à la fois. J'avais tort, je me repens, je n'ai pas le droit d'exiger tant de votre munificence. Que je reste enseveli sans retour dans ma misère et ma honte, que le galérien n'ait jamais le droit de relever devant les hommes le front qui s'humilie en ce moment devant vous. En échange, rendez-moi ma femme! rendez-moi mon enfant!

Aurillac pleurait.

En ce moment, le bruit du timbre de la porte se fit entendre.

L'avocat rentrait chez lui.

Aurillac se leva vivement et, grâce à un suprême effort de sa volonté, essuyant ses yeux et composant son visage, il attendit Maximilien.

Il avait bien moins hâte, à cette heure, de lui apprendre le résultat heureux de ses recherches et de lui montrer la preuve de la culpabilité de Nerval, que de l'interroger sur la toile envoyée par Gabriel Vernac.

Maximilien ouvrit la porte du cabinet.

Le rayonnement joyeux de son visage frappa le chiffonnier.

Achille Nerval venait de lui accorder Angélie pour femme, et l'âme du jeune homme était pleine d'allégresse.

Aussi se trouvait-il content de rencontrer chez lui un homme qui avait peut-être besoin d'un conseil, d'un service et, demanda-t-il, d'une voix franche et sonnant le bonheur :

— Eh bien! père Falot, avez-vous des nouvelles? Je me sens si heureux que je voudrais répandre ma félicité sur tous. Le couronnement de mon allégresse d'aujourd'hui serait de me dire : — « J'ai réussi, mon œuvre est achevée, Aurillac va retrouver sa fortune, son honneur et sa famille ! »

— Vous êtes bon, monsieur. Ainsi, sans me montrer indiscret, je puis me réjouir de ce qui vous arrive ?

— Oui, et cela me fait du bien de songer que d'honnêtes gens partagent ma joie.

Il avait vécu seul, enfermé dans une étroite prison. (*Voir page* 422.)

— Et sans doute, monsieur, vous n'avez pas encore vu la surprise qui vous attend ici ?
— Quelle surprise ?
— Ce tableau.

Maximilien s'approcha rapidement de la table.

— Bon et cher Vernac ! dit-il, comme il a tenu sa promesse. Son habile pinceau a rendu plus vivants, plus réels encore tous les navrants détails de cette scène, et sa mémoire ne lui en a pas fait oublier un seul.

— Sa mémoire, répéta le chiffonnier.

— Oui, père Falot, reprit Maximilien d'une voix soudainement attendrie, tout ce que vous voyez représenté là est vrai, trop vrai, trop navrant, hélas ! Et quand je contemple sur cette toile le visage pâle et si cher de cette morte, je sens mon cœur se fondre de douleur et de regret.

— Cette morte, dit Aurillac, d'une voix mal contenue, vous la connaissiez donc, monsieur ? La scène représentée sur cette toile n'est pas une fiction ? Il est bien arrivé semblable malheur, et la figure angélique de cette femme.....

— Cette femme, cette sainte, cette martyre, autant que ma mémoire d'enfant me permet de m'en souvenir, c'était ma mère !

— Votre mère ! s'écria Aurillac, en éclatant, votre mère !

— Vous comprenez ma douleur, mon émotion ; vous avez un bon cœur et je vous crois dévoué, je puis donc vous dire, comme à un ami, ce que cette toile rappelle à mes souvenirs.

— Parlez ! parlez ! dit avidement le chiffonnier.

— Je manque de preuves, de certitude ; je n'ai que des indices, mais ils sont déjà un précieux aliment pour la religion de mes regrets. C'est le hasard qui m'a fait remarquer, chez un peintre de mes amis, l'ébauche que vous voyez complète à cette heure. Elle me frappa si vivement que j'en voulus connaître l'histoire. Il me semblait qu'elle se rattachait à la mienne. Voici donc ce que me raconta Gabriel Vernac. Un matin, au village des Bruyants, en Bretagne, la jeune morte que vous voyez-là fut trouvée glacée, roidie au fond de la charrette qui se trouve là, au second plan.

— Morte ! elle était bien morte ? répéta Aurillac d'une voix indistincte.

— Oui, et près d'elle vagissait une enfant.

— Une enfant !

— Elle venait de lui donner la vie, en même temps qu'elle exhalait son dernier soupir.

— Mais c'est horrible ! horrible !

— Oui, cela était horrible ! Le curé du village ensevelit la morte et adopta l'enfant, qui fut nourrie par une paysanne des Bruyants.

— Ainsi, demanda le chiffonnier, d'une voix de plus en plus agitée, vous avez une sœur ?

— Que je n'ai jamais vue. L'abbé Bernard pourra sans doute m'aider à retrouver ses traces ; mais il est absent, et jusqu'à son retour je dois me contenter de prier pour Colombe.

— Votre sœur s'appelle Colombe ?

— Toujours d'après les souvenirs de Gabriel Vernac.

— Mais, d'après les vôtres ?

— Les miens, je vous l'ai dit, se perdent un peu dans la nuit du rêve. Le portrait de cette jeune femme m'a cependant assez vivement frappé pour qu'il me semblât la reconnaître, et que je crusse pouvoir lui donner ce nom que je ne dirai plus jamais : « Ma mère ! »

— Mais, pourquoi en étiez-vous séparé ?

— Pourquoi ? Je ne le sais pas encore. Je me rappelle seulement que nous partîmes ensemble de Paris, ma mère et moi, dans une charrette remplie de provisions et de marchandises. La charrette était traînée par un vieux cheval appelé César. Où allions-nous ? Vers mon père. Ma mère le redisait souvent. Mais où habitait mon père, cela ne me l'apprenait pas. Je pouvais seulement conclure de ses paroles que mon père souffrait et qu'il nous appelait tous deux. Elle m'enseignait à prier pour lui, et jamais elle ne disait autrement que ces mots : « Prions pour le martyr ! »

— Le martyr ! répéta Aurillac, comme un écho.

— Hélas ! ma mère, déjà bien épuisée, ne devait pas finir cette terrible route. Elle rassemblait son courage ; elle avait hâte d'arriver, et durant la dernière nuit, la nuit suprême, d'angoisses, de tortures, dont aujourd'hui je m'explique l'amertume et les croissantes terreurs elle ne cessait de répéter : « Pourvu que j'arrive avant ! » Je ne comprenais pas ce qu'elle attendait en le redoutant. Hélas ! c'était la naissance de cette autre enfant, destinée sans doute à la misère, à l'épreuve, la naissance de ma sœur, de cette créature que Vernac a vu baptiser dans l'église des Bruyants, qui eût pour nourrice une femme du village, et qu'il dit s'appeler Colombe.

— Colombe !

— Nous allions donc dans la nuit, à travers l'orage. Je me souviendrai toujours du fracas grandissant du tonnerre, de la lueur rouge des éclairs sillonnant un ciel noir. J'avais peur des roulements de la foudre, des grands bras des arbres muets, peur de la solitude dans cette campagne déserte, plus peur encore de l'angoisse de ma mère, qui me pressait sur sa poitrine, avec des élans de tendresse, alarmée, et jetait dans mon cœur ses suprêmes conseils et ses derniers adieux. Ah ! sa joue, sa joue pâle, ruisselante de larmes, que je voyais de temps à autre sous la lueur bleuâtre des éclairs, je la sens toujours sur mon visage ! Et j'étais tout petit, tout petit, père Falot, je n'avais pas neuf ans !

Aurillac regarda Maximilien avec une intensité d'attention dont celui-ci ne s'aperçut pas ; il était tout entier au souvenir évoqué par la toile de Gabriel Vernac..

L'époux d'Anita se demandait s'il était le jouet d'un rêve. Haletant, il attendait la fin de ces poignantes confidences, prêt à pousser un cri de joie et à presser Maximilien dans ses bras.

— Ma mère avait besoin de secours, je descendis pour en chercher. Pendant mon absence, le cheval, affolé, emporta la carriole, qui vint s'arrêter à la porte du presbytère, où se dénoua ce drame navrant. Ma mère avait rendu son âme à Dieu. Moi, fou de douleur, pleurant, criant, je redemandais vainement la mère que jamais, jamais je ne devais revoir !

Maximilien cacha son front dans ses mains.

— Et, demanda le chiffonnier, comment s'appelait votre mère ?

— Anita, répondit l'avocat.

Un cri, que nulle expression ne saurait rendre, s'échappa de la poitrine d'Aurillac.

Si la mère de Maximilien s'appelait Anita, Maximilien était donc Max, ce « petit Max » que le malheureux redemandait vainement au ciel.

Ah ! le Seigneur était bon ! Après avoir ouvert une plaie profonde au cœur d'Aurillac, par le trépas, si douloureux dans ses moindres détails, de celle qui avait été la chère compagne de sa vie, il lui envoyait une joie inouïe, une joie surhumaine, il lui rendait son enfant.

Maximilien, ce beau, ce laborieux, ce noble jeune homme était son fils, sa chair, son cœur. Il trouverait près de lui l'oubli du passé ; avec lui, il parlerait d'Anita, cette Anita tant pleurée, et peut-être, tous deux, unissant leurs efforts et leur tendresse, découvriraient les traces de l'enfant adoptée par l'abbé Lormel et élevée au village des Bruyants.

Aurillac se disait toutes ces choses, tandis que Maximilien restait perdu dans la pensée de sa mère. Maintenant qu'il se savait sûr d'avoir retrouvé son fils, Aurillac se demandait comment il allait s'y prendre pour révéler la vérité au jeune avocat, sans lui causer un trop vif étonnement.

Il ne voulait point d'ailleurs, en lui criant : « Je suis ton père, » lui laisser croire qu'il était simplement un homme devenu pauvre par suite de malheurs nombreux ; il devait brusquement reprendre devant Maximilien, sa personnalité, rejeter la défroque du père Falot, et dire, en relevant la tête :

— Je m'appelle Austin Aurillac.

La veille il ne l'eût pas osé, parce que la veille une condamnation flétrissait ce nom et forçait celui qui le portait à se cacher dans sa misère et sa honte. Mais, depuis qu'il possédait la lettre de Nerval à Camourdas, Aurillac pouvait lever la tête. Avec quelle explosion de joie l'avocat, le fils, apprendrait le miracle opéré par la Providence en faveur de celui qui avait tant souffert. Quel courage déploierait, pour cette cause sacrée, celui qui l'avait embrassée, guidé par le seul instinct de la justice. C'est à Maximilien, à son talent, à son éloquence, qu'Aurillac devrait définitivement la liberté et l'honneur. L'éloquence de l'orateur et la tendresse filiale remporteraient une de ces victoires dont le souvenir demeure immortel dans les fastes judiciaires.

Avec quelle joie, quelle reconnaissance, quel orgueil, Aurillac regardait son fils !

La veille, il le comptait comme une rare exception parmi les jeunes hommes, il estimait heureux ceux qui lui tenaient par les liens du sang. Et, à cette heure, cet homme intègre et loyal, dont la réputation ne devait rien à l'intrigue, ce travailleur infatigable, ce lutteur obstiné, ce triomphateur modeste était son enfant ! l'enfant pleuré, l'enfant perdu !

Mais, en même temps, quelle gratitude envers Dieu débordait de l'âme d'Aurillac ! Dieu avait pris son enfant par la main, et ses anges l'avaient couvé sous leurs ailes. Qui aurait osé attendre que l'orphelin, exposé par une nuit de mort et d'orage, serait recueilli par la charité, gardé par la vertu, la piété, le travail, jusqu'à ce qu'il fût devenu un homme ?

Oui, un homme probe et doux, généreux et compatissant, si compatissant, si généreux que, pour le récompenser, Dieu avait permis que, sans savoir quel intérêt puissant il gardait à ce triomphe, il avait entrepris de faire triompher la cause de son père.

Aurillac rassemblait des forces pour supporter l'émotion foudroyante qui allait le terrasser peut-être, au moment où, pour la première fois, il presserait son fils dans ses bras. Il s'abandonnait à l'attente de cette joie délicieuse, et laissait sécher dans les yeux de Maximilien les pleurs qu'il répandait au souvenir de sa mère. Ne savait-il point que, tout à l'heure, dans une minute, le jeune avocat ressentirait la plus grande joie de sa vie ?

— La plus grande joie ? se répéta Aurillac. Non, mais non, il me l'a dit, en entrant, cette joie vient de lui être donnée ; elle lui vient d'un autre que moi. Son visage ne resplendissait-il pas quand il a pénétré dans cette pièce ? Il est heureux. Il possède une raison, une grave raison pour être heureux. Que peut-il avoir qui lui cause une émotion si violente et si douce ?

Aurillac se mit à sourire.

— Fou que je suis, pensa-t-il, il songe à se marier, sans doute. Il a demandé la main d'une jeune fille. On la lui accorde. Il va fonder une famille à son tour. Son bonheur est grave comme ses nouveaux devoirs, épanoui comme sa jeunesse. Il va me prier de bénir une seconde fille, et je devrai ouvrir de plus en plus grands mes bras et mon cœur, pour serrer sur ma poitrine les êtres chers qui me sont rendus et donnés.

En ce moment, Maximilien leva la tête.

— Vous comprenez mes larmes, père Falot, dit-il.

— Oh ! oui ! oui ! répondit le chiffonnier, et plus que vous ne sauriez croire. Mais l'amertume du passé ne doit pas vous enlever l'espérance. Dieu qui nous retire nos joies une à une, permet que d'autres bonheurs prennent la place des premières. Vous regrettez votre mère, un ange, eh bien ! le Seigneur enverra un autre ange dans votre maison, et sa tendresse vous fera, non pas oublier, mais trouver moins dure votre séparation.

— Oui, vous avez raison, père Falot, doublement raison. Car en venant ici, j'avais les larmes aux yeux, et c'étaient des larmes de joie.

— Vous vous mariez ? demanda Aurillac.

— Comment l'avez-vous deviné ?

— Je me souviens. Le jour où me fut accordée la main de celle que j'ai uniquement aimée, j'avais comme vous le cœur en fête.

— Eh bien ! oui, j'épouse la meilleure, la plus charmante des jeunes filles ; vous pouvez d'autant mieux me comprendre que vous la connaissez, père Falot. Je vous ai entendu faire son éloge d'une façon enthousiaste ; et quand vous parlez d'Angélie.....

— Angélie ! demanda Aurillac, d'une voix sourde, celle que vous épousez s'appelle Angélie ?

— Elle est l'unique fille de M. Nerval, répondit l'avocat.

La foudre fût tombée aux pieds du chiffonnier qu'il n'aurait pas ressenti une commotion plus terrible. Il chancela comme un homme ivre et tomba dans un fauteuil.

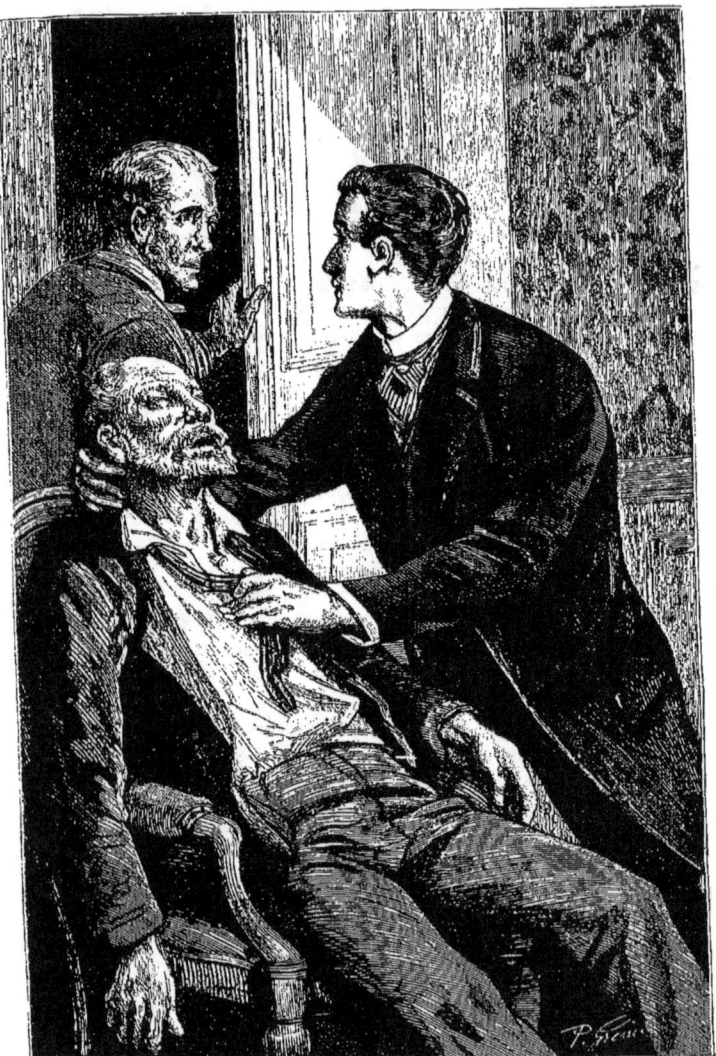

Maximilien dénoua rapidement sa cravate. (*Voir page* 434.)

CHAPITRE XIII

SACRIFICE

Maximilien, en voyant s'affaisser le père Falot, courut à lui, dénoua rapidement sa cravate, déboutonna sa veste, et appelant le vieux domestique, il lui dit avec angoisse :

— Aide-moi, Pierre, à transporter ce pauvre homme sur mon lit, apporte-moi le flacon de sels, de l'eau fraîche, et va chercher un médecin.

Pierre sortit en courant, et laissa son jeune maître occupé à rappeler Aurillac à la vie.

Hélas! la nouvelle que venait d'apprendre le malheureux, éprouvé par tant de secousses, l'avait frappé comme un coup de foudre ; la congestion venait, pour un moment de moins, d'arrêter sa pensée et de paralyser ses membres. En vain Maximilien humecta ses tempes, essaya de faire avaler au malheureux quelques gouttes d'un cordial, tous les secours dont pouvait disposer le jeune homme demeurèrent inutiles ; il appartenait à la science seule d'avancer la résurrection de ce corps inerte, et de rappeler la chaleur dans ces membres glacés.

Heureusement, un médecin, habitant la maison voisine, arriva bientôt.

Il examina le malade et dit avec assurance :

— Une saignée le ranimera.

En un moment il ouvrit la veine du bras d'Aurillac; le sang coula lentement et noir d'abord, puis avec plus d'abondance, et le docteur qui observait le visage du malade, ne tarda pas à voir s'agiter ses paupières.

— Tout va bien, dit-il en bandant le bras d'Aurillac, le malade ne demandera que quelques soins, des réconfortants, beaucoup de calme de corps et d'esprit ; je ne sais pourquoi, il me paraît qu'une émotion violente a seule pu provoquer un accident semblable.

— Une émotion, répéta le jeune homme, je ne comprends pas...

Il chercha dans ses souvenirs ce qui pouvait avoir à ce point troublé le père Falot, mais il ne le devina point.

Le malade s'agita doucement.

Ses lèvres pâles s'entr'ouvrirent, et il murmura :
— Max ! mon petit Max !
Cet accent profond et tendre fit tressaillir l'avocat.
Au plus profond de son cœur il lui semblait se souvenir d'avoir entendu cet accent si rempli d'amour, si frémissant de tendresses paternelles.
Aurillac se souleva et ouvrit les yeux.
Son premier regard se porta sur Maximilien.
Quel regard ! il s'emplit d'une joie si profonde, il rayonna d'une telle lumière, que Maximilien se sentit profondément touché.
Avant que le malade se réveillât complètement de son atonie, le père se retrouvait tout entier.
Il se souvint de la révélation qui l'avait bouleversé ; il retrouva soudainement dans son âme l'assurance que l'enfant perdu venait d'être retrouvé et qu'il n'était plus seul dans la vie.
Il tendit ses bras affaiblis vers le jeune homme :
— Vous ! dit-il, vous !
Il étouffa un cri plus tendre, et toute son âme criait :
— C'est toi !
— Comment vous trouvez-vous ? mon ami, demanda Maximilien.
— Mieux, beaucoup mieux.
Aurillac tenta de se tenir sur son séant, mais il ne put y réussir, et l'avocat le prit dans ses bras pour l'aider.
— Et maintenant ? reprit Maximilien.
— Maintenant, je suis si bien que je voudrais mourir.
Il ferma les yeux et s'abandonna au sentiment d'une joie ineffable.
Celui qui le tenait serré sur sa poitrine, qui l'entourait de ses bras à la fois robustes et caressants, c'était Max, c'était son fils ! Pour n'être pas encore révélée, cette extase du cœur n'en était pas moins grande ; il fallait à Aurillac un courage plus qu'humain pour arrêter en ce moment sur ses lèvres la révélation de la vérité.
Peut-être allait-il, dans la demi-torpeur enveloppant encore son cerveau, laisser échapper son secret, quand un nom traversa brusquement sa pensée.
Ce nom était celui d'Angélie Nerval.
Il sembla au malheureux qu'une main de fer lui comprimait subitement la poitrine, et qu'un implacable silence lui était à jamais imposé.
Il ferma les yeux et retomba en arrière.
Maximilien s'assit en face de lui sur un fauteuil, et croyant que le sommeil s'emparait du malheureux, il se prépara à passer la nuit près de son chevet.
Mais, tandis que ses paupières restaient closes, Aurillac pensait, et

une lutte terrible commençait entre deux courants bien divers. Les drames de l'âme et de la conscience sont les plus douloureux et les plus magnifiques, et durant une partie de cette nuit de souffrance et d'angoisse, Aurillac souffrit une véritable agonie.

La main qui venait de lui tendre une coupe à laquelle il brûlait de s'abreuver depuis dix-huit années, allait-elle la briser entre ses dents ? Aurillac ne retrouverait-il son fils que pour le perdre encore ?

Austin Aurillac employant tour à tour le raisonnement et la prière, eût triomphé de l'entrainement ou de l'engouement de son fils ; mais le chiffonnier connaissait trop la grandeur d'âme d'Angélie, ses vertus admirables rehaussées par une grâce modeste, pour qu'il pût espérer que le cœur de Maximilien l'oubliât jamais.

Le ciel même paraissait les avoir créés l'un pour l'autre.

Une seule créature gardait le pouvoir de les désunir : Aurillac.

Il le savait bien : il ne serait pas difficile d'obtenir que tout projet de mariage fût rompu subitement. Il suffisait au père Falot de révéler la vérité à l'un ou à l'autre des jeunes gens.

Un mot eût suffi à Angélie pour lui communiquer la force de prendre elle-même l'iniative de cette rupture.

Mais alors le bonheur de Maximilien se trouvait détruit sans retour.

Angélie s'enfuirait du monde ; sous l'humble cornette de la sœur, elle irait porter la bonne parole aux sauvages ; elle éloignerait de son souvenir l'image de tout bonheur terrestre pour se consacrer au service de Dieu et implorer du ciel la grâce de son père.

Mais Maximilien ? L'aveu d'Aurillac faisait de l'avocat l'instrument du désespoir de la jeune fille ; le mémoire composé par le jeune légiste contre l'incendiaire de la Villette, frappait Nerval comme un glaive.

Un chaos de pensées confuses s'agitait dans le cerveau fatigué du malade. Il ne trouvait plus de fil conducteur. La colonne qui doit guider l'humanité dans le désert, montrait son côté sombre. Son cœur battait à coups pressés, mortels, sa tête lui semblait lourde comme un monde.

Aurillac ouvrit les paupières et regarda Maximilien.

Le jeune homme venait de placer sur une petite table sa serviette gonflée de papiers, et il travaillait à la lumière de la lampe adoucie par un large abat-jour.

Quand Aurillac eût rassasié ses yeux de père de la contemplation du jeune homme, il les leva plus haut, et en face de lui il aperçut un Christ mourant.

Un crucifix ! c'est-à-dire la plus haute, la plus complète, la plus magnifique, la plus divine incarnation du sacrifice.

Si grand que soit le caractère d'un homme, si haut que soit son cœur, l'égoïsme le guide parfois ; les plus rares vertus humaines ont leur ombre, et la foi seule les purifie à son creuset.

Aurillac regardait donc le crucifix.

Il le voyait suspendu au bois infâme sur lequel une main sanglante venait d'accrocher une inscription railleuse... le front penché sous le poids d'une douleur immense, accrue de la certitude que le sacrifice serait inutile pour un grand nombre. Des doigts crispés se courbaient vers la paume transpercée, la poitrine se soulevait dans un dernier spasme, les genoux fléchissants supportaient mal le poids du corps torturé ; le sang affluait aux jambes tuméfiées dont les veines grossies semblaient près d'éclater ; les orteils se tordaient, les deux pieds brutalement joints étalaient la plaie énorme et sans cesse déchirée, agrandie, formée par un clou unique.

C'était bien là l'homme de douleurs, l'agneau immolé, la victime expiatoire. Avait-il péché ? Il était plus pur que la lumière ! Pour qui souffrait-il donc ? — Il souffrait pour les fautes des hommes !

Et cependant, du sein de cet infamant supplice, au milieu des imprécations de la foule, tandis que l'un de ses compagnons de mort se tordait dans ses liens, une joie incommensurable remplissait l'âme du Sauveur. Il s'oubliait. Il venait de voir et d'entendre por un moment le sommet du Golgotha envahi par la foule, les soldats jouant aux dés, les gardes à cheval, les pharisiens insulteurs, le peuple stupide, et détournant sa pensée du théâtre du drame divin dont il restait le prêtre et la victime, ordonnant le sacrifice et s'offrant au couteau ; il voyait, de son regard de Fils de Dieu, l'abîme s'entrouvrant pour les rapatriements du ciel, les limbes rendant aux splendeurs célestes les patriarches de la loi première, et son regard, devançant l'avenir, voyait grandir les générations de chrétiens comme d'un mot il avait semé l'espace de la géante et lumineuse poussière des étoiles !

Le sacrifice ! l'abnégation, l'oubli de soi, voilà ce que prêchait à Aurillac le crucifix dont il adorait les blessures.

Et s'il ouvrait son âme pour y recueillir les paroles qui découlaient des lèvres mourantes de Jésus, il n'entendait prononcer que des mots peignant l'oubli de soi dans l'effusion d'une charité digne.

L'une d'elles cependant, dernière plainte de l'homme succombant sous le poids de la torture, s'échappa des lèvres d'Aurillac :

— Mon Dieu ! mon Dieu ! pourquoi m'avez-vous abandonné ?

Mais en même temps une voix intime, toute-puissante, venant à la fois de sa conscience et de son cœur, murmura :

— Dieu ne t'abandonne pas, il ne t'abandonnera jamais. Il mesure à ta force l'épreuve que tu dois subir. Ne te laisse-t-il point libre, d'ailleurs, d'accepter ou de rejeter le fardeau ?

Elle irait porter la bonne parole aux sauvages. (*Voir page* 436.)

Oui, Aurillac était libre !

Libre de se soulever sur le lit où il restait étendu et de crier à Maximilien :

— Je suis l'époux d'Anita ! viens dans mes bras.

Mais cette révélation était la condamnation du jeune homme.

Du moment qu'il était le fils d'Aurillac, il ne pouvait songer à devenir le mari d'Angélie.

Il se ferait pasteur du troupeau de quelque ferme isolée. (*Voir page* 441.)

Ainsi, Aurillac ne retrouvait son fils que pour lui briser le cœur.

Il savait, à n'en pouvoir douter, que ce noble jeune homme regrettait profondément son père; il vénérait la mémoire de ce « martyr » au point d'avoir choisi une profession qui était une sorte d'hommage rendu à ses souffrances imméritées.

Placé entre sa fiancée et son père, Maximilien n'eût pas hésité un instant.

La nature, le devoir l'eussent entraîné vers Aurillac d'une façon irrésistible, et il aurait gardé assez d'empire sur lui-même pour dissimuler à tous le chagrin dont il ne se fût jamais guéri.

Encore, s'il ne s'était agi que de rompre un mariage auquel il attachait l'idée de son bonheur, mais il fallait du même coup frapper Angélie dans ce qu'elle chérissait le plus au monde. Elle l'aimait ce père, ce Nerval qui avait été l'instrument de la perte d'Aurillac. Elle vénérait ce lâche, ce calomniateur, cet incendiaire ! En lui enlevant son fiancé, il fallait flétrir Nerval ; Angélie devenait du même coup orpheline et veuve. On rouvrait une à une les plaies de son âme pour les faire saigner davantage. L'accusateur foudroyant de Nerval était le même homme qui lui avait donné un anneau de fiançailles. N'en était-ce pas trop pour cette enfant, si héroïque qu'elle fût !

— Mon Dieu ! murmura Aurillac, que votre volonté soit faite et non la mienne !

Rien ne calme comme la soumission ; l'acceptation de la douleur est déjà un repos.

Les mains entre lesquelles l'homme remet sa volonté sont si paternelles et si tendres, qu'elles répandent un baume guérisseur sur les plus grandes blessures.

Aurillac, remis de la violence de son premier trouble, s'interrogea avec plus de calme.

— Qu'est-ce que je voulais ? qu'est-ce que je demandais à Dieu ? Je le suppliais de m'apprendre la destinée des miens, et de me fournir le moyen de reconquérir l'estime des hommes. La tombe d'Anita fut entourée d'un culte pieux, il me sera donné de m'y agenouiller et de demander du courage à l'âme de cette chère sainte. Mon fils est vivant ! Vivant là, devant moi. Je trouve en lui plus de qualités que je n'en pouvais rêver peut-être. Ne pouvait-il pas advenir, ne devais-je pas redouter qu'il en fût ainsi, que cet enfant abandonné devînt à son tour la proie des méchants ! Dieu me l'a gardé noble, pur et bon. Si l'on m'avait demandé hier : « Vous gardez le choix entre deux grâces : votre réhabilitation ou votre enfant, choisissez. » J'aurais crié : — « Mon fils ! rendez-moi mon fils ! » Eh bien ! ce choix, pour n'être point formulé, restait dans la pensée du Seigneur. Sans doute, je puis dire à la société : « Je suis innocent, j'en apporte la preuve ! » et cependant garder Maximilien, celui qui pour moi reste « le petit Max. » Mais le spectacle de sa douleur me serait insupportable. Je le veux heureux, au prix de ma propre joie ; la vie s'ouvre pour lui, pour cette jeune fille ; pour moi, elle est prête à se clore... peut-être à l'heure suprême les appellerai-je au chevet de mon lit, et leur révélerai-je mon nom. Alors de quel culte ils entoureront ma mémoire et comme le cri de leur cœur me paiera de mon sacrifice....

Une fois encore Aurillac regarda le crucifix.

Quand il abaissa les yeux sur Maximilien, il murmura :

— Sois heureux !

Et sa main tremblante s'étendit du côté du jeune homme comme pour une bénédiction et pour un serment.

Il venait de prendre une résolution suprême.

Il disparaîtrait. Il quitterait Paris, renonçant à l'espoir d'une réhabilitation, renonçant à de justes représailles et s'en remettant à Dieu du châtiment du criminel. Il se ferait pasteur du troupeau de quelque ferme isolée et finirait là ses tristes jours, mais au moins, il aurait cette suprême consolation de pouvoir se dire à toute heure, à toute minute, à chaque battement de son cœur :

— J'ai donné plus que la vie à mon fils ! Je lui ai sacrifié plus que mon sang, et son bonheur est mon ouvrage !

Et quand Aurillac eut pris cette résolution immuable, il dit en joignant les mains :

— *Consummatum est.*

Tout était repos, silence, dans cette âme de père et de chrétien héroïque et résigné, et quelque chose de la joie des martyrs l'inonda et le vivifia.

Et comme le corps après les grandes crises physiques, et le cœur après l'épreuve des douleurs terribles, ont tous deux besoin de repos, Aurillac s'évanouit pour ainsi dire dans le sommeil.

Quand il ouvrit les yeux, il faisait grand jour.

Maximilien se trouvait au pied de son lit, épiant son réveil avec sollicitude.

— Comment êtes-vous, père Falot ? demanda-t-il avec bonté.

— Tout à fait bien, je vous remercie... oui, je vous remercie du fond du cœur. Je vous ai grandement dérangé.

— Moi ! non pas ! Je veille souvent pour travailler ; cette nuit j'ai travaillé tandis que vous dormiez, voilà tout.

— Mes forces reviennent, dit Aurillac en se levant, et je vais...

— Vous allez d'abord déjeuner avec moi, je ne vous rendrai pas votre liberté avant que vous ayez mangé une côtelette et pris un verre de bordeaux.

— Moi, je déjeunerais avec vous ? dit Aurillac la voix tremblante d'émotion.

— N'êtes-vous pas mon allié, mon ami ? demanda Maximilien en tendant la main au chiffonnier ; et tenez, s'il faut vous le dire, vous m'inspirez une sympathie toute particulière ; je me sens attiré vers vous par vos qualités que j'estime fort, et puis, par un fait physique qui, si je vous le révélais, vous semblerait étrange.

— Et c'est ?..

— Le son de votre voix.

— Comment ma voix peut-elle?...

— Tout ce que je puis affirmer, dit l'avocat d'un accent profondément ému, c'est que je ne l'entends jamais sans tressaillir... De même que la vue d'une toile a réveillé dans ma mémoire le contour indécis d'un visage, de même votre voix me rappelle cette chère musique du cœur qui reste inoubliable. Vous avez une façon de dire certaines choses, de prononcer certains mots qui me remue, et souvent, fermant les yeux, je vous écoute quand vous parlez, et je m'interroge en murmurant : « Où donc ai-je entendu cette voix ? »

— Mon Dieu ! mon Dieu ! fit Aurillac en comprimant à deux mains sa poitrine.

— Et ce qui est plus étrange encore, reprit Maximilien, c'est qu'en sortant de votre torpeur vous avez prononcé mon nom.

— Je vous ai appelé Maximilien ?

— Non, vous vous êtes servi du diminutif caressant qui semblait si doux sur les lèvres de ma mère Anita et dans la bouche de mon père, vous avez dit: « Max ! mon petit Max ! »

— Ah ! fit Aurillac, tout tremblant. Ne vous étonnez pas, voyez-vous, j'ai eu un enfant, un petit enfant...

— Qui s'appelait ainsi ?

— Oui, et par instants, sans trêve, en marchant, en dormant, dans mon travail comme dans mes prières, je redis ce nom : « Max ! mon petit Max ! »

Aurillac prononça ces mots avec une tendresse si profonde que le jeune avocat, ne pouvant résister à la puissance de son émotion, se jeta dans les bras du chiffonnier.

— Mon père ! mon pauvre père ! dit-il.

Et il se mit à sangloter sur l'épaule du vieillard

Aurillac le tenait dans ses bras ce fils tant cherché, tant aimé. Il le serrait sur sa poitrine avec une force croissante. Il emplissait son cœur d'une ineffable joie. Une seule chose l'effrayait : la puissance de son bonheur. Il redoutait de se trahir, il ne le voulait pas. Plus Maximilien lui témoignait de confiance, plus il comprenait les délicatesses de son cœur, moins il voulait lui faire subir une terrible épreuve. Le Seigneur n'était-il pas bon de lui procurer tant de consolations à la fois !

Maximilien, en s'arrachant des bras du chiffonnier, lui dit :

— Je ne crains pas que mon émotion vous surprenne ; vous songez à votre enfant perdu, je me souviens de mon père malheureux !

Une demi-heure plus tard l'avocat et le chiffonnier étaient assis à la même table.

Le vieillard mangeait à peine, l'émotion l'étouffait. Maximilien le servait avec mille attentions délicates.

Tout en mangeant, ils reprirent la conversation de la veille.

— Ainsi, monsieur, demanda le père Falot, votre mariage avec mademoiselle Nerval comble tous vos vœux ?

— Oui, mon ami ; je n'osais élever mes rêves si haut ; je me disais qu'il y avait folie à songer que cette belle jeune fille deviendrait ma femme, mais ce que je savais bien, c'est que si je ne l'avais point épousée, je ne m'en serais jamais consolé !.. Elle sera la confidente de ma vie, mon courage, ma joie, ma conscience ; elle doublera ma force pour le travail, et appellera sur la tâche que je me suis imposée la bénédiction du ciel. Car elle sait, elle pour qui je ne saurais garder un secret, elle sait que je poursuis les coupables de l'incendie de la Villette, elle tient à mon succès comme j'y tiens moi-même.

— Et Nerval ?

— La meilleure preuve de son approbation qu'il puisse me donner, c'est de m'accepter pour gendre.

— Vous lui avez tout dit ?

— Tout.

— Je comprend, pensa Aurillac, il a peur...

Le déjeuner s'acheva. Il était neuf heures. Le jeune homme devait songer à se rendre au palais, et le chiffonnier se voyait forcé de quitter cette chère maison où il venait de ressentir des émotions si diverses.

Au moment où il allait prendre congé de Maximilien, il aperçut sur sur la cheminée une photographie du jeune avocat.

— J'ai une dernière grâce à vous demander, dit-il à l'avocat.

— Je vous la promets d'avance.

— Eh bien ! ce portrait.

— Vous le souhaitez ?

— De tout mon cœur.

— Le voici.

— Ah ! ce n'est pas tout, signez au bas, signez... Mais si cela ne vous fait rien, n'écrivez pas en entier votre nom de baptême mettez seulement Max.

L'avocat tressaillit, comme il faisait chaque fois qu'il entendait le père Falot prononcer ce nom, puis il traça les trois lettres formant l'abréviation de son nom.

— Adieu ! dit Aurillac, adieu ! soyez heureux !

Une dernière fois il serra la main de l'avocat, puis il traversa l'antichambre et il sortit.

Alors tombant à genoux sur le seuil, il colla ses lèvres sur la porte et cria avec des sanglots :

— Max ! mon petit Max !

Bec-d'Oiseau rivalisait d'entrain avec Petit-Ange. (*Voir page* 455.)

CHAPITRE XIV

LE LIVRE A FERMOIR

On était au dimanche matin; Colombe se leva dès l'aube; elle tenait à mettre en ordre son modeste ménage avant d'assister aux offices. Petit-Ange l'aidait de son mieux. Pendant qu'il manœuvrait de toutes ses forces les balais et les plumeaux, l'Écureuil, passant sa face ébouriffée dans l'entrebâillement de la porte, demanda de sa voix de clarinette enrhumée :

— Avez-vous besoin de ma tête de loup rapport aux toiles d'araignées, mam'zelle ?

— Oh ! oui, l'Écureuil ! répondit Petit-Ange, j'ai beau me grandir en montant sur des chaises, je n'atteins pas la croisée; toi, tu as un marchepied.

— Et de grands bras, ajouta l'Écureuil.

En un instant le commis libraire se trouva grimpé sur une échelle et se mit à faire une chasse effrénée à ces dentellières du bon Dieu dont le travail est le rival des fils de la Vierge.

Grâce à cette assistance inattendue, la chambre et le cabinet de Petit-Ange furent bientôt propres comme un petit palais. L'Écureuil se passa aux pieds de grosses brosses de crin, ayant une courroie comme un sabot, et commença l'exécution d'un pas caractéristique auprès duquel ceux de l'Opéra restent d'une piètre valeur au point de vue de l'imprévu.

Les meubles reluisaient, le soleil se glissait à travers les rideaux blancs, la machine à coudre faisait silence, deux vases remplis de fleurs parfumaient le logis, et une pendule chantait l'heure avec cette honnête et grosse sonnerie des horloges qui disent : travail, probité, prière !

Lorsque l'Écureuil eut rempli son office, il dit à Colombe avec une sorte de timidité :

— Mademoiselle, j'ai rencontré hier votre ancienne amie, vous savez bien, la chanteuse du café du Delta.

— Epine-Vinette ?

— Oui la fameuse Épine-Vinette; elle descendait à la porte d'un bijoutier, et je m'imagine que le gros collier de perles placé à l'étalage la faisait loucher... En avait-elle des volants, des falbalas, des dentelles, une pagode, quoi !

— Elle ne t'a pas reconnu ?

— Si, et j'ai cru la voir rougir.

— Tant mieux, répondit Colombe ; ceux qui rougissent encore ne sont pas perdus... tu sais, l'Ecureuil, que je me suis arrangée avec le propriétaire, il me loue la chambre d'Épine-Vinette pour cent francs. Je veux que cette pièce reste toujours ouverte, toujours prête à recevoir celle que je persiste à attendre.

— Il vous la loue, mam'zelle ! dit l'Écureuil avec indignation, ne pouvait-il pas la laisser pour rien ? oh ! l'abominable avare !

— Le crois-tu bien riche, l'Écureuil ?

— Riche ! dites donc un Nabab pour l'opulence ; allez, je sais son histoire au père Longus, mon patron, M. Grappin, me l'a racontée. Un autre type, celui-là, je gage qu'il compte par millions.

— Des millions, l'Écureuil, tu es fou !

— Non point, mam'zelle, le vieux grigou possède trois coffres-forts, remplis du haut en bas d'actions et de billets de banque. Il ne dépense pas la centième partie de ses revenus ; la Cagnotte ne lui coûte rien, elle amasse aussi, et son maître fait valoir son argent. Elle prête à la petite semaine, que c'est horrible ! l'autre jour, une vieille fille lui a demandé cent sous sur un gage, et ce gage, vous ne devineriez jamais ce que c'était : un vieux perroquet. Eh bien ! à l'expiration du terme fixé pour le remboursement des cinq francs, comme la pauvre vieille fille n'avait point reparu, la Cagnotte a plumé le vieux perroquet et en a fait un pot-au-feu. Quand l'emprunteuse est revenue pour demander un délai, la Cagnotte rongeait la dernière patte... Mais au surplus, mademoiselle, vous savez bien que le père Longus voulait vous mettre à la porte de la maison pour un terme en retard. Oh ! les avares, je les hais, je les méprise.

Tandis que l'Ecureuil parlait de la sorte, Médéric s'était approché de la porte de Colombe et y frappait discrètement.

— Entrez ! dit la voix douce de la jeune fille.

— Vous m'avez demandé une copie de la dernière chanson d'Epine-Vinette, dit Médéric, la voici : *Faut-il du mouron pour les p'tits oiseaux ?*

— Comment, monsieur Médéric, dit Colombe, vous vous êtes donné cette peine, votre travail en aura souffert ?

— Mon travail ? oh ! non, mademoiselle, tout au plus mon sommeil.

— Vous vous tuerez, monsieur Médéric ; quelquefois vous êtes bien pâle ; j'espère que vous sortirez au moins aujourd'hui ?

— Pas plus que les autres jours, mademoiselle, ne faut-il pas gagner de l'argent ?

— Nous sommes au dimanche, dit Colombe d'une voix presque sévère.

Le jeune homme baissa la tête.

— Vous avez raison, je néglige mes devoirs, je les oublie. Ma pensée est absorbée par une préoccupation unique. Je n'ai et n'aurai de repos que... tenez, souvent je me dis que je n'en aurai jamais ! quelle vie que la mienne ! Je ne respire pas ! je ne sens jamais mes épaules délivrées du fardeau qui m'accable, et malgré mes efforts, en dépit de ma persévérance, je me demande si j'atteindrai mon but.

— Et quel est-il ?

— Amasser cent cinquante mille francs.

Colombe soupira. Tout le monde avait-il donc raison contre elle, quand on lui représentait Médéric comme un avare indigne de toute sympathie. Cependant, en dépit de ses propres paroles, de ses actes, elle se refusait à croire ce qui eut fait descendre Médéric dans son estime. Elle trouvait le rayon de ses yeux trop pur, et sa voix trop franche, pour le soupçonner d'être la proie, l'esclave d'un vice horrible si contraire à la générosité habituelle de la jeunesse. Aussi le regard qu'elle leva sur lui exprima-t-il plus de tristesse que d'indignation.

— Cent cinquante mille francs, répéta-t-elle, c'est une bien grosse somme, et il vous manque encore ?

— Quarante mille francs, mademoiselle.

— Et jusqu'à ce que vous les possédiez ?

— Je vivrai comme le plus pauvre des mendiants, mangeant du pain noir, me privant de sommeil, travaillant en manœuvre de la plume, sans feu l'hiver, sans amis, sans repos.

— Soit, dit Colombe, vous avez des raisons pour agir ainsi ; et, les ignorant, je ne puis vous blâmer. Seulement, si âpre que soit votre amour du gain, si persévérant que reste votre labeur, vous n'en devez pas moins prier le ciel de le bénir. A coup sûr, monsieur Médéric, vous êtes malheureux. Eh bien ! dans un coin écarté de l'église où vous pourrez vous agenouiller sur le pavé, vous trouverez le Consolateur suprême. C'est à lui que je m'adressais quand je manquais de pain, c'est à lui que vous devez recourir vous-même.

— Mademoiselle Colombe, demanda Médéric, voulez-vous me promettre de prier pour moi ?

— De grand cœur, répondit la jeune fille.

Médéric posa la romance sur la table, salua et sortit.

— Il y a un secret dans sa vie, murmura Colombe, et je ne sais pourquoi ce secret lui fait honneur. Le visage ne saurait mentir de la sorte. Il lui faut encore quarante mille francs.., jamais il ne sera libre, libre de donner son avenir, sa vie....

La jeune fille secoua son front devenu rêveur et s'occupa de la toilette de Petit-Ange avec un soin maternel.

Une demi-heure après, Colombe, tenant l'enfant par la main, descendait l'escalier pour se diriger vers l'église Saint-Augustin.

Elle était sortie depuis un quart d'heure, quand le père Falot, suivi de Bec-d'Oiseau, frappa à la petite porte marquée d'un pigeon dessiné à la craie.

— Allons ! dit le chiffonier, c'est dimanche, nous trouverons Colombe à l'église.

Aurillac et Bec-d'Oiseau descendirent la rue des Martyrs, suivirent la rue Saint-Lazare, montèrent les marches de Saint-Augustin, et entrèrent au moment où la messe commençait.

Jamais Austin Aurillac n'avait davantage senti le besoin de la prière.

Il sortait de la maison de Maximilien le cœur brisé. Quelques heures avaient suffi pour changer à jamais sa vie. Il venait de renoncer à l'espoir de reconquérir son honneur, à la joie de serrer son fils sur son cœur et de lui donner un titre sacré. Il s'anéantissait dans un dévouement sublime, un de ces dévouements qui, pour se maintenir à cette hauteur, ont besoin de s'appuyer sur la croix. La seule espérance terrestre qui lui restât dans sa nuit était bien faible : il avait eu une fille ! Anita expirante avait donné le jour à un enfant, et cet enfant vivait peut-être.

Poussé par l'instinct, saisi par la singularité du nom de sa fille, semblable à celui de la petite ouvrière, il venait pour apprendre d'elle le sort de sa naissance, l'histoire de sa famille, si elle avait une famille et un secret. Il accourait le cœur tremblant, le corps brisé par la lutte de la veille, et quand il se prosterna sur les dalles, son âme se fondit dans les pleurs. Son invocation fut coupée de sanglots. Il ne parlait point à Dieu, il criait vers lui. Dans les phrases entrecoupées qui s'échappaient de ses lèvres, il peignait une si ardente souffrance que le Consolateur suprême l'entendit. La voix mystérieuse qui répond dans le silence à l'âme éprouvée, calma l'amertume de son désespoir, et quand il se releva il se sentit presque fort.

Il sortit de l'église avec Bec-d'Oiseau, et se rangea pour attendre Colombe.

Au même moment, Médéric reconnut le chiffonnier qui vint lui serrer la main.

La foule s'écoulait rapidement, l'église devenait déserte, les cierges s'éteignaient sur l'autel, les vapeurs de l'encens s'évaporaient dans l'air appesanti par les parfums ; les derniers fidèles, ceux qui gardaient encore à dire la fervente prière consacrée aux morts bien-aimés ou aux vivants qui nous sont chers, redescendaient la nef.

Colombe ne venait pas.

Médéric semblait impatient, Aurillac devenait triste.

Enfin dans l'encadrement du portail, la jeune fille parut. Son visage reflétait encore un saint recueillement, elle appuyait sur sa poitrine un vieux livre à fermoir d'argent.

Ce fut Petit-Ange qui reconnut le père Falot.

Il courut se jeter dans ses bras. Colombe baissa les yeux en voyant Médéric, et lui dit doucement :

— Ma dernière prière a été pour vous, monsieur Médéric.

Aurillac tenait les yeux fixés sur le livre d'heures de la jeune fille. Une violente émotion s'emparait de lui ; ce livre, il croyait le reconnaître.

— Colombe, dit-il rapidement, je voudrais vous parler ; ce que j'ai à vous dire est grave, et j'ai besoin d'être seul avec vous...

— Grave, dit-elle, mais non pas triste ?

— Si je promenais les enfants ? demanda Médéric.

— Fort bien ! dit Aurillac, ramenez-les à l'heure du dîner.

Le chiffonnier entraîna Colombe.

Elle ne se rendait pas compte de ce qui se passait en elle, mais une émotion soudaine venait d'envahir son cœur. Comme la voix du père Falot tremblait tout à l'heure en lui disant qu'il avait besoin de lui parler ! Aurait-il deviné ? Non, il ne pouvait savoir... Colombe elle-même en était si peu sûre.

Le chiffonnier et la jeune fille marchaient rapidement.

Quand tous les deux se trouvèrent dans la chambre de l'ouvrière, le père Falot saisit les deux mains de Colombe et la regarda longuement, profondément, comme s'il cherchait sur son visage les traits d'une autre figure, puis, d'une voix tremblante, il lui demanda :

— Colombe, pouvez-vous me parler de votre enfance, et voulez-vous me montrer votre livre d'heures ?

— Le voilà, dit la jeune fille.

Aurillac le saisit, le regarda attentivement, et quand il trouva les deux A. A. entrelacés sur le fermoir, il colla ses lèvres sur ce chiffre.

— Ce livre, dit-il avec une extrême agitation, qui vous l'a donné ?

— C'est mon héritage, répondit Colombe.

— Votre héritage ! parlez, oh ! parlez ! Colombe, votre héritage, qui était donc votre mère ?

— Une pauvre femme que je n'ai pas connue. Un noble cœur que je n'ai point senti battre, une martyre que j'invoque chaque jour.

— Après, après, Colombe.

— Après, c'est tout. Dans la charrette où l'on trouva la morte on trouva aussi l'enfant.

Ils montèrent les marches de Saint-Augustin. (*Voir page* 449.)

— Et vous fûtes élevée au village des Bruyants?
— Oui...
— Baptisée par l'abbé Lormel?
— Oui, encore... Mais comment savez-vous?
— La Providence, Colombe, la Providence! et ce livre était le livre de votre mère, et votre mère s'appelait...
— Vous connaissez ma mère? s'écria Colombe en tombant aux

genoux du chiffonnier, dites, dites vite. C'est si bon d'entendre parler de sa mère.

— Votre mère s'appelait Anita, Anita Aurillac.

— Les deux A. A. *Anita Aurillac*, mais mon père ? ce père dont il est question dans les deux lettres, celui que ma mère appelait « le martyr, » ce père qui m'eût été si cher, dites, vous qui les avez connus tous deux, vit-il encore ?

— Il vit !

— Bonté du ciel !

— Il vit, Colombe, mais il est pauvre.

— Je travaillerai pour le nourrir.

— Il se cache comme un malfaiteur.

— J'en crois le témoignage de ma mère : mon père est un honnête homme.

— Oui, Colombe, je l'atteste devant Dieu, et cependant, aux yeux de tous, il est condamné, flétri, il se cache sous un nom d'emprunt, et si son identité était reconnue, on l'enverrait mourir à Cayenne.

— Ah ! pauvre, pauvre père ! où est-il ? parlez, continuez, mon ami, vous qui m'avez témoigné tant d'attachement, vous qui m'avez sauvé la vie, ajoutez encore à tout ce que je vous dois de reconnaissance. Mon père ! je ne serai plus seule, il ne sera pas isolé ! Il aura près de lui une créature dévouée, il saura que sa compagne croit en lui. Ah ! pour moi, son malheur le grandit encore, le mépris des hommes me le rend plus sacré ! Ce condamné, ce forçat, reste pour moi le « martyr, » partons ! mais partons donc, et qu'attendez-vous...

— Colombe, s'écria Aurillac, Colombe !

Il ne dit que ce nom, mais il ouvrit les bras ; la jeune fille regarda le vieillard, trembla comme une feuille, et tomba sur sa poitrine.

— Père ! père ! répondit-elle.

Et pendant longtemps, dans la petite chambre, on n'entendit que des pleurs, des mots entrecoupés par la joie, des baisers compensant les années de l'absence, des cris de tendresse et des élans de reconnaissance vers Dieu.

Ils ne se rassasiaient point, ces affamés d'affection, de se regarder à travers leurs larmes, de se sourire, d'étreindre leurs mains fiévreuses.

Aurillac trouvait Colombe mille fois plus charmante depuis qu'il la savait sa fille ; il cherchait sur son visage une vague ressemblance avec celui d'Anita. Il se faisait raconter sa première enfance, son séjour chez Marthe ; il voulait qu'elle recommençât le portrait de Marcotte, celui de l'abbé Lormel, qu'elle dépeignit Bernard devenu depuis le missionnaire du peuple parisien. Enfin il désira voir les papiers que la jeune fille conservait comme des reliques.

Il reconnut le sac de cuir noir; Colombe parcourut en frémissant l'article de la *Gazette des Tribunaux* renfermant le récit du crime dont son père avait été accusé. Elle baisa pieusement les brouillons de lettres d'Anita, puis les relisant avec lenteur à Aurillac, elle s'arrêta brusquement en arrivant au nom de Max.

— Et mon frère? demanda-t-elle.
— Ton frère existe, ma chérie.
— Vous le connaissez?
— Beaucoup.
— Vous l'amènerez ici, oh! combien je l'aimerai mon cher Max.
— Tu feras comme moi, sans doute, Colombe, et par tendresse pour lui, tu renonceras à la joie de l'appeler ton frère.
— Rougirait-t-il de nous? demanda Colombe.
— Max possède un grand cœur.
— Mais pourquoi, alors, pourquoi?
— Écoute, Colombe; je ne sais pas si le Seigneur me permettra de vivre et si mes dernières forces ne vont point s'épuiser dans les émotions qui me bouleversent depuis deux jours. Hier au soir, seulement, j'ai acquis la certitude de l'identité de Max; foudroyé par cette nouvelle, fou de joie, brisé de corps et d'âme, je suis resté chez lui, presque dans ses bras, et j'ai gardé le silence... Il veillait à mon chevet, et je n'ai pas crié : Mon fils ! J'avais les mains pressées dans les siennes, et j'ai imposé silence à mon cœur. Je pourrais à cette heure avoir deux enfants, et toi seule resteras ma famille.
— Encore une fois, pourquoi, mon père?
— Il faut aimer ceux qu'on aime, pour eux et non pour soi ! Il faut rendre sa tendresse vivante dans le sacrifice, et ce sacrifice, ma Colombe chérie, j'en suis sûr, tu l'accepteras comme moi.
— Ah! vos conseils seront des ordres.
— Nous perdrions l'avenir de ton frère, en nous faisant connaître. Il va devenir célèbre et riche. Il aime une héritière, il en est aimé, ils s'épouseront. Nous, Colombe, nous sommes deux pauvres, et nous resterons pauvres. Il aura sa part de soleil et nous vivrons dans l'ombre. On parlera de lui comme d'un heureux de ce monde, et nous n'oserons révéler à personne qui nous sommes, dans la crainte d'être séparés et maudits ; et cependant, Colombe, ma fille, mon enfant, nous serons heureux ! Nous cacherons notre vie. Je serai tout pour toi, et pour moi tu seras tout, le veux-tu, dis, le veux-tu, Colombe?
— Oui, répondit la jeune fille, oui, mon père, dites-moi seulement..
— Tu le connais, ce frère, tu l'estimes, tu l'aimes.....
— C'est?
— Le défenseur de Petit-Ange.

— Maximilien !
— Un avocat déjà célèbre.
— Je comprends bien que nous n'entravions pas sa carrière en révélant notre degré de parenté avec lui, mais pourquoi ne pas lui dire, à lui, à lui seul, dans le mystère de la famille....
— Parce que nous ruinerions son bonheur, Colombe ; ton frère est le fiancé d'une jeune fille, riche, belle, et bonne, tu la connais aussi.
— Angélie ! fit Colombe, je m'en doutais ! Oh ! combien je vais la chérir davantage, mais ce mariage ne m'explique pas encore.....
— Angélie Nerval est la fille de l'homme qui m'a envoyé au bagne.
— Je comprends ! oh ! je comprends ! fit Colombe avec épouvante.
La jeune fille éprouva un frisson d'horreur, puis s'agenouillant devant Aurillac :
— Vous avez raison, dit-elle en joignant doucement les mains, et en levant vers son père un regard rempli d'une indicible tendresse, nous serons tout l'un pour l'autre. Nous nous serrerons davantage et nous nous aimerons deux fois. Quelle sœur je vais avoir, je l'aimais tant à l'avance ! avec quel orgueil nous les suivrons dans la vie ! Ils sont accoutumés à l'opulence, au bonheur, moi j'ai si longtemps pâti que la fortune me surprendrait plus qu'elle ne me charmerait. Et puis, j'ai encore la meilleure part, mon père, quelle tendresse remplacerait la vôtre ? Allez-vous la gâter, cette petite Colombe qui va vous entourer de soins et d'affection ! Quel trésor de joie nous allons amasser dans ce logis où vous viendrez désormais tous les jours. Ah ! que Dieu est bon de m'avoir rendu celui j'ai demandé, avec des pleurs et des prières ! Un père, rien ne remplace un père...
— Et cependant, dit Aurillac, en relevant doucement le visage de sa fille, on quitte le père pour le mari.
— Je ne songe pas à me marier, dit vivement Colombe.
— Sans doute, et qui sait cependant, nulle jeune fille ne peut répondre de l'avenir, et si j'accepte ta vie, remplie de juvéniles espoirs, ce ne sera jamais pour l'opprimer.
— Vous me tiendrez lieu de tout ! de tout ! répéta Colombe d'un accent un peu fiévreux.
Elle se jeta de nouveau dans les bras de son père et le couvrit de caresses.
Un moment après un bruit de voix joyeuses se fit entendre dans l'escalier.
— Voici Bec-d'Oiseau et Petit-Ange, dit Colombe.
— Pourquoi évite-t-elle de prononcer le nom de Médéric ? se demanda Aurillac.

La porte livra passage à l'apprenti typographe et à l'ancien élève de Guépar-le-Rouge.

— Monsieur Médéric, dit le chiffonnier, Colombe est ma fille, et je remercie Dieu de l'avoir faite si belle et surtout si bonne.

Aurillac ajouta gaiement :

— Il faut une fête de famille, ce soir.... Bec-d'Oiseau et Petit-Ange sont invités de droit, voulez-vous être des nôtres ? monsieur Médéric.

Le jeune homme balbutia :

— Je vous remercie... je ne sais vraiment....

— Seriez-vous fier, et refusez-vous l'invitation du père Falot, parce qu'il est chiffonnier ?

— Ah ! vous ne le croyez pas ! s'écria Médéric en saisissant les deux mains d'Aurillac et en les lui serrant avec une violence significative.

— Allons, Colombe, tu es la maîtresse de la maison, c'est à toi de parler.

Je comprends bien maintenant pourquoi monsieur Médéric n'accepte pas...

Le jeune homme se troubla davantage.

Colombe rougit et sourit tout ensemble.

— Mon père se faisait l'interprète de mon désir, monsieur.

— J'accepte ! j'accepte ! dit Médéric, dont le pâle visage rayonna de joie.

Bec-d'Oiseau rivalisait d'entrain avec Petit-Ange, et cette fois encore le brave l'Ecureuil fut chargé des approvisionnements. Mais il eut beau faire de la modestie et formuler des refus, on l'obligea d'accepter une place à la table commune.

Médéric supplia Colombe de recommencer pour lui le récit fait une heure auparavant, et ce fut de la sorte qu'il apprit l'histoire de celle qui tenait déjà une si grande place dans sa vie.

Colombe eut souhaité que le père Falot vînt tout de suite habiter avec elle, mais Aurillac voulait auparavant accomplir la dernière partie de sa tâche, et pour cela, il fallait qu'il se résignât à demeurer quelque temps encore dans le taudis du chiffonnier.

Jamais Colombe n'avait paru plus jolie que ce soir-là. Quel fard que la joie ! quel rayon que celui du bonheur ! Médéric si triste, si sombre d'habitude, avait un sourire sur les lèvres ; on eût dit que, Colombe retrouvant son père, il cessait d'être orphelin. A tout moment il serrait les mains d'Aurillac, il lui répétait qu'il était son ami et lui rappelait la nuit pendant laquelle Petit-Ange avait été mis tout sanglant dans ses bras.

Les heures heureuses passèrent vite dans le bonheur ; le soir descendit rapidement, et Aurillac dut songer à la séparation.

Déjà Médéric était rentré dans sa mansarde et l'Ecureuil venait d'introduire Bec-d'Oiseau et Petit-Ange dans son Louvre.

Le père et la fille se trouvaient de nouveau seuls. Ils reprenaient les chères confidences de la matinée, et Colombe demandait à son père en se suspendant à son cou :

— Tu m'aimes donc mieux que Max ?

— Pourquoi, ma chérie ?

— Parce que c'est à moi que tu livres le secret de ton cœur.

— L'homme peut se passer de moi, mais toi ! Colombe...

— Moi, je suis l'enfant, n'est-ce pas ?

— Oui.

— Et je resterai l'enfant.

— Tant que tu le voudras.

— Je comprends bien votre silence à l'égard de Max, dit Colombe, mais ce silence vous oblige-t-il à ne jamais vous servir de la preuve que vous avez trouvée ?

— Nullement, et je m'en servirai.

— Pour faire proclamer votre innocence ?

— Je ne le puis, le mariage d'Angélie serait rompu.

— Mais alors ?

— Je peux bien, dit Aurillac d'une voix grave, circonscrire ma vie dans ton foyer, ne recevoir les embrassements que d'un seul enfant, regarder l'un dans la lumière des heureux, et réchauffer l'autre sur mon cœur... ne me sentir en un mot père que sous tes baisers, et martyr que près de Colombe, mais il est une œuvre que je veux et que je dois poursuivre même en renonçant à ma justification.

— Et cette œuvre ? demanda Colombe.

— C'est le châtiment de Nerval, dont je suis le seul juge à partir de cette heure.

Une dernière caresse rapprocha ces deux êtres si bien faits pour se comprendre et pour s'aimer, puis Aurillac quitta Colombe après l'avoir bénie.

A combien Le Fils de l'Insurgé, cria Filoche. (Voir page 4 3.)

CHAPITRE XV

SATURNALE

Depuis deux jours, Nerval respirait ; il venait de prendre une double résolution : la première de se débarrasser de Camourdas, non plus par l'assassinat, qui pouvait devenir dangereux, mais par la séquestration ; la seconde, de donner sa fille en mariage à Maximilien. Une fois cette union accomplie, si, par un hasard, car Nerval ne songeait jamais à la Providence, si, par un hasard incroyable et pour ainsi dire impossible, le jeune avocat se trouvait lancé sur la voie de la vérité, il se tairait, pour ne pas déshonorer le père d'Angélie.

Désormais tranquillisé du côté le plus grave, il restait à se défaire de Camourdas dans des conditions de sécurité complète. Nerval eut bientôt trouvé le moyen qu'il cherchait. Il possédait, près de Melun, un petit domaine où il avait grandi. Jamais, dans sa prospérité la plus haute, il ne songea à se défaire de cette maison croulante et de ce modeste potager, ceint de murailles trouées de brèches.

Quand il était enfant, courant pieds nus sur les routes, il y avait reçu les taloches paternelles et les baisers de sa mère. Le premier était un homme rude, la seconde une femme abaissée par le sentiment d'une misère pleine de rancunes, avilie par la brutalité de son mari ; mais en dépit des mauvais jours qu'il y passa, Nerval tenait à cette maison. Placée sur la lisière d'un bois, privée de tout voisinage, elle semblait merveilleusement disposée pour l'usage qu'il en voulait faire.

La plus difficile était de trouver l'homme capable d'accepter la besogne de gardien, de surveiller Camourdas.

Dans l'usine de Nerval se trouvait un ouvrier fondeur, du nom de Chanençon. Son regard louche, ses allures de fouine, l'isolement volontaire dans lequel il vivait, inspiraient une profonde répulsion à ses camarades. Il le devinait, et la morosité de son caractère s'en augmentait encore. C'était un de ces homme dont on pense : « Il est capable de faire un mauvais coup. »

Charençon travaillait le moins possible, et ne se gênait pas pour dire qu'il comptait sur la prochaine révolution pour se faire des rentes. Son idéal n'était point la vie de Paris avec son mouvement, ses cabarets, ses spectales ; il avait des goûts bucoliques et rêvait la possession d'une maison et d'un enclos pour y cultiver des salades, tout comme l'empereur Dioclétien, dégoûté des sanglantes splendeurs de l'empire.

Le mot révolution lui-même ne signifiait point, pour Charençon, des promenades de drapeaux rouges à travers les rues, des inscriptions sur les monuments publics, ni même les tas de pavés, décorés du nom de barricades par les émeutiers. Il comprenait une seule chose : le pillage.

Compromis dans le sac d'un ministère pendant la Commune, il avait été relâché faute de preuves, mais il ne se sentait pas la conscience assez paisible pour que le séjour de Paris le charmât beaucoup.

Plus d'une fois, Charençon avait demandé à l'usinier de l'envoyer en qualité d'aide-jardinier à sa maison de campagne de Chatou, mais Achille Nerval, sans refuser d'une manière positive, avait reculé à long terme la réalisation des souhaits du fondeur.

Peut-être se disait-il qu'il est toujours bon d'avoir sous la main un misérable dont on peut faire l'instrument d'un crime.

Un matin, Nerval fit appeler Charençon.

— Vous parlez beaucoup de la faiblesse de votre santé, lui dit-il, et vous affirmez que votre métier vous tue ; en attendant que je vous envoie à la campagne, vous serez désormais employé dans la maison, vous y trouverez moins de fatigue et plus de profit. Aujourd'hui, Jean doit nettoyer les bronzes, vous lui aiderez. Pendant mon absence, vous transporterez hors de mon cabinet de travail les candélabres, la pendule et les bras de lumière fixés aux panneaux.

— Je remercie monsieur, dit Charençon, en saluant très-bas.

Nerval sortit.

Quand il se trouva seul, Charençon, suivant son habitude, passa une rapide inspection de la pièce dans laquelle il se trouvait.

— On manque d'ordre, ici, fit-il ; voilà trois billets de banque sous un presse-papier, de l'or plein une sébile. De l'or ; c'est un crime de laisser des sommes pareilles à la merci de pauvres gens. On est honnête, faut croire que les domestiques sont sûrs, mais il y en a bien dix dans la maison, et parmi eux.....

Il s'arrêta un moment ; puis il reprit, en frappant du pied :

— Et dire que je n'ai jamais tenu dans mes mains cet or qui sonne comme une musique, que jamais je n'ai pu me dire : cette poignée de pièces jaunes m'appartient.

Charençon s'approcha davantage du bureau et regarda la sébile d'un œil rempli de convoitise.

— Les billets sont comptés ! dit-il ; mais l'or ? L'or, on l'a jeté à pleines mains, au hasard : il y en a tant dans ces coffres ! En serait-il moins riche, ce Nerval, si j'empruntais quelque chose ?

Charençon avança la main, mais cette fois il saisit une poignée de louis entre ses doigts tremblants.

Un bruit, qu'il entendit dans la pièce voisine, le fit reculer vivement, mais au lieu de remettre l'or dans la sébile, il l'enfouit précipitamment dans sa poche.

Jean entra dans le cabinet.

— Eh bien ! l'ami, dit-il, vous allez me donner un coup de main ?

— Volontiers, répondit le fondeur.

— Alors, décrochez-moi ces appliques et apportez-les dans la grande salle qui avoisine la salle à manger.

Charençon ne se fit pas prier.

Quelque faible qu'il parût, il enleva dextrement les bronzes, et commença à les nettoyer avec un zèle et une adresse qui lui valurent les éloges de Jean et du groom Nicol.

L'ancien fondeur déjeûna gaiement à l'office, but plus que de raison, et reprit sa besogne avec un entrain dans lequel l'ébriété avait sa part.

Jean venait d'achever de nettoyer à l'esprit de vin un des candélabres. Il donna ordre à Charençon de le replacer sur la cheminée du cabinet de M. Nerval.

Le fondeur tendit les bras.

Mais le candélabre était d'un poids énorme ; Charençon avait trop bu de vin capiteux pour conserver la même solidité d'aplomb ; il chancela sous le fardeau et tomba.

Le bronze lui égratigna le visage ; en même temps un son métallique se fit entendre et, à leur grande stupéfaction, Jean et Nicol virent rouler sur le parquet des pièces d'or, s'échappant des poches de Charençon.

Les domestiques se regardèrent et pâlirent.

Evidemment cet or était le produit d'un vol.

Charençon était resté seul dans le bureau.

Si la chute qu'il venait de faire ne l'avait trahi, les domestiques eussent été soupçonnés le lendemain.

Tandis que Charençon, se relevant avec peine, portait la main à son front et criait fort haut, pour détourner l'attention de Nicol et de Jean, le groom ouvrit la porte de l'office et appela d'une voix retentissante :

— Holà ! Auguste ! Lancry, Léon ! vite !
Le cocher, le valet de chambre et le chasseur accoururent.
— Ramassez d'abord l'argent que vous trouverez à terre, dit Nicol, et tandis que Jean et moi nous maintiendrons ce coquin, fouillez-le proprement. Jusqu'à ce que monsieur soit rentré, vous le tiendrez sous bonne garde.

Le fondeur n'essaya pas de résister. En face des trois hommes robustes qui l'entouraient, que pouvait-il ? D'ailleurs, l'ivresse et la peur paralysaient à la fois ses forces ; il tomba sur une chaise, en murmurant :

— Je suis perdu.

Une heure après, l'usinier rentrait.

Jean monta rapidement près de son maître :

— Monsieur connait-il quelle somme se trouvait sur son bureau au moment de son départ ?

— Certainement, Jean. Il y avait trois mille francs sous le presse-papier, et ils y sont encore ; plus quatre mille trois cent vingt francs en or dans cette coupe.

— Monsieur veut-il compter ? demanda Jean.

Nerval aligna les louis sur la table.

— Il manque dix-huit cents francs, dit-il.

— Que monsieur ne s'inquiète pas, reprit Jean, nous venons de les reprendre dans la poche de Charençon.

— Ah ! fit Nerval, d'un air froid.

— Dois-je aller prévenir le commissaire de police, monsieur ?

Nerval parut réfléchir.

— Non, Jean, pas encore ; amenez-moi Charençon.

— Monsieur lui ferait grâce ?

— Peut-être trouverai-je à sa faute des circonstances atténuantes.

— Un vol de confiance ! Nous pouvions être tous soupçonnés.

— Je vous connais, Jean, vous et vos camarades ; allez.

Un moment après, Charençon se trouvait seul dans le cabinet de Nerval.

— Tu es un voleur, lui dit celui-ci.

— J'ai été tenté ; c'est votre faute. Je suis pauvre, il y avait trop d'or ici.

— Chez moi comme ailleurs, tu en verras toujours, et tu continueras à être filou.

— Peut-être, répondit Charençon ; que voulez-vous, le taureau se jette sur le rouge. Et moi, moi, quand je vois de l'or...... Est-ce que vous allez me dénoncer ? ajouta-t-il avec un frisson.

— Je le devrais.

— Ayez pitié de moi, monsieur, ayez pitié de moi.
— Tu recommenceras !
— Non, je vous jure.
— Il faut que tu sois châtié, cependant.
— Tout ce que vous voudrez, hors la prison.
— La prison, soit ! mais la geôle ?
— Que voulez-vous dire ?
— Un misérable fou, pour lequel je garde encore de l'indulgence, a menacé de me tuer : il le fera. Accepterais-tu de le garder à vue, dans une maison isolée, et, sans le faire souffrir, de le mettre dans l'impossibilité de nuire ?
— J'accepterais avec reconnaissance, monsieur.
— A cette condition, je me tairai sur le vol dont tu t'es rendu coupable. Ce soir, ce soir même, tu devras avoir rejoint l'homme que je te désignerai. Il ne boit pas, ne songe pas à le griser pour t'en rendre maître. Mais il fume, et tu lui feras fumer ce tabac.

Nerval causa un quart d'heure à voix basse avec Charençon, et celui-ci ne quitta l'usinier que nanti d'instructions minutieuses.

Deux heures plus tard, Charençon frappait à la porte de Camourdas, et apprenait de Bestiole que son père venait de sortir.

Il fit le guet, interrogea les voisins, suivit la piste, et finit par se rendre dans le tapis-franc du *Crapaud-qui-Chante*.

Il y avait grande foule ce soir-là.

Haute et petite pègre s'y étaient donné rendez-vous.

Un tapage infernal sortait de cet antre.

On criait, on jurait, on chantait à la fois.

Assis devant une table couverte de bouteilles, et autour de laquelle Tête-de-Turc, Pot-à-Tabac, le Fontainier, la Perche et Triolet buvaient du vermouth, Camourdas regardait, en fumant, d'un air sombre.

A quelque distance, Caoutchouc, le pitre du théâtre de la famille Laurier, préparait un boniment mêlé de grec et de latin.

Tout à coup éclata ce cri :
— Silence !

Tous les verres heurtèrent à la fois les tables chancelantes, et Filoche, plus pâle, plus effrayant que jamais, se leva.

— Vous voulez une chanson nouvelle ! fit-il, une chanson qui rivalise de succès avec *le Fiancé de la Pétroleuse ?* J'ai votre affaire ! Et quand je l'aurai dite, à l'ancan la chanson, et le dernier enchérisseur aura le droit de la goualer dans les cours de la capitale. Tais ta zampogne, Italien de malheur ! et vous, les hommes aux singes, gifflez votre marchandise pour qu'elle ne me gêne point, tandis que je vous apprendrai *le Fils de l'Insurgé*.

Et, d'une de ces voix impossibles à rendre, et dont l'accent seul trahit le vice, la dépravation et la rage des passions les plus immondes, Filoche commença[1] :

I.

Mon père est mort en quarante-huit,
Tué dessus une barricade ;
Et mon frère était un des huit
Qu'on fusilla sur l'esplanade.

Filoche se tourna vers le fond de la salle.
— Vous reprendrez le couplet en chœur, dit-il.
Camourdas se leva le premier et répéta ces quatre vers avec la foule
Alors, Filoche entonna le second couplet :

II.

Je n' profess' que la liberté,
Fils d'insurgé, *surgé* moi-même,
Et j'voudrais être député,
Pour enrichir l' peupl' que j'aime.

Un tonnerre de bravos éclata dans l'assemblée, et la bande des filous hurla d'une voix menaçante :

Je n' profess' que la liberté !

— A notre fortune ! cria Tête-de-Turc.
— Vive l'ouvrier ! glapit la Perche.
— A la revanche ! à la nouvelle France ! répétèrent Pot-à-Tabac et Triolet.
— Et vous ? demanda Camourdas à Charençon, qui venait de prendre place à côté de lui, que criez-vous ?
— A la ruine de Nerval, l'ennemi des travailleurs !
— Ah ! fit Camourdas ; vous le détestez aussi, vous ?
— Comme de juste.
— Quoi qu'il vous a fait ?
— Il m'a chassé de l'usine.
— Pour quelle raison ?
— Sous un prétexte.
— C'est la même chose ! Puisqu'il faut s'en contenter tout de même.
— A combien *le Fils de l'Insurgé ?* cria Filoche ; à combien, aveugles, chanteurs, ouvriers sans ouvrage, estropiés de fantaisie ? Voilà votre affaire ! C'est pas les millionnaires qui vous paieront ces cou-

[1] L'auteur cite et n'invente pas.

plets-là, mais le travailleur, l'homme des mansardes ! C'est une *Marseillaise de la rue* ! A cent sous !
— Et dix centimes avec ! dit une voix.
— Cent dix sous ! ajouta en fausset une fillette de quinze ans.
— Sept francs ! cria Pauvre-Ouvrier-sans-Ouvrage.
— Sept francs ! cria Filoche ; à sept francs *le Fils de l'Insurgé*. C'est pour rien ! Sept francs pour chauffer les faubourgs, pour passionner la moitié de Paris, et obtenir des succès de ténor à Batignolles et à Montmartre ! Allons, chaud ! chaud ! A défaut de patriotisme, l'instinct des affaires, sacrebleu ! Sept francs *l'Insurgé* ! Personne ne dit mot, sept francs ! On ne couvre pas l'enchère ? Sept francs, adjugé à Pauvre-Ouvrier-sans-Ouvrage !

Filoche tendit d'une main la chanson et reçut de l'autre le prix du produit de l'ignoble Marseillaise Bellevilloise.

Pendant que ce marché se débattait, Charençon tendait un cigare à Camourdas.

— Comme ça, dit-il, vous avez été de l'usine ?
— Dix ans !
— Et vous gardez une dent à Nerval ?
— Une molaire, allez.
— Eh bien ! mais il y aurait peut-être moyen de s'entendre. Faudra voir.
— Oui, faudra voir ! répéta Comourdas, d'une voix sombre.

En ce moment, un grand tapage s'éleva à la porte d'entrée du *Crapaud-qui-Chante* et l'on cria :
— Jésus-Christ peut-il entrer ?
— Oui, oui ! répondirent les habitués de la taverne.

Alors, un homme robuste passa, en se courbant, le seuil du bouge.

Il se releva vite, dressant dans toute sa hauteur le fardeau sous lequel il pliait.

Ce fardeau était un crucifix, atteignant presque la taille d'un homme.

Un hourra formidable s'éleva dans la taverne.
— Baudruche, demanda Filoche, as-tu dévalisé une église ?
— Dans ce temps-ci, pas si bête, chansonnier de mon cœur. La rousse rit d'une drôle de sorte, faut attendre ! En achetant un lot de boiseries et de démolitions, à quelques lieues de Paris, j'ai trouvé cette figure et je me suis dit : « Il y a une bonne farce à faire. Je vas porter ça aux amis de Belleville, et on va rire ! »
— Oui, oui, on va rire ! répéta Filoche.

Camourdas essaya de soulever sa tête appesantie :

— C'est une bonne farce, tout de même! Drôle de tabac!
Charençon secoua Camourdas par l'épaule.
— Eh bien! fit-il, on s'endort avec les amis?
Le père de Bestiole ouvrit les lèvres, mais elles ne laissèrent passer qu'un son indistinct.
Alors, Charençon empoigna Camourdas par le collet de sa veste.
— Viens te coucher, dit-il; tu n'es bon qu'à ça!
Il traîna Camourdas plutôt qu'il ne l'emmena hors du bouge; et comme une voiture se trouvait non loin de là, Charençon héla le cocher.
— Ah! c'est vous, mon bourgeois?
— Oui, c'est moi! Fouette les chevaux; voilà dix francs de pourboire.
Le cocher aida Charençon à placer dans la voiture Camourdas, lourdement endormi; puis il remonta sur son siège, après avoir fait répéter à Charençon les indications diverses de la route qu'il devait suivre.
— Et maintenant, mon bonhomme, fit Charençon, il s'agit de gagner honnêtement l'argent qu'on avait, ce matin, la fantaisie de voler.
Les chevaux partirent au galop, si des chevaux pareils en sont capables, tandis que le tapage grandissait dans la taverne de la Roublarde.
Le crucifix que Baudruche venait de dresser dans le bouge était une œuvre fruste, presque barbare, dans laquelle le sculpteur avait trouvé plus de violence que de sentiment. Les blessures des pieds et des mains saignaient, la face était convulsée; ce crucifix rendait dans toute son horreur le sentiment de la souffrance humaine portée à l'excès.
L'écriteau dérisoire cloué à la traverse de la croix portait l'inscription: *Inri*.
A peine le crucifix se trouva-t-il dans la taverne, qu'une scène inouïe, ignoble, sacrilège, s'y passa, dépassant tout ce que peut enfanter la haine de la religion et le mépris des choses sacrées.
Baudruche approcha des lèvres du crucifix un verre de vin blanc et couvrit de lie le visage bouleversé par la souffrance [1].

. . . .

[1] Par respect pour nos lecteurs nous avons supprimé le reste de cette scène sacrilège. Nous regrettons seulement de ne pouvoir citer le remarquable réquisitoire de l'avocat général de Douai, qui demanda, lors d'un procès intenté à des misérables, pour une profanation identique, le maximum de la peine. Cette cause fut jugée à Douai, en 1874.

— Une hache ! un marteau ! dit Pot-à-Tabac.

Tête-de-Turc tira un couteau de sa ceinture pour labourer le visage du divin crucifié.

Mais, au moment où il allait commettre ce sacrilège, un homme jeune et pâle tomba subitement au milieu des misérables, et se frayant un passage, il arriva jusqu'au crucifix, le releva et, s'en emparant comme d'une proie, il cria, d'une voix vibrante :

— Avant de toucher l'image de mon Dieu, vous m'aurez tué moi-même.

— Un prêtre !
— Un calotin !
— Un corbeau !
— Bonne prise, hurlèrent vingt voix.

C'était en effet l'abbé Bernard qui, passant dans le quartier de Belleville, où il était allé porter des secours chez une famille indigente, avait été conduit fortuitement près du bouge du *Crapaud-qui-Chante*.

En entendant sortir de la taverne le nom du Christ, il s'avança et fut témoin de la fin de la scène monstrueuse que nous venons de raconter. Il ne prit ni le temps de réfléchir à ce qu'il allait faire, ni celui de calculer à quel danger il s'exposait.

On insultait, on bafouait son Maître, il se plaçait entre lui et les insulteurs, voilà tout.

Au premier mouvement de stupeur, excité chez les misérables par cette intervention inattendue, succéda un accès de joie féroce.

Ils n'avaient qu'une victime insensible et une victime vivante s'offrait à eux.

Après Dieu, le prêtre.

Après l'image sculptée dans la matière, la chair susceptible de souffrances.

— A bas le prêtre ! à mort l'ennemi du peuple !

L'abbé Bernard se dressa de toute sa hauteur :

— Moi, l'ennemi du peuple ! s'écria-t-il, qui vous a fait ce mensonge ? Demandez aux travailleurs laborieux, aux ouvriers honnêtes s'ils ont un meilleur ami que moi. Je les ai secourus dans leurs besoins, soignés dans leurs maladies, j'ai instruit leurs enfants, et je leur apprends chaque jour à vénérer ce que vous insultez ! Ah ! malheureux ! plus malheureux encore que misérables ! que vous restera-t-il quand vous aurez craché sur le Christ ? devant qui vous agenouillerez-vous après avoir brûlé le signe de la Rédemption ?

Vous venez de parodier d'une façon infâme le mystère de la rédemption et de la souffrance. Vous avez salué du titre dérisoire de roi celui que les juifs couronnaient d'épines et enveloppaient d'un haillon de pourpre. Vous lui avez offert du vin comme jadis on lui présenta l'éponge imbibée de fiel. Vous qui bafouez la religion, savez-vous bien qu'elle seule se penchera à votre chevet d'agonie, et que vos lèvres pâlies par la peur de l'échafaud, demanderont alors grâce au crucifix que vous insultez !

— Avant que nous montions à la guillotine, dit Filoche, tu auras été pendu comme celui que tu appelles ton maître, élève d'imposteurs et imposteur toi-même.

— Faites de moi ce que vous voudrez, dit le prêtre, je ne crains ni les souffrances, ni la mort ; l'un de vous, celui qui à cette heure brandit un couteau, m'a arraché de l'autel pendant la Commune ; mais je vous le prédis à tous : sur les murailles de la salle d'assises vous retrouverez ce crucifix que vous foulez aux pieds !

Vainement l'abbé Bernard embrassa de ses mains l'image profanée du Sauveur ; la Perche et Triolet saisirent un des bras du prêtre, qui sentit dans sa chair le froid aigu du couteau de Tête-de-Turc. Alors, Pot-à-Tabac prit le christ par les pieds et lui imprimant un mouvement de rotation rapide, il allait s'en servir comme d'une masse pour assommer l'abbé Bernard, quand un bruit sourd, retentissant derrière eux, força la Perche, Triolet et Caoutchouc à tourner la tête.

— La rousse ! crièrent-ils d'une seule voix.

Souple comme un serpent, Caoutchouc gagna le cabinet situé au fond de la salle, bondit jusqu'à la lucarne, passa au travers, en brisant les carreaux et, tombant d'une hauteur de quinze pieds, il s'enfuit à travers le dédale des rues noires.

Le commissaire de police et les agents qui l'accompagnaient venaient, d'un coup de filet, de saisir cinq des plus redoutables bandits de la capitale.

La Roublarde geignait dans son coin.

— Hélas ! mon commissaire, fit-elle, allez-vous fermer le *Crapaud-qui-Chante* et priver de son gagne-pain une misérable veuve ?

— Tu passeras à la Préfecture toucher ta prime, dit tout bas un agent, pour l'heure tais ton bec.

Tandis qu'on mettait les menottes aux cinq forçats accusés d'un grand nombre de nouveaux méfaits, le commissaire de police laissait en liberté quelques-uns des buveurs du *Crapaud-qui-Chante*, aucune plainte n'ayant été formulée contre eux.

Filoche était de ce nombre.

Il jeta sur ceux qui venaient d'être *pincés* un regard railleur, et disparut en fredonnant :

<pre>
Je voudrais être député,
Pour enrichir l' peupl' que j'aime.
</pre>

— J'ai une voiture, monsieur l'abbé, dit respectueusement le commissaire de police au jeune prêtre, voulez-vous me permettre de vous reconduire?

— J'accepte et je vous remercie, monsieur.

— Permettez-moi de vous dire que vous avez été bien imprudent de vous aventurer au milieu de ces misérables.

— Monsieur, répondit l'abbé Bernard, quand un drapeau tombe au pouvoir de l'ennemi, le devoir du soldat n'est-il pas de s'exposer à la mort pour le reconquérir?

— Sans doute.

— Eh bien! monsieur, pour nous autres soldats de Jésus, le crucifix est notre drapeau; je me suis jeté dans la mêlée, et je le rapporte; s'il y a eu du sang versé, ce sang est le mien.

Un pas de plus et tu es mort, dit-il. (*Voir page 479.*)

CHAPITRE XVI

VICTIME ET JUGE

Nerval achevait de lire une lettre grossièrement écrite et portant le timbre de Melun; son visage reflétait une vive satisfaction. Il apprenait en effet que Charençon avait conduit Camourdas dans la retraite que l'usinier lui avait assignée, et que, grâce au puissant somnifère absorbé par lui, il avait été facile de le garrotter et de l'installer dans un caveau très confortable, manquant, il est vrai, de jour et d'air, mais qui, par ce fait même, rendait la surveillance extrêmement facile.

Charençon terminait sa lettre en exprimant le vœu que son zèle à remplir les intentions de M. Nerval rendît celui-ci de plus en plus indulgent pour la faute dont il s'était rendu coupable.

L'usinier lacéra la lettre de Charençon, se frotta joyeusement les mains et respira à pleine poitrine.

Enfin, il était libre! Camourdas se trouvait réduit à l'impuissance, et Nerval ne doutait point que l'intelligence de Charençon ne lui fît comprendre que le jour où son prisonnier cesserait de vivre, il aurait acquis d'imprescriptibles droits à la reconnaissance de l'usinier.

Il ne restait plus à Nerval qu'à tenir la promesse faite à Maximilien de lui donner sa fille en mariage.

Malgré le dépit causé par son ambition trompée, Nerval s'y connaissait trop en hommes pour ne pas se répéter que l'union préméditée assurait à jamais le bonheur d'Angélie.

Il mettait l'adresse d'un billet mandant son architecte, pour quelques arrangements à prendre relativement à l'appartement du jeune ménage, quand son valet de chambre entra.

— Monsieur, dit-il, un homme d'apparence pauvre, mais de tenue décente, demande à vous parler.

— Son nom?

— Il a refusé de me l'apprendre.

— Savez-vous ce qu'il veut?

— Un secours sans doute.

— Dites-lui de m'écrire, je ne reçois pas aujourd'hui.

Jean sortit et revint un moment après.
— Encore? dit Nerval.
— Monsieur, répondit Jean, j'ai transmis vos ordres à cet homme, et il m'a répondu, sans colère, mais avec l'accent de l'obstination: « Dites à Monsieur Nerval que j'attends une audience depuis dix-huit ans, et que je lui accorde une heure. »
— Il a eu cette audace ?
— Je répète textuellement ses paroles à Monsieur.
— Chassez cet homme! répliqua brusquement Nerval; je ne le recevrai pas.
— Et pourquoi donc, mon père? demanda une voix douce.
Angélie venait de franchir sans bruit le seuil du cabinet paternel.
— Parce que, dit Nerval, en embrassant sa fille, cet homme est un insolent.
— Insolent, lui ! c'est impossible.
— Tu le connais donc ?
— Certainement.
— Il s'appelle ?
— Le père Falot.
— L'homme qui retrouva ton bracelet ?
— Justement.
— Il me souvient qu'alors il refusa une juste récompense; sans nul doute il la réclame aujourd'hui.
— Je ne crois pas, mon père; le digne chiffonnier rend des services et n'en demande à personne. J'espère que vous le recevrez.
— Puisque tu le désires.
— Et vous lui accorderez tout ce qu'il vous demandera ?
— Je te le promets.
— D'ailleurs, soyez-en sûr, il ne sollicitera rien que de juste.
Angélie embrassa son père et disparut.
L'usinier dit alors à Jean :
— Introduisez le père Falot.
Une minute après, le chiffonnier entrait dans le cabinet de Nerval.
L'usinier venait de prendre l'attitude conventionnelle des hommes importants ou qui se croient tels, quand ils daignent recevoir un solliciteur.
Il s'était assis devant son bureau et feuilletait un registre, sans paraître s'apercevoir de l'arrivée du chiffonnier.
Celui-ci contempla un moment Nerval avec un sentiment d'austère mépris.
Cet homme si fier, qui ne daignait point lever les yeux sur un pau-

vre travailleur, allait dans un moment crier grâce et merci. Cette tête, dont le signe caractéristique était non pas de l'orgueil, mais une vanité démesurée, jointe à l'avarice, se courberait pour la prière; ses mains, aux doigts longs et spatulés, doigts de négociant intelligent par excellence, se joindraient avec terreur. Celui qui dédaignait à cette heure, implorerait une parole d'indulgence.

Cependant Aurillac savourait moins les représailles d'une vengeance attendue, qu'il ne saluait l'heure de la justice.

Nerval croyait entendre le chiffonnier balbutier d'une voix humble, « Monsieur..... » hasardé d'une voix timide, mais ce fut d'un accent empreint d'une grandeur presque menaçante que la victime d'Achille Nerval lui dit, en s'avançant de deux pas:

— Me voilà !

Ces paroles inattendues et le ton avec lequel elles furent prononcées obligèrent l'usinier à relever la tête.

Il regarda le chiffonnier et, de même qu'il s'était senti troublé par le son de sa voix, il tressaillit en regardant son visage.

L'expression de profonde tristesse empreinte d'ordinaire sur la physionomie du chiffonnier avait fait place à une indignation virile. Il redressait sa taille courbée; ses yeux regardaient bien en face, et l'autorité d'un grand caractère rayonnait sur sa figure précocement vieillie, et qui retrouvait soudainement dans l'éclat de ses colères légitimes un rayonnement depuis longtemps effacé.

— Vous vous nommez, je crois, le père Falot? dit Nerval.

— On me connaît sous ce sobriquet du moins.

— Venez-vous m'apprendre qui vous êtes?

— En ce moment, dit le chiffonnier, je suis le mandataire de Dieu.

Nerval, sans s'expliquer, se sentit mal à l'aise. Il eût souhaité en finir tout de suite avec cet homme aux paroles énigmatiques; aussi lui demanda-t-il rapidement:

— Que puis-je faire pour vous?

— M'entendre, d'abord.

— Ma fille Angélie vous tient en grande estime et, grâce à elle, vous serez écouté avec intérêt.

— Votre fille est un ange, répondit le chiffonnier, rendez grâce au ciel qu'elle vous protège aujourd'hui.

— Me protéger ! répéta Nerval. Qui donc me menace?

— Camourdas ! répondit lentement Aurillac.

Le millionnaire bondit sur son siège.

— Vous venez de sa part! fit-il, c'est une trahison, un odieux chantage ! cet homme est un misérable.

— Je suis parfaitement de votre avis, répliqua Aurillac, d'une voix glaciale.

— Et cependant vous vous faites l'interprète........

— De Camourdas ? Non point, monsieur ; vous oubliez ma première parole. Je suis le mandataire de Dieu.

— Le mandataire de Dieu ?

— Le représentant de sa justice, si vous le voulez.

— Finissons-en, dit Nerval, d'une voix brève, je ne me sens point d'humeur à deviner les énigmes.

— Je ne vous propose pas d'en deviner.

— Que voulez-vous ? Parlons vite, je suis pressé.

— Moi, j'ai le temps, dit tranquillement le chiffonnier.

Nerval le regarda avec une sorte de stupeur.

— Voulez-vous écouter une histoire ? reprit Aurillac ; si elle a le défaut d'être longue, elle le rachètera par l'intérêt qu'elle présente, et dans une heure, croyez-le, vous ne me direz plus que vous êtes pressé, vous me supplierez au contraire de rester encore.

— Parlez donc.

Aurillac saisit le bras d'un fauteuil et s'assit avec l'aisance d'un homme du monde.

— Il ne s'agit pas de moi, en ce moment du moins ; le père Falot, le chiffonnier de la Villette est une espèce de vieillard qui vague dans la nuit à la façon des loups et des chauves-souris. Je suis venu pour vous rappeler le souvenir d'un homme qui a, depuis longtemps, disparu de la scène de ce monde, et dont une seule créature n'a pu oublier le nom ; cette créature, c'est vous. Cet homme était jeune, il y a dix-huit ans ; il possédait le courage qui triomphe des difficultés, l'intelligence capable d'opérer des miracles dans le commerce et l'industrie ; tout lui réussissait. La Providence permet souvent que le bonheur visite les gens honnêtes afin d'empêcher la foule de croire que la chance appartient plutôt à la ruse qu'à la droiture.

— Où voulez-vous en venir ? demanda Nerval, frappé de nouveau du ton presque menaçant du chiffonnier, et devinant, avec l'instinct des animaux qui pressentent l'orage, qu'une scène terrible allait se passer entre lui et cet homme.

— Vous l'apprendrez toujours assez tôt, répondit Aurillac, de la voix calme d'un juge. Ce n'est pas trop, croyez-moi, d'exiger de vous un peu de patience, quand on doit vous raconter une si poignante histoire. L'homme dont je vous parle était marié ; sa femme, un ange de bonté, de charité, de douceur, s'appelait Anita.

— Anita ! répéta Nerval.

— Un nom rare, n'est-ce pas? un transformation du nom harmonieux d'Anna, faite par sa mère, un nom que son mari aimait. Oui, Anita était le modèle des compagnes, des épouses, des mères. Car rien ne manquait à ce privilégié, ni l'amie confiante, affectueuse, discrète, ni l'enfant, cette joie du foyer ; un bel enfant blond qui s'appelait Max......

Nerval tressaillit encore ; ces deux noms de Max et d'Anita éveillaient en lui des souvenirs menaçants comme des fantômes.

— Cet homme, cet heureux se trouvait à la tête d'une grande industrie ; il avait sous ses ordres huit cents ouvriers, et faisait contruire dans des ateliers immenses des machines dont la perfection émerveillait même l'Angleterre, cette reine de la métallurgie. Encore un effort, et ce fabricant, déjà millionnaire, se trouvait à la tête du haut commerce de Paris, quand un de ces malheurs inattendus comme la foudre, et qui frappent de mort comme elle, éclata soudainement... En un jour, en une nuit plutôt, il vit son hôtel incendié, son usine détruite, et se trouva en face d'un monceau de décombres..... C'était terrible, sans doute ! mais cet homme était jeune, il appartenait à la race des lutteurs que rien ne décourage, et, sur les débris de sa maison et de ses ateliers, il eût commencé à rebâtir cette même fortune ébranlée, si un malheur plus affreux, plus irrémédiable ne l'avait accablé.

« On accusa cet homme d'avoir fait d'un sinistre l'instrument d'une opulence nouvelle ; le hasard voulut que des polices d'assurances eussent été prises quelques jours avant la catastrophe ; les Compagnies soupçonnèrent le négociant d'avoir mis le feu à des immeubles largement couverts par les primes, et cet homme riche, heureux, estimé la veille, se vit brusquement réduit à la misère, séparé de sa femme et de son fils et jeté dans une prison qu'il quitta pour paraître en cour d'assises..... On le condamna.....

Le chiffonnier s'arrêta un moment.

Depuis un instant, Nerval le considérait avec une surprise croissante qui, lentement, se transformait en terreur. Sous les rides du visage et le hâle de la peau, il tentait de ressaisir une lointaine ressemblance ; le son de la voix le troublait même malgré lui ; cette voix, il croyait bien l'avoir entendue il y avait longtemps, très longtemps.

— On le condamna, reprit le chiffonnier..... Il dit adieu à sa femme, qui lui promit, en pleurant, d'aller le rejoindre à Brest, et il partit avec la chaîne..... Avec la chaîne ! comprenez-vous ce mot horrible ? devinez-vous ce qu'il renferme de tortures ? Peut-être un soir, couché sur vos divans de soie, il vous est arrivé de lire le *Dernier jour d'un condamné*, et, à la peinture de ce qui se passait à Bicêtre, vous aurez frémi avec cette sorte de volupté que ressent l'homme qui ne peut jamais être exposé à de semblables misères.... Et cependant qui peut répondre de cela ? La fortune et les flots sont changeants ! Ce manufacturier, jeune, riche, élégant, avait-il rêvé, même dans le cauchemar le plus horrible, qu'on l'enchaînerait comme une bête féroce, avec un carcan de fer au cou et des chaînes aux pieds ? Avait-il pu prévoir qu'il se trouverait, dans une charrette immonde, entre des assassins et des voleurs gouaillant la foule éminemment brutale, blasphémant le ciel et insultant à la justice ?

« Vous avez la réputation d'être dur, monsieur Nerval, de sacrifier beaucoup à vos intérêts, de jeter en litière sur vos pieds ce qui pourrait faire obstacle à votre fortune, et cependant, je vous le jure, vous auriez pleuré, si dur que soit votre cœur, si secs que soient vos yeux, devant un semblable spectacle..... Tenez en ce moment même, à la seule pensée de ce martyre, je vous vois frémir et baisser les regards..... Contenez votre pitié, cependant, vous n'êtes pas au bout de ce récit, et le plus horrible vous reste à entendre.....

Nerval s'agita péniblement dans son fauteuil. Les prunelles du chiffonnier lui paraissaient fouiller au plus profond de son âme, le son même de sa voix devenait pour lui une torture ; il lui semblait que cette voix rouvrait en lui une plaie fermée depuis longtemps.

— Après la chaîne, le bagne, reprit le chiffonnier..... Le bagne, c'est-à-dire la casquette d'infamie, le numéro matricule, le bonnet vert ! le gourdin des gardes-chiourmes, la manille à la jambe, le compagnon immonde auquel on vous attelle, qui travaille avec vous, qui repose sur le même tollard et foule à vos côtés le même matelas d'étoupe.

« Sa femme, son Anita, avait promis de venir le rejoindre ; il attendait cette suprême consolation, il la hâtait de tous ses vœux, quand son compagnon, un forçat récidiviste, lui révéla soudainement un plan d'évasion, et lui demanda s'il voulait s'y associer. L'évasion, c'était la liberté, la famille ! Le malheureux accepta. Toutes les précautions semblaient prises ; les galériens, débarrassés de leurs chaînes, se trouvaient au faîte d'une muraille, et n'avaient plus qu'à descendre de l'autre côté, quand le coup de feu d'une sentinelle précipita dans le chemin de ronde celui dont je vous raconte l'histoire..... Tandis qu'on le saisissait, l'assassin s'évadait et gagnait les champs..... Le mari d'Anita avait une jambe brisée, le crâne ouvert..... Il demandait la mort, il implorait la fin de cet horrible supplice, mais le Seigneur voulait prolonger l'amertume de l'épreuve, et, à peine guéri, l'infortuné fut condamné à la double chaîne et mis au cachot..... Quand il eût expié sa tentative d'évasion, deux années s'étaient écoulées. ...

« Deux années ! et Anita n'était pas venue, en dépit de sa promesse, et il n'avait pas revu son fils..... Sans doute le ciel, plus clément pour eux que pour lui, les avait rappelés.....

« Que de jours dévorés dans l'attente, que d'angoisses !...... Et l'on ne meurt pas de telles douleurs, et l'on survit à ces veilles poignantes, à ces jours désespérés ! Oui, il vécut, il resta dix-huit ans au bagne, se demandant quel avait été le coupable dans le drame dont il était victime, et suppliant le ciel de permettre qu'à son tour il se fît le vengeur de son honneur flétri, de sa famille assassinée. Car vraiment, devant le Dieu qui m'entend et qui nous juge, l'instrument de la perte de cet homme était un assassin ! »

Les yeux de Nerval s'emplirent d'épouvante, il se recula en balbutiant :

— Lui ! Serait-ce lui ?

Le chiffonnier feignit de ne point l'entendre, et reprit d'une voix plus brève :

— Celui dont je vous parle, après avoir expié sa première tentative d'évasion, feignit un profond repentir de sa faute. La douceur, l'excellence de sa conduite le firent remarquer ; son instruction lui permit de se rendre utile dans l'administration, et on l'employa à la tenue des écritures. Il eut le courage de dissimuler l'idée persistante de la fuite, de paraître se soumettre à l'arrêt qui l'avait frappé, de tout attendre d'une grâce éventuelle. Et cependant, je vous l'atteste, pas un jour, pas une heure ne se passa sans qu'il rêvât au moyen de reconquérir sa liberté pour chercher sa femme et son enfant, si la vie leur avait été laissée, et pour découvrir ensuite l'instigateur, l'artisan de sa perte. Il existe au bagne des forçats, le plus souvent récidivistes, accoutumés à toutes les rouerìes, à toutes les hypocrisies, habiles à employer tous les moyens, et que leur affiliation à des bandes de voleurs et de meurtriers met à même de faciliter, à prix d'argent, l'évasion de leurs camarades. L'un d'eux procura à l'infortuné des habits, une lime, il lui fournit une pommade dont l'application sur un genou rendit nécessaire son entrée à l'infirmerie, et ce fut en sortant par une fenêtre, en escaladant les toits, puis en descendant le long des plombs pour gagner les chemins de ronde, que le mari d'Anita put trouver l'échelle de corde nécessaire pour l'escalade des murailles..... Il savait bien qu'une seconde fois la balle d'une sentinelle pouvait l'atteindre dans la nuit, que les hommes de la côte pouvaient le vendre pour quelques écus, et que les dents des molosses dressés à la chasse aux forçats le déchireraient peut-être, mais il préférait la mort à cet enfer, et n'importe quel supplice lui semblait tolérable en comparaison de ce qu'il venait d'endurer depuis quinze années..... D'ailleurs, si improbable que fût son espérance, il se disait encore que Dieu lui permettrait peut-être de retrouver Anita et son fils..

« Le ciel parut le protéger; il franchit l'enceinte du bagne, et il se trouva libre ! Libre sous la voûte du firmament, libre et respirant à pleine poitrine! Au lieu d'être un forçat, il se sentait redevenir un homme! Il courut à travers la campagne comme un insensé....

Il savait que, le lendemain matin, le canon d'alarme signalerait son évasion, et que citadins et paysans ne manqueraient pas de lui donner la chasse comme à une bête fauve..... Il courait, il courait..... Quand le jour parut, il se cacha dans un bois..... Il avait faim, il avait soif, mais il ne pouvait ni acheter ni demander du pain, et il n'y avait point de source de ce côté..... Pendant trois nuits il voyagea, pendant trois jours il se cacha dans les broussailles...... Ses habits étaient en lambeaux, il ne pouvait s'approcher des hommes qui traversaient la route; un mouvement brusque eût suffi pour faire tomber le mouchoir qui lui couvrait la tête, et montrer le crâne rasé du forçat..... Dieu vint encore à son secours..... Une bête furieuse, un loup enragé ravageait le pays; il s'exposa pour la combattre; une prime lui fut comptée..... Mais cette fois encore il faillit retomber dans les mains de la gendarmerie, et sans une fille généreuse dont il conserve le nom dans ses souvenirs, il était reconnu et emmené..... Louise Charmeau le fit évader..... Sur le cadavre du porte-balle, il avait trouvé un passeport, des papiers lui formant une identité nouvelle, il marcha dès lors en plein jour, et trois semaines plus tard il arrivait à Paris ! »

Le chiffonnier s'arrêta un moment; sa voix s'était abaissée, il se sentait remué par des pensées poignantes et douces à la fois; Nerval l'écoutait le front courbé, haletant, se demandant si un nom foudroyant n'allait pas enfin sortir des lèvres de l'homme énigmatique qui lui racontait cette étrange histoire.

— Ne vous êtes-vous jamais demandé, reprit le père Falot en regardant fixement l'usinier, si les victimes de nos fautes ne sortent pas de la tombe pour nous accuser, si la justice divine, dont l'heure sonne lentement parfois, ne réserve pas toujours un châtiment pour les coupables ?

— Que voulez-vous dire ? fit Nerval, qui se sentait envahir par une crainte progressive.

— Supposons, reprit le chiffonnier, que vous ayez jadis cédé à une tentation coupable, que, poussé par la soif du gain, la jalousie, la haine, vous ayez frappé un innocent, brisé une existence, flétri le bonheur de toute une famille, ne vous attendriez-vous point chaque jour à voir se dresser devant vous celui qui aurait le droit de vous dire : — Comptons ! tu m'as pris ma félicité, ma bonne renommée, ma fortune, je suis un créancier, un créancier inexorable, il faut tout me rendre ; Nerval, tout, entends-tu bien. Je veux venger les enfants spoliés, la femme morte, l'homme flétri ! Je viens te demander vie pour vie, honneur pour honneur ! Achille Nerval, es-tu prêt à payer la dette de ton crime ?

— De mon crime ? répéta l'usinier devenu hagard.

— Ne me reconnais-tu pas ? demanda le père Falot d'une voix tonnante.

— Non répondit Nerval au comble de l'épouvante, non je ne vous reconnais pas !

— As-tu donc brisé tant de vies honorables et calomnié tant d'innocents, que tu oublies le nombre et le visage de tes victimes...... Regarde-moi bien en face...... Les pleurs ont-ils flétri mes yeux à ce point que tu n'en retrouves pas le rayon ! Mon front sillonné de rides douloureuses, ne te rappelle-t-il pas un homme que tu as connu ; cette main, devenue calleuse par le travail, peux-tu oublier de l'avoir serrée ?

— Je ne vous reconnais pas ! répéta Nerval pour la troisième fois.

— Eh bien ! fit le chiffonnier, je mettrai donc un nom sur ce visage défiguré par la maladie, la souffrance et le désespoir, je m'appelle Austin Aurillac ! As-tu oublié le nom comme la figure, Achille Nerval ? Et n'as-tu rien à dire à celui que tu envoyas au bagne pour prendre à Paris la place qui lui était due, et grandir ton bonheur aux dépens du sien..... Je suis Aurillac le forçat ! et je viens te demander des comptes !

Nerval venait de rassembler ses forces pour la lutte.

— Il n'est point surprenant, dit-il, que j'aie oublié votre physionomie ; nous nous voyions rarement tandis que vous habitiez Paris.... Vos malheurs, je veux bien dire vos malheurs, vous ont rendu célèbre sans nous faire intimes..... Si ma position a grandi par votre ruine, je ne l'ai ni voulu, ni cherché, et je ne comprends pas !...

— Assez d'hypocrisie et de mensonge ! dit Aurillac et bas votre masque d'honneur ! Je vous l'ai dit, je viens reviser le procès perdu jadis, et châtier les vrais coupables.... Qui a ourdi la trame monstrueuse dans laquelle je fus entraîné ? Qui a préparé ma chute ? Qui a, les précautions les plus minutieuses étant prises, payé un misérable pour mettre le feu dans mes ateliers aux machines ?..... Toi, toi seul, misérable, mille fois plus lâche et plus coupable que Camourdas.

Nerval, à la première impression de stupeur, sentit succéder un mouvement de révolte contre le malheur qui le menaçait. Il n'en doutait plus, le chiffonnier, caché jusqu'alors sous le nom du père Falot, était bien Austin Aurillac, dont il avait détruit la fortune et le bonheur, mais, quelque instruit qu'il parût de certains détails, et quoiqu'il eût prononcé le nom de Camourdas, il se pouvait que l'ancien forçat fût sans preuves de ce qu'il avançait. Le plus habile était donc de nier toujours, quand même, et d'opposer aux affirmations précises d'Aurillac, des dénégations non moins violentes.

Nerval pouvait d'ailleurs se servir d'une arme autrement puissante que les paroles, et cette arme, le récit d'Aurillac venait de la lui fournir.

L'ancien usinier se trouvait en rupture de ban. Un coup de sonnette amènerait dans le cabinet de Nerval trois domestiques robustes qui suffiraient pour s'emparer du chiffonnier ; la police, une fois prévenue, ferait son affaire du galérien et l'expédierait à la Nouvelle-Calédonie.

Nerval reprit donc son sang-froid, et, se levant, fit un pas en avant du côté de la cheminée.

— Je vous plains trop, lui dit-il, pour m'arrêter à l'audacieuse folie de votre langage.... Que vous soyez victime d'une erreur judiciaire, cela est possible.... Que Camourdas ait mis le feu à votre atelier de la Villette, je ne le nie point, et je n'ai pas à donner mon avis là-dessus.... Si vous pouvez prouver son crime, faites arrêter Camourdas......

— Camourdas a disparu depuis deux jours, reprit Aurillac.

— Cela est fâcheux pour vous.

— Et savez-vous pourquoi il a disparu ?

— Suis-je donc responsable des faits et gestes d'un Camourdas ?

— Oui, car cet homme te gêne, il fait plus, il t'épouvante......

» Camourdas possédait la preuve de ta complicité dans le drame de l'incendie de la Villette..... Il s'en servait pour t'obliger à lui payer des sommes doublant, triplant d'importance ; il eût fini par te demander ta fortune...... Tu as eu dégoût et peur tout ensemble........ Après avoir tenté de lui acheter cette lettre qui te mettait à sa merci, n'y pouvant réussir, tu as rêvé de t'en emparer...... Souviens-toi du jour où le père Falot, aidant au déménagement de Bestiole, te trouva fouillant les tiroirs des misérables meubles de Camourdas......

Nerval se mit à trembler.

— Mais si ivrogne que soit Camourdas, il est rusé ; la pièce que tu cherchais était à l'abri de tes investigations ; un prodige, un miracle seul pouvait m'en rendre maître.......

— Te rendre maître......

— De la lettre dans laquelle tu indiques à Camourdas l'heure précise du crime......

Aurillac tira un papier de sa poche.

Nerval bondit vers le chiffonnier.

Mais celui-ci avait prévu le mouvement de l'usinier, et, en même temps qu'il tirait la lettre de Nerval à Camourdas de la poche de son gilet, il arrachait un pistolet de sa ceinture.

— Un pas de plus, et tu es mort ! dit-il.
— Grâce ! murmura Nerval qui se sentit perdu.
— Quand on m'a condamné, j'ai crié : Je suis innocent !
— Pitié pour ma fille !
— Ma femme est morte !
— Au nom du Dieu auquel vous croyez !
— Je suis le mandataire de sa justice et je te condamne !

Nerval tomba à genoux, la tête cachée dans ses mains.

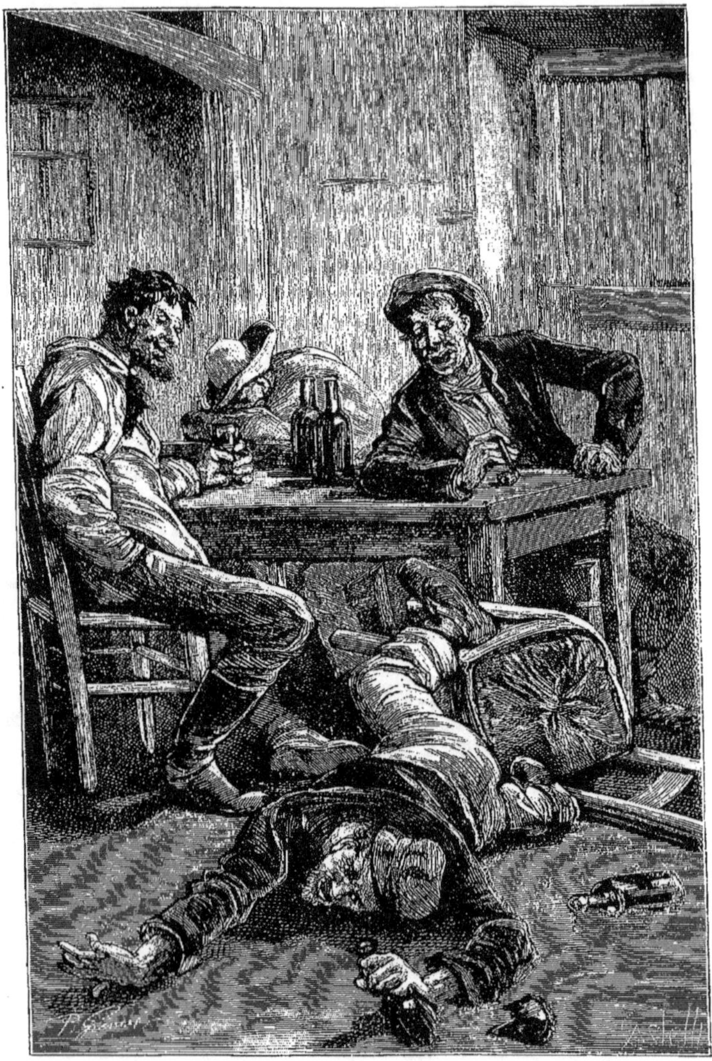

Il aimait à boire jusqu'à rouler ivre. (*Voir page* 484.)

CHAPITRE XVII

CHATIMENT

Aurillac considéra l'homme courbé à ses pieds avec une expression de calme austère. Ce n'était point un vengeur savourant l'humiliation du coupable, venant réjouir ses yeux du spectacle de son supplice, c'était un juge, en pleine possession de son droit, et l'exerçant à cette heure avec une sorte de solennité.

Après être resté un moment abattu sous le coup imprévu qui ruinait à la fois son insolent bonheur et sa fortune, Nerval se releva. L'égarement de son visage prouvait assez le désespoir dont s'emplissait son âme.

— Eh bien ! soit ! fit-il en regardant Aurillac en face, vengez-vous et punissez-moi, si vous croyez que je n'ai pas expié ma faute.

— Expié votre faute ! répondit Aurillac d'une voix grave, et qu'avez-vous fait pour cela ?

— Moi, rien ; mais Dieu, tout.

— Je pensais que vous n'y croyiez pas !

— Je ne le connais pas en effet, si par ce mot Dieu vous peignez un Être rempli de miséricorde et de tendresse, mais si vous le comprenez comme le maître armé d'un fouet vengeur, comme le persécuteur ou le justicier du crime, l'exécuteur même des vengeances qu'il exerce sur les violateurs de sa loi, je le connais ! Je le connais ! Tenez, vous avez été jugé, flétri, emprisonné ; vous devez l'air même que vous respirez à des miracles de patience et d'audace..... Depuis dix-huit ans, les gendarmes, les gardes-chiourmes vous poursuivent, vos pieds et vos mains gardent les meurtrissures de chaînes déshonorantes, et cependant, dites-le, auriez-vous changé votre sort contre le mien ? Ai-je mieux reposé sur mon lit, si moelleux en apparence, que vous sur le tollar du bagne ? Au sein de ce long martyre, votre prière montait vers Dieu, sanctifiée par la souffrance, mais moi ! moi ! Le sommeil m'a fui depuis le jour de votre emprisonnement. Votre ombre ne m'a jamais quitté... Si je vous reconnais, Aurillac ! Votre fantôme a peuplé ma solitude... J'entendais sans relâche votre accent indigné répondre à l'injuste accusation qui vous surprenait en vous révoltant.

Je voyais toujours, toujours entendez-vous, vos yeux, brillants d'une indicible angoisse, interroger tour à tour le pâle visage de votre femme et la figure impassible de vos juges... Ah! votre voix m'est restée jusqu'au fond des entrailles, et je pourrais répéter les paroles qui, mieux que celles de votre avocat, auraient dû convaincre les jurés de votre innocence !... Le remords... je n'y croyais pas avant mon crime; je prenais cette expression pour un mot de convention destiné à effrayer ceux que ne frappe pas le glaive de la justice humaine... Quand je rêvai votre perte, quand je la méditai, quand je l'accomplis, je riais encore du remords et je me répétais que les natures énergiques ne sont pas sujettes à ces prétendues hallucinations ! Je me trompais, Aurillac, je mentais ! J'ai eu des remords, des remords cruels, poignants, terribles... ils ont empoisonné tous mes jours, et, pareils aux harpies de la fable, leur présence a souillé autour de moi tout ce qui pouvait me charmer et me séduire. Ah ! croyez-le bien, avant l'heure où vous revendiquez votre droit à la réparation, le supplice du calomniateur a commencé... On eût dit, d'ailleurs, que le ciel prenait à tâche de suivre, dans son œuvre de châtiment, la même ligne que dans l'œuvre de votre perte... Votre femme mourut, et j'ai perdu la mienne... J'ignore dans quelles circonstances expira la vôtre, mais ce que jamais je n'oublierai, c'est que le dernier regard de ma femme me lança une accusation suprême, et que sa dernière parole fut celle-ci : — « Repens-toi ! » Les clartés soudaines qui éclairent la vie et précèdent celles de l'éternité lui montrèrent-elles mon passé sombre ? Je le crus... Avant de quitter ce monde, ma femme garda longtemps Angélie près d'elle ; je suis sûr qu'elle ne lui révéla rien de capable d'attenter au respect que me devait cette enfant, mais je suis en même temps certain qu'elle fortifia même contre moi cette âme innocente... Je restai sous cette impression qu'Angélie héritait pour ainsi dire près de moi des droits de sa mère, et je lui laissai autant de latitude qu'elle en voulut pour remplir ses devoirs religieux et ses œuvres de charité... Parfois, je me disais : Les vertus de l'enfant obtiendront grâce pour le père, Angélie paie ma dette à Dieu... Son innocence balancera mes crimes.

— Et vous aviez raison de le croire, répliqua Aurillac.

— Vous laisserez-vous donc toucher !

— Je vous ai dit que je vous châtierais... Vous avez éprouvé des remords, je veux le croire, mais je veux apprendre quel mobile vous poussa au crime dont vous vous êtes rendu coupable ?

— L'ambition ; les progrès de votre fortune, surtout l'honorabilité de votre nom me fatiguaient. Je ne voulais plus qu'on vous appelât le *Juste* ! Il ne me fallait pas seulement votre ruine, mais votre déshonneur. N'ayant pas la foi religieuse, livré en aveugle à des passions qui avaient amoindri, atrophié mes qualités morales, je me débattis quelque temps contre une tentation violente... Elle devint la plus forte, et je succombai dans ma pensée... Du jour où votre perte fut résolue, je ne m'occupai plus qu'à trouver un complice.

— Camourdas !

— Vous l'avez dit, Camourdas.

— Comment osâtes-vous faire à cet homme une proposition semblable !

— Camourdas était un ouvrier abandonné à la paresse et à la débauche. Il souffrait de la misère, parce qu'il aimait à boire jusqu'à rouler ivre dans la fange du ruisseau ; le travail lui répugnait. Il rêvait, dans les mouvements populaires, l'heure du désordre qui fait un riche du mendiant de la veille. Si Camourdas avait appartenu à cette classe des ouvriers honnêtes qui cherche l'amélioration de sa situation dans une assiduité plus grande au travail, dans le désir de s'instruire et l'ambition louable de procurer à ses enfants une situation meilleure, j'aurais gardé un prudent silence. Mais un homme à demi abruti par le vice devait accepter tout de suite une offre qui, si elle présentait quelques périls, offrait aussi, en cas de réussite, une vie de paresse et de loisir.

— Combien reçut Camourdas ? demanda Aurillac.

— Douze cents francs de rente.

— Pour cent francs par mois il incendia une maison, une fabrique, causa la mort de quatre braves gens qui se jetèrent dans les flammes afin d'essayer de les éteindre... Pour cent francs par mois il envoya un homme au bagne, jeta errante sur une route une femme et un petit enfant ! C'est trop peu payer vraiment un tel métier ! et Judas avait droit à davantage.

Aurillac venait de se laisser une minute emporter par son indignation, il reprit d'une voix plus calme :

— Encore une fois, je veux tout savoir... Camourdas ne s'est donc pas contenté de la pension qu'il avait gagnée ?

— Non ; il devint exigeant, ses demandes d'argent se renouvelèrent, et je prévis le jour où elles atteindraient des chiffres exorbitants.

— Alors vous avez tenté de racheter la preuve dont il menaçait de faire usage.

— Oui, mais il refusa de me la vendre.

— Je le conçois, cette preuve valait toute votre fortune.

Nerval ne put s'empêcher de tressaillir.

Aurillac regarda le banquier en face, et lui demanda :

— Qu'avez-vous fait de Camourdas ?

— Après avoir chargé Charençon, un autre misérable, de l'enivrer d'opium, je lui ai donné l'ordre d'emmener Camourdas dans une masure située à deux lieux de Melun, et de l'y garder prisonnier, en le réduisant à l'impossibilité de nuire et de s'évader.

— Ainsi, Camourdas est prisonnier ?

— Prisonnier à la façon des fous.

Aurillac réfléchit un moment.

— Cet homme est un monstre, fit-il, peut-être la solitude et le silence l'obligeront-ils à rentrer en lui-même. Le châtiment qu'il subit peut devenir salutaire... Que Camourdas demeure donc là où vous l'avez fait enfermer, jusqu'à ce que...

Aurillac n'acheva pas.

Ce fut Nerval qui termina sa phrase :

— Jusqu'à ce que je sois puni moi-même ?

— Oui, répondit Aurillac.

— Et sans doute l'expiation égalera la faute ?

— Elle l'égalera.

— Il faut que le châtiment soit bien terrible, pour que vous ne me l'ayez point encore révélé ?

— Il sera juste surtout.

— Je suis prêt à écouter ma sentence, dit Nerval.

Aurillac parut oublier complètement le commencement de cet entretien, et poursuivit en s'adressant à Nerval :

— Pourquoi avez-vous accordé à Maximilien la main de votre fille ?

— Parce que ce jeune homme s'occupait, sans vous connaître, de votre réhabilitation.

— Ah ! fit Aurillac avec exaltation, nierez-vous encore les voies de la Providence, quand vous saurez que Maximilien est l'enfant que j'ai cru perdu, le fils d'Anita ! Et que l'instinct de son cœur le poussait à chercher le salut de son père !

— Ainsi, demanda Nerval bouleversé par cette confidence, Angélie aime votre fils ?...

— Elle l'aime noblement, chrétiennement, comme elle peut et doit aimer.

— Pauvre jeune fille ! murmura Nerval, elle portera le poids des crimes de son père, et c'est moi qui briserai son cœur !

Aurillac secoua doucement la tête :

— Maximilien mourrait peut-être s'il n'épousait pas Angélie, et je ne veux pas, entendez-vous, je ne veux pas que mon fils meure...

— Non ! vous ne voulez pas que votre fils meure... Je comprends... vous avez raison... Moi non plus, je ne veux pas le désespoir de ma fille... Et cependant ! cependant ce mariage devient impossible... Vous revendiquez vos droits... les preuves en main vous criez à tous votre innocence... le fils de la victime s'éloigne du bourreau... Que faire, que faire !

Nerval posa ses coudes sur la table et cacha son front dans ses mains.

Il resta plus d'une minute plongé dans ses réflexions.

Quand il releva la tête, il était pâle mais résolu.

— Je vous devine, dit-il à Aurillac, et je vous approuve... Il existe un seul obstacle au bonheur de deux êtres purs, cet obstacle va disparaître... Le coupable doit subir un châtiment : il est prêt...

Nerval prit une feuille de papier et traça rapidement quelques lignes qu'il tendit à Aurillac.

Elles contenaient ces mots :

« *Je déclare m'être aujourd'hui volontairement donné la mort.* »

— N'est-ce pas cela que vous exigez de moi ? demanda Nerval.

— Un suicide ! répondit Aurillac, un nouveau crime ajouté aux crimes anciens !

— Et l'expiation dont vous parlez.

— Je l'imposerai moi-même.

— Ainsi, vous ne voulez pas que je meure ?

— Mourir impénitent ! mourir en pleine rebellion contre la loi morale qui flétrit le suicide, contre la loi divine qui repousse de son temple saint le corps de ceux qui n'ont pas eu le courage d'attendre l'heure marquée par le ciel, et ne garde point de prière à dire sur leur tombe... Non ! non ! je ne veux point pour vous d'une mort semblable... Quand il plaira à Dieu de vous rappeler devant le tribunal de sa justice, vous y comparaîtrez ; jusque-là il faut vivre, entendez vous, vivre, je l'ordonne, je le veux.

Nerval courba la tête.

— Parlez, dit-il, parlez.

— Vous vivrez, reprit Aurillac, en adorant ce que vous avez brûlé, en brûlant ce que vous adoriez... Je vous condamne non point à subir une heure d'angoisse physique, mais à racheter le passé, année par année, jour par jour... Vous avez voulu la puissance qui donne la fortune, vous emploierez cette puissance non plus à soudoyer le mal, mais à accomplir le bien... Vous avez fait enfermer dans un bagne un homme coupable seulement de porter ombrage à votre ambition demesurée, vous soulagerez de tout votre pouvoir les prisonniers, les forçats exilés... Vous deviendrez le bienfaiteur de cette classe si nombreuse, hélas ! d'hommes que la société repousse de son sein, comme la mer rejette sur le rivage l'écume de ses flots. Vous fonderez dans la Nouvelle-Calédonie, à Nouméa, dans l'île des Pins, des églises, des hospices, vous

Ils vont, l'estomac creux, passer la nuit sous les ponts. (*Voir page* 488.)

vous occuperez de l'éducation des malheureux enfants nés des tristes unions que firent l'incrédulité et le vice... et je me consolerai d'avoir subi dix-huit années de torture en songeant que toute une jeune génération sera redevable à mes douleurs des leçons qui, sans cela, lui auraient manqué...

— Je fonderai ces églises, répondit Nerval.

— Il existe à Paris, reprit Aurillac, un grand nombre de pauvres filles manquant de travail ou dont le salaire est rétribué d'une façon insuffisante... dans ma vie nomade et nocturne de chiffonnier, j'en ai trouvé sur le pavé, mourantes de froid et de faim... Eh bien ! il ne faut pas que l'innocence se trouve exposée à subir de si rudes épreuves. Si des rêveurs ont fondé les ateliers nationaux et prêché cette utopie du droit au travail, vous pouvez, vous, créer des ouvroirs où toute fille honnête, souhaitant exercer son état et vivre honorablement, se trouvera assurée de gagner un salaire suffisant. Et je ne désire pas seulement, pour cette classe si intéressante de l'ouvrière, le salaire indispensable, je voudrais qu'elle pût trouver dans une maison spéciale le logis et la table. Elle échapperait par ce système à l'ennui, aux dangers de la vie isolée, elle se trouverait nourrie d'une façon suffisante, et les religieuses à qui je confierais la direction de ces ouvrières feraient en même temps germer dans ces jeunes âmes les fleurs de toutes les vertus. Nous placerons cet asile sous l'invocation de sainte Colombe.

— Soit ! répondit Nerval.

Aurillac reprit:

— Vous avez dû être, comme moi, péniblement frappé de l'oubli dans lequel reste une partie des enfants de Paris; les uns sont nés dans les faubourgs, les autres arrivent dans la capitale du fond de la Suisse, du Piémont, de l'Italie. Ils quittent la patrie et la famille sous la garde de maîtres qui vivent du produit de leur travail. Travail bien divers, souvent pénible. Quelques-uns de ces petits malheureux ramonent nos cheminées, les autres, assis à l'angle des rues, cirent les bottes des passants; la plupart, une harpe au dos ou un zampogne sous le bras, chantent et dansent dans les cours, sur les boulevards, devant les cafés, près des restaurants à la mode. Quand la recette est bonne, les enfants soupent; quand ils ne rapportent rien au maître, ils sont battus... et s'ils n'ont pas de maître, ils vont, l'estomac creux, passer la nuit sous les ponts. On fait à Paris la *traite des enfants*, comme jadis on faisait en Afrique et en Amérique la *traite des noirs*... Pourquoi des hommes influents et riches ne s'occuperaient-ils pas de protéger ces petits malheureux ? Il serait si facile d'obtenir du préfet de police qu'il obligeât ces enfants à s'instruire, à faire leur première communion... Si un maître barbare brise leurs membres à coups de bâton, encore ne faut-il pas tuer leur âme... trouvez-vous que j'ai raison, Nerval ?

— Vous avez raison, répondit l'usinier.

— Quand il sera défendu d'exhiber en public de malheureux petits êtres habiles à la voltige, au tremplin, au trapèze, quand on ne pourra plus montrer de petits prodiges dansant sur la corde, ou rivalisant dans l'air avec les oiseaux, il faudra bien que les saltimbanques eux-mêmes apprennent un métier à leurs enfants, sous peine de voir ce capital de chair et d'os rester improductif... J'ai, une nuit, sauvé des mains d'un misérable nommé Guépar-le-Rouge, un enfant à demi mort de coups et de misère... Il est guéri, il cherche déjà le moyen de s'employer d'une façon utile; j'en ferai un homme, s'il plait à Dieu... Mais pour un de sauvé, combien restent sous le joug, exposés à tous les mauvais traitements, élevés dans le mépris des choses saintes, et disposés plus tard à faire alliance avec les pires des misérables.

— J'y songerai, dit Nerval.

— Vous me comprenez enfin, dit Aurillac, je vous laisse l'intégrité de votre nom, je ne touche pas à votre bonne renommée, vous restez pour tous Nerval le millionnaire, et l'on ajoutera Nerval *le bienfaiteur*. Cette fortune, à laquelle vous attachiez tant de prix, ne vous appartient plus à partir de cette heure; je pourrais la réclamer comme compensation de la mienne, c'est aux pauvres que je la lègue... Voilà le supplice que j'ai choisi pour vous, voilà l'unique châtiment que je vous impose : vous avez fait le mal, vous accomplirez le bien... Vous vivrez pauvre au milieu de votre opulence; vos mains seront sans cesse ouvertes pour l'aumône, et vous continuerez à travailler pour augmenter sans relâche les ressources nécessaires au soulagement des malheureux que je vous adresserai ! Et voyez, nul ne s'étonnera de ce changement: on bénissait d'avance le nom d'Angélie; à l'avenir, votre nom, à vous, se trouvera associé à ces bénédictions.

— Mais je les volerai ! Je n'y aurai pas de droit ! s'écria Nerval.

— Dieu vous laissera libre de les mériter, dit Aurillac d'une voix grave. Vous me parliez de vos remords, vous pouvez vous repentir .. Le remords est la souffrance providentielle qui suit le crime; le repentir est le regret personnel que nous éprouvons d'avoir fait le mal... Je sais qu'à partir de cette heure, tandis que vous restez sous le coup d'une dénonciation terrible, vous vous résignerez à la bienfaisance comme à un supplice non classé parmi les châtiments destinés aux grands coupables. Mais ce que je ne puis faire, moi un homme faible, je l'attends de mon Dieu, qui possède la patience et la force. Vous soumettez-vous à cet arrêt ?

— Je me soumets, répondit Nerval.

— Et vous obéirez ?

— D'autant mieux, répliqua Nerval, que vous restez en possession de la lettre adressée par moi à Camourdas.

Nerval leva sur Aurillac un regard rempli de supplication:

— Et ma fille ? dit-il.

— Votre fille épouse Maxmilien.
— Vous permettez...
— Je ne châtie point les innocents.
— Mais vous qui avez perdu Anita ; vous dont l'enfant...
— J'ai retrouvé mon fils, répondit Aurillac... Ce fils perdu, pleuré, m'a été rendu par un miracle de la Providence... Si j'étouffe en sa présence la joie dont s'emplit mon cœur, je n'en suis pas moins le plus heureux des pères dans le fond de mon âme ! Je puis être indulgent, puisque le Seigneur me témoigne tant de clémence... Mais à ce fils je ne crierai pas : — « Viens dans mes bras ! » Entre lui et moi se dresse votre crime, votre crime que je ne puis lui révéler sans le tuer.
— Ah ! s'écria Nerval, c'est trop de vertu ! Quoi ! Vous gardez le silence, vous refoulez en vous les sentiments les plus chers, les plus légitimes, vous repoussez de vos bras l'enfant retrouvé miraculeusement...
— Je dois l'aimer pour lui, non pour moi !... Nerval, poursuivit Aurillac, la vie est courte, si longue quelle puisse nous sembler... A cette période rapide que nous faisons si tourmentée, succédera cette éternité préparée ici-bas par nos œuvres... Le jour de l'union d'Angélie et de Maximilien, le père Falot, en habits des dimanches, sera caché dans un coin de l'église où vous représenterez seul l'autorité paternelle... Mais Dieu sait de quel cœur meurtri et martyrisé s'échappera la plus ardente prière... Je vous laisse, et vous me verrez rarement désormais... Vous n'entendrez plus tonner à vos oreilles la voix de la menace humaine ! Ne fermez pas votre cœur à la voix divine ! et souvenez-vous que, de ce jour, vous n'êtes plus que le banquier des pauvres.
Aurillac se leva.
Nerval le contemplait avec une stupéfaction impossible à rendre, et si grand était son étonnement à la vue de cette grandeur d'âme et de cette vertu si haute et, si simple qu'il ne trouva rien à répondre.
Aurillac quitta le cabinet de l'usinier.
Comme il traversait le salon, il aperçut Angélie.
— Eh bien ! demanda la jeune fille en souriant, mon père vous a-t-il accordé ce que vous souhaitiez ?
— Oui, mademoiselle.
Aurillac regarda Angélie avec l'expression d'une tendresse affectueuse.
— Il y a du bonheur dans votre regard, dit-il.
— C'est que je suis en effet pleinement satisfaite.
— Est-ce un secret, mademoiselle ?
— Un secret ! Colombe pourrait vous l'apprendre dans une heure... Je me marie au meilleur, au plus noble des hommes.

— Ne le nommez pas, mademoiselle, c'est Maximilien Audoin.

Falot ajouta :

— Soyez heureuse ! bien heureuse ! Que la bénédiction de Dieu reste sur vous !

Et comme les larmes lui montaient aux yeux, Aurillac s'éloigna.

Il sortit, le front haut, l'âme rassérénée. Il ne venait point de tirer une vengeance brutale de l'homme qui l'avait perdu. Il ne réclamait pas dent pour dent, œil pour œil : et loin de reprendre la fortune à laquelle il avait droit, il la donnait aux pauvres. Oui il avait le droit de relever la tête, celui qu'Anita appelait dans ses lettres « le martyr » et qui se transformait en héros.

Mais s'il n'avait pris conseil que de lui-même, aurait-il trouvé dans son esprit, si lucide qu'il fût, dans son intelligence et sa sagesse, la solution qu'il venait d'appliquer? Non ! Il cherchait plus haut l'inspiration de sa conduite, et c'est en Dieu seul qu'il puisait la force du pardon.

Il pardonnait pour qu'on lui pardonnât.

En sortant de l'hôtel de l'usinier, Aurillac se sentait brisé par l'effort qu'il venait de faire.

On ne remporte pas sans peine de semblables victoires

On laisse toujours un lambeau de sa chair à de tels buissons épineux.

Aurillac éprouvait un impérieux besoin de calme, de repos, de sérénité ; il avait soif d'entendre une douce parole, il voulait que deux bras caressants se nouassent autour de son cou. Il fallait qu'il sentît battre un cœur affectueux et pur, pour oublier qu'il venait d'agrandir encore l'obstacle qui se plaçait entre lui et Maximilien.

Alors il courut chez Colombe.

— Ah ! fit-il en la serrant dans ses bras, ici, je suis père encore. Hélas ! je ne le suis que dans cette maison ! Colombe ! ma bien-aimée Colombe ! parle-moi, dis-moi que tu ne regrettes point le sacrifice consommé par ton vieux père... Tu resteras pauvre, ma chérie ! Nous travaillerons tous deux pour gagner un pain insuffisant peut-être... Parfois je me trouve égoïste de te laisser la part si mauvaise, quand je pouvais te créer la vie si belle.

— Ah ! taisez-vous, père ! taisez-vous ! s'écria Colombe. Il me semble que la pauvreté nous rapproche encore... Et puis, nous avons l'habitude de souffrir ! Je ne jalouse rien ! Je vous applaudis, je vous approuve, je vous aime...

— Vrai ?

— Sur la mémoire de ma mère.

Elle ajouta :

— Et Nerval?
— Je l'ai jugé, dit Aurillac.
— Et quelle sera sa peine?
— Je le condamne à devenir un homme de bien !
— Dieu vous bénira, père! dit Colombe, cet acte et ce mot sont réellement dignes de vous! Si fort que soit un homme, il lui est facile de se laisser entraîner au sentiment de la vengeance, quand cette vengeance est aussi légitime que la vôtre... Je tremblais à la pensée de vous voir appliquer la peine du talion... Mais vous êtes bon, généreux, sublime ! et je vous aime, je vous vénère, et nulle fortune ne vaudrait pour moi la joie que vous venez de me causer!

Ils ont assassiné puis jeté à l'eau le cocher. (*Voir page* 495.)

CHAPITRE XVIII

LE MAL DE COLOMBE

C'était un samedi ; l'église de la Madeleine s'illuminait pour une fête ; les vases de fleurs, les arbustes ornaient les degrés de l'autel couverts de riches tapis persans descendant jusqu'au bas des marches du temple et se prolongeant même au-delà de la grille. Des sièges en bois doré, garnis de velours rouge et de crépines d'or, étaient disposés en face de l'autel. On voyait passer, affairés et silencieux, les enfants de chœur en tuniques rouges recouvertes d'aubes de dentelle ; le suisse faisait bruyamment sonner sa hallebarde sur le pavé, tandis que les maîtres de cérémonie, la chaîne d'argent au cou, marchaient à petit bruit en surveillant les préparatifs de la cérémonie.

Sous le péristyle de l'église se mouvait une foule grossissante.

— Savez-vous ce qui va se passer ? demanda une jeune mère, tenant un petit enfant dans ses bras et s'adressant à une fillette un peu contrefaite, mais qui rachetait ce défaut par la douce expression de son visage.

— C'est un mariage, répondit la petite bossue.

— Un riche mariage, alors ?

— Heureux, surtout, répliqua la fillette ; Mlle Angélie Nerval épouse ce matin, M. Maximilien Audoin, l'avocat des pauvres ; soyez tranquille, ils s'entendront pour faire le bien, car c'est au chevet des malheureux qu'ils se sont rencontrés pour la première fois.

— Que le Seigneur les bénisse ! alors, fit la jeune mère, en descendant le large escalier.

— Bestiole, demanda Bec-d'Oiseau, en s'adressant à l'habilleuse de poupées, je ne vois point les Niquel ?

— Ils viendront cependant tous, sauf Crucifix, qui s'éteint lentement comme une lampe où manque l'huile. Comment pourraient-ils ne point assister à cette fête ? Angélie a pris toute la famille sous sa protection, et les mignonnes l'appellent « petite mère ».

— Reine a dit aussi qu'elle viendrait.

— Elle doit bien une prière à la fille de M. Nerval le jour de son mariage. Grâce aux soins du docteur, le pauvre inventeur retrouve,

Enfin, Maximilien descendit d'un coupé où il se trouvait avec un vieil ami, tandis qu'Angélie, s'appuyant sur le bras de son père, et souriant à Diane Montravers, une des filles d'honneur, posait son soulier de satin sur le marchepied de sa grande calèche.

Angélie, blanche comme ses voiles, le front éclairé par une grâce modeste, pris le bras de Nerval et commença à gravir les marches de l'église.

Chacun l'admirait et faisait des vœux pour elle. Angélie recueillait à cette heure solennelle toutes les bénédictions qu'elle avait semées en bienfaits.

Elle se sentait entrée dans la phase sérieuse de la vie; et calme, parce qu'elle se savait prête à remplir tous ses devoirs, heureuse parce qu'elle liait sa vie à celle d'un honnête homme, elle allait vers l'autel sans crainte et sans trouble.

Un frémissement courut dans l'église illuminée : l'orgue venait de s'éveiller sous les doigts d'un de ces rares artistes qui donnent une mystérieuse existence à l'instrument vibrant sous leurs doigts, et qui unissent au brillant d'exécution cette sensibilité exquise, cette expression qui surpassent l'habileté elle-même. C'est Angélie qui avait exigé que l'orgue fut tenu par Alexandre Guilmant. Celui-ci s'était empressé de se rendre au vœu de la jeune fille, et afin de le réaliser pleinement il avait composé pour cette cérémonie une *messe* spéciale, chef-d'œuvre surpassant tout ce qu'il avait fait jusqu'alors, et dont la haute valeur artistique le plaçait au premier rang, non pas seulement des exécutants, mais encore des compositeurs.

Quelle marche triomphale que celle de cette jeune épousée, s'appuyant sur le bras de son père, avant de se prosterner devant Dieu, pour jurer obéissance et tendresse à l'homme de son choix. Et cependant, au milieu de ce morceau éclatant, un motif doux et presque plaintif revenait comme un regret adressé au foyer paternel. La jeune fille donnait un soupir, une larme à son adolescence heureuse, puis le chant magistral reprenait le dessus, le bonheur d'asservir à son tour sa vie et de fonder une famille, le sentiment d'une dignité nouvelle instituée, consacrée par le ciel, l'emporta sur cette pensée de regret, et le morceau s'éteignit dans les accents d'une large et puissante harmonie.

Angélie, prosternée sous ses voiles, ne voyait rien de ce qui se passait autour d'elle. Mais Nerval, moins attentif à la cérémonie sacrée, cherchait dans la foule deux personnes qu'il n'apercevait pas.

Certes, l'église était remplie jusqu'au seuil de groupes éblouissants de parure, et cependant ce n'est pas au milieu des femmes élégantes, des hommes influents que regardait Nerval. Il fouillait l'ombre de la chapelle, le mystère des colonnes protectrices, et tout à coup son regard s'étant fixé sur un homme et sur une jeune fille, il ne les quitta plus.

Aurillac, agenouillé dans un des bas-côtés, priait avec ferveur, la tête plongée dans ses mains pour dérober à tous la vue des larmes coulant sur son visage ; Colombe regardait l'autel, et parfois ses beaux yeux, se dirigeant vers Maximilien et Angélie, semblaient les désigner à Dieu.

Leur bonheur à tous deux n'était-il pas un peu son ouvrage ! N'avait-elle point, en acceptant sa part d'ombre et de pauvreté, travaillé à la félicité de deux êtres, qui étaient bien loin de se douter des troubles et des douleurs qu'ils laissaient derrière eux !

Colombe priait pour son frère, pour ce « petit Max » dont le nom avait eu tant d'écho dans son âme, pour cette Angélie qui l'avait aimée, protégée, secourue, à qui elle rendait à cette heure et dans une seule minute, tout le bien qu'elle en avait reçu.

La pauvre fille, en recommandant au ciel le bonheur d'Angélie, fit sans doute le sacrifice de sa propre félicité, car durant un moment son visage eut la blancheur du marbre et son sourire la sérénité de celui des martyrs.

Ce fut l'abbé Bernard qui prononça le discours destiné à faire connaître au jeune couple ses devoirs nouveaux. Il ne leur montra point la vie dans laquelle ils entraient exempte d'épreuves. Non, le malheur et la souffrance accompagnent les pas de l'homme ; ce n'est pas d'être exempt d'épreuves qu'il faut se féliciter davantage, mais de se sentir assez chrétien, assez fervent pour les soutenir en les unissant à la vie souffrante du Christ. Il leur montra leurs occupations comme compagnes inséparables de cette vie, se devant la tendresse, la fidélité, la patience ; leurs devoirs à l'égard des serviteurs qui ont le droit d'attendre de leurs maîtres l'exemple de toutes les vertus chrétiennes. Enfin, après leur avoir parlé l'austère langage de la foi, il les félicita en ami, en frère, et leur promit la bénédiction du ciel, qui tombe comme une bienfaisante rosée sur les unions semblables.

— Vous êtes courageux, dit-il à Maximilien ; vous êtes pieuse, ajouta-t-il, se retournant vers Angélie ; allez donc, continuez à répandre, non plus séparément, mais ensemble, des bienfaits sur tous ceux qui vous entourent. Et si quelque chose manque encore à votre félicité terrestre, le Seigneur, qui aime à donner « par surcroit » à ceux qui mettent en lui leur confiance, vous l'enverra en récompense du bien accompli.

Encore une fois, la grande voix de l'orgue s'éleva de l'église.
Les anges semblaient, d'en haut, répondre aux paroles du prêtre.
La prière absorba plus complétement les cœurs.

sinon toute sa raison, du moins le calme dont il était privé depuis tant d'années, et il suffirait d'une émotion heureuse pour remettre l'équilibre dans son cerveau. Vois-tu, Bec-d'Oiseau, il me semble toujours que le hasard lui rendra le manuscrit qu'il s'obstine à chercher et qu'une fois en possession de son œuvre, il achèvera les grands calculs qu'il poursuit.

— Tu as raison, fit Bec-d'Oiseau; voici Reine.

Une jeune fille, modestement mais gracieusement habillée, gravissait les marches de la Madeleine.

Elle reconnut Bestiole et Bec-d'Oiseau, et leur serra la main.

— Reine, comment se porte votre père? demanda la petite bossue.

— Mieux, beaucoup mieux, je vous remercie. Camourdas est-il revenu?

— Non, répondit Bestiole avec une sorte de tristesse; il est en voyage; M. Falot m'a dit que cette absence ferait grand bien à mon père, qu'il aurait, en revenant, meilleure santé et meilleure humeur, et je patiente, croyant tout ce que me dit le père Falot, et comptant cependant les jours de l'absence. Un père peut être dur, Reine, il n'est pas moins un père.

— Vous avez un excellent cœur, petite Bestiole.

— Oh! mon cœur n'en pensait pas si long avant que je connusse le père Falot.

— Vous a-t-il enseigné des moyens pour retourner les gens? dit Bec-d'Oiseau; quand je songe que j'exerçais comme qui dirait l'état de vagabond sur le pavé de Paris, que la police aurait pu me pincer comme elle a fait l'autre jour de la bande des *Déboulonneurs*, au cabaret du *Crapaud-qui-Chante* ! C'est moi qui remercie le bon Dieu et le père Falot de m'avoir arraché de ce bouge. J'en aurais eu pour jusqu'à mes vingt ans dans une maison de correction.

— Vingt ans ! répéta Bestiole.

— Ni plus ni moins, pauvre fillette, et l'on eût eu raison, sans doute, car le voisinage et l'intimité des gens comme Triolet, la Perche et Tête-de-Turc, est plus terrible que la détention. Celle-ci vous prive momentanément de la liberté, les misérables vous conduisent où ils se rendent eux-mêmes: au bagne ou à l'échafaud.

— A l'échafaud? fit Bestiole terrifiée.

— Il y en a trois dans le nombre qui ne l'échapperont pas: la Perche, Tête-de-Turc et Triolet, ceux qui avaient imaginé de dépouiller Mme Montravers de ses diamants. Il est à peu près prouvé qu'ils ont assassiné, puis jeté à l'eau le cocher que l'on a retrouvé dans les filets de Saint-Cloud, et qu'ils ont coupé la gorge de la marchande à la toilette du quartier Saint-Martin.

— Les malheureux ! fit Bestiole ; pourvu qu'ils se repentent !

— L'abbé Bernard est allé les voir, mais jusqu'à cette heure, ils ont refusé de l'entendre.

— Oui, tu as raison, Bec-d'Oiseau, la Providence t'a bien gardé.

— As-tu vu comme je suis faraud, Bestiole ? Habillé de pied en cap, rien que cela, et sans rien devoir à personne. On me paie déjà à l'atelier et, ma journée finie, je travaille avec le père Falot ; je veux m'instruire ; quand on est typographe on peut devenir correcteur, et j'ai de l'ambition, Bestiole.

— Tu as donc un but dans la vie ?

— Et un beau, va ! Quand j'aurai l'âge d'un homme, j'irai dire à une jeune fille, travailleuse et sage : « Marions-nous ; veux-tu ? »

— Et elle acceptera, et elle sera bien heureuse, car tu es un rude piocheur à la besogne, et comme tu grandis beaucoup, tu deviendras tout à fait beau garçon, ce qui fait que tu auras pour épousée une jeune fille jolie et blonde, et.....

— C'est ce qui te trompe, Bestiole ; jolie, je ne sais pas trop ce que ce mot veut dire. Les plus jolis yeux sont ceux qui regardent le plus doucement ; la plus jolie bouche est celle qui adresse les meilleures paroles ; les mains les plus belles sont celles qui travaillent davantage ; par ainsi, faisant passer les qualités de l'esprit et du cœur avant toutes les autres, il se peut très bien qu'étant devenu homme j'épouse celle qui me semblera vertueuse et dévouée, de préférence à une coquette pareille aux poupées que tu habilles, soit dit sans leur faire injure.

Bestiole leva ses grands yeux bleus surpris sur son jeune compagnon.

Elle resta toute interdite de la gravité de son visage, et sans qu'elle sût pourquoi, son cœur battit bien fort.

— Ah ! fit-elle, voici tous les membres de la famille Niquel ; comme ils semblent unis et contents ; la mère seule garde encore une ombre sur le visage : elle sait bien que Crucifix doit mourir.

— L'église de la Madeleine sera trop petite pour contenir tous ceux qu'a secourus Mlle Angélie.

En ce moment, midi sonna et les cloches s'ébranlèrent harmonieuses et joyeuses.

Un prêtre gravit lentement les marches, sans regarder autour de lui, sans reconnaître personne.

— L'abbé Bernard, dit Bestiole, c'est lui qui officie.

Un moment après, des roulements de voitures se firent entendre et des groupes de femmes parées, et d'hommes en cravate blanche, portant sur leur habit des décorations multiples, pénétrèrent dans l'église.

— Mais, ma chérie, Maximilien a une compagne, cela ne m'empêche pas de l'aimer.
— Oh! ce n'est pas la même chose. D'ailleurs, depuis longtemps mon frère connaissait et chérissait Angélie, et moi.....
— Toi, tu ne vois personne capable de faire le bonheur de ta vie?
— Je suis trop exigeante, mon père, je voudrais un mari parfait.
— C'est beaucoup; mais enfin de combien de vertus se compose la perfection que tu exiges du lui?
— Je le veux croyant, dit Colombe, afin de prier avec lui; doux et bon, sans cela il m'inspirerait une sorte de crainte, puis.....
— Puis éloquent, travailleur, généreux.....
— C'est cela, c'est cela, mon père; vous voyez bien que c'est impossible à trouver.

L'entretien en resta là; mais Aurillac quitta Colombe, tout songeur.

Les mois se passèrent et, quand arriva l'hiver, Colombe était si pâle, si amaigrie, qu'il n'était pas possible de se faire illusion sur son état.

Aurillac le constatait sans en découvrir la cause.

Médéric le voyait et s'en affectait.

Un matin que Colombe aidait à Reine à faire son ménage, en attendant la visite du médecin, elle s'arrêta un moment, sans force et sans souffle, renversée sur une chaise, toute pâle et presque évanouie.

Reine appela Médéric.

En voyant paraître le jeune homme, Colombe rappela ses forces, se releva et tâcha de sourire. Quand le docteur arriva, il la regarda tout surpris.

— Vous travaillez trop, mon enfant, lui dit-il, vous vous tuez!

Le médecin donna ses soins au pauvre fou, laissa s'éloigner Colombe, puis il sortit en même temps que Médéric.

— Vous connaissez le père de cette enfant, dit-il au jeune homme, et vous paraissez porter une grande amitié à toute la famille.

— En effet, répondit Médéric troublé

— La santé de Mlle Colombe m'inquiète. J'entends parfois sortir de sa poitrine une petite toux sèche qui m'alarme, ses yeux ont un éclat singulier.

— Craindriez-vous, docteur?

— Eh mon Dieu! ces enfants de Paris ont tant veillé, tant souffert qu'il faudrait pour les ressusciter des soins rendus presque impossibles. Que fait son père?

— Il exerce l'état de chiffonnier.

— Allons! fit le docteur, c'est dommage! c'est grand dommage!

— Quoi donc, docteur?

— Que Colombe ne soit pas riche!

— Et pourquoi ?

— Eh bien ! puisqu'il faut tout vous dire, parce que si elle était riche, je lui ordonnerais les viandes saignantes, le vin de Bordeaux, le contentement du cœur et les voyages.

— Vous redoutez ?

— L'anémie, sûrement, la phthisie peut-être ; Colombe aurait besoin de passer une année en Italie.

— Je le crois ; cependant j'ajoute : il faudrait que Colombe fût heureuse.

— Croyez-vous donc ?

— Elle cache une souffrance morale comme elle dissimule une souffrance physique, et toutes deux la tueront.

Médéric tremblait et ses yeux se remplissaient de larmes.

— Mais, si j'en juge par votre émotion, monsieur Médéric, vous portez plus que de l'amitié à cette enfant...

— Monsieur, je vous jure.

— Ne jurez rien, je vous crois honnête homme.

— Oui, monsieur, un honnête homme qui paierait au prix de son sang le salut de Colombe.

— Elle peut être sauvée à meilleur marché, dit le docteur en souriant.

Il resta un moment silencieux puis il ajouta :

— Vous travaillez énormément, m'a dit M. Longus, votre propriétaire, et vous réalisez de notables économies ?

— Cela est vrai, monsieur.

— Vous n'avez pas trente ans, cette jeune fille est sage et laborieuse ; demandez-la en mariage, vous la sauverez de la phthisie, car elle est malade... et de la mort, car elle cache à tous une secrète douleur.

— Épouser Colombe ! s'écria Médéric.

Il baissa la tête, en murmurant :

— Cela ne se peut pas, monsieur, cela ne se peut pas !

— J'oubliais que vous êtes riche et que Colombe est pauvre ! dit le docteur.

— Ah ! monsieur ! fit Médéric, avec un cri de douleur.

Le médecin s'éloigna rapidement, en haussant les épaules ; puis il dit avec un mépris profond.

— Ils ont vingt ans, ces hommes, et ils manquent de cœur !

Médéric resta foudroyé. Un nuage passa sur ses yeux, il chancela et fut obligé de s'appuyer à la muraille.

Les paroles du docteur venaient de jeter une double clarté dans son esprit, mais une clarté également sinistre.

Presque au même moment un orgue de barbarie se mit à jour sous la fenêtre. (*V. p.* 501.)

A la cérémonie nuptiale succédait la messe. Elle fut suivie avec une grande ferveur par tous les amis d'Angélie, et chacun remarqua la tenue modeste et l'air de ferveur de Mlle Montravers.

Tandis que le cortège traversait l'église pour se rendre à la sacristie, Angélie aperçut ses humbles amis, Bestiole, Reine, Bec-d'Oiseau, les Niquel, tous ceux qu'elle visitait, qu'elle secourait, qu'elle aimait.

— Je ne vous quitte pas ! leur dit-elle ; nous serons deux désormais à nous occuper de vous.

Une heure après, l'église était vide, on éteignait les cierges, on roulait les tapis sur le pavé de la Madeleine, et Angélie et Maximilien partaient pour la Suisse, où ils devaient passer quinze jours.

Cette journée resta semblable au souvenir d'une apparition brillante, dans la pensée de Colombe. Elle se réfugia dans l'idée persistante du bonheur de son frère, et avec un élan nouveau, une grâce plus touchante et plus remplie de tendresse, elle se consacra au bonheur de son père.

Celui-ci éprouvait pour Colombe une affection dont aucun mot ne réussirait à donner une idée complète. Elle était pour lui tout ce qui lui restait des trésors perdus ; elle faisait revivre Anita, morte à l'heure de sa naissance, et Max qui plaçait son bonheur dans un autre milieu, sans se douter qu'il laissait derrière lui ceux dont il pleurait la perte.

Colombe ne vivait, n'agissait que pour la félicité de son père, et cependant, peu de jours après le mariage d'Angélie, il eût été facile de voir qu'une ombre envahissait le front de la jeune fille dès qu'elle ne se sentait plus surveillée.

Il lui semblait parfois qu'un vide se creusait dans son cœur.

En songeant à la femme de Maximilien, ses yeux se remplissaient de larmes.

Jalousait-elle donc la fortune, la situation de sa belle-sœur ?

Non ; mais la jeune fille la plus innocente garde le droit de regarder l'avenir en face et de chercher à lui dérober son secret.

On eût pu croire, en contemplant le visage pâle de Colombe, en étudiant la nonchalance croissante de sa pose, en suivant le regard voilé de ses yeux, qu'il y avait place dans son esprit pour la rêverie, et dans son cœur pour la tristesse.

Elle parlait à Aurillac avec une tendresse exaltée, une ardeur fièvreuse ; elle lui promettait de ne le quitter jamais, de se consacrer à lui sans réserve, et d'être le soutien de sa vieillesse, comme elle était la joie de son âge mûr.

Mais, mignonne, lui demanda un jour Aurillac, tu promets plus que tu ne pourras tenir peut-être ?

— Comment donc, mon père ?

Un précepte de l'Évangile dit : « Tu quitteras ton père et ta mère pour t'attacher à ton mari. »

— Je ne comprends pas.

— Si tu te mariais.

— Moi ! fit Colombe, avec une sorte d'effroi.

En voyant Colombe mélancolique et grave, Médéric songeait aux souffrances précoces supportées par elle et rejetait sur le poids des souvenirs, les rêveries et les pâleurs du présent. Et cependant le médecin avait dit vrai, Médéric le comprenait, il se souvenait, il s'effrayait. Qu'allait-il faire ? que pouvait-il décider ? Placé entre sa conscience et son cœur, obligerait-il la première au silence pour permettre à l'autre de s'avouer une vérité qui devenait terrible ?

Avec quelle sûreté le docteur lui avait dit : Colombe mourra si vous ne l'épousez...

Une pure expression de joie rayonna sur le visage du jeune homme.

— Quelle sage ménagère ferait cette enfant accoutumée à la pauvreté !

Un moment Médéric songea à lui proposer de partager son pain noir et sa vie de misère, mais en même temps il se rappela la menace suspendue par le docteur sur les jours de Colombe.

— Elle mourrait de la poitrine ! fit-il. L'air de l'Italie, le climat de Sorente, le calme, le repos, le bonheur, voilà ce qui ranimerait cette plante délicate. Et ce chaud soleil, je puis le payer, cet air pur, il dépend de moi qu'elle le respire, cette vie nouvelle, je puis d'un mot la faire circuler dans ses veines épuisées.

Médéric se tordit les mains.

— Je ne puis pas ! fit-il, je n'en ai pas le droit ! Ma tâche se dresse inexorable, terrible ; j'ai accepté le fardeau, je dois le soutenir. Et pourtant, ajouta-t-il, mes forces sont à bout. Courageux contre moi-même, je me trouve faible en présence de la douleur de cette enfant, et je sens que je ne survivrais pas à sa perte. Si j'essayais de l'oublier, pourtant ? Son image s'est doucement gravée dans mon cœur. Elle m'a appris, comme une mère, qu'il faut prier. Ses conseils me fortifient, près d'elle seulement je suis bon. Que je dise un mot au père Falot, et je suis sûr qu'il m'ouvrirait les bras.

Longtemps Médéric se promena dans sa chambre, il avisa enfin la la table sur laquelle s'amoncelaient des copies à faire, des comptes à régler et, courbant le front, il s'assit devant son bureau. Il ne se coucha point. De temps en temps il lui semblait entendre la toux de Colombe, et il croyait sentir se déchirer sa propre poitrine. Quand l'aube blanchit il travaillait encore. Une chanson de Colombe le réveilla.

La pauvre fille s'efforçait de lutter contre son mal. Elle combattait la rêverie, dont elle redoutait les images, par un refrain, dont la joie mentait un peu à sa pensée ; elle luttait contre une peine inavouée par la prière et la confiance en Dieu. Les grands cœurs, les seuls pour qui soient faites les douleurs immenses, semblent presque toujours paisibles.

Le jeune homme prêta l'oreille à la voix de Colombe ; elle chantait :

>L'hiver, quand la neige
>Couvre les buissons,
>Qui donc vous protège,
>O joyeux pinsons ?
>Pour vos lits de mousse,
>Qui sema partout
>La laine si douce ?
>— Dieu qui pense à tout.

— Oui, Dieu pense à tout ! murmura Médéric, et il trouvera bien le moyen de sauver Colombe.

La voix de la jeune fille reprit :

>Quand notre âme est lasse
>De ces mauvais jours,
>Qui gardent la trace
>De plaisirs si courts ;
>Quand tout est pour elle
>Tristesse et dégoût,
>Qui donc la rappelle ?
>— Dieu qui pense à tout.

L'accent de la jeune fille s'était, en achevant les derniers mots, empreint d'une résignation si touchante que Médéric en resta vivement frappé.

Pour chanter de la sorte ce couplet, il fallait que Colombe sût qu'elle était condamnée.

Presque au même moment, un orgue de Barbarie se mit à jouer sous la fenêtre cet air populaire du compositeur Abadie :

>Quand vous verrez tomber les feuilles mortes,
>Si vous m'avez aimé, vous prierez Dieu pour moi.

Le bouleversement du visage de Médéric devint effrayant ; il bondit vers la fenêtre de sa mansarde, jeta une poignée de gros sous au joueur d'orgue et lui cria :

— Allez-vous-en ! allez-vous-en !

Alors, quelque chose de pareil à une marée de douleur enveloppa le jeune homme, ses larmes le grisaient ; il pleurait, il criait, et ses nerfs, ébranlés, lui causaient d'horribles tortures.

Enfin, le front brûlant, les yeux rougis, vaincu par une atroce souffrance, il prit son chapeau, descendit comme un fou les escaliers, heurta l'Écureuil qui montait le lait destiné au déjeuner de Petit-Ange, et se mit à courir jusqu'à ce qu'il eût gagné le quai de l'École et se trouvât en face d'une maison ornée de panonceaux.

Je ne donne pas un sou à la malheureuse mère affamée. (*Voir page* 509.)

CHAPITRE XIX

L'AVIS DU NOTAIRE

Tout entier à l'émotion qui l'agitait, Médéric avait franchi, presque sans en avoir conscience, la distance qui séparait son logis de la maison où était située l'étude de M⁰ Clairvaux.

Mais là, la fatigue se fit sentir et, avant de commencer l'ascension des trois étages, il dut s'arrêter quelques instants pour respirer.

Ce court moment de repos lui permit de reprendre possession de lui-même. Brusquement, la torpeur douloureuse qui tout à l'heure pesait sur son cerveau, paralysant sa pensée, se dissipa, et l'importance de la démarche qu'il allait faire lui apparut.

Toujours il avait tenu M⁰ Clairvaux pour un homme prudent, honnête et sage, pour un véritable ami. Toujours, il avait accueilli ses conseils avec déférence et s'était rangé à ses décisions.

Mais aujourd'hui, M⁰ Clairvaux était plus que cet ami dévoué, plus que ce conseiller toujours écouté. L'honneur même, la conscience allaient parler par sa bouche. De ce qu'il dirait, des avis qu'il donnerait, devait dépendre, pour Médéric, le sort de sa vie entière.

Que prononcerait-il ?

Lui commanderait-il de persévérer dans cette vie de misère et de détachement qui, jusque-là, avait été la sienne ?

Lui permettrait-il de laisser parler la voix de la jeunesse, la voix du cœur ?

Et Colombe, trouvant enfin le bien-être, l'affection, le bonheur, Colombe éprouverait-elle assez de joie pour se reprendre à vivre ?

Maintenant, ce n'était plus la fatigue seulement qui appesantissait sa marche et faisait trembler tout son corps. Une invincible angoisse l'étreignait, la sueur perlait à son front, ses tempes battaient violemment, et il lui fallut près d'un quart d'heure pour arriver à la porte de l'étude.

La pièce où il entra était grande et sombre. Des cartons garnissaient les murs. Sur les tables, des papiers étaient empilés. De tous côtés, des dossiers se voyaient, les uns, soigneusement fermés et ficelés; les autres entr'ouverts et laissant échapper des liasses de papier timbré, déjà noirci et paraphé.

Je traverse des rues où habitent des pauvres êtres mourant de faim. (*Voir page* 514.)

Dans la vaste pièce, nul bruit que le grincement rapide des plumes.
— Je voudrais parler à M⁰ Clairvaux, dit Médéric en s'approchant de l'un des clercs.

Il lui fallut un véritable effort pour faire sortir ces simples paroles de son gosier contracté et sa voix était tellement altérée, qu'à peine la reconnaissait-il lui-même.

Les plumes s'arrêtèrent brusquement : quatre têtes surgirent de derrière les bureaux, et fixèrent curieusement le visiteur.

Mais sur un signe de l'un des clercs, les autres jeunes gens, qui paraissaient être sous sa surveillance, se replongèrent dans leur travail.

Un moment après, Médéric était introduit dans le cabinet du notaire.

— Eh mais ! mon jeune ami, dit en souriant Me Clairvaux, vous voilà bien pâle. Vous me semblez fatigué. Auriez-vous donc renoncé à cette vie calme et paisible, qui faisait l'admiration de tous les hommes sérieux, pour vous lancer dans une existence orageuse? On croirait, à vous voir, que depuis quelques jours, vous avez couru les théâtres et les bals, et contemplé l'aurore au moment de vous coucher.

Mais en regardant plus attentivement son visiteur, le notaire remarqua l'anxiété peinte sur sa figure; son sourire disparut et ce fut d'une toute autre voix, grave et presque paternelle, celle-là, que l'excellent homme reprit :

— Pardonnez-moi cette plaisanterie, et dites-moi vite ce qui vous amène. En vérité, votre pâleur et votre regard fiévreux m'effraient presque.

— Il m'arrive ce que vous m'aviez prédit, monsieur ; je deviens faible et lâche. Je trouve impossible la tâche acceptée jadis avec un noble orgueil. Je redoute de manquer au plus saint des devoirs et de trahir la mémoire paternelle. Oh ! m'être cru si fort et n'être qu'un misérable enfant qui pleure !

— Voyons, voyons, il est survenu quelque chose de grave dans votre vie. Un homme comme vous ne change pas brusquement. Mais non, ce n'est pas brusquement que vous avez changé, vous avez lutté, souffert; les symptômes que je remarquais tout à l'heure en vous, sont les suites du combat que vous soutenez contre vous-même. Je vous connais même assez pour affirmer à l'avance que l'idée de renoncer à votre œuvre, si elle vient de vous, a du moins une autre personne pour objet.

— Monsieur...

— Ne vous accusez pas avec dureté, mon enfant ; quoi que vous ayez à me confier, je veux vous assurer que vous avez rempli votre mandat, non pendant une année, mais durant quinze ans. Vous en avez fait assez pour donner à tous la certitude que vous n'avez pas une âme vulgaire. Et croyez-le, je ne vous juge pas seulement en ami, mais presque en confesseur. Vous ne pouvez commettre une faute, même en abandonnant votre tâche, car l'héroïsme étant au-dessus des forces humaines, n'est jamais obligatoire.

— Mais, j'ai juré, monsieur, j'ai juré ! Et cependant voilà que je me sens faiblir. Vous ne pouvez comprendre et mon trouble doit vous faire pitié. Quelle simple et touchante histoire ! Vous ne connaissez point ma mansarde, monsieur Clairvaux, elle se trouve en face de deux petites chambres, habitées autrefois par deux jeunes filles.

Si vous saviez combien je les ai vues pauvres.

A deux, on supporte encore la misère. Quand l'une d'elles sentait son cœur défaillir, elle avait pour se consoler l'affection de l'autre.

Mais un jour, l'une des deux jeunes filles est partie. Épine-Vinette était gracieuse, élégante ; elle avait une jolie voix. Maintenant, elle gagne cent mille francs par an en chantant dans les concerts.

Et la pauvre Colombe est restée seule. Aussi malheureuse que jadis, elle n'a plus, pour lui faire oublier la misère, le rire joyeux et les gais refrains de sa compagne.

Oh ! que j'ai souffert en la voyant souffrir ! Quand l'or tintait dans ma poche, quand je remuais l'argent dans mon tiroir et les billets de banque dans mon portefeuille, il me prenait au cœur d'irrésistibles tentations d'aller dire à cette enfant, luttant contre la misère : « Je gagne de l'argent, beaucoup d'argent, voulez-vous être ma femme ? » Mais il aurait fallu renoncer à ma mission, renier le passé, mentir à une promesse sacrée, et je ne le voulais pas, je ne le pouvais pas.

Colombe devinait-elle une partie de mon secret ? Je l'ignore, mais si vous saviez quelle reconnaissance je lui porte pour ne m'avoir jamais méprisé.

— Méprisé ! vous ? s'écria le notaire.

— Eh ! que suis-je pour tous, monsieur, sinon un avare ? c'est-à-dire ce qu'il y a de plus dégradé, de plus misérable. Croyez-vous que tous les locataires de ma maison ne savent point que je gagne plus de dix mille francs par an ? Tous aussi savent ce que je dépense : rien ! Je mange du pain sec, je bois de l'eau. J'emploie une partie de mes nuits au travail, et ce qui serait abominable chez un autre, prend chez moi l'apparence d'un vice odieux. Ai-je quelqu'un à soutenir ? Non, je suis orphelin, nul dévouement ne m'appelle et ne me sollicite. Et cependant, je refuse l'aumône au vieillard dont les forces s'épuisent, je ne donne pas un sou à la malheureuse mère affamée qui n'a pas de quoi acheter du pain pour ses enfants. Je porte des habits râpés, et jusque sur mon visage on peut lire : privations ! souffrances ! Oh ! la souffrance, fille de la pauvreté, est sainte ; on la respecte, on l'honore ; mais la misère voulue, la misère, fille de l'avarice, qui la plaint ? Je

Ou trône dans un cabinet d'affaires. (*Voir page* 512.)

grelotte en hiver dans ma chambre sans feu ; mon estomac de vingt ans réclame la viande nourrissante, le vin généreux, et je mange du pain sec et noir, le plus dur, le moins cher que je puis ! Et, pour achever de bien vous peindre ce que chacun pense de moi, j'ai l'estime et presque l'amitié de M. Longus.

— Votre propriétaire ?
— Oui, monsieur.
— Ah ! Ah ! répéta M⁰ Clairvaux, sur deux tons différents ; contez-moi donc de quelle manière vous avez conquis ses sympathies.
— Un jour de terme, il y a de cela huit ans, je venais de recevoir

Un homme qui trempe son pinceau dans de la couleur, et qui vit de cela. (V. p. 512.)

ma quittance du concierge, et je m'installais à ma table de travail, quand on gratta discrètement à ma porte. J'allai ouvrir, et je me trouvai très surpris en reconnaissant dans ce visiteur le père Longus, que je n'avais encore jamais rencontré.

« D'un seul regard il inspecta mon mobilier de sapin; je lui avançai la seule chaise que j'eusse, et il s'assit. Alors, je lui demandai ce qui me valait l'honneur de sa visite.

« — Une vétille, un rien, me répondit-il, mais je me fais vieux et j'ai des manies. La Cagnotte m'a monté votre terme; il faut vous rendre justice ; depuis huit ans, vous n'avez jamais été en retard d'une heure.

« — Il n'y a pas grand mérite à cela, lui répliquai-je ; je dois de l'argent, je paie ; vous me logez, je suis exact.

« — Cela est juste, je le sais, et cependant, je vous le répète, c'est bien ! Il est vrai que s'il en était autrement, vous auriez déjà reçu votre congé, et que s'il fallait faire vendre vos meubles, faute de paiement, je ne sais trop ce qu'on en retirerait.

« — Un mobilier est un capital improductif, répliquai-je ; d'ailleurs je ne vois point...

« — Là, là, là, fit-il, ne nous fâchons pas ! laissez-moi poursuivre. Je fais de chacun de mes locataires l'objet d'une étude profonde. Je vous connais mieux que vous ne pensez. Je suis vieux, très vieux. J'ai acquis de l'expérience et je m'en sers. Tenez ! je n'estime nullement les gens du premier. Ils soldent leur terme, mais ils ne sont pas honnêtes, et puis, si l'on ne veillait pas au grain, si l'on ne se faisait pas payer d'avance, on pourrait un jour éprouver des désagréments. J'ai vu leur emménagement. J'observe toujours les emménagements. Le meuble est de palissandre, mais il est rembourré de crin d'Alger. J'ai vu des réchauds de ruoltz, et le cuivre manque à la cuisine. Ils sont orgueilleux, et gardent sur leurs cheminées des imitations de bronze qui ne trompent que les sots ; enfin, leurs matelas sont vieux et leurs couvertures usées. Madame porte des robes de mille francs et n'a pas de linge dans son armoire ; les enfants sont mal soignés, et les gages des domestiques restent en arrière ; total, manque de fonds et beaucoup de surface. On agiote un peu, on dupe beaucoup ; on trône dans un cabinet d'affaires et demain l'on se trouvera peut-être sur le pavé. Au second étage, la situation de fortune est plus triste encore. Un artiste ! un homme qui trempe un pinceau dans la couleur d'une vessie écrasée, et qui vit de cela ! Rien au soleil ! rien sur le grand livre ! Il faut monter deux fois pour recevoir l'argent du terme, et je trouve toujours des pièces étrangères au milieu de la monnaie française. C'est ce qui m'amène ici, monsieur Médéric.

« — Je ne suis point numismate, lui répondis-je.

« — C'est possible ; parmi les écus que vous venez de remettre à la Cagnotte, se trouve une pièce un peu... rognée ; le cordon manque, l'effacement des figures lui ôte de son poids. Voulez-vous la changer ?

« — Volontiers, répondis-je, en ouvrant une cassette.

« Le père Longus éclata de rire :

« — C'est là votre coffre-fort ? me demanda-t-il.

« — Mon coffre-faible, plutôt, monsieur ; chaque mois, j'y dépose trente francs, ils doivent suffire à la dépense du mois; je mets de plus en réserve mes frais d'habillement et de loyer.

« — Trente francs! répéta le père Longus; cependant, vous gagnez beaucoup d'argent.

« — Je gagne huit mille francs par an, environ.

« — Et vous en dépensez?

« — Cinq cents.

« — Mais le reste?

« — Mon notaire est l'honneur même et mon agent de change est habile.

« — Quel âge avez-vous? me demanda-t-il.

« — Vingt-deux ans.

« — Et vous menez cette existence?

« — Depuis l'âge de seize ans, monsieur.

« — Prodigieux! admirable! superbe! Vous irez loin, jeune homme; vous deviendrez millionnaire.

« — J'irai du moins, monsieur, jusqu'au bout de mes forces, et je ne renoncerai à mon labeur qu'à l'heure où ma santé trahira mon courage... Quant à devenir millionnaire, je ne me fais point illusion, je ne le serai jamais!

« — Et ce serait grand dommage! me dit Longus, car l'or est à la fois une joie et une puissance... la seule vraie, la seule qui soit indestructible... La soif des plaisirs s'éteint, le goût se blase, l'ambition s'émousse, mais le son de l'or garde toujours sa musique enivrante, son reflet vermeil fascine toujours; les mains habituées à le palper ne pourraient plus se passer de ce contact...»

En parlant ainsi, Longus était à la fois effrayant et superbe, et Gabriel Vernac, notre grand artiste, en eût fait un portrait d'un saisissant effet.

A partir de ce jour, Longus monta souvent chez moi, et autant qu'il peut être l'ami de quelqu'un, il est le mien. « Nous nous ressemblons, » dit-il.

En effet, dans la maison, ne nous appelle-t-on pas les deux avares? Ne montrons-nous pas tous les deux une égale âpreté au gain? Ne plaçons-nous pas notre argent avec la même avidité de bénéfices? Ne refusons-nous pas tous les deux l'aumône aux pauvres avec la même dureté?

Encore Longus semble-t-il plus excusable en raison de son âge. Les vieillards s'attachent passionnément à ce qu'ils vont quitter,... leurs mains se cramponnent aux objets que demain ils ne reverront plus... Mais moi? un jeune homme! Quand je surprends des regards, quand j'entends des mots révélateurs de l'opinion que j'inspire, je serre mon front à deux mains avec désespoir... La misère de Longus, qui s'allie avec la maigreur de toute sa personne, sied mal à mes vingt ans !...

Et puis, dans ce grand, dans cet immense Paris, je me sens isolé. En dehors de mes relations forcées avec les gens qui m'emploient, je ne connais personne... Toute visite me volerait une part de mon temps, et je reste seul... L'ami qui viendrait me confier ses espérances, le poète d'avenir qui me chanterait ses strophes inspirées, l'étudiant qui se reposerait dans l'abandon d'un entretien fraternel de la technologie de la science ; l'artiste qui me ferait sur le beau des professions de foi enthousiastes, me voleraient mon temps. Les concerts qui nous enlèvent sur les ailes de l'harmonie, les longues promenades dans les allées du bois, les flâneries sur le boulevard, qui vous apprennent le mot en circulation et prédisent le succès de demain, la lecture des journaux, je me prive de tout cela, tout cela me volerait mon temps ! J'oubliais jadis que j'avais l'âge des illusions, des rêves, des croyances ; je m'étais fait vieillard avant d'avoir vécu.

Encore, si je n'eusse pris de la vieillesse que la raison, fruit de l'expérience ; si, en me privant de tout pour moi, je me fusse montré secourable envers les pauvres... Mais non ! je traverse, chaque jour, des rues où habitent des pauvres êtres, mourant de faim et à peine habillés de guenilles, et jamais un sou ne sort de ma poche pour les secourir... Je suis et je reste avare à ce point que Colombe a manqué de pain et que je ne suis pas venu au secours de Colombe... Elle a pleuré, et je n'ai point essuyé ses larmes... Mais elle va mourir, le médecin la condamne, et devant son arrêt je me sens faiblir... Il faut que Colombe vive ! il le faut, entendez-vous, sans cela je crois que je n'aurais plus la force d'exister.

Peu à peu, sa voix s'était élevée, toute la chaleur de son cœur jeune et bon vibrait dans ses paroles. Mais brusquement l'émotion qu'il avait pu surmonter le reprit ; des larmes contenues par une énergique volonté, l'étouffaient et arrêtaient ses paroles.

— Pauvre enfant ! murmura M° Clairvaux.

— De quel droit, reprit Médéric, pouvant la sauver, la condamnerais-je sans retour ? Peut-être jusqu'à cette heure ma conduite a-t-elle été moins le résultat d'une grande vertu que d'un immense orgueil... Tenez, je doute de moi, je doute de tout...

— Mon ami, dit le notaire, vous possédez cent dix mille francs.

— De quoi la sauver ! de quoi la faire vivre !

— Devant les hommes, rien ne vous oblige à continuer ce que vous faites.

— Mais devant ma conscience ?

— Je ne vous y crois pas tenu... Je suis pointilleux, cependant, sur les choses de l'honneur, mais, croyez-en, Médéric, la parole d'un vieil ami de votre père, vous aviez entrepris une œuvre surhumaine ; en vous retrouvant homme, en pliant sous le fardeau, vous ne cessez point d'être estimable.

— Vrai ? bien vrai ?

— Sur mon propre honneur.

— Ah ! vous m'enlevez un poids énorme ! Alors rien n'est perdu, ni pour moi ni pour elle...

— Vous allez épouser cette jeune fille ?

— Je lui demanderai du moins si elle m'accepte pour mari.

Médéric serra la main du notaire, puis, le cœur plein de joie, il reprit le chemin de sa mansarde.

Il gravit l'escalier avec la même rapidité que l'Ecureuil mettait à le descendre, puis il frappa à la porte de Colombe.

Quand la jeune fille aperçut Médéric, l'œil étincelant, le visage épanoui, quand elle entendit vibrer joyeusement cette voix si triste d'ordinaire, elle s'accouda sur la table et regarda le jeune homme sans parler.

Alors Médéric demanda d'une voix tremblante :

— Colombe, voulez-vous être ma femme ?

— Votre femme ? répéta la jeune fille en se renversant toute pâle sur le dossier de son fauteuil.

— Oui, la compagne de ma vie, mon ange gardien... Acceptez-vous ?

— Je ne dispose pas seule de ma destinée.

— Je le sais, mais je ne crois pas que votre père me refuse pour gendre.

— Je rêve, dit Colombe doucement, mais je fais un beau rêve...

— Ce rêve sera une réalité si vous le voulez...

— Si je vis... répondit-elle.

Mais elle ajouta plus vite :

— Si le bonheur fait vivre, je vivrai.

— Oui vous vivrez, nous nous marierons vite... Il nous faut trois semaines pour la publication des bans... et pour les préparatifs de votre toilette... Je veux que vous soyez très belle, Colombe... et tout de suite après, le soir même, sans perdre un jour, une heure, nous partirons pour l'Italie...

— L'Italie !

— Oui ; le médecin ordonne que vous respiriez cet air vivifiant et pur pour remettre votre santé éprouvée par tant de privations...

— Et mon père ?

— Nous l'emmènerons, s'il consent à nous accompagner
— Mais cela coûtera beaucoup d'argent... Comment ferez-vous ?
— Je suis riche !
— Ah ! fit Colombe toute troublée.
— Vous me croyiez pauvre ? demanda Médéric.
— Vous m'aviez dit...
— Que j'étais un pauvre volontaire, c'est vrai.
— Vous n'êtes cependant pas...
— Avare ? Non, Colombe, et votre mari vous prouvera qu'il vaut mieux que sa réputation.
— Ah ! je n'ai jamais cru...
— Vous m'avez fait l'aumône de votre confiance, je le sais, et je vous en remercie... Et si vous saviez de quelle pure confiance je la payais... vous auriez pu imiter les autres... les apparences me condamnaient... Votre chère affection vous rendait clairvoyante... Combien j'ai souffert de la répulsion dont j'étais victime... De quelle gratitude j'aurais payé un mot amical ! j'en étais venu dans mon isolement et ma détresse, à me réjouir des visites de Longus... Je n'avais pas encore osé vous adresser la parole, Colombe ; votre père ne nous avait il pas pour ainsi dire rapprochés en plaçant dans mes bras le corps de Petit-Ange évanoui... A partir de ce moment, tout changea pour moi...

Ma tâche me parut plus facile... Vous l'allégeâtes encore en me rapprenant que je devais prier... Aujourd'hui, si vous le voulez, mes peines, mes épreuves sont finies...

— Quelles peines ? quelles épreuves ? demanda Colombe. Vous connaissez toute ma vie, monsieur Médéric ; après ce que vous venez de me dire, j'ai le droit d'apprendre les secrets de celui qui souhaite devenir mon mari.

— Etes-vous prête à m'entendre ? demanda le jeune homme.

— Oui, répondit Colombe en se renversant toute pâle dans son fauteuil.

Je me relevais plus fort, plus courageux. (*Voir page* 526.)

CHAPITRE XX

L'AVIS DE COLOMBE

Médéric commença d'une voix grave :

« Si j'ai épuisé pendant quinze ans tout ce que l'existence peut contenir d'amertume, je dois avouer que mon enfance fut heureuse. Mon père avait fait un mariage d'inclination... Ma mère était un ange de douceur et de piété. Elle se nommait Macarie. Quand elle devint la femme de mon père, elle apportait une dot insignifiante, tandis que mon père, Léon Daubray, possédait une brillante fortune. Et cependant, si l'on juge sainement les choses, ce fut ma mère qui donna au ménage le plus grand trésor : elle avait des goûts simples, une dignité vraie, exemple des petitesses de la vanité féminine, un tact parfait et une grande égalité d'humeur.

« Elle passa de la modeste maison de sa tante dans un brillant intérieur, sans se trouver étonnée ni étourdie; elle ne s'exagéra point ses besoins en se trouvant soudainement dans l'opulence. La Providence la mettait à sa véritable place, elle s'en réjouit et sut s'en montrer digne. Pieuse, affable, elle inspirait à tous l'affection et le respect. Elle est restée pour moi le type de la femme, de la mère, et si je vous chéris si profondément, Colombe, c'est que je trouve que vous lui ressemblez...

« Je vins au monde à la fin d'une première année de mariage; on m'attendait, on me choya, on me gâta. Ma mère me nourrit, guida mes premiers pas, et je souris en la voyant sourire. Oh! combien je l'aimai! Ses soins pour mon enfance ne peuvent se raconter. Né d'un père et d'une mère dont chaque jour voyait grandir la tendresse, je reçus comme d'un double foyer les effluves de leur affection... Je crois les voir tous deux penchés sur mon berceau... ma mère chantant pour m'endormir, mon père me couvrant d'un regard brillant de bonheur.

« Aucun des petits chagrins de l'enfance ne m'attrista. Jamais je ne fus abandonné à des soins mercenaires. Je venais d'atteindre ma huitième année, quand mon père parla de me mettre au collège; cependant, sur les vives instances de ma mère, il fut décidé que je resterais à la maison paternelle.

« A seize ans, j'obtenais mon diplôme de bachelier ès-lettres, après avoir passé par les fourches caudines du lycée, où je restai le moins de temps possible.

« Tout me souriait. J'étais fils unique ; mon père possédait une fortune qui s'augmentait chaque jour ; ma mère voyait déjà dans un rêve le brillant avenir ouvert devant moi. Je m'avançais dans la vie, confiant, rempli de sécurité, reconnaissant envers tous, et portant à ceux qui m'avaient entouré d'une tendresse si intelligente et si vive une affection qui leur a survécu.

« J'étais trop heureux, Colombe.

« La plénitude de mon bonheur commençait presque à m'effrayer.

« Nul nuage n'apparaissait encore dans notre ciel si pur, et cependant je sentais en moi une sourde inquiétude. Il me semblait que quelque malheur nous menaçait, planait sur nous, et tout à coup allait s'abattre, nous terrasser.

« J'ai toujours cru aux pressentiments, j'ai toujours pensé que Dieu, dans sa bonté, voulant que le malheur nous frappât moins rudement, y préparait nos âmes par de mystérieux avertissements. Cette fois encore l'événement donna raison à ma croyance.

« Depuis quelque temps, je remarquais un changement dans le caractère et les habitudes de mon père. Lui, autrefois d'une gaîté si franche, la gaîté de l'homme à qui tout réussit, maintenant restait sombre, taciturne ; son sourire était nerveux et forcé.

« Plus de ces longues et douces causeries, où tous trois, nous nous plaisions tant, laissant librement parler nos cœurs, nous disant toutes nos pensées, tous nos sentiments.

« Maintenant, aussitôt le repas terminé, mon père nous quittait, retournait à ses affaires, et, après de longues heures d'un travail acharné, il revenait plus sombre, plus triste que jamais.

« Les maladies de l'âme sont contagieuses comme celles du corps. Nous sentions, ma mère et moi, l'approche du malheur, et chacun de nous craignait d'effrayer l'autre en lui faisant part de ses appréhensions ; nous restions absorbés dans nos pensées, nous disant seulement, à de longs intervalles, quelques phrases banales, empreintes d'une gaîté factice et qui dissimulait mal nos angoisses.

« Bientôt cette situation devint intolérable. L'inquiétude absolue où nous étions laissait libre cours à nos imaginations ; certes l'attente du malheur fut pour nous plus terrible que le malheur même.

« Pressé de questions, mon père finit par nous avouer que sa maison traversait depuis quelques mois une crise terrible.

« Depuis longtemps déjà il avait à souffrir d'une concurrence acharnée. Son chiffre d'affaires avait lentement diminué. Il avait voulu remédier à cet état de choses en améliorant sa fabrication par des procédés nouveaux, destinés à donner à ses produits une grande supériorité. Ses essais avaient échoué, et les grosses dépenses ainsi faites en pure perte l'avaient mis dans un état de gêne très grand.

« Pour comble de malheur, la faillite d'une riche maison de banque, avec laquelle ses attaches étaient connues, venait d'ébranler son crédit.

« — Cependant, ajouta-t-il, essayant de nous rassurer et peut-être de calmer sa propre inquiétude, rien n'est perdu. Avec beaucoup de travail, je puis encore tout réparer.

« Hélas! tant de labeur devait être vain. Un nouveau sinistre acheva notre ruine.

« Un matin, la caisse se trouva vide : le caissier venait d'emporter une somme considérable. C'était la ruine! plus que la ruine, la faillite!

« Mon père, si courageux pourtant, ne résista pas à ce coup terrible.

« Quand il se vit complètement dépouillé, il tomba à la renverse... Le bruit de sa chute nous attira près de lui, nous le crûmes mort... Le médecin, appelé en toute hâte, prononça le mot apoplexie...

« Ma mère se précipita sur ce corps inanimé, pâle, roidi comme un cadavre; elle appela mon père des noms les plus tendres, et tandis que le docteur multipliait les soins prescrits par la science, elle tentait de sublimes efforts pour transmettre au mourant son souffle et sa propre vie.

« La lutte contre la mort fut longue.

« Enfin, mon père revint à lui, il nous regarda, nous reconnut, nous attira dans ses bras et nous y pressa avec une ardente tendresse.

« — Dieu est bon! murmura-t-il, Dieu est bon!

« — Oui, répondit ma mère, il vous rend à nous.

« — Vous savez que je suis un honnête homme? »

« Il lut sa réponse dans nos yeux.

« — Mon cœur n'en demande pas davantage, reprit-il, et le jugement des étrangers me semble moins à craindre depuis que je connais l'opinion des miens... Ma femme! mon fils! voilà mes juges, et le seul tribunal que je ne récuse pas... Devant ma famille, je ne serai pas flétri...

« — Flétri! Que veux-tu dire? demanda ma mère avec angoisse.

« — Macarie! Médéric! embrassez-moi, nous dit-il; à cette heure, je suis encore monsieur Daubray, l'honorable commerçant; demain, je serai un failli! »

« Ma mère cacha son front dans ses mains.

« — T'accusera-t-on? demanda ma mère.

« — Le départ de Combal pour Madagascar laissera à tous de grands doutes sur sa probité, mais je ne puis prouver qu'il a forcé ma caisse et m'a dérobé les épaves d'une fortune déjà si ébranlée.

« — Oh! malheureux! malheureux! s'écria ma mère.

« — Ce n'est pas pour moi que je m'afflige... Quand je me suis écrié tout à l'heure : Dieu est bon! je comprenais que, sachant cette épreuve trop lourde pour mes forces, il me déchargeait de mon fardeau... Mais, hélas! ce poids écrasant, il vous le laisse... S'il me rappelle, vous vivez, ô mes bien aimés...

« — Dieu ne nous séparera pas, dit ma mère; le coup dont tu es atteint est si rude qu'il t'a foudroyé, mais tu te relèveras, tu guériras, tu nous sauveras tous!

« — Vous sauver! Qui sait si je ne serais point devenu faible et lâche, qui sait si un crime... Oui, une idée terrible, épouvantable s'est présentée à mon esprit troublé : le suicide, une infamie! L'aveu de son impuissance, mais... la preuve d'un égoïsme monstrueux... Eh bien! je l'avoue, cette pensée, je l'ai eue.

« — Tu ne nous avais pas encore embrassés!

« — C'est vrai, Macarie!

« — De cette heure, il faut rassembler tout ton courage.

« — Oui, je le comprends, il faudrait vivre, lutter, travailler, combattre et vaincre... Je le ferai, je le veux... je partirai pour les Indes, je recommencerai ma fortune, je gagnerai assez, du moins, pour libérer mon honneur... De l'énergie, j'en aurai pour toi, Macarie, pour Médéric... Priez, priez tous deux... Mon Dieu, vous le voyez, il ne faut pas que je meure... Je dois maintenant accomplir un miracle! »

« Nous passâmes environ une heure serrés les uns contre les autres, les fronts près des fronts; nos soupirs, nos pleurs se confondaient; nous n'osions parler... nous avions trop à dire.

« Enfin, mon père se dégagea de nos bras, essuya nos larmes, et reprit d'une voix faible :

« — Je crois que Dieu ne le veut pas.... Il se réserve d'accomplir les prodiges, soumettons-nous... Macarie, je ne te recommande point d'aimer Médéric, je connais ton dévouement pour les tiens... Tu m'as rendu heureux plus que le monde n'entend par ce mot... Je te bénis à l'heure où je te quitte... »

« La main de mon père se posa sur mon front.

« — Médéric, me dit-il, je te lègue ta mère... Aime-la, travaille pour elle... Je te confie une mission sacrée... Acceptes-tu ce legs d'un père mourant.

« — Ah! m'écriai-je, peux-tu me le demander!
« — C'est bien! fit-il, je suis tranquille. »
« Un moment après il appela un prêtre avec lequel nous le laissâmes seul.

« Quand il nous manda près de son lit, la mort imprimait déjà sur son visage sa transfiguration sublime... Il nous adressa ses recommandations suprêmes; enfin, il nous montra le ciel, laissa tomber sa main et rendit le dernier soupir.

« Pendant deux jours, ma mère et moi nous entendîmes, comme dans un rêve, marcher et parler autour de nous, sans qu'il nous fût possible de réunir assez d'idées pour comprendre ce que faisaient les gens dont nous étions entourés. Seulement on parlait bas comme dans la chambre des malades.

« La première personne que nous reconnûmes fut le vieux prêtre qui avait assisté mon père. Il revint plusieurs fois nous voir. Nous étions encore trop péniblement affectés pour bien comprendre tout ce qu'il nous disait sur la résignation et la confiance en Dieu, mais nous sentions qu'il nous plaignait et ses visites nous faisaient du bien.

« Au bout de quelques jours, il revint accompagné de notre notaire, M⁰ Clairvaux.

« — Madame, dit celui-ci à ma mère d'une voix émue, nous avons respecté la douleur de l'épouse, maintenant nous faisons appel au courage de la mère... Il s'agit de l'avenir de votre fils et du vôtre... Quand vous vous mariâtes, votre mari vous reconnut une dot de deux cent mille francs.

« — Mon mari m'aimait beaucoup.

« — Cette dot vous appartient, et nul n'a le droit de vous l'enlever.

« — Si mon mari meurt ruiné, je suis pauvre, répondit ma mère.

« — Pardon, cette dot vous reste.

« — Alors, tant mieux pour Médéric.

« — Voulez-vous que nous la retirions immédiatement?

« — Comme vous voudrez, monsieur... mais, reprit ma mère après un moment de silence, si mon cher Maurice possédait encore les deux cent mille francs de ma dot, rien n'était perdu... Que parlait-il donc de faillite...

« — Il n'a rien à se reprocher, madame!

« — Cependant, il m'a avoué que son passif était énorme.

« — Chacun le connaissait pour un homme loyal.

« — Et moi, monsieur, me croyez-vous une honnête femme?

« — Qui oserait en douter, répondit M⁰ Clairvaux.

« — Vous-même, monsieur! vous et les créanciers de mon mari...

Médéric, mon fils, la Providence garde les braves gens (*Voir page* 528.)

Vous avez cru que je conserverais deux cent mille francs de dot fictive...

« — Fictive ou non, cette somme vous appartient.

« — A moi! Quoi! mon mari serait mort du désespoir de se voir dans l'impossibilité de faire honneur à ses affaires, et vous voulez que moi, monsieur, la veuve de cet honnête homme, j'achète au prix de deux cent mille francs la honte de mon fils... Deux cent mille francs! si je les acceptais, je n'oserais plus lever le front devant les gens d'honneur.

« — O ma sainte mère! m'écriai-je en la serrant dans mes bras. »

« M° Clairvaux s'inclina sans parler.

« Le digne abbé leva les yeux au ciel pour le prendre à témoin de ce sacrifice.

« — Cette somme suffit-elle pour libérer la dette de mon père? demandai-je à mon tour.

« — Hélas! non, répondit le notaire.

« — A combien s'élève le passif?

« — A cent cinquante mille francs.

« — Eh bien! dites aux créanciers de la faillite que le fils accepte le poids des dettes paternelles et qu'il mourra à la peine; on les paiera jusqu'au dernier centime. »

« Ma mère ne parut pas surprise.

« — Vous ne savez pas à quoi vous vous engagez, me dit le notaire.

« — Si, répondis-je : je m'oblige par cette parole à commencer dès demain une vie de labeur sans relâche, à travailler comme un mercenaire, sans prendre une seule heure de loisir et de repos; à entasser le prix de mes sueurs avec l'entêtement d'un avare; à me faire vieux avant vingt ans; à sacrifier ma vie active à la mémoire de mon père.

« — Mon fils, dit ma mère en me prenant la main, à partir de cette heure je te dois reconnaissance et respect. »

« Le vieux prêtre me bénit en silence.

« M° Clairvaux nous quitta.

« Je restai seul avec ma mère.

« — Tu es le digne fils de notre mort bien-aimé! me dit-elle. »

« Les scènes de ce genre, les émotions de cette nature sont assez solennelles pour laisser une impression durable. Il me semble être encore au moment qui décida de toute ma vie.

« Nous prîmes un logement rue Descartes, et nous le payâmes quatre cents francs. Notre mobilier nous parut encore trop somptueux; nous en revendîmes une partie, dont le produit nous permit de vivre en attendant que j'eusse trouvé un emploi.

« Ma mère fit de la tapisserie ; elle peignit des écrans; tout ce qu'elle savait faire d'élégant alla orner les magasins renommés par le bon goût de leurs travaux à l'aiguille.

« Mᵉ Clairvaux me donna des rôles à copier. Je pouvais gagner deux francs dans une soirée, et ma mère m'aidait quelquefois. Comme on me savait instruit, on me demanda des répétitions.

« Je corrigeais des épreuves pour un libraire, et ma mère tenait les comptes de l'épicier, qui la payait en sucre, en café, en bougie.

« Aucune tâche ne nous rebutait.

« La grandeur de notre but relevait nos humbles travaux.

« Nous sortions seulement le dimanche, pour aller à l'église.

« Sans doute, j'eus des crises de découragement, des heures de défaillance.

« A vingt ans, on aime le plaisir, l'éclat des fêtes, la compagnie de joyeux amis, les longues chevauchées sous les frais ombrages de quelque forêt, et il fallait rester tout le jour, courbé sur un travail ingrat, dans une étroite mansarde, glacée en hiver, l'été véritable fournaise.

« J'étais habitué à toutes les recherches du luxe, j'aimais tout ce qui est beau, les tableaux de maîtres, les riches bibelots, les fleurs rares ; et un lit, une chaise, une table de bois blanc composaient tout l'ameublement de ma chambre.

Mais quelques paroles, un baiser de ma mère, faisaient vite envoler les regrets mauvais. Et comme, à la fin de ces journées de travail incessant, je sentais mon cœur se dilater, tout mon être s'emplir d'une satisfaction intime, à la pensée que je faisais mon devoir, que je travaillais pour mon père et que, de là-haut, il me regardait, me souriait, me bénissait !

« Je m'approchais de ma mère : nous n'échangions que peu de paroles, mais nos regards étaient éloquents, et nous nous embrassions en pleurant.

« Nous songions au cher mort.

« Ma mère ne calculait pas ses forces ; elle consacrait sa vie, comme moi la mienne, à l'acquittement de notre dette. Nous ne voyions rien en dehors de cela.

« Dans ce rude labeur, dans cette existence de forçat que nous menions, privés de tout, non seulement du luxe et du plaisir, mais souvent même du plus strict nécessaire, seule, la pensée que nous travaillions pour un époux, un père bien-aimé, que nous nous rapprochions ainsi de lui, que nous ne pouvions mieux l'honorer qu'en nous efforçant d'effacer la tache imprimée sur son nom par la fortune adverse, seule cette pensée nous soutenait et nous donnait la force de persévérer dans notre tâche.

« Durant ces accablantes journées d'été, plus terribles peut-être pour les pauvres que les glaces de l'hiver, alors que dans notre mansarde l'air paraissait embrasé; que par l'étroite fenêtre pénétraient seulement de rares bouffées d'un vent lourd et chaud, que de fois, accablés, brisés, n'ayant plus la force de vouloir, à peine celle de penser, nous nous sommes sentis pris d'un immense découragement.

« Je voyais ma mère pâle, exténuée; un cercle bleuâtre cerclait ses yeux; chaque jour, elle allait s'affaiblissant davantage. Je songeais que, près de moi, dans un tiroir, il y avait de l'or, des valeurs, le fruit de notre travail, non pas une fortune, certes, mais de quoi mettre dans notre existence un peu d'aisance, de repos et de confortable.

« Alors, lisant dans mes yeux ces pensées coupables, craignant que la tentation fût trop forte, ma mère se levait et tous deux nous prenions le chemin du cimetière.

« Dès en entrant dans le lieu du repos éternel, dans ce champ d'asile de tous les misérables, de tous les désespérés, de tous les martyrs de la vie, je sentais l'apaisement se faire en moi. La vanité du plaisir, des jouissances, des appétits terrestres m'apparaissait; je comprenais qu'il n'y a ici-bas rien d'utile que le travail, rien de grand que le devoir, rien de salutaire que la prière.

« Je m'agenouillais devant l'humble croix de bois, seul ornement de la tombe de mon père. La pensée des vertus qu'il avait pratiquées dans l'opulence, du courage dont il avait fait preuve quand le malheur l'avait frappé, se présentait à mon esprit.

« Et je me relevais plus fort, plus courageux, plus décidé à atteindre le but que je m'étais proposé, à sauver l'honneur de son nom et de sa mémoire.

« Pendant deux ans nous poursuivîmes notre œuvre avec un égal courage.

« Ma mère ne se plaignait jamais.

« Nous prenions une nourriture insuffisante; notre pain était noir, nous ne buvions pas de vin; ce qui ne nous semblait pas absolument indispensable appartenait aux créanciers.

« Nous eussions pensé commettre un vol en prenant une partie de notre gain pour nous accorder une distraction.

« Ma mère portait des robes de laine, j'imitais sa simplicité, mais elle tenait toujours mon linge blanc et je jouissais du luxe de ceux qui ne possèdent rien : la propreté!

« Un jour, ma mère ressentit un accès de fièvre; je voulais appeler le médecin, elle ne le permit pas; le lendemain, elle garda le lit.

« — Reste près de moi, me dit-elle, ne me quitte pas, même une minute... pauvre enfant chéri ! Si j'allais te manquer...

« — Ah ! tais-toi ! m'écriai-je. »

« Elle prit ma tête à deux mains et m'embrassa avec une tendresse passionnée.

« — Ne me quitte pas ! lui dis-je, ne me quitte pas !

« — Je suis femme, me répondit-elle avec un soupir, je me montre faible... Tu es un homme, sois fort...

« — Sans toi, je ne pourrai plus vivre.

« — Et ton serment, Médéric ? »

« Je tombai à genoux.

« — Tu le tiendras ? reprit-elle.

« — Je le tiendrai...

« — Sans appui, seul dans la vie, privé d'affection et de conseil, tu marcheras avec un seul but devant les yeux : la réhabilitation du nom de ton père.

« — Je vous le promets.

« — Tu en renouvelles la promesse sacrée ?

« — Par ma tendresse pour vous.

« — Je le dirai là-haut à ton père, Médéric.

« Quand le médecin vint, il ne me laissa aucun espoir.

« — Cette femme se meurt de consomption, » dit-il.

« Le prêtre vint donner à ma mère les derniers sacrements.

« Quand il fut parti, nous échangeâmes les dernières confidences de nos cœurs, nous versâmes toutes les larmes de l'adieu... J'essayais par les prières d'une tendresse désolée de rattacher encore la mourante à cette vie, mais un autre l'appelait, et la voix de la mort l'emporta sur mon désespoir.

« Elle mourut dans la nuit, un crucifix sur les lèvres, la main sur mon front, comme pour me bénir une dernière fois.

« Je lui fermai les yeux, et je l'accompagnai à sa dernière demeure.

« Quand je rentrai dans notre pauvre logis, il me sembla pénétrer dans un caveau funèbre.

« N'ayant pas le courage de continuer à habiter la maison où ma mère venait de rendre le dernier soupir, je vins demeurer ici.

« A partir de ce moment, vous connaissez mon existence, Colombe... J'ai tenu ma promesse, j'ai beaucoup travaillé. Recommandé à quelques spéculateurs, j'ai été assez heureux pour leur rendre des services qui les engagèrent à me faire participer à quelques affaires avantageuses... J'ai amassé de l'argent... Chacun me prend pour un avare... Je n'ai jamais dormi plus de quatre heures, et ma vie est estée un supplice... Cependant, du jour où je vous ai vue, il me sembla qu'une étoile se levait pour moi dans le ciel sombre... Seulement vous prîtes sur moi tant d'influence, que l'isolement me parut plus lourd... Je m'accoutumai à vivre de votre pensée... L'arrivée de Petit-Ange me parut un lien entre nous, et quand j'ai cru deviner que vous ne me regardiez pas avec indifférence, quand j'ai compris que votre père aurait pour moi une vraie tendresse paternelle, je suis venu tout tremblant vous dire :

« — Colombe, voulez-vous être ma femme ? »

La jeune fille se souleva sur son fauteuil, prit dans ses petites mains les mains de Médéric, et lui dit de sa voix angélique :

— Merci de me l'avoir offert, merci de m'avoir crue digne de votre tendresse, digne de vous comprendre. Je vous prouverai que je méritais semblable confiance, en vous refusant... Je ne me crois pas le droit de me placer entre vous et le devoir ; vous avez fait une promesse sacrée, tenue religieusement, héroïquement, sans faiblir, jusqu'à l'heure où nous nous sommes rencontrés. Estimez-moi assez pour me croire incapable de me mettre en travers de cette voie... Je puis vous le dire, Médéric, dans l'innocence de ma pensée : j'unirais avec joie ma destinée à la vôtre si vous ne deviez jusqu'au bout remplir un devoir sacré... Que Mᵉ Clairvaux vous relève de votre serment, libre à lui... Quant à moi, je ne puis vous donner qu'un conseil de femme : Poursuivez cette noble tâche...

— Et si... Médéric n'osa pas achever.

— Si je meurs, voulez-vous dire ? Eh bien ! qu'importe, c'est que Dieu l'aura voulu et que le bonheur rêvé par nous n'était pas de ce monde... Mais si je m'en vais, je partirai en emportant là-haut votre impérissable souvenir...

Colombe s'arrêta un moment, en voyant les larmes dans les yeux du jeune homme.

— Ami, frère, fiancé, dit-elle, ne pleurez pas ! Une pensée amère était la moitié de mon mal... cette pensée vient de se dissiper comme par magie... Je veux vivre, vivre jusqu'au jour où le nom de votre père se trouvant libéré, vous pourrez me l'offrir devant Dieu et devant les hommes.

— Bien ! ma fille, bien ! dit une voix mâle.

Colombe se jeta dans les bras du père Falot, qui venait d'entrer.

— Médéric, mon fils, ajouta-t-il, la Providence garde les braves gens ; espérez en elle.

Et ce soir-là, il n'y eut que des gens heureux dans la mansarde de Colombe.

La mère les enleva dans ses bras et les apporta près du lit. (*Voir page* 539.)

CHAPITRE XXI

LE RACHAT D'UNE AME

L'hôtel Montravers ne présentait plus le même aspect. Sans doute un nombre égal de valets solennels emplissait l'antichambre; les écuries comptaient autant de chevaux, et le luxe des attelages était semblable; seulement le banquier seul profitait de ce grand luxe; sa femme et sa fille avaient ensemble, et avec un même courage, divorcé avec cette bruyante opulence qui pouvait, à bon droit, passer pour une réclame.

Le lendemain du jour où Mme Montravers et sa fille avaient été entraînées dans le bouge infâme de la Roublarde, puis sauvées miraculeusement grâce à l'intervention du père Falot, enfin conduites dans la misérable demeure de Niquel pour se trouver en face des victimes du banquier, toutes deux, à peine remises des terreurs et des émotions de la veille, s'enfermèrent dans leur appartement, en se faisant excuser de ne pas assister au repas du matin.

Montravers mit l'absence de sa femme et de sa fille sur le compte de la fatigue, et comme le temps le pressait, il courut à un rendez-vous d'affaires, se promettant de s'informer le soir de la santé de Diane et de celle de sa mère.

Quand les deux femmes se trouvèrent, le lendemain matin, plus brisées que remises par un fiévreux sommeil, leur premier mouvement fut de se jeter dans les bras l'une de l'autre.

Il leur semblait que la tendresse filiale et l'amour maternel venaient subitement à elles comme une révélation.

Ce que la coquetterie avait refroidi chez la mère, et presque atrophié dans le cœur de Diane, grandit spontanément, subitement. En comprenant au fond de quel abime avaient failli les faire rouler l'injustice et la cupidité de Montravers, elles résolurent de s'arrêter dans la voie dangereuse si longtemps suivie, et de racheter le passé avec un ardent courage.

Les néophytes trouvent de ces élans sublimes de générosité et de vertu.

Au pied du lit de Crucifix venaient de s'éveiller ces consciences endormies.

La femme s'apercevait qu'elle perdait sa dignité, la chrétienne qu'elle sacrifiait son âme. Ni Diane ni sa mère ne possédaient ces trésors de foi lentement amassés qui font la virilité des consciences, mais la grâce, ce rayon dont il n'est donné à nul homme de mesurer la lumineuse puissance, dissipa brusquement les ténèbres de leur esprit. Sans savoir ce qui leur manquait, elles se sentirent dépourvues de ce qui faisait la force sublime de Crucifix. Avant de deviner ce qui manquait à leur cœur, elles virent leur misère morale. De l'heure où elles comprirent que leur luxe était fait de la ruine des autres, que leurs diamants coûtaient des larmes et qu'elles n'avaient pas le droit de lever le front devant les victimes dépouillées par Montravers, elles résolurent de briser avec la vie qui, jusqu'à cette heure, leur avait paru enviable et douce, et toutes deux se trouvèrent à la hauteur de ce sacrifice.

En quelques heures, les diamants de Mme Montravers furent vendus, et les merveilleuses dentelles, les fastueux cachemires s'échangèrent contre des billets de banque.

En même temps, l'espèce de jalousie dont se défend mal la femme belle encore et qui voit une rivale de grâce dans sa fille, se fondit, et Diane comprit qu'elle retrouvait sa mère.

Dans la journée, Mme Montravers se rendit chez l'abbé Bernard, et lui apprit son immuable résolution de changer de manière de vivre.

Le prêtre ne pouvait qu'approuver la jeune femme, mais au lieu d'appuyer son changement sur la justice humaine, il lui donna l'aide de la foi.

Sans doute, une femme comme Mme Montravers ne passe point brusquement d'une vie dissipée à une vie chrétienne; elle n'apprend pas en une heure les devoirs, les obligations qu'elle accepte; mais l'humilité dont s'emplit son cœur, la volonté généreuse qui l'anime lui sont comptées. Son sacrifice aplanit mille difficultés. Les pleurs de regret donnés à la dissipation de ses premières années s'adoucissent dans le sentiment du bien qu'elle est résolue d'accomplir. Il s'établit à cette heure une correspondance si grande entre la douleur du repentir et les espérances du pardon, Dieu parle si haut et si tendrement à l'âme régénérée que ce miracle intraduisible pour ceux qui n'en ont goûté ni les craintes ineffables, ni les douceurs infinies, ne saurait être raconté. En présence de certains sentiments, en face de certains prodiges, la plume se brise; il faut évoquer ses propres souvenirs et faire appel à ceux des autres pour trouver non des définitions, mais des points de comparaison.

Quand Mme Montravers quitta l'abbé Bernard, elle était une femme nouvelle, et Diane, la voyant transfigurée par une joie grave, lui demanda en l'embrassant :

— Qu'as-tu donc, mère?

— J'ai trouvé Dieu, répondit la jeune femme.

A l'heure du dîner, Mme Montravers et sa fille descendirent.

Elles portaient des toilettes fort simples, que le banquier regarda avec un certain étonnement.

— Il est heureux, fit-il, que je n'aie invité personne.

— Pourquoi, mon père? demanda Diane.

— Mais ta mère et toi vous ressemblez ce soir à de petites bourgeoises de la rue Saint-Denis.

Mme Montravers ne répondit rien.

Le dîner fut silencieux, presque triste.

Quand il se termina, Mme Montravers dit à son mari.

— Pouvez-vous me donner votre soirée, mon ami?

— Certainement; où allons-nous, ma chère?

— Nous resterons chez nous.

— C'est charmant! fit le banquier avec une sorte de raillerie; Diane jouera une sonate de Beethoven.

— Plus tard, si vous le souhaitez, quand nous aurons causé.

— Passons dans mon cabinet, ma chère, dit M. Montravers.

Il offrit le bras à sa femme, la conduisit à un grand fauteuil dans lequel elle tomba plutôt qu'elle ne s'assit, puis, à son tour, le banquier prit place près de son bureau.

Alors, tirant de la poche de son gilet une mignonne petite clef de bronze ciselé, il demanda à sa femme :

— Combien vous faut-il?

— Combien il me faut?... répéta Mme Montravers d'une voix dans laquelle vibrait une surprise indignée.

— Sans doute, ma chère, et en agissant comme je le fais, il me semble être tout simplement un mari courtois et prévoyant... Si vous voulez bien faire un retour sur vous-même, rappelez-vous que chaque fois que vous avez témoigné le désir de vous entretenir avec moi, cet entretien a eu un seul but : une demande d'argent.

Mme Montravers courba la tête.

— J'avais tort, dit-elle.

— Ne voyez point un reproche dans mes paroles... Votre tort serait trop léger pour que je songeasse à vous le reprocher... Vous êtes toujours charmante, et j'aurais mauvaise grâce à refuser de satisfaire vos caprices... Nous autres hommes d'argent, à quoi sommes-nous bons, d'ailleurs, sinon à satisfaire vos fantaisies! Et puis, ces fantaisies, s'il faut être juste, me servent plus qu'elles ne me nuisent... On cite vos toilettes aux courses, à l'Opéra... Vous êtes une des reines de Paris comme je suis un des princes de la finance... Cela flatte mon amour-propre de mari et soutient mon crédit de banquier.

— Votre crédit de banquier !

— Eh ! mon Dieu ! d'où sortez-vous, ma chère... Vous a-t-on fait subir à mon insu une métamorphose dont je ne pourrais que me plaindre... Vous semblez ignorer ce que vous saviez hier, et rougir aujourd'hui de ce qui jadis faisait votre joie et votre orgueil... Croyez-vous vraiment que je me soucie beaucoup de mes chevaux, moi à qui le médecin ordonne l'exercice dans la crainte du pléthore, et qui laisse le plus souvent mes voitures dans la remise ? Nullement, mais on cite dans Paris les écuries de Montravers...

— Comme on parle des toilettes de votre femme ! ajouta Mme Montravers avec amertume.

— Sans aucun doute !

— Eh bien ! fit la jeune femme en se levant, il ne me convient plus de servir de montre à votre faste et de prétexte à vos dépenses. Je ne veux plus que les journaux parlent de l'élégante madame Montravers dans la crainte qu'on la maudisse dans les mansardes... Et puisqu'il ne m'est pas donné de mériter assez votre confiance pour être mise dans le secret de vos opérations financières, ne vous étonnez point que je refuse à l'avenir de profiter de revenus dont je ne connais point la source.

— Qu'est-ce que cela signifie ? s'écria le banquier.

— Vous croyez que ma fille et moi nous avons passé la nuit au bal ?...

— Sans doute...

— Eh bien ! nous l'avons passée moitié dans un bouge, et moitié au pied du lit d'une mourante.

— Dans un bouge ! vous ! ma fille !

— Moi et Diane ! exposées à la mort, ce qui était peu de chose, aux derniers outrages, ce qui surpassait le trépas en horreur...

— Vous ! vous ! répéta Montravers en approchant son visage de celui de sa femme, mais pourquoi, comment ?

— Pourquoi ? parce que dans les rangs infimes de la Société, il existe des hommes dont vous avez brisé la vie, ruiné l'avenir, dévoré le mince patrimoine... Ils ont voulu se payer sur la femme et la fille des injustices du père et du mari...

— Nommez-moi ces misérables ! fit Montravers, et l'insulte dont vous avez été victimes sera vengée, je vous le jure !

— Je ne veux point de vengeance, mais une réparation.

— Je la ferai.

— En les châtiant?
— Sans nul doute.
— Vous ne me comprenez pas, monsieur ; à ces gens que vous avez spoliés, que la misère exaspère et pousse au crime, je veux vous voir restituer leur mince patrimoine... Est-ce que je savais tout cela hier? On m'a initiée à quelques-unes de vos opérations dans un cabaret borgne, entre des bandits qui levaient sur nous leurs couteaux... Alors j'ai compris que j'étais faible, lâche, infâme! que j'aidais à votre œuvre en me parant de vos dons, que je méritais ma part de malédictions et de mépris! et que l'anathème soulevé par les scandaleux progrès de votre fortune, m'atteindrait avec justice! Or, cela, je ne le veux pas, entendez-vous, monsieur, je ne le veux pas!

— Je comprends parfaitement que la peur causée par de violentes menaces vous ait tourné la tête ; vous me parlez, ma chère, sous l'impression de la terreur ressentie hier ; à peine échappée des mains de misérables dont il sera fait bonne justice, vous me répétez ici leurs propres arguments.

— Non, monsieur, je vous apporte ceux de ma conscience.
— Et que vous reproche cette conscience?
— Beaucoup de choses.
— Elle est trop sévère, et je me montre moins exigeant.
— Ne raillez plus, je suis sérieuse.
— Commencez alors par me parler raisonnablement. Que voulez-vous?
— Ne pouvant connaître vos affaires, j'en repousse les bénéfices ; ma dot fut modeste, je me contenterai du revenu qu'elle m'assure.
— Et vous me couvrirez de ridicule pour le moins.
— Cela ne vaut-il pas mieux que de vous couvrir d'infamie?
— Vous faites abus des grands mots, ce soir.
— Ce n'est pas mon habitude, au moins... rendez-moi cette justice. Voici donc ce que je vous propose : Je ne garderai point une voiture dont je suis résolue à ne plus me servir ; la simplicité de nos toilettes nous permettra, à ma fille et à moi, de nous passer de femmes de chambre... J'ai vendu mes diamants...

— Sans me prévenir?
— Vous me les aviez donnés.
— Et qu'avez-vous fait de la somme que vous avez touchée?
— Elle m'a servi à désintéresser quelques actionnaires des *Mines du Guadalquivir*.
— Vous êtes folle! archi-folle! s'écria le banquier!
— Je l'ai été.
— Et vous espérez que je céderai à un caprice qui peut jeter de la

Je faisais copier des costumes chez les couturières les plus en renom. (V. page 536.)

défaveur sur mon nom, compromettre ma situation ? Ne l'espérez pas ! Je saurai bien triompher de la fantaisie à laquelle vous cédez à cette heure.

Mme Montravers se leva.

— Si vous aviez à lutter contre une fantaisie, dit-elle, vous pourriez répondre de votre victoire, mais vous lutteriez contre Dieu.

— Ainsi, dit Montravers, vous avez pris un prêtre pour arbitre entre vous et moi ?

— A qui donc pouvais-je soumettre efficacement les troubles de ma conscience ? A qui pouvais-je crier : « Montrez-moi la lumière, je m'égare dans la nuit... Donnez-moi du courage, je tombe épuisée sur la route ! Enseignez-moi, consolez-moi, je suis ignorante et mon cœur déborde de sanglots ! » Ah ! fit Mᵐᵉ Montravers, je ne vous reproche rien, car je ne m'en reconnais pas le droit, mais avez-vous été pour moi le guide que je devais attendre, l'ami dans lequel mon cœur devait trouver l'appui, la consolation ? Vous m'avez traitée en enfant à qui l'on distribue des jouets, en poupée à qui l'on prodigue les ajustements... Vous m'avez oubliée dans un coin de votre hôtel pour courir à vos affaires, à vos plaisirs ; et la liberté que vous me laissiez était plus un outrage qu'une preuve de confiance... J'aurais pu devenir une compagne sérieuse, et je me suis faite une reine de la mode, comme vous le disiez tout à l'heure ; je donnais l'élan à la coquetterie, je faisais copier des costumes chez les couturières les plus en renom. Ne voilà-t-il pas un beau triomphe ! Ma fille ! ma fille elle-même, et c'est là mon remords, a été élevée à cette école de futilité et de coquetterie... Je ne l'ai point aimée comme une mère aime son enfant, mais comme une femme qui se pare d'un bijou nouveau. Eh bien ! en un jour j'ai vu la vérité, la lumière a frappé mes yeux ; je me suis sentie changée presque sans effort, et je viens vous dire : Gardez à vos côtés la femme nouvelle ; n'essayez point d'entraver l'action de la grâce, car la grâce serait la plus forte ; remerciez Dieu qui permet que j'entre dans la voie droite, et que je demande votre salut, au prix de mes prières et de mes larmes...

— Tout cela est absurde ! fit le banquier, et je m'opposerai de tout mon pouvoir...

— Pouvez-vous m'obliger à porter des toilettes dont le luxe me fait horreur ? m'interdirez-vous la prière ?

— Je dirai que vous êtes insensée, et je le prouverai ! Votre conduite peut me faire un tort immense. On dira que ma situation est moins bonne qu'elle ne le paraît, que votre changement complet trahit la gêne de ma maison ; vous ruinerez mon crédit, sous prétexte de ne plus ruiner ma bourse.

— Voulez-vous faire avec moi une convention loyale ?

— Laquelle...

— Désormais vous m'initierez à toutes vos affaires... je repousserai les véreuses, nous indemniserons ceux que vous avez entraînés dans des spéculations hasardeuses, et dès que j'aurai la certitude que votre fortune est loyalement étayée, que vos profits sont légitimes, je ne refuserai plus de les partager.

— Les affaires sont les affaires ! dit le banquier.

— C'est-à-dire des choses louches au fond desquelles il ne faut point voir.

— Ecoutez ! dit le banquier durement, je préférerais un scandale public à ce que vous venez de me proposer... Si vous refusez de représenter, comme par le passé, un des côtés de mon luxe, nous nous séparerons...

Mme Montravers baissa la tête.

— Que décidez-vous ? demanda le banquier.

— Je consulterai Dieu ! répondit la jeune femme.

Elle se leva et quitta le cabinet de son mari.

Quand elle rentra dans sa chambre, elle y trouva Diane très agitée et lisant un billet qu'elle venait de recevoir.

— Qu'est-ce ? demanda Mme Montravers.

— Une lettre de Niquel... Crucifix voudrait nous voir avant de mourir.

— Allons ! dit Mme Montravers à sa fille, le spectacle de la mort de cette angélique enfant nous reposera des luttes amères de la vie.

Toutes deux s'enveloppèrent de manteaux sombres et sortirent.

La fille de Niquel ne se trompait point en écrivant les quelques lignes par lesquelles elle appelait à son chevet deux femmes dont l'apparition avait eu dans l'existence de son père une si grande influence.

Sa mission une fois remplie, elle s'en allait sans bruit, comme un filet d'eau s'écoule sous la mousse, comme un oiseau bat des ailes avant de s'envoler, comme monte une flamme vive et libre vers le ciel.

Dans la chambre si pauvre qui servait de logis au ménage Niquel, le père, debout au pied du lit, regardait mourir sa fille, et s'emplissait les yeux et le cœur de ce terrible spectacle.

Blottis dans un angle, pressés et formant un seul groupe, les frères et les sœurs de Crucifix gardaient le silence, se demandant ce qui allait se passer dans cette pièce où semblait planer le mystère.

La mère, résignée, sans larmes, brisée dans son cœur, mais calme et grande, restait près de la mourante, l'entourant pour la dernière fois de ses bras, sans espérer la réchauffer par sa tendresse.

A quelques pas du lit était dressé un autel. Une table couverte d'un linge blanc, des flambeaux allumés, des fleurs, un crucifix de bronze complétaient cette lointaine image du temple dans lequel Crucifix ne pouvait plus aller prier.

La malheureuse enfant sentait à toute heure augmenter son martyre. Elle éprouvait de cuisantes douleurs physiques contre lesquelles la science des médecins demeurait impuissante. Ce n'étaient point, du reste, de vulgaires ni ordinaires souffrances.

Bien que la blancheur de son front restât celle des lis, que ses mains pâles gardassent la transparence de la cire, que ses pieds immobiles fussent froids comme la neige, elle endurait aux pieds, aux mains, au front, au côté, d'inénarrables douleurs. Il lui semblait qu'une lame acérée ouvrait sa poitrine proche du cœur, que les nerfs de ses mains et de ses pieds se déchiraient sous l'effort des clous et le poids de son corps, et que des aiguilles rougies pénétraient jusqu'à sa cervelle...

C'était le Calvaire et son agonie renouvelés pour cette pure enfant qui, par un sublime effort de filial amour, s'était chargée des fautes paternelles.

Le médecin à qui Crucifix avait parlé de ses souffrances, se contenta, en hochant la tête, de répondre ce mot élastique : « névrose.»

Le prêtre, rendu clairvoyant par la foi, regarda Crucifix avec l'expression d'une admiration touchante, et pria, les yeux levés au ciel.

— Vous allez mourir, dit-il à l'enfant soulevée sur son lit de torture comme si cette attitude la rapprochait déjà du ciel, mais mourir, pour vous, ma fille, c'est vous débarrasser des langes dans lesquels se débat votre âme, pour vous envoler près des séraphins, vos frères... Ce que vous avez fait, nous ne pouvons ni le conseiller ni le blâmer... Dieu qui vous inspira cet héroïque sacrifice, se réserve de vous en solder le prix.

Les yeux de Crucifix brillaient comme en extase.

Elle murmura tout bas des paroles pleines de ferveur, puis, s'arrêtant et étendant une de ses mains vers la porte :

— Elles viennent ! dit-elle, elles viennent !

Alors une joie nouvelle rayonna dans ses yeux.

Diane et sa mère entraient, les bras chargés de bouquets blancs.

Toutes deux s'agenouillèrent près du lit de la mourante.

— Mademoiselle Diane, dit Crucifix d'une voix à peine distincte, nous nous retrouverons là-haut... Vous aussi, vous mourrez jeune.

Mme Montravers attira sa fille dans ses bras.

— Oh ! je sais, dit Crucifix, vous ne pensez plus comme jadis, madame... la nuit qui devait être une nuit fatale, une nuit de mort, a été pour tous une nuit de salut... Vous attendiez le trépas, les ténèbres... la lumière d'en haut vous a soudainement éclairées... J'ai voulu vous remercier de ce que vous avez fait pour mon père...

— Mon enfant, dit Mme Montravers, je payais seulement une dette en lui restituant les trente mille francs placés sur les *Mines du Guadalquivir*...

Niquel s'approcha des deux femmes.

— Ainsi, demanda-t-il, vous m'avez pardonné ?

— De grand cœur ; je vous dois même de la reconnaissance ; sans vous, peut-être, jamais mes yeux ne se seraient ouverts à la vérité.
— Je voudrais embrasser les enfants, dit Crucifix.
La mère les enleva dans ses bras et les apporta près du lit.
— Je m'en vais, dit Crucifix, je pars pour cueillir dans les jardins du paradis les roses qui jamais ne se fanent, pour récolter les fruits mystérieux de l'amour et de l'éternité ; si vous restez sages, bons et doux, vous m'y rejoindrez... Il vous faut consoler le père dont le cœur va saigner, et essuyer avec vos lèvres les larmes de la mère... Rappelez-vous votre sœur Crucifix, toute blanche dans sa parure de mort, qui est aussi la parure des fiancées de Jésus !
Diane s'approcha rapidement du lit de la malade.
— Ecoute, lui dit-elle, angélique fille dont nul ne perdra le souvenir, si tu pars pour les noces de l'agneau, je veux de ce jour marcher à la suite. Quand se ferme sur toi la tombe, le couvent va m'ouvrir ses portes... Diane Montravers n'aura pas impunément deviné le prix de tant de sacrifices et admiré tant de vertus. Mon père, poursuivit-elle en se tournant vers l'abbé Bernard, bénissez cette vocation éclose en présence du plus magnifique spectacle qu'il soit donné à l'homme de contempler, celui de la mort d'une enfant qui remonte vers son Créateur enveloppée dans ses voiles d'innocence.
— Vous consentez, Madame ? demanda l'abbé Bernard.
— Oui, monsieur, répondit la femme du banquier
La mère et la fille restèrent pressées dans les bras l'une de l'autre.
Les souffrances de Crucifix augmentaient ; elle ne pouvait plus remuer ses pauvres petites mains tordues par des douleurs inouïes ; le prêtre était obligé de poser sur ses lèvres décolorées le signe divin de la rédemption.
Le regard de Crucifix se tourna vers son père.
— Approche-toi, lui dit-elle, mon âme veut s'entretenir avec la tienne.
Le malheureux s'agenouilla, et la bouche de la mourante effleura sa joue.
— Demain, lui dit-elle, on apportera ici le viatique ; si tu m'aimes, tu partageras avec moi le pain des anges.
Niquel tressaillit.
Sans doute il éprouvait de violents remords de sa conduite, et se jugeait un grand misérable ; mais à la pensée de se courber sous la main d'un prêtre, un reste d'orgueil luttait en lui.
— Je t'en prie, dit Crucifix.
— Plus tard ! plus tard ! dit Niquel.
— Mais je vais mourir ! dit l'enfant gémissante.

Niquel continuait à se débattre entre sa conscience et la voix de sa fille, et la mauvaise honte qui le retenait.

— Mon père ! mon père ! dit Crucifix en s'adressant à l'abbé Bernard, mon sacrifice serait-il repoussé à l'heure suprême... Dieu ne veut-il point de l'oblation volontaire ? La victime ne lui semble-t-elle pas assez pure ! J'ai peur ! oh ! j'ai peur ! Si Dieu me refuse l'âme de mon père, c'est qu'il n'accepte pas mon immolation ! c'est que je ne puis plus garder ni foi, ni espérance, ni amour !

— Ma fille ! ma fille ! s'écria le prêtre, c'est une tentation de l'esprit des ténèbres ; Dieu vous entend, il vous exauce, il vous aime...

— Priez ! dit Crucifix, oh ! priez avec moi !

Ses lèvres s'agitèrent sans bruit, et son regard resta fixé sur l'image du Maître crucifié pour les péchés du monde.

Son souffle devenait plus rapide, ses yeux nageaient dans un fluide qui en doublait l'éclat ; quand elle prononçait le nom de Jésus on eût dit qu'une flamme divine s'échappait de son âme.

— Oh ! père ! père ! dit-elle, je ne puis pas mourir !

— A genoux ! fit le prêtre en posant sa main sur l'épaule de Niquel, à genoux, elle a donné sa vie pour votre âme !

Niquel poussa un grand cri, puis se frappant la poitrine :

— Ayez pitié de moi, mon Dieu ! dans votre miséricorde ! s'écria-t-il.

La volonté rebelle était brisée, l'âme de l'enfant rachetait celle du père, le martyre de Crucifix rendait la foi à Niquel.

Toute la nuit on entendit dans cette chambre des sanglots et des prières ; à l'aube, le ciel y descendit rayonnant sous l'image d'une hostie, et tandis que pleuraient les petits enfants, que Niquel et sa femme enlacés regardaient celle que bientôt ils ne reverraient plus, des anges descendaient chercher cette âme pure et l'emportaient dans les cieux comme un tremblant bouquet de lis

La dernière amitié de Longus se porte sur vous. (*Voir page* 542.)

CHAPITRE XXII

L'HÉRITAGE

Le père Longus, entraîné d'abord par l'habitude, puis poussé par une sorte d'affection, finit par monter chaque jour dans la mansarde de Médéric.

Longus adressait au jeune homme de rares et courtes questions sur sa santé, sur ses affaires, et lui indiquait le moyen de faire *suer* son argent.

Enfin, un soir, il lui demanda, d'une façon qu'il s'efforçait de rendre indifférente :

— Et votre petite voisine, comment va-t-elle ?

— Assez mal, répondit Médéric.

— Elle chante cependant encore.

— Moins.

— Sa vie est en danger ?

— Le médecin le redoute.

— J'avais cru, dit lentement l'avare, que vous songiez à épouser cette jeune fille.

Médéric posa sa plume sur la table.

— Monsieur, dit-il, c'est le secret de mes pensées intimes que vous souhaitez savoir ?

— Oui, répondit l'avare, en se rapprochant de Médéric, ce que nul ne sait, ce que vous seul voyez. N'ayez aucune crainte, la dernière amitié de Longus se porte sur vous, et peut-être un conseil vous serait-il utile.

— Un conseil ! J'en ai demandé un à mon notaire, et je ne l'ai pas suivi. Quelque chose parle plus haut en moi que toutes les voix qui m'invitent à jouir de la vie. Vous me connaissez, monsieur Longus, depuis quinze ans vous assistez à l'existence que je mène. Cette vie se résume dans un mot : le travail ! Mais vous n'avez pu deviner, me jugeant d'après la régularité de ma conduite, que je cachais au fond de mon cœur le secret de ma jeunesse. Pour avoir couvé sous les cendres d'une vieillesse anticipée, mon âme n'en est pas moins susceptible d'affection. Il est des joies auxquelles je pourrais prétendre, et dont ma volonté seule me prive. Je n'aurais qu'un mot à dire pour que Colombe devînt ma femme, et ce mot, je ne le dirai pas. Je désirerais épouser Colombe, mais il est une chose que je préfère à Colombe...

— Continuez, continuez ! dit Longus vivement intéressé.

— J'aurais souhaité réunir autour de moi tout ce qui flatte le regard et exalte les sentiments ; tout ce qui parle d'idéal et tend à réchauffer le cœur. Je sais que, plus qu'un autre, je me serais jeté dans les recherches artistiques, l'amour des voyages, si, tout jeune, dès seize ans, je ne m'étais réfréné par une puissance de volonté supérieure à mon âge. Je ne suis pas né ce que vous me voyez, je le suis devenu. Je n'étais point économe par vocation, mon vouloir m'a fait avare. Du jour où j'ai compris la valeur de l'argent, j'ai voulu en posséder. J'ai lutté sans relâche ; j'ai tout supporté, tout enduré sur cette espérance : tu gagneras beaucoup d'argent ! Entasser de l'argent, compter, voir reluire et briller entre mes doigts ce métal qui est devenu mon levier vainement cherché par Archimède, tel a été mon but, mon bonheur, ma récompense ! Je ne chante pas, je ne joue pas, je vis seul. Sur le même palier que moi habite une honnête fille qui m'accepterait pour mari, et je ne peux ni ne veux le devenir.

En achevant ces mots, Médéric se leva. Ses yeux brillaient d'un feu sombre ; des larmes brûlantes roulaient sous ses paupières ; une amère douleur envahissait son âme.

Longus l'avait écouté froidement, silencieusement.

Quand le jeune homme eut fini, l'avare lui tendit sa main décharnée.

— Vous êtes plus fort que moi, lui dit-il, car vous résistez à une tentation que je n'ai jamais eue. Courage ! courage ! Je vous répète ce que je vous ai dit, lors de ma première visite : — Vous serez millionnaire !

Longus quitta Médéric.

Rentré chez lui, le vieillard alluma une petite lampe, prit du papier timbré et se mit à écrire.

Quand il eut fini, il traça sur une large enveloppe scellée de noir :

Ceci est mon testament.

L'adresse de M⁰ Clairvaux se trouvait au-dessus de cette phrase.

A partir de ce moment, Longus s'affaiblit d'une façon rapide.

Un matin, l'usurier ne descendant pas à l'heure ordinaire, la concierge monta chez lui.

Elle le trouva presque sans souffle et renversé sur son lit.

Il défendit expressément que l'on appelât un médecin, prétendj n'avoir qu'un refroidissement et demanda une boisson sudorifique. Cependant, comme elle ne suffisait pas pour le réchauffer, il laissa la Cagnotte lui poser des sinapismes aux jambes.

La journée se passa d'une façon lugubre.

Longus ordonna à la vieille femme de guetter le retour de Médéric et de le prier d'entrer immédiatement chez lui.

Le jeune homme se rendit à la prière de l'avare.

— Je suis faible, bien faible, lui dit Longus, mais je ne me sens nullement malade. Je devais opérer un versement aujourd'hui, et si je ne l'effectue pas, je perdrai quinze jours d'intérêts ; si vous pouviez...

— Disposez de moi, monsieur, répondit Médéric.

Le vieillard expliqua l'affaire au jeune homme qui courut chez Me Clairvaux, et lui remit au milieu d'une liasse de papiers, le pli cacheté préparé par l'avare.

— Comment ! s'écria le notaire, Longus est assez souffrant pour tester ?

— Il s'affaiblit progressivement, du moins.

— Belle succession ! fit le notaire, et pas un héritier direct. Longus léguera tout aux hospices de Paris.

Dites-lui de ma part qu'il sera fait suivant son désir.

Médéric rentra en courant et monta chez Longus.

— Merci, lui dit l'avare, j'ai confiance en vous. Dorénavant, je vous chargerai de mes affaires. Il me reste encore quelque chose à vous confier. Là, sous mon lit, je garde des fonds. Maintenant qu'il me devient impossible de continuer mes spéculations contentieuses, je pourrais, je le sais, remettre l'argent à mon notaire ; mais je ne jouis de ma fortune que par ce côté : il faut bien se procurer quelques douceurs. Jugez si j'ai confiance en vous, ne la trahissez pas, au moins. Si l'on savait, Médéric !..... il est des hommes qui, pour si peu, commettent un crime. Vous n'avouerez pas même à Colombe.....

— Pas même à elle.

— Je vous devrai mes dernières joies !

Le vieillard descendit péniblement de son lit, chercha une petite clef et la remit à Médéric.

— Mes yeux se troublent, dit-il, ouvrez vous-même, ouvrez. Poussez un ressort, là, prenez les billets, l'argent, remuez-le, que j'en entende le bruit ; étalez-le sur le parquet, que je le voie, que je le foule, que je marche dessus.

Médéric obéit au vieillard.

Longus s'assit ou plutôt se coucha en face du tiroir.

Médéric alignait les piles de louis et Longus jouait avec cet or.

Vêtu de sa robe de chambre d'indienne ouatée, loque en lambeaux, laissant voir sa poitrine décharnée et ses bras desséchés, avec son crâne chauve, ses dents d'ivoire jauni, ses doigts aux ongles semblables à ceux des oiseaux de proie, ses prunelles bordées d'un cercle sanglant, on eût dit la personnification la plus complète et la plus saisissante de l'avarice.

Tout en se prêtant au maladif désir de Longus, Médéric éprouvait une violente souffrance intérieure.

Un abîme séparait les avarices de ces deux hommes. Égales de puissance, elles différaient par l'impulsion et par le but; ce qui était vertu chez l'un devenait crime chez l'autre.

Et cependant, le jeune avare, pris de pitié devant l'isolement de Longus, le veilla, le soigna, donnant à cet égoïste une part de compassion, qu'il n'avait le droit d'attendre de personne.

Longus s'était montré dûr pour tous. Aucun des riches locataires ne s'inquiétait de sa santé. Le secours, l'appui, la consolation vinrent de ceux qu'il avait pressurés. Colombe descendit et offrit ses services.

Le docteur, qui avait condamné la jeune fille, déclara qu'il n'y avait rien à faire pour Longus et prescrivit des potions anodines.

Lorsque l'avare lut l'ordonnance, il demanda si l'on pouvait envoyer prendre les remèdes au bureau de bienfaisance ?

Sur la réponse négative qu'il reçut, il dit, en secouant la tête :

— C'est inutile, je n'aime pas les remèdes.

Colombe annonça qu'elle veillerait Longus.

Médéric remonta un moment chez lui.

L'avare paraissait assoupi.

L'ouvrière s'agenouilla devant son lit, et se mit à prier.

Quand Longus s'éveilla et qu'il vit Colombe prosternée, invoquant Dieu pour l'âme qui allait remonter vers lui, il lui dit avec une sorte de pitié railleuse :

— Ah ! vous croyez à cela ?

— Et vous, monsieur ?

— Moi ? On ne m'en a pas parlé beaucoup, et je n'ai guère eu le temps d'y penser. Les idées! Qu'est-ce que ça prouve, les idées ? Tandis que l'argent.....

— Il faut bien que l'intérêt ne guide pas tout le monde, reprit l'ouvrière, puisque je suis ici, et que.....

— Qui sait ? on me fait passer pour riche, et les testaments changent bien des choses.....

— Vous oubliez que je suis condamnée par le médecin, monsieur.

— Oui, je sais... Médéric ne vous épouse pas et ne vous emmène pas en Italie. J'estime Médéric.....

En ce moment, le jeune homme rentra

— J'ai assez dormi, Colombe, dit-il, allez vous reposer maintenant.
— Pas encore, répondit la jeune fille, il me reste à remplir un devoir, et vous m'y aiderez.

Puis, s'approchant du lit de Longus, elle lui parla lentement, doucement, de la vie qui allait finir, la vie sans fin dans laquelle il allait entrer. Devant cet homme, qui n'avait de l'amour que pour les richesses de ce monde, elle étala les trésors de l'Éternité... Elle amollit son cœur en lui parlant de sa mère, et après avoir triomphé de ses premières résistances, elle amena un prêtre à son chevet.

Quand celui-ci partit, la pauvre âme était réconciliée.

Longus demeura ensuite environ deux heures immobile, étendu sur son lit, les yeux fermés.

Une écume blanche frangeait parfois ses lèvres minces.

Enfin, soit que la crise fût passée, soit qu'il sentit approcher ses derniers instants, il murmura, d'une voix indistincte :

— Médéric, mets de l'or sur mon lit, que je le sente, que je le palpe, le prêtre ne l'a pas défendu.

Médéric vida le tiroir sur les couvertures.

Longus fourra des paquets de billets de banque sous son mince traversin, plongea ses doigts dans l'or amoncelé sur le lit, fixa sur Médéric un regard plein d'un regret indicible, étendit ses mains en avant, poussa un gémissement sourd, puis tomba râlant sur l'oreiller, en répétant :

— Le convoi des pauvres ! pas de dépenses ! Tu sais, Médéric, tu deviendras millionnaire !

Un instant après, Longus n'était plus.

Les paroles de l'avare étaient formelles : il voulait le convoi des pauvres, après avoir vécu toute sa vie comme un indigent.

Cependant, à l'idée que ce cadavre serait descendu dans la fosse commune, qu'on réciterait à peine une prière pour l'âme du mauvais riche, Médéric se sentit tourmenté.

Il y avait tant d'argent dans le mystérieux coffre-fort, que, se souvenant de la parole de M⁰ Clairveaux, relative à l'isolement de l'avare, il envoya la concierge chez le notaire.

— Répondez à monsieur Médéric que je serai chez lui dans une heure, dit celui-ci.

Le jeune homme se borna à faire constater le décès, et attendit la visite annoncée.

— Mon cher ami, dit M⁰ Clairvaux au jeune homme, devant le juge de paix de mon arrondissement et quatre témoins, ouverture à été faite du testament de feu Longus, Procuste-Isidore-Hyacinthe. Vous connaissez mieux que personne le travail persistant, la soif de gain, la

Les commérages allèrent leur train. (*Voir page* 548.)

monomanie d'avarice de mon client ; mais quelque confiance qu'il vous ait témoignée, vous ignorez sans doute à quel chiffre s'élève la fortune laissée par lui ?

— Complètement. M. Longus m'a depuis très peu de temps chargé de terminer différentes affaires ; de plus, pendant les derniers jours de sa maladie, à partir du moment où il lui devint impossible de se lever, il m'a souvent prié de lui montrer et d'étaler sous ses yeux les valeurs renfermées dans ce tiroir à secret.

Médéric poussa un ressort; M° Clairvaux estima que le tiroir pouvait contenir trois cent mille francs.

— Ceci est une bagatelle en comparaison du reste ! reprit-il. La succession Longus, en évaluant les sommes contenues à priori dans ce coffre, s'élève à six millions cinq cent mille francs.

— Six millions?

— Au moins.

— Et Longus demandait le corbillard des pauvres !

— Ceci, dit Clairvaux, en souriant, regarde maintenant l'héritier.

— Ah! s'écria Médéric, quel est l'homme qui, recevant six millionss, pourrait voir déposer dans la fosse commune le corps de son bienfaiteur.

— Alors, dit le notaire, en se levant et avec une émotion que jusqu'alors il avait eu peine à contenir, commandez vous-même, mon enfant, les obsèques de Procuste-Isidore-Hyacinthe Longus, qui vous a institué, par testament olographe et inattaquable, son légataire universel.

Médéric demeura comme frappé de la foudre.

Il se remit bientôt; puis, levant vers le ciel un regard mouillé de larmes :

— Longus, dit-il, soyez béni et sauvé ! Ma mère, qui est au ciel, demandera grâce pour vous.

On s'étonna grandement dans le quartier de la magnificence des obsèques qui furent faites à Longus, et les commérages allèrent leur train.

Huit jours plus tard, le cabinet de M° Clairvaux était encombré: des vieillards, des jeunes gens, des filles sur le retour, des femmes arrivées à l'âge où l'on n'en a plus, des hommes de conditions diverses avaient été convoqués, pour *affaires les concernant*, en l'étude du notaire de Médéric.

Ils s'étonnaient de leur nombre, se questionnaient timidement, n'osaient répondre, dans l'appréhension de commettre une gaucherie ou d'avoir l'air mal informé ! Quelques-uns auraient craint une mystification, si l'honorabilité du notaire n'eût interdit semblable pensée.

Lui seul pouvait donner le mot de l'énigme qu'on se posait en l'attendant.

Enfin il parut.

Jamais on ne l'avait vu si digne et si souriant à la fois; sa franche figure s'épanouissait dans les plis un peu trop bouffants de sa cravate, détail qui donnait encore plus de bonhomie dans l'expression.

Il salua le cercle des nombreux clients qui l'attendaient, s'assit devant son bureau, prit un énorme dossier dans un tiroir, puis, s'adressant à ceux qu'il avait convoqués :

— Messieurs, dit-il, il y a seize ans, un honnête homme, victime d'une série de malheurs, dont pas un ne pouvait lui être imputé à faute, mourut de désespoir en se voyant ruiné et déshonoré par une faillite. Vous vous souvenez de M. Combal, dont vous êtes tous les créanciers, à des titres divers, et pour des sommes plus ou moins importantes. Permettez-moi, avant de régler vos créances, de vous apprendre comment aujourd'hui il est permis au notaire investi de la confiance de M. Médéric Combal, de faire honneur à sa signature.

« Quand l'infortuné négociant mourut, il avait une femme dont la santé, fortement ébranlée par le double coup d'une faillite inattendue et de la mort de son mari, ne résista pas longtemps à de si dures épreuves.

« Son fils avait seize ans quand il la perdit.

« Mais, avant de se quitter, la mère et l'enfant s'étaient entendus. Ni la veuve, ni l'orphelin ne renonçaient à la succession du mort. Combal laissait un passif important, on le paierait..... Une flétrissure commerciale restait sur la mémoire d'un honnête négociant, on la laverait. C'était une téméraire entreprise, mais de pareilles exagérations sont sublimes.

« Médéric ne possédait que ses bras, un cœur droit, une énergique volonté !

« Depuis ce jour, mois par mois, il a déposé dans mon étude le produit de son travail, et à quel labeur se condamnait-il ? Tenez, messieurs, ceci touche au prodige. Médéric vécut de pain et d'eau, habita un grenier, coucha sur la paille, et, en seize années, il amassa, grâce au maniement de ses fonds, la somme énorme de cent dix mille francs. Il lui restait encore beaucoup à réaliser, vous le voyez, pour atteindre le chiffre voulu.

« Dieu ne permit pas que l'épreuve se prolongeât davantage. M. Médéric Combal habitait la maison de M. Longus; celui-ci ne tarda pas à remarquer les habitudes du jeune homme; il le prit en amitié, et, avant de mourir, voulant laisser en mains sûres une fortune considérable, il ne trouva rien de plus sage que de léguer ses millions à un homme qui lui inspirait toute confiance.

« Du reste, vous comprendrez mieux le caractère et l'existence de mon client, et les motifs qui ont poussé M. Longus à le faire son héritier en écoutant le texte de son testament :

« Moi, Procuste-Isidore-Hyacinthe Longus, sain de corps et d'esprit, « j'ai, aujourd'hui 15 mai 1874, consigné ici mes volontés expresses et

« dernières, en remettant l'exécution aux soins de M° Clairvaux, mon
« notaire.

« Connaissant l'ordre et l'économie de mon locataire, Médéric Com-
« bal, l'ayant vu, depuis seize années, se lever avant le jour, et ne se
« coucher que fort avant dans la nuit, se réservant à peine ainsi cinq
« heures de sommeil ;

« Sachant que nul entrainement de jeunesse, nul attachement, mê-
« me légitime, n'a pu le détourner de sa volonté de faire fortune, et que
« son désir soutenu par sa persévérance a déjà produit de satisfaisants
« résultats ;

« Concluant de ce qui précède que si Médéric Combal se trouvait à la
« tête de capitaux importants, non seulement il ne les gaspillerait pas en
« folies mais qu'il les ferait fructifier et produire avec le talent prouvé
« par lui dans le maniement de sommes modestes ;

« J'institue pour légataire universel de mes biens, tant meubles
« qu'immeubles, Médéric Combal, locataire d'une mansarde habitée
« par lui dans la maison que j'occupe.

« Je donne ce testament comme l'expression de mes désirs formels ;
« je l'écris tout entier de ma main, le date, le signe, et le contresigne,
« ajoutant, pour rester dans la vérité, que mondit légataire m'a toujours
« témoigné la déférence due à mon âge, et que ma vie isolée me faisait
« davantage apprécier.

« *Fait, le 15 mai 1874.*

« Procuste-Isidore-Hyacinthe Longus. »

Le notaire plia le testament de l'avare et poursuivit :

— Je vous ai dit, messieurs, que les économies de mon jeune ami
et client, s'élevaient à cent dix mille faancs, somme insuffisante pour
le paiement intégral de vos créances, mais la succession Longus se
monte presque à la somme de sept millions ; Médéric Combal se trouve
donc dans une position de fortune qui lui permet d'accepter dans
toute son étendue le legs laissé par le père à l'honneur de son enfant :
intérêt et capital, tout sera remboursé.

Les créanciers se levèrent et s'approchèrent du bureau de M° Clairvaux, moins par empressement vénal que par un mouvement de vive
sympathie pour Médéric.

Pendant que M° Clairvaux remettait à chacun le montant de sa cré-
ance, les éloges données à la conduite de Médéric, s'élevaient de tous
côtés.

On regrettait seulement de ne point voir le fils de l'honnête et ma-
heureux Combal, afin de lui serrer les mains, de le complimenter, de
le bénir.

Pendant que ces affaires se réglaient dans l'étude de M° Clairvaux, on célébrait les obsèques de Longus.

Tout le quartier de Notre-Dame-de-Lorette fut mis en émoi par la pompe imprévue de ses funérailles.

M° Clairvaux avait promis le secret à Médéric, et le luxe déployé d'une façon inattendue fut attribué à un neveu imaginaire, héritier légal de la fortune laissée par l'usinier.

Médéric tenait ce mystère dans l'intérêt de sa tendresse pour Colombe.

La maladie, la mort de l'avare avaient pris à la pauvre fille bien des heures de travail ; pour rattraper le temps perdu, il lui faudrait sans doute plus de deux mois de labeur opiniâtre.

Longus était inhumé, et la jeune fille ignorait qu'une fortune subite était tombée du ciel pour Médéric.

M° Clairvaux se rendit le lendemain chez le jeune homme.

— Ce n'est pas le notaire, c'est l'ami qui vient chez vous, Médéric, si tant est que, chez un homme comme moi, le notaire puisse jamais se séparer complètement de l'ami. Ce matin, j'ai reçu la visite de M. de Grandmaison, tuteur de Mlle Joséphine-Aldonis de Grandmaison, sa nièce, majeure depuis hier, et dont vous vous trouviez débiteur, puisque le comte de Grandmaison avait en dépôt, chez votre père, une somme de soixante mille francs. Remboursement a été opéré suivant votre désir, et la démarche faite auprès de moi était tout officieuse.

» De même, mon cher enfant, que je vous ai trouvé assez sage pour diriger vos affaires d'argent, je vous sais assez généreux pour savoir régler votre avenir sur tous les points. L'on m'a chargé de vous transmettre une proposition grave. Je suis un ambassadeur, voilà tout.

» Si vous trouvez, mon ami, que l'or ne suffit pas sans l'honnêteté, que l'or ne constitue ni la grandeur vraie, ni la garantie du bonheur ; si, sans nier sa puissance, vous le placez cependant au-dessous de certaines considérations, il existe encore des hommes capables de raisonner comme vous le faites. Deux leviers soulèvent le monde : l'influence du nom, la puissance financière. Les gens titrés, les familles à blasons tiennent à leur noblesse, et cela est juste et digne. La noblesse est une grande institution, elle a droit à tous nos respects. A côté de celle-là il en est est une autre, puisée dans les plus sublimes sentiments de l'âme, et cette noblesse-là, vous la possédez.

— Pour en arriver à la communication promise, dit Médéric, avouez que vous prenez le chemin du Chaperon-Rouge.

— Cela ne m'empêchera pas d'arriver.

— J'écoute toujours.

— Le comte Hector de Grandmaison, attendri, charmé par la conduite que vous avez tenue, m'a fait des ouvertures relatives à un mariage. Sa nièce vous a vu. Où, je ne sais ; sans doute dans mon étude. Vous pouvez entrer dans une famille puissante, et vous arriverez si haut que le voudra votre ambition.

— Je remercie l'ambassadeur, dit Médéric, en prenant les mains du notaire. Je suis fier et heureux d'avoir mérité les sympathies d'une noble fille et l'amitié d'un vieux gentilhomme. Mais j'ai donné ma parole, et le nom de Grandmaison, uni à une fortune princière, ne saurait éblouir ni tenter l'ami de la pauvre Colombe.

Le notaire serra le jeune homme dans ses bras.

— Toujours le même ! dit-il.

— Ne gagez pas ! je vais devenir jeune !

— A quand le mariage ?

— Quand le nid sera prêt. Vous savez, ma maison d'Auteuil ?

— Colombe ignore tout ?

— Tout !

— En attendant la révélation.

— Je prépare sa joie, et fais des heureux.

— Allons ! fit Clairvaux, j'ai, dans ma vie d'officier public, réglé bien des affaires, mais je n'ai jamais trouvé de fils, d'héritier ou de futur ressemblant à Médéric.

Il lut derrière l'épaule de sa fille. (*Voir page* 562.)

CHAPITRE XXIII

LA MAIN DE DIEU

A partir du jour où Aurillac apprit à la fois à Nerval et son véritable nom, et la peine à laquelle il le condamnait, l'existence de l'usinier ne lui appartint plus. Ses ateliers continuèrent à bourdonner comme des ruches humaines, à s'emplir du retentissement du marteau et des sifflements de la vapeur; mais on ne vit plus le *patron* les parcourir sans cesse, comme il le faisait autrefois, jetant des ordres d'une voix rapide, fouillant du regard les moindres recoins, vérifiant si chaque ouvrier était bien à sa place et à son travail, examinant avec minutie les plus petits rouages des machines en construction.

D'abord, les ouvriers s'étonnèrent : ils étaient si habitués à son contrôle sévère, à son examen incessant !

Les uns crurent à une maladie, les autres à une absence de leur maître. Mais les jours passèrent, et Nerval continua à ne faire dans ses ateliers que de rares et courtes apparitions.

Peu à peu, on oublia la différence entre ses habitudes passées et sa façon d'agir actuelle. Un ingénieur chargé de la direction, des contremaîtres habiles le remplacèrent. Le travail qui, un moment, s'était ralenti, reprit aussi actif qu'auparavant. Tout rentra dans l'ordre. Rien ne fut changé en apparence. Mais l'âme même de la maison devint absente.

La première infortune qui fut signalée à Nerval l'obligea à rappeler Chrétien Moureau dans l'usine.

Reine l'y amena un matin, vers l'heure où les ouvriers commençaient leur labeur.

D'abord, une sorte de terreur le saisit quand il entra dans ces immenses halls vitrés.

Le grondement des machines à vapeur, le grincement des courroies sur les poulies de transmissions, le choc sourd des marteaux-pilons, faisant jaillir du fer rouge des myriades d'étincelles, tous ces mille bruits divers qui emplissent l'atmosphère d'une grande usine, semblaient le stupéfier.

Il s'arrêtait brusquement, et des deux mains se bouchait les oreilles. Il se réfugiait à l'abri des hauts piliers, comme s'il eut voulu éviter les regards de ce peuple innombrable de travailleurs l'examinant curieusement, tout en vaquant à leur besogne.

Il tressaillait douloureusement, lorsque le cri strident d'un sifflet venait ajouter sa note aiguë au grondement continu emplissant l'atelier; lorsque la flamme subitement ranimée d'un fourneau de forge, lorsqu'un jet de métal en fusion illuminait la pénombre d'une subite clarté, et projetait sur les murs, en ombres fantastiques, les ouvriers empressés au travail.

Peu à peu, sa terreur disparut. Il quitta le coin obscur où il s'était enfoncé; il se mit à errer dans les cours, regardant chaque objet avec une sorte de curiosité enfantine, et demandant du regard à ses camarades quel en pouvait être l'usage. Puis, une sorte de mémoire lui revint.

Il voulut toucher les rouages, les courroies, mais il le faisait avec une prudence voisine de la terreur. Cependant, parfois on eût dit que l'odeur du charbon, les lueurs de la fournaise, les grandes ombres des ateliers, au milieu desquelles se mouvaient, comme des spectres, les profils des roues, des engrenages, des pistons et des soufflets, le ramenaient au sein d'une atmosphère connue et aimée.

On le laissa seul, et tandis que Reine le surveillait du regard, Chrétien, prolongeant sa promenade, parut reconnaître peu à peu les objets dont il se trouvait séparé depuis si longtemps. Alors, tirant de sa poche du papier, des crayons et des rondelles de zinc, il commença ses calculs, ses dessins et ses recherches, comme si quinze ans de souffrance et de folie n'avaient pas interrompu ses chères études.

Chaque jour, il fut de la sorte ramené dans l'atelier. Mais au lieu de trouver des camarades raillant ses travaux et prenant un malin plaisir à déranger ses calculs, il ne vit autour de lui que des gens empressés à lui rendre service et à lui donner un coup de main. Sans qu'il le demandât, il trouva sous ses doigts les outils et les matériaux nécessaires. Reine lui venait en aide, dessinant d'après ses informes essais, et perfectionnant ses ébauches. Chaque jour amenait un progrès, peu sensible, mais persistant, et le médecin promettait un succès définitif.

Un matin, Mme Gramburg arriva dans la mansarde de Reine. Elle tenait sous son bras un rouleau de papiers.

— Mon enfant, dit-elle à la jeune fille, il s'agit de me rendre un grand service. Mon mari qui, comme vous le savez, poursuit des recherches en mécanique, a besoin qu'une copie de ce manuscrit

Le grondement des machines à vapeur, le choc sourd des marteaux-pilons semblaient le stupéfier. *(Voir page 534.)*

soit faite avec une grande rapidité et une complète exactitude. Pour plus de sûreté, et dans la crainte de voir égarer ou maculer quelques feuillets du précieux manuscrit, il voulait que vous vinssiez le copier à la maison; j'ai pris sur moi de vous l'apporter. Mon mari, retenu au lit par un accès de goutte, ne s'apercevra pas que les précieuses pages ont quitté son cabinet de travail, et quand il lui sera possible de reprendre son labeur quotidien, il trouvera terminée la tâche qu'il ne pouvait confier à une autre qu'à vous.

— Madame, dit Reine, je ne puis rien vous refuser, car les bontés dont vous m'avez honorée vous donnent des droits sur toute ma vie. Je vais garder mon père dans cette chambre, tandis que je m'occuperai de la copie de ce manuscrit ; en ne faisant pas autre chose, j'espère l'avoir terminée au bout de quatre jours.

— Et alors, ma chère Reine, je vous serai redevable de cent francs; les souhaitez-vous d'avance ?

— Merci, madame, je suis presque riche, je réalise des économies.

La femme du savant Gramburg se retira, et Reine s'assit devant sa petite table.

Près d'elle, enfoncé dans un fauteuil, son père dormait paisiblement.

Déjà, les soins, les prévenances dont il était entouré, la joie qu'il éprouvait à reprendre, librement, aidé de tous, dans un milieu qu'il connaissait et qu'il aimait, les travaux si longtemps interrompus, avaient porté leurs fruits.

Ce tremblement sénile, cette expression d'égarement, dont la vue faisait tant souffrir la pauvre Reine, avaient graduellement disparu. Un sentiment de calme, presque de joie continue, se lisait maintenant sur tous les traits de Chrétien Moureau.

Reine le contempla longuement, tout heureuse de cette transformation, qui lui présageait une prochaine guérison. Puis elle se mit au travail, et, pendant quelque temps, le grincement de sa plume sur le papier, le souffle régulier du dormeur, s'entendirent seuls dans la chambre silencieuse.

La jeune fille s'installa, prépara le papier, les crayons et les plumes, et étala le manuscrit devant elle.

— Bientôt, un petit grattement familier à la porte signala la présence de l'Ecureuil.

Il entra du pas rapide et sautillant qui lui avait valu son surnom. Ses yeux perçants eurent vite fait le tour de la pièce, et ne voulant pas troubler le sommeil du dormeur, ce fut d'une voix très basse qu'il dit :

— Mademoiselle, je vais faire votre marché avant d'aller chez Grappin.

— Voilà vingt sous, dit Reine, apporte-moi du pain, du lait et des fruits.

L'Ecureuil descendit sur la rampe, suivant une habitude que l'âge ne pouvait lui faire perdre, et remonta quelques minutes après.

Tandis qu'il rangeait sur le buffet les achats faits pour la jeune fille, il jeta un regard sur le cahier poudreux qu'elle commençait à copier.

— Tiens, fit-il, c'est drôle, je connais ça.
— Je ne crois pas, dit Reine, on vient de m'apporter ce cahier à copier tout à l'heure.
— C'est possible, mais je vous jure qu'il a passé par la boutique du père Grappin, section des vieux papiers. Tenez, mademoiselle, voyez-vous, sur le dos du cahier, ce G gothique, marque de la maison. Je ne peux pas m'y tromper, moi.
— C'est fort étrange; ma protectrice vient de me l'apporter, en me le recommandant comme une chose très précieuse.
— Il peut être précieux en effet, c'est un coup de hasard. Ce que Grappin achète à la livre, il le revend en détail, et une perle se rencontre parfois dans le fumier. Ne vous ai-je pas dit que nous avons une clientèle composée de savants, d'auteurs dramatiques, de romanciers qui fouillent dans les détritus littéraires pour y chercher les souliers d'un mort, dont ils se chaussent sans façon. Qui sait si cette œuvre n'est point celle d'un pauvre diable tué à la peine et qui fera du mari de votre bienfaitrice son héritier sans le savoir.
— M. Gramburg?
L'Ecureuil partit d'un grand éclat de rire.
— M. Gramburg! Connu! Le célèbre auteur d'un tas de gros bouquins que lui seul a lus; candidat perpétuel à toutes les académies du monde; membre de toutes les sociétés savantes, dont l'entrée est libre à quiconque peut payer les cotisations. Le grand, l'unique génie du siècle, à son avis du moins. Connu, je vous dis, connu! Au physique: un petit vieux, sec, parcheminé, qui porte moralement la queue, le catogan et les bas chinés du dernier siècle, qui fouille, farfouille, furète et bouleverse la boutique de maître Grappin pour y trouver un secret d'alchimie ou de mécanique. Allez! si jamais vous le voyez nommé de l'Académie, affirmez sans crainte qu'il n'avait pas droit au fauteuil et qu'il a volé son marchepied.
— Ah! l'Ecureuil, tu deviens méchant!
— Méchant! moi? Je ne casserais pas une noisette si ça lui faisait mal. Mais, tenez, on peut être observateur et philosophe dans tous les états, même dans le mien. Quand je vois des vivants remuer la cendre des pauvres morts pour y trouver l'étincelle qui n'a pu les faire vivre, je m'indigne, et, au lieu de leur répondre poliment, comme à des clients, il me prend envie de les insulter comme des voleurs!
— Tais-toi, fit Reine, tu vas réveiller mon père.
— Je me tais, mademoiselle, par respect, par amitié pour vous. Il n'y a pas de votre faute dans ces faiblesses, ces lâchetés, ces friponneries-là. Mais, qui sait si l'auteur de la comédie achetée au poids n'est pas mort de faim, tandis que plus tard de grosses majuscules

M. Gramburg? Le célèbre auteur d'un tas de gros bouquins. (*Voir page* 558.)

apprendront à la foule le nom de celui qui montre comme sienne, l'œuvre d'un homme qui ne peut plus la revendiquer? Qui sait si l'auteur de ce mémoire sur la vapeur, les wagons, la chaleur, n'est pas devenu fou ou désespéré, tandis qu'un Gramburg va se parer de ses plumes?

— Calme-toi, l'Écureuil. Ce ne sont là que de suppositions et des suppositions peu charitables. Tous les savants fouillent les bibliothèques pour y trouver des renseignements qui leur sont nécessaires. Si M. Gramburg préfère les manuscrits inédits aux ouvrages imprimés, où est le mal? N'a-t-il pas le droit de profiter de ce qui, chez un autre, a été une simple idée passagère, de creuser cette idée, de la développer, de la compléter, de faire passer à l'état de réalité ce rêve d'un instant? Quant à se parer d'une découverte complète, quant à voler à un inconnu de génie, la gloire et la fortune, je ne puis croire qu'il en soit capable.

Moins que tout autre, j'ai le droit de m'arrêter à ces vagues accusations. Mme Gramburg a été pour moi plus aimable que je ne saurais le dire; elle m'a consolée, tirée de la misère; elle m'a rendu le plus grand des services, en me mettant à même de revoir et de faire vivre mon père par mon travail, sans recourir à l'aumône. De cela, je lui serai éternellement reconnaissante.

Certes, s'il m'était prouvé qu'en recopiant les manuscrits qu'elle m'apporte, je m'associe à un larcin, ma reconnaissance devrait céder devant l'honnêteté; mais jusque là...

— Jusque-là vous devez continuer à mettre au net les élucubrations du savant. Vous dites vrai, mademoiselle, je m'emporte, je vous trouble et j'ai tort; vous devez beaucoup à Mme Gramburg, travaillez pour elle; les pauvres gens n'ont d'ailleurs le droit de refuser aucune besogne.

L'Ecureuil disparut, en adressant un signe d'adieu amical à la jeune fille.

Celle-ci se mit au travail.

Quand l'heure du déjeuner fut venue, elle le prépara; puis, entrebâillant la porte de la chambre de son père, elle l'appela d'une voix douce.

Chrétien tourna vers elle un regard reposé.

— Je suis prêt, dit-il, je suis prêt. Nous irons à l'atelier plus tard. J'ai bien dormi; il me semble que j'ai trouvé aujourd'hui ce que j'ai vainement cherché hier.

Reine emmena son père dans l'autre pièce, et lui demanda, tandis qu'il déjeunait :

— Ne voulez-vous pas mettre au net, ce matin, ce que vous avez préparé ces jours derniers? Je souhaiterais faire un travail de copie.

— Alors, tu ne t'occuperas pas de moi, tu ne corrigeras pas mes dessins?

— Au contraire, je serai tout près de vous.

— Alors, nous n'irons pas à l'atelier? dit docilement Chrétien.

Le père et la fille, une fois le couvert enlevé, commencèrent à ranger leurs feuillets.

Reine copiait, de sa belle et large écriture, l'informe manuscrit placé devant elle.

Chrétien prit ses chiffons de papier, ses rondelles de zinc, un crayon, et recommença ses éternels calculs.

Avec une obstination de maniaque, il s'acharnait aux mêmes problèmes, qui toujours restaient insolubles. Dix fois, onze fois, il recommençait ses opérations, reprenait ses dessins, couvrait ses papiers de chiffres et de figures informes. Parfois il s'arrêtait, disposait deux à deux ses rondelles, les contemplait longuement; puis, se remettait à griffonner.

Mais bientôt la fatigue se fit sentir. De grosses gouttes de sueur perlaient à son front. Il laissa tomber papiers et crayon, et se renversa dans son fauteuil.

Lentement son regard parcourait la chambre; par instants, des lueurs d'intelligence, presque de raison, y passaient. Dans ce cerveau si longtemps obscurci, une faible lueur commençait à percer. La guérison était proche. Une forte secousse, une violente émotion suffirait pour en hâter la venue.

Maintenant Chrétien Moureau regardait sa fille assise un peu en avant de lui. Reine ne pouvait le voir. Du reste son travail l'absorbait tout entière et prenait toute son attention, toute sa pensée.

Elle ne s'aperçut même pas qu'en saisissant un de ses pinceaux, d'un brusque mouvement de main, elle avait fait tomber un des feuillets posés à côté d'elle et dont elle venait d'achever la copie.

La feuille voltigea un moment, tournoya, puis vint s'abattre juste aux pieds de Moureau, qui s'amusait à suivre de l'œil sa marche capricieuse.

Il se pencha, ramassa le feuillet. Mais alors, un brusque changement se fit en lui. A mesure qu'il regardait, ses yeux se dilataient davantage, ses narines frémissaient et un souffle plus pressé s'échappait de sa poitrine.

Enfin, lentement, avec une agilité fébrile et une prudence de fou, car les fous déploient souvent beaucoup d'adresse dans les actes les plus insensés, il se leva, tourna la table, sans éveiller l'attention de la jeune copiste, se plaça derrière sa chaise; et, les prunelles agrandies par une fièvre intense, remuant les lèvres sans prononcer de mots, il lut derrière l'épaule de sa fille.

Tout à coup, par un mouvement brusque, un mouvement de sauvage pillard ou d'animal voleur, il saisit le manuscrit en poussant un cri de triomphe, auquel répondit un cri d'effroi de la pauvre Reine.

— Père ! père ! dit-elle, ce manuscrit, rendez-moi ce manuscrit !

— Tu l'avais caché ! fit-il, caché ! Tu voulais donc aussi me désespérer, comme Rose ? Le voilà, mon travail, je la retrouve mon invention ! C'est mon âme que tu m'avais volée et que tu retenais captive.

Et Chrétien secouait les feuillets, les froissait dans ses mains avec une sorte d'ivresse convulsive.

Au cri poussé par la jeune fille, Médéric et Colombe accoururent.

— Ah ! monsieur ! fit la jeune fille, en joignant les mains, venez à mon secours. Aidez-moi à reprendre des mains de mon père, le cahier qu'il va lacérer, anéantir sans doute ; ce matin même, ma bienfaitrice me l'a apporté, en me chargeant de le copier, et par un de ces inexplicables caprices, mon père, qui s'en est saisi, refuse de me le rendre.

Chrétien s'était jeté dans un angle de la salle et regardait, d'un œil fauve, Colombe et Médéric.

Il devinait en eux des alliés de sa fille, et Reine, en ce moment, héritait de la colère et de la haine soulevée par Rose le jour où, poussée par le désespoir, elle vendit les papiers de son mari.

— Ne l'écoutez pas ! fit Chrétien, ne l'écoutez pas ! Elle a bu le lait de sa mère ; elle a puisé ses idées dans son cœur ; elle me tuera, elle aussi, car Rose m'avait assassiné. Mais tout cela m'est égal maintenant, je suis rentré en possession de mon œuvre. Nerval m'a pris en amitié, il fera exécuter mon modèle de wagon. Deux roues de moins ! une économie superbe ! sans compter que j'utiliserai la chaleur au moyen de mes boites à feu. Ne me regardez pas de la sorte, ne semblez ni me redouter ni me plaindre. Ceux qui disent que je suis fou ont menti, j'ai ma raison ! toute ma raison !

Chrétien accentua ces mots de telle sorte que Médéric dit à Reine :

— Etes-vous sûre qu'il n'y ait pas quelque chose de vrai dans les paroles de votre père ?

— En vérité, dit la jeune fille, je ne sais plus, non, je ne sais plus, et c'est ma propre tête qui s'égare à cette heure...

Reine se dirigea vers son père.

— Ne craignez rien ! fit-elle, ne craignez rien ! Vous savez trop combien je vous aime pour redouter quelque chose de moi. Une preuve, donnez-moi seulement une preuve que ce manuscrit vous appartient.

— Une preuve ! mais c'est mon œuvre, mon enfant ! ma vie ! c'est le travail de mes jours, le rêve de mes nuits ! Je pleure et je ris en le reconnaissant, comme une mère qui retrouve son enfant perdu ! Une preuve ! Ne reconnais-tu pas ma pauvre grosse écriture d'autrefois, quand tu ne m'avais pas encore appris à mieux tracer mes lettres ? Une preuve ! tu en demandes une, Dieu la fournira.

Toute trace de folie avait disparu du visage de Chrétien Moureau ; il avait la taille droite, le regard franc et clair, la voix assurée.

Il s'avança vers Médéric, son manuscrit à la main.

— Vous êtes un homme, lui dit-il, et vous me semblez honnête. J'ai confiance en vous ; je remets entre vos mains ces papiers, en vous demandant de vous engager, sur l'honneur, à me les rendre, si je vous fournis une preuve qu'ils m'appartiennent, et que celui qui les confia à ma fille les a volés !

— Donnez, dit Médéric.

Chrétien lui tendit le rouleau de papier.

— Ma mémoire me revient tout entière, fit le pauvre inventeur · feuilletez ce cahier, la page 217 doit y manquer.

— En effet ! dit Médéric.

— Reine, reprit doucement le malheureux, c'est ce matin seulement que l'on t'a remis ces papiers ?

— Ce matin même.

— Je ne les ai eus entre les mains qu'au moment où j'ai saisi le manuscrit ?

— Oui, mon père.

— Eh bien ! fit Chrétien, depuis un temps dont il ne m'est pas possible de calculer la durée, mais qui doit approcher de quinze ans, si j'en juge par l'âge de ma fille, la page 217 est cachée sous la couronne de fleurs d'oranger de ta mère.

Reine bondit vers la place où le cadre était accroché.

Elle le saisit, arracha le carton bleu, maintenu par des clous sans tête, et déploya un papier jauni, couvert d'écriture et de dessins grossièrement faits.

Alors, elle tomba à genoux devant son père.

— Pardon ! dit-elle, pardon !

— Et qui donc me rendra justice ? demanda le pauvre inventeur.

— Moi, dit une voix grave et pleine.

Reine et Médéric se retournèrent.

Le père Falot se trouvait sur le seuil.

Il tira un carnet de sa poche et y écrivit ces mots :

« Prière à M. Achille Nerval de faire exécuter le modèle de wagon
« perfectionné, inventé par son ancien ouvrier Chrétien Moureau, dit
« le *Géomètre*.

« Falot, *chiffonnier*. »

— Et avec ça ? demanda Chrétien.

— Avec ça, mon brave, tu bouleverseras l'atelier de M. Nerval et l'exploitation des chemins de fer.

— Mais, demanda Reine, que dirai-je à Mme Gramburg ?

— Vous ferez peser le cahier, mon enfant, je porterai la somme qu'il représente au poids, à raison de quinze centimes la livre, et M. Gramburg se taira. Par exemple, il retirera peut-être sa pratique à Grappin, le marchand de vieux papiers, et sa candidature à l'Acamie.

Le lendemain, en effet, après la lecture du billet d'Aurillac, Achille Nerval donna des ordres formels pour qu'on mît à exécution le modèle réduit du malheureux inventeur.

Elle le conduisit dans des intérieurs où la faim et la souffrance faisaient couler des larmes. (*Voir page* 573.)

CHAPITRE XXIV

RÉGÉNÉRATION

Chaque jour, grâce à l'activité ingénieuse du père Falot, un nouveau malheur sollicitait de Nerval de nouveaux bienfaits. Il les rendait ponctuellement, comme un soldat obéissant à sa consigne; froidement, comme s'il se pliait à la règle inflexible d'un devoir. Il semblait repousser par modestie les remerciements et les actions de grâces; mais en réalité les témoignages de gratitude qu'il recevait lui semblaient plus cruels à entendre que l'aumône elle-même n'était difficile à verser. Quand il voyait des pleurs d'attendrissement couler des yeux des hommes secourus par lui, le sentiment de son infériorité, de son esclavage lui revenait plus amer que jamais. Il sentait alors qu'il restait entre les mains d'Aurillac comme un jouet misérable que celui-ci pouvait briser d'un mot.

Que lui importait une fortune dont il n'était plus le maître? Quel prix attacher à l'agrandissement commercial d'une maison dont un autre dirigeait l'essor. Roi d'une fabrique, n'avait-il pas abdiqué?

Certes, la vie tout entière de Nerval avait été une longue dissimulation; après son crime, son occupation unique avait eu pour but de voler à tous l'estime dont il était indigne. Eh bien! ce perpétuel mensonge lui coûtait moins alors que l'hypocrisie nouvellement imposée.

Quand il s'était agi seulement de profiter des bénéfices de l'estime publique, Nerval soutenait une lutte aiguillonnante; il remportait à chaque heure une victoire sur la société dont il se raillait en secret. Le combat gardait une grandeur terrible. Un mot pouvait ruiner l'œuvre. Si bien que Nerval eût pris ses mesures, l'accès d'ivresse d'un homme, une folie subite, un accident, rendait possible la révélation du passé. Le bourreau restait dans une ombre indécise pour ce misérable. Son masque d'honneur ne semblait pas si bien attaché qu'il ne pût tomber tout à coup; et, semblable aux masques de verre dont se servaient jadis les empoisonneurs, le laisser mutilé sur le pavé rougi où l'on monte, durant les nuits, la sinistre machine de l'exécuteur des hautes-œuvres. Il éprouvait sans doute des hallucinations terribles, il se débattait sous de terribles cauchemars, mais le danger de la situation lui gardait une sorte de grandeur, et Nerval se trouvait soutenu par l'imminence même du péril.

Mais, depuis sa conversation solennelle avec Aurillac, il ne craignait plus la dénonciation. Le bonheur de Max et d'Angélie lui servait de bouclier. Le cœur d'Aurillac défendait les enfants, et l'on ne pouvait plus frapper le coupable sans arriver jusqu'à eux.

Ce bonheur, à quoi tenait-il, cependant?

Une révélation l'eût à jamais brisé. Et quel dommage de détruire cette œuvre charmante de la félicité de deux êtres également doux, loyaux et chrétiens! Max chérissait Angélie de toute la puissance de son âme; Angélie l'aimait avec tout l'abandon charmant de sa nature.

Le barreau pâtit bien un peu durant les premiers jours de cette aurore de joie qui se levait pour les jeunes gens; mais Max retrouva vite ses habitudes studieuses, et Angélie employa comme par le passé ses matinées à visiter ses chers pauvres.

A l'heure où le déjeuner réunissait la famille, la jeune femme rendait compte à son père et à son mari de ses courses, de ses démarches; elle priait le premier de s'intéresser à une grande détresse, le second de se vouer à une affaire épineuse.

Max promettait son temps, Nerval ouvrait sa bourse.

Alors, Angélie serrait doucement la main de l'un et sautait au cou de l'autre.

— Oh! père! disait-elle, que je t'aime!

— Et pourquoi m'aimes-tu?

— Parce que tu es bon.

— Et si je n'étais pas bon?

— Est-ce que cela serait possible! D'ailleurs, chaque jour tu deviens meilleur!

— C'est l'âge! fit presque amèrement Nerval.

— Peut-être. Tu n'es pas vieux, cependant, mais tu as raison. A mesure que nos années s'enfuient, nous comprenons la vanité des choses de la terre, et nous nous disons qu'il faudra rendre nos comptes au Maître éternel, au Juge suprême. Alors, à l'exemple des ministres de Dieu, le cœur s'incline vers les petits, vers les souffrants, on les soulage au nom de Celui qui fut pauvre; on les aime pour l'amour de Celui qui nous aima jusqu'à la mort. Oui, tu as raison, les années décroissantes qui, pour beaucoup, semblent nous rapprocher de la terre, nous en éloignent au contraire. On ouvre ses mains toutes grandes pour l'aumône, parce que l'on est sûr de ne rien emporter des richesses périssables. Je demande à Dieu que tu vives longtemps, bien longtemps; mais, plus je te vois prodigue envers les malheureux, plus mon cœur se dilate et s'emplit de tendresse pour toi. Il te manque encore une chose, cependant.....

— Laquelle? demanda Nerval inquiet.

— Dieu seul la donne, et sans doute l'heure n'est pas venue.

— Et cette heure viendra?

— Tes bienfaits la mériteront; le nombre de tes bonnes œuvres augmente chaque jour, et tu ne te contentes pas de donner sans cesse cet or que tu gagnes. Tu sais donner avec discernement, trouver les véritables infortunes, secourir les vrais malheureux. Ne sais-je pas que tu as reçu chez toi, en qualité de comptable, ce brave et malheureux Niquel. Il sera reconnaissant, n'en doute pas. J'aimais tant cet ange appelé Crucifix que je m'intéresse à toute la famille. Dans deux ans, les petits garçons entreront dans une école professionnelle, et je me charge de l'éducation des filles. A propos, as-tu vu le billet de faire part des Montravers?

— Mlle Diane se marie? fit Nerval.

— Elle entre, demain, au couvent, en qualité de postulante, et convie ses amis à un office spécial, qui sera célébré chez les Carmélites.

— Chez les Carmélites! Diane Montravers, une de nos élégantes; cette fière jeune fille, qui se croyait si fort au-dessus de la foule, va s'habiller de bure, coucher sur une planche et vivre presque au pain et à l'eau?

— Oui, dit Angélie.

— Un chagrin violent, imprévu l'a-t-il frappée? Eprouve-t-elle une cruelle déception?

— Nullement, mon père; Diane et sa mère se sont un jour aperçues que la fortune de M. Montravers s'échafaudait sur plus d'une ruine. Elles ont compris que leur luxe s'expiait par les tortures d'autrui, que leurs joies coûtaient des larmes, et, avec un noble courage, elles ont brusquement renoncé à ce qui, jusqu'à cette heure, avait fait leur orgueil, leur bonheur, leur vie. Ce que je vous raconte comme à mon père, sûre que je suis de votre discrétion, je ne l'avouerais à nul autre. Pour tout le monde, Diane cède à une vocation impérieuse, soudaine, éclose sous l'éloquente parole d'un prédicateur. Pour moi, Diane accomplit cette loi magnifique et terrible qu'on appelle l'expiation.

— L'expiation, mais quelle faute grave a-t-elle commise?

— Elle paie la dette de son père. Communion sainte de vertus offertes pour le rachat des erreurs! de prières adressées au ciel pour les âmes envolées! Toute la foi catholique repose sur cet échange de mérites opposés à des crimes. Les justes de Sodome eussent suffi pour sauver la ville ; les boucs émissaires étaient chassés dans le désert après avoir été chargés des péchés du peuple. Le rachat du monde par le supplice du Christ est la plus sublime consécration de cette loi de justice et d'amour, qui accepte les vertus de l'un comme compensation ou plutôt comme intercession suprême en compensation des crimes de l'autre.

— Tu crois donc que.....

— Je crois que le trépas de Crucifix a sauvé Niquel.

— C'est impossible ! D'après un tel raisonnement, si je commettais un crime.....

— Si vous commettiez un crime, fit Angélie en embrassant son père, je prierais Dieu de me charger du châtiment et de vous donner, en échange, le repentir et la consolation.

— C'est une sublime folie! dit Nerval.

— Une foi absolue, répondit Angélie.

Puis, la jeune femme, prenant les deux mains de son père :

— Il me faut encore de l'argent! dit-elle. Je suis un gouffre, n'est-ce pas ? Et cependant ma robe coûte quinze sous le mètre.

— De quoi s'agit-il encore?

— Ah! de beaucoup de choses. D'abord, je dois louer une boutique dans une belle rue, voisine des boulevards.

— Tu vas te faire marchande, à présent?

— Justement.

— Et l'on vendra dans cette boutique?

— Des poupées habillées suivant les modes fantaisistes et variées de tous les peuples de la terre : l'Espagnole avec sa jupe courte, couverte de dentelles noires, son corsage serré passementé d'or, son grand peigne, soutenant la mantille et accompagnant le bouquet d'œillets rouges ou de grenades ; la paysanne du bourg de Batz, avec ses jupes étagées de drap blanc et de drap violet, ses souliers de daim jaune, son plastron d'orfèvrerie et sa coiffure retenue sous le menton comme un bonnet de religieuse; les Tyroliennes, avec leur robe éclatante rayée de velours, leurs nattes tombant jusqu'aux talons, leurs petits bonnets brodés; les Frisonnes, avec leurs plaques formant un casque d'or retenant de fines dentelles. Vous y trouverez des Lapones habillées de fourrures, des sauvages en tunique et en diadème de plumes ; des Chiliennes enveloppées dans le *reboso* national; des femmes de la campagne de Rome avec leur coiffure blanche sur la tête, leurs tabliers éclatants, leurs bijoux rutilants, mêlés de corail ; des sultanes et des Persanes en pantalon de soie et en casaque brodée; la *poupée cosmopolite*, enfin !

— Mais, tout cela ne me dit pas.....

À l'exemple des ministres de Dieu, le cœur s'incline vers les petits. (*Voir page* 567.)

— Qui gérera le magasin ?
— Oui.
— La plus chère de mes protégées, la petite Bestiole.
Nerval pâlit.
— La fille de Camourdas, un misérable, un scélérat.....

Voulez-vous que je m'enferme dans un monastère? (*Voir page* 576.)

— Est-ce la faute de l'enfant? D'ailleurs cet homme a disparu, et la pauvre petite bossue est peut-être orpheline. Quand je dis bossue, Bestiole ne l'est plus complètement; sa taille se redresse, grâce à un corset orthopédique ; une nourriture substantielle lui rend des forces; le système d'électrisation employé pour sa jambe réussit à merveille, et, dans un an, Bestiole ressemblera presque à toutes les jeunes filles de son âge.

— Je ne désespère pas, dit en riant Maximilien, de te voir trouver un mari à cette pauvre mayeux.

— Et pourquoi non ? dit gravement Angélie; cette idée qui te semble un peu aventurée m'est venue. Quand Bec-d'Oiseau sera un bon ouvrier, je suis presque certaine qu'il songera à ce que tu dis. Et sais-tu pourquoi, mon ami ? C'est que cet enfant, qui flottait entre le vice et la probité, a été retenu par Bestiole sur la pente glissante du mal. La résignation de la petite infirme lui gagna le cœur ; la pitié, si facile au cœur de l'enfant, porta Bec-d'Oiseau à se dévouer pour elle. Il s'attacha fraternellement à la pauvre martyre, si laborieuse, et qui prenait si doucement son double malheur. Bestiole rendit au centuple à Bec-d'Oiseau ce que celui-ci faisait pour elle. Elle lui parla un autre langage que celui qu'il entendait tous les jours; elle lui révéla Dieu, le fit entrer dans nos églises, et, la première, plia ses genoux d'enfant ignorant et gouailleur devant un autel. Puis, elle parla travail à ce flâneur, accoutumé à vivre les mains dans ses poches, en guettant les bouts de cigares et ouvrant les portières à l'occasion. C'est d'après le conseil de Bestiole que Bec-d'Oiseau est devenu typographe, et nulle jeune fille, fût-elle belle et riche, ne vaudra jamais, pour le cœur naïvement reconnaissant du jeune garçon, Bestiole, l'habilleuse de poupées. — « Elle m'a révélé mon âme ! » dit-il; et ce mot sera le secret de leur avenir.

— Mais, cet avenir, toi aussi, tu y as travaillé.

— Un peu, sans doute, et c'est pour cela que je vous demande......

— Combien ? dit Nerval.

— Pour l'aménagement de la boutique, six mois de loyer payés d'avance, l'achat des poupées, des étoffes......

L'usinier ouvrit son portefeuille et le tendit à Angélie :

— Prends, dit-il.

Elle le saisit avec un mouvement de jeune chatte, le vida presque et le rendit à son père avec trois baisers.

Max souriait et admirait sa femme; mais il trouvait la générosité de son beau-père au-dessus de tout éloge, et avant de partir pour le palais de justice, il lui dit :

— Je suis fier d'être votre gendre.

Le lendemain, Angélie prit le bras de son père et l'emmena despotiquement.

Il n'avait rien à refuser à cette enfant charmante et gâtée. Elle le conduisit dans des greniers, dans de chétives boutiques, dans des intérieurs dénudés où la faim et la souffrance faisaient couler des larmes.

En opposition à ce qui se passait d'ordinaire, Angélie voulait que Nerval distribuât lui-même les secours.

Alors, il entendait des paroles de bénédiction, des lèvres reconnaissantes se collaient sur ses mains prodigues; on appelait le bonheur sur sa vie, on demandait à Dieu, pour lui, une éternelle félicité.

Angélie, à l'écart, versait de douces larmes, et son cœur s'emplissait d'un attendrissement dont nulle expression ne peut rendre le charme et la consolation.

Nerval, d'abord irrité par les témoignages d'une gratitude qu'il savait ne pas mériter, les reçut bientôt avec moins de colère. L'obligation de faire le bien, sous laquelle il s'était courbé comme sous l'arrêt d'une condamnation sans appel, ne tarda pas à lui sembler moins lourde.

L'habitude de répandre des bienfaits lui rendit presque chers les gens qu'il avait secourus. Il accomplit bientôt sa pénitence avec une sorte d'allégement. D'abord il ne s'en rendit pas compte. Quand il le comprit il se sentit presque humilié; mais la douceur de la bienfaisance l'emporta vite sur cette première révolte. Il cessa de se défendre contre la satisfaction qu'il ressentait à sécher les larmes.

Angélie, qui le guidait dans cette voie, l'encourageait de son sourire, de ses paroles; elle le menait vers la misère avec une autorité touchante, et quand tous deux s'éloignaient d'une maison où ils laissaient l'espérance et le courage, après y avoir trouvé la tristesse et le désespoir, Angélie demandait à son père :

— Ne trouves-tu pas ton cœur plus léger dans ta poitrine? Ne sens-tu pas que tu te rapproches davantage du sublime modèle. Celui qui compte les verres d'eau donnés aux petits te paiera au centuple tes charités! Ce soir, avant de t'endormir, tu pourras te répéter : On pleurait ce matin et j'ai séché des larmes! Alors, ton sommeil sera paisible! et tu t'éveilleras en songeant à de nouveaux bienfaits. Je t'ai toujours connu bon; mais, autrefois, tu n'étais que généreux; tu refusais d'entrer chez les pauvres; tu n'étais que philanthrope et voilà que tu deviens chrétien.

Nerval poussait un profond soupir et ne répondait pas

Il sentait bien que la volonté d'Aurillac dominait trop la sienne pour qu'il lui fût possible d'accepter les louanges de sa fille.

Cependant un nouveau changement s'opérait graduellement dans l'esprit de Nerval.

L'homme assez envieux pour avoir sapé, détruit la fortune d'Aurillac, assez criminel pour avoir soudoyé un incendiaire, s'apaisait par degrés. Le joug que lui imposait son ennemi lui devenait chaque jour moins à charge. Après avoir subi les visites du père Falot comme une torture, il en vint à les désirer.

Aurillac comprit vite la disposition d'esprit de Nerval; il n'en abusa point, mais il l'encouragea. Il témoigna à Nerval, non pas de l'amitié, mais une sorte de sympathie mêlée de compassion. Il ne repoussa pas ce pécheur remontant un à un les échelons du bien, et s'arrachant à l'abime, par la force sublime du bien accompli. Peu à peu il resta chez Nerval plus que le temps indispensable pour lui imposer des fondations pieuses ou lui signaler des misères cachées. Au lieu de lui intimer un ordre bref, il discutait avec Nerval les moyens d'accomplir le bien souhaité. Il ne le rejetait plus avec un fier dédain dans sa fange morale. Semblable à un voyageur généreux qui, voyant un infortuné à demi englouti dans les eaux bourbeuses d'un marais, l'arrache à cette boue liquide, asphyxiante, Aurillac venait en aide à ce misérable, lentement tiré du fond de l'abime.

Nerval le sentait. Il n'osait témoigner à sa victime l'admiration qu'il ressentait pour une telle conduite, mais il recevait les avis du chiffonnier avec une telle expression de respect qu'Aurillac comprit bientôt qu'il prenait sur le coupable une autre influence que celle de la peur.

Un soir, après avoir arrêté les bases de la fondation d'une maison de refuge pour les femmes qu'a frappées la justice humaine, Nerval dit à Aurillac, avec l'expression d'une sincère douleur :

— Le rôle que vous m'imposez me pèse! J'étouffe sous le masque d'honneur et de charité qui cache mon véritable visage. Je ne sais plus de quel nom appeler ce que j'éprouve, mais le passé me semble si lourd que je n'en puis plus supporter le poids. Quand vous m'avez condamné à faire le bien en expiation du passé, j'ai trouvé que vous inventiez un supplice raffiné. Songez donc! m'obliger, moi, à donner aux pauvres une fortune à laquelle j'attachais tant de prix que, pour la conquérir, je n'avais pas reculé devant un crime; transformer en bienfaiteur de l'humanité celui que pouvait frapper la justice humaine! Votre longanimité m'écrasait comme le plus horrible châtiment! La rage de me sentir dominé par votre vertu m'étouffait! J'ai songé, pendant toute une nuit, à vous étrangler de mes mains pour ne pas me voir forcé de vous entendre me dire encore : « Je viens vous signaler une infortune. » Puis, la colère s'est adoucie, fondue;

j'ai cessé de vous haïr, j'ai fini par trouver que votre autorité sur moi n'était plus seulement juste, mais salutaire. Ce que vous m'imposiez comme un châtiment a fini par me paraître une récompense. Je faisais le bien par force, je l'accomplis avec joie. Je séchais les larmes des pauvres par ordre, et me voilà heureux d'en tarir la source.

— O Providence! murmura Aurillac.

— Enfin, ne sentant plus la rigueur de la sentence ni le fardeau de la peine, je viens vous demander : — « Que dois-je faire désormais? Je suis coupable, je veux, je mérite une expiation ; laquelle allez-vous m'imposer?

Aurillac resta un moment silencieux.

— L'œuvre humaine est achevée, dit-il, j'ai rapproché de moi celui qui me haïssait; j'ai rendu l'égoïste charitable, et adouci le révolté; mais l'œuvre dernière n'est point accomplie; pour avoir désormais l'amour de la bienfaisance, vous n'êtes pas sauvé encore.

— Que me manque-t-il donc?

— Dieu! répondit Aurillac d'une voix grave. Ne confondez pas plus la philanthropie avec la charité que le sentiment de la foi avec une vague croyance. Vous n'avez pas la charité, divin épanouissement de la foi; vous n'aimez pas Dieu qui ne s'est point encore révélé à vous.

— Ecoutez, reprit Nerval, depuis trois jours une idée persistante hante mon cerveau. Dans le département de la Corrèze, au milieu d'un endroit épouvantable comme un désert, et dans une maison qui semblait le théâtre presque naturel d'un drame, fut consommé jadis un meurtre, dont l'auteur est peut-être connu de Dieu seul. La justice humaine prononça. La coupable présumée, graciée après de longues années de détention, est morte en protestant de son innocence. Le mystère qui plane sur cette affaire sinistre d'empoisonnement, et dont quelques esprits curieux se préoccupent encore, ne sera sans doute jamais éclairci. Peu nous importe, à nous, n'est-ce pas? Mais, il semble que la religion ait pris à tâche de purifier le coin de terre où s'accomplit le crime. Le chaos rempli des convulsions d'une nature tourmentée et des vestiges d'un cataclysme terrible, la maison du Glandier, située au fond de cette gorge sauvage, tout cela subit progressivement les transformations qu'apportent avec eux les Ordres religieux. Des trappistes, essaim de la Grande-Chartreuse, bâtirent leurs cellules dans cette terre désolée, aride, dévastée par les ouragans et visitée par les loups. L'an dernier, il me fut possible de m'entretenir avec quelques religieux. En attendant que leur maison soit construite sur les fondations du vieux monastère, la règle du silence est un peu moins sévère. Les rapports journaliers des Pères avec les ouvriers, les travailleurs de tout genre leur permettent de s'entretenir aussi avec les voyageurs et les pèlerins. J'en ai profité pour m'éclairer, m'édifier, m'instruire, il m'a été possible de m'entretenir avec les habitants du couvent de la Trappe du Glandier. Eh bien! si en faveur d'Angélie, par respect pour la sainte tendresse de Max, vous avez fait le sacrifice de bien légitimes représailles, je ne me considère pas, moi, comme puni suffisamment; je me reconnais redevable envers la justice divine! Il faut que toute dette se paie en ce monde; voulez-vous que, renonçant au monde, je m'enferme dans un monastère, jeûnant et macérant mon corps? J'accepterai cet emprisonnement volontaire en expiation du passé.

— Non, dit Aurillac, cela est impossible.

— Pourquoi?

— Vous êtes remonté du crime vers la bienfaisance, vous n'êtes pas allé du péché vers Dieu. Il ne suffit pas d'avoir sur la conscience le poids d'une faute pour aller s'enfermer à la Trappe, il faut y porter le sentiment de son repentir.

— Il faut que j'expie, cependant, s'écria Nerval.

— Je vous regarde comme quitte envers la justice humaine.

— Vous!

— Et je vous le prouverai, ajouta Aurillac.

Alors, tirant rapidement de son sein un portefeuille, il y prit la lettre écrite jadis à Camourdas par Nerval, et la tendit à celui-ci.

L'usinier devint d'une excessive pâleur, et un tremblement subit agita ses membres.

— Prenez, lui dit Aurillac.

— Mais, s'écria Nerval, songez-vous à ce que vous faites? Vous vous enlevez vos propres armes; vous me rendez l'honneur, la liberté.....

— Je le sais.

— Et vous ne craignez point que, vous sachant privé de tout moyen de répression, de toute preuve de mon ancien crime, j'abuse à mon tour de la position dans laquelle vous vous trouvez?

— Non, dit Aurillac d'une voix calme. Je vous rends le repos, je vous laisse votre conscience.

Nerval tomba sur les genoux.

— Ah! votre générosité est sublime, s'écria-t-il.

— Je suis seulement chrétien, répliqua le chiffonnier.

Puis relevant Nerval écrasé par le sentiment de cette vertu, plus qu'humaine, il lui dit avec une pénétrante douceur :

— Soyez en paix! Il ne vous reste plus qu'à chercher Dieu.

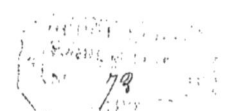

Camourdas enfonça son couteau entre les deux épaules du misérable. (*Voir* p. 592.)

CHAPITRE XXV

LE PENSIONNAIRE DE CHARENÇON

Tandis qu'Aurillac se consolait près de Colombe et n'osait serrer Max dans ses bras, que Médéric gardant le secret de sa nouvelle fortune, préparait en secret son mariage avec Colombe, et que Nerval remontait vers le repentir, Camourdas, abandonné à la surveillance de Charençon, ignorait encore dans quel coin de la France on l'avait conduit.

Quand son geôlier l'emporta, la nuit, dans une voiture, et se chargea lui-même de conduire, Camourdas, engourdi par l'opium, était aussi incapable de remuer ses membres que de formuler une pensée. Les chevaux couraient sur la route, Charençon dévorait l'espace.

La maison de Nerval, située à quelque distance de Melun, était depuis assez longtemps abandonnée pour ne plus exciter la curiosité. Ses murs croulaient, le jardin se changeait en pré, les allées disparaissaient sous les herbes, et les grandes cimes des arbres enveloppaient la maison lézardée d'un voile sombre et mystérieux.

Charençon s'arrêta devant une porte cochère, tourna une clef dans la serrure rouillée, puis, laissant la voiture au dehors, il tira les barres de fer du portail, en ouvrit les deux battants, et tirant le cheval par la bride, il fit entrer la voiture dans la cour. Alors il referma la porte, et sûr que nul ne l'avait vu ni épié, il commença une inspection des lieux.

La maison sentait la moisissure, les murs se couvraient de salpêtre. Les boiseries se défonçaient, et plus d'une vitre manquait aux fenêtres. Néanmoins Charençon jeta autour de lui un regard satisfait; le jardin se trouvait assez vaste pour satisfaire le goût de jardinage qui se manifestait chez l'ancien ouvrier de M. Nerval.

Après avoir visité les chambres, Charençon descendit l'escalier des caves. Il y en avait trois : une remplie de vieilles futailles, la seconde encombrée de souches de bois à brûler, la troisième vide; de plus deux poutres ayant servi jadis à étayer des tonneaux se trouvaient dans un coin.

— Par ma foi ! pensa Charençon, voilà qui fera admirablement mon affaire; cette cave, la plus reculée des trois, est munie de bonnes grilles de fer solidement croisées; Camourdas s'y trouvera parfaitement en sûreté. Pas moyen de passer par la fenêtre et, d'ailleurs, pour plus de sûreté, je priverai mon pensionnaire de l'usage de ses bras.

Cette première revue terminée, Charençon se dirigea vers la voiture, ouvrit une des portières, saisit Camourdas sous les aisselles, et s'inquiétant fort peu de la façon dont ses jambes heurtaient le sol pierreux de la cour, il le traîna de la sorte jusqu'à l'escalier de la cave qu'il descendit à reculons.

On eût dit un meurtrier descendant sa victime pour l'enfouir dans un caveau, et dérober à tous les yeux les preuves de son crime.

Rassuré par Nerval sur la durée du sommeil de Camourdas, Charençon l'étendit sur les poutrelles, le garotta promptement et tourna son visage vers le plafond du caveau. L'étroite meurtrière qui dispensait la lumière d'une façon avare, jetait à peine un reflet sur le front pâle du misérable.

Charençon ferma consciencieusement la porte, et, rassuré sur son prisonnier, il songea à son cheval. Il arracha une botte d'herbe dans le jardin, tira un sceau d'eau au puits, prépara une litière fraiche, et se coucha près de l'animal : la fatigue l'écrasait.

Quand il secoua sa torpeur, il faisait grand jour. Alors, quittant la maison, il tâcha de retrouver le chemin parcouru la veille, alla quérir quelques provisions indispensables, quelques outils et revint à la *maison grise* avant d'avoir éveillé la curiosité.

Le lendemain seulement il redescendit dans le caveau.

Il trouva Camourdas toujours garotté, assis sur les poutres, et regardant d'un air farouche.

Le misérable avait senti par degré diminuer les lourdeurs opiacées obstruant son cerveau, engourdissant ses membres. La pensée lui revint lentement et, avec la pensée, le sentiment d'une rage impuissante. Il avait été joué par Nerval, joué comme un enfant ! Seulement quelque transporté de rage qu'il se sentît, Camourdas en s'apercevant qu'on ne l'avait point dépouillé de sa veste, se dit que tout n'était pas perdu. Il était prisonnier, garotté, jeté dans un trou infect, mais il gardait sur lui, et pour ainsi dire collée à sa peau, la preuve de l'infamie de Nerval.

Seulement il ignorait si l'on avait eu l'intention de le laisser mourir de faim. Les pieds entravés ne lui permettaient pas de se tenir debout; ses bras liés lui interdisaient tout mouvement. Il eut la pensée de crier, il se contint; qui sait s'il n'attirerait pas sur lui une vengeance immédiate ? Il attendit. Avec mille difficultés, il parvint à s'asseoir sur les poutres et là, l'œil dilaté, l'oreille tendue, il écouta. Le hennissement d'un cheval lui prouva qu'il se trouvait dans un lieu habité; puis un bruit de pas retentit dans l'escalier. On venait à lui.

Charençon entra. Il portait une petite lanterne, traînait une botte de paille, et son bras était passé dans l'anse d'une cruche d'eau.

Il tira un morceau de pain de sa poche, posa la cruche à terre, étendit la paille sur le sol, et dit à Camourdas :

— Voici la ration; je remplis ma consigne; dormez, mangez, et buvez...

— Mes bras, dit Camourdas, déliez mes bras.

Charençon le regarda avec une expression de méchanceté railleuse.

— Vous êtes plus fort que moi, camarade, lui dit-il, et vous me rendriez, je le crains, responsable de ce qui vous arrive.

— Mais enfin, dit Camourdas, je ne puis rester entravé comme une bête de somme.....

— Il le faudra jusqu'au jour où le maître m'ordonnera de vous rendre la liberté.

— Ah ! fit Camourdas, je ne pourrai pas même manger.

— Qu'à cela ne tienne ! fit Charençon, on est dans ce monde pour s'entr'aider.....

Il brisa le pain en plusieurs morceaux sur une des poutres, puis il sortit.

Lorsque Camourdas se trouva seul de nouveau, un mouvement de désespoir le porta à se précipiter le front contre la muraille.

— Je ne serais pas vengé... pensa-t-il.

Alors surmontant sa colère, sa rage, il rampa sur le sol, et ne pouvant se servir de ses mains, il saisit avec ses dents la maigre pitance qu'on lui avait laissée. Il parvint ensuite à boire quelques gouttes d'eau, et réconforté par ce misérable repas, il put envisager la situation avec un peu plus de calme. Il la comprit clairement. Nerval l'avait fait jeter dans un caveau, et le geôlier qu'il venait de voir avait sans doute charge de l'en débarrasser.

Camourdas ne devait songer qu'à une chose : s'évader.

Mais garotté comme il l'était, il ne pouvait travailler à sa délivrance. Un couteau se trouvait bien au fond de sa poche, mais il lui devenait impossible de le saisir. Camourdas se traîna autour du caveau, cherchant, sondant les murailles du regard : il ne trouva rien ! rien !

Après s'être répandu en imprécations, en cris étouffés par ces murs sans échos, il se mit à réfléchir.

— Je m'évaderai, pensa-t-il, oui, je m'évaderai, mais il faut savoir attendre l'heure si je ne veux pas échouer.

Et il attendit.

Il attendit dans ce trou infect, passant successivement par toutes les phases du désespoir, de la haine et de l'espérance.

Plusieurs mois se passèrent ainsi; Camourdas voyait régulièrement son geôlier, recevant son misérable repas et retombait dans sa solitude et dans son silence. Charençon n'était devenu ni plus sociable ni plus causeur; le prisonnier s'aperçut que sa ration de pain et d'eau diminuait progressivement, et il en vint à penser que si le misérable chargé de le garder reculait à la pensée d'un meurtre, il était du moins très décidé à remplir les instructions reçues.

Une nuit, un orage épouvantable bouleversa l'atmosphère. Un vent violent chassa par le soupirail de Camourdas un nuage de poussière, de graviers, de pierres, et parmi ces débris un morceau de coquille.

Certes, ce n'était rien ! Camourdas y trouva son salut.

Saisissant entre les dents cette coquille aux arêtes coupantes, il s'en servit en guise de couteau pour user la corde qui liait ensemble ses deux poignets.

Mais ce travail s'opérait avec une lenteur désespérante; il obligeait Camourdas à une tension de cou qui lui arrachait des gémissements de douleur. Enfin, après quatre heures de tentatives, d'essais, de patience, il put, non pas remuer ses mains serrées à la corde entourant sa taille, mais du moins bouger les doigts.

Quand sonna l'heure de la visite de Charençon, il se coucha sur son lit de bois et de paille et feignit de dormir.

Mais à peine la clef eut-elle tourné dans la serrure, qu'il reprit son second travail presque aussi difficile que le premier. Quand une de ses mains fut libre, il lui sembla que l'espace s'ouvrait devant lui. Quelques instants lui suffirent pour débarrasser ses jambes, et son premier mouvement fut de chercher au fond de sa poche le mauvais couteau qui s'y trouvait encore.

Il sonda l'épaisseur de la porte et jugea impossible de l'entamer avec une lame ébréchée à demi; il ne devait pas davantage songer à desceller les barreaux de la meurtrière.

Il ne pouvait quitter ce cachot sans se débarrasser de Charençon.

Le plan de Camourdas fut rapidement fait.

Quand son geôlier pénétrait d'habitude dans le caveau, il posait au pied de la cruche du prisonnier la pitance de la journée, et sortait sans plus s'en inquiéter que de l'animal à qui l'on a distribué sa pâtée.

Camourdas, que ses liens obligeaient presque toujours à l'immobilité, ne tentait même plus de lui adresser la parole, et demeurait souvent immobile, le visage tourné contre la muraille.

Camourdas se débarrassa d'une partie de ses vêtements, les tourna de façon à leur donner l'apparence d'un corps, et l'obscurité venant en aide à sa ruse, il put se regarder comme certain de ne point être découvert.

Puis s'embusquant derrière la porte du caveau, son couteau à la main, il attendit.

Quand les gros souliers de Charençon résonnèrent dans l'escalier, le cœur de Camourdas battit à briser les parois de sa poitrine.

Des étincelles voltigeaient devant ses yeux, il avait des bourdonnements dans les oreilles.

Au moment où la clef tourna dans la serrure, il lui sembla qu'il a lait s'évanouir.

Charençon parut ; Camourdas dressé sur les orteils se pencha en avant et, quand le geôlier posa sur le sol le pain et la cruche, d'un bond Camourdas, s'élançant sur lui, enfonça son couteau entre les deux épaules du misérable.

Un cri de joie sauvage de Camourdas et un râle sourd de Charençon se confondirent. L'incendiaire enjamba ce corps pantelant et se trouva dans l'escalier ; alors, arrachant la clef du caveau, il gravit, ivre d'une joie farouche, les dernières marches de l'escalier, traversa la maison, gagna la cour, jeta la clef dans le puits et se sauva à travers la campagne.

Il était sans argent, vêtu de lambeaux, plus déguenillé que le dernier des mendiants.

Et cependant cette misère ne le faisait pas souffrir : l'avenir ne lui inspirait nul effroi. Il gardait sur lui un talisman, et ce talisman était la veste de vieux drap entre les doublures de laquelle il avait cousu jadis la lettre de Nerval.

Lorsqu'il se trouva en pleine campagne, par une chaude journée d'été, pleine de soleil, de gaieté, de fleurs et de parfums, il ressentit une sorte d'ivresse. La joie d'un sauvage triomphe lui monta au cerveau. Il se sentait faible cependant ; plusieurs mois d'un régime comme celui de Charençon l'avaient amaigri d'une façon terrible. Des fleurs bleues, fraîches, à feuilles presque grasses, lui permirent de suivre le lit d'un ruisseau garni de cresson, et s'épanouissant en nappe transparente. Il se regarda et se fit peur. Ses cheveux et sa barbe avaient grandi, ses ongles étaient démesurément longs. Il lava son visage, ses mains, ses pieds endoloris, rafraîchit sa bouche avec quelques tiges de cresson, puis arrachant sa veste de ses épaules, il se mit à en découdre la doublure à l'aide d'une épine de prunellier. Il sentait le papier sous les doigts,.. ce papier, sa rançon, sa fortune, la perte de Nerval, car, à cette heure, Camourdas tenait plus à la vengeance qu'à sa part des millions de l'usinier.

— Ah ! tu m'auras trahi, livré, emprisonné, tu m'auras forcé à commettre un meurtre pour me retrouver libre, et tu ne serais pas puni! murmurait-il, si ! si ! la justice existe, elle te poursuivra, elle te frappera.

Camourdas venait d'achever de découdre la doublure, il saisit le papier et le regarda.

— Ce n'est pas cela ! fit-il comme égaré. Ce n'est pas cela ! On m'a volé, dépouillé une seconde fois ! je suis joué, je suis perdu !

On se souvient que Camourdas lui-même avait, pendant une nuit d'ivresse, opéré cet échange de papier qui lui fit coudre dans sa veste un prospectus sans importance, à la place de la lettre de Nerval sur laquelle Bestiole pelotonna son fil d'or.

Camourdas ne se rendit pas compte de la substitution; la constater suffisait pour exalter davantage en lui tous les instincts pervers de la nature. Il resta près d'une heure couché dans l'herbe, baignant de temps à autre son front dans l'eau froide du ruisseau, puis, avisant du linge oublié par une lavandière, il s'empara d'une chemise propre, d'une blouse de toile bleu, d'un mouchoir qu'il noua autour de sa tête; ensuite, après avoir coupé un solide bâton dans un taillis de jeunes arbres, il se mit en route au hasard.

La fatigue trahie par sa démarche, la pâleur de son visage, touchèrent un brave homme dont la carriole courait sur la route.

— Voulez-vous monter, le vieux ? fit-il.

— C'est pas de refus ! répondit Camourdas, mes jambes flageolent.

— Vous avez été malade, comme çà ?

— D'une rude maladie dont Dieu vous garde : le chagrin. Je viens d'enterrer ma femme au pays, et je vais rejoindre ma fille.

— Comme çà elle habite Paris votre fille ?

— Oui, dit Camourdas enchanté d'apprendre de quel côté le menait le voiturier. C'est une bonne fille, blanchisseuse de son état... un ange quoi ! Quand je serai près d'elle, je ne m'inquièterai plus de rien, mais jusque-là...

— Eh bien ! jusque-là vous trouverez de bonnes gens qui vous viendront en aide, le vieux... et pour commencer, buvez une gorgée de vin et mangez cette tranche de lard.

Camourdas mangea, remercia et s'endormit.

— Comme çà ! lui dit le voiturier en le secouant par l'épaule, je descends ici, l'ami, bonne chance je vous souhaite, en y joignant une pièce de vingt sous. Vous voilà quasiment tout près de Paris... Moi, je m'arrête à Villeneuve-Saint-Georges.

Camourdas sauta à bas de la voiture et se mit à marcher.

Il se sentait reposé et fortifié.

Au petit jour il entra dans une auberge borgne, fit jaser la cabaretière et comme il vit que nul ne s'occupait de la disparition de Charençon, il reprit sa route. Ses étapes étaient courtes; cependant, la fatigue et la souffrance l'envahissaient. Ses forces lui revinrent quand il franchit la barrière de Fontainebleau.

Il lui restait six sous ; il prit un omnibus et gagna son domicile.

En le voyant, la concierge effrayée faillit lui refuser l'entrée de la maison.

— Depuis quand ferme-t-on la porte à ses locataires ? dit-il

— Monsieur Camourdas ! s'écria la Foyoux. Ah ben ! la petite est déménagée..., elle s'installe rue Lepelletier..... une fière boutique... il n'y a presque plus rien dans l'appartement; mais, comme vous dites, le terme est payé, vous êtes chez vous jusqu'au quinze octobre.

Camourdas monta chez lui, prit une paire de flambeaux et courut la vendre ; il reçut quatre francs, c'était assez pour vivre un jour.

Certes le cœur de Camourdas n'était guère disposé à la sensibilité, mais il se sentait près d'un dénouement terrible, et il éprouva le besoin d'apercevoir Bestiole, cette enfant qui restait bien plus sa victime que sa fille.

Il gagna la rue Lepelletier et, regardant les enseignes, il lut en lettres d'or : *A la Poupée Cosmopolite*. Ensuite, baissant les yeux, il aperçut, assise près d'un comptoir élégant, Bestiole vêtue d'une robe de percale à pois bleus, dont la forme dissimulait les imperfections de sa taille. Une jeune femme, accompagnée de deux belles petites filles, marchandait des poupées rutilantes d'or et de passementeries d'argent. Bestiole regardait les enfants en souriant, tandis que Bec-d'Oiseau achevait d'emballer une poupée vêtue en mariée du bourg de Batz.

Le jeune garçon, tenant à la main son carton ficelé, tourna le bouton de la porte, aperçut vaguement la figure ravagée de Camourdas et dit tout bas à Bestiole :

— Un vieux pauvre.

Bestiole prit trois sous dans un tiroir, quitta sa place et, marchant d'une façon indécise qui n'était pas sans grâce, elle étendit la main et présenta son offrande au misérable.

Camourdas fut tenté de retirer sa main, de rejeter l'aumône de la pauvrette, de découvrir son visage et de lui crier : — « C'est moi ! »

Il n'osa pas; un remords, le premier qu'il ressentit, l'en empêcha.

Il balbutia cette réponse : « Dieu vous garde ! » et il s'enfuit.

Bestiole acheva paisiblement son marché, sans se douter qu'elle venait de faire l'aumône à son père.

La tête de Camourdas, affaiblie par le jeûne, la souffrance, ravagée par les mauvaises passions excitées par la soif de la vengeance, s'emplissait de projets aussi vite abandonnés que conçus. Il en échafaudait vingt pour les détruire, et cependant il voulait se venger d'une façon cruelle.

Accuser Nerval de complicité dans l'*affaire de l'incendie de la Villette*, il ne le pouvait plus, puisque les preuves lui faisaient défaut. L'assassiner ? il ne souffrirait pas assez longtemps.

Tout à coup une sauvage pensée traversa le cerveau halluciné de Camourdas.

— Le feu ! dit-il, le feu !

En effet, étouffer dans les flammes celui qui jadis l'avait poussé à allumer celles qui dévorèrent la fabrique d'Aurillac, voir expirer dans le brasier l'homme qui avait fait de Camourdas un incendiaire, c'était la seule vengeance logique pour ce misérable dont l'âme ne pouvait plus s'ouvrir au repentir. Il devait se hâter : l'assassinat de Charençon ne laissait pas que de lui causer des inquiétudes. Dans quelques jours, dans quelques heures peut-être, la justice serait sur ses traces

Il regarda longtemps l'hôtel Nerval dont la façade restait joyeusement illuminée. Les sons voilés d'un piano vibraient dans le salon. Angélie chantait. L'idée que Nerval était heureux, paisible, augmenta encore, s'il était possible, la sourde haine de Camourdas.

Sa résolution était prise, il ne lui restait plus qu'à trouver le mode d'exécution.

Il rentra fort tard chez lui, se jeta sur une couchette, sommeilla trois heures, puis sortit et se dirigea du côté de l'entrée de l'usine de M. Nerval; seulement il attendit l'ouverture de la porte cochère et le son de la cloche appelant les travailleurs : alors, profitant de la brusque entrée d'une centaine d'ouvriers, il pénétra dans la cour, gagna un magasin et se blottit derrière ue amas de machines.

Tout le jour il resta sans mouvement ; il mangea des bribes de pain sec et, par un mouvement machinal, il palpait sans cesse les paquets d'allumettes dont il avait rempli ses poches.

Quand le soir fut venu, qu'un nouveau son de cloche eut dispersé les travailleurs, Camourdas s'approcha de chaque pièce entourée de paille, de toutes les caisses de bois remplies d'instruments et de machines fragiles. Il se baissa près des portes, rampa comme un voleur près des piles de bois, se faufila dans l'écurie, puis gagna le grand escalier.

On savait combien, depuis quelque temps, M. Nerval se montrait accessible aux malheureux. Le valet de chambre crut bien voir un ouvrier monter l'escalier conduisant à l'appartement particulier de M. Nerval, mais il savait celui-ci en conférence avec le père Falot, et il prit l'ouvrier pour un solliciteur ayant obtenu une audience.

Camourdas connaissait les êtres; il se dissimula derrière un grand rideau masquant la fenêtre de l'antichambre, et il attendit.

Vers dix heures Aurillac quitta Nerval.

— Vous ne voulez donc pas que j'expie? demanda celui-ci au chiffonnier.

— Dieu seul vous révélera à quelle expiation il vous réserve... répondit Aurillac.

Ce fut le mot d'adieu du père de Max.

Nerval rentra dans sa chambre.

Les divers bruits intérieurs s'apaisèrent l'un après l'autre; les lumières s'éteignirent et les serviteurs gagnèrent, qui les combles, qui les communs de l'hôtel.

Alors Comourdas se redressa.

Une expression de joie sauvage traversa sa figure livide. Il cacha des papiers dans les angles, frotta des allumettes sur les tentures ferma la porte derrière lui, et pénétra dans la chambre de Nerval

Celui-ci venait de s'endormir.

La faible clarté d'une veilleuse permettait de voir sa physionomie qui, naguère tourmentée, s'imprégnait déjà d'une sorte de repos.

Les bras croisés, l'œil fixe, Camourdas le contemplait en silence.

Autour de lui l'atmosphère s'épaississait d'une façon sensible, bientôt l'air devint irrespirable, et Nerval, s'agitant sur son lit, sortit à demi de son sommeil.

— J'étouffe ! fit-il en portant les mains à sa poitrine oppressée.

Alors tournant autour de lui ses yeux effarés, il vit, au milieu des nuages d'une fumée noirâtre, de petites langues de flammes léchant les murs.

Il bondit sur ses pieds, et courut vers la porte, quand un homme, se dégageant de l'ombre des draperies, lui barra le passage.

— N'avance pas ! dit-il.

— Le feu ! c'est le feu ! s'écria Nerval.

— Je le sais bien.

— Au secours, fit Nerval en se débattant pour échapper à l'étreinte de l'homme dont il lui était impossible de reconnaître le visage, au secours !

— N'appelle pas ! dit cet homme d'une voix implacable.

— Mais c'est la mort ! une mort horrible!

— En as-tu peur ?

— Oui, j'ai peur ! j'ai peur ! cria l'usinier, et, par un brusque mouvement, s'échappant des bras de Camourdas, il bondit vers une fenêtre dont il brisa les deux glaces.

Le courant d'air qui s'engouffra dans la chambre doubla l'activité.

des flammes; bientôt une chaleur intense se dégagea des murailles et des meubles crépitants; à la lueur terrible de l'incendie, Nerval reconnut le misérable qui s'attachait à lui.

— Camourdas! fit-il, Camourdas !

— Tu ne l'attendais plus, n'est-ce pas.....tu te croyais bien sûr qu'il pourrirait dans le cachot où m'a remplacé Charençon. Mais c'est moi! moi qui te demande des comptes !

— Toute ma fortune si tu veux ! s'écria Nerval.

— Tu me l'as déjà offerte.

— La vie! mon Dieu ! la vie ! peu m'importe d'être pauvre, pourvu que je vive !

— Avais-je donc envie de mourir, moi?

— Tu me menaçais ; j'avais peur.

— Et tu m'as volé la preuve qui pouvait me faire riche et me rendait puissant.

— Eh bien! cette fois, je cède, je m'avoue vaincu, je prie. La vie ! Camourdas; je ne veux pas mourir !

En ce moment on entendit un grand mouvement dans l'hôtel ; le feu réveillait les domestiques ; on donnait l'alarme.

Le valet de chambre de Nerval heurta violemment à la porte de son maître.

— Ah ! fit l'usinier, on vient à mon aide.

— On viendra trop tard. As-tu peur de l'enfer? demanda Camourdas à l'usinier.

— Oui, oui ! répondit celui-ci, saisi d'une terreur épouvantable.

— Eh bien! descends-y donc !

Et, prenant sur la cheminée un poignard tcherkesse, il l'enfonça dans la poitrine de Nerval, gagna le cabinet de toilette et voulut descendre l'escalier.

Mais le fidèle valet de chambre continuait à heurter à la porte de son maître; la soudaine apparition de Camourdas fit naître en lui un soupçon terrible : il s'élança à sa suite.

Camourdas, traqué, se réfugia de chambre en chambre, jusqu'à ce que, se jugeant perdu, il enjambât le balcon d'une fenêtre.

En ce moment, les pompiers, accourus en toute hâte, dressaient des échelles.

Camourdas, dans sa hâte de descendre, manqua les échelons et fut précipité dans le brasier.

Un cri d'horreur s'échappa de toutes les poitrines.

Le courageux pompier qui avait dressé l'échelle, se précipita dans les flammes, en arracha le misérable Camourdas, dont le visage et les mains étaient presque déjà carbonisés.

Quand on essaya d'arracher les vêtements collés au corps du misérable, on enleva en même temps des lambeaux de chair.

Jean avait soulevé son maître dans ses bras et, descendant l'escalier de pierre, il l'apporta dans la cour. Alors seulement il vit le poignard dans la plaie et s'aperçut que Nerval était couvert de sang.

Le tumulte devint indescriptible ; la nouvelle de l'assassinat de l'usinier se mêlait à l'horreur du sinistre ; les soupçons atteignirent vite la créature agonisante et presque privée de forme humaine qui s'appelait Camoudras.

Au milieu d'une figure noircie, calcinée, des yeux sanglants brillaient, la bouche ne s'ouvrait plus, mais ce terrible regard parlait encore de vengeance. Une expression de rage intraduisible s'y refléta quand une voix dit, dans la foule :

— On sauvera M. Nerval, le bienfaiteur des pauvres !

Camoudras fit un effort impuissant pour crier une malédiction dernière ; il se tordit dans une convulsion suprême, et il expira ; les prunelles tournées vers l'incendie, dont les sinistres lueurs illuminaient Paris et semblaient teindre le ciel d'une pourpre sanglante.

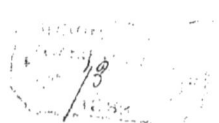

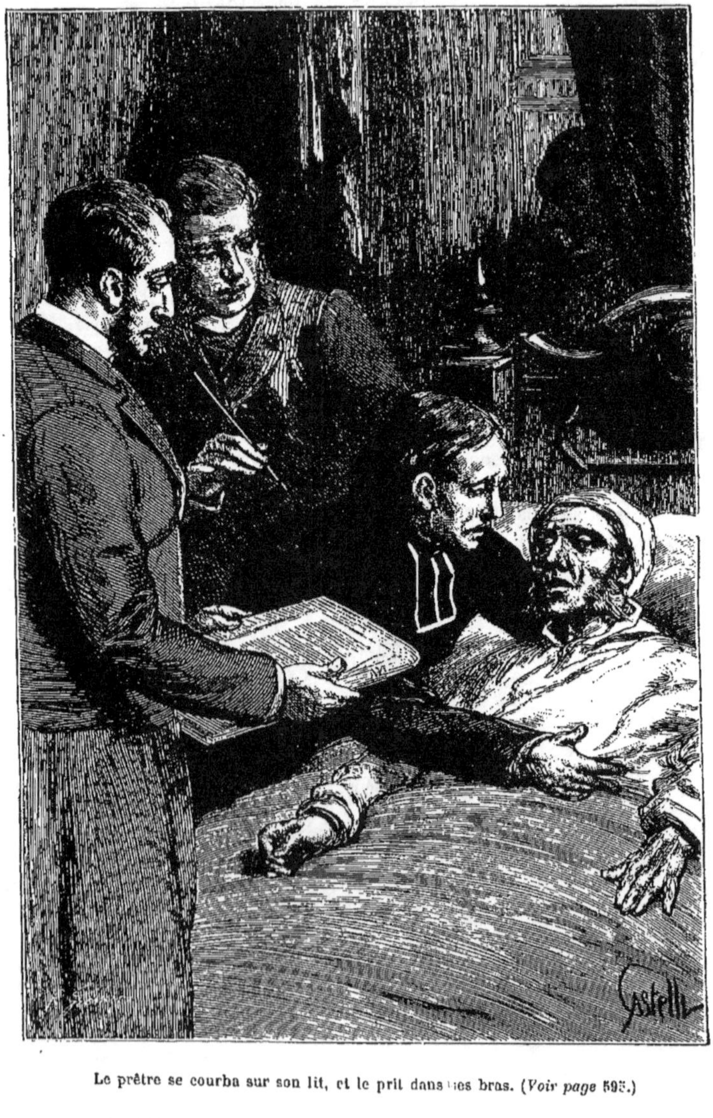

Le prêtre se courba sur son lit, et le prit dans ses bras. (*Voir page* 595.)

CHAPITRE XXVI

LA FIN DU DRAME

En dépit du zèle déployé par les autorités et les braves gens du voisinage, malgré l'activité généreuse des pompiers et des hommes d'équipe, il fut impossible de sauver l'hôtel de M. Nerval ; les magasins eux-mêmes furent la proie des flammes. On parvint seulement à arracher les machines du foyer de l'embrasement, et la plus grande partie des marchandises se trouva mise à l'abri.

Pendant que l'on préservait une partie de la fortune de l'usinier, la nouvelle du double crime de Camourdas circulait rapidement. Un des domestiques de M. Nerval courut chez M. Max Audoin, afin de le prévenir, ainsi qu'Angélie, du malheur qui les frappait. Ce fut au milieu de la nuit que l'avocat et sa jeune femme apprirent la catastrophe qui, sans doute, coûterait la vie à leur père.

Angélie poussa un cri déchirant, et Max la reçut défaillante dans ses bras.

— Mon père ! dit-elle, courons vers mon père !

Elle avait un peignoir flottant, les cheveux dénoués; Max jeta un châle sur ses épaules, un fichu de dentelle sur sa tête, et tous deux, sans attendre qu'on attelât, descendirent l'escalier et traversèrent en courant les rues qui les séparaient de la maison en flammes.

On venait de transporter l'usinier dans un appartement rendu vacant par l'absence momentanée des locataires.

Etendu sur un lit très-bas, la poitrine enveloppée de linges sanglants, le front d'une pâleur livide, il semblait contempler loin, bien loin, une vision remplie pour lui de secrètes épouvantes.

Quand il aperçut Angélie et Maximilien, il essaya de se soulever et tendit vers eux ses mains tremblantes.

— Chérie ! pauvre chérie ! fit-il, je vais te quitter.

Puis, se tournant vers son gendre :

— Un prêtre ! lui dit-il, l'abbé Bernard.

— Soyez tranquille, dit Angélie, il répondra au premier appel.

Un frisson agita le corps du blessé.

— Le père Falot.., ajouta-t-il, je voudrais voir le père Falot.

Deux domestiques partirent en même temps, l'un dans la direction de Saint-Sulpice, l'autre du côté de la rue de Puébla.

— Mais le médecin ! le médecin ! répéta Angélie avec angoisse.

— Me voici, madame, dit le docteur Moreau qui, prévenu en toute hâte, accourait au chevet de M. Nerval.

Angélie, soutenue par le sentiment du devoir à remplir, imposa silence à son effroi comme à sa douleur ; elle eut le courage de refouler ses larmes, de chercher le linge nécessaire au pansement, et d'assembler les bandes de toile indispensables au chirurgien.

— Eh bien ! monsieur ? demanda l'avocat avec angoisse.

Le docteur secoua la tête.

Angélie comprit cette muette condamnation prononcée par l'homme de la science, et tomba agenouillée au pied du lit.

— Je reste à vos ordres, madame, dit-il à la jeune femme, et j'attendrai dans la chambre voisine, afin de soulager votre cher blessé le plus qu'il me sera possible et de répondre aux questions que ne pourra manquer de m'adresser la justice.

— La justice ! murmura Nerval comme un écho.

Il ferma les yeux et demeura immobile.

Le docteur Moreau constata la mort de Camourdas et rédigea le procès-verbal concernant le caractère des blessures reçues par l'usinier.

Une demi-heure s'était à peine écoulée quand le père Falot et l'abbé Bernard franchirent à la fois le seuil de la chambre du moribond.

L'émotion de Nerval parut grandir encore ; sa vue se troubla, ses lèvres s'agitèrent d'une façon convulsive, et il murmura presque bas à l'oreille de Maximilien :

— Emmène ta femme.

L'avocat souleva doucement Angélie.

— Viens ! dit-il, laisse s'accomplir l'œuvre de Dieu.

Quand ses enfants eurent quitté la chambre, et que Nerval ne vit plus en face de lui que deux hommes, l'un mandataire de la justice céleste, l'autre qui, pour lui, personnifiait la justice de la terre, il joignit les mains avec un geste plein d'angoisse.

— J'ai peur ! fit-il, j'ai peur !

— Dieu est bon, répondit le prêtre.

— J'ai honte ! ajouta le mourant.

Aurillac s'approcha plus près du blessé.

— Ne vous troublez pas devant la mort, lui dit-il, et ne vous inquiétez plus des hommes... attendez du ministère du prêtre la consolation et le pardon... Tout à l'heure il vous répétera d'espérer au nom de son Dieu ; moi, je vous supplie de ne point songer à autre chose qu'à votre âme... Vous avez honte ? de qui..... du saint ministre qui va vous écouter au nom du Christ et ne se souviendra plus demain des aveux de cette heure terrible.... de moi ? que pouvez-vous m'apprendre ?

— Mais il faut que j'expie ! s'écria Nerval en élevant la voix, il faut que je dise.....

— Rien ! fit Aurillac avec un geste plein d'autorité. Je ne réclame de vous ni confession publique, ni révélation pénible.......

— Ah ! c'est trop de vertu ! dit Nerval écrasé par le sentiment de cette générosité sublime.

— Monsieur l'abbé, reprit Aurillac, je vous laisse avec un malheureux que la charité a lentement ramené vers Dieu.

— Vous reviendrez ? demanda Nerval.

— Je vous le promets, dit le chiffonnier.

Et laissant seuls le penitent et le prêtre, Aurillac monta dans une voiture et gagna rapidement la rue Rodier.

Quand Nerval se trouva seul, face à face avec le prêtre, il fut saisi, pour la dernière fois, de ce sentiment de honte qui prend le criminel à la gorge ; avant d'avouer à l'abbé Bernard le terrible secret de sa vie, il se débattit encore contre l'ange du mal qui semblait vouloir étouffer en lui les résolutions généreuses, et sceller pour l'éternité ses lèvres à demi glacées par la mort. Une sueur froide baignait ses tempes. Il lui semblait que les élancements causés par sa blessure montaient à son cerveau, une main brûlante comprimait sa poitrine déchirée, un râle sourd s'échappait de ses lèvres.

L'abbé Bernard avait vu trop souvent mourir pour se méprendre à ces symptômes.

Sans doute la souffrance physique de Nerval devait être grande, mais son angoisse morale la dépassait encore.

Il comprit que sa tâche devenait difficile.

L'homme, que la veille il appelait un bienfaiteur de l'humanité, la providence des pauvres, lui apparut tout-à-coup comme une énigme vivante, dont il devait arracher plutôt qu'attendre le sens.

Il s'arma de la force suprême du signe de la croix, s'assit au chevet de Nerval, et lui dit d'une voix basse, claire et douce :

— Ne parlez pas encore, laissez-moi vous expliquer auparavant ce que je viens faire près de ce lit d'agonie. J'y vois un malade, et je le veux guérir ; un affligé, et je lui apporte le baume de l'espérance ; un moribond, et je veux lui faire don de la vie.

Vous avez possédé beaucoup de biens, selon le monde, une fortune considérable, une fille angélique et, cependant, sous le masque de joie que vous placiez sur votre visage, il était facile de saisir la trace d'un violent chagrin, la persistance d'un regret inconsolable, le remords d'une grande faute....

Le prêtre s'arrêta un moment en surprenant le frisson qui agita le blessé dans son lit.

— Ces secrets, ces remords, reprit le prêtre, étouffent celui qui les cache au-dedans de lui... Crier sa souffrance est un besoin de la nature humaine, et quand on manque de confiance dans l'amitié des hommes, on se confie à Dieu, qui ne peut ni tromper ni mentir. Dans quelques heures, suivant l'arrêt de la science, vous en aurez fini avec les agitations du monde, les ambitions jalouses, et vous n'emporterez avec vous que vos vertus ou vos fautes. Ne regardez pas mon visage, oubliez l'homme vêtu d'un robe noire qui prend vos mains dans les siennes en vous appelant : mon frère ! transportez-vous par la pensée, au pied du trône de votre juge. Vous voilà seul, face à face devant lui. Il sait, il voit, il accuse, il menace; qu'allez-vous dire ?

— Grâce ! grâce ! s'écria Nerval au comble de la terreur.

— Oui, grâce complète si vous avouez le crime si horrible qu'il soit ! Grâce en cette vie dont les minutes vous sont comptées d'une façon avare, grâce dans l'autre au nom du Maître que je sers.

— Ah ! fit Nerval, vous n'avez pu lire dans les ténèbres de ma conscience !

— Je mesure le mal au remords, dit l'abbé, et le remords est grand.

— Tenez ! fit le mourant en s'animant à mesure qu'il parlait, il y a un mois j'étais prêt à tout dire, prêt à expier, prêt à demander pardon à l'homme dont j'ai brisé la vie.

— Et le père Falot vous a interdit une révélation qui aurait anéanti le bonheur de Max et celui de votre fille.

— Ah ! s'écria Nerval, vous savez tout ! que me reste-t-il à dire ?

— Il vous reste à frapper votre poitrine, à dire : « J'ai péché. » — A demander pardon à Dieu. Il vous reste, maintenant que j'ai ôté à votre aveu sa plus grande amertume, à le jeter dans mon cœur moins encore que dans l'abime de la miséricorde suprême. Ah ! je savais ce combat que vous livriez. Je suis accoutumé à ces luttes du moribond qui semble vouloir se dérober à la grâce. Je n'ai que tendresse et pitié pour vous. L'ami vient de vous parler, ne répondrez-vous pas au prêtre ?

Nerval fit le signe de la croix, et pendant une demi-heure il s'entretint à voix basse avec le ministre du ciel. Il allait terminer ses aveux par le récit du crime dont s'épouvantait si fort sa dernière heure, quand on frappa à la porte de sa chambre.

L'abbé Bernard se leva et alla ouvrir.

— Le juge d'instruction ! la justice ! balbutia Nerval au comble de l'effroi.

— Monsieur, dit le magistrat, un double crime vient d'être commis, et nous venons recueillir votre déposition.

L'abbé Bernard prit la parole.

— Ne pouvez-vous, messieurs, demanda-t-il, attendre que le blessé ait mis ordre aux affaires de sa conscience ?

Le juge d'instruction salua le prêtre avec déférence, et il allait se retirer, quand Nerval, se levant de son lit, regarda tour à tour le prêtre, puis les magistrats; une rougeur ardente monta à son visage, mais cette impression fut vite réprimée, et il dit d'une voix qu'il s'efforça d'affermir :

— Je vous attendais, messieurs.

Ensuite, se tournant vers l'abbé Bernard :

— Vous attendiez la fin de ma confession, mon père, vous allez l'entendre.

Un des trois hommes, le greffier, ouvrit une grande serviette de maroquin, y prit des feuilles de papier timbré, et se tint prêt à écrire.

— Il manque quelqu'un encore, dit Nerval d'une voix accentuée. Appelez le père Falot.

Le chiffonnier venait de revenir avec Colombe qui tentait de consoler Angélie et ne comprenait rien à la mystérieuse solennité de ce qui se passait autour d'elle. Aurillac, qui avait été la chercher en grande hâte, refusait de répondre à ses questions.

— Tu consoleras Angélie ! se bornait-il à lui dire.

Mais Colombe devinait quelque chose de plus grave encore que la mort de l'usinier dans la solennité inaccoutumée de son père.

Quand l'abbé Bernard vint prendre le chiffonnier, celui-ci embrassa Colombe au front.

— Prie, lui dit-il, prie pour moi, et pour elle ! ajouta-t-il en lui montrant Angélie.

Puis, d'un pas grave, il pénétra dans la chambre du blessé. Son regard plein de douceur se posa sur le regard troublé de Nerval. Il ne se croyait pas obligé de commander le silence à cet agonisant. Dans les événements qui se succédaient depuis deux jours, il voyait la main de la Providence, et de même qu'il n'avait point hâté l'heure, il n'en repoussait pas les bienfaits.

Dans la crainte que sa vue troublât le moribond, il passa à son chevet et, debout, appuyé contre le mur, les bras croisés sur sa poitrine, il attendit.

L'abbé Bernard venait de s'agenouiller ; il tenait entre ses doigts son crucifix de cuivre, et priait.

Le juge d'instruction et le commissaire de police, les yeux avidement fixés sur Nerval, s'attendaient à une révélation saisissante.

— Celui qui tue par l'épée périt par l'épée, dit Nerval. Les flammes que j'allumai jadis me dévorent aujourd'hui. Reportez-vous à quinze années en arrière, monsieur le juge d'instruction, et souvenez-vous d'une terrible et mystérieuse affaire connue sous le nom de l'*Incendiaire de la Villette*.

— Cet incendiaire se nommait Aurillac, répondit le juge, j'ai moi-même instruit cette cause et interrogé cet homme.

— Cet homme ne cessait de protester de son innocence, et cet homme disait la vérité, car le coupable, c'est moi !

— Vous? dit le magistrat, réfléchissez aux paroles que vous prononcez, monsieur, vous avez la fièvre, le délire..... greffier.....

— Laissez le greffier écrire ma déposition suprême. Je me confesse à la fois devant la justice divine et devant la justice humaine. Avant deux heures j'échapperai par la mort au verdict de l'une. Avant deux heures, l'autre me tiendra compte du tardif effort que je fais pour réhabiliter un innocent. J'étais envieux de la situation, de la fortune d'Aurillac. Je le haïssais pour ses succès, ses richesses, sa renommée intacte. Je résolus de le perdre. Un misérable, celui qui, par un juste arrêt de la Providence, m'a frappé après avoir brûlé ma maison, fut chargé par moi d'allumer l'incendie qui consuma les magasins d'Aurillac. On l'accusa d'avoir voulu profiter d'une prime d'assurance considérable; tout se ligua contre lui ; ni ses protestations, ni les témoignages de ses amis, ni les antécédents d'une vie sans tache ne prévalurent contre l'habile et monstrueuse machination inventée contre ce malheureux.

Nerval s'arrêta et porta à ses lèvres un mouchoir imbibé d'un parfum fortifiant. Le juge d'instruction était devenu impassible, le commissaire de police, le corps avancé, la tête tendue, écoutait avidement les aveux de Nerval ; le greffier écrivait avec une rapidité sténographique.

— Vous me croyez, maintenant, dit Nerval, et vous comprenez le reste. Camourdas, mon obscur complice, éleva ses exigences d'argent ; je m'en débarrassai par une séquestration à laquelle il trouva le moyen d'échapper, et, furieux de perdre une part convoitée de ma fortune, il a du moins voulu me punir, en me faisant périr au milieu des ruines de ma propre maison.

— Etes-vous prêt, demanda le magistrat, à signer cette déposition ?

Nerval se souleva péniblement.

Le prêtre se courba sur son lit et le prit dans ses bras.

— Courage ! dit-il.

Nerval signa chacun des feuillets écrits sous sa dictée par le greffier.

Puis appelant d'une voix affaiblie l'homme qui se tenait à son chevet :

— Aurillac, reprenez devant tous un nom que seul j'ai voulu flétrir, un honneur auquel vous n'avez jamais manqué.

— Vous êtes Austin Aurillac ? demanda le juge d'instruction en s'adressant à l'homme vêtu des habits de travail du chiffonnier.

— Oui, répondit l'ancien forçat, je suis Austin Aurillac, flétri par une condamnation. Echappé du bagne, caché sous un faux nom, j'ai, depuis mon retour à Paris, poursuivi la recherche du coupable. Il s'est nommé devant vous.

— Vous le connaissiez et vous gardiez le silence ?

Aurillac expliqua en peu de mots la situation doublement difficile et délicate dans laquelle l'avait placé la tendresse de son fils Max pour la fille de son mortel ennemi.

— Et vous vous êtes sacrifié ? demanda le magistrat.

— J'avais l'habitude de souffrir... répondit Aurillac.

Il se fit une minute de silence ; le juge d'instruction se leva et s'avançant vers le chiffonnier :

— Votre main, monsieur ! dit-il.

Aurillac ressentit une commotion profonde en prenant les mains si loyalement, si généreusement tendues.

— Justice vous sera faite, lui dit le magistrat, et le monde saura...

— Rien ! fit Aurillac, je ne demande rien ! point de réparation officielle, point de second procès lavant ma mémoire... la justice peut s'égarer, son œuvre n'en est pas moins grande, et n'en doit pas moins être respectée. Je n'ai plus besoin que de liberté, et, à partir de cette heure, vous me laisserez la mienne ; la tendresse de mes enfants me suffit.

Le chiffonnier se tourna vers Nerval.

— Mourez en paix ! dit-il, vous venez de faire tout ce qu'il vous était humainement possible pour racheter vos fautes, je vous pardonne les souffrances passées !

— Vous repentez-vous ? demanda l'abbé Bernard, Dieu n'attend que ce mot.

Nerval frappa sa poitrine.

Si grand est le spectacle des choses de la foi, que les magistrats se levèrent en signe de respect, tandis que, la main levée, l'abbé Bernard appelait l'absolution du ciel sur la coupable à l'agonie.

— Ouvrez les portes maintenant, dit Nerval.

A peine l'abbé Bernard eut-il cédé au vœu du mourant, qu'Angélie en pleurs se précipita dans la chambre, suivie de Maximilien, dont la douleur, pour être plus contenue, n'était pas moins vive.

— Mon père ! mon père ! dit Angélie, vous ne mourrez pas, vous ne pouvez pas me quitter !

— Ma chérie, lui dit-il d'un accent brisé par les larmes, c'est une grande faveur de la Providence que le trépas envoyé par elle. Ne cherche point le sens de mes paroles. Moi parti, prie pour le père qui t'aima... Demande au ciel de lui faire miséricorde.

Les sanglots de Maximilien et d'Angélie répondirent à ces derniers mots.

Le moribond se tourna vers Aurillac.

— Colombe ! dit-il avec l'accent de la prière.

Le chiffonnier se glissa sans bruit dans la chambre voisine, où sa fille étonnée, troublée, oppressée par les événements qui se succédaient, attendait en priant le retour de son père.

Celui-ci l'entraîna près du lit du mourant.

— Angélie, dit Nerval, en unissant la main de Colombe à celle de sa fille, voilà ta sœur...

Soudain un voile se déchira devant les yeux de l'avocat, son cœur battit dans sa poitrine avec une puissance inconnue, et il ouvrit ses bras tout grands.

Alors Austin Aurillac s'y précipita et d'un accent brisé par les larmes, il murmura :

— Max ! mon petit Max !

Presque aussitôt l'abbé Bernard éleva la voix et dit :

— Prions, dit-il, pour l'âme d'Achille Nerval ! puisse le Seigneur le recevoir dans sa miséricorde infinie.

Et les sanglots, les effusions, les regrets, les espérances et les larmes se fondirent dans la prière, ce grand remède aux misères humaines, cette aile puissante et divine qui possède assez de force pour nous soulever jusqu'au trône de Dieu.

TABLE DES MATIÈRES

Pages.

Prologue 1

PREMIÈRE PARTIE

Chapitre Ier.	— Le tueur de loups	37
Chapitre II.	— Traces perdues	49
Chapitre III.	— Les sauvages de Paris.	61
Chapitre IV.	— Un cœur saignant	73
Chapitre V.	— Vie nocturne	85
Chapitre VI.	— Angélie	98
Chapitre VII.	— Deux jeunes filles	110
Chapitre VIII.	— La parade	122
Chapitre IX.	— La veillée de Médéric	134
Chapitre X.	— Le secret du portefeuille	146
Chapitre XI.	— Le cabinet de maître Audoin	158
Chapitre XII.	— Petit-Ange	170
Chapitre XIII.	— L'inventeur	182
Chapitre XIV.	— Reine	194
Chapitre XV.	— La ligne droite	210
Chapitre XVI.	— Le tapis franc du Crapaud qui chante. . .	218
Chapitre XVII.	— Une recrue	230
Chapitre XVIII.	— Revanche à prendre	242
Chapitre XIX.	— Crucifix	254
Chapitre XX.	— Deux jeunes filles	266
Chapitre XXI.	— L'agence Bompoil	278

DEUXIÈME PARTIE

Chapitre Ier.	— Prise au piège	289
Chapitre II.	— L'effet et la cause	302
Chapitre III.	— Où le pot de terre menace le pot de fer . .	314
Chapitre IV.	— L'atelier de Gabriel Vernac	326
Chapitre V.	— Souvenirs lointains	338
Chapitre VI.	— Sous le soleil	350
Chapitre VII.	— Appartement fraîchement décoré à louer. .	362

TABLE DES MATIÈRES

		Pages
Chapitre VIII.	— Le peloton de fil d'or	374
Chapitre IX.	— La conscience de Max	386
Chapitre X.	— Diplomatie de Nerval	398
Chapitre XI.	— Preuve trouvée	410
Chapitre XII.	— La morte	422
Chapitre XIII.	— Sacrifice	434
Chapitre XIV.	— Le livre à fermoir	446
Chapitre XV.	— Saturnale	458
Chapitre XVI.	— Victime et juge	470
Chapitre XVII.	— Châtiment	482
Chapitre XVIII.	— Le mal de Colombe	494
Chapitre XIX.	— L'avis du notaire	506
Chapitre XX.	— L'avis de Colombe	518
Chapitre XXI.	— Le rachat d'une âme	530
Chapitre XXII.	— L'héritage	542
Chapitre XXIII.	— La main de Dieu	554
Chapitre XXIV.	— Le pensionnaire de Charançon	566
Chapitre XXV.	— La fin du drame	578

ANGERS, IMPRIMERIE A. BURDIN ET Cie, 4, RUE GARNIER

Première Livraison   Douze pages par livraison.   Chaque livraison suivante
    gratuite.   (Chaque livraison renferme un chapitre entier)   **10 centimes.**

LIBRAIRIE BLÉRIOT
HENRI GAUTIER, SUCCESSEUR, 55, QUAI DES GRANDS-AUGUSTINS A PARIS
L'Ouvrage sera complet en 50 Livraisons.

AVIS AUX PERSONNES

Qui n'habitent pas à proximité d'un Libraire.

Beaucoup de personnes qui n'habitent pas à proximité d'un libraire ou d'un marchand de journaux, se trouvent, par cela même, presque toujours dans l'impossibilité de se procurer les ouvrages qui se publient en livraisons.

Nous ne voulons pas qu'il en soit ainsi pour les *Drames de la Misère*.

Un ouvrage d'une telle valeur doit être entre toutes les mains, figurer dans toutes les bibliothèques.

Nous avons donc organisé un système de souscription qui pemettra à tout le monde de recevoir le chef-d'œuvre de Raoul de Navery.

Moyennant Cinq francs envoyés à notre adresse en mandat-poste ou autre valeur sur Paris, nous expédierons franco par la poste, au fur et à mesure qu'elles paraîtront, les dix séries des *Drames de la Misère*.

Chaque série comprendra cinq livraisons, soit soixante pages, réunies sous une élégante couverture de couleur.

Grâce à cette couverture, il n'y a pas à craindre que les livraisons soient détériorées durant le transport.

Adresser les demandes, accompagnées de Cinq francs en mandat-poste ou autre valeur sur Paris, à M. HENRI GAUTIER, éditeur, 55, quai des Grands-Augustins, à Paris.

LA LIVRAISON
Telle qu'elle était — Telle que nous allons la faire.

LA LIVRAISON
Telle qu'elle était.

Prenez un volume quelconque, de grand format ; divisez-le, du premier au dernier chapitre, en cahiers de huit pages ; illustrez chaque cahier d'une ou plusieurs gravures, vous aurez mis votre ouvrage en livraisons. Chacun de ces cahiers, autrement dit chaque livraison, se vend dix centimes chez tous les libraires de France et d'étranger... et se vend par milliers.

N'est-ce pas bien tentant, en effet, d'acquérir ainsi, peu à peu, sou par sou, des œuvres intéressantes, luxueusement éditées ; d'enrichir sa bibliothèque sans brèche sensible dans son budget ?

Les amateurs de lecture ont si bien compris les grands avantages de la livraison, que celle-ci a pris rapidement un développement considérable ; qu'elle est devenue un des plus précieux instruments de vulgarisation littéraire.

Mais, à côté de ces qualités, se place un défaut si grave qu'il rend un ouvrage en livraisons presque impossible à lire.

Achetez des livraisons au hasard chez votre libraire : vous constaterez que la plupart d'entre elles se terminent sans que la phrase soit achevée ; quelquefois même le dernier mot est coupé. Il faut attendre trois ou quatre jours pour connaître la fin de la phrase, ou la queue du mot dont on n'a vu que la tête.

L'unité de l'œuvre est perdue, son intérêt amoindri. Des incertitudes se produisent, des erreurs mêmes, fatigantes et énervantes. Nous en trouvons la preuve dans l'anecdote suivante que nous contait dernièrement un de nos confrères :

Dans un roman qu'il publiait, tout l'intérêt se concentrait sur une jeune femme éminemment sympathique. Elle tombe malade. Anxiété des lecteurs : guérira-t-elle ? succombera-t-elle ? Vient une livraison se terminant par ces mots : « Le lendemain la jeune femme était ex- » Tout le monde traduit : « était expirante. » Désespoir des lecteurs ; plusieurs en pleurèrent pendant huit jours — et, au bout des huit jours, ils lurent au commencement de la livraison suivante : « trêmement mieux. » Le paragraphe coupé était ainsi conçu : « Le lendemain, la jeune femme était extrêmement mieux. Bientôt la convalescence commença. »

La possibilité de telles erreurs constitue un grave défaut. Mais comment le corriger ? On est limité dans un nombre de pages restreint. Il faut bien s'arrêter au bout de son papier, et le hasard seul peut faire qu'à la fin des huit pages se trouve une coupure bonne ou mauvaise.

LA LIVRAISON
Telle que nous allons la faire.

Eh bien ! ce remède, proclamé par tous très difficile à trouver, par quelques-uns même introuvable, nous croyons l'avoir découvert.

Avec nous, plus de coupure, ni au milieu d'un mot, ni au milieu d'une phrase, ni même au milieu d'un chapitre. *Chacune de nos livraisons contiendra un chapitre complet.*

— En huit pages, un chapitre, allez-vous dire : vous n'y arriverez jamais !

— C'est vrai ! *aussi nos livraisons auront-elles douze pages.* Pourtant elles ne coûteront que deux sous... comme les autres.

Nous donnons quatre pages de plus qu'on n'a jamais fait. Et cependant notre papier sera aussi beau, notre impression aussi soignée, nos gravures aussi nombreuses et aussi parfaites... sinon plus.

— C'est de la folie !

— C'est de la sagesse, puisque nous sommes guidés par le désir de vous satisfaire.

Pour nous récompenser de nos efforts, vous nous achèterez et nous ferez acheter beaucoup de livraisons. Tout le monde y trouvera son compte.

— Autre objection : tous les chapitres d'un roman ne sont pas d'égale longueur. Si vous calculez votre affaire de façon à ce que les plus longs entrent juste dans vos douze pages, allez-vous donc laisser des pages blanches quand les chapitres seront plus courts ?

— Que non pas ! Le dessinateur est là pour remplir les vides. Quand il le faudra, à la grande gravure que contiendra chaque livraison, il ajoutera des dessins, des croquis, des ornements de toutes sortes. Notre bourse y perdra, sans doute. Mais comme notre œuvre y gagnera ! Les voyez-vous d'ici, nos livraisons, toutes pimpantes avec leurs caractères neufs, leur impression irréprochable, leur beau papier glacé. Et comme ces jolies vignettes, ces croquis à la plume, ces lettres ornées, ces culs-de-lampe, zigzaguant, serpentant, jetés selon la fantaisie de l'artiste, accompagnant le texte, le commentant, rendront la lecture plus attrayante, l'intérêt plus grand. Tout sera satisfait, l'esprit et l'œil, et nous aurons vraiment transformé ce mode de publication. Nous aurons fait disparaître ses défauts, augmenté ses avantages, réalisé, en un mot, le type idéal de la livraison.

10 centimes la Livraison. — 50 centimes la Série.

En vente chez tous les Libraires, Marchands de journaux et Colporteurs

LES DRAMES
DE
LA MISÈRE

Par RAOUL DE NAVERY
ÉDITION MAGNIFIQUEMENT ILLUSTRÉE PAR CASTELLI

Un grand critique, parlant de Raoul de Navery, écrivait dernièrement : « Nul mieux que lui ne connaît les mille détails de la vie parisienne ; il sait mettre en regard les situations les plus diverses. L'intérêt s'augmente avec le contraste. La verve, l'entrain, l'abondance complètent le charme de ses admirables livres. Mais parmi tant de chefs-d'œuvre sortis de la plume féconde de Raoul de Navery, les *Drames de la Misère* brillent au premier rang. »

Jamais jugement ne fut plus juste, car jamais roman ne fut plus complètement parfait.

Au milieu d'une action tour à tour terrible et touchante, s'agitent les types désormais populaires du Père Falot, personnage mystérieux et sympathique, de Colombe, douce comme son nom, du fantaisiste Bec d'Oiseau, de Filoche, La Perche et Tête de Turc, sinistre trio qui sert de repoussoir aux caractères si nobles et si généreux de Max et de Médéric.

Il faut lire et relire ces merveilleux chapitres qui s'appellent : Les Sauvages de Paris. — Le Secret du portefeuille. — Petit Ange. — Le Tapis franc du Crapaud qui chante. — L'agence Bompoil. — Prise au piège. — Appartement à louer. — Le peloton de fil d'or. — Victime et juge. — L'avis du notaire. — Le Pensionnaire de Charençon. — La fin du drame, etc., etc.

Lors de leur publication en volumes, les *Drames de la Misère* ont obtenu un retentissant succès. Aujourd'hui, tout le monde voudra lire cette œuvre de premier ordre dont l'intérêt sera encore rehaussé par les superbes illustrations de Castelli. Ce dessinateur, dont l'éloge n'est plus à faire, a su rendre avec une surprenante vérité ces études des bas-fonds de Paris qui font des *Drames de la Misère* le roman le plus dramatique, le plus original et aussi le plus populaire qui ait jamais été publié.

L'ouvrage sera complet en 50 livraisons de douze pages
Il paraît régulièrement une livraison par semaine à dater du 10 Mars

ANGERS, IMP. BURDIN ET Cie, 4, RUE GARNIER

LIBRAIRIE BLÉRIOT, HENRI GAUTIER, SUCCESSEUR

55, QUAI DES GRANDS-AUGUSTINS, A PARIS

OEUVRES DE RAOUL DE NAVERY

ÉDITIONS NON ILLUSTRÉES

	fr. c.		fr. c.
Les Drames de l'argent. 1 vol. in-12	3 »	La Conscience. 1 vol. in-12	2 »
L'Élixir de longue vie. 1 vol. in-12	3 »	L'Aboyeuse. 1 vol. in-12	2 »
Lory. 1 vol. in-12	2 »	La Péruvienne. 1 vol. in-12	3 »
Les Idoles. 1 vol. in-12	3 »	L'Accusé. 1 vol. in-12	3 »
Les Drames de la Misère. 2 vol. in-12	6 »	La Fille sauvage. 1 vol. in-12	3 »
Patira. 1 vol. in-12	3 »	L'Évadé. 1 vol. in-12	2 »
Le Trésor de l'Abbaye (suite de Patira). 1 vol. in-12	3 »	Les Robinsons de Paris. 1 vol. in-12	3 »
		Le Gouffre. 1 vol. in-12	3 »
Jean Canada (suite du Trésor de l'abbaye). 1 vol. in-12	3 »	Poèmes populaires. 1 vol. in-12	2 »
		Le Château des Abîmes. 1 vol. in-12	3 »
Le Pardon du Moine. 1 vol. in-12	3 »	L'Enfant maudit. 1 vol. in-12	2 »
Zacharie le maître d'école. 1 vol. in-12	2 »	Madame de Robur. 1 vol. in-12	2 »
Les Chevaliers de l'écritoire. 1 vol. in-12	3 »	Les Petits. 1 vol. in-12	2 »
Les Parias de Paris. 2 vol. in-12	6 »	La Demoiselle du Paveur. 1 vol. in-12	2 »
Les Héritiers de Judas. 1 vol. in-12	3 »	Le Procès de la Reine. 1 vol. in-12	2 »
Le Juif Éphraïm. 1 vol. in-12	3 »	Les Victimes. 1 vol. in-12	3 »
Parasol et Cie. 1 vol. in-12	3 »	La Femme d'après saint Jérome. 1 vol. in-12	2 »
La Route de l'abîme. 1 vol. in-12	3 »	Divorcés. 1 vol. in-12	3 »
Le Cloître rouge. 1 vol. in-12	3 »	Le Moulin des Trépassés 1 vol. in-12	2 »
La Maison du Sabbat. 1 vol. in-12	2 »	La Boîte de plomb. 1 vol. in-12	3 »
La Foi Jurée. 1 vol. in-12	3 »	Le Martyre d'un père. 1 vol. in-12	3 »
La Cendrillon du village. 1 vol. in-12	2 »	Le Magistrat. 1 vol. in-12	3 »
La Fille au coupeur de paille. 1 vol in-12	2 »	Une Erreur fatale. 1 vol. in-12	3 »
Le Capitaine aux mains rouges. 1 vol. in-12	2 »	Le Naufrage de Lianor. 1 vol. in-12	3 »
L'Odyssée d'Antoine. 1 vol. in-12	2 »	Le Serment du Corsaire. 1 vol. in-12	3 »
Comédies. Drames et proverbes. Musique de M. Henri Cohen. 1 vol. in-12	2 »	Les Crimes de la plume. 1 vol. in-12	3 »
		Les Mirages d'or. 1 vol. in-12	3 »
La Musique se vend séparément.		La Chambre n° 7. 1 vol. in-12	3 »
Marthe et Marie-Madeleine *(partition)*. — A brebis tondue Dieu mesure le vent *(partition)*. — La Fille du roi d'Yvetot *(partition)*. — *Chaque partition*	1 50	La Main malheureuse. 1 vol. in-12	2 »
		Le Contumax. 1 vol. in-12	3 »
		Le Val-Perdu. 1 vol. in-12, illustré	2 »
Le Marquis de Pontcallec. 1 vol. in-12	3 »		

Pour recevoir chacun de ces ouvrages franco, il suffit d'en envoyer le prix en mandat-poste ou autre valeur, à M. Henri Gautier, éditeur, 55, quai des Grands-Augustins, à Paris.

ANGERS, IMPRIMERIE BURDIN ET Cie, RUE GARNIER, 4.

LIBRAIRIE BLÉRIOT, HENRI GAUTIER, SUCCESSEUR

55, QUAI DES GRANDS-AUGUSTINS, A PARIS

OEUVRES DE RAOUL DE NAVERY

ÉDITIONS NON ILLUSTRÉES

	fr. c.		fr. c.
Les Drames de l'argent. 1 vol. in-12	3 »	La Conscience. 1 vol. in-12	2 »
L'Élixir de longue vie. 1 vol. in-12	3 »	L'Aboyeuse. 1 vol. in-12	2 »
Lory. 1 vol. in-12	2 »	La Péruvienne. 1 vol. in-12	3 »
Les Idoles. 1 vol. in-12	3 »	L'Accusé. 1 vol. in-12	3 »
Les Drames de la Misère. 2 vol. in-12	6 »	La Fille sauvage. 1 vol. in-12	3 »
Patira. 1 vol. in-12	3 »	L'Évadé. 1 vol. in-12	2 »
Le Trésor de l'Abbaye (suite de Patira). 1 vol. in-12	3 »	Les Robinsons de Paris. 1 vol. in-12	3 »
		Le Gouffre. 1 vol. in-12	3 »
Jean Canada (suite du Trésor de l'abbaye). 1 vol. in-12	3 »	Poèmes populaires. 1 vol. in-12	2 »
		Le Château des Abîmes. 1 vol. in-12	3 »
Le Pardon du Moine. 1 vol. in-12	3 »	L'Enfant maudit. 1 vol. in-12	2 »
Zacharie le maître d'école. 1 vol. in-12	2 »	Madame de Robur. 1 vol. in-12	2 »
Les Chevaliers de l'écritoire. 1 vol. in-12	3 »	Les Petits. 1 vol. in-12	2 »
Les Parias de Paris. 2 vol. in-12	6 »	La Demoiselle du Paveur. 1 vol. in-12	2 »
Les Héritiers de Judas. 1 vol. in-12	3 »	Le Procès de la Reine. 1 vol. in-12	2 »
Le Juif Éphraïm. 1 vol. in-12	3 »	Les Victimes. 1 vol. in-12	3 »
Parasol et Cie. 1 vol. in-12	3 »	La Femme d'après saint Jérome. 1 vol. in-12	2 »
La Route de l'abime. 1 vol. in-12	3 »	Divorcés. 1 vol. in-12	2 »
Le Cloître rouge. 1 vol. in-12	3 »	Le Moulin des Trépassés 1 vol. in-12	2 »
La Maison du Sabbat. 1 vol. in-12	2 »	La Boîte de plomb. 1 vol. in-12	3 »
La Foi Jurée. 1 vol. in-12	3 »	Le Martyre d'un père. 1 vol. in-12	3 »
La Cendrillon du village. 1 vol. in-12	2 »	Le Magistrat. 1 vol. in-12	3 »
La Fille au coupeur de paille. 1 vol in-12	2 »	Une Erreur fatale. 1 vol. in-12	3 »
Le Capitaine aux mains rouges. 1 vol. in-12	2 »	Le Naufrage de Lianor. 1 vol. in-12	3 »
L'Odyssée d'Antoine. 1 vol. in-12	2 »	Le Serment du Corsaire. 1 vol. in-12	3 »
Comédies, Drames et proverbes. Musique de M. Henri Cohen. 1 vol. in-12	2 »	Les Crimes de la plume. 1 vol. in-12	3 »
		Les Mirages d'or. 1 vol. in-12	3 »
La Musique se vend séparément.		La Chambre n° 7. 1 vol. in-12	3 »
Marthe et Marie-Madeleine (partition). — A brebis tondue Dieu mesure le vent (partition). — La Fille du roi d'Yvetot (partition).		La Main malheureuse. 1 vol. in-12	2 »
		Le Contumax. 1 vol. in-12	3 »
— Chaque partition	1 50	Le Val-Perdu. 1 vol. in-12, illustré	2 »
Le Marquis de Pontcallec. 1 vol. in-12	3 »		

Pour recevoir chacun de ces ouvrages franco, il suffit d'en envoyer le prix en mandat-poste ou autre valeur, à M. Henri Gautier, éditeur, 55, quai des Grands-Augustins, à Paris.

ANGERS, IMPRIMERIE BURDIN ET Cie, RUE GARNIER, 4.

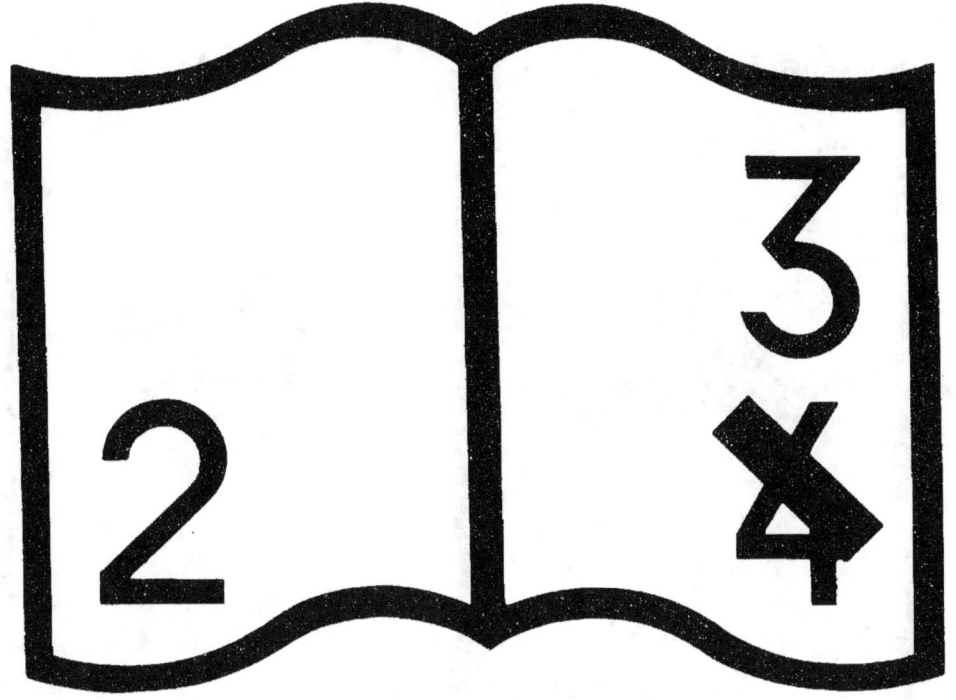

Pagination incorrecte — date incorrecte

NF Z 43-120-12

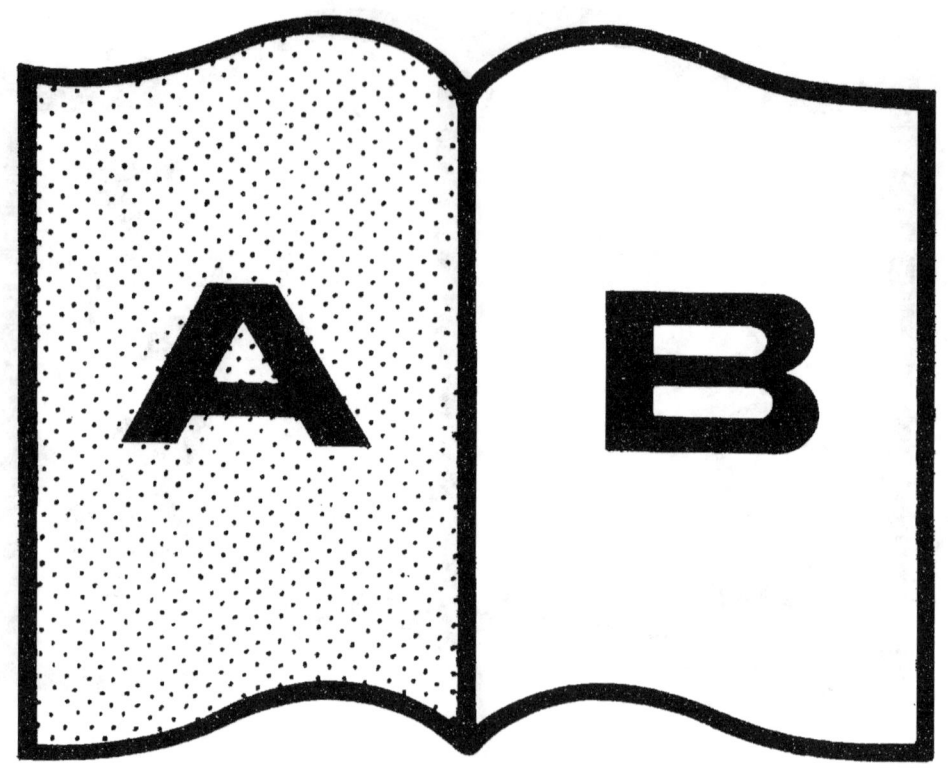

Contraste insuffisant
NF Z 43-120-14

www.ingramcontent.com/pod-product-compliance
Lightning Source LLC
Chambersburg PA
CBHW070311240426
43663CB00038BA/1409